RECUEIL DES HISTORIENS DE LA FRANCE

DOCUMENTS FINANCIERS

TOME I

INVENTAIRE
D'ANCIENS COMPTES ROYAUX

DRESSÉ

PAR ROBERT MIGNON

SOUS LE RÈGNE DE PHILIPPE DE VALOIS

PUBLIÉ

PAR M. CH.-V. LANGLOIS

SOUS LA DIRECTION DE M. L. DELISLE

MEMBRE DE L'INSTITUT

PARIS

IMPRIMERIE NATIONALE

LIBRAIRIE C. KLINCKSIECK, RUE DE LILLE, 11

M DCCC XCIX

RECUEIL

DES

HISTORIENS DE LA FRANCE

DOCUMENTS FINANCIERS

RECUEIL
DES
HISTORIENS DE LA FRANCE
PUBLIÉ
PAR L'ACADÉMIE DES INSCRIPTIONS ET BELLES-LETTRES

DOCUMENTS FINANCIERS

TOME I

PARIS
IMPRIMERIE NATIONALE

LIBRAIRIE C. KLINCKSIECK, RUE DE LILLE, 11

M DCCC XCIX

INVENTAIRE
D'ANCIENS COMPTES ROYAUX

DRESSÉ

PAR ROBERT MIGNON

SOUS LE RÈGNE DE PHILIPPE DE VALOIS

PUBLIÉ

PAR M. CH.-V. LANGLOIS

SOUS LA DIRECTION DE M. L. DELISLE

MEMBRE DE L'INSTITUT

PARIS
IMPRIMERIE NATIONALE

———

LIBRAIRIE C. KLINCKSIECK, RUE DE LILLE, 11

———

M DCCC XCIX

INTRODUCTION.

Sous l'ancien régime, les archives de la Chambre des comptes de Paris contenaient une énorme quantité de documents précieux pour l'histoire de France, depuis le XIIe siècle.

L'histoire de ces archives a été esquissée par M. A.-M. de Boislisle[(1)]. Ce que l'on en sait peut être brièvement résumé comme il suit. — Au commencement du XVIIe siècle, il y avait quatre dépôts distincts : « Le premier, celui du Greffe, était réservé aux registres et autres documents personnels à la Compagnie; les trois autres, ceux des Fiefs, des Terriers et du Garde des livres, renfermaient les pièces domaniales ou financières reçues par les gens des Comptes. » Le plus considérable était le dépôt du Garde des livres, où, depuis la fin du XIIIe siècle, s'étaient régulièrement accumulés, par millions, les comptes en cahiers et en rouleaux, les liasses de quittances et de pièces justificatives de toute espèce[(2)]. Dans la nuit du 26 au 27 octobre 1737, un incendie détruisit presque entièrement le dépôt du Greffe, celui des Terriers et plusieurs des locaux ou « cabinets » où les Gardes des livres avaient entassé, depuis des siècles, ce qui leur était versé chaque année. Un nombre « immense, infini » de documents furent détruits ou gâtés par l'eau et la boue, au point que l'on fut obligé de les enterrer; d'autres, qui disparurent aussi, furent seulement dérobés.

Avant l'événement du 26 octobre 1737, les archives de la Chambre des comptes avaient déjà été mises plus d'une fois au pillage. Les règlements qui en défendaient l'accès étaient très sévères; mais, à cause de la négligence des

---

[(1)] A.-M. de Boislisle, *Chambre des comptes de Paris. Pièces justificatives pour servir à l'histoire des premiers Présidents.* Nogent-le-Rotrou, 1873, in-4°. Notice préliminaire, p. CVIII et suiv.

[(2)] La plupart des comptes étaient dans le dépôt du Garde des livres, mais il y en avait aussi au dépôt des Terriers (Brussel, *Usage des fiefs,* p. 460, 465); par exemple, le compte qui porte le n° 2132 dans notre édition de l'Inventaire de Mignon était, au XVIIe siècle, dans le dépôt des Terriers (*ibid.*, p. 611).

Gardes, qui manquaient de place et d'argent pour loger tant de paperasses, il y avait eu, de tout temps, des destructions et des distractions de pièces. Les gens de la Chambre disaient en 1521 : « Les livres, comptes et registres sont de grosse conséquence et fort dangereux à communiquer... et si secrets que les rois (et mesmement Charles Quint, dit « le Sage »), quand ils avoient à faire de leurs registres, les sont plutôt venus voir en personne en la Chambre que de souffrir en faire transport »[1]; Sully, ministre, avait éprouvé des difficultés pour obtenir le déplacement d'un compte, et, en théorie, « aucun officier de la Compagnie, pas même le Procureur général ou le Premier Président, ne pouvait prendre un volume, une pièce, sans l'assentiment du bureau et la constatation du garde »[2]. Mais, en fait, des personnages de toute sorte entraient, pour y commettre des larcins, dans ces archives sacro-saintes : en 1599, la Chambre apprit que des voleurs avaient « tiré furtivement quantité de parchemins des comptes du roi, par l'endroit d'une muraille présentement abattue », et se proposaient de les vendre à la foire Saint-Laurent[3]; le zèle des lettrés, tels que Jean de Tillet, Pierre Pithou et Gaignières, qui reçurent l'autorisation de travailler dans les dépôts, fit aussi des ravages. Quantité de parchemins passèrent, au XVIe, au XVIIe et au XVIIIe siècle, dans les ateliers des relieurs et dans les collections des érudits.

Après l'événement du 26 octobre 1737, ce que le feu avait épargné ne fut pas conservé avec plus de soin que par le passé. Des lettres patentes du 25 juin 1741 invitèrent Messieurs des comptes à faire « distraire, supprimer et rejeter, de la manière et par les voies qu'ils aviseront bon être », tous les acquits des comptes d'impositions, fermes, octrois ou gages des Compagnies antérieurs à 1640, et par conséquent « inutiles au service »[4]. Pendant la Révolution, le Bureau du Triage ordonna la destruction de 11,760 liasses et registres provenant de la Chambre des comptes, dont quelques-uns remontaient au règne de Philippe le Bel[5].

---

[1] A.-M. de Boislisle, *op. cit.*, p. CXIX.

[2] *Ibid.*, p. CXX.

[3] *Ibid.*, p. CXXIII. — Les voleurs, en pareilles circonstances, s'emparaient de liasses entières; c'est ainsi que l'on constata en 1614 « la disparition des acquits du receveur des rentes François de Vigny, que maintenant on retrouve sur tous les catalogues de vente ». La collection des Titres scellés de Clairambault a été formée en partie avec des liasses de quittances et d'ordres de payement datés de 1298 et de 1302.

[4] Cf. A.-M. de Boislisle, *op. cit.*, p. CXXVII.

[5] *Bibliothèque de l'École des chartes*, 1896, p. 418.

INTRODUCTION.

Tel qu'il est aujourd'hui aux Archives nationales, le fonds des archives de l'ancienne Chambre des comptes, arbitrairement réparti entre les séries J, K et P, ne comprend plus que quelques milliers d'articles, et les documents originaux y sont rares.

I

Si les archives anciennes de la Chambre des comptes de Paris avaient été intégralement conservées, on n'aurait jamais osé entreprendre de les publier, et c'eût été une besogne colossale, qui aurait absorbé des générations d'érudits, de les inventorier seulement. Si elles avaient été détruites tout entières, il n'y aurait qu'à le constater. Mais ni l'une ni l'autre de ces hypothèses ne s'est réalisée; il existe : 1° des débris considérables des archives anciennes de la Chambre; 2° des moyens de savoir ce qu'il y avait dans quelques-uns des documents qui ont péri.

I. Quelques épaves des archives anciennes de la Chambre sont parvenues jusqu'à nous.

Il y en a aux Archives nationales dans les séries J, K et P. — Avant que les archives de la Chambre des comptes fussent régulièrement constituées et tout à fait indépendantes, des documents domaniaux et financiers avaient été déposés au Trésor des chartes; Dupuy et Godefroy, en faisant l'inventaire du Trésor, négligèrent, de parti pris, ces pièces, qui ne leur paraissaient pas à leur place; elles ont été comprises, depuis, dans le Supplément du Trésor (J 1028 et suiv.)[1]. — Les articles 496-530 de la série K et 1-227 de la série KK sont des comptes des archives de la Chambre qui ont échappé aux grandes destructions du temps de la Révolution[2]. — La série P est en grande partie constituée par ce qui reste des papiers qui s'étaient accumulés aux archives de la Chambre pendant les derniers siècles de la monarchie[3].

D'autre part, depuis le XVIe siècle, les collectionneurs ont recherché les

---

[1] H.-Fr. Delaborde, dans la *Bibliothèque de l'École des chartes*, 1897, p. 153.

[2] Cf. L. Delisle, *Le Cabinet des manuscrits*, II, p. 27.

[3] Voir le *Répertoire numérique des archives de la Chambre des comptes de Paris* (série P), par A. Bruel (Paris, 1894, in-4°).

registres, les comptes, les quittances, les montres, les titres de toute espèce que des soustractions frauduleuses faisaient continuellement sortir des archives de la Chambre, qu'ils y prenaient eux-mêmes ou qu'ils acquéraient à peu de frais chez les relieurs, les parcheminiers, les épiciers et les beurrières [1]. Des milliers de pièces originales, provenant de la Chambre des comptes, sont venues de bonne heure, et successivement, échouer au Cabinet des manuscrits de la Bibliothèque royale, avec les collections de Gaignières, de Clairambault, de Baluze, de d'Hozier, etc. Au xviie siècle, les trafics de cette espèce se multiplièrent; on sait, par Blondeau du Charnage, que les parchemins des archives de la Chambre se vendaient, au lendemain de l'incendie de 1737, quatre sous la livre; c'est du xviiie siècle que datent les « Cabinets » de Blondeau du Charnage, de Jault, de dom Pernot, prieur de Saint-Martin-des-Champs, de Caron de Beaumarchais, etc. Le lot de parchemins que Beaumarchais céda à la Bibliothèque du roi, en 1785, pesait soixante et onze mille quatre-vingt-deux livres [2]. D'autres lots furent, dès lors, expédiés à l'étranger : des pièces originales des archives de la Chambre font partie de la collection Dubrowsky, formée pendant la Révolution par un amateur russe, qui est aujourd'hui à la Bibliothèque impériale de Saint-Pétersbourg [3].

Au xixe siècle, le commerce des débris de cet inépuisable fonds a continué : les « archives » du baron de Joursanvault, du chevalier de Courcelles, de Monteil, de M. de Bastard, etc., en étaient exclusivement ou en grande partie

[1] Tout ce que les grands collectionneurs n'ont pas acheté alors aux marchands de parchemin a été détruit ou circule encore. Quant aux pièces employées par les relieurs, on en retrouve quelques-unes dans les reliures. Voir, par exemple, un morceau de la première partie d'un rôle original des bailliages (de 1285 environ), dans la reliure du ms. 785 de la Bibliothèque Mazarine.

[2] Voir *Le Cabinet des manuscrits* de M. L. Delisle, I, p. 347, 551, 555. — Il y avait des parchemins provenant des archives de la Chambre des comptes dans la collection d'un généalogiste, le comte de Waroquier, dont le sort ne nous est pas connu. Voir Bibl. nat., nouv. acq. fr., 3655, fol. 51 : « *Compotus Ade Halot, baillivi Caleti, versus venerabiles viros magistros Scacarii Rothomagensis, de termino Pasche anno Domini M° CC° XC°*. Extrait de l'original formant un rouleau de parchemin dont j'ay fait une copie au mois de may 1786 pour M. le comte de Waroquier, auquel appartient l'original. » — Les collections des généalogistes du xixe siècle ont été formées en grande partie des résidus de celles des généalogistes du siècle dernier.

[3] Il y a des extraits et des copies de ces documents expatriés dans le ms. 3295 des nouvelles acquisitions fr. de la Bibliothèque nationale.

composées; la Bibliothèque nationale, les Archives nationales, le Musée britannique et d'autres établissements publics [1] en ont acheté beaucoup, par petits paquets, depuis quatre-vingts ans. Et il en circule encore [2]. Il serait intéressant de dresser un inventaire numérique et un catalogue descriptif de toutes ces épaves, si malheureusement dispersées d'un bout à l'autre de l'Europe. Ce serait un gros volume [3].

Nous savons que certains documents des archives de la Chambre, — les comptes, par exemple, — étaient copiés à plusieurs exemplaires [4]. Il n'est donc pas déraisonnable de supposer *a priori* que des duplicata de comptes conservés aux archives de la Chambre existaient dans les archives des comptables (sénéchaux, baillis, etc.), et que ces duplicata pourraient tenir lieu des originaux perdus. Mais, en fait, les archives locales (qui n'ont pas encore été, à la vérité, explorées à ce point de vue) semblent très pauvres en pièces de ce genre [5].

[1] La Bibliothèque nationale et le Musée britannique ont été les principaux acquéreurs; mais il y a aujourd'hui des pièces originales provenant des archives de la Chambre à la Bibliothèque de Caen (Collection Mancel); dans les archives départementales de Normandie (L. Delisle, *Notes... sur une collection de titres normands provenant de la Chambre des comptes*, dans le *Bulletin monumental*, 1854, p. 417); en Italie (*Bulletin historique et philologique du Comité des travaux historiques*, 1891, p. 239); à Leicester (*Bibliothèque de l'École des chartes*, 1893, p. 589), etc. — La Collection Joursanvault a été dispersée; la liste est longue des dépôts qui en possèdent quelques articles.

[2] La Bibliothèque nationale a acquis en 1897 six volumes de comptes originaux des trésoriers des guerres sous les règnes de Philippe VI de Valois et de Jean II (nouv. acq. fr. 9236-9241). Il ne se passe guère d'année que quelque compte ou fragment de compte ancien ne soit acheté par cet établissement.

[3] Ce serait un volume très utile, car il est présentement impossible de savoir quels sont les documents des archives anciennes de la Chambre qui n'ont pas péri. Il n'existe nulle part une liste des établissements et des fonds où des épaves sont conservées, et plusieurs de ces fonds sont encore dépourvus de catalogues descriptifs.

[4] Voir, par exemple, un compte original (Bibl. nat., nouv. acq. fr., 5821, n° 9 : « *Item, clerico qui ordinavit presentem compotum... ad scribendum presentem compotum et duplicandum seu copiandum quinquies.* » Cf. un tarif des premières années du XIV° siècle. Bibl. de Rouen, Collection Menant, IV, fol. 134. (Bibl. nat., Fontanieu, 59, fol. 259).

[5] Citons, aux archives du Doubs (B 76), un compte rendu au roi par Arnoul des Noes, trésorier du comté de Bourgogne, de la Saint-Michel 1311 à la Saint-Michel 1312. Un compte des rentes et des issues du comté de Bourgogne, de la Saint-Michel 1312 à la Saint-Michel 1313, qui doit être rapproché du précédent, se trouve à la Bibliothèque nationale franç. 25993, n° 197. Cf. ci-dessous, § 110.

II. Quoique la masse des documents originaux qui proviennent de l'ancienne Chambre des comptes soit encore très respectable [1], ce qui a été sauvé n'est rien en comparaison de ce qui a été détruit. Mais un grand nombre de pièces qui ne se retrouvent plus ont été lues, analysées, transcrites et même publiées intégralement ou en partie : le texte de quelques-unes, la substance de beaucoup d'autres sont dans les papiers d'hommes qui, jadis, en ont eu entre les mains soit les originaux, soit des copies.

Nous distinguerons : 1° les copies et les extraits textuels; 2° les résumés, les analyses et les inventaires. Tous ces travaux (copies, extraits, résumés, analyses, inventaires) ont été exécutés, soit par des officiers de la Chambre, pour les besoins du service, soit par des érudits en quête de renseignements historiques.

COPIES ET EXTRAITS. — Quantité d'expéditions officielles de documents conservés aux archives de la Chambre avaient été délivrées avant l'incendie de 1737. Après l'incendie, lorsque la Compagnie eut à reconstituer ses dépôts, la pensée fut conçue d'inviter les détenteurs de ces expéditions à les représenter, pour que la transcription en fût faite à nouveau. « Douze conseillers-maîtres furent chargés de recevoir les titres, d'en faire l'examen et la vérification,... de collationner et de parapher les transcrits... Les transcrits durent être immédiatement déposés au Greffe, en liasses rangées par ordre chronologique, jusqu'à ce qu'on reformât définitivement les registres... » [2].

Ce n'est pas ici le lieu de dire jusqu'à quel point fut menée la reconstitution officielle des Mémoriaux de la Chambre, au moyen des expéditions conservées par les parties intéressées; nous l'avons exposé ailleurs [3]. Pour la reconstitution officielle des registres des Chartes, on recueillit des matériaux qui sont aujourd'hui conservés dans les cartons K 164-193 des Archives nationales. Quant aux registres hors série et à ces innombrables pièces détachées de l'ancienne comptabilité — la partie la plus considérable et, peut-être, au point de vue de

---

[1] Beaucoup de ces documents gardent les traces des vicissitudes qu'ils ont traversées. Beaucoup sont mutilés, réduits à l'état de fragments, abîmés par l'humidité ou par le feu. Des morceaux d'un même rouleau sont dispersés à Londres et à Paris, ou, à Paris, dans plusieurs volumes.

[2] A.-M. de Boislisle, *Chambre des comptes de Paris. Pièces justificatives pour servir à l'histoire des premiers Présidents.* Not. prél. p. cxxvi.

[3] Dans notre Préface à l'*Essai de restitution des plus anciens Mémoriaux de la Chambre des comptes de Paris*, par M. J. Petit (Paris, 1899, in-8°).

l'histoire, la plus précieuse, des collections primitives — on n'entreprit même pas de les reconstituer : il y en avait trop, les expéditions en étaient trop rares, et le Greffe y attachait moins d'importance.

Les registres hors série et les pièces détachées de l'ancienne comptabilité avaient été, cependant, consultées quelquefois, comme les registres de Mémoriaux et de Chartes, à l'occasion de procès; des copies « authentiques » des textes qui s'y trouvaient avaient été délivrées. Il existe encore quelques extraits de ce genre. Le carton J 780 des Archives nationales contient, par exemple, un dossier fait en forme à la Chambre des comptes, en 1549, à l'occasion d'un procès, où se lisent des extraits de comptes rendus par des baillis de Normandie pendant la seconde moitié du XIIIe siècle [1].

Mais les copies exécutées d'après les originaux des archives de la Chambre par des clercs du moyen âge ou par des érudits modernes en quête de renseignements historiques sont, même pour les Mémoriaux et les Chartes, plus nombreuses que les expéditions officielles, et elles ne sont pas moins sûres [2]. Pour les registres hors série et les pièces de comptabilité, les papiers des érudits sont la source principale, presque unique, de tout essai de restitution.

De très bonne heure, des personnes ayant accès dans les archives de la Chambre y ont transcrit des pièces ou des fragments de pièces : comptes, lettres et instructions royales, mémoires au roi, états et listes de services dus au roi, prisées, procès-verbaux, contrats, etc., qui leur ont paru intéressants. Les *Libri memoriales*, intitulés *Croix*, *Pater*, *Noster*, *Qui es in cœlis*, etc., composés vers le temps de l'avènement des Valois, qui étaient classés en tête de la série des Mémoriaux, étaient des compilations où les textes de ce genre tenaient une grande place. Ces recueils sont perdus, à l'exception d'un seul, celui qui, après avoir appartenu au maître des comptes Jean Mignon, fut conservé aux

---

[1] Cf. des extraits analogues dans les cartons J 775 et J 760 B.

Il y en a de plus anciens encore; on en fit dès le XIIIe siècle : Bibliothèque nationale, lat. 17010, fol. 12 : *Bene invenitur in quodam rotulo scripto de manu magistri Jacobi de Lucheto de mutuis Aragonie... Cf. ibidem., fr. 25994, n° 322 : Extracta de rotulis Camere compotorum domini regis per clericos ejusdem Camere anno XXIIII°, in festo Translationis Sancti Benedicti.*

[2] M. Joly de Fleury père regrettait que, pour la reconstitution des Mémoriaux, on ne se fût pas adressé « de préférence, avant tout, aux dépôts publics et scientifiques... aux collections particulières, dans lesquelles il existait des copies d'une valeur incontestable. » (A.-M. de Boislisle, *o. c.*, p. CXXVI¹.)

archives de la Chambre, pendant les derniers siècles du moyen âge, sous le nom de *Noster* (Bibl. nat., ms. lat. 12814); mais ils ont pu être presque entièrement reconstitués à l'aide des copies qu'on en a. Une foule de documents, dont les originaux n'existent plus, ne sont connus aujourd'hui que parce qu'ils ont été insérés ou résumés dans ces *Libri memoriales* du xive siècle [1].

Au xve siècle, plusieurs clercs, officiers de la Chambre, ont composé, pour leur usage, des répertoires portatifs, *Advaluationes* et « Manuels », où beaucoup de pièces volantes des archives de la Compagnie ont été aussi transcrites, en tout ou en partie [2].

Depuis le xvie siècle, des magistrats curieux du passé ont dépouillé avec ardeur les manuscrits du dépôt. Les uns, comme Jacques Menant (1654-1699), auditeur des comptes [3], et François Blanchard [4] ont formé des collections de copies et d'extraits, dont quelques-unes ont été, depuis, copiées et recopiées à leur tour [5]; les autres, comme Antoine Vyon d'Hérouval et Honoré Caille du Fourny, deux des collègues de Menant, ont été « la providence » des érudits de leur temps, auxquels ils ont communiqué leurs notes personnelles et pour lesquels ils ont fait des recherches, des transcriptions, des vérifications de toute sorte [6]. En même temps des travailleurs, étrangers à la Compagnie, étaient autorisés à recueillir des matériaux dans ses archives : « Simon Fournival vient copier des textes pour les trésoriers de France, et l'abbé

[1] Voir, par exemple, des extraits de plusieurs comptes de guerre, dont les titres sont mentionnés par l'Inventaire de Robert Mignon, dans le ms. fr. 2833 de la Bibl. nat., analogue au Mémorial *Noster*, fol. 282 et suiv.

[2] Sur les *Advaluationes* et les « Manuels », voir A.-M. de Boislisle, *o. c.*, p. xiv.

[3] Le manuscrit original de la Collection d'extraits de J. Menant, après avoir appartenu aux Célestins de Paris, fait aujourd'hui partie de la Collection Leber, conservée à la Bibliothèque municipale de Rouen (n° 5870). M. H. Omont en a publié une description détaillée dans le *Bulletin de la Société de Paris et de l'Île-de-France*, 1887, p. 48-57.

[4] Bibl. nat., nouv. acq. lat., 184.

[5] La Collection d'extraits de Menant a été copiée plusieurs fois (Bibl. nat., Portefeuilles Fontanieu, n°[s] 795 et suiv., et Bibliothèque d'Aix-en-Provence, n°[s] 390 et suiv.). C'est d'un volume d'extraits analogues au ms. 832 de la Collection Clairambault (à la Bibliothèque nationale) que Ludewig s'est servi pour publier les extraits de comptes qui se trouvent dans le tome XII de ses *Relliquiæ manuscriptorum*.

[6] Ce sont Vyon d'Hérouval et du Fourny qui ont communiqué les documents qu'ils ont reproduits à la plupart des auteurs cités ci-dessous, p. ix, note 5. Les papiers de ces deux infatigables copistes sont aujourd'hui dispersés et, en grande partie, détruits. Le ms. fr. 32510 (anc. 684 des volumes reliés du Cabinet des Titres) est un spécimen célèbre de leurs recueils d'extraits.

Nicolas-Charles de Sainte-Marthe passe une quinzaine d'années à glaner pour la continuation de l'*Histoire généalogique*... [1] ».

Directement ou indirectement, presque tous les érudits des trois derniers siècles ont eu connaissance des documents dont l'incendie de 1737 ou les dilapidations postérieures ont causé la destruction. M. A.-M. de Boislisle cite Jean du Tillet, Pierre Pithou, les Godefroy, les Sainte-Marthe, les Dupuy, Henri Sauval (l'auteur des *Antiquités de Paris*), les compilateurs des *Ordonnances du Louvre*, parmi ceux dont les papiers ou les livres renferment le plus de textes précieux, tirés des parchemins de la Chambre; il exprime, d'autre part, le regret que « les historiens et les juristes, Du Cange, Gaignières, Petitpied, dom Félibien, le P. Daniel, et tant d'autres, n'aient pas puisé plus largement » à cette source [2]. Il est certain, cependant, que Gaignières (directement et par l'intermédiaire de Du Fourny) [3] et Du Cange [4] ont sauvé beaucoup de textes, et les papiers ou les livres de Brussel, de Baluze, de Lenain de Tillemont, d'A. de la Roque, de la Thaumassière, de Leblanc, des auteurs de l'*Histoire de Languedoc*, méritent aussi d'être signalés parmi les principaux recueils de copies [5].

Bref, pendant quatre cents ans, du XIVe au XVIIIe siècle, des extraits ont été faits au greffe de la Chambre, qui sont aujourd'hui le complément naturel des originaux conservés par hasard. Mais, de même qu'il n'existe nulle part un inventaire sommaire des pièces originales, provenant de la Chambre des

---

[1] A.-M. de Boislisle, o. c., p. cxx.

[2] *Ibid.*, p. cxvi.

[3] Voir notamment Bibl. nat., fr. 20684-20685, et les nombreux volumes, provenant de Gaignières et de Clairambault, qui contiennent des extraits du même genre.

[4] Les extraits de Du Cange se trouvent dans ses papiers (Bibl. nat., fr. 9496-9501, et Bibl. de l'Arsenal, n° 5259). Il en a inséré un certain nombre dans son Glossaire.

[5] Voir l'*Usage des fiefs* de Brussel, les *Vitæ paparum Avenionensium* et le ms. 51 de la Collection Baluze, l'*Histoire de saint Louis* de Lenain de Tillemont (cf. *Bibliothèque de l'École des chartes*, XXVIII, p. 609), le *Traité de l'arrière-ban* d'A. de la Roque, l'édition de Beaumanoir par La Thaumassière, le *Traité des monnaies* de Leblanc, le ms. 159 de la Collection de Languedoc (à la Bibliothèque nationale).

Des copies et des extraits textuels de documents conservés aux archives de la Chambre, en particulier de comptes, se trouvent dans les Collections de Picardie, de Champagne et du Vexin, à la Bibliothèque nationale. Le ms. 550 de la bibliothèque d'Orléans est la copie, exécutée en 1766, d'un recueil fait par M. de Gyvès avec des extraits communiqués par Vyon d'Hérouval; il a été lui-même copié par les collaborateurs de Moreau (Bibl. nat., Coll. Moreau, 169 et suiv.).

comptes, qui sont dispersées dans les dépôts publics de la France et de l'étranger, de même n'existe-t-il pas de liste des manuscrits et des livres antérieurs à 1737 où se trouvent des copies de nature à suppléer les originaux perdus. Deux essais bibliographiques seulement sont à citer : on a essayé d'énumérer et de classer les sources, manuscrites et imprimées, qui peuvent servir à la reconstitution des anciens *Libri memoriales* et du premier des Mémoriaux[1]; les éditeurs des *Historiens de la France* ont publié, suivant l'ordre chronologique, sous ce titre : « Fragmenta computorum », les extraits de comptes datés de 1227 à 1306 qu'ils connaissaient[2]. Cette dernière tentative, faite en 1865, était alors prématurée. Les éditeurs du tome XXII des *Historiens de la France* n'ont utilisé, pour leur recueil des « Fragmenta computorum » de 1227 à 1326, que les papiers de Du Cange (Suppl. fr. 1225ᵇ et 1226 = fr. 9497, 9501) et de Gaignières (Gaignières 772.2 = fr. 20685) et le *Nouvel examen de l'usage des fiefs* de Brussel; ils n'ont recueilli, par conséquent, qu'une assez faible partie des fragments dont l'existence est aujourd'hui connue : ils ont imprimé des extraits de cinquante-six rôles de bailliage établis entre 1227 et 1306; or, les rôles « de plus d'une centaine d'exercices, sur les deux cent quarante entre lesquels l'intervalle de 1217 à 1296 a été divisé, sont cités dans les anciens travaux historiques[3] ».

De nos jours, les originaux et les copies de documents provenant des archives de la Chambre ont attiré l'attention d'un grand nombre d'érudits, qui ont, chacun de son côté, publié (intégralement ou en partie)[4] ou utilisé ceux qui

---

[1] J. Petit, *o. c.*, Introduction.

[2] *Historiens de la France*, t. XXII, p. 737 et suiv. Non pas tous ceux qu'ils connaissaient, car plusieurs fragments de comptes insérés par Brussel dans son *Usage des fiefs* n'ont pas été — nous ignorons pour quel motif — relevés par eux.

[3] Borrelli de Serres, *Recherches sur divers services publics du XIIIᵉ au XVIIᵉ siècle* (Paris, 1895, in-8°), p. 24. — Encore plusieurs articles ont-ils été présentés dans les *Fragmenta computorum* comme appartenant à des comptes distincts qui se trouvaient sur le même rôle (B. de Serres, *o. c.*, p. 225, note).

[4] On a publié, en ce siècle, des milliers de comptes, de mandements, de quittances, etc., provenant des archives de la Chambre. — Citons, parmi les érudits qui ont édité des comptes isolés du XIIIᵉ et du XIVᵉ siècle : Buchon (*Le livre de la taille de Paris*, à la suite de son édition de la « Chronique » de Godefroy de Paris, 1827); Leber (*Collection des meilleures dissertations*, t. XIX); Jal (*Archéologie navale*, t. II), Francisque-Michel (dans les notes de son édition d'Anelier); Peigné-Delacour (*Mémoires de la Société des Antiquaires de Picardie*, t. XII. p. 647); J. Havet (*Bibliothèque de l'École des chartes*, 1884, p. 237.);

INTRODUCTION.

leur sont tombés sous la main. Mais ces travaux n'ont fait que compliquer la bibliographie, déjà très embrouillée, de ces intéressantes épaves. Il est devenu très difficile de savoir si telle pièce ou tel fragment que l'on rencontre est inédit ou non, connu ou inconnu. — A l'inventaire sommaire et au catalogue descriptif des originaux dispersés dans les archives et les bibliothèques de l'Europe dont nous avons dit plus haut que le besoin se fait sentir, il faudrait, pour bien faire, joindre une nomenclature complète et méthodique des copies et des extraits, et enfin l'indication des éditions, bonnes, médiocres ou mauvaises, qui ont été données jusqu'à présent [1].

L. Delisle (*Mémoire sur les opérations financières des Templiers*. Paris, 1889, in-4°); Ph. de Bosredon (*Bulletin de la Société historique du Périgord*, t. XX, p. 215. Cf. *Bulletin de la Société des antiquaires de Picardie*, 1895, p. 97). — Des documents, qui sont encore inédits, comme le *Journal du Trésor* du temps de Philippe le Bel, qui porte le n° 9783 des mss latins de la Bibliothèque nationale, ont été dépouillés vingt fois, à des points de vue différents, et de très nombreux passages en sont visés ou reproduits dans les ouvrages de MM. Boutaric, de Marchéville, Funck-Brentano, Moranvillé, A. Rigault, J. Petit, L. Lazard (*Revue des études juives*, t. XV, p. 233-261), C. Piton (*Les Lombards en France et à Paris*, Paris, 1892, in-8°; p. 178 et suiv.), etc.

Un recueil des comptes de l'Argenterie a été entrepris par M. L. Douët d'Arcq (*Comptes de l'argenterie des rois de France au XIV° siècle*, Paris, 1851, in-8°; *Nouveau recueil de comptes de l'argenterie des rois de France*, Paris, 1874, in-8°). Il est incomplet.

Il semble que les éditeurs des *Historiens de la France* aient conçu, vers le milieu de ce siècle, la pensée d'insérer dans ce recueil un *corpus* des plus anciens comptes royaux, car ils en ont publié plusieurs dans les tomes XXI, XXII et XXIII, et ils ont annoncé l'intention de continuer : «Multum abest ut omnes regni provinciæ complectentur publicarum rationum exemplaria quæ hactenus edidimus, sed inceptum opus in sequentibus tomis continuare in animo est» (t. XXII, p. 623).

[1] La plupart des éditions de comptes publiées jusqu'à présent sont insuffisantes parce que l'intelligence des dispositions techniques de l'ancienne comptabilité ne pouvait résulter que d'une comparaison approfondie de l'ensemble des monuments. Cette étude générale n'ayant jamais été faite, les éditeurs de comptes isolés étaient hors d'état de résoudre les difficultés particulières; ils étaient exposés à commettre des erreurs d'interprétation, et parfois à imprimer sans comprendre ce qu'ils imprimaient.

M. Borrelli de Serres est le premier auteur qui, s'étant livré aux comparaisons nécessaires, ait défini clairement (dans son ouvrage précité) les différents types de comptes et les procédés des comptables. Il est le premier qui ait dominé le sujet et ordonné ce qui était auparavant une masse inextricable de documents en partie inintelligibles.

Pour obtenir les résultats qu'il a obtenus, M. Borrelli de Serres a dû rassembler et étudier tout ce qui subsiste des monuments de la comptabilité royale sous les derniers Capétiens directs. Il est donc désigné pour commencer ce grand Catalogue descriptif et bibliographique des épaves des archives de la Chambre qui fait encore défaut.

Résumés, analyses, inventaires. — Si aucun original, aucune copie textuelle des documents anciens de la Chambre n'avaient été conservés, on posséderait encore la substance, ou le titre, de quelques-uns d'entre eux.

En effet, des officiers de la Chambre ont utilisé les archives financières et domaniales de la Couronne pour nourrir de renseignements précis des mémoires à consulter; et des inventaires de ces archives ont été dressés.

Les *Libri memoriales* du xiv° siècle, les *Advaluationes* et les « Manuels » du xv° renferment beaucoup de memoranda, notes, cédules, résumés, tableaux historiques et comparatifs de recettes et de dépenses, évaluations et comptes faits d'après les précédents, qui sont expressément présentés comme ayant été rédigés « selon ce que on peut trouver par les comptes rendus a court [1] ». Plusieurs de ces très anciens travaux de première ou de seconde main sur les documents de la Chambre ont été récemment publiés dans les *Historiens de la France* [2] et ailleurs [3].

Quant aux inventaires anciens, il en existe tant, de diverses formes et de diverses dates, que, vers 1849, on en a formé aux archives une série particulière (PP) qui compte 183 registres. Ces répertoires analytiques et descriptifs ont été sommairement étudiés et décrits par MM. de Boislisle [4] et Bruel [5].

Le plus ancien et le plus considérable des Inventaires connus des archives de la Chambre est un inventaire des comptes, celui de Robert Mignon, que nous nous proposons de publier. Quoiqu'on ait dit que « ce document, unique en son genre, donne l'énumération exacte de tous les comptes rendus depuis le xiii° siècle jusqu'en 1327 »[6], c'est seulement un inventaire partiel; et ce n'est pas le seul où des comptes, rendus « depuis le xiii° siècle jusqu'en 1327 », aient été inventoriés.

Que l'inventaire de Robert Mignon n'ait pas été seul de son espèce, au xiv° siècle, et qu'il soit partiel, c'est ce qui sera établi tout à l'heure. Disons seulement ici que, même si cet Inventaire n'existait pas, on aurait encore quelques

---

[1] Arch. nat., P 2289, p. 760. Cf. Bibl. nat., fr. 25993, n° 134 : « Par les escripz de la Chambre l'on trueve. »

[2] Surtout dans le tome XXI (p. 529, 531, 564, etc.).

[3] Par MM. de Boislisle (*Annuaire-Bulletin de la Société de l'histoire de France*, 1875, p. 86 et suiv.), Moranvillé (*Bibliothèque de l'École des chartes*, 1887, p. 380), etc.

[4] A.-M. de Boislisle, o. c., p. cxv-cxix.

[5] *Répertoire numérique des archives de la Chambre des comptes de Paris*, p. ii et x. Cf. col. 261.

[6] A.-M. de Boislisle, o. c., p. cxv.

renseignements sur les comptes qui étaient conservés jadis aux archives de la Chambre, par des inventaires sommaires, partiels aussi, du xve, du xvie et du xviie siècle [1]. Pour les comptes du Trésor, dont Robert Mignon ne s'est pas occupé, on en est justement réduit à des inventaires des derniers siècles, que nous indiquons en note [2] et dont quelques-uns n'ont jamais été, jusqu'à présent, utilisés [3].

II

Les comptes étaient peut-être les documents les plus instructifs des archives de la Chambre. Non seulement les éléments de l'histoire financière et de l'administration financière étaient là (et nulle part ailleurs en pareille abondance); mais ils tenaient en réserve un trésor inépuisable de renseignements précis sur les hommes, les choses et les prix, sur l'organisation et la géographie administratives, les allées et venues des personnages qui ont joué un rôle politique ou diplomatique, l'histoire généalogique et celle de la civilisation. On l'a reconnu depuis longtemps. Cependant, jusqu'à ces derniers temps, cette source de premier ordre n'a pas été systématiquement utilisée. Pour qu'elle le soit désormais, des instruments de travail sont nécessaires, dont on a longtemps regretté l'absence. Il semble que, avec le catalogue descriptif et bibliographique des pièces qui ont été conservées (en original ou en extraits), le plus utile de

---

[1] Citons un « Inventaire de tous les livres et registres estans en la Chambre de Champaigne dedans un coffre neuf, 1489 » (Bibl. nat., Coll. Dupuy, 229, fol. 134), un « Inventaire de pièces estans en la vieille Chambre de France, par m{e} Jacques Le Picquart, 1495 » (Bibl. nat., fr. 20692, fol. 1; Cf. Recueil de Menant, XII, fol. 90), un « Inventaire des comptes des domaines ou ordinaire et autres titres de conséquence qui restaient à mettre en ordre au département de feu M. Robert Hamonin, ci devant garde des livres, 1676. » (Bibl. nat., Clairambault, 843, fol. 55; cf. Mélanges Colbert, 32).

[2] Il y a une liste des comptes du Trésor qui existaient à la fin du xviie siècle dans le volume 790 de la Collection Clairambault; mais elle ne commence qu'en 1349. Celle qui se trouve dans le registre PP 99 des Archives nationales (fol. 61) est beaucoup plus intéressante. — PP 99 contient en outre des listes de comptes d'« aydes pour la guerre » (fol. 23) et de « comptes de régale » (fol. 92) depuis la fin du xiiie siècle.

[3] Mentionnons encore, pour mémoire, des listes de comptes à consulter ou de desiderata, dressées par des officiers de finance, qu'il est légitime de rapprocher des inventaires sommaires. On en trouvera un spécimen aux Archives nationales, Z^{1b} 361; c'est une liste de comptes de monnayage, postérieure à 1326 : « Il faut les comptes du monnoiage. »

ces instruments soit l'édition des anciens inventaires de comptes dus aux officiers de la Chambre.

Voilà pourquoi l'Académie des Inscriptions et Belles-Lettres a décidé de commencer la série des « Documents financiers » qu'elle se propose de publier par une édition du célèbre *Inventarium compotorum ordinariorum et aliorum* de Robert Mignon.

L'Inventaire de Robert Mignon a été souvent consulté aux archives de la Chambre des comptes avant 1737. La table en fut transcrite de bonne heure au commencement de *Noster*[2], un des *Libri Memoriales* de la Chambre, dont le ms. fr. 2833 de la Bibliothèque nationale, écrit au XVe siècle, donne assez exactement l'idée. Plus tard, N.-Ch. de Sainte-Marthe [1], Blanchard [2], Menant [3] en ont fait des extraits. Enfin un scribe, dont on ignore le nom, mais dont la main a été reconnue dans plusieurs volumes du Cabinet des manuscrits et qui travaillait pour Foucquet [4], l'a copié entièrement; sa copie, qui passa de la bibliothèque de Foucquet dans celle du président Le Ragois de Bretonvilliers, puis dans celle de M. de Caumartin, porte aujourd'hui le numéro 9069 des mss latins de la Bibliothèque nationale : c'est un énorme volume de 1055 pages in-folio.

Pendant plus d'un siècle, à partir de 1737, l'Inventaire de Robert Mignon a été considéré comme perdu. Ni la copie exécutée pour Foucquet, ni les extraits de Sainte-Marthe, de Blanchard et de Menant n'étaient connus. On croyait que la table insérée au commencement de *Noster*[2] était tout ce qui restait de l'ouvrage. Les éditeurs du tome XXI des *Historiens de la France* [5], qui ont édité cette table d'après le ms. fr. 2833 et quelques mauvaises copies de *Noster*[2], ont partagé cette erreur.

C'est M. L. Delisle qui, vers 1850, découvrit le ms. lat. 9069 et en signala la valeur [6]. Depuis, l'Inventaire de Robert Mignon a été lu, dépouillé et cité

---

[1] Bibl. nat., fr. 20691, fol. 823-833.

[2] *Ibid.*, nouv. acq. lat., 184, fol. 88 (« Extrait d'un ancien livre estant en la Chambre des Comptes à Paris, intitulé *Compoti bailliviarum Francie* »).

[3] Recueil de Menant, VIII, fol. 1 et suiv.

[4] L. Delisle, *Le Cabinet des manuscrits*, t. I, p. 273.

[5] *Historiens de la France*, t. XXI, p. 519-529.

[6] C'est par erreur que la découverte du ms. lat. 9069 a été attribuée à une autre personne (*Revue critique*, 1874, t. I, p. 201).

par plusieurs historiens: MM. Boutaric [1], Ch. Jourdain [2], Prost [3], Callery [4], de la Roncière [5], Borrelli de Serres, etc. « Il ne manquera pas, écrivait M. de Boislisle en 1873 [6], d'être publié et commenté quelque jour en entier. »

Avant d'expliquer comment nous avons préparé la présente édition de l'*Inventarium compotorum ordinariorum et aliorum* de R. Mignon, il faut dire ce que l'on sait de l'auteur, quel est le caractère et quelle est la date de son travail.

ROBERT MIGNON. — L'auteur de l'*Inventarium compotorum ordinariorum et aliorum* s'est nommé dans son préambule. « Robert Mignon, dit M. de Boislisle, était « petit clerc » d'un sien frère, Jean Mignon, maître clerc des comptes, lorsqu'il rédigea, *salvo protectorum* [var. : *providorum*] *consilio*, l'inventaire qui lui vaudra de figurer avec honneur dans les annales du xive siècle, où Jean Mignon est déjà inscrit comme fondateur d'un des principaux collèges de l'Université parisienne [7]... »

M. de Boislisle résume ainsi la biographie de Robert Mignon, d'après les anciennes *Filiations* des offices de la Chambre : « Entré clerc sous les ordres de Jean, le 15 janvier 1322, il céda cette fonction à un autre Jean Mignon,

---

[1] E. Boutaric, *La France sous Philippe le Bel* (Paris, 1861, in-8°).

[2] Ch. Jourdain, *Mémoire sur les commencements de la marine militaire sous Philippe le Bel*, dans les *Mémoires de l'Académie des Inscriptions*, t. XXX, 1re partie, p. 384 : « Ce document, dit M. Jourdain en parlant de la Table publiée au t. XXI de *Historiens de la France*, n'est qu'un simple sommaire dont l'auteur s'est borné à indiquer les grandes lignes de l'administration de la France au commencement du xive siècle sans entrer dans les détails. Mais Robert Mignon avait dressé un second inventaire, qui développe le premier, et dans lequel il avait catalogué les comptes tenus par les agents de tout ordre, chargés du maniement des deniers royaux. L'original de ce second inventaire s'est perdu, mais la Bibliothèque nationale en possède une copie (ms. lat. 9069). »

[3] B. Prost, *Quelques documents sur l'histoire des arts en France*, dans la *Gazette des Beaux-Arts*, t. XXXVI (1887), p. 236.

[4] Cf. Borrelli de Serres, *o. c.*, p. 336.

[5] De la Roncière, *Le blocus continental de l'Angleterre sous Philippe le Bel*, dans la *Revue des Questions historiques*, octobre 1896.

[6] A.-M. de Boislisle, *o. c.*, p. cxvi.

[7] « Jean Mignon, ajoute M. de Boislisle (*l.c.*), avait commencé par être petit clerc de Sance de la Charmoye, en même temps que Jean de Saint-Just, et tous deux étaient devenus clercs du roi en 1315. Jean Mignon fut fait maître clerc par l'ordonnance de janvier 1320, et ne mourut que le 13 avril 1345 ». — Jean Mignon est mort en avril 1343, non en 1345.

dit *le jeune*, en octobre 1330, et ne devint clerc du roi que huit ans plus tard le 29 mai 1338. Il conserva ce titre jusqu'au 14 décembre 1346[1]. »

C'est le 25 et non le 15 janvier 1322 que Robert Mignon fut nommé clerc des comptes, d'après le « Journal du Trésor »[2].

Le 3 avril 1328, Philippe VI lui donna l'autorisation de se marier, le confirma dans ses fonctions, consolida ses gages et lui accorda la jouissance des droits dont jouissaient « ses autres clercs familiers », en ces termes :

Philippus, etc., dilecto magistro Roberto dicto Mignon, clerico nostro, salutem et dilectionem. Attendentes[3] grata fidelitatis obsequia nobis et predecessoribus nostris regibus Francie per vos in Camera nostra Compotorum diucius[4] impensa, et que cotidie nobis etiam impenditis, volumus vos matrimonium contrahere si et quando[5] vobis expediens videbitur, et in dicto officio vestro Camere nostre predicte, quandiu nobis placuerit, remanere ad vadia et emolumenta consueta, que per thesaurarios nostros vobis solvi, et in ipsorum compotis per dilectas et fideles gentes nostras compotorum allocari tenore presencium precipimus et mandamus, vobis insuper conferentes[6] ut gratiis, privilegiis et libertatibus, prout alii familiares clerici nostri, plenarie gaudeatis. In cujus rei testimonium presentibus litteris nostrum fecimus apponi sigillum. Datum apud Mediam Villam, die tertia Aprilis anno Domini m° ccc° xxviii°[7].

Il est établi, d'autre part, par les comptes du Trésor, que, dans le courant de l'exercice de Noël 1330, Jean Mignon, seul des maîtres de la Chambre, a pris un second clerc, Jean Mignon le jeune. Il a touché pour son clerc Robert 30 l., et celui-ci, de son côté, *pro vadiis a tempore quo duxit uxorem*, 25 l., 4 s., ce qui complétait le montant du traitement semestriel des clercs (55 l., 4 s.) Il a touché en outre 15 l., 18 s. pour le second Jean Mignon, son homonyme; à 6 s. par jour, ce nouveau clerc avait donc été nommé 53 jours avant le 1er janvier 1331.

---

[1] A.-M. de Boislisle, *o. c.*, p. cxvi. Cf. Bibl. de Rouen, Recueil de Menant, XIII, fol. 103.

[2] Arch. nat., KK 1, p. 171; cf. Recueil de Menant, III, fol. 46 v° : « Cepimus super regem sic. Adam de Campellis, Leodegarius de Charmeya, presbyteri, et magister R. Mignon, clerici compotorum, pro jure suo scriptorum Francie, a xxv° die Januarii ccc xxi, qua intraverunt officium, usque ad Julium post, equaliter xxxix lib., iii sol. par. »

[3] Ms. : *accedentes*.

[4] Ms. : *dilatacius*.

[5] Ms. : *quam*.

[6] Ms. : *consedentes*.

[7] Cette lettre était au folio 192 v° du Mémorial B de la Chambre des comptes. Elle est dans la Reconstitution officielle (Arch. nat., P 2291, fol. 677). Cf. Le Chanteur, *Dissertation historique et critique sur la Chambre des comptes* (Paris, 1765, in-4°), p. 145, 160.

INTRODUCTION.

La lettre du 3 avril 1328 est rédigée en termes ambigus. Philippe VI fut amené à en préciser le sens, le 31 mai 1336. « Chacun des maîtres clercs de notre Chambre des comptes, dit-il à cette date[1], a le droit de *metre et avoir pour luy* un clerc dans ladite Chambre. Maître Jean Mignon mit ainsi pour lui jadis son frère, maître Robert Mignon. Le 3 avril 1328, nous avons retenu, par nos lettres, ledit maître Robert pour notre clerc en notre dite Chambre, à cause de ses bons services. » Or,

... pour ce que esdites lettres est contenu que nous vousimes que ledit maistre Robert demourast en son dit office, aucuns de vous cuident que nous ne le retenissions pas nostre clerc, ainçois dient que nous vousimes que il y demourast clerc dudit maistre Jehan aussi comme devant, et que ledit maistre Jehan n'y peut pas un autre mettre pour li au lieu dudit maistre Robert, sçavoir vous faisons que nostre entente estoit et est encore que ledit maistre Robert fust et soit nostre clerc en ladite Chambre, depuis la date de noz lettres dessus transcriptes, et que pour ce le droit dudit maistre Jehan de mectre et d'avoir un autre clerc en nostre dite Chambre n'en fust de riens empeschiés; ainçois nous plaist et voulons que il en ayt usé et use encore en la maniere que il a depuis fait...

A la requête d'Isabelle de Valois, sa sœur, Philippe VI ordonna, en conséquence, le 31 mai 1336, que maître Jean Mignon fût autorisé à « mettre pour lui » un nouveau clerc en la personne d'un certain « Georges de Villaines[2] ». Ce Georges de Villaines avait remplacé Jean Mignon *junior*, dès l'automne de 1335, auprès de Jean Mignon *senior*, s'il faut en croire les relevés des anciens érudits.

La *Filiation* des officiers de la Chambre des comptes déclare que Robert Mignon fut reçu parmi les clercs du roi le 29 mai 1338. L'auteur de cet ouvrage a-t-il connu un autre document que celui du 31 mai 1336, que nous venons de citer? Nous l'ignorons.

La *Filiation* ajoute que maître Robert Mignon resta en charge jusqu'au

---

[1] Arch. nat., P 2291, *l. c.* — Le Chanteur a publié aussi cette seconde pièce, qu'il date du 9 mars 1336 (p. 160) et du 9 mai 1338 (p. 161).

[2] Ou « Georges Villaine ». La généalogie des Mignon, telle que nous la connaissons, ne nous permet pas de dire si ce personnage était parent de Jean Mignon. Les quatre sœurs de Jean et de Robert Mignon épousèrent N. du Puis, H. le Cousturier, N. de Méry, R. Noël, d'après le Cartulaire des Mignon. — Pierre de Villaines, archidiacre de Josas, était, d'après ce même Cartulaire, en relations d'affaires avec Jean Mignon.

14 décembre 1346. Nous ne savons où l'auteur a puisé ce renseignement. Mais il a connu sûrement une liste des officiers de la Chambre, du 14 décembre 1346, publiée par Le Chanteur [1] : le nom de Robert Mignon n'y est pas [2].

Un cartulaire de la famille Mignon, communiqué en 1868 par un notaire de Montfort-l'Amaury à M. A. de Dion, et qui appartient maintenant à M. de Rougé (au château du Tremblay, près Montfort-l'Amaury), permet heureusement d'ajouter quelques traits à cette biographie trop sommaire. — Dès 1230, un certain Étienne Mignon tenait du comte de Montfort le fief de Launay-Roguerin (non loin du Tremblay). Robert Ier Mignon possédait, au commencement du XIVe siècle, un manoir au Tremblay; il eut deux fils : Jean, archidiacre de Blois, clerc du roi, maître des comptes, et Robert II, notre auteur, qui hérita de son frère au commencement de l'année 1343 et mourut en 1360. Les fils de Robert II, Robert III et Michel, sont morts sans postérité, et les biens de la famille passèrent, en 1458, aux Culdoe, descendants de Jeanne Mignon, fille de Robert II, et de Jean Culdoe, prévôt des marchands de Paris.

Le cartulaire des Mignon est écrit en grande partie de la propre main de Robert II, d'une écriture ferme et régulière, hérissée d'abréviations. Il a été folioté deux fois. Le premier foliotage, placé au haut des feuillets, va du folio 137 au folio 322 : le commencement a disparu; le second, au bas des feuillets, va de I à VIII{xx} XVII. Voici les principales rubriques : Fol. 9 : *Conquestus defuncti magistri Johannis Mignon in territorio de Trembleyo*; fol. 68 : *C'est le fié que feu Me Jehan Mignon, clerc du roi n. s. et archidiacre de Blois, tenoit du chastelain de Maurepas*; fol. 89 : *Comment et de qui je fu receu en foy apres le*

---

[1] Le Chanteur, *o. c.*, p. 248.

[2] Robert Mignon figure encore parmi les clercs des comptes aux termes de la Chandeleur et de l'Ascension 1346 (Extraits de Blanchard, Bibl. nat., nouv. acq. lat., 184, fol. 7).

On trouve des mentions relatives à Robert Mignon, comme clerc des comptes, pour les années 1323 et suivantes, dans le registre KK 1 et KK 2 des Archives nationales. Cf. le Livre des Changeurs du Trésor, KK 5, fol. 174 v° (20 septembre 1335) et fol. 127 v° (30 juin 1342). — On lit au fol. 224 de *Noster*[1] (Bibl. nat., lat. 12814) une mention de chancellerie ainsi conçue : « Collatio fit cum originalibus litteris signatis : « Per regem. Barr. », XIIIe die Octobris anno Domini CCC° XXXII°, per me Robertum Mignon, et me J. Aquile, et me J. Mignon juniorem. » — Le nom de Robert Mignon se trouve aussi au verso de la feuille de garde du « Journal du Trésor » de Philippe le Bel (Bibl. nat., lat. 9783).

deces mon frere; fol. 146 : *Comment on doit se demener en fiés;* fol. 179 : Aveu de Robert Mignon au seigneur de Maurepas (13 mai 1360); fol. 180 : Aveu de Michel Mignon audit seigneur (13 juillet 1364)[1].

Jean Mignon acquit de vastes domaines. Il les laissa à son frère, sous déduction de diverses aumônes (notamment à l'abbaye des Vaux-de-Cernai) et des sommes nécessaires pour fonder, dans l'Université de Paris, un Collège à l'usage de douze écoliers appartenant à des familles amies ou alliées des Mignon. En 1353, dix ans après la mort de Jean, Robert II n'avait pas encore pris les mesures nécessaires pour la fondation du Collège. L'Université se plaignit; et « maître Robert Mignon, notre clerc de ladite Chambre [des comptes] », fut condamné à s'exécuter[2] : « Il sera tenu de donner pour l'installation du Collège la maison que son dit frère habitait à l'époque de son décès. » Cette maison, c'était l'hôtel Mignon, dans la rue du Quartier Latin qui porte encore aujourd'hui le nom de cette famille.

ORIGINE, CARACTÈRE ET DATE DE L'OUVRAGE. — A quelle époque, pourquoi et comment Robert Mignon a-t-il composé l'*Inventarium*? L'a-t-il écrit tout entier, d'affilée, ou bien l'ouvrage primitif a-t-il reçu des additions? A-t-il eu des modèles? des précurseurs? des émules? des imitateurs? L'*Inventarium* est-il le seul « livre » de cette espèce qu'il ait composé ou qui ait été composé aux archives de la Chambre en ce temps-là? — Ces questions n'ont pas été posées jusqu'ici, si ce n'est la première. A celle-là on a donné des solutions contradictoires : M. Boutaric dit que « l'Inventaire de R. Mignon fut rédigé en 1326 »[3]; M. de Boislisle que « le travail fut exécuté entre 1325 et 1328 ».

I. Les comptes des archives de la Chambre étaient, au commencement du XIVe siècle, dans un état déplorable de confusion et d'incorrection. Un des plus anciens Mémoriaux, celui de Jean Mignon (Bibl. nat., ms. lat. 12814), con-

---

[1] Nous devons ces renseignements à l'obligeance de M. A. de Dion. Cf. A. de Dion, *Un grand propriétaire au XIVe siècle* (Versailles, 1889, in-8°). Extrait du IXe volume du *Bulletin de la Commission des antiquités et des arts de Seine-et-Oise*. — Il est dit dans cette brochure, par suite d'une confusion, que Robert Mignon fut « garde des archives du royaume » et que « c'est à lui qu'on doit le premier inventaire qui en fut fait ».

[2] Arch. nat., J 152, n° 22; cf. M 177, n° 1. L'arrêt est daté de Paris, juillet 1353.

[3] E. Boutaric, *La France sous Philippe le Bel*, p. 322.

tient des renseignements sur les nombreuses « voies » qui furent alors « pensées et pallées pour amender les escrips des comptes ». Voici la première :

> *Les voies par lesqueles les escrips de la Chambre des comptes fussent amendez qui ont esté parlées sont teles.*
>
> Premierement que les comptes ordinaires, ce est assavoir les comptes des baillies de France, de Normandie et de Champaingne, des seneschaucées et de Navarre fussent amendez par les clers ensemble, einsi comme il seut estre a matin avant dyner apres les comptes faiz. Et chascun des clercs des comptes fut chargé de faire apres dyner aucune des besongnes extraordinaires, comme disiesmes, prestz, centiesme, cinquantiesme, et einsi des autres subvencions [et] des finances des fiez, selont les années. Si que l'un feist l'un, et l'autre l'autre; et l'un la guerre en Gascoingne du temps le connestable et monseigneur Charles, et l'autre du temps le conte d'Artois, et einsi des autres temps. Et l'autre l'armée de la mer du temps au seigneur de Monmorenci, et l'autre du temps monseigneur Othé de Touci, et einsi des autres. L'autre de la guerre de Flandres quant le roy y fu, et l'autre du temps le connestable, et l'autre du temps monseigneur Charles et le conte de Saint Pol, et l'autre du temps monseigneur Jaques. Et ces besongnes sont longues a raconter, et peut l'en esmer se elles sont trop longues a mener a fin et perilleuses a lessier. — Et par ceste voie a l'en atrouvé aucuns deniers deuz au roy, et plusieurs foiz. Et par ceste voie furent trouvez, n'a pas lonc temps, du disiesme d'Arragon de trois ans, qui estoient encore a amender; de xv.^{m} livres duques a xx^m livres; quar l'un fist une province ou deus, et l'autre aussi, et l'autre aussi.
>
> Mes aucuns dient que ceste voie est perilleuse pour ce que miex peut estre jugé ce qui chet en discucion par .II. ou par .III. que par un tant seulement. Et peut l'en pou faire apres dyner, se n'estoit en esté. Et teles besongnes sont mout ennuieuses, et font homme melancolieus, si que se doutent que par ceste voie ne peust estre menée a fin la besongne.

Trois autres « voies » furent proposées. — La seconde était que « les uns des clers fussent aux comptes ordinaires et les autres aux extraordinaires »; mais « ces choses sont si enlaciées et entremellées que le departement n'a pas esté conseillié ». La troisième consistait à spécialiser une partie des clercs, et, au besoin, des maîtres, qui n'auraient d'autre occupation que « d'amender les comptes du temps passé jusques a la Saint Jehan l'an M CCC III que le Tresor fu remiz au Temple ». Le quatrième moyen consistait à partager les six clercs des comptes en deux équipes : « Trois amanderont tous jourz, et les autres trois tendront les comptes quant l'en comptera ». — Ce quatrième moyen fut adopté, mais sans succès :

> Ceste quarte voie fu acordée, un an a, ou plus; mes elle n'est pas bien gardée pour

la grant confusion des escrips. Car quant un des compaingnons a eu un escript, il le met souvent en tel lieu que son compaingnon ne le peut trouver.

L'auteur de ces observations — probablement Jean Mignon — conclut en ces termes :

Pour ce que, quant l'en a assez a ouvrer, petit nombre d'ovriers ne pevent pas mettre l'uevre a fin aussi tost comme assez, je loeroie que les maistres des comptes peussent querir clers aides selon ce que les besongnes requierent, qui fussent aus despens et aux gages le roy. — Et se ceus qui amenderoient les escriz jusques a un temps certain (puis l'an III^{xx}XIII jusques a temps certain) demouroient ensemble, et a un despens, je croi que ce seroit le profit le roy. — Et couvient que touz les clers qui seront aus escriz souz qui que il soient soient en l'obeyssance de ceus qui maistres seront, et pour ouvrer a temps, et pour amender ce que il commanderont, quar aucuns dient que il ne sont de rien a eus [1].

D'autre part, l'ordonnance du Vivier-en-Brie (janvier 1320) contient les articles suivants :

Premierement. Pour la grant multitude de comptes qui sont a corriger et amender en la Chambre des temps passez, en quoi nous soustenons mout de domages, et plusieurs gens en sont en peril dusques a tant que il soient amendé, et bonnement ne se peut faire sanz avoir plus grant nombre de maistres clers, voulons et ordenons que il ait en ladite Chambre quatre maistres clers, c'est assavoir les trois qui y sont, et maistre Jehan Mignon que nous y metons de nouvel. — Et avons ordené que des dits maistres clers les deux seront toujours continuellement en la Chambre pour oir les comptes, et les autres deus seront continuelment en bas pour corriger les comptes, dont li un sera chargié de corriger les comptes anciens jusques au temps nostre cher frere le roi Loys, et li autre corrigera ceux du temps dudit nostre frere et de nostre temps. — Et des maintenant sera fait inventoire de tous les comptes qui sont a corriger, et puis seront mis devers ceus qui a eux corriger seront establis.....

. . . .

Voulons et ordenons que inventoire soit fait de tous les escrips de la Chambre, et les corrigiez mis d'une part, et les autres d'autre, et chacuns escrips d'un pays mis ensemble, en huches, diviseement, et ceux des dismes et des annates [2] et [des] impositions d'autre part [3].....

---

[1] Ms. lat. 12814, fol. 86 v°-88 v°.
[2] Édition : *annexes*. Ms. lat. 12814, fol. 120 v° : *ans vieux*.

[3] *Ordonnances du Louvre*, 1, p. 704. Collationné sur le Mémorial des Mignon (ms. lat. 12814, fol. 119 v°).

Philippe V ordonna donc en janvier 1320 de dresser : 1° un inventaire des comptes à corriger ; 2° un inventaire méthodique de « tous les escripts de la Chambre ».

Il est évident que l'Inventaire de Robert Mignon (*Inventarium compotorum ordinariorium et aliorum*), où les comptes sont classés par pays (*chacuns escrips d'un pays mis ensemble*), où les comptes « à corriger » sont distingués de ceux qui étaient corrigés (*les corrigiez mis d'une part et les autres d'autre*), où ceux des décimes, des annates et des impositions sont groupés ensemble (*ceux des disiemes, des annates et des impositions d'autre part*), fut rédigé en conséquence des prescriptions de 1320.

Ce n'est pas, toutefois, le plus ancien Inventaire qui ait été rédigé en conséquence des prescriptions de 1320 : « Mémoire soit, dit expressément Robert Mignon, que je n'ai pas encore collationné les comptes de la guerre de Flandre ; c'est pourquoi manquent ici quelques comptes de cette guerre, qui ont été entendus (*auditi*) depuis la confection du premier Inventaire, fait vers l'an 1320[1] ».

Ce n'est pas, non plus, le seul. Robert Mignon cite, à plusieurs reprises, un *Inventarium compotorum particularium*, complémentaire de l'*Inventarium compotorum ordinariorum et aliorum* que nous avons[2] ; et la table de ce second Inventaire a été conservée. Dans l'Inventaire de Robert Mignon, il est aussi question d'un *Inventarium de tempore regis Philippi de Valesio*[3].

II. L'*Inventarium compotorum ordinariorum et aliorum* de R. Mignon était un volume en parchemin, de 656 feuillets. Un grand nombre de feuillets avaient été laissés en blanc, afin de faciliter les intercalations. Il était orné de rubriques et de « grosses lettres fleuries ». Il était relié[4]. Il était précédé de deux tables des matières, l'une très brève (*Tabula minor*), l'autre assez développée (*Tabula major*).

III. La rubrique de la *Tabula minor* fait savoir que l'Inventaire s'applique « à tous les écrits que je, Robert Mignon, ai pu trouver dans notre Compagnie

---

[1] Cf. ci-dessous, § 2493, p. 318.
[2] Cf. p. 1, note 1.
[3] Ci-dessous, p. XXIII, note 4. — Vers le même temps fut dressé un « État sommaire des comptes des receveurs des ducs de Bourgogne (1299-1309) ». Bibliothèque de Dijon, ms. 1105.
[4] Cf. p. 1, note 4.

(*in societate nostra*), depuis tout le temps passé jusqu'à l'Ascension 1328 inclusivement[1], en ce qui touche les comptes ordinaires et ceux des *terræ foraneæ*; jusqu'à l'Ascension 1328 exclusivement en ce qui touche les comptes de régales, d'annates, de décimes, d'impositions, de prêts et les autres comptes extraordinaires[2] ».

D'autre part, la *Tabula major* qui, dans le manuscrit original, avait pour titre ces mots : *Tabula major istius libri in qua capitula in minori tabula contenta dividuntur per partes*, était annoncée en ces termes dans le Mémorial *Noster*[2], où, nous l'avons vu, elle avait été (assez incorrectement) copiée : « *Tabula major dividens capitula minoris tabule inventarii domaniorum, debitorum et compotorum ordinariorum et extraordinariorum Camere compotorum, facti per me, Robertum Mignon, et completi circa Omnes Sanctos anno* M° CCC° XXV°[3]. » — Quelle est la valeur de cette rubrique du Mémorial *Noster*[2]? Mignon en est-il l'auteur? La date qui s'y trouve n'est-elle pas altérée? Ne faut-il pas lire « circa Omnes Sanctos CCC° XXVIII° » au lieu de « CCC° XXV° »? Nous ne pouvons, sur tous ces points, faire que des hypothèses.

Si l'on admet, — chose peu vraisemblable, — que les deux rubriques (de la *Tabula major* et de la *Tabula minor*) sont de R. Mignon et que nous en avons le texte correct, il faut conclure que R. Mignon a composé son Inventaire « vers la Toussaint 1325 », et qu'il y a fait des additions après l'Ascension 1328.

Si l'on admet que le texte de *Noster*[2] est suspect et que la rubrique de la *Tabula minor* est la seule qui soit certainement correcte, il faut conclure que l'Inventaire a été composé après l'Ascension 1328. Il convient de remarquer, à l'appui de cette opinion, que l'*Inventarium de tempore regis Philippi de Valesio*[4], consacré aux comptes postérieurs à l'Ascension 1328, faisait immédiatement suite à celui de Robert Mignon.

La lecture de l'Inventaire montre, d'ailleurs, que de très nombreuses retouches ont été faites à l'ouvrage, tel qu'il fut rédigé d'abord. Les derniers

---

[1] Le ms. ajoute ici : *et ultra*. Ces deux mots doivent être évidemment considérés comme une addition, faite par un lecteur, en interligne ou en marge.

[2] Plus bas, p. 2.

[3] *Ibid.*, p. 4.

[4] Cité aux pages 217, 221, 224, 280. Voir notamment le paragraphe 2226 : « *Alii compoti a dicta dominica* CCC° XXVII° *fient in Inventario regis Philippi de Valesio moderni.* » — La plupart des passages où il est question de l'Inventaire du temps de Philippe de Valois étaient, sans doute, dans le manuscrit perdu, à l'état de notes marginales.

paragraphes (§§ 170-184) de la section « Compoti terrarum foranearum » ont été ajoutés postérieurement à la rédaction de la *Tabula major*, qui n'en fait pas mention ; des événements de l'année 1332 et de l'année 1344 y sont signalés [1]. Il en est probablement de même de tout le chapitre intitulé « Subsidia imposita et levata pro exercitu Vasconie anno m° ccc° xxiv° et pro exercitu Flandrie anno ccc° xxv° » (§§ 1730-1788), dont la rubrique manque dans la *Tabula major*, où sont citées les années 1335 (§ 1784) et 1341 (§ 1749). Aussi bien, un répertoire de ce genre se prêtait naturellement aux intercalations, additions et corrections. Plusieurs articles se composent de notes successives, écrites à différentes époques, sous les rois Philippe de Valois, Jean le Bon et Charles V [2].

Dans l'Inventaire de Robert Mignon, Philippe de Valois est désigné comme « le roi qui règne maintenant » ; rien de plus naturel, puisque l'ouvrage a été écrit, en partie, sinon en totalité, après l'Ascension 1328. Mais « le roi qui règne maintenant » (*rex modernus*) n'est pas toujours Philippe VI : c'est quelquefois Philippe V (§§ 2240, 2646) ; c'est quelquefois Charles IV (§§ 41, 57, 122). Or, Robert Mignon n'a certainement pas écrit sous Philippe V ; il a écrit, selon toute vraisemblance, après la mort de Charles IV (mentionnée au paragraphe 172 et au paragraphe 880) ; l'anomalie ne peut donc s'expliquer que de deux manières : ou bien Mignon a copié un répertoire antérieur, rédigé sous Philippe V (celui de 1320), ou bien il a copié des mentions inscrites sous Philippe V ou sous Charles IV au dos ou en marge des comptes qu'il a inventoriés [3].

---

[1] Comparez les pages 9, 43 et suiv.

[2] Par exemple, les paragraphes 1245, 2370 (dernier alinéa), etc. — Dans ces notes additionnelles, les années 1330 (§ 871), 1338 (§ 1645), 1341 (§§ 1640, 1694), 1350 (à la page 7) sont mentionnées. — Les listes de fonctionnaires qui sont au commencement de la section « Compoti ordinarii » (p. 21 et suiv.) ont été continuées au xiv° siècle, l'une d'elles jusqu'en 1359. — Des différences d'encre et d'écriture accusaient, dans l'original, ces additions successives, qu'il est parfois difficile de distinguer aujourd'hui ; le copiste moderne n'a jamais pris soin de noter ces différences.

[3] On verra (p. xxvi) que des relevés partiels de comptes ont été faits, qui peuvent être considérés comme des sources de l'Inventaire. Nous publions ci-dessous un relevé de comptes de mainmortes et de formariages, qui est la source du chapitre : « Scripta manuummortuarum et forismaritagiorum », inséré dans le livre de Mignon. Il est très probable que le chapitre : « Compoti vivariorum et forestarum regis » (p. 282), a été copié de même en grande partie

INTRODUCTION.

IV. Nous sommes ainsi amené à rechercher de quelles sources Robert Mignon s'est servi.

Un passage, déjà cité pour établir qu'un premier Inventaire fut rédigé en 1320, semble indiquer que R. Mignon a pris cet Inventaire primitif pour base de son travail : « De compotis guerre... nullam adhuc feci collationem[1]. Ideo hic deficiunt aliqui compoti ejusdem, qui fuerunt auditi a confectione primi Inventarii facti circa annum M^{um} CCC^{um} XX^{um}. » On lit d'autre part (§ 2621) : « Non invenimus dictum compotum in Inventario. Queratur[2]. »

R. Mignon note souvent qu'il n'a pas « vu » un document dont il donne cependant la description détaillée : « Non vidi tamen istam cedulam » (§ 1124); « Non vidi eos » (§ 1676); « Sciatur quid est, quia non vidi » (§ 1626); « Non vidi, nisi sint id quod superius » (§ 1136); « Quem compotum nunquam vidi » (§ 1888); « Non vidi istum bene, tamen vidi quemdam similem » (§ 2156); « Sciatur quis habet istum ultimum compotum, quia non habeo » (§ 2747); « Deficit iste compotus penes nos » (§ 2223); « Non vidi istum compotum; tamen debemus ipsum habere, et non alii socii » (§ 485); « Perdidimus » (§ 164). — Ne faut-il pas conclure de là que R. Mignon, — si ces remarques sont de lui, — a utilisé un Inventaire antérieur, dont il a vérifié, autant que possible, les mentions et qu'il a mis au courant?

Toutefois, notre auteur dit formellement (p. 1) qu'il a « ordonné » lui-même le présent livre, où il a mis « tous les écrits qu'il a pu trouver *in societate sua* » (p. 2). Il dit que « tous les comptes d'annates pour les provinces de Narbonne, d'Auch et de Bordeaux qu'il a pu trouver en confectionnant cet Inventaire (*quos potui invenire in confectione istius Inventarii*) sont cousus ensemble » (§ 518); ailleurs, qu'il n'a pas pu trouver un certain compte *in factione Inventariorum*[3] (§ 2193).

Quel qu'il soit, le clerc de la Chambre qui a, le premier, inventorié les

---

sur un relevé du temps de Philippe V (p. 284, l. 12). Il faut en dire autant du chapitre : « Compoti domini Galcheri de Castellione » (p. 340; cf. p. 342, l. 26, et p. 343, l. 18).

[1] Cf. § 2330 : *Videatur diligenter in correctione, quia non potuimus eos [compotos] concordare in collatione.*

[2] La ponctuation de ce passage n'est pas sûre. — En tout cas, le compte dont il est question ici, qui, d'après l'Inventaire de R. Mignon, « n'a pas été trouvé » et « doit être recherché », existe encore : il est maintenant à la Bibliothèque impériale de Saint-Pétersbourg (Bibl. nat., nouv. acq. fr., 3295, fol. 17).

[3] Cette désinence n'est pas sûre. Lire, peut-être : *Inventarii.*

comptes dont nous avons l'inventaire dans le « livre » de R. Mignon s'est-il contenté de transcrire les titres ou les analyses (*intitulationes*) que la plupart de ces documents portaient en tête ou au dos, ou bien a-t-il fait les analyses lui-même [1]? On se rendra compte de sa manière de procéder en comparant les articles de l'Inventaire aux titres des pièces correspondantes dont l'original existe encore. Chaque fois que le titre d'une pièce conservée diffère de l'article de l'Inventaire qui la concerne, nous l'avons fait remarquer en note.

Avant d'écrire au net son répertoire, le rédacteur, — ou quelque autre clerc des comptes, — fit des relevés préparatoires, des brouillons. La preuve, c'est que le hasard en a respecté un [2]. Un compte de mainmortes et de formariages, d'avril 1282 à l'Ascension 1284, le plus ancien des comptes de cette espèce qui soit mentionné dans l'Inventaire (§ 1951), a pris place dans la Collection Clairambault (Bibl. nat., Coll. Clairambault, 473, p. 111). Au dos de cette pièce se lit la nomenclature suivante, que l'on voudra bien rapprocher du chapitre intitulé SCRIPTA MANUUM MORTUARUM ET FORISMARITAGIORUM dans le livre de Mignon (ci-dessous, p. 244) :

MANUS MORTUE ET FORISMARITAGIA A MENSE APRILIS LXXX° II° USQUE AD NATIVITATEM DOMINI CCC° VII° QUE PENES NOS POTUI INVENIRE, EXCEPTIS COMPOTIS GUILLELMI DE MUSSIACO ET COMPOTIS MA[GISTRI] JOANNIS PARVI. ITEM, IIII°ʳ COMPOTI MAGISTRI THOME DE SARNACO QUI SUUNTUR IN DUOBUS ALIIS ROTULIS.

Compotus seu expensa Colardi de Caloigne [3] factus pro manibus mortuis et forismaritagiis a mense Aprilis LXXX° II° usque ad Ascensionem LXXX° IIII°.

Item duo compoti domini Richardi de Verberia de manibus mortuis et forismaritagiis, primus factus LXXX° IIII°, secundus factus ad Omnes Sanctos XC° V°.

Item duo (?) compoti ejusdem cum domino Galtero Burgundi de eisdem, videlicet de terminis Ascensionis et Omnium Sanctorum LXXX° VI°.

Item, sex compoti dicti domini Richardi de eisdem, videlicet de terminis Ascensionis et Omnium Sanctorum LXXX° VII°, Omnium Sanctorum LXXX° VIII°. Item, Ascensionis et Omnium Sanctorum LXXX° IX° et XC°, ac Candelose tunc.

[1] Il comparait quelquefois le titre du compte à l'intitulé, au dos : « A tergo tamen dicitur quod est compotus Johannis de Roboreto » (§ 1386).

[2] Nous n'en citons qu'un, le principal, mais cf. Bibl. nat., fr. 25994, n° 341¹ v°.

[3] Le présent relevé est écrit au dos du compte dont l'auteur est ici désigné sous le nom de « Colardus de Caloigne ». Or, tournez la feuille de parchemin, voici le commencement du compte : « En l'an de grace Nostre Seigneur mil CC quatre vinz et deus, entra Nicholas de la Coingne ou service lou roy des mortes mains... », etc.

INTRODUCTION.

Item tres compoti Laurentii Filioli de eisdem. Primus, factus ad Omnes Sanctos xc° 1°, secundus ad Ascensionem xc° 11°, tertius ad Omnes Sanctos tunc.

Item sex compoti Petri Le Gras de eisdem. Primus, factus ad Omnes Sanctos xc° 111°; secundus ad Omnes Sanctos xc° 1111°; tertius, quartus et quintus ad Ascensionem xc° v° et Omnes Sanctos tunc et ad Ascensionem xc° vi°; sextus, factus in vigilia Magdalene ccc° 11°.

Item compoti duo predicti magistri Richardi de Verberia. Primus, factus ad Sanctum Johannem xc° viii°, secundus ad Omnes Sanctos tunc.

Item compotus magistri Dyonisii de Meleduno de eisdem, factus a Purificatione ccc° usque ad Omnes Sanctos ccc° 1°, auditus in festo Sancti Mauri tunc.

Item compotus magistri Hugonis, decani de Stampis, de eisdem, a Pascha ccc° 1° usque ad Omnes Sanctos ccc° 1111°.

Item compotus Johannis au Pois de eisdem, a Pascha ccc° vi° usque ad Omnes Sanctos ccc° vii°.

Item, compotus magistri Guillelmi de Cheny de eisdem in Campania, factus veneris post Nativitatem Domini ccc° vii° [1].

---

[1] Non seulement la minute du chapitre *Scripta manuum mortuarum et forismaritagiorum* du livre de R. Mignon a été conservée, mais nous avons un grand nombre des comptes originaux énumérés dans ce chapitre. Le paquet tout entier aura été dérobé aux Archives de la Chambre. Les pièces en sont aujourd'hui dispersées, savoir :

Compte de Nicolas de la Coingne, de 1282 à 1284.

(Bibl. nat., Clairambault, 473, p. 111.)

« Compotus Omnium Sanctorum factus per dominum Richardum de Verbreya, canonicum Noviomensem, anno Domini m° cc° 1111ˣˣ viii°, de explectis manuum mortuarum et forismaritagiorum hominum domini regis, factis a tempore compoti Candelose immediate precedentis. » Cf. § 1956.

(Lat. 17010, n° 4.)

« Compotus Ascensionis Domini, factus per dominum Richardum dictum de Verbreya, canonicum Noviomensem, anno Domini m° cc° 1111ˣˣ ix°... » Cf. § 1957.

(Lat. 9018, fol. 29.)

« Compotus Ascensionis Domini, factus per dominum Richardum de Verberia, canonicum Noviomensem, anno Domini m° cc° xc°..... » Cf. § 1957.

(Fr. 25992, n° 5.)

« Compotus Laurentii Filioli, collectoris manuum mortuarum pro domino rege, de termino Omnium Sanctorum anno m° cc° xc° 1° ab Ascensione Domini citra... » Cf. § 1958.

(Lat. 17141, fol. 51.)

« Compotus Laurentii Filioli, collectoris manuum mortuarum, de termino Ascensionis Domini anno m° cc° xc° 11° » Cf. § 1958.

(Lat. 17141, fol. 52.)

« Compotus Laurentii Filioli, collectoris manuum mortuarum pro domino rege, de termino Omnium Sanctorum m° cc° xc° 11° ». Cf. § 1958. — On lit au dos : « Redditus die mercurii post festum Beati Andree Apostoli in Camera denariorum. »

(Lat. 9018, fol. 34.)

« Compotus Petri dicti Le Gras de Firmitate Milonis, collectoris manuum mortuarum et forismaritagiorum, a die lune post octavas

V. On croit généralement que le livre de Robert Mignon est un inventaire complet des comptes conservés aux archives de la Chambre vers le temps de l'avènement des Valois. Or ce n'est pas, à proprement parler, un inventaire d'archiviste; quelques pièces y figurent qui ne sont pas des comptes, et il n'est pas complet, tant s'en faut.

a. Le livre de Robert Mignon n'est pas, à proprement parler, un inventaire d'archiviste. En effet, l'intention principale de l'auteur n'a pas été de classer et de décrire, l'un après l'autre, tous les articles d'un fonds, afin qu'il fût désormais plus commode de les trouver.

Comme le but principal de l'auteur n'était pas de faciliter les investigations dans le dépôt où il travaillait, il donne fort peu de détails sur l'installation matérielle de ce dépôt, sur la forme et les dimensions des documents, etc. Après l'avoir lu, on sait que les documents étaient grossièrement classés dans des sacs, des coffres et des boîtes, d'après leur date et d'après leur nature; mais on ne sait pas au juste combien il y avait de sacs, de coffres et de boîtes, dans quel sac, quel coffre ou quelle boîte étaient la plupart des documents indiqués[1].

Epiphanie anno xc° ii° usque ad terminum Omnium Sanctorum xc° iii° ». Cf. § 1959.

(Lat. 17141, fol. 53.)

Voir aussi un fragment de compte de mainmortes, lat. 9018, fol. 32. — Cf. nouv. acq. fr., 5821, fol. 2 : « Dominus Richardus et magister Galterus pro salario suo de terminis preteritis usque ad Omnes Sanctos lxxx° v°... »

[1] Robert Mignon lui-même ne savait pas toujours où étaient les documents indiqués dans l'*Inventarium* (§§ 174, 2429).

Voici la liste des sacs, des coffres et des boîtes qui sont incidemment cités dans le livre de R. Mignon : Saccus debitorum Campanie et Navarre (§§ 21, 39), Saccus portandorum ad Saccarium (§ 56), Saccus communis plurium recuperandorum pro rege qui est in archa communi debitorum (§ 56), Saccus emendarum de tempore regis Philippi Pulchri (§ 174), Saccus beneficiorum vacantium in diocesibus Lemovicensi, Caturcensi et Lemovicensi (§§ 503, 526), Saccus annualium anni mccciiii (§ 532), Saccus arreragiorum (§ 551), Saccus decime sexennalis (§ 601), Saccus arreragiorum decimarum (§ 792), Saccus communis (ou communium) debitorum (§ 2035), Saccus debitorum receptorum (§ 2225), Saccus mutuorum (§ 2110), Archa ubi solent custodiri antique guerre penes nos (§ 2554), Scrinium litterarum Bichii et Moucheti (§ 2118). — Quelques comptes étaient placés « inter scripta loca propria non habentia » (§ 579). — Il est question du « Jornale Camere, quod est in Camera Burelli » (§ 1612; cf. § 1646).

La plupart des comptes étaient écrits sur des rouleaux de parchemin. Il est question de quelques comptes en forme de « livres », sur cahiers (§§ 1438, 1764, 1846, 2514), ou disposés sur deux colonnes (§ 186).

INTRODUCTION.

Il semble, à la vérité, que l'auteur ait inventorié le contenu de plusieurs sacs, tels qu'ils étaient dans le dépôt : sacs de régales, d'annates, de *miscellanea* (p. 12; cf. p. 168 et p. 247), sacs d'écrits relatifs à Biche et Mouche (p. 258), sacs de la guerre de Gascogne (p. 296), sacs d'*Emende per inquisitores* (p. 343), etc. Et cela l'a même entraîné à noter, çà et là, des pièces qui se trouvaient dans les sacs, quoiqu'elles ne fussent pas des comptes : il a noté ainsi des cédules ou listes de receveurs (§§ 1154, 1164, 2115)[1], des ordonnances faites en province par des enquêteurs-réformateurs (§ 2734), etc. Il ne semble pas qu'il ait modifié les arrangements matériels qui existaient, encore qu'il ait reconnu la nécessité de les améliorer (§ 1360, § 2580). Il s'est contenté de « lier ensemble » quelques comptes de même espèce (§ 2173) et de retirer des sacs, pour les mettre à part, des pièces qui lui ont paru sans valeur : « Inveni plures partes minutas. . . . ; ligavi istas insimul et posui ad partem extra saccum, quia videntur mihi nullius valoris. » (§ 1806.)

Il a défini lui-même les documents « sans valeur » que, systématiquement, il s'est abstenu de noter : « Alii compoti guerrarum que antea evenerunt ponuntur ad partem nec sunt in isto Inventario, *cum per eos nichil videtur posse recuperari* » : c'est par exception, et par dérogation à son principe, qu'il a signalé quelques comptes trop anciens pour que l'on pût espérer de recouvrer ce qui en restait à recouvrer[2].

La préoccupation principale de l'auteur s'accuse ici. Ce qu'il a voulu faire, ce n'est pas, à proprement parler, un inventaire d'archiviste, c'est un relevé des comptes « per quos aliquid videbatur posse recuperari »[3]. Cela explique, en même temps que la négligence apportée à la description matérielle des documents, plusieurs particularités de l'ouvrage.

Soit une imposition extraordinaire, subvention ou décime : au lieu d'inventorier simplement les pièces contenues dans le sac de cette imposition, l'auteur

---

[1] Quelques pièces de ce genre ont été conservées (Bibl. nat., fr. 25992, n°⁹ 11 et 48).

[2] Il signale, par exemple, les comptes de la régale de Sens pour 1241-1243, quoique « per eos non est aliquid recuperandum, propter eorum antiquitatem » (§ 185). — Il remarque aussi que certains comptes sont sans valeur si les totaux en sont incorporés dans les comptes du Louvre, par exemple (§ 2488) : « In quodam rotulo denarii soluti. . . qui debent capi per compotum Lupare tunc. Sciatur, quia, si capiantur ibi, iste rotulus nullius valoris est. »

[3] Cf. ci-dessus, p. xx, le Mémoire sur « les voies pour amender les escripz de la Chambre ».

a dressé d'abord le cadre complet de toutes les circonscriptions administratives où elle avait dû être levée; sous le nom de chaque circonscription, il a indiqué les comptes rendus qui se trouvaient dans le sac, et aussi les pièces extravagantes qui avaient été, pour telle ou telle raison, ou sans raison, placées ailleurs. Aucun compte rendu n'existait-il, à sa connaissance, au dépôt, pour telle circonscription? un espace blanc était laissé, après le nom de la circonscription, pour mentionner les pièces qui pourraient être ultérieurement découvertes : « Que desunt apponantur, cum invenientur »[1]. Dans cet espace blanc, à défaut d'autres renseignements, l'auteur a, plus d'une fois, indiqué les noms des personnes qui « avaient dû » ou qui « devaient » compter : il se les était procurés en dépouillant les comptes généraux, de *Debita* ou de bailliages. — Exemples. Dans le sac des comptes du premier centième, l'auteur n'avait trouvé aucun compte relatif aux bailliages d'Orléans, de Mâcon et de Tours; au-dessous de la rubrique *Aurelianensis bailliva*, on a écrit : « Desunt » (§ 1183); au-dessous de la rubrique *Matisconensis bailliva*, on a écrit : « Magister P. de Latilliaco et Sylvester, curatus de Eva, debuerunt computare, prout in debitis Matisconensibus de anno m° ccc° iv° » (§ 1184)[2]; au-dessous de la rubrique *Bailliva Turonensis*, il a mentionné un compte de Biche et Mouche : mais ce compte n'était pas, sans doute, dans le sac; il était, ailleurs, dans le dépôt; quelqu'un a fait l'observation : « Sciatur penes socios si habeant ipsum compotum. Si non inveniatur cum predictis, invenietur cum non habentibus loca propria, aut cum compotis Bichii et Moucheti » (§ 1187)[3]. — Bref, on a complété l'inventaire des documents contenus dans les sacs par des références aux documents, placés ailleurs, qui auraient dû s'y trouver, et des recherches sommaires ont été faites (très vraisemblablement par Robert Mignon) dans les comptes ordinaires pour combler tant bien que mal les lacunes de la collection des comptes extraordinaires qui existait au dépôt. Robert Mignon est, à notre connaissance, le plus

---

[1] Page 79 : « Addenda sunt que in hoc loco deficiunt. » Cf. §§ 798, 1337, 1559, etc.

[2] Autres exemples aux paragraphes 1557, 1598, 1698, etc.

[3] Cette pièce était en effet dans le sac des comptes de Mouche, § 2085. — Autre exemple au paragraphe 1873. Au chapitre des comptes de nouveaux acquêts, deux comptes de ce genre sont indiqués pour la sénéchaussée de Toulouse.

On lit ensuite : « Nisi inveniantur in sacco cum aliis, querantur in uno sacco per secum cedula : *Quedam financie seu compositiones Tholose*, etc. »

ancien compilateur[1] qui ait essayé de dresser, d'après les comptes, une liste des baillis, des sénéchaux et des receveurs[2]. Rien n'était plus intéressant, au point de vue spécial où il était placé, que cette nomenclature des comptables responsables.

D'autre part, étant donné son but, il est naturel que l'auteur de l'*Inventarium* se soit attaché, plutôt qu'à décrire la forme et la dimension des documents, à faire connaître l'état où ils se trouvaient relativement aux opérations successives de la revision. A cet égard, il fournit effectivement, en général, des détails assez copieux. Il dit d'ordinaire quel jour le compte a été présenté (*redditus*), s'il a été calculé (*tentus, jactatus*), totalisé (*factus*), corrigé (*correctus*), ou si l'examen en a été ajourné (*non acceptatus*), s'il a été approuvé après examen (*auditus, perauditus, perfectus*), s'il y a eu *quittus* ou s'il n'est pas clos (*clausus*). Il reproduit les mentions qui s'y lisent *de manu Camere*, ou spécifie qu'il n'y en a pas. Il note ce que le comptable doit et ce qui lui est dû. Il indique enfin quantité de vérifications à faire et de mesures à prendre, qui, très probablement, n'ont jamais été faites ni prises : « Sciatur si sint alii... Sciatur et habeatur deliberatio super hoc » (§ 211); « Videantur signata ibi in compotis antiquis; videantur quia possent advertere de aliquibus oblitis » (§ 269); « Sciatur tamen si, prout dicitur, baillivus Matisconensis levavit eas et ubi redduntur regi » (§ 425); « Sciatur penes socios, si sciri poterit, qui arreragia ista levaverint, et recuperentur (§ 1271); « Unde proveniunt dicta arreragia sciatur penes socios » (§ 1309); « Sciatur in compotis baillivie si isti compoti redditi fuerunt, et si non, petantur » (§ 1795); etc. — Ce grand travail, qui, sans doute, est resté inutile, met en relief un fait important : le désordre extraordinaire qui régnait aux archives de la Chambre.

b. De ce qui précède il résulte déjà que le livre de Robert Mignon n'est pas un inventaire complet des comptes de la Chambre. Les comptes

---

[1] « G. de Poteria », clerc de maître G. d'Outremer, s'était borné à extraire des « grands rôles » les noms de receveurs connus par enquête dudit G. d'Outremer (§§ 1230, 1289).

[2] Pages 21 et suiv. Cf. § 2144 : « Sciatur qui debuit levare in aliis bailliviis Normannie, quia non habeo compotos penes me. » — Son travail est, d'ailleurs, tout à fait insuffisant. Quoique la plupart des comptes que Robert Mignon avait sous la main aient disparu, les érudits contemporains sont en mesure de dresser des nomenclatures beaucoup plus sûres, moins incomplètes que la sienne.

les plus anciens, *per quos nihil videbatur posse recuperari*, n'y figurent pas, en principe [1].

Est-ce au moins un inventaire complet des comptes de la Chambre *per quos aliquid videbatur posse recuperari*? Non, puisque tous les comptes qui étaient énumérés dans *l'Inventarium compotorum particularium* : comptes de l'Hôtel, de l'Argenterie, des Monnaies, Extraits du Trésor, etc., n'y sont pas mentionnés [2].

Mais il y a plus : Robert Mignon déclare expressément qu'il n'a pas inventorié tous les comptes qui étaient *in societate sua*. Les autres, ceux que détenaient d'autres *socii*, il n'y fait que des allusions. C'est ainsi qu'il énumère les comptes des *terre foranee* qui étaient *in societate sua*, en ajoutant : « Nota quod aliquos alios compotos terrarum subscriptarum et etiam compotos aliquarum

---

[1] « Ponuntur ad partem pro tempore anteriori » (p. 6); cf. § 2261.

[2] Voir la table de l'*Inventarium compotorum particularium*, ci-dessous, p. 14, en note. Dans l'Inventaire que nous publions sont indiqués, cependant, par exception, dans le chapitre : « Comptes divers », quelques comptes de l'hôtel du roi (§ 1986) et de joyaux (§ 1992 et suiv.).

L'*Inventarium compotorum particularium* commençait par la liste des « Compoti particulares suti qui scribuntur a tergo bailliviarum Francie » (Ascension 1291 - Ascension 1322), et par celle des « Compoti particulares non suti (avant l'Ascension 1322) qui non inveniuntur scripti a tergo bailliviarum Francie ». Les comptes particuliers ne sont pas mentionnés, en effet, dans le livre de R. Mignon : « Compoti de expensis factis in dicto negotio scribuntur a tergo bailliviarum Francie, *et ideo de ipsis nihil hic* » (§ 2680; cf. §§ 1991, 2697). Or, nous publions en appendice deux documents qui sont des listes de comptes particuliers. Il est possible que le premier (Appendice I) soit un extrait de la première section de l'*Inventarium compotorum particularium*, car il est intitulé « Compoti particulares scripti a tergo bailliviarum Francie », et il s'arrête à l'Ascension 1322; ce serait le seul fragment de l'*Inventarium compotorum particularium* qui, à notre connaissance, aurait été conservé. Dans le second (Appendice II) étaient énumérés : d'un côté, des « Compoti particulares scripti a tergo bailliviarum Francie » (cf. p. 367, note 1) à partir de 1327 environ (cf. p. 373, note 1); de l'autre, d'autres comptes particuliers, où nous proposons de reconnaître les « Compoti particulares non suti qui non inveniuntur scripti a tergo bailliviarum Francie ». On conjecture volontiers que des relevés de comptes particuliers, tant « scripti a tergo bailliviarum Francie » que « non scripti », étaient faits sur des rouleaux analogues à celui dont les fragments forment notre Appendice II, et que l'on avait transcrit, au commencement de l'*Inventarium compotorum particularium*, un ou quelques-uns de ces relevés en rouleau. — Remarquons enfin que la liste des comptes particuliers qui s'arrête à l'Ascension 1322 (Appendice I) semble accuser la main d'un scribe italien; le nom de Gaucher de Châtillon y paraît plusieurs fois sous la forme « Galcherus de Castiglione ». — La mention qui s'y trouve (p. 364, l. 8): « Partes condempnationum factarum per vos », semble indiquer qu'elle était destinée au Chancelier.

aliarum terrarum habent alii socii qui non sunt penes nos » (§ 109). Il énumère les comptes d'œuvres pour les châteaux du roi, et il ajoute : « Sunt aliqui compoti penes dominum J. de Charmeya de pluribus operibus domorum regis, exceptis supradictis, qui debent scribi a tergo bailliviarum Francie, vel fieri per compotos bailliviarum in quibus existunt. Sciatur » (§ 2208).

Le livre de Robert Mignon fourmille de références aux collections de comptes qu'avaient entre les mains les *socii* de Mignon[1] : « Penes dominum Michaelem » (§§ 341); « Penes alios socios » (§ 842); « Dicti duo rotuli sunt penes alios nostros socios » (§ 1881); « In debitis monetagii penes magistrum Sanceium » (§ 1927); « Emende bailliviarum Trecensis et Calvimontis penes dominum Almarricum » (§ 2673); « Impositio penes J. de Charmeya » (§ 1294); « In quodam libro penes dominum Thomam » (§ 2513); etc.

Robert Mignon a souvent eu recours aux collections de ses *socii*, soit pour constater qu'elles ne contenaient rien de plus que les siennes (« Compoti regalis Senonensis... Non sunt penes socios alii ». § 185), soit pour comparer les pièces qu'il avait entre les mains aux *duplicata* que ses confrères en possédaient, soit pour emprunter aux documents que possédaient ses confrères des renseignements qui lui manquaient. Lui-même il avait, dans le dépôt où il travaillait, des comptes en *duplicata* (§§ 1366, 2438); il semble qu'un grand nombre de comptes étaient alors conservés en plusieurs exemplaires plus ou moins conformes, corrigés et non corrigés, originaux et abrégés (§ 2284), aux archives de la Chambre. Il suffira, pour l'établir, de grouper ici quelques textes : « Signatur penes nos dictum compotum non esse auditum, sed videtur quod fuerit auditus. Sciatur penes alios socios » (§ 192); « Sciatur penes alios socios, si sciri poterit, qui arreragia ista levaverint » (§ 1271); « Habeo dictum compotum, sed compotus domini Thome prevalet » (§ 1533); « Arrestatur penes Thomam quod... » (§ 2199); « Non est clausus penes Egidium, sed penes Thomam » (§ 2203); « Sciatur ubi est originale, quod magister Johannes de Sancto Justo debuit habere » (§ 2581); « Corriguntur omnes isti compoti quan-

---

[1] Ce fait a été remarqué par M. Borrelli de Serres (*o.c.*, p. 32), qui dit : « Sans cesse R. Mignon parle de pièces que ses collègues détiennent »; mais qui ajoute sans motif : « et dont il ne peut prendre connaissance ». Jamais Robert Mignon ne dit positivement qu'il n'a pu prendre connaissance d'une pièce parce qu'elle était entre les mains de l'un de ses *socii*. Il emploie des expressions comme celle-ci (§ 120) : « Non vidi penes nos, sed penes alios. »

tum ad finem penes dominum Thomam » (§ 2153); « Correctus..., excepta una emenda que signatur recuperanda penes dominum Thomam in compoto suo » (§ 318)⁽¹⁾; « Videatur penes alios socios si habeant similes, quia ad magnam summam ascendunt... » (§ 2705); « Habent alii socii, ut dicit dominus Adam » (§ 1916); « Correctus est penes dominum J. de Charmeya, non est correctus penes me » (§ 1175); « Penes Giletum solum » (p. 360).

D'autres officiers de la Chambre, Thomas, Amauri, Gilles, Michel, Sanche, Jean, étaient donc dépositaires d'un certain nombre de comptes et, comme Robert Mignon, ils auraient pu inventorier, de leur côté, les « scripta que in societate nostra invenire potui ». Le plus souvent cité est Thomas, certainement Thomas de la Ruelle, *de Ruella* ⁽²⁾, qui, en 1328, était le plus ancien des clercs des comptes ⁽³⁾. Robert Mignon a indiqué, par exception, dans son « livre », quelques pièces qui faisaient partie des collections commises à la garde de ce personnage. Une de ses rubriques est ainsi conçue : *Scripta financiarum Lombardorum que sunt penes dominum Thomam* (p. 258).

Une autre preuve décisive que l'*Inventarium compotorum ordinariorum* ne s'applique qu'à une fraction (considérable sans doute, mais à une fraction seulement) des archives de la Chambre, c'est que beaucoup de comptes dont nous avons encore soit les originaux, soit des copies, n'ont pas été signalés par l'auteur de l'*Inventarium*. Mignon n'a noté les rôles des bailliages de Normandie

---

⁽¹⁾ Ce passage est ici mieux ponctué qu'à la page 63.

⁽²⁾ Cf. Bibl. nat., fr. 25993, n° 257. Lettre du bailli Jehan Loncle aux maîtres des comptes : « Sachiez que en la cedule............... .... que ge ballay en la Chambre des comptes de vostre commandement a mestre Thomas de la Ruele, l'onziesme jour de fevrier ccc xix... »

⁽³⁾ Voir la *Filiation*. L'expression « socius », appliquée par Robert Mignon, qui, jusqu'en avril 1328, n'était que « clerc de maître », à Thomas de la Ruelle, à Adam de Champeaux, etc., qui étaient clercs du roi, paraît indiquer que l'Inventaire est postérieur à cette date, du reste. — D'autre part, si le maître Amaury de la Charmoye, Thomas de la Ruelle et Adam de Champeaux vivaient encore en 1328, Jean de la Charmoye disparaît des listes d'officiers de la Chambre dès avril 1323. Tous les passages de l'Inventaire où Jean de la Charmoye est expressément désigné comme détenteur de pièces (p. 149, 161, 245, 276, 324, 334) seraient donc antérieurs, en d'autres termes empruntés à l'Inventaire (perdu) de 1320. Quant à Sanche (de la Charmoye) et à Michel (de la Queue) ils étaient décédés avant 1320; s'agit-il d'eux lorsque l'Inventaire fait allusion à maître Sanche et à maître Michel ?

Sur la condition et les « compaignies » des clercs des comptes, voir un Mémoire au roi, rédigé à la suite de l'ordonnance du Vivier (J. Petit, *Essai de restitution des plus anciens Mémoriaux*, p. 160).

qu'à partir de 1294; on en a des extraits pour vingt-quatre exercices compris entre 1252 et 1299 [1]. Comparez les comptes énumérés dans le chapitre *Compoti vivariorum et forestarum regis* (p. 282) aux comptes d'eaux et forêts dont des fragments originaux sont conservés à la Bibliothèque nationale (fr. 25993 et 25994) : ce ne sont pas les mêmes. L'Inventaire cite un compte de Robert le Veneur, rendu le 11 septembre 1319, qui ne se retrouve pas (§ 2242); le compte de Robert le Veneur qui fait suite à celui-là existe encore [2], mais il n'est pas indiqué dans l'Inventaire. Il serait facile de multiplier les exemples [3] : à notre connaissance, sur dix comptes dont il y a trace, — soit que l'original existe, soit qu'on en ait des extraits, soit qu'il soit cité par un autre inventaire ancien, — trois ou quatre seulement s'identifient avec des mentions de l'Inventaire de Mignon.

VI. Tel qu'il est, le livre de Robert Mignon est instructif. — D'abord, il fait connaître sommairement un grand nombre de documents qui sont à jamais perdus. A la vérité, les détails que l'auteur a notés de préférence : noms des comptables, totaux, balances, date de la présentation, état au point de vue de la revision, ne sont peut-être pas ceux qui seraient le plus intéressants pour

---

[1] Cf. plus haut, p. VII.

[2] « Le compte Robert le Veneeur, chevalier, mestre enqueteeur des eaues et des fores pour l'execucion du roy Philippe, que Diex absoille, depuis le compte que il rendi a la court le XIe jour de septembre l'an CCCXIX jusques a la Thephaine l'an CCCXXI. » Examiné le 10 mars 1322. (Bibl. nat., nouv. acq. fr. 3637 [Coll. de Bastard d'Estang], fol. 34).

[3] En voici encore deux. — Pour la subvention de l'ost de Flandre dans le bailliage de Cotentin en 1315, l'auteur de l'*Inventarium* n'a pas trouvé de compte. Il a noté seulement (§ 1664) : « Pro anno XV° magister Henricus de Horreto et baillivus ». Cf. Bibl. nat., fr. 23256, fol. 10 v° : « Compte mestre Henri de Hourret des despenz que il a faiz en la baillie de Constantin l'an CCC°XV°, en faisant l'imposicion pour le subside de l'ost de Flandre. » —

Voici le paragraphe 1669 de l'Inventaire de Mignon : « Impositio facta in bailliva Meldensi, ratione exercitus Flandrie, anno CCC°XIX°, per baillivum ibi et magistrum Johannem de Paredo, clericum regis, tradita curie XX^a die Aprilis tunc. » Cette imposition est perdue. Mais on a un compte de Jean de Paroi, dont l'Inventaire ne parle pas : « Ce est le conte des despens faiz par Jean de Paroy, clerc dou roy nostre sire, pour cause de la commission faite a li sus le fait dou subside de la guerre de Flandres en la baillie de Meauz avec le baillif de ladite baillie, des le mardi devant la feste Saint Vincent l'an de grace mil III^c et XVIII jusque le mardi amprès Quasimodo l'an de grace mil III^c et XIX, ouquel temps il a IIII^{xx} et XII jours que il a vaqué en ladite commission. » (Bibl. nat., fr. 23256, fol. 42.)

l'histoire; mais il ne travaillait pas pour l'histoire: il avait un but pratique, et les historiens peuvent tirer quelque parti de ces renseignements spéciaux qui ne leur étaient point destinés. — En second lieu, le livre de Robert Mignon, rédigé dans la langue technique de l'administration financière d'il y a six cents ans, est très utile pour l'étude de cette langue ; il a permis, il permet de déterminer le sens d'expressions consacrées à la Chambre des comptes au temps des derniers Capétiens directs, dont le sens est, au premier abord, obscur. A cet égard, il est le complément indispensable des comptes originaux.

Malheureusement les noms, les chiffres, les expressions techniques, qui sont ce qu'il y a de plus précieux dans le livre de Robert Mignon, sont trop souvent défigurés dans la copie que l'on en a. Cela nous conduit à dire comment la présente édition a été préparée et pourquoi il était impossible qu'elle ne fût pas imparfaite.

III

Le scribe qui a exécuté le manuscrit latin 9069 de la Bibliothèque nationale avait une belle main. Son texte n'est difficile à déchiffrer que dans les cas, assez rares, où, incapable lui-même de lire ce qu'il y avait dans le manuscrit original, il en a grossièrement reproduit les abréviations.

Est-il légitime de dire : « dans le manuscrit original »? C'est une question de savoir si le copiste qui a exécuté le manuscrit latin 9069 avait sous les yeux le registre de la Chambre ou bien une copie de ce registre.

On trouve, dans le texte du livre de Robert Mignon, tel qu'il est dans le manuscrit latin 9069, des traces singulières d'hésitation. En voici quelques exemples : « Ab Annunciatione Domini M° CCC° XVII°, lego tamen M° CC° XVII°, usque ad medietatem Aprilis M° CCC° » (§ 139); « Die lune ante Cineres M° CCC° V°, alias M°CCC° XV° (§ 192); « Compotus ejusdem Symonis et Johannis de Pontisara de dicto regali, de termino Paschatis M° CC° XLII vel M° CCC° XLII » (§ 232); « Compotus factus per Johannem de Ruilliaco vel Nulliaco » (§ 239); « Compoti duo magistri Petri de Torneto seu Pruneto... » (§ 541); « Compotus aliis seu alius... » (§ 567); « Compotus... domini P. de Predictis vel Prandiis... » (§ 755); « Parum autem, vel est, ibi de manu Camere » (§ 770); « Compotus Johannis de Sancto Gisortio seu de Sancto Leonardo... » (1195); « ... quia non receperant compotum a collectoribus per partes seu personas villarum » (§ 1200); « Compotus seu rotulus archiepiscopi seu archidiaconi Borboniensis... » (§ 1299); « Compotus Michaelis Fagot, burgensis Vitriaci in Burgesio seu Partesio... » (§ 1631); « Compotus domini Hugonis de Monencourt vel Nonencourt... » (§ 1854); « ...Auditus vigilia Sancti Matthei vel Marci Aprilis:... » (§ 1926); « Franciscus seu Francherius » (§§ 1315, 1316); « ...Auditus septima Februarii, alias Martii, ante Pascha... » (§ 2244). La plupart de ces hésitations sont absurdes et ne sauraient être attribuées à l'auteur de l'Inventaire, qui n'était certainement pas homme à commettre, en transcrivant les titres et les *intitulationes* des originaux, d'aussi lourdes fautes de lecture [1]. Elles sont le fait d'un scribe; de quoi nous avons d'ailleurs des preuves directes, car il y a traces de pareilles hésitations à propos du texte même de l'auteur (§ 1358); la formule « Penes nos in margine » (p. 279) ne saurait être que d'un copiste : il n'y avait évidemment, dans le manuscrit original, que « Penes nos », à la marge; enfin on lit après le texte de ce qui devait être, dans l'original, une note marginale (§ 159 *bis*), cette phrase, qui ne peut avoir été écrite que par un copiste travaillant sur l'original : « Videntur tamen he bine littere admisisse raturam in libro originali [2]. »

Ces variantes absurdes et ces observations sur les particularités de l'original ont-elles été introduites dans le texte par le scribe qui a exécuté le manuscrit latin 9069? Cela n'est pas vraisemblable, car il les a écrites sans les distinguer du texte en aucune manière, et, semble-t-il, sans les comprendre. Il faut considérer comme probable que le manuscrit latin 9069 a été copié, non sur l'original des Archives de la Chambre, mais sur une première copie, qui avait été exécutée par un homme scrupuleux, mais peu instruit.

Que le manuscrit latin 9069 soit une copie directe, ou la copie d'une copie, il est extrêmement incorrect.

---

[1] Il va de soi qu'il a pu en commettre : il ne connaissait sans doute pas tous les noms propres, et chacun sait combien il est facile de se tromper en transcrivant des chiffres romains. Il a sûrement commis des erreurs; voir p. XXVI, note 3. — Notons du reste que des traces d'hésitation, analogues à celles dont il est question au texte, se voient dans une pièce du Mémorial original des Mignon. (J. Petit, *o. c.*, p. 171 et suiv.).

[2] Cf. § 990 : « Compotus episcopi Autissiodorensis redditus.... In margine tamen scriptum est : Non computavit. »; et § 1867. C'est aussi d'un copiste que sont les phrases telles que : « Relinquitur spatium pro secundo articulo » (§ 798); « Deficit secundus articulus » (§ 804), etc.

Les fautes de lecture proprement dites sont nombreuses: il en est de très grossières, qui suffiraient à faire penser que nous sommes en présence d'une copie indirecte (§ 1239, etc.); les noms de personnages, en particulier, ont été souvent estropiés. Il y a trace d'omissions. Comme le copiste n'a compris que vaguement ou n'a pas compris du tout ce qu'il écrivait, la ponctuation a été mise au hasard; parfois, les rubriques des paragraphes ne sont pas distinguées du texte, ou bien, au contraire, des phrases du texte ont été indûment considérées comme des rubriques [1].

De même que le Cartulaire autographe des Mignon, le livre de Robert Mignon était certainement hérissé d'abréviations. Ces abréviations sont, dans le manuscrit latin 9069, résolues tant bien que mal, très souvent mal, et jamais systématiquement. On peut poser en règle générale qu'il n'y a pas plus de compte à tenir des désinences que de la ponctuation dans le manuscrit latin 9069. Là où le manuscrit original avait, par exemple: *Corr. finis; Et quitt.; Hab. ced. test.; Thes. pro ipso*, le copiste a lu « Corrigitur finis » ou « Correctus finis », « Et quitte » ou « Et quittus », « Habuit » ou « Habet » ou « Habuerunt » ou « Habent », « Cedulam » ou « Cedulas », « Testimonialem » ou « Testatoriam », « Thesaurus » ou « Thesaurarius » ou « Thesaurarii pro ipso ». On conçoit que, si quelques-unes de ces résolutions arbitraires peuvent être amendées avec certitude [2], si d'autres n'ont pas d'importance parce que le sens reste clair [3], il en est d'insidieuses, de nature à masquer le sens vrai et à fausser l'interprétation d'un texte écrit dans une langue difficile [4].

[1] Les passages dont le texte est le plus gravement corrompu sont ceux qui devaient être, à ce qu'il semble, dans l'original, à l'état de notes marginales, écrites d'une écriture peu soignée, très cursive (§§ 195 *bis*, 1568, etc.).

[2] Ainsi le scribe lisant l'abréviation *Cand.* tantôt « Candelosa », tantôt « Candelabrum », nous avons rétabli partout, d'office, la forme « Candelosa ».

[3] Peu importe, par exemple, que *sunt recuper.* soit lu « Sunt recuperari » ou « Sunt recuperanda »; *Pictav.*, « Pictavensis » ou « Pictaviensis »; *Mense Febr.*, « Mense Februarii » ou « Mense Februario »; que les formes *pro fine* ou *per finem* soient employées l'une pour l'autre; que *super* gouverne tantôt l'ablatif, tantôt l'accusatif sans raison appréciable. Il y a des incertitudes sur les détails de ce genre dans les originaux eux-mêmes. Il suffit que les lecteurs soient prévenus, une fois pour toutes, de l'incertitude des finales.

[4] Citons, à titre d'exemple, le cas des abréviations *res.* et *par.* L'abréviation *res.* est résolue indifféremment dans le manuscrit latin 9069, par « residuum », « restam », « restancia », « reservationem ». L'abréviation *par.* est résolue, tantôt par « particulares », tantôt par « parisienses ». Cf. ci-dessous, p. 379.

Une copie fort exacte du manuscrit latin 9069 fut faite, vers 1860, sur laquelle plusieurs savants, entre autres M. Ch. Jourdain, consignèrent des remarques pour servir à l'amélioration du texte.

Après avoir collationné cette copie, qui nous a été confiée par l'Académie, avec les extraits (qui n'avaient pas encore été utilisés) des Sainte-Marthe, de Menant, de Blanchard et de Vyon d'Hérouval, nous avons constaté que beaucoup de noms et de formules, qui reviennent plusieurs fois dans l'Inventaire de Mignon, s'y présentent tantôt sous des formes incorrectes, tantôt sous des formes correctes ; à l'aide de celles-ci, on peut corriger celles-là. Nous nous sommes donc appliqué à multiplier les rapprochements de ce genre.

Ces diverses opérations nous ont procuré la satisfaction de rejeter en note beaucoup de mauvaises leçons du manuscrit latin 9069. Mais, cela fait, notre texte, presque tout entier en noms propres, en formules techniques et en chiffres, était encore criblé de fautes, soit certaines, soit probables.

Heureusement, quelques-uns des comptes originaux que l'auteur de l'Inventaire a connus ont été vus par d'autres que par lui, ou même existent encore. Nous les avons recherchés. Chaque fois que des différences existent entre le texte de l'un de ces comptes et l'article correspondant de l'Inventaire, par suite d'erreur soit du scribe, soit du compilateur, nous l'avons constaté en note [1].

Beaucoup de comptes conservés, dont l'auteur de l'Inventaire ne s'est pas occupé, sont contemporains de ceux qu'il avait *in societate sua*; les mêmes noms de comptables et les mêmes formules s'y rencontrent : tels sont, par exemple, les *Journaux du Trésor*. Nous en avons lu une grande partie avec l'intention d'y recueillir de quoi justifier ou rectifier les leçons de notre manu-

---

[1] Mais, lorsque les différences sont insignifiantes entre l'intitulé d'un compte original et l'article correspondant de l'Inventaire, nous ne les avons pas relevées. Exemple :

Texte de l'Inventaire.	Original.
Compotus Bichii et Moucheti de receptis centesime, decime, mutuorum et feodorum acquisitorum regi in baillivia Calvimontis et ejus ressorto, per procuratorem dictorum Bichii et Moucheti, Jacqueminum Cayn, factus quarta die Junii anno M° CC° IIII^{xx} XVI°.	Compotus Jacquemini Cayn, procuratoris Bichii et Moucheti, de mutuis, donis, centesima, finauciis feodorum baillivie Calvimontis, et subsidio decimali diocesis Lingonensis et priorum ordinis Cluniacensis, factus quarta die Junii anno M° CC° IIII^{xx} XVI°.
Ci-dessous, p. 176, § 1408.	Bibl. nat., lat. 9018, fol. 43.

scrit. Les noms propres qui sont cités dans le manuscrit latin 9069 ont été par nous arbitrairement répartis en deux catégories : ceux qui, pour les personnes habituées à lire des documents du xiiie et du xive siècle, ont l'air d'être corrects, et ceux qui ont l'air d'avoir été altérés. Si ces derniers sont, à notre connaissance, attestés par un compte original, nous avons pris soin d'en avertir le lecteur; si nous en avons trouvé dans les comptes originaux la forme véritable, nous la substituons à la forme défigurée, qui passe en note; si nous ne sommes en mesure ni de les attester, ni de les remplacer, nous les signalons comme suspects. Quant aux noms dont la forme n'éveille pas, à première vue, le soupçon, nous n'avons pas cru nécessaire d'indiquer ceux qui sont, à notre connaissance, dans les originaux; nous les avons tenus pour « bons » jusqu'à preuve du contraire.

Quoique nous ayons lu et relu la plupart des documents dont il était légitime d'espérer quelque secours, il est très probable que nous n'avons pas épuisé cette source presque inépuisable : des textes nous ont sans doute échappé qui auraient été utilement employés à la critique du nôtre, si nous les avions remarqués[1]. Mais il est très probable aussi que, si loin et si longtemps que les recherches eussent été poussées dans cette voie, il serait toujours resté un résidu de cas embarrassants. Il est presque certain que les noms propres cités dans l'Inventaire de Mignon ne sont pas tous, sans exception, dans les comptes originaux que le hasard a conservés. Ceux qui demeurent douteux, après nos recherches, ne sont pas, du reste, en très grand nombre; et ce sont des noms de comptables sans importance.

Pour les dates et pour les sommes, en chiffres, où le copiste a dû commettre autant (sinon plus) de bévues que dans la transcription des noms propres, nous n'avons trouvé dans les comptes originaux presque aucun élément de contrôle. Dans ces conditions nous les avons acceptées, sans nous porter garant de leur exactitude, à moins qu'elles ne fussent évidemment contradictoires ou absurdes. Pour les dates et les sommes absurdes et pour les phrases ininteli-

---

[1] Nous n'avons connu les documents originaux qui forment notre Appendice II qu'après que la plus grande partie du volume était imprimée; ils nous ont permis de corriger, dans l'*Erratum*, deux ou trois mauvaises leçons de l'Inventaire. — Il est à noter que, dans ces originaux eux-mêmes, il y a des fautes de lecture (p. 370, note 2) et des abréviations résolues au hasard : « In sacco communi debitorum » (p. 378); « in sacco communium debitorum » (p. 375).

gibles dans le manuscrit unique, nous avons été réduit, comme nos prédécesseurs, aux conjectures.

Nous avons risqué rarement des restitutions conjecturales, et nous les avons toujours présentées pour ce qu'elles sont. Quelques-unes de celles qui nous paraissent les meilleures sont dues à M. Léopold Delisle, commissaire responsable de cette publication. — M. L. Delisle a lu les épreuves de ce volume, et toutes les difficultés qui nous ont arrêté lui ont été soumises. Au cours d'un travail aussi ingrat [1] et aussi minutieux que celui-ci, où l'on risque d'errer à chaque pas, en dépit de l'attention la plus soutenue, c'est une précieuse sauvegarde de pouvoir recourir sans cesse à une pareille autorité [2].

Nous nous sommes fait une loi de ne rédiger de notes que celles qui étaient nécessaires pour justifier les leçons adoptées au texte. Il ne nous appartenait ni de compléter, ni de commenter arbitrairement le livre de Robert Mignon. Notre but a été seulement de le mettre, sous une forme un peu plus correcte et plus commode, entre les mains des érudits.

Les articles du livre de Robert Mignon étaient numérotés, dans le manuscrit original, à l'intérieur de chaque chapitre [3]. La numérotation continue qui a été substituée à la numérotation par chapitres est arbitraire; elle est simplement destinée à faciliter les références.

Dans l'index alphabétique qui termine le volume, les noms de lieu sont identifiés et les renseignements de même nature ont été, autant que possible, rapprochés.

CH.-V. LANGLOIS.

Paris, septembre 1898.

---

[1] « Teles besongnes sont mout ennuieuses », dit très bien Jean Mignon (Bibl. nat., lat. 12814, fol. 87.)

[2] M. Borrelli de Serres a eu l'obligeance de nous communiquer des renseignements. Nous avons eu recours à lui plus d'une fois, et, plus d'une fois, il nous a tiré d'embarras.

Nous devons à M. Longnon d'excellents conseils pour la rédaction de l'index et l'identification des noms de lieu.

[3] Cf. p. 99, note 4.

INVENTAIRE
DE ROBERT MIGNON.

LIBER DE INVENTARIO COMPOTORUM ORDINARIORUM ET ALIORUM PER ME, ROBERTUM MIGNON, ORDINATUS. — EST ET ALIUS DE COMPOTIS PARTICULARIBUS [1].

Protestatus sum ego, Robertus Mignon, cum labilis sit memoria et omnium habere memoriam potius sit divinitatis quam humanitatis, si erraverim in aliquo, cum ex certa scientia non processerim, quod error hujusmodi michi nec alteri non noceat in hoc opere, cujus sarcinam, salvo providorum [2] consilio, ausus fui aggredi, quantum [3] mei paupertas ingenii valuit indagare. Per Christum, Dominum nostrum. Amen.

In male dictis correctionem, in dubiis declarationem, in omissis veniam, in superfluis resecationem deprecor nunc apponi [4].

---

[1] Ms. : *Est et alius compotus particularis.* — M. A.-M. de Boislisle, qui a publié cette rubrique (*Chambre des comptes de Paris. Pièces justificatives pour servir à l'histoire des Premiers Présidents*, Nogent-le-Rotrou, 1873, p. CXVI, note 1), ponctue ainsi : «Liber de inventario compotorum ordinariorum et extraordinariorum et aliorum per me, Robertum Mignon, ordinatus est, et alius compotus particularis.»
La leçon adoptée ici se trouve dans les Extraits de Menant (XI, fol. 1). Elle offre un sens satisfaisant, car il y avait aux archives de la Chambre un «Inventaire des comptes particuliers». Robert Mignon en parle formellement plus loin (§ 2124) : «Habentur... in alio libro, in quo Inventarium compotorum particularium continetur.» La table de cet *Inventarium compotorum particularium* a été d'ailleurs conservée; elle a été publiée dans les *Historiens de la France*, XXI, p. 528-529; on la trouvera plus loin (p. 14, en note).

[2] Ms. : *provectorum.* M. de Boislisle a lu : *protectorum.*

[3] Ms. : *quam.*

[4] Dans le ms. lat. 9069, ce préambule se trouve placé au folio 4, après la *Tabula minor.* — Les Extraits de Menant (XI, fol. 1 et suiv.) nous apprennent que, dans l'original perdu, le titre et le préambule étaient écrits «au dos de la couverture». Plus bas, «au dos, à la fin», on lisait, d'après la même copie, la note suivante, relative aux sommes qui furent payées aux ouvriers chargés de rubriquer et de relier le registre :

Pro XLVI titulis [Ms. : *tt*] parvarum litterarum, II den. ob. per ti[tulum] ... x sol.
Pro III[bus] quarteronis [Ms. : *qrt'onum*] grossarum floridarum..... XII den.
Pro pena religatoris......... IX sol.

On lit à la suite du préambule, dans le ms. lat. 9069 (fol. 4 v°) : «Debita pro finibus compotorum monetarum incepta fieri anno M° CCC° XXVI° citra. — Debita per compotos particulares et per thesaurarios incepta anno M° CCC° XXIV°.» — Ces articles, transcrits ici par erreur, sont reproduits plus loin, dans la *Tabula major* (p. 6). Cf. p. 20, note 3.

INVENTAIRE DE ROBERT MIGNON.

TABULA MINOR ISTIUS LIBRI QUE CONTINET CAPITULA PRINCIPALIA OMNIUM SCRIPTORUM QUE IN SOCIETATE MEA R[OBERTUS] MIGNON INVENIRE POTUI A TOTO TEMPORE RETR[O]ACTO USQUE AD ASCENSIONEM DOMINI ANNO M° CCC° XXVIII° INCLUSIVE ET ULTRA QUOAD COMPOTOS ORDINARIOS [1] ET TERRARUM [2] FORANEARUM, ET EXCLUSIVE QUOAD COMPOTOS [3] REGALIUM, ANNUALIUM, DECIMARUM, SUBVENTIONUM, MUTUORUM ET ALIOS EXTRAORDINARIOS.

I.	Domania bailliviarum Francie et Normanie, terre Pictaviensis ac senescalliarum Carcassone, Bellicadri [4] et Petragori[censis]............	1 [5]
II.	Debita bailliviarum Francie, Normanie et Campanie, regni Navarre, terre Pictaviensis, senescalliarum Carcassone, Bellicadri, Petragoricensis, ac alia debita que regi debentur...................	3
III.	Compoti bailliviarum terre Pictaviensis et senescalliarum, regni Navarre ac terrarum [6] foranearum. Et qui fuerunt receptores ibi pro toto tempore retroacto..................................	13
IV.	Compoti regalium que perceperunt reges in regno pro toto tempore retroacto..	49
V.	Compoti annualium a summis pontificibus regibus Francie tempore retroacto concessorum................................	109
VI.	Compoti decimarum a summis pontificibus et a prelatis regni regibus Francie per totum tempus retroactum concessarum............	165 [7]
VII.	Compoti mutuorum et donorum [8] tempore retroacto in regno levatorum...	235
VIII.	Compoti subventionum, tailliarum et impositionum pro diversis subsidiis regni tempore preterito levatarum....................	259
IX.	Compoti financiarum feodorum, retrofeodorum, censivarum, retrocensivarum, allodiorum [9] et similium ab ecclesiasticis et ignobilibus personis acquisitorum.................................	439
X.	Compoti forefacturarum, rachatorum, releveyorum et quintorum denariorum quos potui in societate nostra invenire................	457

---

(1) Ms. : *compotum ordinarium.* Menant (XI, fol. 1) : *ordinariorum.*

(2) Ms. : *terrarium.*

(3) Ms. : *compotum.*

(4) Ms., ici et plus loin : *Bellicardi.*

(5) Les folios du manuscrit original sont indiqués par le copiste du ms. lat. 9069 et par les Extraits de Menant (XI, fol. 1 et s.). Ils le sont en chiffres arabes, tandis qu'ils l'étaient certainement (cf. plus loin, p. 11, note 1), dans le manuscrit original, en chiffres romains. Nous n'avons pas vu d'inconvénients à conserver ici les chiffres arabes.

(6) Ms. : *terrarii.*

(7) Ms. : *145.* Cf. la *Tabula major,* plus bas, p. 10.

(8) Ms. : *donatorum.* — *Donorum* est dans Menant (XI, fol. 1 v°).

(9) Ms. : *allodialium.* — *Allodiorum* est dans Menant (XI, fol. 1 v°).

TABULA MINOR.

XI. Compoti manuum mortuarum, forismaritagiorum et aliquorum jurium recelatorum in Campania et alibi 471

XII. Compoti diversarum receptarum factarum de pluribus subventionibus, mutuis et aliis a diversis personis receptis [1] per regnum, in aliquibus bailliviis et senescalliis regni in quibus alias non fuerant receptores. 476

XIII. Compoti diversarum rerum a regno per passagia [2] extrahi vetitarum. 480

XIV. Compoti bonorum que fuerunt Gendulphi de Arcellis, Lombardi, defuncti.. 486

XV. Compoti financiarum Lumbardorum quas in societate nostra potui invenire.. 490

XVI. Compoti dominorum Bichii et Moucheti, militum, fratrum......... 495

XVII. Compoti bonorum Judeorum captorum per regnum ad Magdalenam M° CCC° VI°... 511

XVIII. Compoti operum regalium, bursarum scholarium [3], beguinarum et conversorum [4], et expen[sarum] ferar[um] Vicennis............. 527

XIX. Compoti vivariorum et aquarum ac forestarum regalium........... 540

XX. Compoti guerrarum que evenerunt in regno a tempore regis Philippi Pulchri. — Alii autem [earum] que antea evenerunt ponuntur ad partem nec sunt in isto Inventario, cum per eos nichil videtur posse recuperari... 542 [5]

XXI. Compoti seu emende per inquisitores et reformatores regni......... 641

XXII. Compoti temporalitatum aliquorum episcopatuum regni certa de causa in manu regis certis temporibus detentarum [6] 656

---

[1] Ms. : *receptoribus.*
[2] Ms. : *passagium.*
[3] Ms. : *scholarum.*
[4] Ms. : *reginarum commissor.*
[5] Ce chiffre, fourni par le ms. lat. 9069, est probablement erroné. Cf. ci-dessous, p. 12, § 19. Dans les Extraits de Menant, on lit : 562.

[6] Après cette *Tabula minor* on lit dans le ms. lat. 9069, sur une page à part : « Comptes annuels qu'anciennement on souloit rendre au Roy de tous les cens et rentes qui luy appartenoient dans toutes les provinces du royaume. » Ces mots étaient sans doute en marge, et d'une autre main que le texte, dans le manuscrit original.

TABULA MAJOR ISTIUS LIBRI IN QUA CAPITULA IN MINORI TABULA CONTENTA DIVIDUNTUR PER PARTES [1].

I. Domania.

Domania Francie ab anno Domini M° CC° LXXV° usque ad annum M^{um} CCC^{um} XXII^{um} inclusive quo incepta fuerunt renovari............................... 1 [2]

Domania Normanie ab anno M° CC° LXXV° usque ad annum CCC^{um} XVII^{um} [3] inclusive quo fuerunt ultimo renovata............................. 1

Domania terre Pictaviensis ab Omnibus Sanctis anno M° CC° LXXX° usque ad annum CCC^{um} XV^{um} inclusive quo fuerunt ultimo renovata.............. 2

Domania senescalliarum Carcassone, Bellicadri et Petragoricensis ab Omnibus [4] Sanctis anno M° CC° LXXX° citra, non abinde renovata.

---

[1] La *Tabula major* de l'Inventaire de Robert Mignon a déjà été publiée dans les *Historiens de la France*, XXI, p. 520-529, d'après les copies contenues dans les manuscrits fr. 2833 (anciennement coté 8406) de la Bibliothèque nationale, P 2529, 2544, 2569, 2590-2591 des Archives nationales. — Il est à remarquer que ces copies n'ont pas été faites, comme celles que nous suivons ici (ms. lat. 9069, Extraits de Menant), directement d'après le manuscrit original de Robert Mignon. La *Tabula major* de l'Inventaire de R. Mignon avait été transcrite au commencement du Mémorial de la Chambre des comptes connu sous le nom de *Noster*; or, le ms. fr. 2833 est, à fort peu de chose près, une copie de *Noster*, et les manuscrits des Archives utilisés par les éditeurs des *Historiens* ont été exécutés d'après les Mémoriaux. — Ajoutons qu'il existe d'autres copies manuscrites de la *Tabula major*, dérivées du Mémorial *Noster*, que celles dont les éditeurs des *Historiens* se sont servis; voir, par exemple, Bibl. nat., lat. 17057, fol. 303 v°; fr. 4412, fol. 130; fr. 16584, fol. 144; fr. 21407, fol. 297 v°; fr. 23869, p. 494; Parlement 486, fol. 107. Celle qui se trouve dans le ms. lat. 9045 (fol. 314 et suiv.) de la Bibliothèque nationale est l'œuvre du calligraphe habile, mais médiocrement attentif, auquel est dû notre ms. lat. 9069 tout entier.

La *Tabula major* est précédée, dans les *Historiens* de la France, comme elle l'était certainement dans le Mémorial *Noster*, de la rubrique suivante, qui manque dans le ms. lat. 9069 : «TABULA MAJOR dividens capitula minoris tabule inventarii domaniorum, debitorum et compotorum ordinariorum et extraordinariorum Camere compotorum, facti per me, Robertum Mignon, et completi circa Omnes Sanctos anno M° CCC° XXV°.»

Tout indique que, dans l'original, la *Tabula major* était disposée sous forme de tableau, avec des accolades. A l'exemple des éditeurs des *Historiens de la France*, et pour des motifs de convenance typographique, nous avons répété les mots comme *Debita*, *Domania*, etc., que des accolades auraient dispensé de répéter au commencement de chaque paragraphe.

Nous désignons par l'abréviation *Éd.* l'édition des Historiens, et, comme d'habitude, par *Ms.*, le ms. lat. 9069.

[2] L'indication des folios du manuscrit perdu est donnée ici, comme précédemment, d'après les Extraits de Menant (XI, fol. 2 v°). Dans le ms. lat. 9069, quelqu'un a substitué à ces chiffres (qu'il a barrés comme inutiles) des chiffres qui renvoient aux pages du ms. lat. 9069.

[3] Ms. : *1327*. Cf. plus bas, p. 15, § 4.

[4] Ms. : *Omnium Sanct.*

TABULA MAJOR.

II. Debita.

Debita Francie et Normanie ab anno M° CC° LXXV° usque ad annum CCC^{um} XXII^{um} inclusive quo nova debita ibi fuerunt incepta [1]........................ 3

Debita terre Pictaviensis ab anno M° CC° LXXII° usque ad annum CCC^{um} XV^{um} quo ibi fuerunt ultimo incepta fieri nova debita [2]........................ 4

Debita senescallie Carcassone ab anno M° CC° IIII^{xx} IX° usque ad annum IIII^{xx} XVI^{um} quo [3] fuerunt ultimo renovata.

Debita senescallie Bellicadri ab anno M° CC° IIII^{xx} IX° usque ad CC^{um} IIII^{xx} XV^{um} quo fuerunt ultimo renovata.

Debita senescallie Petragoricensis ab anno M° CC° IIII^{xx} IX° usque ad annum CC^{um} IIII^{xx} XIX^{um} quo fuerunt ultimo renovata.

Debita regni Navarre ab anno M° CC° IIII^{xx} VII° usque ad annum CCC^{um} II^{um} quo fuerunt ultimo renovata....................................... 5

Debita Campanie ab anno M° CC° IIII^{xx} VIII° usque ad CCC^{um} XVI^{um} quo ultimo fuerunt renovata... 6

Debita executionis regine Johanne ibi ab anno CCC° IIII° quo incepit [4], usque ad CCC^{um} VIII^{um} quo finivit [5]................................. 6

Debita terre Pontivi incepta anno CCC° VII°............................. 6

Debita hospitii incepta anno M° CCC°.................................... 7

Debita non inventorum incepta vigesima die mensis Augusti anno M° CC° IIII^{xx} XVII° [6] 7

Debita thesauri [7]... 7

Debita compotorum particularium [incepta anno CCC° XXIIII°] [8]......... 7

Debita Bichii et Moucheti, [quedam videlicet] que debebant regi, [alia] [9] que debebant eis plures persone per litteras obligatorias [10] et alias, traditas curie anno M° CC° IIII^{xx} XVII° in sui exonerationem [11]..................... 7

Debita decimarum, [videlicet decime] sexennalis concesse a papa anno M° CC° LXXIIII°.. 7

Debita quadriennalis concesse a papa anno M° CC° IIII^{xx} IIII°.......... 7

Debita decime triennalis concesse a papa anno M° CC° IIII^{xx} IX°....... 7

---

[1]. Éd. : *fuerunt renovata seu incepta renovari.* Cf. § 13.

[2] Éd. : *incepta renovari, nec est intelligendum quod ultima præsupponant præcedentia.*

[3] Ms., ici et plus loin : *quæ.*

[4] Ms. : *inceperunt.*

[5] Ms. : *finiunt.* Cf. p. 18, § 36.

[6] Éd. : *M° CC° XCVI°.*

[7] Dans l'édition on lit : « Debita thesauri incepta anno M° CCC° XXIIII° » mais les derniers mots (qui se retrouvent à la ligne suivante) figuraient-ils ici dans le manuscrit original? Cela est douteux : cf. ci-dessous, § 43.

[8] Restitué d'après l'édition. Cf. § 44. — Trois manuscrits utilisés par les éditeurs donnent la variante *CCC° XXI°*, qui n'est pas bonne.

[9] Restitué d'après l'édition. Cf. § 53.

[10] Ms. : *oblig.* Éd. : *obligatæ.*

[11] Ms. : *examinacionem.*

Debita decime biennalis concesse a papa anno m° cc° iiii^{xx} xiiii°............. 7
Debita duplicis biennalis concesse a papa anno m° cc° iiii^{xx} xvii°........... 7
Debita guerrarum Vasconie incepta ab anno m° cc° iiii^{xx} xiiii°.............. 7
Debita guerrarum Flandrie incepta anno m° cc° iiii^{xx} xvii°................ 7
Debita financiarum feodorum Francie et Normanie, incepta post Candelosam[1] ccc° vii°.. 8
Debita admortisationum feodorum in senescalliis Pictaviensi, Tholose et Albiensi, incepta anno ccc°.. 8
Debita emendarum Parlamenti ab anno ccc° citra. — Emendarum Scacariorum ab anno ccc° iiii° citra. — Emendarum per inquisitores[2] ab anno ccc° ii° citra.. 9
Debita arreragiorum decimarum, annualium, regalium, subventionum, mutuorum et plurium aliorum levandorum[3]......................... 8
Item, molendinorum Normanie.
Debita vendarum boscorum et explectorum ibi : in Francia et Normania, a Pascha ccc° xii° citra; in Lingua Occitana, ab anno ccc° xviii° citra; in terra Nivernensi et baillivia Donziaci, videlicet quedam ab anno ccc° vii° usque ad ccc°xv^{um}, et alia tradita prima[4] Septembris ccc° xix°................ 8
Debita pro finibus compotorum monetarum, incepta fieri anno Domini ccc° xxvi° citra.[5]
Debita per compotos particulares et per thesaurarios incepta anno ccc° xxiiii°.[6]

III. Compoti ordinarii et compoti terrarum foranearum.

Compoti bailliviarum Francie et bladorum ibi ab anno cc° lxxv° citra. — Ponuntur ad partem pro tempore anteriori....................... 13, 13
Compoti communiarum ibi ab Epiphania Domini anno m° cc° lxxvii° usque ad cc^{um} lxxxi^{um}... 15
Compoti bailliviarum Normanie ab anno m° cc° lxxv° citra............... 18
Compoti dotalicii regine Margarite ibi pro termino Omnium Sanctorum cc° iiii^{xx} xiii°.. 21
Compoti Campanie ab anno m° cc° iiii^{xx} viii° citra.................... 22
Compoti nundinarum Campanie a nundinis Barri cc° iiii^{xx} xv° usque ad Sanctum Laurentium ccc° vii°.. 23

---

(1) Ms. : eandem.
(2) Éd. : inquisitiones.
(3) On verra plus loin (§ 56) que, dans l'Inventaire, l'ordre indiqué ici des *Emende* et des *Arreragia* a été interverti, comme l'indique, du reste, la foliotation empruntée aux Extraits de Menant.
(4) Ms. : post. La leçon adoptée ici est celle de l'édition. Le manuscrit original portait, d'après Menant (XI, fol. 3 v°) : p. — Cf. p. 19, § 56.
(5) Éd. : incepta circa Pascha.
(6) Ce paragraphe manque dans l'édition. Dans les Extraits de Menant (XI, fol. 4 v°), il est ainsi conçu : *Debita pro comp[otis] particular[ibus] et per thes[aurariis] incepta 324.* Cf. p. 1, note 4.

TABULA MAJOR.

Compoti terre domini E[d]mondi, filii regis Anglie, in Campania, pro annis cc° iiii^{xx} xiiii°. et cc° iiii^{xx} xv°.. 24

Compoti dotalicii regine Navarre Blanche, uxoris dicti domini E[d]mondi, in dicta terra ejusdem, ab anno m° cc° iiii^{xx} xv° usque ad Magdalenam [1] ccc° iii°. 24

Compoti arreragiorum debitorum in Campania certis temporibus, prout infra [2]. 23

Compoti regni Navarre ab anno m° cc° lxxx° citra................................ 24

Compoti terre Pictaviensis ab anno m° cc° lxx° citra............................... 25

Compoti senescalliarum Carcassone, Bellicadri et Petragoricensis ab anno m° cc° iiii^{xx} v° citra.. 28

Compoti senescallie Lugdunensis ab anno ccc° x°, quo devenit regi, usque ad Sanctum Johannem ccc° xx° inclusive....................................... 30

Compoti comitatus Burgundie a Sancto Andrea cc° iiii^{xx} xi° usque ad Sanctum Michaelem ccc° xvi°... 31

Compoti salinarum ibi pro annis ccc° viii° et ccc° xiii°........................... 32

Compoti senescallie Bigorre a Sancto Johanne cc° iiii^{xx} xiii° citra........... 32

Compoti ducatus Acquitanie ab Omnibus Sanctis cc° iiii^{xx} xv° usque ad vigesimam diem Maii [3] ccc° iii°, qua fuit redditus regi Anglie.

Compoti terre Vasconie ab Omnibus Sanctis cc° iiii^{xx} xiiii° usque ad vigesimam Maii ccc° iii° qua fuit reddita regi Anglie.

Compoti senescallie Agennensis a Carniprivio cc° iiii^{xx} xiii° usque ad secundam diem Septembris m° ccc° iii° qua fuit reddita regi Anglie [4]............. 32

Compoti comitatus Pontivi ab Omnibus Sanctis cc° iiii^{xx} xiii° usque ad Sanctum Petrum ad Vincula cc° iiii^{xx} xix° qua fuit redditus regi Anglie. — Item, a decima mensis Julii ccc° xxiiii°, qua captus fuit ad manum regis, usque ad primam diem Januarii post ccc° xxiiii°. — Item, a decima septima mensis Junii ccc° xxxvii° [5] per Johannem de Cambio usque ad annum ccc^{um} l^{um} quo primo [6] datus fuit domino Jacobo de Borbonio [7].

Compoti senescallie Engolismensis, videlicet Compnac, Merpins, Lezignen, etc. a vigilia Sancte Katarine ccc° viii° usque ad ccc^{um} xviii^{um}................ 32

Compoti terre comitis Montisfortis ibi pro terminis Ascensionis ccc° i° et ccc° ii°.. 33

Compoti comitatus Marchie a die lune ante Nativitatem [8] Domini ccc° xiii° citra, prout tamen infra... 34

Compoti terrarum de Conflans, Castellionis [9], Marchie in Barresio, prout infra. 34

---

[1] Ms. : *annum.*
[2] Éd., ici et plus loin : *in libro inventarii.*
[3] Ms. : *vigesimam quartam.*
[4] Ce paragraphe manque dans l'édition.
[5] Ms. : *1327.* La leçon adoptée est dans les Extraits de Menant, XI, fol. 4 v°.
[6] Menant, *l. c.* : *anno.*
[7] La fin de cet alinéa manque dans l'édition, à partir des mots : *ad primam diem Januarii.* Cf. § 119.
[8] Ms. : *anno Nativitatis.* Cf. § 122.
[9] Ms. : *Castellan.*

Compoti terre Fulgeriarum a die lune ante Nativitatem [1] Beate Marie ccc° xiiii° usque ad nonam decimam Maii ccc° xvi° qua devenit comiti Marchie 34

Compoti baillivie Lemovicensis a vigesima tertia [die] Februarii ccc° vii° usque ad Purificationem Beate Marie ccc° xvi°, prout infra 35

Compoti terre de Brioliis super Meusam ab anno ccc° xiii° usque ad Ascensionem ccc° xx° inclusive, qua fuit incorporata baillivie Viromandensi 35

Compoti baillivie Dompnifrontis [2] in Passeyo [3] a vigesima prima Julii ccc° ii° usque ad Omnes Sanctos ccc° viii° 35

Compoti baillivie Creciaci et Columberiarum ab Assumptione cc° iiii^{xx} xi° citra, prout tamen infra 35

Compoti terre Calvicionis et Marsilhanicarum [4] ac Mandolii a septima die Septembris ccc° xviii° usque ad Augustum ccc° xix° 35

Compoti comitatus Nivernensis et bladorum ac vinorum ibi, a Sancto Johanne ccc° xi° usque ad Sanctum Johannem ccc° xx° inclusive, prout tamen infra 36

Compoti [terrarum] Castri Renardi, Villaris Regis et Charniaci, ab Omnibus Sanctis ccc° xi° usque ad tertiam Octobris ccc° xvii° [5] qua fuerunt incorporate baillivie Aurelianensi 36

Compoti terre Montis Gaii a Magdalena ccc° xii° usque ad vigesimam sextam [6] Maii ccc° xv°, qua reddita fuit comiti Autissiodorensi 36

Compoti terre domini Roberti d'Estouteville ab ejus obitu usque ad annum ccc^{um} xi^{um} 36

Compoti terre Falloelli et gruerie Calniaci ab anno ccc° xiiii°, quo obiit dominus [Ingerrannus de] Marrign[iaco], usque ad Sanctum Johannem ccc° xxiii° quo debuit incorporari baillivie Viromandensi, prout tamen habetur infra 37

Compoti terre Chailliaci a die jovis post Sanctum Martinum [ccc° iii°] [7] usque ad Omnes Sanctos ccc° iiii°; et pro termino Pasche ccc° xv° penes alios [8] ... 37

Compoti terre Flandrie ab Annunciatione Domini cc° iiii^{xx} xvii° usque ad medietatem Aprilis ccc° 37

Compoti comitatus Atrebatensis ab undecima die Julii ccc° xvii° usque ad ultimam Septembris ccc° xviii° 37

Compoti baillivie Insule cum castellaniis Duaci, Orchiarum, Moritonie, Allodii, Gorge et Tornesii ab anno ccc° iiii° citra, prout tamen infra [9] 38

---

[1] Ms.: *anno Nativitatis*.
[2] Éd.: *Dampni Frontis*.
[3] Ms.: *Passeix*.
[4] Ms.: *Calvimontis et Mamlhamcar*. Cf. § 129.
[5] *Sic*. Cf. § 134.
[6] Éd.: *xxi*; Ms.: *31*. — Cf. § 135.

[7] Restitué d'après l'édition. Cf. § 138. — Menant (XI, fol. 5 v°) : *1302*.
[8] Éd.: *pen. al.*
[9] La moitié de ce paragraphe, depuis *Allodii*, manque dans le ms. lat. 9069. Elle figure dans l'édition, que nous corrigeons à l'aide de la copie de Menant (XI, fol. 5 v°).

TABULA MAJOR.

Compoti ressorti Insule a vigesima die Martii ccc° xvii° usque ad Sanctum Remigium ccc° xxi°... 38

Compoti baillivie Hedini a septima Julii ccc° xviii° usque ad decimam sextam Octobris post.

Compoti baillivie Bethunie [1] a Sancto Johanne ccc° iii° usque ad Sanctum Remigium ccc° xviii°, prout tamen infra........................ 39

Compoti [terre] d'Esperleque ab octava die Aprilis ccc° xvi° usque ad duodecimam Septembris post....................................... 39

Compoti [terrarum de] Fampous [et de] Remy [2] a Media Quadragesima ccc° xvi° usque ad octavam de Quasimodo ccc° xvii°.

Compoti [terre de] Fiennes [et de] Tymgry a vigesima die Aprilis ccc° ix° usque ad Omnes Sanctos ccc° xix°, quo debuit incorporari baillivie Ambianensi.. 39

Compoti [terre] Ribodimontis a tertia die Augusti m° ccc° xxi° usque ad Ascensionem ccc° xxii° [3]... 39

Compoti granchie castri d'Avesnes ab octava Novembris m° ccc° xv° usque ad Sanctum Michaelem m° ccc° xvi°................................. 40

Compoti terre Hugonis de Mande a Sancto Remigio m° ccc° xiiii° usque ad Nativitatem Domini anno m° ccc° xv°. — Non auditus, ut videtur....... 40

Compoti [4] terrarum Sulliaci, Andegavensis, comitis Claromontensis, Blaviarum et Montis Andronis, domini Johannis de Barro alias Piaudechat [5], de Dravello, de Dompno Martino, de Luxieu, de Chailliaco, prepositure Vualliaci [6].. 40, 41

Preterea, item, compoti terrarum foranearum [de] Chasluz, Chebrel, Chaluset, Corbafin et Brain. — Perdidimus.

IV. Compoti extraordinarii.

1. Compoti regalium perceptorum per provincias [7] regni a toto tempore retroacto.. 49
2. Compoti annualium a papa Bonifacio regi Philippo Pulchro anno m° cc° iiii^{xx} xvii° usque ad triennium concessorum [8].................. 109

---

[1] Ms.: *Bethunis*.
[2] Éd.: *Renty*, par conjecture.
[3] Ce paragraphe manque dans l'édition.
[4] A partir d'ici, l'édition présente un texte beaucoup plus développé que celui du ms. lat. 9069. Cela tient à ce que, dans les copies utilisées par les éditeurs des *Historiens de la France*, et dans toutes celles qui dérivent du Mémorial *Noster* (celle du ms. lat. 9045, par exemple), la *Tabula major* a été complétée à l'aide des rubriques de l'Inventaire lui-même. Le ms. lat. 9069, que nous suivons, donne la *Tabula major* telle qu'elle était dans le manuscrit original de Mignon, très sommaire.
[5] Ms.: *Piandechat*.
[6] Ms.: *prope Vualliacum*.
[7] Ms.: *provincialem*.
[8] Ms., ici et plus loin: *concessa*.

Compoti annualium a papa Benedicto xi° eidem regi anno m° ccc° iv° usque ad triennium concessorum 133

Compoti annualium a papa Johanne xxii° regi Philippo Magno anno m° ccc° xvi° usque ad quadriennium concessorum 149

3. Compoti decimarum, videlicet : Compoti decime triennalis a papa regi sancto Ludovico anno m° cc° lxviii° concesse 165

Compoti decime sexennalis a papa Gregorio x° regi Philippo Audaci anno m° cc° lxxiiii° concesse 168

Compoti decime quadriennalis a papa Martino iv° eidem regi anno m° cc° iiii^{xx} iiii° concesse 175

Compoti decime triennalis ab eodem papa regi Philippo Pulchro anno m° cc° iiii^{xx} ix° concesse 180

Compoti decime biennalis a prelatis eidem regi anno m° cc° iiii^{xx} xiiii° concesse 187

Compoti decime duplicis biennalis a papa Bonifacio eidem regi annis m° cc° iiii^{xx} xvii° et m° cc° iiii^{xx} xviii° concesse 189

Compoti decime biennalis ab eodem papa Bonifacio eidem regi [anno] m° cc° iiii^{xx} xix° concesse 197

Compoti decime duplicis a prelatis ex eorum concessione et a personis exemptis [1], et simplicis a non exemptis, annis m° ccc° iv° [et] m° ccc° v°, provinciarum Remensis, Narbonensis, Bituricensis, Auxitanensis, eidem regi concesse 203

Compoti decime duplicis a prelatis provincie Turonensis anno m° ccc° iv° pro guerra Flandrie [concesse] 206

Compoti decime duplicis eidem regi a prelatis provincie Senonensis pro admortisatione suorum acquestuum anno m° ccc° v° concesse 206

Compoti decime simplicis eidem regi a prelatis provincie Rothomagensis anno m° ccc° vi° concesse 208

Compoti decime biennalis a papa Benedicto xi° eidem regi annis m° ccc° vii° et m° ccc° viii° concesse 208

Compoti decime simplicis a papa Clemente v° eidem regi anno m° ccc° x° concesse 213

Compoti decime simplicis a prelatis dicto pape Clementi anno m° ccc° xii° concesse 214

Compoti decime sexennalis a dicto papa prefato regi anno m° ccc° xiii° concesse 221

Compoti decime biennalis a papa Johanne xxii° regi Philippo Magno anno m° ccc° xviii° concesse 228

---

[1] Ms. : *et a personali exemptione.*

TABULA MAJOR.

Compoti decimarum biennalis ab eodem papa regi Carolo anno m° ccc° xxii° concesse, et biennalis ab eodem papa eidem regi anno m° ccc° xxiiii° concesse.. Inter 234 et 235 [1]
4. Compoti mutuorum [et] donorum [2] factorum regi Philippo Pulchro pro Arragonia [3] circa annum m^{un} cc^{um} lxxxiv^{um}, [et] pro Vasconia annis m° cc° iiii^{xx} xiiii° et m° cc° iiii^{xx} xv°,.. 235
5. Compoti subventionum, videlicet :
   Compoti duplicis et prime centesime... 259
   Compoti simplicis et secunde centesime.. 271
   Compoti quinquagesime et tertie quinquagesime................................... 283
   De subsidiis exercitus Flandrie, mutuis et donis tempore anni mⁱ ccⁱ iiii^{xx} xviiⁱ, sunt aliqui compoti in tertio sacco guerre Vasconie [4].
   Compoti subsidii exercitus Flandrie anno ccc° ii°..................................... 319
   Compoti subsidii ejusdem exercitus, levati anno ccc° iii°........................... 331
   Compoti subsidii ejusdem exercitus, levati anno ccc° iiii°........................... 343
   Compoti subsidii impositi pro maritagio regine Anglie, domine Isabellis, anno ccc° ix°.. 359
   Compoti subsidii impositi pro militia regis Ludovici anno ccc° xiii°............. 373
   Compoti subsidii levati pro exercitu Flandrie anno ccc° xiiii°.................... 385
   Compoti subsidii financiarum et mutuorum levatorum [5] pro eodem exercitu annis ccc° xv°, ccc° xviii° et ccc° xix°.. 398
   Compoti subsidii impositi pro maritagio ducisse Burgundie, [filie regis Philippi Magni] [6], [anno] ccc° xviii°.. 415
   Compoti subsidii aperture pontis Rothomagensis, impositi super mercaturas usque ad certum tempus.. 433
6. Compoti financiarum levatarum ratione feodorum, retrofeodorum, censivarum, retrocensivarum et allodiorum de novo acquisitorum ab ecclesiasticis et ignobilibus personis.. 439
7. Compoti forefacturarum, rachatorum, releveyorum et quintorum denariorum, quos habemus in societate nostra.. 452 [7]

---

[1] On lit à la fin de ce paragraphe, dans le ms. lat. 9069, les mots : *Inter* iie xxxiv *et* iie xxxv^m, qu'il serait difficile d'interpréter correctement si la copie de Menant ne nous avait pas conservé la foliotation du manuscrit original qui était, naturellement, folioté en chiffres romains. Le copiste du ms. lat. 9069, n'ayant pas compris ce renvoi à la foliotation du manuscrit original (*Inter* iie xxxiv *et* iie xxxv), l'a reproduit, mais en y ajoutant par conjecture, en exposant, le chiffre m, qui, si on l'avait remarqué, aurait pu causer des méprises.

[2] Ms. : *donatorum*.

[3] Ms. : *arreragiis*. Même faute dans les Extraits de Menant (XI, fol. 6 v°).

[4] Ce paragraphe, qui manque dans l'édition des *Historiens*, se trouvait probablement dans le manuscrit original à l'état d'annotation marginale.

[5] Ms. : *et mutui levato*.

[6] Rétabli d'après l'édition.

[7] On lit 457 dans la *Tabula minor* (ci-dessus, p. 2).

8. Compoti manuum mortuarum, forismaritagiorum et aliquorum jurium recelatorum [1] in Campania et alibi.................................... 471
9. Compoti diversarum et grossarum receptarum factarum de diversis subventionibus, mutuis, decimis et aliis, in aliquibus bailliviis et senescalliis regni a diversis personis.. 476

    Compoti diversarum subventionum, mutuorum, decimarum, annualium et aliorum, de quibus computatum fuit conjunctim. Compoti earumdem non potuerunt reponi in locis propriis, sed sunt in uno sacco mixtim; et isti compoti situantur in isto Inventario post compotos quinquagesime et tertie quinquagesime [2].

10. Compoti lanarum et aliarum rerum a regno per passagia ejusdem extrahi vetitarum... 480
11. Compoti bonorum Gendulphi de Arcellis, Lumbardi.................. 486
12. Compoti financiarum Lumbardorum, quos habemus in societate nostra.. 490
13. Compoti dominorum Bichii et Moucheti, fratrum, militum, de pluribus receptis et misiis factis per eos..................................... 495
14. Compoti bonorum quondam [3] Templi et Templariorum captorum mense Octobri ccc° vii°... 507
15. Compoti bonorum Judeorum captorum per regnum ad Magdalenam ccc° vi°... 511
16. Compoti operum regalium, videlicet pontium Parisiensium, palatii ibi, Lupare ibi, Quarreryarum, Pissiaci, Regalis loci, Belleosane, Gournaii, Vernolii et Mortui Maris.. 524
17. Compoti bursarum scolarium, beguinarum et conversorum, ac expensarum ferarum Vicennis, et quorumdam aliorum operum regalium [4]... 536
18. Compoti vivariorum seu aquarum et forestarum regis in Francia, Normannia et Lingua Occitana... 540
19. Compoti guarnisionum guerre Vasconie que incepit anno m° cc° iiii^{xx} xiii°. 547

    Compoti operum galearum et aliorum vasorum ac armate maris pro eadem guerra.. 554

    Compoti guerre predicte qui sunt in tribus saccis..................... 562

    Compoti revelationis Burdegalensis que fuit anno m° ccc° ii°........... 582

---

[1] Ed. : *recollectorum*, par conjecture.

[2] Paragraphe mutilé et inintelligible dans l'édition, où l'on lit : ... *de quibus computum fait conjunctam, quia compoti earumdem non potuerunt poni in locis propriis, sed sunt in uno sacco mixtim*. La phrase qui commence par : *et isti compoti situantur*, qui manque tout à fait dans l'édition, est mutilée dans le ms. lat. 9069, où les mots *post compotos* ont été omis. Le texte correct se trouve dans les Extraits de Menant (XI, fol. 7).

[3] Mot omis dans le ms., restitué d'après l'édition.

[4] Les cinq derniers mots de ce paragraphe manquent dans l'édition. Ils sont incorrectement rapportés dans le ms. lat. 9069 : *equorum et*, au lieu de *et quorumdam*; la bonne leçon est dans Menant (XI, fol. 7 v°).

Debita que debentur pluribus personis pro finibus compotorum ejusdem
    guerre Vasconie... 585
Solutiones facte pro dictis debitis....................................... 589
Compoti guarnisionum pro guerra Flandrie que incepit anno m° cc° iiii^{xx} xvi. 595
Compoti operum galearum, ingeniorum, artilliaturarum et aliorum, ac
    armate maris pro dicta guerra.................................... 601
Compoti guerre Flandrie predicte qui reponuntur in tribus saccis....... 605
Debita que rex debet pro finibus compotorum ejusdem guerre Flandrie... 614
Solutiones facte pro dictis debitis....................................... 616
Compoti guerre Lugdunensis que incepit anno ccc° x° ac custodie ripparie
    Roddani contra gentes [1] Avignionis anno ccc° vii°............... 619
Compoti garnisionum [2] pro dicta guerra............................. 619
Compoti facti domini de Mercorio.. 619
Compoti facti pape Bonifacii anno ccc° ix°.............................. 619
Compoti consecrationis pape Johannis xxii^i anno ccc° xvi°........... 619
Compoti guerre de Passavant in Argona, que sperabatur [3] contra ducem
    Lotharingie anno ccc° xi°....................................... 623
Compoti guerre Nivernensis que incepit anno ccc° xvii°................. 624
Compoti domini de Suliaco de diversis viagiis que fecit pro rege....... 626
Item, compoti domini Petri de Galardo, magistri balistariorum, de guerra
    Flandrie... 627
Compoti domini Galcheri de Castellione [4], constabularii [Francie], et
    domini P. de Boucly [5] de guerra Campanie contra comitem Barri
    anno m° cc° iiii^{xx} xvi°. Item, de guerra Flandrie. Item, de guerra Lug-
    dunensi. Item, de viagiis que fecit, videlicet pro facto ville Cathalauni [6],
    pro facto confederatorum Flandrie et Campanie, pro discordia inter
    comitissam Burgundie et dominum Johannem de Cabillone, et de plu-
    ribus aliis viagiis... 629
20. Emende per inquisitores de anno ccc° ii° citra, pro tempore regis Philippi
    Pulchri.. 641
Item, de anno ccc° xv° citra pro tempore regum Ludovici et Philippi
    Magni [7]... 648

---

[1] Éd.: *per agentes.*

[2] Ms. lat. 9045, fol. 329 : *Garnerii.*

[3] Éd.: *parabatur.* — Menant (XI, fol. 8) : *spectabant.* — Cf. § 1687.

[4] Ms.: *Galteri de Castellis.*

[5] Ce nom manque dans l'édition.. — Ms. : *Ronchy.* Cf. § 2635.

[6] Ms. : *Cachat.*

[7] A la suite de la *Tabula major* se trouvait dans le Mémorial *Noster*, et a été imprimée dans les *Historiens de la France* (XXI, p. 528-529), d'après le ms. fr. 2833 de la Bibliothèque nationale, une autre table qui manque dans le ms. lat. 9069. Elle est intitulée : TABULA INVENTARII COMPOTORUM PARTICULARIUM, et c'est certainement la table de cet «Inventaire des comptes particuliers» que Robert

21. Compoti temporalitatum certorum episcopatuum regni, certis de causis ad manum regis per certum tempus detentarum 656

Mignon a pris soin de distinguer de son *Liber de inventario compotorum ordinariorum et aliorum* (cf. plus haut, p. 1). — Voici cette table, qu'il est intéressant de rapprocher de celle qui précède, mais qu'il importe d'en distinguer :

TABULA INVENTARII COMPOTORUM PARTICULARIUM.

Compoti particulares suti qui scribuntur a tergo bailliviarum Francie, videlicet ab Ascensione Domini m° cc° iiii^{xx} xi° inclusive usque ad ejusdem Ascensionem anno m° ccc° xxii° exclusive.

Compoti particulares non suti ante Ascensionem ccc° xxii° qui non inveniuntur scripti a tergo bailliviarum Francie.

Compoti hospitiorum regum Philippi [Audacis, Philippi] Pulchri, Ludovici et Philippi Magni, reginarum et liberorum suorum, a Sancto Johanne [a] anno m° cc° lxxi° citra.

Compoti argenterie seu camere aut jocalium regum et reginarum, ab Omnibus Sanctis m° cc° iiii^{xx} xiii° citra.

Compoti scutiferie [b] regum ab anno m° cc° iiii^{xx} xiii° citra.

Compoti garnisionum dictorum hospitiorum ab anno m° cc° iiii^{xx} x° citra.

Compoti extractorum thesauri ab Ascensione Domini m° cc° iiii^{xx} xv° citra.

Compoti denariorum de libra a tempore retroacto levatorum Parisius, Duaci, in Campania et in Lingua Occitana.

Compoti monetagii a tempore retroacto facti Parisius, apud Summerias, apud Masticonem, apud Alincourt, apud Tholosam, apud La Riole, apud Monsterolium Bonnini, apud Sanctum Quintinum, apud Sanctum Porcianum, apud Tregas, apud Tornacum, apud Rothomagum, apud Brugias [c], apud Pampillonem.

Compotus bonorum quondam Templi et Templariorum captorum in regno xiii° die Octobris anno Domini m° ccc° vii°.

---

[a] Ms. et Éd. : *ad Sanctum Johannem*. — [b] Ms. et Éd. : *scutiferiarum*. — [c] Ms. et Éd. : *Burg*... — Il s'agit de l'atelier de Bruges; cf. le *Journal du Trésor*, Bibl. nat.; lat. 9783, fol. 56 et *passim*.

I. DE DOMANIIS.

1. Domania Francie et Normanie habemus conjunctim penes nos suta in uno rotulo, ab anno M° CC° LXXV° inclusive usque ad annum M^um CC^um IIII^xx XVI^um exclusive quoad [1] domania Normanie, que fuerunt ad Pascha et Sanctum Michaelem [2] renovata tunc per se, et usque ad annum M^um CC^um III^ix XVII^um exclusive quoad [3] domania Francie, que fuerunt ad Ascensionem et Omnes Sanctos tunc renovata per se, usque ad annum M^um CCC^um XXII^um inclusive, quo fuerunt incepta renovari.

2. Item habemus alia domania Normanie que fuerunt renovata anno M° CCC° VIII° suta in uno rotulo.

3. Alia domania Normanie habemus renovata anno M° CCC° IX°.

4. Alia domania Normanie habemus renovata anno M° CCC° XVII°.

5. *De quibusdam aliis corone regis domaniis.* — Domania terre Pictaviensis et senescalliarum Carcassone, Bellicadri [4] et Petragoricensis habemus renovata conjunctim post Omnes Sanctos M° CC° LXXX° usque ad Ascensionem CCC° XV°, quo fuerunt domania terre Pictaviensis separata et renovata per se. Domania tamen senescalliarum Carcassone, Petragoricensis et Bellicadri non fuerunt a dictis Omnibus Sanctis renovata.

6. Alia habemus domania senescallie [5] Carcassone tradita per Petrum de Sancto Dyonisio in compotis Candelose CC° IIII^xx VII°, suta cum predictis.

7. Nulla domania Campanie habemus.

8. Nulla domania terrarum forancarum habemus; bene tamen habemus estimationes valorum aliquarum earumdem.

9. Nulla domania terre Navarre habemus.

---

[1] Ms.: *quam ad.* — [2] Ms.: *Martinum.* — [3] Ms.: *quam ad.* — [4] Ms., ici et plus loin : *Bellicadensis.* — [5] Ms. : *senescalliarum.*

[II. DEBITA.]

10. *De debitis provincie Francie, in specie.* — Debita bailliviarum Francie et Normanie ac senescalliarum [1] Carcassone, Bellicadri et Petragoricensis habemus conjunctim ab anno $M^o CC^o LXXV^o$, renovata quolibet anno, usque ad annum $M^o CC^o IIII^{xx} X^o$, quo anno separata fuerunt debita dictarum senescalliarum et renovata conjunctim cum debitis terre Pictaviensis quolibet anno abhinc usque ad annum $M^{um} CC^{um} IIII^{xx} XV^{um}$, quo anno fuerunt incepta separari debita dictarum senescalliarum a debitis terre Pictaviensis, prout patebit inferius statim.

11. Alia debita bailliviarum Francie et Normanie habemus conjunctim a dicto anno $M^o CC^o IIII^{xx} X^o$ renovata quolibet anno usque ad annum $M^{um} CC^{um} IIII^{xx} XV^{um}$ exclusive, quo anno separata fuerunt a debitis Francie debita Normanie et renovata tunc per se, prout patebit inferius.

12. Alia debita bailliviarum Francie habemus per se ab anno $M^o CC^o IIII^{XX} XV^o$ predicto usque ad annum $M^{um} CCC^{um} XIV^{um}$ inclusive in uno sacco, videlicet quedam renovata anno predicto $M^o CC^o IIII^{xx} XV^o$, alia renovata anno $M^o CC^o IIII^{xx} XIX^o$, alia vero renovata anno $M^o CCC^o IV^o$, alia renovata anno $M^o CCC^o VIII^o$ pro dicto anno usque ad annum $M^{um} CCC^{um} XIV^{um}$ inclusive.

13. Alia debita Francie habemus in quodam alio sacco ab anno $M^o CCC^o XV^o$ inclusive usque ad annum $M^{um} CCC^{um} XXII^{um}$, videlicet quedam renovata dicto anno $M^o CCC^o XV^o$ et alia incepta [2] fieri et non renovata [3] anno predicto $M^o CCC^o XXII^o$.

14. *Debita provincie Normanie, in specie.* — Debita bailliviarum Normanie habemus ab anno $M^o CC^o LXXV^o$ usque ad annum $M^{um} CC^{um} IIII^{xx} XV^{um}$ exclusive, renovata quolibet anno cum debitis Francie, prout dictum est, et sunt in uno sacco conjunctim.

15. Alia debita Normanie habemus renovata per se anno predicto $M^o CC^o IIII^{XX} XV^o$.

16. Alia debita Normanie habemus in uno sacco ab anno $M^o CCC^o II^o$ usque ad annum $M^{um} CCC^{um} XV^{um}$ exclusive : videlicet quedam renovata dicto anno $CCC^o II^o$, alia renovata $CCC^o IV^o$, alia renovata $CCC^o VIII^o$ pro eodem anno et aliis usque ad $M^{um} CCC^{um} XIV^{um}$ inclusive.

17. Alia debita Normanie habemus in alio sacco ab anno $M^o CCC^o XV^o$ usque ad annum $M^{um} CCC^{um} XXII^{um}$: videlicet quedam renovata dicto anno [4] $CCC^o XV^o$, alia renovata anno $CCC^o XVI^o$, alia renovata anno $CCC^o XXII^o$.

18. *Debita terre Pictaviensis, in specie.* — Debita terre Pictaviensis solius habemus, videlicet quedam que debebantur comiti Pictaviensi propter compotum Ascensionis anno $M^o CC^o LXX^o$, alia renovata quolibet anno ab anno $M^o CC^o LXXII^o$ usque ad annum $M^o CC^o IIII^{xx} VIII^o$ inclusive. Sunt suta cum predictis in uno rotulo.

19. Magnam Receptam terre Pictaviensis solius habemus ab Omnibus Sanctis $M^o CC^o IIII^{xx} VI^o$ usque ad annum $M^{um} CC^{um} IIII^{xx} XII^{um}$, in uno rotulo.

---

[1] Ms. : *senescalliis.* — [2] Ms. : *recepta.* — [3] Ms. : *renovari.* — [4] Ms. : *Domino.*

DEBITA.

20. Alia debita terre Pictaviensis habemus et debita senescalliarum Carcassone, Bellicadri et Petragoricensis renovata conjunctim ab anno M° CC° IIII^xx IX° inclusive quolibet anno usque ad annum M^um CC^um IIII^xx XVII^um, suta in uno rotulo.

21. Alia debita ejusdem terre habemus in sacco deb[itorum] Campanie et Navarre, renovata conjunctim cum debitis senescalliarum Carcassone, Belliquadri et Petragoricensis, ac cum debitis Campanie et cum debitis terre Navarre, ad Ascensionem M° CC° IIII^xx XI°, et alia renovata ad Ascensionem M° CC° IIII^xx XII°, suta in uno rotulo.

22. Alia debita ejusdem terre habemus renovata anno M° CC° IIII^xx XVI° usque ad annum M^um CC^um LXIIII^um (1) inclusive, in uno rotulo.

23. Alia debita dicte terre solius habemus renovata anno M° CCC° XV° citra, in duobus rotulis.

24. *Debita senescalliarum Carcassone, Bellicadri et Petragoricensis, in specie.* — Debita senescalliarum Carcassone, Bellicadri et Petragoricensis habemus conjunctim cum debitis terre Pictaviensis ab anno M° CC° IIII^xx IX°, renovata quolibet anno usque ad annum M^um CC^um IIII^xx XVII^um, prout etiam supra, in uno rotulo.

25. Alia debita senescallie Carcassone solius habemus renovata anno M° CC° IIII^xx XVI° citra, in uno rotulo.

26. Alia debita senescallie Bellicadri solius habemus renovata anno M° CC° IIII^xx XV° citra, in uno rotulo.

27. Alia debita senescallie Petragoricensis solius habemus renovata anno M° CC° IIII^xx XIX° citra, in uno rotulo.

28. Alia debita dictarum trium senescalliarum habemus conjunctim cum debitis terre Pictaviensis, Campanie et Navarre, prout supra, videlicet quedam renovata ad Ascensionem anno M° CC° IIII^xx XI°, alia renovata ad Ascensionem M° CC° IIII^xx XII°, suta in uno rotulo.

29. *De debitis terre Navarre, in specie.* — Debita terre Navarre habemus renovata post Januarium anno M° CC° IIII^xx VII°, in uno rotulo.

30. Alia debita ejusdem terre habemus renovata anno M° CC° IIII^xx XI°, in uno rotulo.

31. Alia debita ejusdem terre habemus conjunctim cum debitis Campanie, terre Pictaviensis et senescalliarum Carcassone, Bellicadri et Petragoricensis, videlicet quedam renovata ad Ascensionem M° CC° IIII^xx XI°, alia renovata ad Ascensionem anno M° CC° IIII^xx XII°, prout supra.

32. Alia debita bladorum Navarre habemus, videlicet duo paria renovata a Januario anno M° CC° IIII^xx XIIII° usque ad Januarium anno M° CC° IIII^xx X[VI?] (2), in duobus rotulis.

33. *De debitis terre Campanie, in specie.* — Debita terre Campanie solius habemus ab anno M° CC° IIII^xx VIII° usque ad M^um CC^um IIII^xx XVI^um, seu potius M^um CCC^um XVI^um, videlicet quedam fuerunt renovata anno M° CC° IIII^xx VIII° (3), alia renovata anno M° CC° IIII^xx XV°, alia fuerunt renovata post Magdalenam M° CC° IIII^xx XIX°, alia renovata post Magdalenam

---

(1) *Sic.* Il y a ici une erreur. — (2) Ms. : *secundo.* — (3) Ms. : *1278.*

M° ccc° III°, alia renovata [...] M° ccc° xvI° pro annis M° ccc° vIII° et aliis sequentibus citra; et suuntur[1] simul, exceptis illis de M° ccc° xvI°.

34. Alia debita ejusdem terre habemus conjunctim cum debitis terre Navarre, terre Pictaviensis et senescalliarum Carcassone, Belliquadri et Petragoricensis, prout supra, videlicet quedam renovata ad Ascensionem M° cc° IIII^{xx} xI°, alia ad Ascensionem M° cc° IIII^{xx} xII°, in uno rotulo suta; et sunt in uno sacco cum aliis precedentibus.

35. Alia debita habemus in uno sacco, que vocantur Magne Partes, incepta anno M° cc° IIII^{xx} xvI°.

36. Alia duo debitorum paria pro executione regine Johanne, que obiit anno M° ccc° IIII°, cujus executio incepit secunda die Aprilis M° ccc° III° ante Pascha et finivit eadem die M° ccc° vIII° post Pascha, qua die dicta terra Campanie venit ad manum regis Ludovici, ejus primogeniti.

37. Alia arreragia debita in Campania pro tertia parte anni finiti ad Magdalenam M° ccc° III°.

38. Alia arreragia habemus debita regi in Campania pro finibus compot[orum] Thome de Parvo Celario, Gerardi Gayte, Petri David, Bonati Ottaviani, Auberti Chapon et Johannis de Cadorac, ejus sociorum, quondam receptorum ibi[2].

39. *De debitis terre Pontivi.* — Debita terre Pontivi habemus renovata post Sanctum Andream anno M° ccc° vII, [pro] annis M° cc° IIII^{xx} xIIII° et aliis sequentibus usque ad[3]... Et sunt in sacco dictorum debitorum Campanie.

40. Rotulum de venditionibus habemus in dicto sacco.

41. *De aliis debitis.* — Debita hospitiorum regum Philippi Pulchri, Ludovici, Philippi Magni et regis Caroli moderni, incepta anno M° ccc° citra.

42. Debita non inventorum habemus a vigesima die Augusti M° cc° IIII^{xx} xvII° citra.

43. Debita per compotos thesauri incepta...[4].

44. Debita per compotos particulares incepta anno M° ccc° xxIIII°.

45. *De debitis decimarum.* — Debita decimarum, videlicet debita[5] decime sexennalis anni M^i cc^i Lxxxm^i, extracta de compoto ejusdem in provinciis Senonensi, Remensi,

---

[1] Ms. : *sumitur*.

[2] Le texte de ce paragraphe est corrompu dans le manuscrit, où l'on lit : «...Gerar. Gayte, Petrum David, Renatum Coch. (*sic*), Aubertum Chapon et Johannem de Cadorac, ejus socium, quondam receptorum ibi.» — Th. du Petit Celier, G. Gayte, P. David, A. Chapon sont des personnages bien connus. Les noms des deux autres ont été altérés, ici ou plus loin (§ 87), par le copiste du ms. lat. 9069, qui ne les connaissait pas, si ce n'est par Robert Mignon lui-même; mais on peut les restituer avec certitude. Voir le *Journal du Trésor*, Arch. nat., KK 1, p. 917 : «Mahietus La Guete, joculator ducis Burgundie, pro denariis sibi debitis inter debita tradita curie per Bonatum Ottaviani, quondam receptorem Campanie.... Idem pro eodem inter debita tradita curie per Albertum Caponis et Johannem de Cadoraco, quondam receptores Campanie.» Cf. un compte original, Bibl. nat., Coll. Clairambault, 470, fol. 37 : «Dou temps Aubert Chapon et Jehan de Cadorag.»

[3] L'année est restée en blanc. Cf. § 119.

[4] Ms. : *pro compositione thesauri*. La fin de la ligne est en blanc. Cf. p. 5.

[5] Ms., ici et plus loin : *debet*.

DEBITA.

Bituricensi, Turonensi, Rothomagensi, Lugdunensi, Burdegalensi, Narbonensi et Auxitanensi.

46. Alia debita decime quadriennalis pro arreragiis in provincia Rothomagensi et quinque diocesibus et civitatibus extra regnum.

47. Alia debita decime triennalis pro arreragiis in provinciis Senonensi, Bituricensi, Narbonensi, Viennensi, Rothomagensi, Auxitanensi, et diocesibus Cameracensi, Metensi, Tullensi, Virdunensi. Totum in uno rotulo.

48. Alia debita decime biennalis anni M^i CC^i IIII^{xx} XIIII^i in diocesibus Petragoricensi, Xantonensi, Lemovicensi, Caturcensi et Tholosana.

49. Alia debita decimarum annorum M^i CC^i IIII^{xx} XVII^i et M^i CC^i IIII^{xx} XVIII^i in provinciis Senonensi, Narbonensi, Bituricensi et Burdegalensi. Totum in uno rotulo.

50. *Debita guerrarum.* — Videlicet Vasconie, incepta post Ascensionem M^o CC^o IIII^{xx} XIII°, in uno rotulo.

51. Item, debita guerre Flandrie incepta post Ascensionem anno M^o CC^o IIII^{xx} XVII°.

52. Alia debita pro guerra Flandrie per compotum Reginaldi[1] de Royaco et deputatorum ab ipso de garnisionibus ejusdem exercitus.

53. *Debita Bich[ii] et Mouch[eti].* — Videlicet quedam que debebant regi, et quedam que debebant eis plures persone per litteras obligatorias et alias, traditas curie anno M^o CC^o IIII^{xx} XVII° in sui exonerationem. — Sunt cum aliis debitis suis et compotis eorundem in suis saccis.

54. [*Debita*] *financiarum feodorum.* — Debita financiarum feodorum Francie et Normanie incepta post Candelosam M^o CCC^o VII°.

55. [*Debita*] *admortisationum feodorum.* — Debita admortisationum feodorum in senescalliis Pictaviensi, Tholose et Albiensi, incepta anno M^o CCC^o.

56. *Plura alia sunt prescripta, que debentur regi, de quibus aliqua subscribuntur, videlicet :*

Arreragia et defectus decimarum, annualium, regalium, subventionum, mutuorum non levatorum.

Vende et explecta forestarum regis, videlicet Francie et Normanie, a Paschate $M^o CCC^o XII^o$ citra, tradita annuatim ad Scacarium Rothomagense per compotum bailliviarum Francie et Normanie per magistros forestarum.

Item, explecta forestarum Lingue Occitane, videlicet pro anno M^o CCC^o XVIII° tradita per magistrum Ranulphum de Bosco, et pro annis M^o CCC^o XX°, M^o CCC^o XXI°, M^o CCC^o XXII° et M^o CCC^o XXIII° tradita per dominum Egidium [de] Pouville[2].

Item, forestarum comitatus Nivernensis et baillivie Donziaci, videlicet quedam tradita pro boscis, garennis, stagnis, ab anno M^o CCC^o VII° usque ad M^{um} CCC^{um} XV^{um}. — Alia tradita prima die Septembris M^o CCC^o XIX° per magistrum Johannem de Pereuse.

---

[1] Ms. : *regium.* Voir la table du t. XXII des *Historiens de la France*, au mot « Reginaldus de Royaco ». — [2] Cf. *Historiens de la France*, XXII, 530 K.

Molendina Normanie tradita ad firmam per magistrum Johannem Guardie, videlicet quedam anno m° ccc° v°, alia m° ccc° ix°.

Jura recelata in Normania, emende, explecta, condemnationes, defectus, arreragia, et multa alia minuta recuperanda pro rege, que sunt in sacco portandorum ad Scacarium, aut in sacco communi plurium recuperandorum pro rege, qui est in archa communi debitorum.

57. *Emende.* — Emende Parlamenti ab anno m° ccc° citra in tribus rotulis, videlicet: pro rege Philippo Pulchro, in uno rotulo; — pro rege Philippo Magno, in alio; — pro rege Carolo moderno, in alio.

58. Emende Scacarii a Sancto Michaele m° ccc° iiii° citra, videlicet in uno rotulo.

59. Emende per inquisitores super officiarios regis et alios, videlicet per inquisitores commissos per regnum, annis m° ccc° ii° et m° ccc° iii° et citra[1], per regem Philippum Pulchrum.

60. Item, per inquisitores commissos anno m° ccc° xv°, pro tempore regis Ludovici.

61. Item, per reformatores Lingue Occitane, annis m° ccc° xviii° et m° ccc° xix°, videlicet episcopum Laudunensem et comitem Foresii, pro tempore regis Philippi Magni.

62. Item, per inquisitores commissos tempore regis Caroli, m° ccc° xxv°.

63. Emende per inquisitores aquarum, forestarum et garennarum regis a Paschate m° ccc° xxi° citra[2].

64. Emende campsorum et aliorum super abusu monetarum.

65. Emende Dierum Trecensium, nundinarum Campanie et registrorum ibi[3].

---

[1] Ms.: *circa*.

[2] Ms.: *circa*.

[3] Remarquons que deux rubriques portées dans la *Tabula major* (plus haut, p. 6, l. 19), entre la fin des *Debita* et le commencement des *Compoti ordinarii*, sont ici totalement omises : « Debita pro finibus compotorum monetarum » (depuis 1326) et « Debita per compotos particulares et per thesaurarios » (depuis 1324). Ce n'est sans doute pas une omission du copiste qui a écrit le ms. lat. 9069; la copie de Menant (XI, fol. 9-10) présente la même lacune.

III. COMPOTI ORDINARII
ET COMPOTI TERRARUM FORANEARUM.

SEQUUNTUR COMPOTI [1] BAILLIVORUM SEU RECEPTORUM PARISIENSIUM, SYLVANECTEN-SIUM [2], VIROMANDIE, AMBIANENSIUM, SENONENSIUM, AURELIANENSIUM, MATISCO-NENSIUM, BITURICENSIUM, TURONENSIUM ET COMMUNIARUM FRANCIE.

66. Compotos bailliviarum Francie et bladorum ibi habemus penes nos ab anno Domini M° CC° LXXV° citra. Receptores seu baillivi ibi pro tempore subscripto persone sequentes :

67. *Parisiensis.* — Receptores ibi :

Ab Omnibus Sanctis......	M° CC° IIII^{xx} XIV° inclusive	Herveus de Trinitate.
Ab Ascensione..........	M° CCC° X°..........	Magister G. de Cond[eto].
Ab Omnibus Sanctis......	M° CCC° XV°..........	Johannes Guerini.
Ab Omnibus Sanctis......	M° CCC° XVI°..........	Reginaldus [3] Pisdoe.
Ab Omnibus Sanctis.....	M° CCC° XVIII°........	Gentianus Coquatricz.
Ab Omnibus Sanctis.....	M° CCC° XXI°..........	Guillelmus de Joinvilla.
Ab Ascensione..........	M° CCC° XXII°........	Albertus Beloti.
Ab Ascensione..........	M° CCC° XXXIX°.......	Johannes de Ruolio.
Ab Ascensione..........	M° CCC° XLI°..........	Johannes Hardy.
Ab Omnibus Sanctis......	M° CCC° XLV°.........	Reginaldus Bouton.
Ab Ascensione..........	M° CCC° XLVIII°.......	Johannes de Autissiodoro.
Ab Omnibus Sanctis.....	M° CCC° LI°..........	Rolandus Pougeri.
Ab Ascensione..........	M° CCC° LVII°........	Michael Le Ferron.
Ab Ascensione..........	M° CCC° LVIII°.......	Johannes de Drocis.
Ab Omnibus Sanctis.....	M° CCC° LVIII°.......	Michael Le Ferron secundo.
Ab Omnibus Sanctis.....	M° CCC° LIX°.........	Thomas Brocardi [4].

68. *Sylvanectensis.* — Baillivi seu receptores ibi [5] :

Ab Ascensione..........	M° CC° IIII^{xx} XIV° inclusive.	Philippus de Bellomanerio.
Ab Ascensione..........	M° CC° IIII^{xx} XVI°.......	Robertus de Villafranca.

[1] Ms. : *Sequitur compotus.*
[2] Ms. : *Sylvanectensis.* Tous les adjectifs suivants sont aussi au génitif singulier.
[3] Ms. : *Rigaldus.*
[4] Blanchard, dans ses Extraits (Bibl. nat., nouv. acq. lat., 184, fol. 88), a écrit, à la place de ce nom, celui de « Laurentius de Molineto. »

[5] Il est à remarquer que, dans les listes qui suivent, les noms des baillis ne sont pas toujours distingués de ceux des receveurs. Il ne faudrait pas croire que tous les noms qui, dans cette liste, ne sont pas suivis de la mention « receptor » sont des noms de baillis.

Ab vel pro Omnibus Sanctis.	M° CC° IIII^{xx} XVI°	Johannes Panetarii.
Ab Ascensione	M° CC° IIII^{xx} XVII°	G[uillelmus] de Hang[est] junior.
Ab Ascensione	M° CC° IIII^{xx} XVIII°	Johannes de Marla.
Ab Omnibus Sanctis.....	M° CC° IIII^{xx} XIX°	Egidius de Lauduno.
Ab Ascensione	M° CCC° III°	Dyonisius de Albigniaco.
Ab Omnibus Sanctis.....	M° CCC° IV°	G[uillelmus] Tyboldi.
Ab Ascensione	M° CCC° X°	Robertus de Villanova.
Ab Omnibus Sanctis.....	M° CCC° XI°	Robertus [de] Huval [1].
Ab Ascensione	M° CCC° XV°	Petrus de Broco.
Ab Ascensione	M° CCC° XVII°	Dominus G. d'Anlesy.
Ab Omnibus Sanctis.....	M° CCC° XVII°	Michael de Paris, receptor.
Ab Omnibus Sanctis.....	M° CCC° XVIII°	Johannes de Croso, receptor.
Ab Omnibus Sanctis.....	M° CCC° XX°	Gent[ianus] de Paciaco, receptor.
Ab Ascensione	M° CCC° XXIV°	Egidius Haquin, baillivus et receptor.
Ab Ascensione	M° CCC° XXV°	Petrus de Drocis (?) [2], receptor.
Ab Ascensione	M° CCC° XXVIII°	Guyardus de Monteleherici.
Ab Ascensione	M° CCC° XXXIV°	Symon Pizdoe.
Ab Ascensione	M° CCC° XXIX°	Johannes de Nanteuil.
Ab Omnibus Sanctis.....	M° CCC° XLIII°	Johannes Suriau.
Ab Ascensione	M° CCC° XLVIII°	Eraldus de Calvomonte.
Ab Ascensione	M° CCC° XLIX°	Jacobus Beaupetit.
Ab Omnibus Sanctis.....	M° CCC° LIV°	Johannes Hauderici.

69. *Viromandensis*. — Baillivi seu receptores ibi :

Ab Ascensione	M° CC° IIII^{xx} XIV° inclusive	Galterus Bardini.
Ab Ascensione	M° CC° IIII^{xx} XVII°	Galterus de Autreche.
Ab Ascensione	M° CC° IIII^{xx} XVIII°	G[uillelmus] de Hang[est].
Ab et pro Ascensione....	M° CCC° III°	Johannes de Veriis.
Ab Omnibus Sanctis.....	M° CCC° III°	Johannes de Waissy.
Ab Omnibus Sanctis.....	M° CCC° VI°	P[etrus] Jumelli.
Ab Ascensione	M° CCC° IX°	Firminus de Coquerello.
Ab Ascensione	M° CCC° XV°	Dominus Guido de Villamorer [3].
Ab Omnibus Sanctis.....	M° CCC° XVI°	Frater Thomas Mouton.
Ab Omnibus Sanctis.....	M° CCC° XVII°	Guido Levrier.
Ab Omnibus Sanctis.....	M° CCC° XX°	Gent[ianus] de Paciaco.
Ab Ascensione	M° CCC° XXIV°	Petrus de Bellomonte.

---

[1] Dans les *Olim*, III, p. 645, ce personnage est appelé, en 1311, «Robertus de Hunal, prepositus Pontisare». Lire «Huval», et voir l'*Inventaire des sceaux de la collection Clairambault*, n° 4777.

[2] Ms. : *Drcc.*, avec un signe d'abréviation.

[3] Ms. : *Guido de Villam.* — Voir le Compte des trésoriers pour le terme de la Saint-Jean 1316, Bibl. nat., fr. 20683, fol 6 : «De baillivo Viromandensi Guidone de Villamorer...»; et le sceau de Gui de Villiers-Mourier, bailli de Vermandois, dans l'*Inventaire des sceaux de la collection Clairambault*, n° 9558.

COMPOTI ORDINARII. 23

Ab Ascensione..........	M° CCC° XXV°	Robertus de Versone [1].
Ab Ascensione..........	M° CCC° XXVIII°........	Guillelmus Alberici [2].
Ab Ascensione..........	M° CCC° XXX°	Johannes Burserii.
Ab Ascensione..........	M° CCC° XXXIX°........	Petrus de Pinu.
Ab Omnibus Sanctis.....	M° CCC° XLIII°.........	Johannes de Altovillari.
Ab Ascensione..........	M° CCC° XLIX°.........	Bonus Johannes de Sissone.

70. *De communia Sancti Quintini, seu de emolumento ejusdem ville.* — Habemus compotum a die veneris ante Natale M° CCC° XVII°, qua fuit posita ad manum regis, usque ad Sanctum Johannem [. . . . .] inclusive, per Gent[ianum] de Paciaco, excepto anno finito ad Sanctum Johannem [M° CCC°] XX°, de quo computavit [3] Johannes de Kyevresio.

Aliqui ponuntur inter compotos non sutos ante Ascensionem anno M° CCC° XXII°, et aliqui suuntur post compotos dicte bailivie Viromandensis.

71. *Ambianensis.* — Baillivi ibi :

Ab Ascensione..........	M° CCC° IIII^{xx} XIV° inclusive	G[uillelmus] de Hang[est].
Ab Omnibus Sanctis.....	M° CCC° IIII^{xx} XVI°.......	Oudardus de Cramailles.
Ab Omnibus Sanctis.....	M° CCC° IIII^{xx} XVIII°......	P. de Hang[est].
Ab Ascensione.....:....	M° CCC°.............	Dyonisius de Albigniaco.
Ab Ascensione..........	M° CCC° X°...........	Hugo de Fillain[e]s [4].
Ab Ascensione..........	M° CCC° III°..........	G[uillelmus] Tyboldi.
Ab Ascensione......,...	M° CCC° IV°..........	Dionisius de Albignyaco.
Ab Omnibus Sanctis.....	M° CCC° XI°...........	Robertus de Villanova.
Ab Ascensione..........	M° CCC° XV°..........	Dominus Symon de Billiaco.
Ab Ascensione..........	M° CCC° XVIII°........	Dominus G. d'Anlesy.
Ab Omnibus Sanctis.....	M° CCC° XVIII°........	Erardus d'Alement [5].
Ab Ascensione..........	M° CCC° XX°..........	Dominus P. de Rapistannis.
Ab Omnibus Sanctis.....	M° CCC° XXII°.........	Robertus de Marinis.
Ab Omnibus Sanctis.....	M° CCC° XXIII°........	Andreas de Charrol[es], miles, baillivus et receptor.
Ab Ascensione..........	M° CCC° XXV°.........	J. de Sery, receptor.
Ab Omnibus Sanctis.....	M° CCC° XXVI°........	Johannes Duchange, receptor.
Ab Omnibus Sanctis.....	M° CCC° XXIX°........	Burchot du Drac.
Ab Ascensione..........	M° CCC° XXXVI°.......	Johannes de Cambio.
Ab Ascensione..........	M° CCC° XLIII°........	Carolus du Drac.
Ab....................	....	Johannes Le Sené.

72. *Senonensis.* — Baillivi seu receptores ibi :

Ab Ascensione..........	M° CCC° IIII^{xx} XIV° inclusive	Johannes de Montigniaco.
Ab Ascensione..........	M° CCC° IIII^{xx} XVI°.......	Johannes Panetarii.
Ab Omnibus Sanctis.....	M° CCC° IIII^{xx} XVI°.......	Johannes de Montigny.
Ab Ascensione..........	M° CCC° IIII^{xx} XIX°.......	Johannes de Veriis.

[1] Ms. : *Versoy.* Cf. § 169. — [2] Ms. : *Albyei.* Cf. § 76. — [3] Ms. : *proponit.* — [4] Ms. : *Fillan.* Cf. *Olim*, III, p. 669. — [5] Ms. : *Geraldus Dalement.*

Ab Ascensione............	M° CCC° III°..........	Baldu[inu]s de Loncvez.
Ab Omnibus Sanctis.......	M° CCC° III°..........	Johannes de Veriis.
Ab Ascensione............	M° CCC° VI°...........	G. de Hang[est] junior.
Ab Ascensione............	M° CCC° X° vel M° CCC° XI°.	Johannes de Tribus Molendinis.
Ab Ascensione............	M° CCC° X°............	Dominus Thomas de Mortfonta[i]n[es].
Ab Ascensione............	M° CCC° XVII°.........	Johannes de Abri[n]cis.
Ab Ascensione............	M° CCC° XXII°.........	Robertus de Castro Nanthonis.
Ab Omnibus Sanctis.......	M° CCC° XXIII°........	Johannes Le Fourbeur.
Ab Ascensione............	M° CCC° XXIV°.........	Radulphus Silvani[1] de Joyaco.
Ab Ascensione............	M° CCC° XXV°..........	Johannes Oursin.
Ab Ascensione............	M° CCC° XXVII°........	Reginaldus Pelliparii.
Ab Omnibus Sanctis.......	M° CCC° XXXI°.........	Petrus Le Corant.
Ab Ascensione............	M° CCC° XXXIV°........	Aymericus de Baignoliis[2].
Ab Ascensione............	M° CCC° XXXIX°........	Symon Pezdoye.
Ab Omnibus Sanctis.......	M° CCC° XLIII°........	Richardus de Camporepulso.
Ab Ascensione............	....	Johannes de Beco.
Ab Omnibus Sanctis.......	M° CCC° LI°...........	Milo de Maris (sic), dictus Le Barbier.
Ab....................	....	Petrus Pelliparii.

73. *Aurelianensis*. — Baillivi seu receptores ibi :

Ab Ascensione............	M° CC° IIII^{xx} XIV°......	Petrus Saymel.
Ab Ascensione............	M° CC° IIII^{xx} XVI°......	Symon de Montigny.
Ab Ascensione............	M° CCC° III°..........	P. de Dicy.
Ab Omnibus Sanctis.......	M° CCC° III°..........	Symon de Montigny.
Ab Omnibus Sanctis.......	M° CCC° X°............	Magister Johannes de Sancto Lupo.
Ab Ascensione............	M° CCC° XV°...........	Symon de Montigny.
Ab Omnibus Sanctis.......	M° CCC° XV°...........	Johannes Pavie.
Ab Ascensione............	M° CCC° XVI...........	Johannes de Bardilliaco[3].
Ab Ascensione............	M° CCC° XXII°.........	Philippus Cassine.
Ab Ascensione............	M° CCC° XXIII°........	Johannes de Bardilliaco.
Ab Ascensione............	M° CCC° XXIV°.........	Johannes Burcardi.
Ab Omnibus Sanctis.......	M° CCC° XXIV°.........	Hugo de Crusi.
Ab Ascensione............	M° CCC° XXV°..........	Philippus Cassine.
Ab Ascensione............	M° CCC° XXXII°........	Egidius Cassine.
Ab Omnibus Sanctis.......	M° CCC° XXXVI°........	Philippus Cassine.
Ab Omnibus Sanctis.......	M° CCC° XLIII°........	Johannes Begin.
Ab Ascensione............	M° CCC° XLVII°........	Philippus Cassine.
Ab....................	....	Stephanus Bretoys.

---

[1] Ms. : *Sovain*. Restitué d'après Arch. nat., KK 1, p. 251, et J 423, n° 33. Cf. *Regestum papæ Clementis V* (Romæ, 1887, in-fol.), n° 8031.

[2] Ms. : *Bargnoliis*. Cf. J. Viard, *Journaux du Trésor de Philippe VI de Valois*, n° 2709.

[3] Ms., ici et plus loin : *Bardille*. Voir le Compte des trésoriers pour le terme de la Saint-Jean 1316, Bibl. nat., fr. 20683, fol. 6 : « De preposituris baillivie Aurelianensis per Johannem de Bardilliaco, receptorem ibi. »

COMPOTI ORDINARII.

74. *Matisconensis.* — Baillivi seu receptores ibi :

Ab Ascensione	M° CC° IIII^{xx} XIV°	Johannes de Chientrellis.
Ab Ascensione	M° CC° IIII^{xx} XVII°	Geraudus Flote.
Ab Ascensione	M° CCC°	Johannes de Sancto Dyonisio.
Ab Ascensione	M° CCC° II°	Johannes de Corpalayo.
Ab Ascensione	M° CCC° III°	P. de Balleus [1].
Ab Ascensione	M° CCC° IV°	Dominus G. de Arceiis [2].
Ab Ascensione	M° CCC° VIII°	Dominus Egidius de Malodumo.
Ab Ascensione	M° CCC° XIII°	Giraudus de Castronovo, gardiator.
Pro Ascensione	M° CCC° XIV°	G. Bernardi.
Ab Ascensione	M° CCC° XV°	Hugo de Favernis.
Ab Ascensione	M° CCC° XVII°	Philippus Lande.
Ab Ascensione	M° CCC° XXI°	Bartolomeus Caprarii.
Ab Ascensione	M° CCC° XXIII°	Philippus Lande.
Ab Ascensione	M° CCC° XXIV°	Franco de Aveneriis.
Ab Ascensione	M° CCC° XXV°	Jacobus Balbi.
Ab Ascensione	M° CCC° XLVII°	Johannes Aymerici.
A Sancto Johanne	M° CCC° XLIII°	Petrus Baut.
A tertia Januarii anno predicto		Nicolaus Oyn.
A Sancto Johanne	M° CCC° LVI°	Mattheus Guete.

75. Baillivi Matisconenses ceperunt per annum pro vadiis suis usque ad Ascensionem M° CC° IIII^{xx} XIX°, per litteras regias de quibus fit mentio ad Ascensionem M° CC° IIII^{xx} XV°, IIII^c lib. tur., et a dicta Ascensione M° CC° IIII^{xx}XIX° usque ad Ascensionem M° CCC° XXI°, v^c lib., videlicet IIII^c lib. pro vadiis assuetis et centum lib. pro onere guerre in illis partibus vel circa existentis [3] supportato, et, a dicta Ascensione M° CCC° XXI°, IIII^c lib. solum usque ad Ascensionem M° CCC° XXXVIII°, qua dominus Franco de Adveneriis incepit capere v^c lib. per litteras Camere compotorum, continentes litteras regias, prout in compotis ejusdem tunc Camere arrestatur. Baillivi etiam predicti solebant facere recepturam mediis vadiis captis, ut supra hanc rem fuit rescriptum regi anno M° CCC° XXXIV°.

76. *Bituricensis.* — Baillivi seu receptores ibi :

Ab Ascensione	M° CC° IIII^{xx} XIV° inclusive	Johannes de Marla.
Ab Ascensione	M° CC° IIII^{xx} XVI°	Johannes de Trya.
Ab Ascensione	M° CC° IIII^{xx} XVIII°	Robertus Maugerii [4].
Ab Ascensione	M° CCC° I°	Johannes de Marla.
Pro Omnibus Sanctis	M° CCC° II°	Guillelmus Tyboldi.
Pro Ascensione	M° CCC° III°	Robertus de Ciconia.

---

[1] Ms. : *Balley.* — [2] Ms. : *Arceriis.* — [3] Ms. : *in illis pariter circa existentibus.* Restitué par conjecture.
— [4] Ms. : *Mangot.* Robert Mauger était bailli de Bourges en 1298.

Ab Omnibus Sanctis......	M° CCC° III°.....	Hugo Gohaudi.
Ab Ascensione..........	M° CCC° XV°........	G[uillelmus] de Diciaco.
Ab Ascensione..........	M° CCC° XIX°.......	Vincentius Saillembi[e]n.
Ab Ascensione..........	M° CCC° XXIII°......	Oudardus Le Sauvage.
Ab Ascensione..........	M° CCC° XXIV°......	Symon de Billiaco[1].
Ab Omnibus Sanctis......	M° CCC° XXIV°......	Guillelmus Morelli.
Ab Ascensione..........	M° CCC° XXV°.......	Johannes Lobiere.
Ab Omnibus Sanctis......	M° CCC° XXVII°.....	Colardus[2] Pelliparii.
Ab Omnibus Sanctis......	M° CCC° XXX°.......	Guillelmus Alberici.
A Sancto Johanne.......	M° CCC° XXXII°.....	Johannes de Montegisonis.
Ab Omnibus Sanctis......	M° CCC° XXXIII°.....	Jacobus Cistelli.
Ab Omnibus Sanctis......	M° CCC° XLIII°......	Guillelmus Chastelet.

77. *Turonensis.* — Baillivi seu receptores ibi :

Ab Ascensione..........	M° CC° IIII^{xx} XIV° inclusive	Robertus Maugerii[3].
Ab Omnibus Sanctis......	M° CC° IIII^{xx} XVII°......	Johannes Panetarii.
Ab Omnibus Sanctis......	M° CC° IIII^{xx} XVIII°.....	Ja[cquelinus] T[r]osselli.
Pro Ascensione.........	M° CCC° III°........	P. Saymel.
Ab Omnibus Sanctis......	M° CCC° III°........	P. de Fontenayo.
Ab Omnibus Sanctis......	M° CCC° IV°........	Guyardus de Porta.
Pro Omnibus Sanctis.....	M° CCC° VI°........	Robertus Maugerii.
Ab Ascensione..........	M° CCC° VII°.......	Dominus Johannes de Vaucellis.
Ab Omnibus Sanctis......	M° CCC° XVI°.......	Guido Caprarii.
Ab Ascensione..........	M° CCC° XVII°......	Johannes de Vaudrighem.
Ab Omnibus Sanctis......	M° CCC° XVII°......	Ger[ardus] Tronquiere.
Ab Ascensione..........	M° CCC° XIX°.......	Vincentius Saille[m]bien.
Ab Ascensione..........	M° CCC° XXIV°......	Reginaldus de Baucheviller.
Ab Ascensione..........	M° CCC° XXV°.......	Johannes de Montegis[onis].
Ab Ascensione..........	M° CCC° XL°........	Johannes Seguart.
Ab Ascensione..........	M° CCC° XLIII°......	Andreas Papin.

78. Compoti communiarum Francie, ab Epiphania M° CC° LXXVII° usque ad annum M^{um} CC^{um} IIII^{xx} I^{um}. — Penes alios socios.

79. Compotos bailliviarum Normanie habemus ab anno M° CC° LXXV° citra. Baillivi ibi a tempore suscripto qui sequuntur :

---

[1] Ms. : *Bulliaco.* — [2] Mot illisible dans le manuscrit. Cf. Arch. nat., KK 2, fol. 22. — [3] Ms. : *Maug'*. Voir la table du t. XXII des *Historiens de la France*, au nom de Robert Mauger.

COMPOTI ORDINARII.

80. *Rothomagensis*. — Baillivi ibi :

A Sancto Michaele	M° CC° IIII^{xx} XIV° inclusive	Reginaldus Barbou [1].
A Sancto Michaele	M° CC° IIII^{xx} XVIII°	P. Saymel.
A Paschate	M° CCC° III°	P. de Hang[est].
A Sancto Michaele	M° CCC° XX°	Robertus Recuchon.
A Paschate	M° CCC° XXII°	P. de Hang[est].
A Paschate	M° CCC° XXVII°	Oudardus Le Coc.

81. *Caletensis*.

A Sancto Michaele	M° CC° IIII^{xx} XIV° et ante	Adam Halot.
A Paschate	M° CC° IIII^{xx} XVI°	Dominus Eustachius de Torliaco.
A Paschate	M° CC° IIII^{xx} XVIII°	Johannes de Tria.
A Paschate	M° CCC° III°	Dominus de Fontaneto.
A Paschate	M° CCC° IV°	Johannes de Trya.
A Sancto Michaele	M° CCC° V°	G. de Bosco.
A Paschate	M° CCC° XII°	Johannes de Porta.
A Paschate	M° CCC° XVIII°	Radulphus Calo [2].
A Sancto Michaele	M° CCC° XX°	Dominus Johannes de Vaucellis.
Pro Paschate	M° CCC° XXII°	Guillelmus de Haula.
A Sancto Michaele	M° CCC° XXII°	Johannes Blondelli.
A Paschate	M° CCC° XXVIII°	

82. *Cadomensis*.

A Sancto Michaele	M° CC° IIII^{xx} XIV° et ante	Johannes de Sancto Leonardo.
A Sancto Michaele	M° CC° IIII^{xx} XVI°	G. de Hang[est] junior.
A Paschate	M° CC° IIII^{xx} XVII°	Nicolaus de Villaribus.
A Paschate	M° CCC° I°	Robertus de Ciconia.
Et tunc fuit receptor ibi		Johannes Le Hanapier.
A Paschate	M° CCC° III°	Johannes de Verretot.
A Sancto Michaele	M° CCC° XII°	Robertus Recuchon.
A Sancto Michaele	M° CCC° XX°	Johannes Avunculus [3].
A Paschate	M° CCC° XXII°	Johannes Bulengarii.
A Paschate	M° CCC° XXVII°	Vincentius Michaelis.

83. *Constantinensis*.

A Sancto Michaele	M° CC° IIII^{xx} XIV° et ante	Nicolaus de Villaribus.
A Paschate	M° CC° IIII^{xx} XVII°	Vincentius Tencré.
A Paschate	M° CCC° I°	Droco Peregrini.

---

[1] Ms. : *Barbier.* Renaut Barbou, qui fut bailli de Rouen, est un personnage très connu, et son nom est correctement écrit ailleurs, plusieurs fois, dans le ms. lat. 9069.

[2] Cf. § 98.

[3] Ms., ici et plus loin : *Avuncl.* C'est le personnage qui s'appelait, en français, Jehan Loncle.

A Paschate	M° CCC° III°	Raimundus Passemer [1].
A Paschate	M° CCC° IV°	Henricus de Rya.
A Paschate	M° CCC° VI°	Gaufridus Avice.
A Paschate	M° CCC° VIII°	Bertaudus [2] Mahyel.
A Paschate	M° CCC° IX°	Ludovicus Conversi.
A Sancto Michaele	M° CCC° XIII°	Robertus Busquet.
A Sancto Michaele	M° CCX° XX°	Petrus de Hangest.
A Paschate	M° CCC° XXII°	Godefridus Le Blont.
A Paschate	M° CCC° XXVIII°	

84. *Gisortii.*

A Sancto Michaele	M° CC° IIII^{xx} XIIII° et ante.	Droco Peregrini.
Pro Paschate	M° CC° IIII^{xx} XVII°	Vincentius Tencré.
A Sancto Michaele	M° CC° IIII^{xx} XVII°	Johannes de Sancto Leonardo.
A Paschate	M° CCC°	P. de Hang[est].
A Paschate	M° CCC° III°	Symon de Montigny.
A Sancto Michaele [3]	M° CCC° III°	Domiuus G[uillelmus] Courteheuse [4].
A Paschate	M° CCC° VII°	Gaufridus Le Danois.
A Paschate	M° CCC° IX°	Bertaudus Mahyel.
A Paschate	M° CCC° X°	Guillelmus Maillart.
A Paschate	M° CCC° XVII°	Johannes Avunc[ulus].
A Sancto Michaele	M° CCC° XX°	P. de Bellomonte.
A Sancto Michaele	M° CCC° XXII°	Johannes de Fresneyo.
A Sancto Michaele	M° CCC° XXV°	Johannes Avunculus.

85. Compotos dotalitii regine Margarite in Normania habemus, videlicet pro termino Omnium Sanctorum anno M° CC° IIII^{xx} XIII°, per Johannem de Ruella [5].

86. Compotos bailliviarum Campanie habemus ab anno M° CC° IIII^{xx} VIII° citra. Receptores ibi, tempore subscripto, qui sequuntur. Unde solent computare a crastino Sancti Johannis usque ad eandem anno revoluto.

A Magdalena	M° CC° IIII^{xx} XV° inclusive.	Bichius et Mouchetus, fratres.
A Magdalena	M° CC° IIII^{xx} XVI°	Albicius Bichii Symonis [6] et Tyguinius [7].

---

[1] Ms. : *Passeverni.* Voir la liste des baillis du Cotentin, dans les *Mémoires de la Société des Antiquaires de Normandie*, XXV, p. 135.

[2] Ms., ici et plus loin : *Bertrandus.* Cf. Bibl. nat., lat. 9783, fol. 16 : «Bertaudus Mahyel de Ponte Audomari.»

[3] Ms., ici et plus loin : *Martino.*

[4] Ms. : *Courtelz.*

[5] Ms. : pro *Johanne de Ruella.*

[6] Cette leçon ne doit pas être suspectée. Voir Bibl. nat., lat. 9783, fol. 17 : «Albicio Symonis, nepoti..... predictorum militum [Bichii et Muschéti].» — Cf. Douët d'Arcq, *Collection de sceaux......*, n° 5392.

[7] Mot douteux.

A Magdalena....	M° CCC° IV°	Frater Radulphus de Gisiaco, templarius.
A Magdalena..........	M° CCC° VI°	P. de Rubeo[monte] et dictus frater.
A Magdalena..........	M° CCC° VIII°	Idem P. de Rubeo[monte].

87. Unde, a secunda die Aprilis M° CCC° IV° ante Pascha usque ad eandem diem anno M° CCC° VIII° post Pascha, spectant compoti executioni[s] regine Johanne.

A Magdalena. M° CCC° IX° inclusive...............	Thomas de Parvo Celario.
A secundo termino anni M¹ CCC¹ XV¹.............	Gerardus Gayte.
Pro anno M° CCC° XVII°....................	Petrus David.
Pro anno M° CCC° XVIII° et pro [primo] termino M¹ CCC¹ XIX¹	Bonatus Otthaviani [1].
Pro duobus ultimis terminis anni M¹ CCC¹ XIX¹......	Albertus Chapon et Johannes [de] Cadorac [2].
A Magdalena M° CCC° XX° apud Trecas et Meldas....	Hugo de Tribus Molendinis.
A Magdalena M° CCC° XX° apud Vitriacum..........	Stephanus [de] Damb[er]ain [3].
A Magdalena M° CCC° XX° apud Calvummontem.....	Robertus Turrel.
A Magdalena............ M° CCC° XXII°.........	J. Remigii, receptor Campanie.
Pro anno .....·........ M° CCC° XXIV°.........	Michael de Paris, baillivus Trecensis et receptor ibi.
A Magdalena........ ... M° CCC° XXIV°.........	Guillelmus de Bosco, baillivus et receptor Meldensis.
A Magdalena citra [4].....	Johannes de Monchiaco, baillivus et receptor Vitriaci.
A Magdalena citra....... ·	Petrus de Tierceleue, baillivus et receptor Calvimontis.
A Magdalena.......... M° CCC° XXV°	Oudardus Le Sauvage, receptor totius Campanie.
A Magdalena.......... M° CCC° XXVII°.........	....

88. Compotos nundinarum Campanie habemus a nundinis Barri M° CC° IIII^{xx} XV° usque ad Sanctum Laurentium M° CCC° VII°, videlicet : per Florentium de Roya; — per Robertum de Campania; — per Hugonem de Calvomonte; — per Johannem Kaym.

Item, ab Epiphania anno M° CCC° XV° usque ad eandem anno M° CCC° XVI°, per Flamingum de Landa et Radulphum Maquart. — Debent[5]....

89. Compoti arreragiorum debitorum in Campania, videlicet : executionis regine Johanne habemus quatuor compotos per magistrum Johannem Gaulardi [6]. — Alios compotos eorundem arreragiorum per dominum Symonem Festu [7], magistrum Nicolaum

---

[1] Ms. : *Renatus Orchovian.* Cf. ci-dessus, § 38.
[2] Ms. : *Candor.* Cf. § 38.
[3] Ms. : *d'Ambain.* Voir Bibl. nat., fr. 23256, fol. 1 : « Ce est le compte Estienne de Damberain des deniers receuz des debtes qui li furent bailleos lever, deues au roy en Champagne du temps que Girarz Guete fu receveur illuec... »

[4] Ms., ici et plus loin : *circa.*
[5] Inachevé.
[6] Ms. : *Galaurdi.* La bonne leçon est fournie par Menant (XI, fol. 9 v°).
[7] Ms. : *Symonem Festamar.* Le mot «magistrum», qui suit, est omis. La bonne leçon est fournie par Menant, *ibidem.*

Heroardi [1] et dominum Symonem de Rambouillet [2], cum Guidone Florentii [3], habent alii socii.

90. Item, habemus quendam compotum per dictum magistrum Johannem Gaulart de arreragiis debitis regi ibi pro tempore quo dicta terra fuit in manu sua.

91. Curatus de Moncellis in Braya, dominus Johannes Apollo [4], fuit commissus ad dicta arreragia post magistrum Johannem Gaulart [5].

92. Compoti terre quam habebat in Campania dominus Edmundus, filius domini Henrici, quondam regis Anglie, pro annis $M^o CC^o IIII^{xx} XIV^o$ et $M^o CC^o IIII^{xx} XV^o$.

93. Compotos dotalitii domine Blanche, regine Navarre, uxoris dicti Edmundi, in prescripta terra Campanie habemus pro annis $M^o CC^o IIII^{xx} XV^o$ et $M^o CC^o IIII^{xx} XVI^o$ per Guillelmum [6] de Morteriaco, videlicet usque ad secundam diem Maii $M^o CCC^o II^o$, qua ipsa obiit; et a dicta die qua devenit [7] dicta terra regi habemus unum compotum usque ad Magdalenam $M^o CCC^o III^o$ inclusive, factum per receptores Campanie in compoto Magdalene citra.

94. Compotos regni Navarre habemus ab anno $M^o CC^o LXXX^o$ citra. Receptores ibi tempore subscripto qui sequuntur :

A Sancto Johanne	$M^o CC^o IIII^{xx} VII^o$	Magister P. La Reue [8] et Martinus Carssie.
A Sancto Johanne	$M^o CC^o IIII^{xx} XV^o$	Magister P. Touffardi.
A Sancto Johanne	$M^o CC^o IIII^{xx} XVII^o$	Magister G. de Cheniaco.
A Sancto Johanne	$M^o CCC^o IV^o$	Magister Johannes de Enneci [9].
A Sancto Johanne	$M^o CCC^o V^o$	Magister G. de Hala.

Videtur tamen quod dominus Alphonsus de Rovrayo [10], gubernator ibi, computaverit pro anno $M^o CCC^o VI^o$ [11].

Etiam magister Petrus de Condeto [12] fuit ibi circa annos $M^{um} CCC^{um} VII^{um}$ et $M^{um} CCC^{um} VIII^{um}$ pro quibusdam debitis ibi levandis.

95. Compotos terre Pictaviensis habemus ab anno $M^o CC^o LXX^o$ citra. Senescalli et receptores ibi qui sequuntur :

---

[1] Ms. : *Hoardi*.

[2] Ms. : *Symonem de Ramball*. La bonne leçon est fournie par Menant, *ibidem*.

[3] Ms. : *Florentia*.

[4] Sic. Menant, *l. c.* : *Apello*.

[5] Ms. : *Ouvil*, avec un signe d'abréviation. Il aurait été difficile de restituer ici, par conjecture, le nom de Gaulart, qui est fourni par Menant, *ibidem*.

[6] Menant, *l. c.* : *dominum*.

[7] Menant, XI, fol. 10 : *devenerat*.

[8] Ms. : *La Relle*. Voir Bibl. nat., fr. 20683, fol. 5 : « Expense Navarre per magistrum Petrum La Reue et Martinum Garsic. »

[9] Menant, *l. c.* : *Ennecy*.

[10] Ms. : *Bovrayo*. La bonne leçon se trouve dans les Extraits des Sainte-Marthe, ms. fr. 20691, fol. 823, et dans ceux de Menant, XI, fol. 10.

[11] Ms. : *1316*.

[12] Ms. : *Cond*. La leçon adoptée est fournie par Menant, *l. c.*

96. *Pictaviensis et Lemovicensis.*

A Sancto Johanne........	M° CC° IIII^{xx} XIV°......	Dominus Johannes de Sancto Dyonisio.
A Sancto Johanne........	M° CCC°............	Dominus P. de Villabloana.
A Sancto Johanne........	M° CCC° III°........	P. de Soupplissano.
A Sancto Johanne......	M° CCC° XI°.........	P. Vidal.
A Nativitate Domini.....	M° CCC° XV°........	Magister Sylvester Rousselli.
A Sancto Johanne M° CCC° XVI° usque ad eandem M° CCC° XXXIV° inclusive.................		G. Amblardi.

97. *Xanctoniensis et Engolismensis.*

A Sancto Johanne........	M° CC° IIII^{xx} XIV inclusive.	Dominus P. de Baillieus[1], senescallus.
A Sancto Johanne........	M° CCC° III°........	P. de Souplessano.
A Sancto Johanne........	M° CCC° XI°.........	Gerardus Tronquiere.
A Sancto Johanne......	M° CCC° XVIII°.......	G. Amblardi.
A Sancto Johanne......	M° CCC° XXV°........	....

98. *Alvernie.*

A Sancto Johanne........	M° CC° IIII^{xx} XIV° inclusive	J. de Tria, baillivus.
A Sancto Johanne M° CC° IIII^{xx} XVIII° usque ad eundem M° CCC° I° inclusive...............		G. de Paredo[2], baillivus.
Tamen pro termino Omnium Sanctorum M° CC° IIII^{xx} XVIII°...............		Gerardus Calciati, receptor.
A Sancto Johanne........	M° CCC° IV°.........	Gerardus de Paredo, baillivus.
A Sancto Johanne........	M° CCC° VI°.........	Gerardus Calciati, receptor.
A Sancto Johanne........	M° CCC° X°..........	Gerardus de Paredo, baillivus.
A Sancto Johanne......	M° CCC° XI°.........	Gerardus Calciati, receptor.
A Sancto Johanne........	M° CCC° XVI°........	Radulphus Challoti, baillivus.
A Sancto Johanne......	M° CCC° XVII°.......	Jacobus Gayte, receptor.
A Sancto Johanne........	M° CCC° XXII°.......	Ludovicus Chaucheti, receptor.

99. *Caturcensis.*

A Sancto Johanne........	M° CC° IIII^{xx} XIV°......	Bichius et Mouchetus[3], receptores.
A Sancto Johanne........	M° CC° IIII^{xx} XVI°......	Gerardus Baleine, receptor.
A Sancto Johanne......	M° CCC° IX°.........	Arnaldus de Proboleno[4], receptor.

100. *Tholose et Albiensis.*

A Sancto Johanne......	M° CC° IIII^{xx} XIV°......	Bichius et Mouchetus, receptor.
A Sancto Johanne......	M° CC° IIII^{xx} XVII°......	Symon Louardi, receptor.

---

[1] Ms.: *Bailliey*.

[2] Ms.: *Peredo*. Cf. Arch. nat., K 496. « Compotus Gerardi de Pareto, militis, baillivi Arvernie... »
Ms. : *Bicherius et Moucherius*.

[4] Ms. : *Probol*. Ailleurs, *Probst*, *Probolt*, etc.

« Arnaldus de Proboleno » figure souvent dans les comptes du commencement du XIV° siècle. Mais le nom de ce personnage se présente parfois sous des formes différentes : on lit « Arnaldo de Prevoleto » dans un compte original, Bibl. nat., fr. 23a56, n° 56.

A Sancto Johanne......	M° CCC° III°.........	Gaufridus Coquatriz, receptor.
A Sancto Johanne......	M° CCC° II°.........	N. de Herm[en]onvilla, receptor.
A II^a die Maii........	M° CCC° XV°.........	Arnaldus de Proboleno, receptor.
A Sancto Johanne......	M° CCC° XVII°........	Matheus Gayte. } receptor.
A Sancto Johanne......	M° CCC° XXII°........	Societas Scale. }

101. *Ruthenensis.*

A Sancto Johanne........	M° CC° IIII^{xx} XIV°.......	Bichius et Mouchetus, et Symon Louardi.
A Sancto Johanne........	M° CC° IIII^{xx} XVII°......	Symon Louardi.
A Sancto Johanne........	M° CCC°.............	G. Coquatriz.
A Sancto Johanne........	M° CCC° II°..........	N. de Hermen[on]villa.
A XII^a Maii............	M° CCC° V° citra......	Arnaldus de Proboleno.

102. Compotos senescalliarum Carcassone, Bellicadri et Petragoricensis habemus ab anno M° CC° IIII^{xx} V° citra. — Receptores ibi pro tempore infrascripto qui sequuntur :

103. *Carcassone et Biterris* [1].

Pro Sancto Johanne.....	M° CC° IIII^{xx} XIV°.......	Nicolaus Companh et Johannes Jonte [2], receptores.
Pro Sancto Johanne.....	M° CC° IIII^{xx} XV°.......	Johannes Jonte et Guillelmus Guillelmi, receptores.
A Sancto Johanne......	M° CC° IIII^{xx} XVI°.......	Johannes Jonte, receptor.
A Sancto Johanne......	M° CCC°.............	Accoltus Philippi, receptor.
Pro Sancto Johanne.....	M° CCC° I°...........	Rogerus Sompa, receptor.
Pro Sancto Johanne.....	M° CCC° II°..........	Fav. Fini, receptor.
Pro Sancto Johanne.....	M° CCC° III°.........	Tucius Falconerii, receptor.
Pro Sancto Johanne.....	M° CCC° IV°..........	Bartholomeus Talamuchii, receptor.
A Sancto Johanne......	M° CCC° V°...........	Idem Bartholomeus et Ting. Lotharingi, receptores.
Ab XI^a Aprilis.........	M° CCC° VI°..........	H[ugo] de Sornhano [3], receptor.
A XXII^a Aprilis......	M° CCC° VI°..........	Societas Perruchiorum. } receptor.
A Sancto Johanne......	M° CCC° XXV°.........	G. Amblardi. }

104. Compotos salini Carcassonensis habemus in uno sacco ab anno M° CCC° XX° cum pluribus debitis et condemnationibus per reformatores et alios levatis.

105. Compotos bonorum incursuum senescalliarum Carcassone, Bellicadri et Petragoricensis, pastorellorum et granetariorum Carcassonensium [4], et quarumdam aliarum receptarum factarum per compotos earumdem senescalliarum habemus in uno sacco.

---

[1] Ms. : *Bituric.*

[2] Ms., ici et plus loin : *Merte.* On lit dans le *Journal du Trésor*, au 19 octobre 1298 (Bibl. nat., lat. 9783, fol. 17 v°; cf. 83) : « Pro Johanne Jonte, receptore Carcassone. »

[3] Ms. : *Sorshano.* Voir un fragment original de comptes de Carcassonne, Bibl. nat., fr. 25992, fol. dernier.

[4] Mot douteux. Ms. : *Scarl.*

106. *Bellicadri et Nemausi.*

Pro Sancto Johanne......	M° CC° IIII^xx XIV°...... : ..	Clarus Sagina [1] et Franciscus Esmen..., receptores.
A Sancto Johanne.......	M° CC° IIII^xx XV°........	Dictus Franciscus, receptor.
A Sancto Johanne.......	M° CC° IIII^xx XIX°......	Guillelmus Guillelmi, receptor.
A Sancto Johanne.......	M° CCC° II°..........	Bartholomeus Dextajuti [2], receptor.
Pro Sancto Johanne......	M° CCC° VII°..........	Franciscus de Mari.
Pro Sancto Johanne......	M° CCC° VIII°.........	Betinus Calcinelli [3].
Pro Sancto Johanne......	M° CCC° XI°...........	G. Bernardi.
Pro Sancto Johanne......	M° CCC° XIII°.........	G. Gayte.
A Sancto Johanne........	M° CCC° XVI° citra......	Marquesius Scatice et Thorus de Podio [4], receptor[es].

107. *Petragoricensis.*

A Sancto Johanne........	M°CC° IIII^xx XIV° inclusive.	Bichius et Mouchetus, receptores.
A Sancto Johanne........	M° CC° IIII^xx XVI°.......	Gerardus Balene, receptor.
A Sancto Johanne........	M° CCC° IX° citra......	Arnaldus de Proboleno.

108. Compoti senescallie Lugdunensis habentur ab anno M° CCC° X°, mense Aprili, quo devenit regi titulo permutationis [5], usque ad eundem mensem M° CCC° XX°, quo fuit redditus compotus archiepiscopo ibi. Tamen non vidi penes nos compotos ejusmodi ab eodem anno usque ad Sanctum Johannem M° CCC° XIII° inclusive. Suuntur autem et debe[n]t sui [6] post compotos precedentium senescalliarum.

A Sancto Johanne.......	M° CCC° XIV° inclusive...	G. Bernardi, receptor. Debet VIII^c, etc., ac XV, etc. [7].
Ab XI^a Februarii.........	M° CCC° XVI°..........	Philippus Lande, receptor.

A Sancto Johanne M° CCC° XXI° citra nullos habemus, nec abhinc computatum [8] fuit de ea, nec computabitur, ut creditur, quia redditus fuit archiepiscopo Lugdunensi mense Aprili M° CCC° XX°.

---

[1] Mot douteux. Peut-être «Chinus de Gratia». Voir ce nom à l'Index.

[2] Ms.: *Dextainii*. Ce personnage figure, sous le nom de «Bartholomeus Diecanici», dans un document de 1301 (*Hist. gén. de Languedoc*, X, col. 388). La vraie forme de son nom se trouve dans un compte original, Bibl. nat., Coll. Clairambault, 228, p. 893, et dans une lettre de Charles de Valois (Bibl. nat., fr. 20593, n° 29).

[3] Ms.: *Retinus Caltinelli*.

[4] Ms.: *Chorus de Propodio*. — Cf., sur Thoré du Puy, qui fut receveur de Beaucaire et de Carcassonne, *Hist. gén. de Languedoc*, X, col. 1022.

[5] Ms.: *quo titulo permutatur*. La bonne leçon est dans les Extraits de Menant, XI, fol. 10.

[6] Ms.: *Sumitur autem et debet sumi*.

[7] On croit lire, dans le ms. lat. 9069: «Debet VIII^c re... ac XV re...» Mais, ici comme plus loin (§ 122, 132, 136, 178), il faut lire sans doute «etc.». Cf. § 246, alinéa 4, § 571, et *passim*.

[8] Ms.: *compotus*.

[COMPOTI TERRARUM FORANEARUM.]

109. Compotos terrarum foranearum habemus penes nos a toto tempore subscripto. Receptores ibi qui sequuntur; et sunt omnes corrigendi multaque recuperanda[1] pro finibus eorum ..... [2]. — Et nota quod aliquos alios compotos terrarum subscriptarum, et etiam compotos aliquarum aliarum terrarum habent alii socii, qui non sunt penes nos.

110. *Comitatus Burgundie.* — Receptores ibi :

A Sancto Andrea........	M°CC°IIII^{xx}XI°	Penes alios.
A Sancto Michaele.....	M°CC°IIII^{xx}XV°.......	Landuchius de Florentia.
A Sancto Michaele......	M°CC°IIII^{xx}XVII°......	Deficit.
A Sancto Michaele......	M°CC°IIII^{xx}XVIII°.....	Dux Burgundie.
A Sancto Michaele......	M°CCC°.............	Magister Radulphus de Milliaco.
A Sancto Michaele.....	M°CCC°II°.....	Magister Robertus de Vernone.
A Sancto Michaele......	M°CCC°III°..........	Escaillie de Florentia[3].
A Sancto Michaele......	M°CCC°VI°.........	Stephanus Guichart.
A Sancto Michaele......	M°CCC°VII°.........	Reginaldus Moriau.
A Paschate............	M°CCC°X°..........	P. de Salicibus. — Debet compotum.
A Sancto Michaele......	M°CCC°X°...........	Arnaldus des Noes.
A Sancto Michaele M°CCC°XIII° usque ad eundem M°CCC°XVI°...		Raynaldus d'Arbois.

111. *Recepte salinarum Burgundie.*

A Sancto Michaele M°CCC°VII° usque ad eundem M°CCC°VIII°...

A Sancto Michaele M°CCC°XII° usque ad Sanctum Michaelem M°CCC°XIII°...

112. *Senescallia Bigorre.* — Senescalli ibi :

A Sancto Johanne........	M°CC°IIII^{xx}XIII°.......	Dominus Johannes de Rubeomonte.
A Sancto Albino.........	M°CC°IIII^{xx}XV°.......	Dominus Hugo de Richevilla.
Ab Omnibus Sanctis......	M°CC°IIII^{xx}XVI°.......	Dominus Bertrandus Jordani.
A Sancto Johanne........	M°CC°IIII^{xx}XIX°.......	Dominus Dalmasius de Marziaco.
A Sancto Johanne........	M°CCC°III°..........	Dominus G. de Rabastein.
A Sancto Johanne........	M°CCC°IV°..........	Baldus Alexandri. — Debet compotum.
A Sancto Johanne........	M°CCC°V°..........	Dominus G. de Rabastein.
A Sancto Johanne......	M°CCC°VIII°.........	Deficit.
A Sancto Johanne.......	M°CCC°IX°..........	P. Raymundi de Rapist[agnis].
A Sancto Johanne M°CCC°XI° usque ad eundem quo fuit tradita comiti Marchie..................		Magister Alphonsus de Malobod[io].
A Sancto Johanne........	M°CCC°XIX°.........	Renerus Grilli.
A XX^a julii.....	M°CCC°XXIV°........	Geraldus de Sabanaco.
A Sancto Johanne........	M°CCC°XXVII° inclusive.	Renerus Grilli.

[1] Ms. : *recuperar*.

[2] Ms. : *sal*. Mot qu'il serait imprudent de restituer par conjecture.

[3] Un acte, daté de 1306, d'«Eschaglie de Florance, tressorier en la comtey de Borgoingne de part nostro seignour rey de France», est aux Archives du Jura, G 848. Cf. Archives du Doubs, B 383 et Bibl. nat., Coll. Clairambault, Titres scellés, XX, 1363.

COMPOTI TERRARUM FORANEARUM.

113. *Ducatus Aquitanie in senescallia Xantonensi.* — Receptores ibi :

Ab Omnibus Sanctis M° CC° IIII^{xx} XV°............... Geraldus Balene.
A Nativitate Sancti Johannis M° CCC° II° usque ad vigesimam diem Maii M° CCC° III°, qua fuit redditus regi
Anglie................................... P. Balene.

114. *Ducatus Aquitanie in senescallia Petragoricensi, Caturcensi et Lemovicensi.*

A mense Augusti M° CCC° XXIV°, quo fuit captus ad manum regis...................... Johannes de Proboleno.
A Sancto Johanne M° CCC° XXVIII°................ Helyas Bruneti.

115. *Senescallia Agennensis.* — Receptores ibi :

A sabbato post Carniprivium M° CC° IIII^{xx} XIII°....... Bichius et Mouchetus.
A Sancto Johanne M° CC° IIII^{xx} XV°............. Gerardus de Montibus[1].
A Sancto Johanne M° CC° IIII^{xx} XVIII°........... Bernardus de Devezia.
A Sancto Johanne M° CCC° I° usque ad II^{am} septembris M° CCC° III°, qua die fuit redditus regi Anglie..... Gerardus de Montibus.
A XXII^a die Augusti M° CCC° XXIV° usque ad XVI^{am} Januarii M° CCC° XXVI°............................ Durandus Pairole.
A dicta die usque ad IV^{am} Februarii M° CCC° XXVII°.... Raimundus de Calveto.
A dicta IV^a Februarii usque ad XXIV^{am} Septembris M° CCC° XXVIII°.......................... Jacobus de Caselis.
A dicta XXIV^a Septembris.................... Geraldus de Sabanaco.

116. *Vasadesium*[2] *seu Vasconia.*

A XIX^a Januarii M° CCC° XXIV° usque ad XVI^{am} Januarii M° CCC° XVI°............................. Durandus Pairole.
A dicta die XVI^a Januarii M° CCC° XXVI° usque ad IV^{am} Februarii M° CCC° XXVII°..................... Raimundus de Calveto.
A dicta IV^a Februarii usque ad XXIV^{am} Septembris M° CCC° XXVIII°.......................... Jacobus de Caselis.
A dicta XXIV^a Septembris.................... Geraldus de Sabanaco.

117. *Ducatus Aquitanie in senescallia Xanctonensi :*

A Nativitate Domini M° CCC° XXIV° quo devenit regi... Guillelmus de Montemorillonis[3].
A Sancto Johanne M° CCC° XXVIII°................ Johannes de Proboleno.

118. *Senescallia Vasconie cum costumis Burdigalensibus.* — Receptores ibi :

Ab Omnibus Sanctis M° CC° IIII^{xx} XIV° usque ad Sanctum Johannem

---

[1] Dans une liste de receveurs, sans date (Bibl. nat., fr. 25992, fol. 48), on lit : «Agenois. Giraut dou Mont». Cf. Bibl. nat., lat. 9018, n° 24.

[2] Ms. : *Valades*.

[3] Ms. : *G. de Morillone*. Guillaume de Montmorillon est connu comme receveur de Saintonge (Arch. nat., KK 2, fol. 1).

m° ccc° 1°, et cum costuma Burdegalensi a Sancto Petro ad Vincula.
m° cc° iiii^xx xviii° usque ad Sanctum Johannem m° ccc° ii°..... Geraldus Balene.
A Sancto Johanne m° ccc° ii° usque ad xx^am Maii m° ccc° iii°, qua die
reddita fuit regi Anglie............................... P. Balene.

119. *Comitatus Pontivi.* — Gubernator ibi :

Pro termino Omnium Sanctorum, scilicet m° cc° iiii^xx xiii°, et usque
ad Sanctum Petrum ad Vincula m° ccc° xix° seu m° cc° iiii^xx xix°,
qua die fuit redditus regi Anglie........................ ....
Item, penes nos et alios, a x^a die Julii m° ccc° xxiv°, qua captus fuit
ad manum regis usque ad primam Januarii post............ Johannes de Sampy.

120. *Senescallia Angolismensis*, videlicet *Compnac*, *Merpins*, *Lesignen*. — Receptores ibi :

A vigilia Sancte Catharine m° ccc° viii°, qua devenit regi per mortem
Guyardi, comitis Marchie et Angolismi, usque ad Sanctum Jo-
hannem m° ccc° xi°, et abhinc cum castellania de Fontenayo
usque ad Sanctum Andream m° ccc° xiv°, qua fuit assignata comiti
Marchie, et de dicta senescallia Engolismensi a Nativitate Beate
Marie circa quam obiit domina Yolendis, comitissa Marchie et
Engolismi, usque ad Sanctum Johannem m° ccc° xvii°........ Gerardus Tronquiere.

Non vidi ultimum penes nos.

A Sancto Johanne m° ccc° xvii° usque ad eundem m° ccc° xviii°... G. Emblart.
Non vidi penes nos, sed penes alios.

121. *Terra ibi que fuit comitis Montisfortis.*

Pro terminis Ascensionis m° ccc° 1° et m° ccc° ii°.............. Dominus P. de Villablo[a]na.

122. *Comitatus Marchie.* — Receptores ibi :

A die lune ante Nativitatem[1] Beate Marie m° ccc° xiv°, qua obiit domina Yolandis, comitissa ibi, usque ad Sanctum Andream post,
qua fuit assignatus comiti Marchie, domino Karolo, nunc regi. G. Bernardi[2].
Ab Ascensione m° ccc° xxiii° inclusive usque ad Nativitatem Domini
m° ccc° xxvii°, qua habuit istam terram dominus Borbonii in
excambium ad terram Clarimontis[3].................... Aymericus Brugelue.

Debet ii^m, etc. — Debet x^m, etc.[4]. — Tradidit domino ejusdem terre in tribus rotulis.

123. *Conflans.*

Redditus de Conflans, Castellionis[5], Marchie in Barresio, traditi
curie anno m° ccc° 1° per Johannem de Jyenvilla. Item, habemus
compotum ibi a Magdalena citra usque ad Nativitatem Beate

---

[1] Ms., ici et plus loin : *anno Nativitatis*.
[2] Ms. : *Veriardi*. Restitué par conjecture.
[3] Extraits des Sainte-Marthe (Bibl. nat., fr. 20691, fol. 823) : « in excambium terre Clarimontis ».
[4] On croit lire dans le ms. lat. 9069 : « re. ». Cf. ci-dessus, p. 33, note 7.
[5] Ms. : *castellanie*.

Marie M° CCC° IV°, qua data fuit terra episcopo Leodiensi.
Receptor ibi.................................... G. Le Sage.

124. *Terra Fulgeriarum.*

A die lune ante Nativitatem Beate Marie M°CCC°XIV° usque
ad XIX^{am} Maii M° CCC° XVI°, qua devenit ad comitem Marchie. Dominus Jordanus de Lebret[1].

125. *Baillivia Lemovicensis.* — Baillivi ibi :

A XX^a[2] Februarii M° CCC° VII° usque ad Sanctum Johannem
M° CCC° XI°..................................... Johannes Berangarii.
A Sancto Johanne M° CCC° XI° usque ad Sanctum Johannem
M° CCC° XIV°, receptor ibi...................... Petrus Vitalis.
Ab ultima Maii M° CCC° XVII° usque ad Purificationem Beate
Marie tunc....................................... Johannes de Versiaco.
A Sancto Johanne M° CCC° XXVII°................. Aymericus Brugelue.

126. *Terra [de] Brioliis super Meusam.* — Receptores ibi :

Pro annis M° CCC° XIII°, M° CCC° XIV°, M° CCC° XV°............ Hebertus Cocquebert. Penes alios.
Pro anno M° CCC° XVI°........................... Dominus Guido Levrier.
Ab Ascensione M° CCC° XVII°..................... Dominus Guido Levrier.
Ab Ascensione M° CCC° XVIII°.................... Deficit.
Ab Ascensione M CCC° XIX° usque ad M^{mo} CCC^{mo} XX^{um}......... Dominus Guido Levrier.

Amodo redditur per compotum baillivie Viromandensis.

127. *Baillivia Dompnifrontis in Passeyo.* — Baillivi ibi :

A XXI^a die Julii M° CCC° II°........................... Dominus Robertus de Bellabruna.
Ab Ascensione M° CCC° III°...................... Dominus G. de Landa.
Ab Omnibus Sanctis M° CCC° IV° usque ad Omnes Sanctos
M° CCC° VIII°..................................... Maciotus de Ruolio, receptor ibi.

128. *Baillivia Creciaci et Columberiarum.* — Baillivi, receptores, gardiatores [et] gruarii ibi :

Pro termino Sancti Johannis M° CC° IIII^{xx} XI°......... Symon de Prato.
Ab Assumptione Beate Marie M° CC° IIII^{xx} XI°........ Arnulphus Mellin.
Ab Omnibus Sanctis...... M° CC° IIII^{xx} XIII°........... Robertus de Ciconia.
Ab Omnibus Sanctis..... M° CCC°................. Johannes de Belvacinio.
Ab Omnibus Sanctis..... M° CCC° XIII°............ Robertus Berfumée.
Ab Omnibus Sanctis M° CCC° XIV° usque ad Magdalenam exclusive... Non habemus compotum.
....
A Magdalena........... M° CCC° XXII° inclusive........ Johannes de Housseya.

---

[1] Mot dont la lecture est douteuse. — [2] La *Tabula major* (p. 8) dit : XXIII^a.

A Magdalena........... m° ccc° xxiv° inclusive......... R. de Castro Nanthonis.
A Magdalena........... m° ccc° xxviii° inclusive........ ....

129. *Terra Calvitionis*[1], etc. — Terra Calvitionis et Marcilhanicarum[2] et Mandolii[3], data quondam domino G. de Nogareto in senescallia Bellicadri.

A vii* Septembris m° ccc° xviii° usque ad Augustum m° ccc° xix°. . Dominus Stephanus de Ceris[4], senescallus Bellicadri.

130. *Comitatus Nivernensis.* — Receptores ibi :

A Sancto Johanne....... m° ccc° xi°................... Magister P. Favelli.
Ab Omnibus Sanctis..... m° ccc° xiv°................... Deficit.
A prima Aprilis m° ccc° xvii° usque ad Sanctum Johannem
m° ccc° xx°, quo anno fuit recreditus Ludovico, comiti Nivernensi... G. de Sancto Reveriano.

131. Blada et vina ibi.

Pro terminis Omnium Sanctorum m° ccc° xii°, Ascensionis et
Omnium Sanctorum m° ccc° xiii° et m° ccc° xiv°........... Magister P. Favelli.
Pro terminis Omnium Sanctorum m° ccc° xviii°, Ascensionis et
Omnium Sanctorum m° ccc° xix° et Ascensionis m° ccc° xx°... G. de Sancto Reveriano.

132. Arreragia dicte terre.

Pro termino Ascensionis m° ccc° xv°..................... G. Amblart. — Debet vi°, etc.
— Computavit.

133. De emolumentis et redditibus dicti comitatus et baronie de Donzy pro anno m° ccc° xxiii° computavit, prima Martii m° ccc° xxxv°, in deductionem cujusdam emende Parlamenti de decem [millibus] libris par.[5], Johannes Ursini.

134. *Castrum Renardi, Villare Regis et Charniacum.* — Receptores ibi :

Ab Omnibus Sanctis..... m° ccc° xi°................... Johannes de Ruella.
Ab Omnibus Sanctis..... m° ccc° xii°................... Johannes de Ruella.
A Brandonibus tunc...... ....
A Sancto Remigio....... m° ccc° xiii°................... Johannes de Ruella.
A Sancto Remigio....... m° ccc° xvii°................... ....
A xix* Decembris tunc usque ad iii*ᵐ Octobris m° ccc° xviii°, qua
fuit annexa baillivie Aurelianensi..................... P. de Machello.
Ab octava Omnium Sanctorum usque ad Omnes Sanctos
m° ccc° xxiv° inclusive................................ Hugo de Crusy.

---

(1) Ms. : *Calvimontis.*
(2) Ms. : *Manilhanicarum.*
(3) Ms. : *Majdolii.*
(4) Ms. : *Conis.* « Stephanus de Ceris », sénéchal de Beaucaire, est plusieurs fois nommé dans les Preuves du t. II de *l'Histoire de la ville de Nismes*, par Ménard.
(5) Ms. : *prima.*

135. *Mons Gayus.*

A Magdalena M° CCC° XII° usque ad XXVI^am Maii M° CCC° XV°, qua fuit reddita comiti Autissiodorensi.................... Dominus G. Courteheuse [1].

136. *Terra domini R[oberti] de Estoutevilla.* — A Februario, quo obiit dictus dominus R[obertus], usque ad annum M^um CCC^um XV^um quo fuit deliberata R., ejus filio, ut dicitur. — Et habemus quemdam brevem compotum Guillelmi de Bosco a dicto obitu usque ad M^um CCC^um XI^um, non perfectum. Debet tamen v°, etc.

137. *Terra Falloelli et grueria Calniaci*, que fuerunt domini Ingerrani de Marigny.

A Candelosa M° CCC° XII° usque ad Sanctum Lucam M° CCC° XIV°, quo tempore erat dicti domini........................... Symon [Le] Mayer (?).
Ab anno M° CCC° XIV°, quo obiit, usque ad Sanctum Remigium M° CCC° XXI°, debet compotum, prout in debitis Viromandie..... Symon Le Mayer.
Pro duobus annis finitis ad Sanctum Remigium M° CCC° XXIII°, quo debuit incorporari baillivie Viromandensi................ Nicolaus Le Page.

138. *Terra de Chailliaco.*

A die jovis post Sanctum Martinum hyemalem M° CCC° III°, qua devenit regi per mortem comitis Marchie, usque ad Omnes Sanctos M° CCC° IV°............................. Johannes de Doisy [2].

Pro termino Paschatis M° CCC° XV° habent al[ii].

139. *Terra Flandrie.* — Receptor ibi :

Ab Annunciatione [3] Domini M° CCC° XVII° [4] (lego tamen M° CC° XVII°) [5] usque ad medietatem Aprilis M° CCC°, quo tempore fuit in manu regis. Baudetus Le Borgne.

140. *Comitatus Atrebatensis.* — Receptores ibi :

Ab XI^a die Julii M° CCC° XVII° usque ad ultimam Septembris M° CCC° XVIII°. Bonifacius de Janua.

141. *Baillivia Insule.* — Baillivi et receptores ibi :

Pro anno M° CCC° IV° usque ad Epiphaniam M° CCC° VI°........... P. Jumelli.
Ab Epiphania M° CCC° VI°....................................... R. de Novavilla.
A Nativitate Domini M° CCC° VIII°.............................. Deficit.
A Sancto Andrea M° CCC° IX° usque ad Sanctum Johannem M° CCC° XI°. Baldu[inu]s de Loncvez, gubernator.

---

[1] Ms. : *Courtelh.*
[2] Ms. : *Droisy.* Cf. § 156, 160.
[3] Ms. : *incarnatione.*
[4] Menant (XI, fol. 10 v°), *316* effacé, remplacé par *217.*
[5] Sic. Lire, comme plus haut (p. 8, l. 28), M° CC° IIII^xx XVII°.

A dicto Sancto Andrea m° ccc° ix° usque ad Decollationem Sancti Johannis m° ccc° x°............ Deficit.
A dicta Decollatione m° ccc° x°................. Theobaldus Guidi et Jacobus de Chartaudo.
A dicta Decollatione m° ccc° iv° usque ad x^{am} Februarii tunc................................... Deficit.

142. *Baillivia Insule cum castellaniis Orchiarum, Duaci, Moritonie, Allodii, Gorge et Tornesii.* — Baillivi seu receptores ibi :

A dicta x° die Februarii m° ccc° xiv° usque ad Sanctum Johannem m° ccc° xvii° pro redditibus ibi, et abhinc usque ad xxv^{am} Aprilis m° ccc° xx°, pro explectis Moritonie et Tornesii....................... Egidius Haquin, baillivus ibi.
A dicto Sancto Johanne m° ccc° xvii° pro redditibus ibi. Luquinus Dagoant[1], receptor.
A Sancto Johanne m° ccc° xviii°................. Jacobus Roulandi, receptor.
A Sancto Johanne m° ccc° xxiii°................ Johannes Martini, receptor.
A Sancto Johanne m° ccc° xxv°................. Johannes de Cruce, receptor.

143. *Ressortum Insule.* — Prepositi ibi. — Adjungitur[2] cum baillivia Insule.

A xx^a die Martii m° ccc° xvii° usque ad Sanctum Remigium m° ccc° xxi°, de explectis ibi.......... Johannes de Capella.

144. *Castellanie Duaci et Orchiarum.* — Gubernator ibi :

A Sancto Remigio m° ccc° iv° usque ad xvi^{am} Aprilis m° ccc° xv° de redditibus ibi, quo anno fuit incorporata baillivie Insule.................... Balduinus de Longovado.
A dicto Sancto Remigio m° ccc° iv° usque ad eundem m° ccc° vii° de gavena seu cabulo ibi........... Dictus Balduinus de Longovado.

145. *Baillivia Hedini.* — Baillivi ibi :

A vii^a die Julii m° ccc° xviii° usque ad xvi^{am} Octobris post. Jacobus de Carolivilla.

146. *Baillivia Bethunie.* — Baillivi seu receptores ibi :

A Sancto Johanne m° ccc° iii°, de explectis ibi...... Dominus Johannes Danle[3], baillivus.
A Sancto Johanne m° ccc° vi°, de redditibus ibi..... Gilo de Martenes, receptor.
A Sancto Johanne m° ccc° vii°, de explectis ibi...... Dominus Johannes Danle, baillivus.
A Sancto Johanne m° ccc° viii°, de redditibus ibi.... Johannes Poulain, receptor.
A Sancto Johanne m° ccc° ix°, de explectis ibi...... Baldu[inu]s de Longo vado.
A Sancto Johanne m° ccc° x° usque ad Sanctum Vedastum m° ccc° xi°, de redditibus ibi......... Tho[tus] Guidi et Jacobus de Chartaudo[4].
De explectis ibi............................. Baldu[inu]s de Longo vado, receptor.

---

[1] Ms. : *Dagoaut.* Cf. E. Boutaric, *Actes du Parlement de Paris*, n° 6234. — « Luquinus de Janua », dans Bibl. nat., lat. 9787, fol. 31.

[2] Ms. : *Prepositi ibi adjungati.*

[3] « Jean d'Enle » fut bailli de Bapaume en 1299.

Son nom manque dans la liste des baillis de Béthune, dressée par M. J. M. Richard dans l'*Inventaire sommaire des arch. dép. du Pas-de-Calais, série A*, II (1887), p. xvi.

[4] Ms. : *Chardon.*

COMPOTI TERRARUM FORANEARUM.

A Sancto Johanne M° CCC° XI° ad M^{um} CCC^{um} XIII^{um}, de compoto cum Insula .... Sciatur.

Item, a dicto Sancto Johanne M° CCC° XI° usque ad Sanctum Remigium M° CCC° XVI°......... Bonifacius de Janua, in suo compoto de comitatu Atrebatensi.

A Sancto Remigio M° CCC° XVI°............... Bonifacius de Janua, in suo compoto de comitatu Atrebatensi.

Ab Ascensione M° CCC° XVIII° usque ad Sanctum Remigium citra......................... Galterus Romme [1].

147. *Terra de Zontecote.* — Pro termino Ascensionis M° CCC° XXX° supra incorporata in baillivia Ambianensi, et est ibi receptor ille qui est receptor Ambianensis.

148. *Exclusa.* — Terra Escluse juxta Duacum, quam rex dicitur emisse a domina de Moritonia, a Sancto Johanne M° CCC° XXXI° redditur per compotum baillivie Ambianensis.

149. *Esperleque.* — Castellani ibi :

Ab VIII^a die Aprilis [M° CCC° XVI°] [2] usque ad XII^am Septembris post...................... Guilbaudus de Masieres.

150. *Fampous et Remi.* — Castellani ibi :

A Media Quadragesima M° CCC° XVI° ad octavam de Quasimodo [3] M° CCC° XVII°................ Andreas Hanin.

151. *Fiennes et Tingri.* — Baillivi seu custodes ibi :

A xx^a die Aprilis M° CCC° IX°................. Math[eus] de Goutevilla.

A xxv^a Julii M° CCC° XIX° usque ad Omnes Sanctos tunc, quo fuit incorporata baillivie Ambianensi...... Galterus Romme.

152. *Ribemons.*

A III^a die mensis Augusti M° CCC° XXI° usque ad Ascensionem M° CCC° XXII°................ Johannes de Tiergeville.

153. *Granchia castri d'Avesnes Le Conte in Artesio.*

Ab VIII^a die Novembris M° CCC° XV° usque ad Sanctum Michaelem M° CCC° XVI°, qua die dominus Robertus de Artesio et alligati Flandrie intraverunt dictum castrum, computavit....................... Matheus de Goutevilla.

Item, cum dicto computo suitur [4] [alius compotus] ejusdem Mathei de bonis prepositi d'Ayre.

154. *Terra Hugonis de Minato.*

A Sancto Remigio M° CCC° XIV° usque ad Nativitatem Domini M° CCC° XV°..

Non auditus, ut videtur.

---

[1] «Ronne» (Bibl. nat., lat. 9787, fol. 31, 85 v°, 100.) — [2] Voir la *Tabula major*, plus haut, p. 9. — [3] Ms. : *termino*. Cf. p. 9. — [4] Ms. : *sumitur*.

155. *Prepositura Ambianensis.*

Ab Eucaristia m° ccc° xxx° usque ad eandem m° ccc° xxxii° Dominus de Castellione.

156. *Prepositura Laudunensis.*

A Paschate m° ccc° xxi°, lite pendente, usque ad Sanctum Johannem m° ccc° xxx° .... Johannes de Vanesia.

A Sancto Johanne m° ccc° xxxii° usque ad Nativitatem m° ccc° xxxiii°.................... Johannes [de] Doysi.

A xvi° Decembris m° ccc° xxxvi° usque ad Sanctum Johannem m° ccc° xliii°,................. Radulphus de Loyry [1].

157. *Terra Sulliaci.*

Pro annis m° cc° iiii^{xx} xiv° et m° cc° iiii^{xx} xv°......... P. de la Boissiere.

158. *Terra Andegavensis.*

Ab Omnibus Sanctis m° cc° iiii^{xx} v° usque ad Ascensionem m° cc° iiii^{xx} xviii°................ Magister Johannes de Pontissara.

159. *Terra comitis Clarimontis.* — Baillivi ibi :

Pro annis m° cc° iiii^{xx}, m° cc° iiii^{xx} i°, m° cc° iiii^{xx} ii°, m° cc° iiii^{xx} iii°, m° cc° iiii^{xx} iv°, m° cc° iiii^{xx} v°........ Per dominum Philippum de Bello Manerio, Johannem Fulconis, P. de Barnonville, Johannem Columbi, P. de Montatoire et G. de Noysiaco.

Ab Ascensione Domini m° ccc° xviii° inclusive, qua devenit regi per escambium pro comitatu Marchie, usque ad Ascensionem m° ccc° xx° inclusive, quo fuit reddita domino Ludovico de Claromonte, duci Borbonii...................................... Guiardus de Monteleherici [2], receptor Sylvanectensis tunc.

160. *Terra Blaviarum et Montis Andronis.*

A die Carniprivii m° cc° iiii^{xx} ix° usque ad eandem m° cc° iiii^{xx} xiii°........................ Per Johannem de Doysi et Johannem de Ribodimonte.

161. *Piaudechat.* — Terra quondam domini Johannis de Barro, alias Piaudechat [3], in diocesibus Lemovicensi, Petragoricensi et Caturcensi.

Ab Omnibus Sanctis m° cc° iiii^{xx} xv° usque ad annum m^{um} ccc^{um} ii^{um} inclusive. Et sunt correcti, ut dicitur, quantum ad fines [4]....................... G. Balene.

---

[1] Cf. J. Viard, *Journaux du Trésor de Philippe VI de Valois*, n° 4714 : «Radulphus de Loryaco».. — [2] Ms. : *Lechicho*. Cf. § 68. — [3] Ms. : *Prandechat*. — [4] Ms. : *quam ad*.

162. *Terra de Dravelo.* — Que quondam fuit domini Anselmi Buticularii et Ade, nepotis sui, devenuta regi per excambium. De ea computavit P. ad par[isienses] pro G. Thibouldi [1], preposito Parisiensi, mart[is die] post Circoncisionem [2] Domini M° CCC° I°.

163. *Terra de Dompno Mart[ino].* — De ea debuit compotum thesaur[ari]us Sancti Martini Turonensis, traditus tamen fuit compotus suus per Petrum de Fresneyo in Inventione Sancte Crucis M° CCC° I°. — Non [3] fuit auditus.

164. *Chasluz, Chebrel, Chaluset, Corbafin[4], Bran.* — Perdidimus.

165. *Terre de Tribusbonis, de Serviano, de Venere, de Conch[is], de Caveyo.* — Quas Petrus Remigii tenuit ex dono regis Caroli ad vitam in senescallia Carcassone.
Pro annis M° CCC° XXVI° et M° CCC° XXVII°............ Magister Jacobus de Boul[onia].

166. *Luxieu.*
Terra de Luxieu redditur per compotum Campanie
a Sancto Johanne M° CCC° VI° usque ad eundem
M° CCC° XII°.................... Magister Guido de Baume.

167. *Terra Challiaci.* — Compotus Petri de Chardonnet, castellani [5] ibi, de emolumentis et redditibus ibi, a die jovis post Sanctum Martinum hyemalem M° CCC° III° usque ad Omnes Sanctos M° CCC° IV°, a qua die jovis devenit dicta terra regi per mortem comitis Marchie, receptus die mercurii [6] sexta Aprilis M° CCC° IV°. Debet IIII^{xx} XVI lib., XVI sol., III den., ob., pict.

168. *Terra [de] Donffront* [7].
A mercurii [die] ante Magdalenam M° CCC° XXII°..... Nicolaus de Maye [8].

169. *Prepositura Valliaci.*
A Nativitate Beate Marie M° CCC° XXV°............ Robertus de Virsone, receptor Viromandensis; attamen Richardus Bursarii, custos ejusdem prepositure.
Ab Ascensione M° CCC° XXVIII°.................... G. Auberici [9], receptor Viromandensis.

170. *Alençonium.* — Terra Alençonii de terminis Nativitatis Domini M° CC° IIII^{xx} III° et M° CC° IIII^{xx} IV°, videlicet : Blesis, Castrum Renardi, Castrum Duni, Guisia, Remorentinum, Carnotum, Braya, Avesne.

---

(1) Ms. : *De ea computavit p. ad par. P. G. Thibouldi.* — Menant, XI, fol. 11 : *De ea computavit P. ad par. pro G. Thibouldi.* — On est amené à se demander si les mots : « ad par. » ne représentent pas ici une mauvaise lecture d'un nom propre.
(2) Menant, XI, fol. 11 : *crucifixionem.*
(3) Ms. : *nunc.*
(4) Ms. : *Corbasin.* Cf. Arch. nat., J 295, n° 47. J 387, n° 17, etc.
(5) Ms. : *castellano.*
(6) Ms. : *R' dicitur Myrt. sexta Aprilis.*
(7) Ms. : *Dorsfont.*
(8) Peut-être «Nicolaus de Braya», bien connu comme receveur.
(9) Ms. : *Auben.* Cf. § 70.

171. *Terra Montis Falconis.* — Ab Ascensione m°cc°lxxiii° usque ad Ascensionem m°cc°lxxix° in uno sacco cum terra Alençonii, de qua supra.

172. *Braya Comitis Roberti.* — Que devenit regi Carolo ratione regine Johanne de Ebroicis, uxoris sue. — Ab Omnibus Sanctis m° ccc° xxv° inclusive usque ad Sanctum Johannem m° ccc° xxvi° inclusive redditur per compotum receptoris Parisiensis de vicecomitatu ibi.

A Sancto Johanne m° ccc° xxvi° exclusive [1] usque ad vigiliam Candelose [2] m°ccc°xxvii°, qua obiit dictus rex Carolus, et remansit dicta terra dicte regine....... Johannes Credarii, baillivus et receptor.

173. *Vicecomitatus Toarcii.*

A die jovis post Sanctum Johannem m° ccc° xxxii° usque ad diem veneris post idem festum m°ccc°xxxiii°, pro uno anno detentus in manu regis pro rachato unius anni.............................. Johannes Hocquet, receptor ibi tunc.

174. *Terra de Bruelles.* — A Sancto Thoma m°ccc°xii° usque ad quindenam Sancti Johannis m°ccc°xiii° per Reginaldum de Viis [3], redditus per baillivum Viromandensem in compoto Ascensionis m°ccc°xiv°. — Queratur. — Ponitur in sacco emendarum de tempore regis Philippi Pulchri [4].

175. *Leomania et Altumvillare.*

Terra et vicecomitatus Leomanie et Altivillaris a vigesima tertia die Januarii m°ccc°xxvi°.............. Johannes Probihominis, receptor ibi.

176. *Malocros.* — Terra de Malocroso in baillivia Sylvanectensi redditur per compotum ejusdem baillivie ab Omnibus Sanctis m° ccc° xxvi°. A xiii° Februarii m° ccc° xxvii° usque ad Sanctum Johannem m°ccc°xxix° computavit Galeranus de Vallibus; ac fuit [5] dictus compotus factus per compotum baillivie Sylvanectensis ad Ascensionem m°ccc°xxix°; et ab inde citra compotum [fecit] receptor Sylvanectensis de eadem terra per compotos suos baillivie Sylvanectensis. Partes tamen inter terras for[aneas].

177. *Communia ville Tornacensis.*

A iv° Julii m°ccc°xxxii°, qua fuit posita ad manum regis usque ad eandem diem m°ccc°xxxiii°.......... Petrus de la Marliere.

Et a dicta iv° Julii m°ccc°xxxiv° usque ad xiv°° diem Augusti m°ccc°xl°, qua fuit reddita ville.......... Johannes Medici, notarius Castelleti [6].

---

[1] Ce mot, omis dans le ms. lat. 9069, figure dans les Extraits de Menant, *l. c.*

[2] Ms. : ici et plus loin : *Candelabri*.

[3] Mot douteux. Extraits de Menant (XI, fol. 11) : *Divis*.

[4] *Sic*, dans les Extraits de Menant (XI, fol. 11 v°). Ms. : *Queratur penes alios in sacco ejusdem inquisitoris de tempore...*

[5] Ms. : *affuit*.

[6] Ms. : *castellanus*.

178. *Terra domini Johannis de Sancto Audomaro, domini de Pesnes.*

A mense Maii m°ccc°xxxii°...................... Johannes de Sempy. Debet iiii^c, etc.

TERRE DOMINI ROBERTI DE ATREBATO.

. 179. *Terra Domnifrontis in Passeyo.* — Die lune festo Sanctorum Symonis et Jude m°ccc°xxxi° posita ad manum regis.

Pro termino Omnium Sanctorum tunc............ Per Michaelem Parvi.
Item, pro termino Ascensionis m°ccc°xxxii°........ Per eundem Michaelem.

180. *Beaumont Le Roger, Orbec et Conches.*

Bellus Mons Rogeri, terra d'Orbec et de Conchiis, pro
 termino Paschatis m°ccc°xxxii°................. Durandus Albi, receptor ibi.
Pro terminis Sancti Michaelis tunc et Paschatis
 m°ccc°xxxiii°................................. Ivo de Cloderio, receptor ibi.

181. *Triel.* — Triel, que fuit dudum Roberti de Atrebato.

A die lune post Omnes Sanctos m°ccc°xxxi° usque ad
 primam Decembris m°ccc°xxxv°................ Thomas Adeline.

182. *Joyacum.* — Terra Joyaci que fuit dudum Roberti de Artesio.

A xxii^a maii m° ccc° xxxii° usque ad ii^{am} diem ejusdem
 mensis m°ccc°xxxvi°....................... Guillelmus Troyssart.

183. *Dompnapetra, Ballolium, Hornoyum et Helicuria.* — Pro medietate spectante regi per forefacturam domini Odoardi de Ballolio, a secunda die Augusti m°ccc°xxxi° usque ad dominicam post Assumptionem Beate Marie m°ccc°xxxii°, fit per compotum baillivie Ambianensis ad Ascensionem m° ccc° xxxiii°......... [1] recuperanda de lxxvi lib., iiii sol., vii den., ob., pict.

Item, a dicta Assumptione tunc finita, ut supra, per compotum baillivie Ambianensis.

184. *Crepicordium, Allodium, Remelliacum.* — Devenuta regi per excambium ad castrum Calniaci, etc.

Ab Ascensione m°ccc°xxxvii° usque ad Sanctum Remigium m°ccc°xl°, et ab Ascensione predicta usque ad
 Ascensionem m°ccc°xliv°.................... Nicolaus de Sabaudia. Dominus Michael
 de Reicourt [2].

---

[1] Lacune, indiquée par des points dans le manuscrit. — [2] Extraits de Menant (XI, fol. 11 v°): *Rencourt.* Cf. Bibl. nat., Coll. Clairambault, Titres scellés, XCIV, 7287.

IV. COMPOTI EXTRAORDINARII.

REGALIA.

PROVINCIA SENONENSIS.

185. *Archiepiscopatus seu diocesis Senonensis.*

Quatuor compoti regalis Senonensis de terminis Omnium Sanctorum et Candelose anno m° cc° xli°, de termino Ascensionis anno m° cc° xli°, et de termino Omnium Sanctorum m° cc° xliii°, redditi per magistrum Stephanum Baatel et Thomam Clerici. Non nominatur nomen archiepiscopi pro morte cujus vacabat. Non sunt penes socios alii, nec per eos est aliquid recuperandum propter eorum antiquitatem. Tamen debent pro fine compoti Omnium Sanctorum m° cc° xli°, ix° iiii^{xx} xi lib.[1], xi sol., ix den., iii pict.

186. Compotus Terrici Flami[n]gi et Johannis de Puteolis de dicto regali, a die veneris post festum Assumptionis m° cc° lxxiv° usque ad diem martis ante Ramos Palmarum tunc. Nec nominatur nomen archiepiscopi, ut supra; et debuerunt pro fine compoti iii^m viii^c lii lib., xvi sol., iii den. tur., de quibus thesaurus ii^m vi^c x lib., vii sol., vi den.; restat adhuc quod debent xii^c xlii lib., viii sol., ix den. tur., quas tradiderunt levandas baillivo Senonensi, ut arrestatur ibidem. Sciatur ubi redduntur regi.

187. Compotus domini Johannis de Variis, militis, et magistri Johannis de Domnomartino de dicto regali vacante per obitum bone memorie Egidii, archiepiscopi ibi, videlicet a die veneris ante Nativitatem Beati Johannis Baptiste m° cc° iiii^{xx} xii° usque ad diem martis post Assumptionem Beate Marie sequentem, qua die obtinuit Stephanus, electus Senonensis, regalia sua a rege. Debent pro fine dicti compoti xv^c xxi lib.[2], iii sol., vi den. tur. Ponuntur in debitis Senonensibus super ipsos. Et cum hoc videtur quod debeantur ii^c iiii^{xx} lib., xxiii sol., vi den. tur., quas tradiderunt in arreragiis recuperandis super personis ibi contentis.

188. Compotus P. de Salicibus, videlicet a die sabbati in vigilia Paschatis anno m° ccc° ix° usque ad diem martis post festum Exaltationis Sancte Crucis tunc, pro viii^{xx} xi diebus, de dicto regali vacante per mortem Stephani Becardi, quondam archiepiscopi ibi, redditus curie dominica post Epiphaniam tunc. Debet pro fine dicti compoti iii^m lxvii lib., xvii sol., ix den. tur., de quibus solvit et tradidit debita que ascendunt ad summam ii^m ii^c iiii lib., vii sol. Restat quod debet viii^c lxiii lib., x sol., ix den. tur., quas thesaurarii debent reddere et reddunt ad Sanctum Johannem m° ccc° x° pro ipso, ut arrestatur ibi. Parum aliud restat corrigendum et recuperandum, nisi circa quinquaginta lib. de dictis debitis non solutis.

---

[1] Extraits de Menant (XI, fol. 12) : *986 lib.* — [2] Menant, *l. c.* : *1621 lib.*

189. Compotus magistri Thome de Sarnaco de dicto regali vacante per mortem domini Philippi de Marigniaco, a quinta die Octobris M°CCC°XVI° usque ad primam diem Martii exclusive tunc, per VII^{xx} VII [1] dies. Debet pro fine dicti compoti VI^c IIII^{xx} XII lib., XVI sol., XI den., quas thesaurus per cedulas suas, ut arrestatur ibi. [Reddidit] dictam summam, et tamen plus quam debitum fuit ei [2], LVII lib.. III sol., I den. tur., de quibus habuit cedulam ad thesaurum. Sunt quedam alia recuperanda, videlicet denarii traditi circa XL lib., et quedam alia in recepta minus reddita, que parum ascendunt.

190. *Parisiensis.*

Compotus magistri Odonis, magistri capelle regis, et Thierrici Flami[u]gi de regali Parisiensi, de dominica ante Nativitatem Beate Marie Virginis M°CC°LXXIX° usque ad diem lune post Assumptionem ejusdem tunc. Non nominant episcopum. Totum in debitis quod debet fieri per ipsum.

191. Compotus dicti regalis per magistrum Robertum de Chambliaco et Petrum de Auvericio [3], a festo Sancti Martini hyemalis usque ad diem lune post Magdalenam M°CC°IIII^{xx} IX°. Debent pro fine dicti compoti XIIII^c XXXV lib., VI sol., XI den., de quibus tradiderunt Templo, ut arrestatur ibi, VII^c LXII lib., XIIII sol., IIII den. Sciatur si reddat eas. Residuum ponitur in debitis super ipsos. Et sic est correctus.

192. Compotus magistri P. Toffardi de dicto regali vacante per mortem domini Symonis Matiffas, a vigilia Beati Johannis Baptiste M°CCC°IV° usque ad sabbatum ante festum Beati Andree tunc, redditus curie die lune ante Cineres M°CCC°V°, alias M°CCC°XV°. Signatur penes nos dictum compotum non esse auditum, sed videtur quod fuerit auditus. Sciatur penes alios socios. Et sunt plura recuperanda per ipsum. Debuit [4] pro fine dicti compoti XIX^c XVI lib., X sol., VI den. par., quas Templum, per cedulas suas tres, ei redditas [5]. Sunt plura signata recuperari per ipsum. Et cum hoc tradidit [6] defectus levandos, partes a tergo dicti compoti, quorum summa est IIII^c XII lib., VII sol., IX den., ob. par. Sciatur si sint levati et ubi reddantur.

193. Compotus magistri Thome de Sarnayo de dicto regali per mortem magistri G. d'Orillac [7], videlicet a die Nativitatis Domini anno M°CCC°XIX° usque ad diem lune ante Omnes Sanctos M°CCC°XX°, auditus undecima Aprilis tunc. Et sunt in fine debita recuperanda pro rege que [8] debuit levare receptor Parisiensis Aubertus Belot, et alia que debet rex. Debet pro fine ejusdem compoti...

194. Compotus magistri Petri Larchier de regali Parisiensi vacante per mortem domini Stephani de Borreto [9], a dominica in vigilia Sancte Catharine M°CCC°XXV° usque ad diem

---

[1] Le scribe avait d'abord écrit XI au lieu de VII. Menant (XI, fol. 12 v°) : 7.

[2] Passage douteux.

[3] Ms. : *Divericio.* — Menant, *l. c.* : *Auuoricio.* — Cf. § 392 et 1824.

[4] Ms. : *debent.*

[5] Ms. : *eis redditas.* Passage douteux.

[6] Ms. : *tradiderunt.*

[7] Ms. : *Douillac.* Voir les Extraits des Sainte-Marthe (Bibl. nat., fr. 20691, p. 824).

[8] Ms. : *pro re quam.*

[9] Ms. : *Rorreto.*

lune vigiliam Sancti Vincentii post, per LXX dies[1], redditus[2] post decimam octavam Julii M° CCC° XL°. Corrigitur finis.

195. Alius compotus ipsius de hiis que debuit pro fine dicti compoti, redditus curie per dominum Dyonisium Larchier, nepotem suum, prima Decembris M° CCC° XL°. Debet II° XXXI lib., V sol., XI den. par., cum certo grano, pro quibus tradendis certa arreragia adexplectavit in exonerationem suam.

195 bis. *Magister Petrus Larchier habuit computare de regali Parisiensi post[3] mortem domini Dionysii Lar[chier][4], et tradidit compotum suum, ipso audito, inter alios. — Videntur tamen he bine littere admisisse raturam in libro originali[5].*

196. *Carnotensis.*

Duo compoti regalis Carnotensis. — Videlicet unus de termino Candelose anno (M° CCC° XLIII° vel) M° CC° XLIII° et alter de termino Omnium Sanctorum M° CC° XLIV°. Non nominat eos qui receperunt ea nec episcopos; nec signatur super fines compotorum ubi debentur circa[6] V° lib. que posite fuerunt in debitis. Sunt adeo antiqui quod nihil creditur posse recuperari per eos; debentur tamen regi pro fine primi VII^{xx} V lib., XVIII sol., I den., et pro fine secundi IIII° XLVII lib., IX sol., XI den. Et ibi sunt arreragia de VII^{xx} XIX lib., VIII sol., VI den., recuperanda super personis ibi.

197. Compotus Guillelmi de Belvaco et Johannis Cochetarii[7], a Paschate M° CC° LXXVI° usque ad Pascha sequens. Non nominat episcopum. Et a dicto Paschate usque ad Sanctum Johannem post. Pro cujus fine debuerunt III^{m} III° LXVII lib., IIII sol., I den. tur., qui dicuntur poni in debitis; tamen, in compoto sequenti, videntur reddere in principio XVII° LXXVII lib., III sol., I den. de dicto debito.

Alii tres compoti eorumdem de eodem successive usque ad Ascensionem LXXIX°. Sunt omnes correcti.

Debita plura usque ad summam de VIII° lib. et plus, que debentur dicto Johanni Cochetarii in bailliviis Gisortii et Aurelianensi. Sciatur si aliquid poterit recuperari per eosdem.

Alius rotulus ipsorum de redditibus episcopatus Carnotensis tempore regalium, a Paschate M° CC° LXXVI° usque ad Pascha sequens.

198. Compotus magistri Roberti de Silvanecto et Hervei Giroust, burgensis de Corbolio, de dicto regali vacante a die mercurii post festum Omnium Sanctorum M° CC° IIII^{xx} VII° usque ad diem lune ante festum Beati Vincentii tunc. Debent pro fine dicti compoti, de-

---

[1] Extraits de Menant (XI, fol. 13) : *per 58 dies.*

[2] Mot omis dans le ms.; Menant, *l. c.*, a lu « receptus ».

[3] Ms. : *compotum de regio jure per*. — Restitué par conjecture.

[4] Ms. : *domini D. de Lars*. — Restitué par conjecture. — Il faudrait : « Magister D. Larchier... post mortem domini Petri... »

[5] Note marginale, postérieure à la rédaction de l'Inventaire.

[6] Ms. : *citra*.

[7] Ms., ici et plus loin : *Cocherarii*. Ce compte a été conservé (Bibl. nat., lat. 9018, n° 21).

ductis solutionibus thesauro factis, cxviii lib., xvii sol. tur. Corrigendus est solum quantum ad hoc, et quedam emenda signatur poni in debitis. Iste compotus est penes dominum Thomam.

199. Compotus Guillelmi Comitis de dicto regali vacante per mortem magistri Johannis de Galandia, a secunda die mensis Octobris m° ccc° xv° usque ad primam Februarii tunc, redditus sexta Maii m° ccc° xxix°. Debet cii sol., vi den. tur.

200. Compotus magistri P. de Bonavalle de regali quod vacavit per mortem domini Roberti de Joigniaco, a vigesima die Aprilis m° ccc° xxvi°, quo obiit, usque ad vigesimam secundam Junii [1] tunc, per lxiii dies. Perfectus vigesima septima Martii m° ccc° xxviii°. Corrigitur finis.

201. Compotus domini Petri Guignart [2], canonici Carnotensis, de regali ibi vacante a decima nona Decembris m° ccc° xxvii°, qua promotus fuit dominus [3] Petrus de Capis, episcopus ibi, ad cardinalatum, usque ad vigesimam octavam diem Aprilis m° ccc° xxviii°, qua fuit redditus domino Johanni Pasté, electo episcopo ibi., redditus vigesima prima Novembris tunc. Debet iiii^{xx} x lib., xiii sol., vi den. tur. Et sunt ibi arreragia requirenda, missa bailliuo Carnotensi ad levandum, vi^{xx} xii lib., xv sol., iii den. tur., cum xiii modiis, vii sextariis, 1 mina et ix boissetis avene et iii^c xxv gallinis.

202. *Aurelianensis.*

Duo compoti Stephani Batel et G. de Papylion. — Unus videlicet a crastino Candelose cc° xxxvii° usque ad crastinum Ascensionis tunc, de xvi septimanis et iii diebus. Non nominat episcopum pro cujus morte vacavit; nec est correctus, licet debeant pro fine compoti circa iii^c lib.

Alius compotus dicti regalis a crastino Ascensionis usque ad diem mercurii post Sanctum Benedictum, per lxi dies. Debent ix^{xx} xiiii lib., xi sol., viii den., recuperandas tamen super personas contentas ibi. Sunt pro fine compoti aliqua ponenda in debitis.

203. Tres compoti dicti regalis per magistrum Henricum de Camporepulso et Johannem de Aties. Unus videlicet factus apud Templum in compoto Candelose anno m° cc° iiii^{xx} et alter in dicto festo m° cc° iiii^{xx} i°, et tertius in compoto Omnium Sanctorum m° cc° iiii^{xx} ii°. Totum fit in debitis quod debet fieri per eos, exceptis lxxv lib. que debent recuperari super episcopum, ut arrestatur in dicto compoto facto ad Omnes Sanctos m° cc° iiii^{xx} ii°, pro expensis [4] quas fecerunt custodes dicti regalis pro defectu episcopi, quia non potuit deliberare regalia sua.

204. Compotus magistri Johannis de Morenceiis [5] et Gillonis Cassine a festo Beatorum Egidii et Lupi iiii^{xx} viii° usque ad diem jovis ante Nativitatem Domini tunc. Totum fit in debitis. Correctus est.

205. Compotus Ade de Suisiaco et Guillelmi Rebrachien [6] de dicto regali, videlicet a

---

[1] Extraits des Sainte-Marthe (Bibl. nat., fr. 20691, p. 824) : « Regalia Carnotensis per mortem Roberti de Joigniaco, a xx^a Aprilis 1336 usque ad xxii^{am} Julii. » — [2] *Ibid.* : Caignart. — [3] Ms. : *dictus.* — [3] Ms. : *experientia.* — [5] Ms. : *Morceriis.* — [6] Ms. : *Rebracheri.* Cf. Bibl. nat., Coll. Moreau, 215.

quarta die Junii m° cc°iiii^{xx}xix° usque ad sextam [1] diem Martii eodem anno, per xiiii^{xx} ii dies. Debent pro fine compoti ii^{m}c lib., xli sol., iiii den. par., de quibus solutum est xvi^e iiii^{xx} x lib., x sol., vi den. Residuum debetur. De quo arrestatur ibi quod traditum fuerit ad levandum. Sciatur cui, quia non nominatur. Et sic non est correctus quantum ad hoc. Auditus fuit dominica ante Sanctum Nicolaum m°ccc°.

206. Compotus dicti regalis per magistrum Johannem Britonis et Petrum Aalis[2], civem Aurelianensem, a festo Sancti Petri in Augusto m°ccc°vii° usque ad diem veneris ante festum Sancti Vincentii tunc, videlicet de clxxii diebus, auditus et acceptatus die lune ante Sanctum Barnabam m°ccc°ix°. Debent pro fine dicti compoti vi° lxxv lib., ix sol., xi den. Non est correctus.

207. Compotus Petri de Salicibus de dicto regali vacante per mortem domini Radulphi Grosparmi, a decima octava die Septembris m°ccc°xi° usque ad decimam tertiam Novembris tunc, qua die Adam de Perona institutus fuit loco dicti P.; et arrestatur ibidem quod debuit computare de dicto toto regali. Non est correctus, et sunt plura ponenda in debitis. Per ipsum redditus curie vigesima tertia Februarii m°ccc°xi°. Debentur ei vi sol., i den. par., de quibus habuit cedulam ad thesaurum cum arreragiis, per magistrum G. de Perona, ejus heredem, vigesima prima Novembris m°ccc°xviii°. Et debentur pro fine dicti compoti tam [3] magistro P. quam dicto Ade. Non est correctus.

208. Compotus Ade de Perona de regali Aurelianensi, a sabbato ante Sanctum Mattheum Apostolum usque ad diem Sancti Vincentii tunc, per vi^{xx} i dies; residuum in festo Apostolorum Philippi et Jacobi m°ccc°xii°. Corrigitur finis.

Alius compotus ejusdem Ade de Perona de arreragiis dicti regalis. Debentur ei pro fine ejusdem cxiii sol. par. Auditus vigesima prima Novembris m°ccc°xviii°.

209. Compotus Guillelmi de Mesnillo et Johannis Prepositi de regali Aurelianensi, vacante a decima die Martii m°ccc°xx° usque ad decimam tertiam Junii m°ccc°xxi°, per mortem domini Milonis, episcopi quondam ibi, redditus curie nona Septembris m°ccc°xxxviii°. Corrigitur finis.

Annis xx°, xxi° et xxiii° fuit ibi regale. Fuit aliud regale anno xxviii°. G. de la Roche, collector.

210. *Nivernensis.*

Creditur quod capitulum habet litteras regias de quittancia regalie ibi [4].

211. *Autissiodorensis.*

Quidam parvus compotus sine data, et non nominato illo qui eum recipere debuit,

---

fol. 260 : «Compotus Ade de Busiaco (*sic*), clerici, et Guillelmi Rebrachien, panetarii domini nostri regis, de custodia regalie Aurelianensis...»

[1] Ms. : *tertiam.*

[2] Ms. : *Colis.* Cf. Bibl. nat., Coll. Moreau, 215, fol. 260.

[3] Ms. : *cum.*

[4] Menaut a noté (XI, fol. 13 v°) que ce paragraphe se trouvait en marge dans le manuscrit original. — Ms. : *quittanciis.*

REGALIA.

nec est clausus. Sciatur si sint alii. Dicitur tamen quod modo non habet rex regale ibi, quia quittati sunt pro excambio vel ex alia causa. Sciatur et habeatur deliberatio super hoc.

212. *Trecensis.*

Compotus magistri Johannis Osane, decani Sancti Stephani Trecensis, Johannis Blouet de Crispayo et Petri Morel de Feritate Milonis de dicto regali, a dominica ante Inventionem Sancti Stephani M° CC° IIII^{xx} XVIII° usque ad diem veneris ante Ascensionem Domini M° CC° IIII^{xx} XIX°, pro XLI hebdomadis et III diebus, redditus curie mercurii ante Cathedram Sancti Petri M° CC° IIII^{xx} XIX°. Debuerunt pro fine compoti predicti, deductis solutionibus thesauro [1] et alibi per eos factis, LXIX lib., VI sol. Non est correctus quantum ad hoc, et sunt quedam alia in eodem compoto signata recuperari.

213. Compotus magistri [2] Thome de Sarnaco de dicto regali vacante per mortem domini Johannis de Auxeio, a die dominica post festum Epiphanie M° CCC° XVI° usque ad vigiliam Sancti Georgii M° CCC° XVII°, per CIII dies, redditus curie octava Novembris M° CCC° XX°. Debet L sol., IIII den., pict. tur.

214. Compotus Johannis de Cruce de regali episcopatus Trecensis, vacantis per translationem domini G[uillelmi], episcopi quondam ibi, ad episcopatum Dolensem circa Ascensionem Domini M° CCC° XXIV°, redditus curie per eum vigesima secunda Augusti tunc. Debitum fuit ei; tamen habuit cedulam ad thesaurum. Correctus est.

215. Compotus Johannis de Cruce de regali Trecensi vacante circa annum M^{um} CCC^{um} XXIV^{um}, redditus vigesima secunda Augusti tunc dicte curie; et habuit cedulas [ad] thesaurum.

216. *Meldensis.*

Compotus magistri Pasquerii de Blesis et Hervei Giroust, ab octavis Purificationis Beate Marie M° CC° IIII^{xx} XVII° usque ad octavam Januarii M° CC° IIII^{xx} XVIII°, per XLVII septimanas, redditus curie sabbato die secunda Aprilis, vigilia Ramorum Palmarum M° CC° IIII^{xx} XIX°. Non nominat episcopum pro cujus morte vacabat. Debent pro fine dicti compoti II^{m} VII^{xx} lib., LXXVI sol., XI den. tur., de quibus solverunt [3] XVI^{c} IIII^{xx} XII lib., VIII sol., I den. Totum residuum ponitur in debitis in locis suis, exceptis circa XXX lib., que signantur recuperande in expensis ejusmodi.

217. Alius compotus ejusdem Pasquerii per se de dicto regali vacante per mortem Johannis de Macerolles [4], ibi episcopi, a duodecima Februarii M° CCC° IV°, per LX dies, usque ad diem martis post Ramos Palmarum eodem anno, qua die N. Bolle factus [fuit] ibidem episcopus. Debet pro fine dicti compoti LXXIII lib., X sol., V den. Corrigendus est quantum ad hoc, quia non fuerunt posite in debitis; et sunt quedam signata recuperanda in dicto compoto. Auditus fuit die veneris post Nativitatem Beate Marie M° CCC° IX°. Arrestatur ibi

---

[1] Ms.: *thesaurarii.* — [2] Ms.: *Matthæi.* — [3] Ms.: *supra.* Restitué par conjecture. — [4] Ce passage a été connu et utilisé par les rédacteurs du *Gallia christiana*, VIII, col. 1632.

etiam quod mandetur Guarinus de Quarreriis [1], computaturus de stagno de Manto, quod fecit et curavit piscari.

218. Compotus dicti regalis per magistrum P. de Salicibus a decima octava Aprilis M°CCC°VIII°, qua die dictus N. Bolle decessit [2], pro IIII^{xx} III diebus, usque ad decimam octavam Octobris tunc, qua Symon Festu, successor suus, receptus fuit ibidem. Debet pro fine compoti predicti IIII^c XXXIII lib., XVI den. tur., quas thesaurus per cedulas suas, [ut] arrestatur ibi. Correctus est, exceptis VI^{xx} lib. signatis recuperari super episcopum Aurelianensem, sibi mutuo traditis. Redditus fuit curie dominica post Epiphaniam M°CCC°IX°, et sunt in fine arreragia de XIIII^c XXVIII lib.; XIX sol., IX den., recuperanda pro rege super personis ibi contentis.

219. Compoti dicti regalis vacantis per mortem magistri Symonis Festuci. — Compotus Roberti de Castro Nanthonis de regali Meldensi a dominica ante Sanctum Dyonisium M°CCC°XXV° usque ad sextam Junii M°CCC°XXVI°, redditus vigesima secunda die Novembris M°CCC°XXXVI°. Debet V^c XI lib., V sol., X den. tur., que ponuntur [super] ipsum in debitis Senonensibus [3] de M°CCC°XXII°.

PROVINCIA REMENSIS.

220. *Remensis archiepiscopatus seu diocesis.*

Quatuor compoti dicti regalis de annis M°CC°XL° et M°CC°XLI°, primus de termino Candelose, secundus de termino Ascensionis, tertius de termino Omnium Sanctorum post, et quartus finitus mense Februario eodem anno. Debitum fuit regi pro fine primi, a tergo, XVII^c XXXIIII lib., IIII sol., V den.: sciatur ubi redduntur regi; et pro fine secundi, XI^c XXI lib., VIII sol., IIII den.; et pro fine tertii, II^m V^c, etc.; et pro fine quarti, XV^c LVII lib. Et etiam sciatur ut de primo.

Quidam alius sine data, pro fine cujus debitum fuit regi LVIII lib., IIII sol., VIII den. Sciatur si et ubi redduntur regi.

Alius compotus ejusdem regalis de termino Ascensionis M°CC°XLII°, pro fine cujus debitum fuit regi XII^c XX lib., XVI sol., III den. Sciatur si et ubi redduntur regi.

Alius compotus dicti regalis de termino Omnium Sanctorum M°CC°XLII°, pro fine cujus debitum fuit regi M LXI lib., XIII sol., II den. Sciatur si et ubi redduntur regi.

221. Tres compoti dicti regalis de termino Ascensionis, Omnium Sanctorum et Candelose anno M°CC°XLIII°. Pro fine primi fuit debitum regi XI^c XIIII lib., XV den.; pro fine secundi, II^m IX^{xx} lib., LVII sol., X den.; et pro fine tertii, XII^c XIIII lib., XII sol., I den. Sciatur si et ubi redduntur regi. Magister Herveus de Petralata fecit dictum tertium compotum; ignoratur tamen quis fecit alios duos.

222. Unus compotus per magistrum Johannem Pullum et Herveum de Petralata de termino Candelose anno M°CC°XLIV°, pro fine cujus debitum fuit regi XI^c XXXIX lib., X sol., II den. Sciatur si et ubi redduntur regi.

---

[1] Ms.: *Quarrerarum*. — [2] Ms.: *decessus*. — [3] Ms.: *senescalliæ*. Cf. § 187.

223. Alius compotus, non nominato collectore, de termino Ascensionis anno m° cc° xlv°, pro fine cujus debitum fuit regi viii° xxxvi lib., xviii sol., vi den. Sciatur si et ubi redduntur regi.

224. Compotus dicti regalis, a dominica ante Nativitatem anno m° cc° l° usque ad dominicam ante Annunciationem tunc, per xiii septimanas, pro fine cujus debitum fuit regi xv lib., x sol., vi den. Sciatur ubi redduntur regi.

225. Alius compotus sine data. Debitum fuit regi xi° xlvi lib., vi sol., ii den. Sciatur ubi redduntur regi.

226. Alius compotus dicti regalis a Purificatione m° cc° lxxii° usque ad diem jovis post octavas Beati Johannis post., per dominum Reginaldum [1] de Mourmando, militem, et H. de Camporepulso, factus in compoto Ascensionis [2] m° cc° lxxiv°, pro fine cujus debitum fuit regi vi° iiii lib., xiii sol., vi den., posite in debitis.

227. Compotus magistri Thome de Sarnaco et Lisardi Le [3] Jonne de dicto regali, a festo Omnium Sanctorum m° cc° iiii^xx xviii° usque ad vigiliam Beati Johannis Baptiste tunc. Debuerunt pro fine dicti computi ii^m iii° lxxix lib., xix sol., iii den. par. Ponuntur in debitis Viromandie super ipsos. Auditus die lune, ultima die Februarii. Et sunt quedam in dicto compoto signata recuperari. Non est correctus.

228. *Catalaunensis.*

Primus compotus inventus penes nos de dicto regali a Paschate m° cc° xxxvii° usque ad Sanctum Johannem tunc, correctus.

229. Duo compoti dicti regalis de anno m° cc° xxxviii°, primus finitus ad Sanctum Johannem eodem anno, et alter ad Nativitatem Domini tunc, correctus.

230. Tres compoti dicti regalis de anno m° cc° xxxix°, primus videlicet a Pascha usque ad dictum Sanctum Johannem, secundus a Sancto Johanne usque ad Nativitatem Domini, et tertius a dicta Nativitate usque ad Pascha anno revoluto. Correctus.

231. Compotus dicti regalis per magistrum Symonem de Domibus et Guillelmum de Castelleto, de termino Paschatis m° cc° xl°. Correctus.

Compotus eorundem de dicto regali de termino Nativitatis Domini m° cc° xli. Correctus.

232. Compotus ejusdem Symonis et Johannis de Pontissara de dicto regali, de termino Paschatis (m° ccc° xlii° vel) m° cc° xlii°. Correctus.

Tres compoti ipsorum de anno m° cc° xliii°, videlicet primus de termino Paschatis, secundus de termino Sancti Johannis, et tertius de termino Nativitatis Domini. Correcti.

233. Compotus magistri Johannis de Morenceiis [4] et Mathei de [Sancto] Venantio de dicto regali a die sabbati post festum Apostolorum Philippi et Jacobi anno m° cc° lxxii° usque ad festum Beati Remigii eodem anno. Debent v° lib., xvi sol., v den.

234. Compotus Guidonis de Arbosio et Johannis de Morenceiis de dicto regali a Nativitate Sancti Johannis m° cc° lxxi° usque ad idem festum m° cc° lxxii°, hoc excepto quod dic-

---

[1] Ms.: *Geraldum.* Cf. ci-dessous, § 240. — [2] Ms.: *Assumptionis.* — [3] Ms.: *de.* — [4] Ms.: *Morenceys.*

tus Matheus de Sancto Venantio, marescallus Pictaviensis, et ille magister Johannes computaverunt a dicto festo LXXI° usque ad festum Sancti Remigii subsequens, et a dicto festo LXXII° usque ad sabbatum post Omnes Sanctos post. Debent cxv lib., ix sol., v den. Sciatur ubi redduntur regi.

235. Compotus dicti regalis per Henricum de Camporepulso et Gerardum de Quevresis, factus in termino Candelose anno M°CC°LXXIV°. Correctus.

236. Compotus Henrici de Camporepulso et Huardi de Alneto a festo Sancti Luce M°CC°IIII^{xx}V° usque ad festum Beate Marie Magdalene tunc. Correctus.

237. Compotus dicti regalis factus per magistrum Hugonem, decanum de Stampis, et P. de Cathalauno, burgensem Remensem, vacantis per mortem domini Johannis de Castro, a die veneris post Mediam Quadragesimam M°CCC°XII° usque ad sabbatum post festum Sancti Pauli M°CCC°XIII°, auditus decima sexta Augusti M°CCC°XIII°. Debent pro fine dicti compoti M V^{c}XIIII lib., xv sol., xi den., ob., de quibus solverunt [1] magistro [2] Petro de Latilliaco, successori in dicto episcopatu, mille libras turonensium, quas ipse Petrus mutuaverat regi, ut dicebat. Sciatur qua causa, aut recuperetur. Solverunt thesauro [3], ut arrestatur ibi. Non est correctus.

238. Compotus Galerani de Vallibus de regali episcopatus Catalaunensis, vacantis a decima quinta die Martii M°CCC°XXVII° usque ad decimam nonam Maii M°CCC°XXVIII°, per cx dies, per mortem domini P. de Latilliaco, redditus decima septima Februarii M°CCC°XXVIII°. Dicitur correctus.

239. *Laudunensis.*

Compotus dicti regalis factus per Johannem de Ruilliaco vel Nuilliaco, clericum, et Oudardum Rufum, in compoto Candelose, anno M°CC°XLIX°. Non dicitur ubi reddiderunt [4] M V^{c}XXXIIII lib., etc., quas debuerunt.

240. Compotus domini Reginaldi de Mormento [5], militis, et Henrici de Camporepulso, factus apud Templum, in compoto Purificationis anno M°CC°LXXII°. Debent VI^{c}XII lib., VIII sol., II den., quas reddiderunt in compoto sequenti.

Alius compotus eorundem a dicta Purificatione tunc, usque ad idem festum M°CC°LXXII°. Debuerunt VI^{c}IIII lib., etc., quas reddiderunt in compoto sequenti.

Alius compotus ipsorum factus apud Templum in compoto Candelose anno M°CC°LXXIV°. Debuerunt VIII^c lib., etc., quas reddiderunt in compoto sequenti.

Alius compotus eorundem factus in Nativitate Domini anno M°CC°LXXV° de receptis et expensis factis per ipsos post compotum Candelose predictum M°CC°LXXIV°. Debuerunt II^m, etc., quas reddiderunt in compoti sequenti.

Compotus ipsorum factus in termino Candelose anno M°CC°LXXVI°, de anno M°CC°LXXV° ante. Debuerunt XVI^c, etc., quas reddiderunt in compoto sequenti.

---

[1] Ms.: *solvit.* — [2] Ms.: *magister.* — [3] Ms.: *Solvit thesaurario.* — [4] Ms.: *redditus.* — [5] Ms.: *Mornento.* Voir l'index du t. XXII des *Historiens de la France*, au mot « Reginaldus de Mormento ».

241. Compotus Henrici de Camporepulso de regali, factus in compoto Templi de termino Candelose m°cc°lxxvii°. Debuit, etc., quas reddidit in compoto sequenti.

Compotus ejusdem de eodem, factus in compoto Templi de termino Omnium Sanctorum m°cc°lxxviii°.

Alius compotus ejusdem de eodem, de termino Omnium Sanctorum m°cc°lxxix°. Debet ut supra, et sciatur ubi reddatur.

Alius compotus ejusdem de eodem ibi, factus apud Templum in compoto Omnium Sanctorum m°cc°lxxiv°. Corrigitur finis.

242. Compotus magistri Evrardi Porrion, canonici Suessionensis, et Lisardi Le Jonne de Lauduno, a die dominica ante festum Beati Laurentii iiii^{xx}xvii° usque ad dominicam post Omnes Sanctos tunc. Correctus.

243. Compotus magistri Thome de Sarnaco de eodem per mortem domini Gazonis, a crastino Paschatis usque ad Sanctum Petrum ad Vincula m°ccc°xvii°, auditus decima Novembris m°ccc°xx°. Debet m (?) iii^c, etc., de quibus habuit cedulam ad thesaurum.

244. Compotus Roberti de Verzone de regali Laudunensi per mortem domini Radulphi Roussell[et]i, a decima sexta Octobris m°ccc°xxvi° usque ad vigesimam quintam diem Januarii tunc, per cii dies, redditus decima quinta Julii m°ccc°xxviii°. Corrigitur finis. Signautur recuperari super Johannem de Venoise xv libr., x sol. tur., et super dominum Albertum de Roya, nunc episcopum ibi, xlv lib., iii sol. tur.

245. *Suessionensis.*

Compotus magistri Johannis Camelini et Lisardi Le Jonne a die lune ante festum Beati Remigii anno m°cc°iiii^{xx}x° usque ad diem sabbati post octavas Candelose sequentis, factus apud Templum. Correctus.

246. Compotus eorundem a festo Sancti Martini hyemalis usque ad festum Beati Johannis Baptiste anno m°cc°iiii^{xx}xii°, factus apud Templum tunc, et redditus die veneris in festo Sancti Arnulphi tunc. Correctus est.

247. Compotus Petri Grossi de dicto regali a festo Sanctorum Egidii et Lupi anno m°cc°iiii^{xx}xvi°, usque ad diem Parasceve eodem anno, factus in vigilia Magdalene m°ccc°i° per Edelinam, ejus relictam. Correctus.

248. Compotus dicti regalis vacantis per mortem domini Guidonis de Caritate, qui obiit anno m°ccc°xiii°, ab octava Julii tunc usque ad dominicam proximam ante Sanctum Lucam, redditus per Johannem de Relleu et Johannem Au Pois, ultima Maii m°ccc°xxix°. Debet dictus Johannes de Relleu ix^{xx}xv lib., xxii den. par., de tempore burgensium. Sciatur quis habet computare.

249. *Noviomensis.*

Compotus regalis Noviomensis factus per Radulphum de Meulento[1] et Sancium Brionii[2], factus anno m°cc°xxxix°. Non nominat collectores. Correctus.

---

[1] Ms.: *Molento.* — [2] Ou «Briomi», mot douteux.

250. Compotus factus anno m°cc°xli°, pro toto anno. Debitum fuit regi iiii᪽ lxxix lib., i den. Sciatur si et ubi reddantur regi.

251. Duo compoti facti anno m°cc°xlii°, videlicet [unus] in festo Omnium Sanctorum, alius in festo Candelose tunc, per magistrum Johannem Pulli et Theobaldum Clerembaut. Debitum fuit regi pro fine primi viii᪽ iiii^{xx} xviii lib., i den. minus; sciatur ubi reddantur regi. Et pro fine secundi, v᪽ iiii^{xx} xv lib., xiiii sol.; sciatur ut prius.

Tres compoti eorundem de anno m°cc°xliii° de tribus terminis, videlicet de termino Ascensionis, Omnium Sanctorum et Candelose.

Compotus eorundem de termino Ascensionis m°cc°xliv°. — Sciatur ubi reddatur regi quod debitum fuit pro fin[ibus] dictorum compotorum.

252. Compotus Johannis Belot, presbiteri, de dicto regali a festo Sancti Dionisii m°cc°xlix° usque ad quartam diem post Translationem Sancti Benedicti anno m°cc°l°, scilicet pro tribus partibus anni et quatuor diebus. Sciatur ubi reddatur regi quod pro ejusdem fine fuit ei debitum.

253. Blada dicti episcopatus per Egidium de Compendio pro termino Ascensionis anno m°cc°lxxiv°. Correctus.

254. Compotus Symonis Bodelli et Guyardi de Porta de dicto regali, a die veneris post Epiphaniam m°cc° iiii^{xx} xv° usque ad diem martis post quindenam Paschatis m°cc° iiii^{xx} xvii°. Debent pro fine dicti compoti, vii᪽ lv lib., iii sol., viii den., de quibus partem solverunt, et residuum dicti debiti ponitur in debitis. Non est correctus, quantum ad quedam signata ponenda in debitis.

255. Compotus Johannis de Remino et Alani Gabet de dicto regali vacante per translationem factam de domino Symone de Nigella ad episcopatum Belvacensem, qui episcopatus Noviomensis fuit in regali a die mercurii post Nativitatem Beati Johannis Baptiste anno m°ccc°i° usque ad festum Annunciationis Beate Marie sequens. Videntur esse aliqua recuperanda.

Quidam parvus compotus eorundem de debitis remanentibus ad solvendum pro fine dicti compoti. Correctus.

256. Quidam parvus alius compotus Guillelmi Paradis, s[ervientis] [1] Castelleti Parisiensis, de dictis debitis sibi traditis ad levandum, que debebantur pro fine dicti compoti, redditus [2] curie die mercurii post Sanctum Mathiam anno m°ccc°iii°.

Deficit quidam alius rotulus de hiis que recepit de dictis debitis. Non est intitulatus neque tentus, et est ligatus cum predicto compoto.

257. Compotus magistri Ivonis de Veteri Ponte, decani Abri[n]censis, de dicto regali vacante per mortem domini Florentii, a die mercurii ante Pascha m°ccc°xvi° usque ad septimam diem Maii m°ccc°xvii°. Debet pro fine dicti compoti ix^{xx} xiii lib., ix sol., viii den. par., de qua summa tradidit personas debentes viii^{xx} ix lib., ix sol., que continentur in fine

---

[1] Ms. : *Guillelmi Perodisi, Castelleti*..... Voir la liste des sergents du Châtelet de Paris en 1309, Bulletin de la Société de l'histoire de Paris..., XX (1893), p. 37, col 1. — [2] Ms. : *quod debebatur pro fine dicti compoti redditi*.

dicti compoti, et que nondum tradite fuerunt ad levandum. Sic restat quod adhuc debet xxiii lib., ii sol., viii den., quas thesaurus pro ipso per cedulam suam, [ut] arrestatur ibi. Non est correctus.

258. Compotus Johannis de Senicourt [1], prepositi de Chauniaco, de hiis que recepit de dicto regali per quindecim dies. Non est auditus neque acceptatus.

259. *Belvacensis.*

Compotus Nicolai Herodis et Radulphi de Meulento, clerici, de dicto regali, a festo Sancti Bartholomei anno m°cc°xxxvi° usque ad idem festum, anno revoluto, m°cc°xxxvii°. Sciatur si et ubi redditur regi, et summe que debite fuerunt regi pro fine ipsorum compotorum.

Alius compotus ipsorum de dicto regali a dicto festo m°cc°xxxvii° usque ad idem festum m°cc°xxxviii°, anno revoluto.

260. Compotus Henrici de Camporepulso et Manasseri de Bonovillari, factus in compotis Purificationis anno m°cc°iiii^{xx}iii°, de dicto regali vacante per mortem Reginaldi de Nantolio usque ad diem qua magister Theobaldus, electus, habuit regalia sua. Et duravit dictum regale per c dies. Correctus est.

261. Compotus magistri Thome de Sarnaco et Johannis de Monciaco de dicto regali a Nativitate Domini m°ccc° usque ad vigiliam Beatorum Egidii et Lupi m°ccc°i°, redditus curie die jovis post festum Beatorum Petri et Pauli m°ccc°ii°. Debuerunt xxiii^c lib., xxxiii sol., viii den. par., de quibus tradiderunt partes.

262. Quidam rotulus intitulatus : *De hiis que remanserunt ad computandum de dicto regali.* Videatur, quia posset advertere de aliquibus oblitis.

263. Partes et nomina personarum debentium [2] per finem dicti compoti magistri Thome et Johannis de Monciaco dictas xxiii^c lib., etc., in uno rotulo, de quibus aliqua sunt recuperanda, et aliqua soluta.

264. Quedam partes facientes summam de xii^{c}xxviii lib., que sunt inter dictas partes, super Petrum Gorge de Belvaco, de quibus sunt circa vi^c lib. et plus reddite per compotum baillivie Sylvanectensis ad Ascensionem m°ccc°iii°. Non sunt correcte.

265. Compotus magistri R. de Joyaco de dicto regali a vigesima quinta Decembris m°ccc°xii° usque ad vigesimam tertiam Februarii tunc, de dicto regali vacante per mortem Symonis de Nigella usque ad diem qua dictum regale redditum fuit domino Johanni de Marigniaco, successori suo. Fit ad burgenses. Auditus die lune duodecima Novembris m°ccc°xiii°. Correctus est quantum ad finem compoti; tamen quedam sunt corrigenda per partes compoti.

266. *Silvanectensis.*

Compotus magistri G. Gorjuti [3] de regali Sylvanectensi, factus secunda calendas Maii anno m°cc°iiii^{xx}vii°; et est correctus.

---

[1] Ms.: *Seincourt.* Cf. Arch. nat., X^{1a}, 8848, fol. 256 v°. — [2] Ms.: *debentur.* — [3] Ms.: *Gorniti.*

267. Compotus dicti regalis per Hugonem Le Basenier[1] et P. Le Voyer, a die veneris ante Carniprivium anno m°cc°iiii^{xx}ix° per quatuor[2] menses, redditus post Ascensionem m°cc°iiii^{xx}x°. Correctus.

268. Compotus magistri Nicolai de Aquilecuria[3] et dicti Hugonis de dicto regali, a die lune post festum Beati Martini hyemalis usque ad diem jovis ante Candelosam anno m°cc°iiii^{xx}xiv°. Correctus.

269. Compotus Johannis de Monte Sancti Johannis de dicto regali, a die decima Maii m°ccc°viii° usque ad vigesimam diem Augusti post, per cviii dies; et tantum duravit regale vacans per mortem domini Guidonis. Debuit pro fine compoti m vii lib., xv den., quas thesaurus per cedulas suas pro ipso, ut arrestatur ibi. Et sic correctus est, excepto quod videantur signata ibi in compotis antiquis; videantur, quia possent advertere de aliquibus oblitis. Auditus undecima die Decembris m°ccc°i°.

Postea fuit[4] m[agister] G[uillelmus] de Gis[ortio] ibi regaliator. Sciatur quando et computet.

270. *Ambianensis.*
Compotus Alermi de Silliaco[5] de dicto regali, a die lune post[6] Mediam Quadragesimam usque ad dominicam ante Ascensionem Domini anno m°cc°lxxviii°. Debuit xxviii lib., xi sol., viii den., quas debuit levare baillivus Ambianensis super personas a tergo. Sciatur ubi redditur regi.

271. Compotus magistri Balduini Alani de dicto regali, a die dominica ante Ascensionem Domini anno m°ccc°viii° usque ad duodecimam diem Septembris tunc. Debuit pro fine compoti xviii^c iiii^{xx} viii lib., xv sol., vii den. par. fort., de quibus thesaurus pro ipso per cedulas suas, [ut] arrestatur ibi, ix^c xxxiii lib., vi sol., viii den. par. Sic restat quod adhuc debet ix^c lv lib., viii sol., xi den. par., de quibus tradidit partes et personas eas debentes. Vide tamen quod magna pars ipsarum sit soluta. Preterea residuum non est correctum.

272. Compotus domini [Petri] Raymundi de Rapistagnis, baillivi Ambianensis, de regali ibi vacante per mortem domini Roberti de Folleyo, a festo Beate Marie in Martio m° ccc° xx° usque ad Magdalenam post. Non auditus. Tamen deberentur regi pro ejusdem fine iiii^c xlvii lib., x sol., si esset clausus, in quo scribitur, nisi reddite fuerint regi alibi.

---

[1] Ms.: *Le Bassen...* Cf. § 1796 et 1801, et le *Journal du Trésor*, Bibl. nat., lat. 9783, fol. 27 v°.

[2] Ms.: *infra.* La leçon adoptée est fournie par les Extraits des Saint-Marthe (Bibl. nat., fr. 20691, p. 826).

[3] Ms.: *Aguillecuria.* Cf. § 340. Nous adoptons la vraie forme, celle des comptes originaux, Bibl. nat., Coll. Baluze, 394, p. 695^{20}.

[4] Ms.: *In presenti fuit frater.* Restitué par conjecture.

[5] Ms.: *Alerni de Sulliaco.* — Du Cange a vu et noté, dans les Archives de la Chambre des comptes, un rouleau intitulé : « Compotus Alermi de Gilliaco, clerici, de regaliis Ambianensibus a die lune ante Mediam Quadragesimam usque ad dominicam ante Ascensionem m°cc°lxxviii°. » (Bibl. de l'Arsenal, 5259, fol. 189 v°, et 5260, fol. 130.) Lisez « Silliaco », et non « Gilliaco » (Bibl. nat., lat. 9018, n° 22).

[6] *Ante?* Voir la note précédente.

273. *Atrebatensis.* — Nihil reperitur.

274. *Cameracensis.* — Nihil reperitur.

275. *Tornacensis.*
Compotus Henrici de Camporepulso et Gerardi de Quievresis de termino Omnium Sanctorum M° CC° LXXV°. Correctus est.

276. Quidam compotus dicti regalis, non nominatis ibi nominibus collectorum nec episcopi pro cujus morte vacavit, nec tempore. Debitum tamen fuit regi IIII^c LXVI lib., XV sol., II den.

277. Compotus dicti regalis, factus per magistrum Matheum de Ramburellis, anno M° CC° IIII^{xx} IV°, de omnibus redditibus pertinentibus ad dictum regale, cum compotis dicti regalis tunc, a die dominica ante festum Epiphanie usque ad diem martis post festum Beati Tyburtii martyris mense Aprilis. Et debet pro fine dicti compoti circa XLV lib., III sol., tur. Non est correctus.

278. Quidam quaternus de redditibus pertinentibus ad regaliam Tornacensem, traditus curie per dictum magistrum Mattheum de Ramburellis.

279. Compotus Hugonis de Anisiaco et Clarembaudi Hessini de dicto regali, a penultima Martii M° CC° IIII^{xx} XIX° usque ad decimam quintam diem Maii M° CCC° I°, per unum annum et XXXV dies. Debent pro fine compoti IIII^m III^c XXXIIII lib., VI sol., VI den. tur., quas Lupara pro ipsis per cedulas suas, [ut] arrestatur ibi, exceptis V^c XLVIII lib., IIII sol., II den., ob. tur., quas tradiderunt levandas super personas quarum nomina ponuntur in fine compoti. Sciatur cui levanda tradiderunt, quia pars ipsarum levata fuit per baillivum Viromandensem, et pars alia remanet solvenda.

280. Compotus Roberti de Versone de regali Tornacensi per resignationem domini Guillelmi[1] de Ventador, a die sabbati post Sanctum Martinum hyemalem M° CCC° XXVI° usque ad nonam Martii M° CCC° XXVI°, redditus sexta Julii M° CCC° XXVIII°. Corrigitur finis; aliqua signantur recuperari.

Thomas de Sere[2], quondam baillivus Insule, habet compotum de regali precedenti de M° CCC° XXIV°.

281. *Morinensis*, alias *Therouennes*.
Compotus Johannis de Athiis[3], baillivi Ambianensis, de dicto regali de anno incepto ad Ascensionem M° CC° LXXII° usque ad Ascensionem sequentem, anno revoluto. Debet IX^c XVIII lib., III sol., X den., pro fine dicti compoti, nec signatur eas poni in debitis.

282. Compotus dicti Johannis de dicto regali de termino Ascensionis M° CC° LXXV°. Correctus est.

283. Compotus ipsius de termino Ascensionis M° CC° LXXVI°. Debentur regi VII^c XV lib., VI sol., II den. Sciatur si et ubi redduntur regi.

---

[1] Extraits des Sainte-Marthe (Bibl. nat., fr. 20691, p. 826) : *Guidonis*. — [2] Ms. : *Cham... de Bere*. Cf. G. Demay, *Inv. des sceaux de la Flandre*, n°^s 4992, 5332. — [3] Ms. : *Achiis*.

284. Compotus ejusdem Johannis de termino predicto m° cc° lxxvii°. Debentur regi vi^e xv lib., xi sol., xi den. Sciatur ubi redduntur regi. Arrestatur tamen ibi sic : « Solutum fuit in compotis istis. » — Non sunt correcti.

285. Compotus Hugonis de Anisiaco et Hugonis de Filanis de dicto regali, videlicet a vigilia Beati Mathei usque ad festum Beate Lucie anno m° ccc° i°, per tres menses vel circa. Debuerunt iii^c lib., xxvi sol., iii den. Tradiderunt partes de quibus magna pars soluta est.

286. Compotus Galerani de Vallibus, baillivi Ambianensis, de regali Morinensi, a vigesima octava die Novembris m° ccc° xxx° usque ad decimam nonam Februarii post, redditus vigesima die Decembris m° ccc° xxxi°. Debet xlii lib., ix sol., ii den., ob.

In fine suuntur [1] partes redditus dicti regalis.

PROVINCIA BITURICENSIS.

287. *Archiepiscopatus et diocesis Bituricensis.*
Compotus magistri Johannis de Morenceiis [2] de granchiis regalis Bituricensis, a Nativitate Beati Johannis Baptiste anno m° cc° lxxii° usque ad idem [3] festum m° cc° lxxiii°, anno revoluto.

288. Alius compotus, a festo Assumptionis Beate Marie anno m° cc° lxxiv° usque ad idem festum m° cc° lxxv°, anno revoluto. Debet pro fine compoti cvii lib., viii sol., vii den., de quibus redduntur in compoto sequenti cvii lib., viii sol., i den.

289. Alius compotus, a festo dicte Nativitatis m° cc° lxxv° usque ad idem festum m° cc° lxxvi°, anno revoluto.

290. Compotus Guillelmi Savouré [4], civis Parisiensis, de dicto regali vacante per mortem domini Guidonis, archiepiscopi ibi, incipiente a die mercurii post *Reminiscere* anno m° cc° iiii^xx. — Omnes sunt correcti, ut videtur.

291. Compotus unus Johannis de Marla, baillivi Bituricensis, de dicto regali, a die veneris post festum Beate Lucie m° cc° iiii^xx xiv° usque ad sequens festum Beati Martini estivalis [5]. Non est clausus, licet deberentur pro fine compoti dicto Johanni fere mille libre, si clauderetur, ut videtur.

292. Compotus dicti regalis quod vacavit per mortem fratris Egidii Augustini, de quo non est comput[atum]. Sciatur quis [6] habet computare.

293. *Clarasmons in Alvernia.*
Compotus Johannis de Morenceiis [7] de dicto regali, a prima die Martii anno m° cc° iiii^xx v° usque ad diem lune ante festum Beati Dyonisii anno m° cc° iiii^xx vi°. Et debentur pro fine dicti compoti ii^m iiii^c lxxv lib., xvii sol., ii den. tur., de quibus partes sunt in quodam alio rotulo. Et arrestatur in dicto compoto quod misse fuerunt baillivo

---
[1] Ms. : *sumuntur*. — [2] Ms. : *Morendis*. — [3] Ms. : *diem*. — [4] Ms. : *de Savoirre*. Cf. L. Delisle, *Restitution d'un volume des Olim*, n° 553. — [5] Extraits des Sainte-Marthe (Bibl. nat., fr. 20691, p. 826) : *hyemalis*. — [6] Ms. : *quod*. — [7] Ms. : *Monteis*.

Alvernie; non nominat diem. Et cum hoc arrestatur quod sunt in debitis inter Magnas Partes. Sciatur, si explectate sint, ubi redduntur regi, quia debent reddi per compotum baillivie tunc.

294. Alius compotus dicti regalis per magistrum Symonem Bodelli et Guillelmum de Area, vacantis [1] a die lune ante festum Beati Luce Evangeliste M° CC° IIII^{xx} XVII° usque ad diem veneris in festo Beate Lucie virginis. Debent pro fine dicti compoti IX lib., VIII sol. Non est correctus.

295. Compotus dicti regalis factus per magistros R. de Meulento et Andream de Quadrellis, canonicum [2] Beati Nicolai Ambianensis, et Guillelmum de Area, coadjutorem [3] eorundem [4], a die sabbati post Nativitatem Beati Johannis Baptiste anno M° CCC° I° usque ad diem jovis post dominicam qua cantatur *Oculi mei* eodem anno, qua die dictum regale redditum fuit magistro P. de Alvernia, electo et confirmato ibi. Et debent pro fine compoti de IIII^{xx} VIII lib., XIII sol., videlicet Guillelmus de Area XXXVIII lib., X sol., et dictus magister Andreas XL lib. — Et cum hoc signantur in dicto compoto quedam recuperanda. Non est correctus.

296. Quidam rotulus minutorum operum et causarum hereditariarum, durante dicto regali, et quorundam bonorum confiscatorum, ac partium minutarum censuum et locatarum turrium ibi, per compotos Johannis de Monte Sancti Johannis et Gerardi Roci.

297. Debita regalis episcopatus Claromontensis recuperanda pro rege.

298. Compotus primus Johannis de Monte Sancti Johannis, clerici, et Girardi Roci, burgensis Ryomi, de dicto regali a vigesima quinta mensis Septembris M° CCC° IV° usque ad octavas sequentis festi Nativitatis Beati Johannis Baptiste anno M° CCC° V°. Debuerunt M IIII^{xx} V lib., IX den. monete debilis, que redduntur in fine ultimi compoti sui, ut creditur.

299. Secundus compotus dicti Johannis et dicti Gerardi, a dicta Nativitate usque ad sequens festum M° CCC° VI°, anno revoluto. Debuerunt V^m IIII^c XXI lib., VIII sol., VI den. Redditur ut supra; et plura alia sunt recuperanda, et per compotum granorum.

300. Tertius compotus eorundem a dicta Nativitate usque ad aliam sequentem M° CCC° VII°, anno revoluto. Debuerunt IIII^m VII^c XL lib., X sol., V den. tur. [5] fort. Plura sunt ibi et per compotum granorum recuperanda que redduntur [6] ut supra, prout creditur.

301. Quartus computus eorundem, a dicta Nativitate M° CCC° VII° usque ad diem martis in octavis Assumptionis Beate Marie eodem anno, qua die rex Albertum ibi episcopum ad fidelitatis juramentum admisit. — Dicti compoti visi fuerunt. Debent solum, deductis solutionibus per eos factis et debitis que reddiderunt in fine dictorum compotorum, XLVI lib. tur. fort., quas debet ipse magister Johannes de Monte Sancti Johannis, ut arrestatur ibi. — Non est correctus.

302. Alius compotus de arreragiis dicti regalis, factus per Gerardum Calciati, recep-

---

[1] Ms. : *vacante*.
[2] Ms. : *canonici*.
[3] Ms. : *Guillelmi...., coadjutoris*.
[4] Ms. : *earundem*.
[5] Ms. : *tunc*.
[6] Ms. : *redditur*.

torem Alvernie, mercurii ante Purificationem Beate Marie m° ccc° vii°. Et debet pro fine compoti cxxxviii lib., xviii sol., xi den. Non est correctus. Quittus est.

303. *Sanctus Florus.*
Nullos habemus penes nos.

304. *Lemovicensis.*
Nullos habemus penes nos.

305. *Tutellensis.*
Nihil hic prorsus habetur.

306. *Caturcensis.*
Nullos habemus penes nos. Creditur quod rex non habet ibi regale, et super hoc habet capitulum litteras, ut dicitur.

307. *Ruthenensis.*
Nullos habemus penes nos.

308. *Albiensis.*
Nullos habemus penes nos.

309. *Castrensis.*
Nullos habemus penes nos.

310. *Mimatensis.*
Nullos habemus penes nos.

311. *Mons Albani.*
- Est de provincia Tholose, ut dicitur.

312. *Vabrensis.*
Abstracta a diocesi Ruthenensi.

313. *Anicium,* vulgo *Le Puy en Auvergne.*
Compotus Hugonis de Salgue, bajuli curie communis Anicii, de regali episcopatus Aniciensis ab Annunciatione dominica anno m° ccc° xxvi° usque ad sextam Junii post, per lxxiv dies, redditus decima septima Februarii tunc. Debet xxiv lib., xviii sol. et iii den. tur.

314. Compotus Roberti [1] Auzere de dicto regali, a sexta Februarii m° ccc° xxvi°, per mortem domini Petri Gogeul, usque ad primam Maii m° ccc° xxvii°, per lxxxiv dies. Debuit; tamen thesaurus pro ipso. Aliqua signantur recuperari. Redditus ultima Augusti tunc.

315. Compotus Aymonis [2] Constabul[ari]i, receptoris quondam Bellicadri, de hoc quod recepit de dicto regali, redditus prima Martii m° ccc° xxvii°. Corrigitur finis.

Hec de provincia Bituricensi.

[1] Ms.: *Auberti.* Voyez ce nom, à l'Index. — [2] Ms.: *Evonis.* Voyez Arch. nat., KK 2, fol. 82. Cf. *ibidem,* fol. 24 v°: «Emondus Constabularii, receptor Bellicadri.»

PROVINCIA TURONENSIS.

316. *Archiepiscopatus Turonensis.*

Compotus Johannis Gaudehart [1], civis Turonensis, de dicto regali, a die veneris ante festum Purificationis Beate Marie Virginis anno m° cc° iiii^{xx} iv° usque ad dominicam post octavas Trinitatis m° cc° iiii^{xx} v°. Et est correctus, ut videtur.

317. Compotus ejusdem de dicto regali a festo Beati Bartholomei tunc, qua die obiit Oliverius de Credonio, electus ibi, usque ad dominicam in octavis Epiphanie sequentis, qua die Bouchardus [2], [archi]episcopus ibi, recepit suum temporale a rege.

318. Compotus magistri Johannis de Domnomartino et Johannis de Variis, armigeri, de dicto regali vacante per mortem Bouchardi de Ayn [3], a die mercurii in festo Sancti Luce m° cc° iiii^{xx} x° usque ad dominicam ante Conversionem Sancti Pauli tunc. Debent pro fine dicti compoti ix^c xxxvii lib., xv den. tur., que ponuntur in debitis Tur[onensibus]. Et sic est correctus, excepta una emenda de xl lib., que signatur recuperanda. Penes dominum Thomam in compoto suo.

319. Alius compotus Johannis de Variis solius de dicto regali vacante per mortem domini Philippi de Candé [4], videlicet a vigilia Sancti Valentini, mense Februario m° cc° iiii^{xx} x° usque ad dominicam post Translationem Sancti Nicolai post. Debuit pro fine compoti iiii^c lxx lib., vii sol., iiii den. tur. Ponuntur super ipsum in debitis. Quantum ad hoc est correctus. Quedam tamen sunt recuperanda et signata in dicto compoto.

320. Compotus dicti regalis quod dicitur vacavisse anno m° ccc° xi° per mortem domini de Candé, de quo non est comput[atum].

321. Adam de Perona debet compotum, quia de e[odem] regali reddidit per thesaurum, ad Omnes Sanctos m° ccc° xii°, viii lib. [5] — Per thesaurum, ad Sanctum Johannem m° ccc° xiii°, redduntur, et mandentur ad computum de regaliis archiepiscopatus Turonensis, pro Guillelmo Mallardi, custode ibi, ix^{xx} lib. de eisdem regaliis, pro domino Petro de Bonavalle, custode ibi, viii lib.

322. Compotus magistri Petri de Bonavalle de regali Turonensi vacante per mortem Gaufridi de Haya, a sexta Aprilis m° ccc° xxiii° usque ad vigesimam primam Novembris, perfectus nona Septembris m° ccc° xxix°. Debet m xli lib., xiiii sol., v den., ob. tur.

323. *Andegavensis.*

Duo compoti fratris Angulphi de dicto regali in uno parvo rotulo. Non nominat annum. Debuit per ambos computare. Sciatur ubi redditur regi.

---

[1] Ms. : *Gaudebit.* Cf. une cédule originale, Bibl. nat., fr. 25992, n° 48, et un compte de 1296 (*Bibliothèque de l'École des chartes*, 1884, p. 246).

[2] *Richardus.* Cf. § 318.

[3] Ms. : *Ayo.* Bouchard Dain avait trois têtes de daim dans ses armes.

[4] Ms. : *Canda.*

[5] Les premières lignes de ce paragraphe sont gravement corrompues dans le ms. lat. 9069, où l'on lit : *quia de e. regal. redd. per ch. ad O. S. 1312. VIII lib. Per thes. ad S. J. 1313 reddantur*, etc. — La fin est obscure.

324. Duo compoti regalis Andegavensis, non nominatis collectoribus nec tempore ipsorum. Ambo sunt correcti.

325. Alius compotus de eodem regali, non nominatis collectore nec anno. Debitum fuit regi et aliqua sunt recuperanda. Sciatur si reddantur regi.

326. Compotus bladorum dicti regalis de anno M° CC° IIII^{xx}, non nominato collectore. Correctus est.

327. Compotus dicti regalis per magistrum Johannem de Domnomartino et P. Torelli, castellanum [1] Turonensem [2], a die lune post Conversionem Sancti Pauli M° CC° IIII^{xx} X°, qua die episcopus N[icolaus] obiit, usque ad diem sabbati post festum Beati Marci Evangeliste, qua die magister G. Major, electus ibi, suum recepit temporale a rege. — Visi fuerunt et sunt omnes correcti, exceptis quibusdam memorialibus que arrestantur in fine, de quibus posset emolumentum provenire. Videantur diligenter.

328. Compotus Johannis de Mortuomari de regali Andegavensi, redditus curie octava Novembris M° CCC° XXIV°. Debet VII^{xx} XI lib., XV sol. tur. [3].

329. *Cenomanensis.*

Quidam compotus regalis Cenomanensis, non nominatis collectore nec tempore vacationis ipsius; et debentur pro fine compoti, deductis quod solutum est thesauro, XXXIIII lib., VI sol., VI den.

330. Alius compotus, non nominatis tempore nec collectore.

331. Alius compotus per magistrum Stephanum de Lorriaco, a festo Sancti Benedicti estivalis anno M° CC° LXXVII° usque ad primam diem Junii LXXX°.

332. Alius compotus, a die predicta M° CC° LXXVIII° usque ad idem festum M° CC° LXXIX°, anno revoluto.

333. Alius compotus ejusdem, a dicto festo anno M° CC° LXXIX° usque ad festum Beati Martini hyemalis sequentis.

334. Compotus bladorum et vinorum regalis Cenomanensis anno M° CC° IIII^{xx}.

335. Compotus dicti regalis per magistrum Johannem de Domnomartino et Johannem de Variis, a dominica ante festum Decollationis Beati Johannis M° CC° IIII^{xx} XI° usque ad festum Apparitionis M° CC° IIII^{xx} XII°. Correctus est.

336. Compotus dicti regalis per magistrum G. de Cheniaco et Adam de Perona, factus in compoto Ascensionis anno M° CC° IIII^{xx} XIII°, et est sutus cum dicto compoto inferius quidam parvus compotus ipsius Ade solius de quibusdam malefactoribus dicte diocesis quos debuit capere. Non est tentus neque acceptatus. Videtur tamen quod recepte [4] et expense sint equales.

337. Compotus ipsorum factus in compoto Ascensionis anno M° CC° IIII^{xx} XIV°.

338. Quidam rotulus de finibus compotorum [5] dictorum magistri G. et Ade.

---

[1] Ms.: *castellani.* — [2] Ms.: *Dar.* La leçon adoptée est fournie par les Extraits des Sainte-Marthe (Bibl. nat., fr. 20691, p. 827). — [3] Ce paragraphe est textuellement répété deux fois dans le ms. lat. 9069. — [4] Ms.: *reliqua.* — [5] Ms.: *computi.*

REGALIA.

339. Computus magistri Radulphi de Milliaco de dicto regali vacante per mortem Dionisii, quondam episcopi ibi, a dominica qua cantatur *Letare Jerusalem* m° cc° iiii^{xx} xviii° qua obiit usque ad dominicam post Ascensionem Domini m° cc° iiii^{xx} xix°, et sic per ix septimanas. Debet pro fine dicti compoti iiii^{xx} lib., etc. Lupara per cedulam suam.

340. Compotus Nicolai de [A]quillecuria et Ade de Perona, factus in compoto Ascensionis anno m° cc° iiii^{xx} xvi°. Debent pro fine compoti viii° vii lib., xvii sol., ix den. tur.

341. Compotus G. Truillardi de dicto regali, vacante per mortem domini R. de Clinchamp[1], a vigilia Beati Remigii m° ccc° ix° usque ad idem festum m° ccc° xi°. Debuit pro fine dicti computi, deductis solutionibus factis thesauro et arreragiis traditis penes Cameram, quorum summa est ix^{xx} iii lib., etc. Et sunt penes dominum Michaelem. Nec creditur quod tradita fuerint ad levandum vi° xxiiii lib., iiii sol., iiii den., de quibus thesaurus per cedulam suam iiii° iiii^{xx} iii lib., iiii sol., iiii den. Debet residuum.

342. Compotus Guillelmi Fourré de regali Cenomanensi, a decima octava Januarii m° ccc° xi° ad vigesimam Januarii m° ccc° xii°, traditus ultima Februarii m° ccc° xxviii°, et redditus curie decima tertia Februarii m° ccc° xxxii°.

343. Compotus Roberti Auzere de regali Cenomanensi, ab ultima Martii m° ccc° xxvi° usque ad quartam decimam Maii post, qua die fuit auditus. Debuit; thesaurus tamen per cedulam suam pro tempore, etc.

DIOCESES BRITANNIE.

344. *Dolensis.* — Nihil.

345. *Redonensis.* — Nihil.

346. *Briocensis.* — Nihil.

347. *Vanetensis.* — Nihil.

348. *Corisopitensis.* — Nihil.

349. *Macloviensis.* — Nihil.

350. *Nannetensis.* — Nihil.

351. *Trecorensis.* — Nihil.

352. *Leonensis.* — Nihil.

PROVINCIA ROTHOMAGENSIS.

353. *Rothomagensis archiepiscopatus.*

Compotus Thierrici Flamingi et Johannis de Puteolis de regali archiepiscopatus Rotho-

---

[1] Ms.: *B. de Chauchamp.* La bonne leçon est fournie par les Extraits des Sainte-Marthe (Bibl. nat., fr. 20691, p. 828).

magensis, a die martis post festum Apostolorum Petri et Pauli M° CC° LXXV° usque ad Ascensionem Domini sequentem.

Compotus ipsorum de eodem, a dicta Ascensione M° CC° LXXVI° usque ad sequens festum Omnium Sanctorum.

Computus ipsorum de eodem, a dictis Omnibus Sanctis usque ad sequentem Ascensionem M° CC° LXXVII°.

354. Compotus Guillelmi de Belvaco et Thierrici Flamingi de eodem, a dicta Ascensione usque ad Omnes Sanctos post.

Compotus eorundem de eodem, a dictis Omnibus Sanctis usque ad Ascensionem M° CC° LXXVIII°.

355. Dicitur quod omnes computi predicti sunt correcti.

356. Compotus eorundem de eodem, a dicta Ascensione usque ad Magdalenam sequentem. Non correctus. Videtur quod debebant XIIe XVII lib., X sol., I den., que, prout ibi arrestatur, debentur in bailliviis Rothomagensi, Gisortii et Caleti. Sciatur si et ubi redduntur regi.

357. Computus magistri Thome de Sarnaco et Johannis Garini de dicto regali vacante per mortem domini Guillelmi de Flavacuria, a sexta die Aprilis M° CCC° VI° usque ad primam Augusti tunc. Debuerunt III^m II^c IIII^{xx} XV lib., IX sol., I den., ob. tur., quas Templum pro eis. Signantur plura blada recuperanda super R. de Roy[a], et XII^{xx} V lib., XVII sol., VI den. currentis[1] debilis monete super personas[2] contentas in fine. — Non correctus.

358. Compotus magistri Thome prefati de eodem regali vacante per mortem Egidii Acelini, a Sancto Johanne M° CCC° XVIII° usque ad Sanctum Marcum M° CCC° XIX°, redditus septima Julii M° CCC° XXIII°. Debet III^c vel II^c XXIII lib., XVII sol., V den. tur. Plura sunt recuperanda.

359. Compotus magistri Bricii Guidonis de hoc quod recepit de regali Rothomagensi a vigesima sexta Junii M° CCC° XVIII° usque ad decimam quintam diem post Epiphaniam sequentem, redditus secunda Aprilis M° CCC° XXVI° post Pascha. Debetur ei. Sunt tamen plura signata recuperari per eundem compotum.

360. *Ebroycensis.*

Compotus Stephani Batel de regali Ebroicensi, factus in compoto Ascensionis M° CC° XLIV°. Debet LI lib., XIII sol., II den. tur.

361. Compotus dicti regalis, non nominatis collectore nec tempore vacationis, factus in compoto Omnium Sanctorum M° CC° XLIV. Debentur regi II^c LXXVII lib., XVI sol., VI den. tur.

362. Compotus dicti regalis factus in compoto Candelose M° CC° XLIII°. Debentur regi XI^{xx} XV lib., XII sol., IX den.

---

[1] Ms.: *curæ*. — [2] Ms.: *presentes*.

REGALIA.

363. Compotus magistri Egidii de Calceya de eodem regali, a die veneris ante Sanctum Bartholomeum M° CC° IIII^{xx} I° usque ad sabbatum ante Sanctum Dyonisium tunc. Correctus.

364. Compotus magistri Philippi de Villa Petrosa et Guillelmi As cros de dicto regali, a decima quinta die Maii M° CC° IIII^{xx} XIX°. Debent VI lib., XVI sol., XI den. tur., et signantur recuperande V° lib. tur. et plus super dominum Stephanum de Benefacta pro piscariis et vivario dicti episcopatus. Sciatur si et ubi redduntur regi.

365. Debita quedam dicti regalis de quibus quedam sunt soluta.

366. Compotus magistri P. de Salicibus de regali ibi, a tertia Octobris M° CCC° X° usque ad primam Junii M° CCC° XI°. Debuit VI^c XVIII lib., XVII sol., VI den. tur., de quibus thesaurus pro ipso VI^c XX lib., XIII sol., III den. tur., et tradidit debita ascendentia ad XXXIII lib., III sol., IIII den. Sic debetur ei. Non correctus.

367. *Lexoviensis*.

Compotus magistri Hugonis, curati de Milliaco, de regali Lexoviensi, a die martis post Sanctum Bartholomeum M° CC° IIII^{xx} XVIII° usque ad Pascha M° CC° IIII^{xx} XIX°. Correctus.

368. Partes in duobus rotulis non reddite per dictum magistrum Hugonem in dicto compoto suo.

369. Compotus magistri Milonis de Via Aspera et Guillelmi de Vauchiaco de regali ibi, a die martis post Sanctum Andream M° CCC° II° usque ad diem martis post Sanctum Matthiam citra, redditus mercurii die ante Annunciationem Beate Marie post. Tradiderunt arreragia debita de dicto regali. Sciatur si et ubi redduntur [1] regi. Non correctus.

370. *Abrincensis*.

Compotus magistri Johannis de Brocia, canonici Nivernensis, de regali episcopatus Abrincensis vacantis per LXXIV dies, factus in compoto Ascensionis M° CC° IIII^{xx} XIII°. Correctus.

371. Compotus magistri G. de Fossa de regali vacante ibi, a duodecima Februarii M° CCC° V° usque ad diem martis post Circuncisionem Domini M° CCC° VI°, per mortem Gaufridi, ibi quondam episcopi. Debuit pro fine ejusdem VII^m II^c LXII lib., quas reddidit per compotum suum de annualibus provincie Rothomagensis, redditum tertia decima Junii M° CCC° IX°. Signantur plura recuperanda.

372. Compotus magistri Bald[uin]i Alain de regali ibi, a festo Sancti Marci usque ad diem lune post Assumptionem Beate Marie M° CCC° XI°. Debuit, deductis solutionibus thesauro, XI^c IIII^{xx} VIII lib., VIII sol., IX den., quarum partes tradidit in uno rotulo.

373. Debita quedam regalis ibi, tradita per clericum baillivi in Scacario Paschatis M° CCC° XIV°.

---

[1] Ms. : *reddetur*.

374. *Baiocensis.*
Compotus regalis Baiocensis de anno m° cc° xxxviii°, non nominato collectore, licet debeantur pro fine ejusdem compoti ii^m vi^c xlii lib., v sol., ii den. tur.

375. Rotulus de firmis ejusdem regalis, tunc traditus per magistrum Robertum de Campellis et Thomam Pigris [1].

376. Compotus magistri Roberti de Campellis [et] Droconis de Pontissara de regali ibi pro termino Sancti Michaelis m° cc° xl°.

Alius compotus eorundem de eodem pro termino Paschatis tunc. Debent, ut videtur, xiii^c iiii^xx ix lib., x sol., iii den.

377. Compotus arreragiorum Baiocensium de regali Constantiensi de termino Paschatis m° cc° xli°.

378. Compotus eorundem de regali[bus] Baiocensi et Constantiensi pro termino Sancti Michaelis m° cc° xl°. Debent xv^c lxxviii lib., x sol. Sciatur si et ubi redduntur regi.

379. Est quidam alius inter illos de Constantiensi, pro cujus fine debentur xvi^c lxviii lib., vii sol. viii den. Sciatur si sint iidem.

380. Compotus dicti regalis pro toto anno m° cc° lx°.

381. Compotus magistri Guillelmi de Belvaco et Theobaldi Cambellani de regali Baiocensi, a vigilia Sancti Laurentii m° cc° lxxiv° usque ad diem mercurii post sequens festum Sancti Martini hyemalis, pro [2] iiii^xx xvii diebus.

382. Compotus dicti regalis, non nominato collectore, a festo Sancti Benedicti m° cc° lxxvi° usque ad diem martis post Sanctum Dyonisium tunc, pro iiii^xx xiv diebus. Debite fuerunt regi iii^m, etc. Sciatur si et ubi redduntur regi.

383. Compotus Reginaldi Barbou de terra episcopi ibi, capta in manu regis, a Paschate m° cc° iiii^xx usque ad idem m° cc° iiii^xx i°.

Alius compotus ejusdem Reginaldi, a festo Paschatis m° cc° iiii^xx ii° usque ad idem m° cc° iiii^xx iii°.

Alius compotus ejusdem de toto anno finito ad Pascha m° cc° iiii^xx iv°.

Alius compotus ejusdem de anno finito ad Pascha m° cc° iiii^xx v°.

Alius compotus ejusdem de anno finito ad Pascha m° cc° iiii^xx vi°. — Et sunt omnes correcti, ut dicitur.

384. Compotus magistri Pasquerii de Blesis de dicto regali vacante per mortem P. de Menays [3], a dominica post Sanctum Vincentium m° ccc° v° usque ad vigiliam Nativitatis Domini m° ccc° vi°, pro xlviii hebdomadis. Debet viii^xx lib., lxix sol., xi den. tur. fort. Sunt aliqua recuperanda et corrigenda.

385. Compotus Johannis Bulangarii, baillivi quondam Cadomi, de regali Baiocensi, a die mercurii post Annunciationem dominicam m° ccc° xxiii° usque ad secundam Julii m° ccc° xxiv°. Tamen illud idem debet ultra expensas redditas per compotum baillivie Cadomensis.

---

[1] Cette forme ne doit pas être suspectée. Cf. *Historiens de la France*, XXII, 576 J. — [2] Ms. : *quo.* — [3] *Sic*, dans le ms. lat. 9069 et dans les Extraits des Sainte-Marthe. Il s'agit de Pierre de Benais.

386. Compotus Roberti Auzere de regali Baiocensi, a Magdalena xxvi° usque ad decimam septimam Septembris post, redditus vigesima sexta Januarii tunc. Debet II° xxiiii lib., xiii sol., ii den. tur., de quibus thesaurus, per cedulam suam, II° x lib. tur. Et sunt ibi partes arreragiorum de II^m xl lib., vii sol., iiii den., ob. tur., tradite per ipsum pro explectis.

Alius compotus ipsius de arreragiis predictis, redditus tertia decima Novembris m° ccc° xxix°. Debet xvi^e iiii^{xx} iiii lib., x sol., xi den. tur.; thesaurus tamen pro ipso xii^e xxxii lib. par. — Aliqua signantur recuperanda, videlicet unus equus super R. Le Gay.

387. *Constantiensis.*

Compotus regalis episcopatus Constantiensis de anno m° cc° iiii^{xx} viii°. Debite fuerunt regi II^m ix^e vi lib., iiii sol., iii den. Sciatur si et ubi redduntur regi.

388. Compotus magistri Roberti de Campellis et Droconis de Pontissara de termino Paschatis m° ccc° xvi° (*sic*). Debent vi^e iiii^{xx} x lib., xvii den. tur.

Alius compotus eorundem de eodem, pro termino Sancti Michaelis tunc. Debent viii^e xxv lib., vi sol., ix den. Sciatur si et ubi redduntur regi.

Alius compotus eorundem de eodem, pro termino Paschatis m° cc° xliii°. Debuerunt vi^e lviii lib., iiii sol., vi den., de quibus frater Gilo debet c libras. Sciatur si et ubi redduntur regi.

Alius compotus eorundem de eodem, pro termino Paschatis, seu potius Sancti Michaelis tunc. Debent vii^e li lib., xi sol., vii den. Sciatur ut supra.

389. Alius compotus dicti magistri Roberti de arreragiis regalis Constantiensis, pro termino Sancti Michaelis m° cc° xlv°. Debet ix^{xx} lib. iiii sol. v den. Sciatur ut supra.

390. Compotus Gerardi de Kevresis de eodem, pro termino Sanctorum Omnium m° cc° lxxv°.

Alius compotus ipsius de eodem pro termino Sancti Michaelis m° cc° lxxvi°.

Alius compotus ejusdem de eodem pro toto anno m° cc° lxxvii°.

Alius compotus ejusdem de eodem pro termino Omnium Sanctorum m° cc° lxxix°.

391. Compotus Egidii de Courcellis de eodem, pro termino Ascensionis m° cc° iiii^{xx} i°. Corrigitur finis.

Alius compotus ejusdem de eodem, pro termino Ascensionis m° cc° iiii^{xx} i°. Corrigitur finis.

Alius compotus ejusdem de eodem, pro termino Ascensionis m° cc° iiii^{xx} ii°. Corrigitur finis.

Alius compotus ejusdem de eodem, pro termino Ascensionis m° cc° iiii^{xx} iii°. Corrigitur finis.

392. Compotus domini Roberti, curati de Torchiaco, et P. de A[u]versio, laici, de dicto regali, a die mercurii ante Sanctum Laurentium m° cc° iiii^{xx} xi° usque ad diem martis post Sanctum Martinum hyemalem tunc.

393. Quedam decime dicti episcopatus non tradite per modum compoti.

394. Compotus Guillelmi Comitis de dicto regali vacante per mortem domini R. de

Harrecour, a nona Martii m° ccc° xiv° usque ad diem jovis post Magdalenam m° ccc° xv°, auditus vigesima tertia Junii m° ccc° xvi°. Debentur ei xxii lib., vi sol., x den. tur.

395. *Sagiensis.*

Compotus Martini Tereau, notarii Castelleti[1], de regali ibi a prima die Aprilis, qua obiit dominus Philippus, anno m° ccc° xv°, usque ad diem lune ante Sanctum Petrum ad Vincula tunc. Non perfectus.

396. Compotus Guillelmi de Belvaco de regali Sagiensi, a die mercurii ante festum Beati Gervasii anno m° cc° lxxviii° usque ad diem veneris post Assumptionem Beate Marie virginis tunc. Correctus.

397. Compotus Johannis de Brocia et Johannis Morelli de dicto regali a festo Paschatis m° cc° iiii^{xx} xiv° usque ad Omnes Sanctos m° cc° iiii^{xx} xv°, redditus curie ante Sanctum Nicolaum hyemalem tunc. Correctus.

Compotus eorundem de arreragiis dicti regalis, cum compoto supradicti episcopatus. Sunt ibi aliqua recuperanda.

PROVINCIA BURDEGALENSIS.

398. *Archiepiscopatus ibi.*
Nihil quidquam reperi.

399. *Episcopatus Pictaviensis.*

Compotus magistri Odonis[2] de Colomberiis, a decima die Novembris m° ccc° vi° usque ad diem jovis ante Sanctum Barnabam m° ccc° vii°, de regali Pictaviensi. Videtur quod debet vii^{xx} v lib., xvii sol., viii den. Attamen [deberent plures] persone ibi contente, si compotus esset auditus. Dicitur tamen quod rex non habet ibi regale, et fuit pecunia reddita episcopo, successori ibi, a thesauro, per litteras regias. Non absolvitur tamen a dicto regali omnino, quia, si inveniatur quod predecessores sui fecerunt homagium regi de dicto episcopatu, recuperabitur super eum. Ideo fiat super hoc informatio et habeatur deliberatio.

400. *In eadem provincia. — Episcopatus Xanctonensis.* — Nihil quidquam reperi, quia deficiunt.

401. *Petragoricensis.* — Idem.

402. *Engolismensis.* — Idem.

403. *Agennensis.* — Idem.

404. *In provincia predicta Burdegalensi. — Condomensis*[3]. — Idem.

---

[1] Ms.: *notarii, castellani,....* — [2] Ms.: *Edonis.* — [3] Ms.: *Condonensis.*

405. *Agennensis.* — Idem.

406. *Sallatensis.* — Idem.

407. *Malleacensis.* — Idem.

408. *Lussonensis seu Lucionensis.* — Idem.

PROVINCIA NARBONENSIS.

409. *Archiepiscopatus ibi.* — Deficiunt.

410. *Tholosa.* — Nunc est provincia. Deficiunt etiam.

411. *Carcassonnensis.* — Deficiunt.

412. *Biterrensis.* — Deficiunt.

413. *Agathensis.* — Idem.

414. *Lodovensis.* — Idem.

415. *Magalonensis.* — Pro tempore tamen eversus. Idem.

416. *Nemausensis.* — Idem.

417. *Uticensis.* — Idem.

418. *Appamiensis.* — Idem. Est nunc [1] de provincia Tholosana.

419. *Arelatensis.* — Nihil. Est pro tempore archiepiscopatus.

420. *Electensis.* — Deficiunt.

421. *Sanctus Pontius Thomeriarum.* — Idem.

422. *Avinionensis.* — Idem.

PROVINCIA LUGDUNENSIS.

423. *Archiepiscopatus ibi.* — Deficiunt.

424. *Cabilonensis.*
Compotus magistri Johannis Clarisensus, junioris, de regali episcopatus Cabilonensis, a Nativitate Beate Marie M° CC° IIII^{xx} XIV° usque ad sabbatum sequens, factus prima Fe-

---

[1] Ms. : *tamen.* Cf. Menant, XI, fol. 16.

bruarii m° cc° iiii^xx xiii°. Debet xxxiii lib., xv sol., v den.; et episcopus ibi, iii° lib.; et sunt aliqua recuperanda.

425. Compotus Johannis de Monte Sancti Vincentii a dominica ante Magdalenam m° ccc° xv° usque ad xv^am sequentem tunc, et quitte. Recuperande tamen sunt super habitatores ville de Campo Ferreolo et duarum aliarum m lib., in quibus condempnati fuerunt per Parlamentum. Sciatur tamen si, prout dicitur, dominus Egidius de Malodumo, baillivus Matisconensis, levavit eas et ubi redduntur regi.

426. *Eduensis.*
Compotus domini Francionis de Aveneriis, baillivi Matisconensis, de regali Eduensi, a dominica ante Sanctum Georgium m° ccc° xxiii° usque ad sabbatum ante Sanctum Laurentium post, redditus decima quinta Decembris m° ccc° xxiv°; et quitte.

427. Compotus Jacobi Balbi, receptoris Matisconensis, de dicto regali, a decima nona Decembris m° ccc° xxxi° usque ad nonam Februarii tunc, redditus sexta Maii m° ccc° xxxiii°. Debet; tamen thesaurus per cedulam suam pro ipso.

428. *Matisconensis.* — Deficiunt.

429. *Lingonensis.* — Idem.

PROVINCIA AUXITANENSIS.

430. *Archiepiscopatus ibi.* — Deficiunt.

431. *Lectorensis.* — Idem.

432. *Basatensis.* — Idem.

433. *Adurensis.* — Deficiunt.

434. *Acquensis.* — Idem.

435. *Bayonensis.* — Idem.

436. *Lascurrensis.* — Idem.

437. *Tarbensis.* — Idem.

438. *Conseranensis.* — Idem.

439. *Convennensis.* — Idem.

440. *Olorensis.* — Idem.

PROVINCIA VIENNENSIS.

441. *Archiepiscopatus ibi,* pro parte que in regno est. — Nihil. — Deficiunt enim.

442. *Valentinensis.* — Pro parte que in regno est. Idem.

REGALIA.

443. *Vivariensis.* — Pro parte que in regno est. Idem.
444. *Gebennensis.* — Deficiunt.
445. *Maurianensis.* — Idem.
446. *Gratianopolitana.* — Idem.
447. *Dyensis.* — Nihil.
448. *Taratasensis*, alias *Camaracensis.* — Non pertinet huc. Nihil.
449. *Sedunensis.* — Non pertinet huc. Nihil.
450. *Augustensis.* — Non pertinet huc. Nihil.
451. *Ebredunensis.* — Cujus pars sita est in comitatu Provincie et Forcalkerii. Nihil.
452. *Leodiensis.*
453. *Virdunensis.*
454. *Tullensis.*
455. *Metensis.*

PROVINCIA BISONTINENSIS.

456. *Bisontinensis.*
457. *Lausanensis.*
458. *Bellicensis.*
459. *Basileensis.*
460. Desunt adhuc alii episcopatus.

PROVINCIA THOLOSANA.

461. *Archiepiscopatus ibi.*
462. *Appamiensis.*
463. *Vavrensis.*
464. *Mons Albani.*
465. *Lomberiensis.*
466. *Mirapicensis.*
467. *Ruthenensis.*
468. *Sanctus Papulus.*

ANNUALIA.

ANNUALIA A PAPA BONIFACIO CONCESSA.

469. Annualia a papa Bonifacio concessa regi Philippo Pulchro, facto militi anno M° cc° IIII^xx IV°, coronato anno M° cc° IIII^xx V°, et sublato de medio in vigilia Sancti Andree anno M° ccc° xiv°, levata a vigilia Sancti Laurentii anno M° cc° IIII^xx xvii° usque ad eandem anno M° ccc°, per tres annos. Unde compoti cujuslibet provincie fere omnes suuntur [1] simul ordine qui sequitur.

PROVINCIA SENONENSIS.

470. *Archiepiscopatus seu diocesis Senonensis.*

Compotus magistri Johannis Parvi de ann[u]alibus diocesis Senonensis a festo Sancti Laurentii anno M° cc° IIII^xx xvii° usque ad Sanctum Johannem M° ccc°, et de duplici decima ibi et in diocesi Autissiodorensi. Debet II^c LXVI lib. [2], xviii den. tur. Sciatur si et ibi redduntur regi. Non est correctus.

471. Compotus magistri Jeuberti de Senonis de hiis que recepit de dictis annualibus in civitate et diocesi Senonensi anno M° cc° IIII^xx xvii°, factus dominica ante Sanctum Barnabam anno M° ccc° III°. Debentur ei LXIII sol.

472. *Item Senonensis, Trecensis, Autissiodorensis, Nivernensis et Aurelianensis.*

Compotus magistri Sancii de Blesis de annualibus diocesium Senonensis, Trecensis, Autissiodorensis, Nivernensis et Aurelianensis, a vigilia Sancti Laurentii M° cc° IIII^xx xvii° usque ad [diem] martis [in] vigilia Sancti Martini hyemalis M° cc° IIII^xx xix°. Debet IIII^xx XIII lib., xvii sol. par. Et sunt plura signata ad recuperandum.

473. Compotus magistri Guillelmi de Ultramare de annualibus diocesis Trecensis, a vigilia Sancti Laurentii M° cc° IIII^xx xvii° usque ad Sanctum Johannem M° ccc°, redditus per magistrum G. de Poteria die jovis post Sanctum Gregorium M° ccc° I°. Debet circa II^c LXVIII lib. et Johannes de Hal[a], subcollector ibi, IIII^xx lib., v sol. Sciatur si et ubi redduntur regi. Sunt plura recuperanda.

474. Compotus dicti magistri Guillelmi de Ultramare de dictis annualibus in diocesi Autissiodorensi, factus per dominum magistrum G. de Poteria, die jovis post Sanctum Gregorium M° ccc° I°. Debent plures persone contente in fine VIII^xx III lib., x sol. — Non correctus.

475. Compotus Johannis de Roboreto de dictis annualibus in diocesi Aurelianensi. Corrigitur finis. Sunt enim plura recuperanda. Iste compotus est etiam alibi, post compotum suum de eodem in diocesi Carnotensi, in quo sunt [3]...

---

[1] Ms. et Extraits de Menant (XI, fol. 17 v°) : *sumuntur*. — [2] Menant (XI, fol. 18) : *1266 l.* — [3] Inachevé. Cf. S 480.

ANNUALIA. 75

476. *Parisiensis*.

Compotus Thome de Canaberiis, civis Parisiensis, de dictis annualibus ibi, factus dominica post Sanctum Vincentium m° cc° iiii^xx xix°. Corrigitur finis.

477. Compotus magistri Courardi de Crispayo, decani de Gornayo, de dictis annualibus ibi, a vigilia Sancti Laurentii m° cc° iiii^xx xvii° usque ad dominicam post Sanctum Vincentium m° cc° iiii^xx xix°. Corrigitur finis.

478. Compotus magistri Guillelmi de Ultramare de annualibus dicte diocesis, factus per magistrum Guillelmum de Poteria, die jovis post Sanctum Gregorium m° ccc° i°. Debet Thomas de Canaberiis pro fine ejusdem compoti xi° lib., ix sol. Sciatur si et ubi redduntur regi. Sunt plura arreragia recuperanda, ut videtur.

479. *Carnotensis*. — *Aurelianensis*.

Compotus Jacobi Bras de Fer de dictis annualibus vacantibus in diocesi Carnotensi, a vigilia Sancti Laurentii m° cc° iiii^xx xvii° ad Candelosam m° cc° iiii^xx xviii°. Corrigitur finis.

Alius compotus ejusdem Jacobi de eisdem annualibus in eadem diocesi, a dicta Candelosa m° cc° iiii^xx xviii° usque ad diem jovis post Conversionem Sancti Pauli m° cc° iiii^xx xix°. Debet ii^c lxxiii lib., xv sol. tur.

480. Compotus Johannis de Roboreto de hoc quod recepit de eisdem annualibus in eadem diocesi, a Sancto Laurentio m° cc° iiii^xx xvii° usque ad idem festum m° ccc°. Et suitur cum eo compotus sequens.

Alius compotus ejusdem Johannis de dictis annualibus in diocesi Aurelianensi. Corrigitur finis, sed sunt aliqua recuperanda. — Et etiam supra super Aurelianum [1].

481. *Meldensis*.

Compotus Jacobi Gervasii de eisdem annualibus in diocesi Meldensi, redditus decima quinta Februarii. Idcirco debet iii^c xxxi lib., viii sol., vi den. tur.

PROVINCIA REMENSIS.

482. *Remensis*. — *Catalaunensis*. — *Laudunensis*. — *Suessionensis*.

Compotus magistri Richardi de Verberia de annualibus in diocesibus Remensi, Catalaunensi, Laudunensi et Suessionensi, a vigilia Sancti Laurentii m° cc° iiii^xx xvii° usque ad diem mercurii ante dominicam qua cantatur *Vocem jocunditatis* m° ccc°. Debitum fuit ei. Tamen habuit cedulam test[imonialem]. Aliqua sunt recuperanda, ut videtur.

483. Compotus magistri Dyonisii de Meleduno de dictis annualibus in eisdem diocesi[bus], a crastino Sancti Ludovici m° ccc° usque ad Omnes Sanctos m° ccc° i°. Videntur esse levande ix° xxxiiii lib., xviii sol. par. Petantur aut sciatur si et ubi redduntur regi.

484. *Noviomensis*. — *Belvacensis*. — *Sylvanectensis*.

Compotus magistri Petri de Monciaco de annualibus diocesium Noviomensis, Belvacensis et Sylvanectensis, a vigilia Sancti Laurentii m° cc° iiii^xx xvii° usque ad eandem m° cc °iiii^xx xix°. Totum est de r[ecepta].

[1] Cf. § 475.

485. Compotus magistri Courardi de Crispeyo de annualibus dictarum diocesium que vacaverunt m° cc° iiii^{xx} xviii° anno. Debet lx lib. — Non vidi istum compotum; tamen debemus ipsum habere, et non alii socii. Sciatur si habeant.

486. *Ambianensis.*
Nihil quidquam propter defectum.

487. *Decanatus Insulensis.*
Compotus Evrardi de Barches, canonici Insulensis, de annualibus ecclesie et decanatus Insulensis, que vacaverunt anno m° cc° iiii^{xx} xviii°, cum arreragiis eorundem annualium et beneficiis que tunc vacaverunt.

488. *Atrebatensis.*

489. *Tornacensis.*

490. *Morinensis.*

491. *Cameracensis.* — Cujus pars est in regno et pars in Imperio.

492. *Leodiensis.* — Que est in Imperio.

493. *Virdunensis.* — Que est in Imperio.

494. *Tullensis.* — Que est in Imperio.

495. *Metensis.* — Que est in Imperio.

PROVINCIA BITURICENSIS.

496. *Bituricensis.*
Partes omnium beneficiorum ecclesiasticorum vacantium in tota provincia Bituricensi ac episcopatu Aniciensi a quinto idus Augusti m° cc° iiii^{xx} xvii° usque ad crastinum Beati Laurentii m° ccc°, tradite per magistrum Pasquier de Blesis. Non videtur penes nos quod de dictis annualibus computaverit. Sciatur penes alios socios.

497. *Lemovicensis.*
Rotulus beneficiorum vacantium in diocesi Lemovicensi, qui est in sacco beneficiorum vacantium in diocesibus eadem et Caturcensi ac Tholosana.

498. *Clarus Mons.*
499. *Sanctus Florus.*
500. *Mimatensis.*   In hisce diocesibus desunt apponenda quoad annualia.
501. *Albiensis.*
502. *Ruthenensis.*

503. *Caturcensis.*
Rotulus beneficiorum vacantium ibi, qui ponitur in sacco beneficiorum vacantium in diocesibus Lemovicensi, Caturcensi et Tholosana.

ANNUALIA.

504. *Castrensi[s]*.
505. *Mons Albani*.
506. *Aniciensis*.
507. *Vabrensis*[1].

In quibus desunt que debent de predictis annualibus. Videndum est.

PROVINCIA TURONENSIS.

508. *Turonensis*. — *Andegavensis*. — *Cenomanensis*.

Compotus magistri Petri Gogeul et magistri Johannis de Capella de annualibus in civitate et diocesi Cenomanensi, a vigilia Sancti Laurentii m° cc° iiii^{xx} xvii° usque ad Omnes Sanctos m° ccc°. Debet iiii^c lii lib., xix sol., viii den. tur., et videtur quod restet ad solvendum seu levandum xiii^e lib., lviii sol., viii den. Non est correctus. Fecit tamen Robertus de Izeyo compotum de dictis arreragiis vigesima sexta Februarii m° ccc° xv° et de pluribus aliis, qui est cum compoto annualium anni m^i ccc^i iv^i de provincia Turonensi[2].

DIOCESES BRITANNIE.

509. Relatio magistri Stephani de Accon[3] de annualibus omnium civitatum et diocesium Britannie facta curie sabbato post Cineres m° cc° iiii^{xx} x°.

Dolensis. — *Redonensis*. — *Briocensis*. — *Vanelensis*. — *Corisopitensis*. — *Macloviensis*. — *Nannetensis*. — *Trecorensis*. — *Leonensis*. — Videndum erit circa hasce novem dioceses.

PROVINCIA ROTHOMAGENSIS.

510. *Rothomagensis*. — *Ebroicensis*. — *Lexoviensis*.

Relatio magistri Guillelmi de Vigneto de annualibus provincie Rothomagensis, facta [.....] post Sanctam Luciam m° ccc° i°. Signantur ibi plures summe ad recuperandum super certas personas ibi.

511. Compotus ejusdem magistri Guillelmi de arreragiis annualium et aliquarum decimarum in eadem provincia, factus in festo Sancti Vincentii m° ccc° ii°. Debet xxi lib., ix sol.

512. Annualia diocesium Rothomagensis, Ebroicensis et Lexoviensis, tradita per dominum Robertum Regis, mercurii ante Ramos Palmarum anno m° cc° iiii^{xx} xviii°.

513. Compotus P. de Hangesto, quondam baillivi Gisortii, de dictis annualibus ac arreragiis duplicis decime biennalis ejusdem baillivie, factus jovis ante Sanctos Symonem et Judam anno m° ccc° ii°. Debet viii^{xx} vii lib., viii sol., xi den. tur. pro dictis annualibus; et pro arreragiis ejusdem decime ix^c iiii^{xx} xvii lib., viii sol., x den. tur. Sciatur si et ubi redduntur regi.

---

[1] Ms. : *Vambranensis*. — [2] Cf. § 545. — [3] Ms. : *Acton*. Voir le *Journal du Trésor* (Bibl. nat., lat. 9783, fol. 44 v°) : « De annualibus Britannie per magistrum Stephanum de Accon... »

514. *Sagiensis.* \
515. *Baocensis.* } De quibus nihil reperio.
516. *Constantiensis.* }
517. *Abrincensis.* }

PROVINCIE NARBONENSIS, AUXITANENSIS AC BURDEGALENSIS.

518. Est sciendum quod compoti annualium provincie Narbonensis et provinciarum Auxitanensis et Burdegalensis, quos potui invenire in confectione istius Inventarii, suuntur simul.

519. Compotus magistri Guillelmi de Gisortio de annualibus provincie Narbonensis, a vigilia Sancti Laurentii M° CC° IIII^{xx} XVII° usque ad dominicam post Magdalenam M° CC° IIII^{xx} XIX°, cum partibus beneficiorum que vacaverunt ibidem. Debet III^c IIII^{xx} VIII lib., XVII sol., X den. tur.

520. Vid[elicet] in diocesibus Narbonensi, Bituricensi, Agathensi, Lodoviensi, Magalonensi, Nemausensi, Uticensi, Carcassonensi, Avinionensi, Arelatensi, et adhuc non pro toto tempore. — Quere etiam de diocesibus Electensi, Sancti Pontii Thomeriarum.

521. Alius compotus de arreragiis annualium diocesium et civitatum Narbonensis, Biterrensis, Agathensis, Lodovensis, Magalonensis, Nemausensis, Uticensis et Arelatensis, factus post Sanctum Johannem M° CCC° I°. Debet III^c XVIII lib., VII sol. Solvit per compotum sequentem. Dominus Guido Chevrier oneratur ibi de IIII^m lib., Nicolaus de Herm[enon]villa [1] de VII^m VIII^c lib.

522. Alius compotus ejusdem de arreragiis annualium, duplicis decime et tercie quinquagesime provincie Narbonensis, factus in festo Sancti Johannis ante Portam Latinam M° CCC° III°. Debet III^c L lib., XIX sol., IX den. tur.

523. Compoti duo Arnaldi de Villario et Petri de Pradinis [2] : primus, de ann[u]alibus provinciarum Narbonensis et Auxitanensis, de quibus non fuerat alias computatum, redditus anno M° CCC°; secundus, de arreragiis annualium provincie Auxitanensis et secunde duplicis decime, redditus per dictum P. martis ante Nativitatem Sancti Johannis M° CCC° II°. Debet IIII^c LIII lib., IIII sol., IX den. tur.

Sequentia spectant ad provincias supradictas.

524. Compoti duo magistri Symonis Festu, decani Blesensis : unus, de annualibus provincie Burdegalensis et de aliquibus diocesibus provinciarum Tholose et Auxitanensis, factus post Epiphaniam M° CC° IIII^{xx} X°; alius, de eisdem annualibus et arreragiis ipsorum, a prima die Septembris tunc usque ad Sanctum Laurentium M° CCC°, factus post octavas Trinitatis M° CCC° I°; per quos computare debent Giraudus Baleine IIII^{xx} II lib., XII sol.,

---

[1] Ms. : *Hermayovilla.* — [2] Ms. : *Villaribus et P. de Prandiis.* Voir le *Journal du Trésor*, Bibl. nat., lat. 9783, fol. 2, 18 v°, 23.

ii den. tur., et collectores Burdegale viii lib., x den. tur. Sciatur si et ubi redduntur regi.

525. Compotus Bernardi de Cornu de ann[u]alibus diocesis Petragoricensis, factus dominica post festum Sanctorum Petri et Pauli m° ccc° ii°. Debet xvii lib., v sol., vi den.

526. Rotulus beneficiorum vacantium in diocesi Tholosana, qui ponitur in sacco beneficiorum vacantium in diocesibus Lemovicensi, Caturcensi et Tholosana.

PROVINCIA LUGDUNENSIS.

527. Compotus magistri Guillelmi de Gilleyo [1] de ann[u]alibus totius provincie Lugdunensis, factus jovis ante Sanctum Arnulphum m° ccc° i°. Corrigitur finis. Sunt tamen aliqua recuperanda.

528. Recepta annualium que vacaverunt in diocesi Lingonensi a septimo idus Augusti m° cc° iiii^{xx} xvii° usque ad Brandones m° cc° iiii^{xx} xviii°, tradita per magistrum Johannem de Altaripa, die lune ante Annunciationem dominicam tunc.

PROVINCIA VIENNENSIS.

529. Addenda sunt que hoc loco deficiunt de supradicta provincia.

PROVINCIA BISONTINENSIS.

530. Addenda sunt que hoc loco deficiunt de provincia Bisontinensi, videlicet...

EXITUS PREBENDARUM PERSONARUM ECCLESIASTICARUM A REGNO ABSENTIUM AD ASCENSIONEM M° CCC° IV°.

531. Compotus Dionisii de Albigniaco, baillivi Sylvanectensis, de fructibus prebendarum predictarum in diocesibus Sylvanectensi et Belvacensi, redditus jovis post Trinitatem m° ccc° iv°. Debet vi^{c}xxviii lib., viii sol., v den. ob. par., quas Templum pro ipso, ut dicitur, ad Sanctum Johannem tunc. Sunt aliqua signata ad recuperandum.

532. Compotus Gaufridi de Archiis de similibus prebendis in diocesibus Aurelianensi, Carnotensi et ressortis [2]. Corrigitur finis. Signantur plura ad recuperandum. Sunt suti hi duo compoti in sacco annualium anni m^i ccc^i iv^i.

533. Compotus Guillelmi de Rosay, notarii Castelleti Parisiensis, de quibusdam beneficiis seu prebendis ultramontanorum, levatis per eundem Guillelmum in diocesi Parisiensi, a Sancto Johanne m° ccc° iii° usque ad eundem m° ccc° iv°, redditus sabbato post festum Sancti Vincentii m° ccc° iv°. Signantur ibi recuperanda xix lib., xvi sol., super personis ibi contentis.

---

[1] Cette forme ne doit pas être suspectée : « De decima et annualibus provincie Lugdunensis per magistrum Guillelmum, curatum de Gilhi, Eduensis diocesis. » (Bibl. nat., lat. 9783, fol. 198 v°.) Cf. Arch. nat., JJ 42ª, fol. 71. — [2] Ms. : *ressortus*.

534. Compotus Bichii et Moucheti, fratrum, de beneficiis ultramontanorum, redditus per Baldum Fighni [1] et Cinque[ne]llum [2] Corraldi [3], die lune in festo Sancti Andree M° CCC° IV°, que beneficia receperunt in diversis bailliviis et senescalliis regni. Corrigitur finis. Dictus compotus invenietur cum prescriptis aut inter compotos Bichii et Moucheti.

ANNUALIA A PAPA BENEDICTO XI° CONCESSA.

535. Ann[u]alia concessa a papa Benedicto XI° regi Philippo Pulchro pro reductione monete ad pondus antiquum et debitum, levata a Nativitate Domini anno Domini M° CCC° IV° usque ad Purificationem Beate Marie M° CCC° VII°, per triennium; quorum executor fuit magister P. de Latilliaco, thesaurarius Andegavensis.

PROVINCIA SENONENSIS.

536. Compotus magistri Symonis Lamberti de dictis ann[u]alibus totius provincie Senonensis, a Nativitate Domini M° CCC° IV° usque ad triennium. Videtur quod expense non fuerint acceptate; plura arreragia restant requirenda, de quibus tamen magister Johannes Gaidre [4] computavit, prout sequitur.

537. Computus magistri Johannis Gaidre de arreragiis dictorum ann[u]alium provincie Senonensis que remanserunt levanda post dictum compotum magistri Symonis Lamberti, redditus curie quinta die Junii M° CCC° XXIV°. Restant adhuc plura arreragia requirenda.

PROVINCIA REMENSIS.

538. Compotus Johannis de Sancto Spiritu de dictis ann[u]alibus in provincia Remensi, a Nativitate Domini M° CCC° VII°. Corrigitur finis. Restant plura arreragia requirenda, de quibus computavit, prout sequitur.

Compotus ejusdem Johannis de arreragiis dictorum annualium in eadem provincia, redditus per Johannem de Pressiaco, clericum suum, anno M° CCC° XI°; et quitte.

539. Compotus domini Johannis de Pressiaco de arreragiis dictorum ann[u]alium, et de arreragiis quarundam decimarum et subventionum ejusdem provincie, redditus quinta die Martii M° CCC° XIII°. De[bet] LXIII lib., XVI den. par.

540. Compotus magistri Guillelmi de Vassonia de dictis ann[u]alibus in diocesibus Morinensi et Cameracensi, pro parte que est in regno, et de quibusdam ann[u]alibus aliquarum aliarum diocesium ejusdem provincie Remensis, redditus vigesima quarta Februarii M° CCC° X°. Debuit IXe, etc. Thesaurus tamen pro ipso, etc. Restat quod debet VI^{xx} XI lib., XI sol., II den. Plura signantur recuperanda esse.

---

[1] Ms.: *Sighni*. Il s'agit de Baldo Fini de Fighine. Voir la *Revue historique*, LX (1896), p. 324. — [2] Cf. Bibl. nat., lat. 9783, fol. 25, 73 : «Quinquenellum». — [3] Ms. *Couvrat*. Cf. ci-dessous, § 2074. — [4] Ms. : *Gardre*.

ANNUALIA.

PROVINCIA BITURICENSIS.

541. Compoti duo magistri Petri (de Torneto seu) Pruneto [1], primus de dictis annualibus totius provincie Bituricensis, a Nativitate Domini m° ccc° iv° usque ad eandem m° ccc° vii°, secundus de arreragiis eorundum. Non correcti. Recuperande sunt super certas personas que sunt in fine ejusdem compoti xvii^e lxxi lib., iiii^{xx} xiii sol., viii den. tur.

PROVINCIA TURONENSIS.

542. *Turonensis. — Cenomanensis. — Andegavensis.*

Compotus magistri Johannis de Rouvrayo de ann[u]alibus diocesium Turonensis, Cenomanensis et Andegavensis, a Nativitate Domini m° ccc° iv° usque ad eandem m° ccc° vii°. Non perfectus; causa in principio compoti. Debuit tamen, ut videtur. Signantur aliqua recuperari.

543. Alius compotus ejusdem de ann[u]alibus, et de prima ac secunda decima duplici, et de aliquibus subventionibus dictarum diocesium, redditus vigilia Ascensionis m° ccc° xiii°. Debet ii^c lxxvii lib., xv sol. tur., monete currentis annis m° cc° iiii^{xx} xvii° et m° cc° iiii^{xx} xviii°. Signantur aliqua esse recuperanda.

544. Compotus magistri Rogeri de Sancto Quintino de beneficiis recelatis annualium predictorum in civitatibus et diocesibus Andegavensi et Cenomanensi, redditus curie tertia die Martii m° ccc° xv°. Debet c lib. tur. fort. de ii^c xxxi lib. tur. fort., de quibus thesaurus pro ipso vi^{xx} xi lib. — Restant plura arreragia requirenda.

545. Compotus Roberti de Yseio de aliquibus arreragiis annualium concessorum [2] anno m° cc° iiii^{xx} xvii° post compotum P. Gougeul et B. de Melle[n]to, et de arreragiis aliquorum ann[u]alium concessorum anno m° ccc° iv° post compotum magistri Johannis de Rovrayo, ac de arreragiis aliquarum decimarum Arragonie Valencieque regnorum, et aliquarum aliarum precedentium et subsequentium, et de arreragiis aliquorum regalium et bonorum Judeorum, recelatorum in diocesi Cenomanensi, auditus vigesima sexta Februarii, anno m° ccc° xv°. Sunt aliqua arreragia requirenda, que habent alii socii.

546. Alius compotus ejusdem Roberti de eisdem arreragiis in diocesi Cenomanensi, redditus decima octava Novembris m° ccc° xvii°. Non videtur tamen esse perfectus.

DIOCESES BRITANNIE.

547. Compotus magistri Johannis de Bugnone [3], archidiaconi Dolensis, de dictis annualibus in Britannia. Videtur quod debet iiii^c xxxvii lib., xii sol., debilis monete. Restant arreragia de xii^c vi lib. requirenda, ut videtur. Non correctus.

---

[1] C'est *Pruneto* qu'il faut lire. Voir *Historiens de la France*, XXII, 523 B, n. 3. — [2] Ms. : *concessis*. — [3] Ms. : *Guignon*. Cf. Bibl. nat., lat. 9783, fol. 121 v°, et Arch. nat., JJ 35, fol. 111 v°, n° 215.

548. Compotus magistri Ivonis, prepositi de Bosco Busselli, procuratoris regis in Britannia, de iii^c iiii^xx xi lib. explectatis [1] per ipsum super bonis predicti magistri Johannis de Bugnone [2] pro debitis in quo tenebatur regi ratione dictorum annualium, et de explectis bonorum quorundam aliorum in Britannia, auditus in festo Sancti Egidii et Sancti Lupi. Corrigitur finis. Sunt aliqua recuperanda.

Alius compotus ejusdem de quibusdam expensis suis, de quibus alias non computaverat, redditus anno m° ccc° xiii°. Debentur ei iiii lib., ii sol. tur.

PROVINCIA ROTHOMAGENSIS.

549. Compotus magistri G. de Fossa de dictis annualibus in provincia Rothomagensi, redditus decima octava Junii m° ccc° ix°. Corrigitur finis. Restant plura arreragia requirenda, videlicet de xviii^m ix^xx xvi lib., x sol., iiii den., ob. tur. fort., de quorum aliquibus computatum est [3] ut sequitur.

Alius compotus ejusdem de arreragiis dictorum annualium, de quibus recepit ii^m iiii^c xxxvii lib., xix sol., ii den., redditus in crastino Epiphanie m° ccc° ix°; et quitte.

550. Quidam rotulus dictorum arreragiorum eorundem ann[u]alium, traditus per magistrum Stephanum de Antogniaco, collectorem eorundem arreragiorum debitorum post compotum magistri G. [4] de Fossa, die martis post Sanctum Clementem m° ccc° x°. Sciatur si computaverit de eis. Dicitur tamen quod ipse et magister G. de Vigneto tradiderunt compotos suos de eisdem, qui non fuerunt auditi. Sciatur ubi sunt. Dictus compotus magistri Stephani auditus fuit trigesima die Augusti m° ccc° xxix°, et corrigitur finis.

551. Magister Nicolaus Morelli tradidit in Scacario Sancti Michaelis, anno m° ccc° xxiii°, compotum de his que recepit de dictis annualibus, que sunt et habentur in sacco arreragiorum.

552. Rotulus de hoc quod recepit Nicolaus Morelli de dictis annualibus.

PROVINCIA NARBONENSIS.

553. Debet relinqui spatium ut addantur annualia istius provincie.

PROVINCIA LUGDUNENSIS.

554. Compotus magistri Radulphi, prepositi Aniciensis, de dictis annualibus in diocesibus Aniciensi, Vivariensi, Valentinensi, Avinionensi et Arelatensi, a Nativitate Domini m° ccc° iv° usque ad Sanctum Michaelem m° ccc° vi°, redditus post Candelosam tunc. Debet xvii^c xxvii lib. tur. debilis monete; de quibus thesaurus pro ipso, ut dicitur, viii^c lib. debilis, ix^c xxvii lib. tur. debilis, et v^c xl lib. fortis monete.

---

[1] Ms.: *explectarum*. — [2] Ms.: *Bugone*. — [3] Ms.: *computis*. — [4] Ms.: *Johannis*.

ANNUALIA. 83

555. Compotus magistri Guidonis de Villa Gardana, commissarii a fratre Johanne de Turno, thesaurario Templi Parisiensis, de dictis annualibus provincie Lugdunensis, levatis per eum a collectore eorundem ibi, a Nativitate Domini m° ccc° iv° citra, redditus octava Martii m° ccc° vii°. Debet xii lib., iii den. tur. debilis; et thesaurarii Templi pro ipso, ut dicitur, debuerunt reddere ix° lib., iiii sol., ix den. tur. debilis.

556. Compotus seu relatio magistri Droconis de Charitate de eisdem annualibus in provincia Lugdunensi, a Nativitate Domini m° ccc° iv° usque ad Pascha m° ccc° vi°. Restant arreragia de viii° iiii^{xx} viii lib., v sol. tur. requirenda.

PROVINCIA BURDEGALENSIS.

557. Compotus magistri Michaelis Amici de dictis annualibus totius provincie Burdegalensis, redditus octava Decembris m° ccc° x°. Debet vi° xlviii lib., xvi [sol.] tur. fortis monete. Signantur plura recuperanda esse.

PROVINCIA AUXITANENSIS.

558. Addenda sunt que hoc in loco deficiunt de ann[u]alibus dicte provincie.

PROVINCIA VIENNENSIS.

559. Idem quod supra in provincia Auxitanensi.

PROVINCIA BISONTINENSIS.

560. Idem quod supra in predictis provinciis.

ANNUALIA A PAPA JOHANNE XXII° CONCESSA.

561. Annualia a papa Johanne XXII°, consecrato apud Lugdunum anno Domini m° ccc° xvi°, post obitum pape Clementis V¹, concessa regi Philippo Magno, secundo genito regis Philippi Pulchri, qui regna Francie et Navarre rexit post obitum regis Ludovici, primogeniti dicti regis, qui fuit quinta Junii m° ccc° xvi°, et qui post obitum Johannis, primogeniti dicti regis Ludovici, qui obiit circa octo dies post decimam quartam Novembris m° ccc° xvi°, qui fuerat natus de regina Clementia, regnavit usque ad secundam diem Januarii m° ccc° xxi°, qua idem rex Magnus obiit, levata ab Exaltatione Sancte Crucis m° ccc° xvi° usque ad eandem m° ccc° xx°, per quadriennium, quorum executores fuerunt episcopi Meldensis et Macloviensis et abbas Sancti Germani de Pratis.

PROVINCIA SENONENSIS.

562. Compotus magistri Rogeri de Bethisi de dictis annualibus totius provincie Senonensis, ab Exaltatione Sancte Crucis m° ccc° xvi° usque ad eandem m° ccc° xx°, per qua-

driennium, redditus mense Februarii м° ccc° xxiv°, et perfectus nona die Octobris м° ccc° xxv°. Debentur ei xx lib., iii sol., v den. tur. Sunt ibi plures denarii signati ad ponendum in debitis, et arreragia de iiii^m v^e lxxv lib., xii sol., v den. tur. tradita Johanni de Sancto Salvatore ad levandum.

563. Compotus Johannis de Monteforti de expensis suis in dicto negotio in diocesi Carnotensi, sutus in fine dicti compoti magistri Rogeri. Debuit, solvit tamen et quitus est.

564. Compotus magistri G. de Nealpha de expensis suis super eodem in diocesi Aurelianensi.

565. Compotus Nicolai de Villanesse [1] de eodem in diocesi Trecensi, sutus ad compotum dicti magistri Rogeri.

PROVINCIA REMENSIS.

566. Compotus magistri Reginaldi de Foresta de hoc quod recepit de dictis annualibus provincie Remensis annis м° ccc° xvii°, м° ccc° xviii°, м° ccc° xix°, ante obitum suum, redditus vigesima die Septembris м° ccc° xx°. Debentur ei ix^c lxiii lib., iii sol., iiii den., ob. par. Redduntur ei in compoto suo sequenti, suto in fine precedentis.

567. Compotus alius [2] dicti magistri Reginaldi de quibusdam denariis quibus oneratus fuit per compotum magistri G. d'Esquetot, qui sequitur immediate, redditus octava Novembris м° ccc° xxvi°. Debet iii^c lib., ix sol., vi den., iii pict. Et signantur ibi multa corrigenda et recuperanda. Et suti sunt simul isti duo compoti.

568. Compotus magistri G. d'Esquetot, successoris dicti magistri Reginaldi, de annualibus ejusdem provincie pro toto quadriennio, perfectus tertia mensis Julii anno м° ccc° xxiii°. Corrigitur finis. Restant arreragia requirenda de iii^m iii^c xxxii lib., x den. par., quorum partes habent alii socii.

569. Compotus Nicolai Medici et Richardi Goule de arreragiis predictis annualium ejusdem provincie Remensis, videlicet in bailliviis Viromandensi et Ambianensi. Restant post compotum dicti magistri Goule [3] ... Corrigitur finis. Et auditus vigesima tertia mensis Junii anno м° ccc° xxiiii°.

570. Compotus magistri Guidonis de Percone de expensis suis ratione dictorum annualium ibi, redditus curie vigesima quinta mensis Februarii anno м° ccc° xxvii°. Cujus compoti corrigitur finis.

PROVINCIA BITURICENSIS.

571. Compotus magistri Chatardi de Penna Varia de dictis annualibus provincie Bituricensis pro toto quadriennio, redditus mense Januarii anno Domini м° ccc° xxii°. Debuit

---

[1] Ms. : *Villomya*. Le nom de ce personnage a été lu plus loin : *Villonissa*. Il est question de « Nicolaus de Villanesse », frère Mineur, dans le *Journal du Trésor*, Bibl. nat., lat. 9783, fol. 101. — [2] Ms. : *Compotus aliis seu alius*. — [3] Lacune.

vii^m, etc. Thesaurarii tamen pro ipso debent reddere, etc. Restant arreragia requirenda de vii^c iiii^{xx} xvii lib., x sol., i den.

PROVINCIA TURONENSIS.

572. Compotus magistri Seguini de Balligneyo de dictis annualibus in diocesibus Pictaviensi, Nannetensi et Turonensi, perfectus decima nona Februarii m° ccc° xx°. Corrigitur finis. Restant plura arreragia requirenda, de quibus computavit ut sequitur.

573. Alius compotus ejusdem de dictis arreragiis dictorum annualium in dictis diocesibus, redditus decima Maii m° ccc° xxii°. Corrigitur finis. Restant arreragia de v^c lxxiii lib., viii sol. tur., et iiii^{xx} xviii lib., vi sol., Britonibus adhuc requirenda.

574. Compotus magistri Bertaudi de Latigniaco de dictis annualibus in diocesibus Redonensi, Dolensi, Macloviensi, Briocensi, Trecorensi, Leonensi, Corisopitensi, Venetensi et Cenomanensi, redditus nona Aprilis m° ccc° xx°. Corrigitur finis. Plura arreragia restant requirenda.

575. Compotus Petri de Yverniaco de arreragiis dictorum annualium in diocesi Andegavensi et ducatu Britannie, redditus vigesima tertia Junii m° ccc° xxiv°. Corrigitur finis. Restant plura arreragia adhuc requirenda.

PROVINCIA ROTHOMAGENSIS.

576. Compotus magistri Guillelmi de Poteria de dictis annualibus in provincia Rothomagensi pro toto quadriennio, redditus decima octava Septembris m° ccc° xxii°. Corrigitur finis. Restant plura arreragia requirenda que ponuntur in debitis Rothomagensibus de m° ccc° xvi°.

PROVINCIA BURDEGALENSIS.

577. Compotus magistri Johannis de Calmeta[1] de dictis annualibus in provincia Burdegalensi pro toto quadriennio, et de quibusdam arreragiis eorundem, redditus nona Maii m° ccc° xxiii°. Debentur ei xxviii lib., xv sol., viii den. tur. Restant xiiii^c l lib., v [sol.], ob. tur. pro arreragiis requirendis, et pro denariis recuperandis super certos collectores iiii^c lxix lib., vi sol. tur. Et suuntur in principio ejusdem compoti cedula continens quedam[2], sicut et aliqua beneficia quorum fructus dictus magister Johannes levare non potuit.

PROVINCIA NARBONENSIS.

578. Compotus magistri Droconis de Marchia de dictis annualibus in provincia Narbonensi pro toto quadriennio, redditus anno..... Corrigitur finis. Arreragia requirenda ponuntur in debitis.

---

[1] Ms.: *Calineta*. Le nom de ce personnage se présente, dans les comptes originaux, sous les formes : «Clameta», et «de Calmeta»; voir Bibl. nat., lat. 9787, fol. 24 v°, 37, 49, 79, etc. — [2] Ms.: *sumitur in principio ejusdem compoti, cedulam continentis quandam.*

PROVINCIA AUXITANENSIS.

579. Compotus magistri Henrici de Horreto de dictis annualibus provincie Auxitanensis pro primo et secundo annis, et de quibusdam emendis Parlamenti et aliis condemnationibus in senescallia Tholose, sicut et in senescallia Petragoricensi et Caturcensi, levatis per eum anno m° ccc° xiv°, redditus vigesima nona Martii m° ccc° xviii°. Ponitur inter scripta loca propria non habentia, cum compoto suo de arreragiis quinquagesime, emendarum per inquisitores [1], arreragiorum regalium Clarimontis et debitorum Judeorum.

PROVINCIA BISONTINENSIS.

580. Addantur hoc loco que deficiunt de dictis annualibus hujus provincie.

PROVINCIE VIENNENSIS ET LUGDUNENSIS.

581. Compotus magistri Raimbaldi de Rechignevoisin de dictis annualibus in dictis provinciis Viennensi et Lugdunensi, redditus vigesima nona Martii m° ccc° xxi°. Corrigitur finis. Restant tamen arreragia requirenda, de quibus reddidit per predictum compotum suum de eisdem, factum decima nona Septembris m° ccc° xxi°, iii^c xxxii lib., xi sol., vii den.; et de res[iduo] compot[us] magistri G. de Columbeio [2], ut sequitur.

582. Compotus magistri G. de Columbeio de residuo [3] dictorum arreragiorum, redditus decima tertia die Aprilis m° ccc° xxv post Pascha. Debet iii^c iii^{xx} vii lib., etc. Signantur ibi aliqua corrigenda et recuperanda. R[estant] arreragia requirenda de v^c xxxix lib., xiii sol., ii den.

DECIME

CERTIS DE CAUSIS A PAPA ET PRELATIS DIVERSIS TEMPORIBUS REGIBUS FRANCIE CONCESSE.

583. De decima olim concessa pro negotio regni Sicilie nullos vidi compotos.

DECIMA TRIENNALIS.

584. Decima triennalis anno m° cc° lxviii° a papa concessa sancto regi Ludovico, sublato de medio mense Augusti anno m° cc° lxx°, canonisato anno m° cc° iiii^{xx} xvii°, pro subsidio Terre Sancte, cum centesimis, obventionibus, redemptionibus votorum crucesignatorum, legatis Terre Sancte et indistinctis, ordinatis levari ab anno m° cc° lxx° usque ad

---

[1] Ms. : *End. per inquisitionem.* — [2] Ms. : *Colùmberis.* Mais cf. Bibl. nat., lat. 9787, fol. 23, 79 v°. — [3] Ms. : *reservatione.*

annum M^{um} CC^{um} IIII^{xx} II^{um} [1], quo anno ivit ad Curiam Romanam magister Gaufridus de Templo, computaturus de hoc quod prefato tempore levatum fuerat de predictis; cujusmodi decime executor fuit dominus Symon, tituli Sancte Cecilie presbyter cardinalis, apostolice sedis legatus, factus papa Martinus [I]V^{us} circa annum M^{um} CC^{um} IIII^{xx} II^{um}, post papam Nicolaum III^{um}, qui factus fuit papa M° CC° LXXVIII° post Innocentium V^{um}, factum papam post Gregorium X^{um}.

Et sciendum est quod non ordinantur hic compoti de eisdem recto ordine provinciarum, sed ordine quo fuerunt per collectores earundem redditi magistris Nicolao de Nantolio, Gaufrido de Templo et Galtero de Fontanis, in uno rotulo conjunctim, anno M° CC° LXXV°, regnante rege Philippo, sancti Ludovici primogenito. — Fuit etiam quedam decima soluta anno quarto [2] in aliquibus diocesibus pro [3] indulgentia habenda, que cum predicta redditur. — Sunt omnes compoti corrigendi, et per eos videntur plura regi deberi.

Et primo provincia Senonensis.

585. *Provincia Senonensis.*

Computatur cum provincia Lugdunensi.

586. *Provincia Remensis.*

Compotus magistri Petri de Trocha et Guillelmi Pictaviensis de dicta decima pro toto triennio, centesima et aliis obventionibus levatis in provincia Remensi. Redditus et non correctus, ut supra.

587. Compotus Bertrandi de Meldis de arreragiis antique decime, videlicet precedentis, etc., ut supra, et super provinciis Auxitanensi et Narbonensi infra.

588. *Provincia Bituricensis.*

Computatur cum provincia Burdegalensi.

589. *Provincia Turonensis et Rothomagensis.*

Compotus Johannis de Murellis, Hemerici, viarii Parisiensis, Richardi de Ponte Abbatis, Stephani de Fraxinis et Johannis de Gonnessia de dicta decima pro toto triennio et aliis obventionibus in provinciis Turonensi et Rothomagensi. Redditus et non correctus, ut supra.

590. Compotus dicti magistri Johannis de Gonnessia de centesima et aliis obventionibus in diocesibus Turonensi, Cenomanensi, Andegavensi et provincia Rothomagensi. Redditus et non correctus, ut supra.

591. *Provincie Lugdunensis et Senonensis.*

Compotus magistri Odonis de Senonis et suorum collegarum de dictis decima pro toto triennio, legatis, redemptionibus, et aliis obventionibus in provinciis Lugdunensi et Senonensi. Redditus et non correctus, ut supra.

---

[1] Extraits de Menant (XI, fol. 19): *1284*; Historiens de la France, XXI, p. 524 A: *1283*. — [2] Historiens, ibidem: anno M° CC° LXXV°. — [3] Ms.: per et pro.

592. *Provincie Bituricensis et Burdegalensis.*

Compotus magistri Symonis de Nealpha, Benedicti de Moreto et Matthei de Ramburellis de dicta decima pro toto triennio in provinciis Bituricensi et Burdegalensi. Redditus et non correctus, ut supra.

Alius compotus dicti magistri Symonis de redemptionibus, centesima et legatis et aliis obventionibus in dictis provinciis. Redditus et non correctus, ut supra.

593. *Provincie Auxitanensis, Narbonensis et Remensis.*

Compotus magistri Guillelmi Baugis[1], Bertrandi de Meldis et Radulphi de Tilia de dicta decima pro toto triennio in provinciis Auxitanensi et Narbonensi. Redditus et non correctus, ut supra.

594. Compotus dicti Bertrandi de arreragiis antique decime, videlicet predicte, redemptionis votorum et aliarum obventionum, ac de hoc quod recepit de decima sexennali concessa anno M° CC° LXXIV° in provincia Remensi, redditus anno M° CC° LXXVII°, mense Martii.

595. *Provincia Viennensis.*

596. *Provincia Bisuntinensis.*

597. Compotus Templi de dictis decima et obventionibus ab Omnibus Sanctis M° CC° LXVIII° ad Candelosam M° CC° LXXIII°.

DECIMA SEXENNALIS.

598. Decima sexennalis a papa Gregorio X° in concilio Lugdunensi, mense Mayo, anno M° CC° LXXIV°, pro subsidio Terre Sancte concessa regi Philippo, sancti Ludovici primogenito, facto militi in Pentecoste M° CC° LXVII°, coronato anno M° CC° LXXI°, sublato de medio anno M° CC° IIII^{xx}V° in Arragonia, cum qua decima, incepta levari anno M° CC° LXIX° (*sic*), fuerunt etiam levata aliqua arreragia antique decime, centesime, redemptionum votorum, legatorum et aliarum obventionum; cujus decime fuit executor dominus Symon, tituli Sancte Cecilie presbyter cardinalis, apostolice sedis legatus, prout de precedenti decima.

Et sciendum quod compoti ejusdem decime non scribuntur hic infra in recto ordine provinciarum, sed ordine quo suuntur simul in uno rotulo, et quo redditi fuerunt magistris Nicolao de Nantolio, Gaufrido de Templo et Galtero de Fontanis, de mandato dicti domini cardinalis; non tamen ordine predicto omnino, quia suuntur primo compoti ejusdem decime de duobus primis annis in qualibet provincia, deinde compoti de tertio et quarto annis in qualibet provincia, ultimo suuntur compoti de quinto et sexto annis in qualibet provincia. Hic autem scribuntur compoti totius sexennii per ordinem secundum[2] quamlibet provinciam suam.

[1] Ms. : *Raugis*. La forme « Baugis », ou « de Baugis », se rencontre assez souvent, accompagnée d'autres prénoms. Cf. § 1268. — [2] Ms. : *super*.

Sunt omnes [1] corrigendi, et videntur per eos regi plura deberi, exceptis aliquibus qui videntur esse correcti, et in quorum correctione facta fuerunt debita que suuntur cum aliis debitis decimarum que sunt infra. Compoti autem arreragiorum ejusdem decime et aliquarum obventionum suuntur per ordinem in uno alio rotulo, prout infra scribuntur.

599. *Provincia Remensis.*

Compotus magistri Odonis [2] de Nealpha et P. de Trocha de dicta decima pro duobus primis annis in provincia Remensi, redditus anno m° cc° lxxvi°, mense Martio, predictis magistris.

Alius compotus eorundem de eadem decima in eadem provincia de tertio et quarto annis, redditus anno m° cc° lxxviii°, mense Decembri.

Alius compotus eorundem de eadem decima in eadem provincia pro quinto et sexto annis, redditus in Januario m° cc° lxxx°.

600. *Provincia Senonensis.*

Compotus magistrorum Philippi de Bretigniaco et Johannis Poucin de dicta decima in provincia Senonensi pro duobus primis annis.

Alius compotus eorum de eadem decima in eadem provincia pro tertio et quarto annis, redditus in Februario m° cc° lxxviii°.

Alius compotus eorundem de eadem in eadem provincia pro quinto et sexto annis, redditus in Martio m° cc° lxxx°.

601. Quidam rotulus de inventario summarum pecunie levatarum pro subsidio Terre Sancte in dicta provincia, de mandato domini Johannis Choleti, cardinalis, ab anno m° cc° iiii^{xx} vi°, traditus per dominum Vincentium. Non suitur, sed est in sacco dicte decime per se, cum compoto Thome Spiliati [3] ligatus.

602. *Provincia Burdegalensis.*

Compotus magistrorum Gaufridi Roulandi de Pictavis et Matthei de Ramburellis de dicta decima in provincia Burdegalensi pro duobus primis annis.

603. Rotulus receptarum factarum per baillivos, senescallos et alios receptores de nova decima, videlicet predicta, in duobus primis annis, et de arreragiis antique decime, centesime, legatorum et aliarum obventionum [4] a collectoribus earundem in dicta provincia.

604. Alius compotus eorundem Gaufridi et Mathei de dicta decima in eadem provincia pro tertio et quarto annis, et de arreragiis antique decime, centesime, legatorum, redemptionum et aliarum obventionum.

605. Compotus magistrorum Firmini Le Sauvage et dicti Mathei de eadem decima in dicta provincia pro quinto et sexto annis, et de arreragiis quatuor precedentium annorum veteris decime, centesime, redemptionum, legatorum et aliarum obventionum.

606. Compotus Guillelmi Johannis [5] de Caturco de arreragiis veteris decime, cente-

---

[1] Ms.: *continentes sed omnes*... Cf. *Historiens de la France*, XXI, p. 524 F. — [2] *Symonis?* Cf. § 592, 617. — [3] Ms.: *Spiliaci*. — [4] Ms.: *et de antiqua decima, centesima, legatis et aliis obventionibus*. — [5] Ms.: *et Johannis*. Cf. § 658.

sime, legatorum et aliarum obventionum [1], et de dicta decima pro sexto anno, ac de arreragiis quinti anni in dicta provincia, redditus M° CC° LXXX°.

607. *Provincia Rothomagensis.*

Compotus magistrorum Nicolai de Bethisiaco et Johannis de Murellis de dicta decima in provincia Rothomagensi pro duobus primis annis, redditus in Martio M° CC° LXXVI°.

Alius compotus eorundem de eadem in eadem provincia pro tertio et quarto annis, redditus in Julio M° CC° LXXIX°.

608. Compotus dicti magistri Johannis de Murellis, Roberti de Fraxinis et Henrici de Nonanto pro quinto et sexto annis, redditus in Aprili M° CC° IIII^{xx} I°.

609. *Provincia Turonensis.*

Compotus magistrorum Fursei de Perona et Richardi de Ponte Abbatis de dicta decima in provincia Turonensi pro duobus primis annis, et de arreragiis antique decime, redemptionum votorum, legatorum et aliarum obventionum ibi a tergo, redditus in Februario M° CC° LXXVI°.

Compotus dictorum Fursei et Richardi de eadem decima in eadem provincia pro tertio et quarto annis, redditus in Martio M° CC° LXXVIII°.

610. Compotus Richardi Tornardi et Richardi de Ponte Abbatis de eadem decima in provincia eadem pro quinto et sexto annis, redditus in Januario M° CC° IIII^{xx}.

611. *Provincia Lugdunensis et diocesis Aniciensis.*

Compotus magistri Galteri de Sinemuro [2] et Odonis de Senonis de dictis decima et aliis obventionibus in provincia Lugdunensi et diocesi Aniciensi pro duobus primis annis.

612. Compotus Alexandri de Remis et ejusdem Galteri de Sinemuro de eadem decima pro tertio et quarto annis et de arreragiis duorum primorum annorum.

613. Compotus magistri Johannis de Foresta et predicti Galteri de dicta decima in dicta provincia pro quinto et sexto annis.

614. *Provincia Narbonensis.*

Compotus domini Hugonis de Vign[eto], Xanctonensis, et Bertrandi de Meldis, de dictis decima et obventionibus in provincia Narbonensi pro duobus primis annis, redditus in Decembri M° CC° LXXVIII°.

Alius compotus dictorum domini H. [de] Vign[eto], Xanctonensis, et Bertrandi de dicta decima ibi, pro tertio et quarto annis, redditus in Januario, anno M° CC° LXXVIII°.

615. Alius compotus dicti Bertrandi [3] et magistri Milonis de Tria de eadem decima ibi, pro quinto et sexto annis, redditus in Marcio M° CC° IIII^{xx}.

616. *Provincia Bituricensis.*

Compotus de primis duobus annis deficit.

---

[1] Ms. : *de veteri decima, centesima.*... — [2] Ms. : *Finemuro.* — [3] Ms. : *R.*

DECIME.

617. Compotus magistri Symonis de Nealpha et domini Thierrici de Sancto Verano de dicta decima pro tertio et quarto annis in provincia Bituricensi et de arreragiis duorum primorum annorum et aliarum obventionum.

618. Compotus ejusdem magistri Symonis de Nealpha et magistri Philippi de Fontaneto de eadem decima in eadem provincia Bituricensi pro quinto et sexto annis.

619. *Provincia Viennensis.* — Deficit.

620. *Provincia Bisontinensis.* — Deficit.

621. *Provincia Auxitanensis.*

Compotus magistri Michaelis de Lupara et magistri Hugolini[1] de Moureolo de dictis decima et obventionibus pro dictis duobus primis annis in provincia Auxitanensi, et, a tergo, de arreragiis antique decime, legatorum, redemptionum votorum et aliarum obventionum. Et sic etiam a tergo plurium compotorum dicte decime in provinciis prescriptis.

622. Compotus magistri Johannis de Magno Ponte et dicti magistri Michaelis de eadem decima pro tertio et quarto annis in provincia Auxitanensi, redditus in Januario M° CC° LXXVIII°.

623. Compotus magistri Michaelis de Lupara predicti et Guillelmi de Vigneto[2] de eadem decima in eadem provincia pro quinto et sexto annis, redditus in Januario M° CC° LXXX°.

624. *Decime extra regnum.*

Compotus domini Thome Spiliati, militis, et Hugonis Spine ac sociorum suorum de Florentia, de hoc quod receperunt de decimis extra regnum anno M° CC° LXXVII°. Debuerunt VI^m, etc.

625. Alius compotus societatis dicti Thome et Lappi Hugonis de medietate decime extra regnum post predictum compotum, redditus per Gardum Jometa (sic) anno M° CC° IIII^{xx} III°. Debitum fuit eis VI^m, etc., quas habuerunt, ut ibidem.

626. Inventarium pecunie levate pro subsidio Terre Sancte in provincia Senonensi ab anno M° CC° IIII^{xx} VI°, traditum per dominum Vincentium anno M° CC° IIII^{xx} XIX°, mense Julio.

627. Arreragia dicte decime sexennalis et predictarum obventionum, ultima illa que in prescriptis compotis ejusdem decime tam in albo quam a tergo redduntur, suta in uno rotulo per provinciarum ordinem, qui sequitur. Quorum compoti corrigendi sunt. Et plura per eos videntur regi deberi.

628. *Provincia Remensis.*

Compotus magistri P. de Trocha de arreragiis dicte decime sexennalis et aliarum obventionum in Remensi provincia, redditus anno M° CC° IIII^{xx} II°. Corrigitur finis.

---

[1] Ms.: *Hugolii.* — [2] Ms.: *Vigneyo.* La forme « Vigneto » est attestée par le *Journal du Trésor*, Bibl. nat., lat. 9783, fol. 4.

Quintus compotus ejusdem de eisdem arreragiis, redditus m° cc° iiii^{xx} iii°. Multa videntur deberi [1] regi per eum.

Sextus compotus ejusdem de eisdem, redditus m° cc° iiii^{xx} vi°.

629. *Provincia Rothomagensis.*

Compotus magistri Henrici de Nonanto et Egidii de Aurelianis de dictis arreragiis in provincia Rothomagensi.

630. Compotus Nicolai Baillis [2] et dicti Egidii de eisdem in eadem provincia, redditus vigilia Ascensionis m° cc° iiii^{xx} iii°.

631. *Provincia Turonensis.*

Compotus magistri Gaufridi de Perona et Richardi de Ponte Abbatis de eisdem arreragiis in provincia Turonensi.

Alius compotus eorundem de eisdem, redditus in mense Mayo m° cc° iiii^{xx} iii°.

632. *Provincia Senonensis.*

Compotus magistri Johannis Pocin et Johannis de Mellento de dictis arreragiis in provincia Senonensi.

633. *Lugdunensis provincia, et Aniciensis ac Valentinensis dioceses.*

Compotus magistri Johannis de Foresta et Petri Bigne, ut videtur, de arreragiis predictis in provincia Lugdunensi et diocesi Aniciensi.

634. Compotus magistri Radulphi de Milliaco de arreragiis decime Terre Sancte et aliarum obventionum in diocesibus Lingonensi, Aniciensi et Valentinensi. Non videtur esse perfectus.

635. *Bituricensis provincia.*

Compotus magistri Philippi de Fontaneto de dictis arreragiis in provincia Bituricensi.

636. *Burdegalensis provincia.*

Compotus magistri Firmini Le Sauvage et Johannis Harcherii de dictis arreragiis in provincia Burdegalensi.

637. *Auxitanensis provincia.*

Compotus magistri G. de Vigneto et Johannis Poucin de dictis arreragiis in provincia Auxitanensi.

638. *Provincia Narbonensis.*

Compotus magistri Milonis de Trya et Juliani ..... [3] de dictis arreragiis in provincia Narbonensi.

---

[1] Ms., ici et plus loin : *debere*. — [2] Forme suspecte. — [3] Lacune.

DECIMA QUADRIENNALIS.

639. Decima quadriennalis a papa Martino IV° concessa circa festum Sancti Michaelis anno M° CC° IIII^{xx} IV° regi Philippo, primogenito sancti Ludovici, pro subsidio guerre Arragonie Valencieque regnorum, levata cum legatis Terre Sancte et indistincte relictis per quadriennium.

Sciendum est quod compoti de eadem decima in provinciis Senonensi, Remensi, Bituricensi et Turonensi suuntur simul in uno rotulo. Compoti de eadem in aliis provinciis suuntur in uno alio rotulo. Compoti autem arreragiorum ejusdem decime et decime triennalis pro dicto subsidio concesse suuntur in uno alio rotulo, ordine quo infra scribuntur. Et sunt fere omnes corrigendi, et per eos plura videntur esse recuperanda.

640. *Provincia Senonensis.*

Compotus domini Th[i]errici de Sancto Verano de dicta decima quadriennali Arragonie pro toto quadriennio in provincia Senonensi.

641. Compoti tres Johannis de Gisortio de arreragiis dicte decime in eadem provincia, perfecti post Sanctum Johannem M° CC° IIII^{xx} XIII°. Sunt autem alii compoti dictorum arreragiorum levatorum cum arreragiis decime triennalis Arragonie simul suti, qui infra scribuntur, prout dictum est. Debet . . . . .

642. *Provincia Remensis.*

Compotus magistri P. de Trocha de toto quadriennio dicte decime in provincia Remensi.

Alius compotus ejusdem de arreragiis dicte decime in eadem provincia.

643. Compoti tres magistri Stephani de Valle de arreragiis ejusdem decime in eadem provincia.

644. Compotus magistri Johannis Clarisensus [1] de dicta decima in partibus Imperii, redditus ante Candelosam M° CC° IIII^{xx} IX°.

645. Compotus domini Sylvestris, curati de Eva [2], et domini Johannis de Brueriis de arreragiis ejusdem decime ibi.

646. Rotulus de r[ecepta] quam fecerunt . . . . . [3] de eadem [4] decima a collectoribus in eadem provincia Remensi.

647. *Bituricensis provincia.*

Compotus magistri Johannis de Angiaco de toto quadriennio ejusdem decime in provincia Bituricensi.

Alii quatuor compoti ejusdem de arreragiis ejusdem decime in eadem provincia, redditi successive.

---

[1] Ms., ici et plus loin : *Clarissiaci.* — [2] Ms. : *Cura.* Cf. le *Journal du Trésor*, Bibl. nat., lat. 9783 fol. 49. — [3] Ms. : *Basq.* Mot inintelligible. — [4] Ms. : *ejusdem.*

648. *Turonensis provincia.*

Compotus magistri Richardi de Ponte Abbatis[1], Trecorensi[s], de dicta decima pro tribus primis annis in provincia Turonensi.

649. Compotus magistri G[uillelmi] de Noycello[2] de eadem decima pro tertio et quarto annis in eadem provincia.

Alii duo compoti ejusdem de arreragiis ejusdem decime in eadem provincia, redditi successive.

650. Compotus Gaufridi de Perona, armigeri, de recepta sua de decimis Terre Sancte et Arragonie in dicta provincia, redditus M° CC° IIII^{xx} XVIII°. Debet centum solidos.

651. Compoti duo magistri Johannis Clarisensus de arreragiis ejusdem decime in eadem provincia, redditi successive.

652. Compotus magistri Radulphi Mauricii, cantoris de Sauquevilla, de hoc quod recepit de eadem decima in eadem provincia, redditus post Quasimodo M° CC° IIII^{xx} X°.

653. *Rothomagensis provincia.*

Compotus magistri Matthei de Ramburellis de dicta decima pro toto quadriennio in provincia Rothomagensi.

654. Compoti tres magistri Roberti de Anieriis de arreragiis ejusdem decime et de legatis indistinctis in eadem provincia.

655. Compotus magistri Petri de Piperno de arreragiis ejusdem decime in eadem provincia, redditus in Junio M° CC° IIII^{xx} XV°.

656. *Burdegalensis provincia.*

Compotus magistri Benedicti de Moreto de toto quadriennio dicte decime, et de legatis indistinctis in provincia Burdegalensi, ac de decima antiqua Terre Sancte.

Alius compotus ejusdem de arreragiis ejusdem decime in eadem provincia, factus circa Sanctum Mattheum M° CC° IIII^{xx} X°.

657. Compoti duo magistri Johannis de Burgo de arreragiis ejusdem decime in eadem provincia, facti annis M° CC° IIII^{xx} XII° et M° CC° IIII^{xx} XIII° successive.

658. Compotus Guillelmi Johannis de Caturco de recepta[3] quam fecit de eadem decima in eadem provincia per totum quadriennium, et de legatis indistinctis, factus in compotis Templi de termino Candelose M° CC° IIII^{xx} [X]V°.

659. *Narbonensis et Auxitanensis provincie.*

Compotus magistri Michaelis de Lupara[4] de dicta decima pro toto quadriennio in provinciis Narbonensi et Auxitanensi.

Alii quatuor compoti ejusdem de arreragiis ejusdem decime et de legatis indistinctis in eadem provincia, facti ab anno M° CC° IIII^{xx} XI° citra successive.

660. Compotus Guillelmi Bocuce de recepta sua de eadem decima in eadem provincia, factus cum thesauro ad Ascensionem M° CC° IIII^{xx} VIII°.

---

[1] Ms. : *scolar.* — [2] Cette forme est attestée : Arch. nat., K 181, n° 49, etc. — [3] Ms., ici et plus loin : r^a. — [4] Ms. : *Luparis.*

DECIME. 95

661. *Lugdunensis, Viennensis et Bisontinensis provincie.*

Compotus magistri Renaudi de Mella de dicta decima in provincia Lugdunensi pro primo anno.

662. Compotus magistri Johannis Chotart de eadem decima pro tribus ultimis annis in eadem provincia.

663. Compoti duo Arnulphi de Crissiaco de arreragiis ejusdem decime in eadem provincia.

664. Recepta quam fecit Bartholomeus de Champenay de eadem decima pro primo et secundo annis in provinciis Lugdunensi, Viennensi et Bisontinensi.

665. Compotus magistri Laurentii de Sancta Bova de eadem decima pro toto quadriennio in diocesibus Viennensi, Tara[u]tasiensi et Ebredunensi.

666. Compotus magistri Bernardi de Portu de recepta sua de residuo ejusdem decime post dictum compotum in dictis diocesibus.

667. Compotus magistri Guillelmi de Vigneto de dicta decima in provincia Bisontinensi, redditus anno M° CC° IIII^{xx} VIII°. Debet.

668. Compotus magistri Stephani de Quingeyo de arreragiis ejusdem decime in eadem provincia, redditus anno M° CC° IIII^{xx} X°. Debentur ei. . . . .

DECIMA TRIENNALIS.

669. Decima triennalis a papa Martino IV° pro dicto guerre Arragonie Valentieque regnorum subsidio concessa anno M° CC° IIII^{xx} IX° regi Philippo Pulchro, prescripti regis Philippi primogenito, facto militi anno M° CC° IIII^{xx} IV°, coronato M° CC° IIII^{xx} V°, et sublato de medio vigilia Sancti Andree M° CCC° XIV°. Cujus decime executores fuerunt domini G[uillelmus], archiepiscopus Rothomagensis, et Symon, episcopus Autissiodorensis. Sunt autem compoti de eadem in provinciis Senonensi, Rothomagensi, Bituricensi et Turonensi suti in uno rotulo; compoti de eadem in provincia Remensi suti in uno alio, et compoti de eadem in provinciis Narbonensi, Burdegalensi, Auxitanensi, Lugdunensi, Viennensi et Bisontinensi suti in uno alio rotulo, ordine subscripto. Compoti vero arreragiorum ejusdem levatorum cum arreragiis decime quadriennalis precedentis suuntur in uno alio rotulo, prout infra patebit. Sunt etiam aliqua arreragia dictarum decimarum que redduntur aut quorum compoti suuntur cum compotis earundem decimarum.

Sunt etiam compoti earundem decimarum et suorum arreragiorum quasi omnes corrigendi, et plura per eos regi videntur deberi, exceptis aliquibus de provinciis Narbonensi, Viennensi, Senonensi, Auxitanensi et Remensi ac de partibus Imperii, qui videntur esse correcti[1]; in quorum correctione facta fuerunt debita que suuntur cum aliis debitis aliquarum aliarum decimarum, que[2] infra scribuntur.

---

[1] Ms.: *corrigendi*. — [2] Ms.: *qui*.

670. *Rothomagensis provincia.*

Compotus magistri Roberti de Asneriis de dictà decima pro toto triennio in provincia Rothomagensi.

671. Compotus magistri Petri de Piperno et P. Berangarii de arreragiis ejusdem decime in eadem provincia, factus post Sanctos Gervasium et Prothasium M° CC° IIII^{xx} XV°.

672. *Senonensis provincia.*

Compoti magistri Johannis de Gisortio de dicta decima pro toto triennio in provincia Senonensi, redditus vigesima mensis Februarii M° CCC° II°. Debet IX^{xx} III lib., VIII sol., IIII den. tur.

673. Compotus Guillelmi, cantoris de Milliaco, de arreragiis decimarum quadriennalis et triennalis in eadem provincia. Debet XXI lib., V sol., I den. tur.

674. Compotus Vincentii de Serignano de arreragiis ejusdem decime triennalis in diocesi Carnotensi, factus in Mayo M° CC° IIII^{xx} XIX°.

675. *Turonensis provincia.*

Compotus magistri G. de Noycello de eadem decima pro duobus primis annis in provincia Turonensi, perfectus anno M° CC° IIII^{xx} XII°.

676. Compotus magistri Johannis Clarisensus de tertio anno ejusdem provincie, factus M° CC° IIII^{xx} XIII°.

Alius compotus ejusdem de arreragiis ejusdem decime ibi, factus M° CC° IIII^{xx} XIV°.

677. *Turonensis seu Bituricensis provincia et diocesis.*

Compotus magistri Johannis de Angiaco de dicta decima pro toto triennio in provincia Bituricensi, factus M° CC° IIII^{xx} XII°. Debet CI lib. tur.

678. Compotus abbatis Sancti Martini Eduensis de eadem decima exemptorum provincie, redditus M° CC° IIII^{xx} XIV°. Debet VIII^{xx} IX lib., XVII sol., XI den. tur.

679. *Remensis provincia et partes Imperii.*

Compotus magistri P. de Trocha de dicta decima pro toto triennio in provincia Remensi.

Alius compotus ejusdem de arreragiis ejusdem decime in eadem provincia, factus post Inventionem Sancte Crucis M° CC° IIII^{xx} XIV°.

680. Compotus magistri P. de Bellomonte de expensis suis, ratione ejusdem decime et arreragiorum decime quadriennalis in partibus Imperii, videlicet in diocesibus Cameracensi, Leodiensi, Metensi, Virdunensi et Tullensi, factus in compoto Omnium Sanctorum M° CC° IIII^{xx} XI°.

681. Alius compotus ejusdem de arreragiis decimarum quadriennalis et triennalis in iisdem [1] civitatibus et diocesibus, factus die jovis post octavam Epiphanie M° CCC° II°. Debet C lib.; Lupara tamen, etc. Sunt ibi defectus requirendi de XIII^c LVIII lib., V sol., IIII den. tur.

---

[1] Ms. : *in eadem seu iisdem.*

Alius compotus ejusdem de arreragiis earundem decimarum in eadem et iisdem diocesibus, factus secunda Martii M°CCC°VI°.

682. Compotus Johannis de Disiaco et magistri Silvestris, curati de Eva [1], de duobus primis annis ejusdem decime triennalis in dictis partibus Imperii, redditus post Sanctum Martinum M°CC°IIII^{xx}XII°.

Alius compotus ejusdem de arreragiis decime quadriennalis in diocesibus Cameracensi et Leodiensi, redditus in crastino Conversionis Sancti Pauli M°CC°IIII^{xx}XIII°.

683. Alius compotus dicti magistri Sylvestris et domini Johannis de Brueriis de tertio anno ejusdem decime in diocesibus Leodiensi, Virdunensi et Tullensi, redditus ut de precedentibus.

684. *Narbonensis et Auxitanensis provincie.*

Compotus magistri Michaelis de Lupara de dicta decima pro toto triennio in provinciis Narbonensi et Auxitanensi.

Alius compotus ejusdem de arreragiis decime predicte et quadriennalis et legatis indistinctis ibi, redditus M°CC°IIII^{xx}XV°.

685. Compotus magistri P. de Belna [2] de dictis arreragiis et legatis ibi, redditus M°CC° IIII^{xx}XVIII°.

686. *Burdegalensis provincia.*

Compotus magistri Johannis de Burgo de dicta decima pro toto triennio in provincia [3] Burdegalensi, factus ad Ascensionem M°CC°IIII^{xx}XIII°.

687. *Lugdunensis et Viennensis provincie.*

Compotus magistri Arnulphi de Crissiaco de dicta decima pro toto triennio in provinciis Lugdunensi et Viennensi, perfectus ad Ascensionem M°CC°IIII^{xx}XIII°.

688. *Bisontinensis provincia.*

Compotus magistri Johannis Chotart de Brocia de dicta decima pro toto triennio in provincia Bisontinensi, perfectus in compoto Candelose M°CC°IIII^{xx}XII°. Debet VIII^{xx}XIIII lib.

689. *Compoti* [4] *Templi, Bichii et Moucheti, de dictis decimis quadriennali et triennali in ano rotulo suti.*

Compotus Templi de decima quadriennali et arreragiis ejusdem ac de aliquibus legatis indistinctis a Nativitate Domini M°CC°IIII^{xx}XII°.

690. Alius compotus Templi de dicta decima triennali anno Domini M° CC° IIII^{xx} IX° usque ad Omnes Sanctos M° CC° IIII^{xx} XII°.

691. Compotus Bichii et Moucheti, et eorundem procuratoris, de decima quadriennali, decima triennali et arreragiis ejusdem, a Sancto Johanne M° CC° IIII^{xx} XI° usque ad Ascensionem M° CC° IIII^{xx} XVI°.

---

[1] Ms. : *Cura.* — [2] Ms. : *Belva.* — [3] Ms. : *in provinciis seu provincia.* — [4] Ms. : *Compotus.* — Menant (XI, fol. 20) : *Compotum.*

692. Arreragia dictarum decimarum quadriennalis et triennalis ultra illa que cum compotis earundem redduntur aut suuntur, prout patet supra, suta in uno rotulo ordine subscripto. Corrigenda.

693. *Senonensis provincia.*

Compotus Guillelmi, cantoris Milliaci, de arreragiis dictarum decimarum ac de legatis indistinctis et Terre Sancte obventionibus in provincia Senonensi, redditus in compoto Candelose M° CC° IIII^{xx} XIV°. Debet.

694. *Remensis provincia.*

Computi tres domini Roberti de Bertencuria[1] de arreragiis dictarum decimarum in diocesi Cameracensi pro parte regni, et in diocesibus Leodiensi, Metensi, Tullensi et Virdunensi, redditi anno M° CC° IIII^{xx} X° successive. Debet.

695. Compoti duo magistri Sylvestris de Bellayo de ejusdem arreragiis ibi, primus factus..., secundus M° CC° IIII^{xx} XVII°.

696. Compoti magistri Eustachii de Nealpha et Guillelmi Aymerici de arreragiis decime triennalis ibi, factus M° CC° IIII^{xx} XIII°; suuntur cum eo arreragia de III^{c} XXVI lib., etc., requirenda.

697. *Provincie Lugdunensis, Viennensis et Bisontinensis.*

Compotus magistri Hugonis Nicolai de arreragiis predictis et de quibusdam denariis Terre Sancte in provinciis Lugdunensi et Viennensi, redditus M° CC° IIII^{xx} XV°.

698. Compotus Radulphi de Milliaco de dictis arreragiis, de legatis Terre Sancte et indistinctis et de redemptionibus votorum crucesignatorum in provinciis Lugdunensi, Viennensi et Bisontinensi, et de hoc quod recepit de decima antiqua sexennali in diocesi Lingonensi, redditus dominica ante Sanctum Andream M° CC° III^{xx} XV°.

699. *Burdegalensis provincia.*

Compoti duo Radulphi Galerani et Petri de Brolio de dictis arreragiis et de legatis Terre Sancte et indistinctis in provincia Burdegalensi, primus redditus post Epiphaniam M° CC° IIII^{xx} XV°, secundus M° CC° IIII^{xx} XVIII°.

Alius compotus ejusdem de arreragiis legatorum indistincte relictis pro tempore quo duravit dicta decima quadriennalis, redditus anno M° CC° III^{xx} XVIII°.

700. *Turonensis provincia.*

Compotus magistri Jordani Marescalli de arreragiis dictarum decimarum in diocesi Cenomanensi, redditus ante Magdalenam anno Domini M° CC° IIII^{xx} XVII°.

[DECIMA BIENNALIS.]

701. Decima biennalis seu subventio per modum decime a prelatis sua propria auctoritate regi Philippo Pulchro in concilio apud Pontem, Xanctonensis diocesis, celebrato

[1] Ms. : *Bericencuria*. Plusieurs personnages de ce nom figurent dans les comptes originaux, où l'on lit clairement « Bertencuria », ou même « Bertrencuria ».

anno m°cc°iiii^{xx}xiv° concessa pro subsidio regni, levata ab Omnibus Sanctis tunc usque ad idem festum m°cc°iiii^{xx}xvi°, per biennium. Cujus decime compoti suuntur in duobus rotulis, videlicet illi de diocesi Carnotensi in uno, et omnes alii aliorum diocesium et provinciarum in uno alio, non recto ordine provinciarum, sed ordine quo infra scribuntur.

Sunt omnes fere corrigendi, et multa per eos esse recuperanda videntur, exceptis aliquibus, videlicet de diocesibus Petragoricensi, Xanctonensi, Lemovicensi, Caturcensi et Tholosana, qui quantum [1] ad majorem partem saltem videntur esse correcti. In quorum correctione facta fuerunt quedam debita que sunt suta in uno rotulo cum debitis decime sexennalis anni m^{i}cc^{i}lxxiv^{i} in provinciis Senonensi, Remensi, Bituricensi, Caturcensi, Turonensi, Rothomagensi, Lugdunensi, Burdegalensi, Narbonensi et Auxitanensi; item decime triennalis pro Arragonia [2] in aliquibus provinciis, et duarum duplicium decimarum annorum m^{i}cc^{i}iiii^{xx}xvii^{i} et m^{i}cc^{i}iiii^{xx}xviii^{i} in provinciis Senonensi, Narbonensi, Bituricensi et Burdegalensi.

702. *Provincie Senonensis, Rothomagensis, Bituricensis, Narbonensis, Lugdunensis, Turonensis, Burdegalensis, et in aliquibus diocesibus provincie Remensis.*
Compotus Petri de Senonchiis de dicta decima biennali pro primo anno et primo termino secundi anni in diocesi Carnotensi, redditus die veneris post Sanctum Mattheum [3] vigesima quinta mensis Septembris anno m°ccc°x°. Correctus.

703. Compotus Bichii et Moucheti de hoc quod receperunt de dicta subventione per modum decime ab Omnibus Sanctis m°cc°iiii^{xx}xiv° usque ad Sanctum Johannem m°cc°iiii^{xx}xv° pro terminis primi anni, videlicet Nativitatis Domini m° cc° iiii^{xx} xv° et Sancti Johannis m°cc°iiii^{xx}xv°, in provinciis Senonensi, Rothomagensi, Bituricensi et Narbonensi, redditus vigilia Sancti Maglorii m°cc°iiii^{xx}xv°. Corrigitur finis, et pauca signantur esse corrigenda.

704. Alius compotus eorundem de eisdem a Sancto Johanne m°cc°iiii^{xx}xv° usque ad Sanctum Johannem m°cc°iiii^{xx}xvi° in provinciis Senonensi, Rothomagensi, Bituricensi, Lugdunensi et Turonensi. Corrigitur finis, et pauca signantur per eum esse recuperanda et corrigenda.

705. Alius compotus eorundem de eadem decima pro duobus terminis primi anni, videlicet m^{i}cc^{i}iiii^{xx}xiv^{i}, in provinciis Turonensi et Burdegalensi, factus per Johannem de Placentia vigesima secunda Martii m°cc°iiii^{xx}xvi°. Corrigitur finis, et pauca signantur esse corrigenda.

706. Alius compotus eorundem de eadem decima, a prima Septembris m°cc°iiii^{xx}xv° usque ad diem jovis ante Pascha m°cc°iiii^{xx}xvi°, ac de arreragiis primi termini anni m^{i}cc^{i}iiii^{xx}xiv^{i} in provincia Bituricensi. Totum est de recepta. Factus die lune post octavas Paschatis tunc per Boquinum Cozeti, eorum procuratorem.

707. Totus hic articulus sextus [4] est [in] defectu.

---

(1) Ms.: *quam.* — (2) Ms.: *arreragiis.* — (3) Ms.: *Matthiam.* — (4) Cet article est, en effet, le sixième de ceux qui suivent la rubrique : *Provincie Senonensis, Rothomagensis*, etc.

708. Compotus magistri G. de Laverciniis de dicta decima pro primo anno in provincia Senonensi, redditus ante Brandones M°CC°IIII^{xx}XV°. Signantur plura esse recuperanda.

709. Primus compotus domini Johannis de Castro Censorii de dicta decima biennali provincie Turonensis, factus vigesima prima mensis Martii in festo Sancti Benedicti M°CC°IIII^{xx}XVI°. Corrigitur finis.

710. Compotus magistri Johannis de Gauchy de dicta decima in diocesi Morinensi, sicut et in diocesibus Atrebatensi, Ambianensi et Noviomensi, redditus ante Sanctos Symonem et Judam anno M°CC°IIII^{xx}XVI°. Fere est correctus; videtur enim totum fieri in debitis.

711. De dicta decima in aliquibus diocesibus provinciarum Bituricensis, Burdegalensis, Narbonensis et Auxitanensis magister Symon[1] Festu, etiam cum duobus duplicibus decimis ibi, prout patet infra[2].

DECIMA DUPLEX BIENNALIS.

712. Decima duplex biennalis seu due duplices decime, quarum prima concessa fuit regi Philippo Pulchro a papa Bonifacio VIII° ad requisitionem prelatorum, secunda imposita per eundem regem, virtute privilegii obtenti a dicto papa pro subsidio regni, levata in quatuor terminis, videlicet in terminis Penthecostes, Sancti Remigii seu calendarum octobris et Medie Quadragesime anno M°CC°IIII^{xx}XVII°, et in termino Assumptionis Beate Marie M°CC°IIII^{xx}XVIII°. Cujus decime compoti suuntur in quatuor rotulis, videlicet illi de diocesi Carnotensi in uno, illi de aliis diocesibus provincie Senonensis et illi de provincia Remensi in alio, illi de provinciis Bituricensi, Turonensi, Rothomagensi et Burdegalensi in tertio, et aliqui alii de dictis provinciis Bituricensi ac Burdegalensi una cum illis de provinciis Narbonensi, Auxitanensi et Lugdunensi in quarto rotulo, non ordine tamen provinciarum, sed ordine subscripto.

Sunt omnes fere corrigendi, et multa per eos videntur esse recuperanda, exceptis aliquibus de provinciis Senonensi, Bituricensi, Burdegalensi et Narbonensi, qui videntur quantum[3] ad majorem partem correcti esse; in quorum correctione fuerunt facta quedam debita, que in uno rotulo suuntur cum debitis aliquarum prescriptarum decimarum, prout supra tangitur.

713. *Senonensis provincia.*

Compotus Petri de Senonchiis de dictis duabus duplicibus decimis in diocesi Carnotensi pro toto biennio, redditus vigesima quinta die Octobris M°CCC°X°. Corrigitur finis; aliqua tamen signantur esse recuperanda. Partes expensarum[4] a tergo.

714. Compotus magistri Sancii de Blesis de dictis duabus duplicibus decimis in dio-

---

[1] Ms.: *Sylvester.* Cf. § 752. — [2] Cf. ci-dessous, §§ 752, 754. — [3] Ms.: *quam.* — [4] Ms.: *recuperanda per partes expensas.*

cesibus Senonensi, Trecensi, Autissiodorensi, Nivernensi et Aurelianensi, redditus sabbato post Epiphaniam m° cc° iiii^{xx} xix°. Correctus quantum ad majorem partem saltem.

715. Compotus magistri Johannis de Roboreto de dictis duabus duplicibus decimis in diocesi Carnotensi, redditus die jovis post Sanctum Barnabam m°ccc°i°.

Alius compotus ejusdem de arreragiis earundem decimarum in diocesi Aurelianensi. Correctus pro majori parte. Redditus ut de precedentibus.

Alius compotus ejusdem de annualibus, decimis et aliis obventionibus in[distinctis]. Redditus ut supra. Debet una cum personis que sunt ibi xii^e etc., que videntur tamen poni in debitis.

716. Alius compotus ejusdem et domini Johannis de Plailliaco de arreragiis decime quadriennalis pro Arragonia et de rest[anciis] compotorum suorum in diocesibus Carnotensi et Aurelianensi. Redditus ut supra. Plura signantur esse recuperanda.

717. Compotus magistri Roberti de Sylvanecto et Guillelmi de Ponteleveyo de dictis decimis in diocesi Carnotensi, redditus magistro Johanni de Roboreto, anno m°ccc°. Pauca sunt ibi de manu Camere.

718. Compotus Jacobi Gervasii, deputati a magistro Courraldo de Gournayo, de dictis decimis in diocesi Meldensi, redditus anno m°cc°iiii^{xx}xix°. Correctus pro majori parte.

719. Compotus dicti magistri Courraldi, decani de Gornayo, de prima duplici decima in diocesi Parisiensi. Correctus.

720. Compotus magistri Courraldi, prepositi de Tyllayo, de secunda duplici decima in diocesi Parisiensi. Correctus.

721. Compotus magistri G., decani Gerboderensis [1], de dictis decimis in diocesibus Senonensi, Trecensi, Autissiodorensi et Aurelianensi, redditus in die Conceptionis Beate Marie'm°cc°iiii^{xx} xviii°. Non videtur esse perfectus quantum [2] ad expensa. Signantur plura esse recuperanda.

722. Compotus fratris Hugonis, camerarii Sancti Martini de Campis Parisiensis, de prima duplici decima prioratuum, beneficiorum et officiorum ad dictam cameram spectantium, cum partibus ejusdem prime duplicis decime, redditus sabbato ante Nativitatem Domini m°cc°iiii^{xx}xviii°. Videntur plura esse recuperanda.

723. Compotus fratris Stephani, precentoris [3] monasterii Sancti Dionisii in Francia, de dicta prima decima exemptorum diocesis Parisiensis [4], Cisterciensibus, Cluniacensibus, Templariis, Hospitalariis exceptis, pro duobus primis terminis. Sunt ibi arreragia requirenda de [5] ii^{c}iiii^{xx}i lib. tur. Debet xxv sol., ii den. Redditus sabbato post Nativitatem Domini m°cc°iiii^{xx}xviii°.

---

[1] Ms.: *Ebederrensis*. Il est question du doyen de Gerberoy dans le *Journal du Trésor* (Bibl. nat., lat. 9783, fol. 28) : « Cepimus super regem pro denariis ..... traditis decano Gerboderensi, deputato ad computandum omnibus collectoribus prime et secunde duplicis decime ..... » Cf. le Cartulaire noir de Corbie (Bibl. nat., lat. 17758, fol. 233 v°).

[2] Ms.: *quam*.

[3] Ms.: *preceptoris*.

[4] Ms.: *decima, excepto diocesi Parisiensi* ...

[5] Ms.: *et*.

724. Compotus magistri G. de Ultramare de arreragiis duarum duplicium decimarum in provincia Senonensi, redditus per magistrum G. de Poteria. Correctus.

725. *Provincia Remensis.*
Compotus magistri Richardi de Verberia de eisdem duplicibus decimis in diocesibus Remensi, Catalaunensi et Laudunensi. Corrigitur finis. Pauca videntur recuperanda.

726. Compotus magistri P. de Monciaco de eisdem decimis in diocesibus Noviomensi, Belvacensi et Sylvanectensi, factus ante Assumptionem m° ccc° i°. Debentur ei lxxi lib., vi sol., vi den. par. Tamen plura signantur esse recuperanda.

727. Compotus magistri Gaufridi de Bosco de eisdem decimis in diocesibus Ambianensi, Atrebatensi, Morinensi, Tornacensi et Cameracensi, pro parte que est in regno existentibus, traditus in Cathedra Sancti Petri m° cc° iiii^{xx}xviii°. Pauca sunt ibi corrigenda.

728. Compotus magistri Bald[uin]i de Wycent et Nicasii de Focambergo de eisdem decimis et annualibus quibusdam diocesis Morinensis. Debent, ut videtur, iiii^{xx}ii lib., xv sol., viii den. Pauca tamen sunt ibi de manu Camere.

729. Compotus Johannis et Egidii Crispin[orum] de Atrebato de hoc quod receperunt de dictis decimis pro tribus primis terminis in diocesibus Atrebatensi, Morinensi et Ambianensi, factus per Luparam ad Ascensionem m° ccc° i°.

730. Compotus Radulphi Maquart de Marolio de arreragiis earundem decimarum in diocesibus Remensi, Catalaunensi et Suessionensi in ballivia Vitriaci, levatis anno m° cc° iiii^{xx}xix°. Corrigitur finis.

731. Compotus magistri Johannis d'Erchieu [1] prime duplicis decime et primi termini secunde in diocesi Noviomensi, ac decime biennalis anni m^{i}ccc^i, pro terminis Ascensionis et Omnium Sanctorum tunc. Debuit v^c, etc., quas Templum pro ipso, etc. Pauca sunt ibi de manu Camere.

732. *Bituricensis et Burdegalensis provincie.*
Item, alibi infra cum provinciis Narbonensi et Lugdunensi.

733. Compotus magistri Guidonis de Bertenc[uria] [2] de prima duplici decima in diocesibus Mimatensi, Ruthenensi et Albiensi, receptus in Decembri m° cc° iiii^{xx}xviii°. Totum signatur poni in debitis.
Alius compotus ejusdem de secunda duplici decima in dictis diocesibus et Vivariensi, redditus ut de aliis. Debentur [3] ei, ut est a tergo, xvii sol., x den. tur. Plura tamen signantur esse recuperanda.

734. Compotus magistri Guillelmi de Laverciniis de hoc quod recepit de prima duplici decima in diocesibus Mimatensi, Ruthenensi et Albiensi, pro duobus primis terminis, et de eadem pro primo termino in diocesi Caturcensi, redditus post Sanctum Matthiam m° cc° iiii^{xx}xvii°. Aliqua signantur recuperanda.

735. Compotus Martini, decani de Linais, de prima et secunda duplici decima in

---

[1] Ms. : *Derchieu.* «Johannes de Ercheyo», dans une lettre royale de mai 1309 (Arch. nat., JJ 41, fol. 66 v°, n° 107). — [2] Ms. : *Bercenc.* — [3] Ms. : *ut de aliis dicitur ei...*

diocesibus Lemovicensi et Caturcensi, que sunt de provincia Bituricensi, et in diocesibus Petragoricensi et Agennensi, que sunt de provincia Burdegalensi, factus in Decembri M°CC°IIII^{xx}XVIII°. Debentur ei xxxvii lib., x sol., iii den. tur. Pauca signantur recuperanda.

736. Compotus magistri Symonis Boelli de prima duplici decima diocesium Bituricensis, Claromontensis et Aniciensis. Correctus, quia totum signatur poni in debitis.

737. *Turonensis provincia et Dioceses Britannie.*

Duo compoti magistri Stephani de Acon de prima et secunda duplici decima in diocesibus Britannie, primus factus M°CC°IIII^{xx}XVIII°, secundus M°CC°IIII^{xx}XIX°. Debet xxxii lib., xvi sol. tur.; et plura signantur esse recuperanda; unde in fine signatur duos cyfos argenti recuperari super Michaelem Aigret.

738. Compotus magistri Jacobi de Sancto Alberto de prima duplici decima in diocesibus Turonensi, Andegavensi et Cenomanensi, perfectus septima Junii M°CCC°I°. Plura signantur esse recuperanda.

739. Compotus Gerardi de Marla de hoc quod recepit de arreragiis duarum duplicium decimarum et decime biennalis que debuit levari annis M°CCC° et M°CCC°I°, factus de toto comitatu Britannie in crastino Sancti Vincentii M°CCC°II°. Debet viii^{xx} x lib., xiiii sol., x den. tur.; et signantur plura esse recuperanda.

740. Compotus Bertaudi Mahyel de arreragiis duarum duplicium decimarum ac annualium in diocesibus Nannetensi, Redonensi et Macloviensi, factus M°CCC°. Pauca signantur esse recuperanda.

741. Compotus Jacquelini Trosselli, baillivi Turonensis, de hoc quod recepit de duplici decima et annualibus diocesium Turonensis, Andegavensis et Cenomanensis, factus ante Sanctum Barnabam M°CCC°I°. Debet vii^{m}iii^{c}xlii lib., v sol., vi den. Sciatur si et ubi redduntur regi. Pauca alia signantur recuperanda.

742. Compotus magistri R. de Vernone de dictis duabus duplicibus decimis in diocesi Turonensi et Andegavensi, ac de decima biennali annorum M^{i}CCC^i et M^{i}CCC^{i}I^i earundem diocesium et Cenomanensis, redditus M°CCC°I°. Corrigitur finis. Signantur aliqua esse recuperanda.

743. Tota recepta quam fecit Gerardus de Marla in Britannia de arreragiis earundem duplicium decimarum et aliarum, ac annualium, tam de tempore magistri Stephani d'Acon quam magistri R. de Vernone.

744. Compotus fratris Theobaldi, tertii prioris Majoris Monasterii Turonensis, de prima duplici decima ibi, factus in Junio M°CC°IIII^{xx}XVIII°. Corrigitur finis. Pauca signantur corrigenda et recuperanda.

745. Compotus magistri Balduini Alani de eisdem duplicibus decimis in diocesi Cenomanensi, factus in Julio M°CCC°. Totum signatur poni in debitis.

746. Alius compotus ejusdem et magistri Johannis de Castro Censorii de expensis suis super negotio prime duplicis decime provincie Turonensis, factus in Januario M°CC°IIII^{xx}XVII°. Corrigitur finis. Plura tamen signantur recuperanda.

747. *Rothomagensis provincia.*

Duo compoti magistri R. Reg[is] [1] de dictis duplicibus decimis in diocesibus Rothomagensi, Lexoviensi et Ebroicensi, primus factus anno M°CC°IIII^{xx}XVII°, dominica post Sanctum Nicolaum hyemalem, et non tanquam ad expensas acceptatus; secundus, mense Decembri anno M°CC°IIII^{xx}XIX°. Debentur ei, ut videtur, XXXVI lib., IIII sol., IIII den. tur. Plura signantur esse recuperanda.

748. Compotus magistri R. de Vernone et Bertaudi Mahiel de eisdem decimis in diocesibus Baiocensi, Sagiensi, Constantiensi et Abrincensi, factus sabbato post Sanctum Vincentium, anno M°CC°IIII^{xx}XIX°. Plura signantur esse recuperanda.

749. Compotus magistri Eustachii de Chambliaco de prima duplici decima in diocesibus Baiocensi, Sagiensi, Abrincensi et Constantiensi, redditus quinta Octobris anno M°CC°IIII^{xx}XVIII°. Debet XXX lib., XVII sol., VI den. tur. Et signantur aliqua esse recuperanda et aliqua poni in debitis.

750. Compotus magistri G. de Vigneto de arreragiis earundem duplicium decimarum provincie Rothomagensis, factus sabbato post Sanctam Luciam M°CCC°I°. Debet XVII lib., XIII sol. tur. vel circa. Et signantur plura esse recuperanda.

751. Recepta Johannis de Serez [2] de eisdem duplicibus decimis bailliyie Caleti. Parum est ibi de manu Camere.

752. *Provincie Burdegalensis, Bituricensis, Narbonensis, Auxitanensis et Lugdunensis.*

Compotus magistri Symonis Festu, decani Blesensis, de arreragiis earundem duplicium decimarum in diocesibus Pictaviensi, Xanctonensi, Engolismensi et Vasatensi, et de eisdem duplicibus decimis ac de decima biennali anni M^{i}CC^{i}IIII^{xx}XIV^i in diocesibus Vasatensi, Burdegalensi et Lemovicensi, Petragoricensi, Caturcensi, Tholosana, Agennensi, Auxitanensi, Coseranensi, Convenarum, Tarviensi, Lectorensi, Adurensi, Olerensi, Ascurensi et Acquensi, factus jovis post Epiphaniam M°CC°IIII^{xx}XIX°. Plura videntur per eum esse recuperanda. — Est alius compotus ejusdem hic prope, qui deberet precedere istum.

753. Compotus Bernardi de Devesia de hoc quod recepit de secunda duplici decima a collectoribus ejusdem, ac de arreragiis ejusdem decime et annualibus in senescallia Agennensi, redditus in compoto Ascensionis M°CCC°. Debet XLI lib., XIX sol., X den.

754. Compotus magistri Symonis Festu de dictis duabus duplicibus decimis in diocesibus Pictaviensi, Xanctonensi, Engolismensi et Vasatensi, factus in Januario M°CC°IIII^{xx}XVIII°. Fere correctus. Deberet precedere predictum compotum ejusdem.

755. Compotus magistri Arnaldi de Villario et domini P. de (Predictis vel) Pradinis [3] de secunda duplici decima et annualibus in partibus provinciarum Auxitanensis et Narbonensis, ac de arreragiis ejusdem ibi prime et duplicis decime, redditus vigilia Sancti Johannis Baptiste M°CCC°. Debentur ei IIII^{c}LXVII lib., XVII sol., X den. tur. Multa tamen per eum signantur recuperanda.

---

[1] Cf. § 512. — [2] Ms.: *Serya.* — [3] Ms.: *Altovillari* ..... *Prandiis* ...... Cf. § 523.

756. Compotus magistri Guillelmi de Gisortio de secunda duplici decima et de arreragiis prime in provinciis Narbonensi et Auxitanensi. Videntur aliqua per eum esse recuperanda.

757. Compotus magistri Petri de Bituris de prima duplici decima diocesium Magalonensis, Nemausensis, Uticensis et Arelatensis pro parte regni, factus decima tertia Martii [1] m° cc° iiii^{xx} xvii°. Debetur ei, ut videtur, et plura signantur esse recuperanda.

758. Alius compotus ejusdem et G. de Chigny de hoc quod receperunt de duplicibus decimis et aliis subventionibus in senescallia Bellicadri, factus ut de precedentibus. Debet dictus magister G. iiii^{xx} lib., xlii sol., x den. tur. Signantur plura esse recuperanda.

759. Compotus magistri Sicardi de Vauro de hoc quod recepit a collectoribus prime decime duplicis in provincia Narbonensi, auditus dominica in Trinitate ante Sanctum Johannem m° ccc° ii°. Debet iiii^{xx} lib., xxv sol., v den. tur. parvorum.

760. Compotus magistri Dyonisii de Albigniaco de hoc quod recepit de dictis decimis ac quibusdam obventionibus et annualibus in provinciis Lugdunensi et Narbonensi, ac quibusdam diocesibus extra regnum, redditus decima quinta Julii m° cc° iiii^{xx} xix°. Debentur ei iiii^{xx} lib. tur. Signantur aliqua esse recuperanda.

761. Compotus magistri Stephani de Housseya de secunda duplici decima provincie Lugdunensis, factus die jovis post Sanctum Barnabam m° ccc° i°. Debentur ei vii^{xx} xii lib., xviii sol. Et plura sunt per eum recuperanda.

762. Compotus Johannis de Altaripa, substituti a dicto magistro Stephano, de secunda duplici decima in diocesi Lingonensi, ac de quibusdam annualibus ibi, traditus [2] die lune ante Annunciationem dominicam m° cc° iiii^{xx} xviii°. Videtur quod deberet [3] ii^c viii lib., viii sol., iiii den. tur, si esset perfectus, prout fit. Non videntur tamen multa per eum esse recuperanda.

763. Compotus Jacquemini Kaim de duplici decima et de arreragiis quinquagesime et duplicis decime in baillivia Calvimontis, provincie Lugdunensis. Debet xiiii lib., iiii sol., Signantur esse xiii^c et plura recuperanda super certas [4] personas ibi.

764. *Provincia Viennensis.* — Desunt.

765. *Provincia Bisontinensis.* — Idem quod supra.

DECIMA BIENNALIS.

766. Decima biennalis in concilio Lugdunensi, anno m° cc° iiii^{xx} xix°, regi Philippo Pulchro pro subsidio guerre Flandrie concessa levari in terminis Ascensionis et Omnium Sanctorum m° ccc° [et] m° ccc° i°, levata tamen tantummodo pro duobus primis terminis in aliquibus provinciis, aut pro tribus primis terminis, ut in aliquibus aliis provinciis, propter inhibitionem pape Bonifacii VIII. Et sunt fere omnes compoti ejusdem corrigendi, ac per

---

[1] Ms.: *mercurii.* — [2] Ms.: *traditis.* — [3] Ms.: *debent.* — [4] Ms.: *secundas.*

eos plura signantur esse recuperanda; et suti in duobus rotulis, quia compoti ejusdem in diocesi Carnotensi suuntur in uno rotulo, compoti aliarum provinciarum et diocesium in alio, non ordine tamen quo infra scribuntur, cum scribantur hic ordine provinciarum.

767. *Senonensis provincia.*
Compotus Petri de Senonchiis de dicta decima biennali in diocesi Carnotensi pro duobus terminis primi anni, videlicet M^{i}ccc^i, redditus vigesima quinta mensis Septembris anno M°ccc°x°. Corrigitur finis.

Alius compotus ejusdem de eadem ibi pro primo termino secundi anni, videlicet M^{i}ccc^{i}II^i, redditus vigesima quinta mensis Septembris anno M°ccc°x°. Et fuit decima istius termini iterum reddita.

768. Compotus subcollectorum, seu relatio magistri G. de Poteria, facta anno M°ccc°III°, super negocio prime decime biennalis predicte, duarum duplicium decimarum et aliquorum annualium in provincia Senonensi, excepta diocesi Aurelianensi, et de quadam recepta facta de eisdem. Signantur plura arreragia et alia adhuc requirenda; non videtur esse perfectus. Suitur in fine omnium compotorum dicte decime.

769. *Remensis provincia.*
Compotus magistri Andree de Quadrellis de dicta decima pro primo anno in provincia Remensi, factus mercurii post Cathedram Sancti Petri anno M°ccc°I°. Debetur ei; tamen habuit cedulam ad Luparam. Restant plura arreragia recuperanda, et plures summe signantur recuperari super subcollectores diocesium [1] ejusdem provincie.

770. *Bituricensis provincia.*
Compotus magistri Pasquerii de Blesis de dicta decima pro primo anno in provincia Bituricensi, et de arreragiis duarum duplicium decimarum ac annualium ibi, et diocesis Aniciensis. Parum est ibi [2] de manu Camere.

771. *Turonensis provincia.*
Computavit de dicta decima magister R. de Vernone cum duabus duplicibus decimis in provincia Turonensi, prout apparet supra.

772. De dicta decima etiam in comitatu Britannie computavit magister Gerardus de Marla cum duabus duplicibus decimis ibi, prout apparet supra.

773. *Rothomagensis provincia.*
Compotus magistri G. de Vigneto de dicta decima pro primo anno in provincia Rothomagensi, redditus post Sanctam Luciam M°ccc°I°. Plures denarii restant recuperandi super subcollectores diocesium ejusdem provincie.

774. Compotus magistri Radulphi de Mellento de expensis quas fecit circa collectionem ejusdem decime. Debet IIII sol., IIII den. tur.; et Templum pro ipso LX lib. tur.

---

[1] Ms.: *diocesis.* — [2] Ms.: *Parum autem vel est ibi...*

775. Compotus magistri Bertaudi[1] de Latigniaco de expensis quas fecit circa collectionem ejusdem decime ibi. Debet xxxii sol., x den. tur.

776. *Burdegalensis provincia.*

Compotus magistri P. Daniel, substituti a magistro Arnaldo de Villario[2], de dicta decima pro tribus primis terminis in provincia Burdegalensi, redditus post Sanctum Nicolaum hyemalem m° ccc° i°. Debet lxvii lib., xvi sol., xi den. tur.; et signantur plura arreragia esse recuperanda.

777. *Narbonensis provincia.*

Compotus magistri G. de Gisortio de dicta decima pro primo anno in provincia Narbonensi, et de arreragiis duplicium decimarum, redditus dominica post Sanctum Johannem m° ccc° i°. Multa arreragia signantur recuperanda.

778. *Lugdunensis provincia pro decima anni $m^i cc^i iiii^{xx} xix^i$.*

Compotus magistri G. de Gilleyo de dicta decima biennali pro primo termino in provincia Lugdunensi, redditus die veneris post Assumptionem Beate Marie anno m° ccc°. Corrigitur finis. Aliqua signantur esse recuperanda.

Alius compotus ejusdem de eadem ibi pro secundo termino et de arreragiis primi termini, redditus dominica post Sanctum Martinum estivalem, seu die jovis ante Sanctum Arnulphum m° ccc° i°. Signantur plures defectus, et plura alia esse recuperanda.

Alius compotus ejusdem de arreragiis secunde duplicis decime ibi, auditus [die] jovis ante Sanctum Arnulphum m° ccc° i°. Debet lxxvi sol., x den. tur. Sunt plures defectus adhuc requirendi.

779. *Auxitanensis provincia.*

Compotus magistri Sicardi de Vauro de dicta decima pro primo anno in provincia Auxitanensi, redditus ante Sanctum Gregorium m° ccc° i°. Debet xxvi lib., xvii sol., xi den. tur. Et signantur ii^cxl lib. recuperande aut corrigende locis suis[3].

780. *Viennensis provincia.* — Nihil reperio.

781. *Bisontinensis provincia.* — Idem.

[DECIMA A PRELATIS PROVINCIE REMENSIS CONCESSA.]

782. Decima a prelatis provincie Remensis in concilio Sylvanectensi, celebrato anno m° ccc° iii°, concessa in eadem provincia levari in uno termino anno m° ccc° iv°, levata duplex a prelatis et personis exemptis, et simplex a personis non exemptis, pro subsidio regni, in octo diocesibus ejusdem provincie tantum, videlicet in diocesibus Remensi, Catalaunensi, Laudunensi, Suessionensi, Ambianensi, Noviomensi, Silvanectensi et Belvacensi. In

---

[1] Ms.: *Bertrandi*. — [2] Ms.: *Villaribus*. — [3] Ms.: *at. corrigend.* Cf. § 785.

aliis autem diocesibus non fuit concessa propter combustionem [1] guerrarum Flandrie. Cujus decime compoti non sunt omnino correcti, sed per eos plura signantur recuperanda, et suuntur in uno rotulo, ordine subscripto, cum compotis decime levate in provinciis Narbonensi et Lugdunensi ex concessione prelatorum in concilio Biterrensi [2] anno M° CCC° IV°, et decime concesse in concilio celebrato apud Clarummontem eodem anno M° CCC° IV° a prelatis provincie Bituricensis, item decime duplicis [3] concesse a prelatis provincie Auxitanensis anno M° CCC° V°, ac compotis decime concesse in provincia Senonensi a prelatis et personis ecclesiasticis ibi anno M° CCC° V° pro admortisatione suorum acquestuum, qui scribuntur infra.

783. *Remensis provincia.*

Compotus domini Johannis de Sancto Spiritu de hoc quod recepit de dicta decima concessa anno M° CCC° III°, que debuit levari anno M° CCC° IV°, in uno termino, in octo diocesibus predictis provincie Remensis a collectoribus ibi, ac de arreragiis veteris decime et annualium anni M¹ CCC¹ IIII¹ a collectoribus eorundem in eadem provincia. Item, de hoc quod recepit de subventione focorum baillivie Sylvanectensis a collectoribus ejusdem ibi, et de arreragiis quinquagesime baillivie Viromandensis, vicesime, mutuorum, duplicis quinquagesime et aliarum subventionum. Factus decima quinta mensis Martii M° CCC° VI°. Corrigitur finis. Pauca signantur esse recuperanda. Suitur primus causa voluminis.

Alius compotus dicti magistri Johannis de restanciis quorundam aliorum compotorum suorum, factus dicta decima quinta die tunc. Corrigitur finis. Pauca signantur esse recuperanda.

Alius compotus ejusdem de dicta decima in predictis diocesibus dicte provincie, et de denariis debitis regi in eadem provincia et baillivia Sylvanectensi, ex quacunque causa levatis per ipsum, a dicta decima quinta die Martii M° CCC° VI° usque ad vigesimam Junii M° CCC° VIII°, qua die fuit redditus. Multi defectus et denarii traditi signantur esse recuperandi super subcollectores ejusdem provincie et alias personas. Suitur post alios compotos suos precedentes causa voluminis.

Alius compotus ejusdem de arreragiis ejusdem decime et aliarum subventionum in eadem provincia, redditus vigesima die Februarii anno M° CCC° X°. Corrigitur finis. Signantur plures denarii traditi recuperandi.

[DECIMA IN CONCILIO BITERRENSI CONCESSA.]

784. Decima a prelatis in concilio Biterrensi [4] anno M° CCC° IV° concessa, levata in Narbonensi provincia pro terminis Paschalis Synodi et Assumptionis Beate Marie M° CCC° V°, videlicet duplex a prelatis et simplex a personis exemptis. Cujus compoti corrigendi sunt, et suti cum compotis precedentis decime, prout dicitur supra, ordine subscripto.

---

(1) Les *Historiens de la France* (XXI, 526 A) suppléent ici : « occasione ».

(2) Ms. : *Bituricensi.*

(3) Ms. : *duplices.*

(4) Ms., ici et plus loin : *Bituricensi.* — La bonne leçon est dans les Extraits de Menant (XI, fol. 21 v°). Cf. *Historiens de la France*, XXI, 526 B.

785. *Narbonensis provincia.*

Compotus Bonati Constantini et Remundi Johannis, fratrum, de Narbona, de duplici decima concessa a prelatis in provinciali concilio Biterrensi anno M° CCC° IV°, in provincia Narbonensi, redditus vigesima quinta Octobris M°CCC°X°. Debent IIII°XXXV lib., XVIII sol. tur. debilis. Sciatur si et ubi regi redduntur. Signantur plura ad hec requirenda, et plures denarii traditi recuperandi aut corrigendi locis suis.

786. Quidam compotus de recepta duarum duplicium decimarum predictarum concessarum a prelatis provincie Narbonensis tunc, quarum prima debuit levari in Synodo Paschali et alia in Assumptione M°CCC°V°, redditus dicto Bonato Constantini[1], receptori carundem in eadem provincia.

787. *Lugdunensis provincia.*

Compotus magistri Droconis de Caritate de dicta decima in provincia Lugdunensi, redditus vigilia Sancti Barnabe M°CCC°VI°. Restant plures defectus ibi requirendi, et debet IIII lib., XII sol., III den. tur.

[DECIMA IN CONCILIO APUD CLARUMMONTEM CELEBRATO CONCESSA.]

788. Decima a prelatis provincie Bituricensis in concilio celebrato apud Clarummontem [anno] M°CCC°IV°, que debuit levari duplex ab exemptis et prelatis, et simplex a non exemptis, pro quibusdam libertatibus et gratiis eis concessis. De qua solum vidi penes nos que sequuntur, suta cum compotis precedentium decimarum, prout predicitur.

789. Forma seu rotulus concessionis in dicta provincia Bituricensi et termini solutionum ejusdem traditi per magistrum G. de Gisortio, qui ivit ibi pro dicta decima procuranda[2]. Et debuit solvi seu levari in terminis diversis, secundum quod in diocesibus ejusdem provincie fuit concessum a prelatis cujuslibet, qui in dicta relatione exprimuntur. Sciatur qui dictam decimam levavit, et si, aut ubi, redditur regi.

790. *Diocesis Bituricensis.*

Compotus Huguenini Thodre de dicta decima levata duplici in diocesi et civitate Bituricensi per eundem, substitutum a magistro G. de Gisortio, generali collectore totius provincie, redditus curie mense Decembri M°CCC°XXVI°. Sunt ibi requirenda [arreragia] de III^mVI^cXL lib., XIII sol., X den. Debetur ei. Que arreragia tradita fuerunt sibi ad levandum.

791. Compotus Ingerranni Dalequine[3] de arreragiis dicte decime in dicta diocesi Bituricensi, redditus vigesima sexta Januarii M°CCC°XXIX°. Debet. Thesaurus tamen pro ipso.

[ALIE DECIME A QUIBUSDAM PROVINCIIS ECCLESIASTICIS CONCESSE.]

792. Decima duplex provincie Turonensis, regi concessa a prelatis et personis ecclesiasticis ibi, anno M°CCC°IV°, pro subventione[4] guerre Flandrie.

---

[1] Ms. : *Renato Constante.* — [2] Ms. : *procurator.* — [3] Ms. : *Daleguine.* Cf. Arch. nat., KK 2, fol. 127. — [4] Ms. : *observatione.*

Compotus magistri Guillelmi de Poteria et Petri de Montibus de dicta duplici decima ibi. Non auditus. Debent tamen viii^e, etc. Et sunt plura arreragia adhuc requirenda, liganda cum dicto compoto aut in sacco arreragiorum decimarum.

793. Decima duplex a prelatis provincie Auxitanensis anno m°ccc°v° levari concessa. Sciatur si et ubi redditur regi, quia nullos compotos ipsius vidi penes nos; imo solum vidi de eadem que sequuntur.

Compotus magistri Roberti de Vernone de expensis quas fecit in provincia Auxitanensi pro dicta duplici decima procuranda anno m°ccc°iv° et de quadam recepta quam fecit tunc de eadem decima, de duplici centesima ac quibusdam annualibus ibi. Et continetur ibi relatio sua de eadem decima et annualibus. Sciatur si et ubi redditur regi, et si subcollectores cujuslibet diocesis nominati ibi, quos substituit ad eandem levandam, computaverunt, aut non, et ubi, quia nullos compotos ipsorum habemus de eisdem, que etiam debuerunt levari in terminis Omnium Sanctorum et Medie Quadragesime m°ccc°v°.

794. Decima duplex a prelatis et personis ecclesiasticis provincie Senonensis pro admortisationibus suorum acquestuum concessa, anno m°ccc°v°, in eadem provincia, regi Philippo Pulchro. Levata tantummodo simplex. Ideo alia signatur ponenda in debitis [1]. Cujus compoti suuntur cum compotis trium precedentium decimarum, prout pretangitur.

Compotus magistri Symonis Lamberti de dicta decima in eadem provincia Senonensi, factus die lune post Sanctum Nicolaum m°ccc°viii°. Corrigitur finis. Signantur tamen quedam pars ejusdem decime adhuc levanda, et plura arreragia requirenda.

795. Decima simplex, a prelatis provincie Rothomagensis anno m°ccc°vi° concessa, levata in termino Nativitatis Beate Marie tunc, in debili moneta, per magistrum G. de Rivo, generalem collectorem ejusdem ibi.

[DECIMA BIENNALIS A PAPA BENEDICTO XI° CONCESSA.]

796. Item, decima biennalis, a papa Benedicto XI°, consecrato apud Lugdunum, anno post obitum pape Bonifacii, qui obiit..., concessa pro reductione monete ad suum pondus debitum et antiquum, et levata ad fortem monetam in terminis Penthecostes et Nativitatis Beate Marie annis m°ccc°vii° et m°ccc°viii°.

Cujusmodi decimarum compoti suuntur simul ordine infrascripto, et sunt corrigendi [2].

797. *Rothomagensis provincia.*

Compotus magistri Guillelmi de Rivo de dicta decima simplici levata ad debilem monetam in provincia Rothomagensi, et de prefata decima biennali levata annis m°ccc°vii° et viii° ibidem ad fortem monetam, redditus vigesima quarta Septembris m°ccc°x° anno.

---

[1] Cf. *Historiens de la France*, XXI, p. 526, note 6.

[2] Menant (XI, fol. 22) nous apprend que l'on lisait ici, «en marge», dans le manuscrit original, la phrase suivante qui, dans le ms. lat. 9069, est transcrite à la fin du paragraphe : «Alias a papa Clemente V°, quia creditur quod tunc non vivebat papa Benedictus.»

798. Relinquitur spatium pro secundo articulo.

799. Alius compotus de arreragiis dictarum decimarum.

800. *Senonensis.*

Compotus magistri Guillelmi de Gilleyo de dicta decima biennali in provincia Senonensi, redditus post Sanctum Andream anno m°ccc°viii°.

801. Compotus magistri Radulphi de Mellento et magistri Egidii de Montef[orti] de arreragiis dicte decime in diocesi Parisiensi, redditus mense Julii m°ccc°xxii°. Restant ibi arreragia requirenda.

802. *Remensis provincia.*

Magister G. de Gisortio.

803. *Bituricensis provincia et diocesis Aniciensis.*

Compotus magistri Droconis de Caritate de dicta decima in provincia Bituricensi et diocesi Aniciensi, pro primo anno, videlicet m°ccc°vii°, redditus octava mensis Martii anno predicto m°ccc°vii°.

804. Deficit secundus articulus.

805. Compotus magistri Stephani de Antogniaco de eadem decima ibi pro secundo anno, videlicet m°ccc°viii°, et de arreragiis primi anni, redditus undecima Septembris anno m°ccc°x°.

806. *Turonensis provincia.*

Compotus magistri R. de Vernone de dicta decima in provincia Turonensi, redditus post Sanctum Barnabam anno m°ccc°ix°.

807. Alius compotus de quibusdam expensis magistri G. de Intermeyo [1] factis super negotio ejusdem decime ibi, redditus per eundem magistrum R. de Vernone.

808. Alii tres compoti dicti magistri R. de arreragiis dicte decime in eadem provincia : [primus] redditus anno m°ccc°xi°; secundus, anno m°ccc°xiv°; tertius, anno m°ccc°xvii°.

809. *Burdegalensis provincia.*

Magister Symon Lamberti habet computare [2], ut dicitur.

810. *Narbonensis provincia.*

Magister Arnaldus de Villario [3] pro primo termino. — Compotus magistri Johannis de Crispeio de totali dicta decima in provincia dicta, redditus tertia die Februarii m°ccc°xxxvi°.

811. *Lugdunensis provincia pro decima biennali predicta.*

Compotus magistri P. de Cabilone de dicta decima biennali annorum mⁱ cccⁱ viiⁱ et mⁱ cccⁱ viiiⁱ in provincia Lugdunensi, redditus anno m°ccc°xii°. Debet ii^m ix^{xx} xii lib., xvi sol., i den. tur., que ponuntur in deb[itis] par[ticularibus] de anno m°ccc° viii°. Sunt ibi plura

---

[1] Ce nom se trouve dans un fragment original (Bibl. nat., fr. 25993, n° 261) : « dominum G. de Intrameyo, rectorem ecclesie de Pereneyo, Cenomanensis diocesis, collectorem..... »

[2] Ms. : *compotum*. Restitué par conjecture.

[3] Ms. : *Arnulphus de Villaribus*. Cf. § 523.

arreragia et alia recuperanda, que signantur tradita fuisse magistro Guillelmo de Poteria pro explectis, de quibus computavit cum decima ejusdem provincie anni m^{i}ccc^{i}xviii^i, prout infra.

812. *Auxitanensis provincia.* — Desunt.

813. *Viennensis provincia.* — Desunt.

814. *Bisontinensis provincia.*

DECIMA SIMPLEX A CLEMENTE PAPA CONCESSA.

815. Decima simplex a papa Clemente V°, consecrato anno m°ccc°v° post obitum pape Benedicti XI^i, qui obiit..., levata in quindenis Paschatis et Sancti Michaelis m°ccc°x°; cujus compoti suuntur in uno rotulo, ordine subscripto, et sunt quasi omnes corrigendi, ac per eos restant plura arreragia requirenda.

816. *Senonensis provincia.*

Compotus magistri Johannis de Serez, thesaurarii Lexoviensis, cum compotis singulis subcollectorum de singulari decima predicta in provincia Senonensi, redditus vigesima Aprilis anno m°ccc°xii°, post Pascha. Restant plura arreragia requirenda.

Alius compotus ejusdem de quibusdam arreragiis precedentium decimarum in diocesi Carnotensi, quorum summa$^{(1)}$ fuit vi^{xx} xv lib., xii den., de tempore burgensium, valentes cviii lib., ix den., ob. tur., que debent reddi per thesaurum ad Sanctum Johannem m°ccc°xxii°.

817. Compotus magistri Johannis Gaydre de arreragiis dicte decime in eadem provincia, et de arreragiis decime anni m^{i}ccc^{i}xii^i et decime sexennalis sequentis, etc. Suitur inter compotos$^{(2)}$ ejusdem decime sexennalis; ideo queratur ibi.

818. *Remensis provincia.*

Magister G. de Gisortio fuit collector generalis.

819. *Bituricensis.*

Compotus magistri P. Favelli de dicta decima in provincia Bituricensi, redditus tertia Septembris m°ccc°xix°. Corrigitur finis. Restant tamen arreragia de viii^c xxix lib., vi sol., viii den. ob. Requirantur, et etiam quedam alia.

820. *Turonensis.*

Compotus magistri R. de Vernone de dicta decima in provincia Turonensi, redditus decima quinta Junii anno m°ccc°xi°. Corrigitur finis. Restant tamen plura arreragia requirenda, ut videtur.

821. Alii compoti duo ipsius de arreragiis ejusdem decime ibi, primus redditus prima Junii anno m°ccc°xv°, alius decima octava Augusti anno m°ccc°xvii°. Corriguntur fines.

---

(1) Ms. : *supra*. — (2) Ms. : *compotum*.

DECIME.

822. *Rothomagensis.*
Compotus magistri Johannis de Pilosis de dicta decima in provincia Rothomagensi, redditus decima quinta Januarii m°ccc°xi° anno. Debet vi^{e}xvii lib., v den. tur. Restant plura arreragia requirenda, et plures denarii recuperandi super subcollectoribus diocesium ejusdem provincie; unde ibi signantur ciiii lib., xii sol., xi den. tur. super magistrum Laurentium de Nealpha, subcollectorem Ebroycensis diocesis.

823. *Burdegalensis.*
Compotus Nicolai de Creciaco de dicta decima in provincia Burdegalensi et de arreragiis decimarum Arragonie requirendis, aliis precedentibus, et de quibusdam annualibus, redditus per magistrum Adam de Riz decima tertia Junii m°ccc°xv°. Debet iii^{c}lxx lib., xi sol., v den. tur. Restant multa arreragia requirenda et quedam alia recuperanda.

824. *Narbonensis et Auxitanensis.*
Compotus magistri P. de Aurelianis [1] de dicta decima in provinciis Auxitanensi et Narbonensi, et de quibusdam arreragiis quorundam annualium et duplicis decime ibi. Dicitur ibi quod fuit redditus septima Martii m°ccc°xi°, non videtur tamen quod sit perfectus. Videtur debere v^{m}iii^{e}xlix lib., xiii sol., vi den. tur. Sciatur si et ubi redduntur regi. Restant plura arreragia adhuc requirenda.

825. *Lugdunensis.*
Magister P. de Cabillone, collector ibi.

826. *Viennensis.* — Nihil.

827. *Bisontinensis.* — Nihil.

DECIMA SIMPLEX IN CONCILIO VIENNENSI ANNO M°CCC°XII° CONCESSA.

828. Decima simplex concessa pape Clementi in concilio Viennensi a prelatis anno m°ccc°xii°, levata in terminis Magdalene et Purificationis tunc pro rege Philippo Pulchro cui eam concessit [2]. Cujus executores fuerunt episcopus Autissiodorensis et magister G. de Plesseyo. Et sunt compoti ejusmodi suti in uno rotulo ordine subscripto. Correcti sunt quantum [3] ad fines et non quantum ad residuum [4], nisi quantum ad solutiones thesauro.

829. *Senonensis provincia.*
Compotus magistri Johannis de Cerez cum compotis subcollectorum de dicta simplici seu singulari decima in provincia Senonensi. Corrigitur quantum ad finem et solutiones thesauro factas. Restant tamen plura arreragia requirenda in qualibet diocesi, de quibus computavit pro parte magistri Johannis Gaydre cum arreragiis decime sexennalis, cujus compotus est inter compotos ejusdem decime sexennalis.

---

[1] Ms. : *Arrel.* — [2] Ms. : *concesserunt.* — [3] Ms., ici et plus loin : *quam.* — [4] Ms. : *reservat.* Cf. § 582, 1107.

830. *Remensis.*

Compotus magistri P. de Albigniaco et subcollectorum suorum de dicta decima in provincia Remensi, redditus anno M° ccc° xiv°. Non videtur tamen esse perfectus. Restant plures defectus requirendi in qualibet diocesi, et plures denarii recuperandi super subcollectoribus.

831. *Bituricensis provincia. Diocesis Aniciensis.*

Compotus magistri P. Favelli de dicta decima in provincia Bituricensi et diocesi Aniciensi. Restant vii^c lxiiii lib., xviii sol., x den. tur., pro arreragiis requirende.

832. *Turonensis.*

Compotus magistri R. de Vernone de dicta decima in provincia Turonensi, redditus ultima Februarii M° ccc° xiv°. Corrigitur finis. Restant plura arreragia requirenda et plures denarii recuperandi super subcollectoribus.

Alius compotus ejusdem de arreragiis ejusdem decime ibi, redditus decima octava Augusti M° ccc° xvii°. Debuit. Thesaurus tamen pro ipso, etc. Restant plura arreragia adhuc requirenda.

833. *Rothomagensis.*

Compotus magistri Johannis de Pilosis de dicta decima in provincia Rothomagensi. Non videtur esse perfectus. Restant plura arreragia requirenda et plures denarii recuperandi super subcollectoribus.

Alius compotus ejusdem de arreragiis ejusdem decime ibi. Corrigitur finis. Restant adhuc plura arreragia requirenda.

834. *Narbonensis, Burdegalensis, Auxitanensis.*

Compotus magistri P. de Aurelianis de dicta decima in provinciis Narbonensi, Burdegalensi et Auxitanensi, redditus vigesima Junii M° ccc° xiv°. Corrigitur finis. Restant ibi plures defectus requirendi.

835. *Lugdunensis.*

Compotus magistri P. Favelli de dicta decima in provincia Lugdunensi. Corrigitur finis. Signantur ibi plura arreragia requirenda.

836. *Viennensis.*

Restant requirenda.

837. *Bisontinensis.* — Idem.

DECIMA SEXENNALIS A PAPA CLEMENTE V° ANNO M° CCC^b XIII° CONCESSA.

838. Decima sexennalis a papa Clemente V° in concilio Viennensi, anno M° ccc° xiii°, pro passagio ultramarino regi Philippo Pulchro concessa, levata in terminis Magdalene et Purificationis per quinquennium, quia annum sextum, videlicet M^{um} ccc^{um} xviii^{um}, reservavit dominus papa. Cujus executores fuerunt episcopus Autissiodorensis, abbas Sancti Dyonisii

et magister G. de Plesseyo. Compoti ejusdem correcti sunt quantum ad fines et solutiones factas thesauro, et suti per provincias ordine subscripto [1].

839. *Senonensis provincia.*

Compotus magistri Johannis de Ceres, thesaurarii [2] Lexoviensis, de dicta decima sexennali, pro terminis Magdalene et Purificationis anno $M^o CCC^o XIII^o$ in provincia Senonensi, redditus vigesima secunda Februarii $M^o CCC^o XXII^o$. Corrigitur quantum ad finem et solutiones thesauro. Restant tamen post compotum cujuslibet diocesis ejusdem provincie Senonensis plures defectus requirendi [3].

Alius compotus ejusdem de dicta decima in eadem provincia pro terminis anni $M^i CCC^i XIV^i$, redditus sexta [4] die Februarii $M^o CCC^o XXII^o$. Corrigitur ut supra. Restant in qualibet diocesi plures defectus requirendi.

840. Alius compotus ejusdem et magistri Johannis Gaydre de dicta decima in eadem provincia pro terminis anni $M^i CCC^i XV^i$, redditus ultima Februarii $M^o CCC^o XXII^o$. Corrigitur ut supra. Restant plures defectus in qualibet diocesi requirendi.

841. Compotus magistri Johannis Gaydre predicti de dicta decima in eadem provincia pro terminis annorum $M^o CCC^o XVI^o$ et $M^o CCC^o XVII^o$, redditus ultima Februarii $M^o CCC^o XXII^o$. Corrigitur ut supra. Restant tamen plures defectus requirendi, et signantur plura recuperanda.

842. Alius compotus ejusdem magistri Johannis Gaydre de arreragiis decimarum concessarum annis $M^o CCC^o X^o$, $M^o CCC^o XII^o$, et istius decime sexennalis pro anno $M^o CCC^o XIII^o$ in eadem provincia, una cum arreragiis ejusdem decime sexennalis in provincia Rothomagensi pro annis $M^o CCC^o XIII^o$, $M^o CCC^o XIV^o$, $M^o CCC^o XV^o$ et $M^o CCC^o XVI^o$ et [5] $M^o CCC^o XVII^o$. Corrigitur, ut supra. Restant tamen plura arreragia adhuc requirenda, que sunt penes alios socios.

843. Compotus Fremini de Coquerello et Jacobi de Rageuse de hoc quod receperunt de dicta decima in eadem provincia pro terminis Candelose $M^o CCC^o XIV^o$ et Magdalene $M^o CCC^o XV^o$, redditus ultima Julii $M^o CCC^o XIX^o$. Debetur.

844. Compotus Johannis de Sancto Salvatore de arreragiis dicte decime in eadem provincia pro quinque primis annis, sibi traditis ad levandum per magistrum Johannem Gaul[art], thesaurarium, post obitum predicti magistri Johannis Gaydre, redditus ultima Aprilis $M^o CCC^o XXV^o$. Debet II^c, etc. Thesaur[arius] tamen pro ipso reddidit rotulum arreragiorum sibi traditorum; et tradidit alios rotulos de arreragiis que non levavit, adhuc requirendis. Fiat collatio de arreragiis requirendis que tradidit et de arreragiis reddendis in dicto compoto suo cum rotulo arreragiorum sibi traditorum ad levandum, ut sciatur

---

[1] Voir le paragraphe : « Recepte decime concesse per papam Clementem quintum in concilio generali Vienne ad sex annos... », dans le Compte des trésoriers pour le terme de la Saint-Jean 1316, Bibl. nat., fr. 20683, fol. 8 et suiv.

[2] Ms. : *thesaurarius*.

[3] Ms., ici et plus loin : *requiruntur*.

[4] Ms. : *in*, pour « vi ».

[5] Ms. : *et al. 1317*.

si equipolleant. — Sunt autem alia arreragia veriora tradita post auditionem compoti dicti magistri Johannis Gaidre, in quibus fiant solutiones.

845. *Remensis.*

Compoti duo magistri Johannis de Fontanis, decani Caslet[ensis][1], de dicta decima in provincia Remensi, pro duobus terminis anni M^i CCC^i XIII^i et pro Magdalena M^o CCC^o XIV°. Corriguntur fines. Restant tamen post quemlibet compotum plura arreragia requirenda.

Alius compotus ejusdem de arreragiis decimarum concessarum annis M^o CCC^o VII°, M^o CCC^o VIII°, M^o CCC^o X^o et M^o CCC^o XII°, et decime istius sexennalis pro anno M^o CCC^o XIII°. Corrigitur finis.

846. Compotus magistri Petri de Albigniaco de dicta decima in eadem provincia pro terminis Purificationis M^o CCC^o XIV° et Magdalene ac Purificationis M^o CCC^o XV° et M^o CCC^o XVI°. Item, de arreragiis decime anni M^i CCC^i XII^i et istius decime sexennalis pro annis M^o CCC^o XIII°, M^o CCC^o XIV°, M^o CCC^o XV° et M^o CCC^o XVI°, redditus decima quarta Aprilis M^o CCC^o XVII°. Corrigitur finis.

Alius compotus ejusdem de eadem decima ibi pro anno M^o CCC^o XVII° et de decima biennali concessa a papa Johanne XXII° pro anno M^o CCC^o XVIII°, ac de arreragiis dicte decime sexennalis pro annis M^o CCC^o XIII° et sequentibus, redditus septima Martii M^o CCC^o XIX°. Corrigitur finis.

Alius compotus magistri Petri predicti de arreragiis ejusdem decime sexennalis et decime biennalis concesse anno M^o CCC^o XVIII°, redditus per ejus fratrem, octava Novembris M^o CCC^o XXIV°. Corrigitur finis. Restant arreragia adhuc requirenda de XXXVII^m CVIII lib., XVIII sol., I den., pict. par., in uno rotulo penes nos, quorum copia missa fuit Thoto Guidi pro levando.

847. Compotus Thoti Guidi[2] de arreragiis decimarum totius provincie Remensis, ab anno M^o CCC^o XII° usque ad annum M^{um} CCC^{um} XXVII^{um}, regi diversis vicibus concessarum. Non auditus.

848. *Bituricensis. Diocesis Aniciensis.*

Compotus magistri P. Favelli de dicta decima in provincia Bituricensi et diocesi Aniciensi pro duobus terminis anni M^i CCC^i XIII^i. Corrigitur finis. Restant arreragia de XIII^c IIII^{xx} VII lib., VIII den., ob. tur., adhuc requirenda[3]. Partes in quodam rotulo.

Alius compotus ejusdem de eadem ibi pro primo termino anni M^i CCC^i XIV^i. Corrigitur finis. Restant arreragia de M lib., LVIII sol., III den., ob. tur. adhuc requirenda, que sunt in quodam rotulo.

849. Compotus magistri P. de P[r]uneto de dicta decima in eadem provincia et diocesi pro secundo termino anni M^i CCC^i XIV^i et pro duobus terminis annorum M^i CCC^i XV^i et

---

[1] Cette forme est attestée; mais on trouve aussi « Calletensis » (Arch. nat., JJ 42^a, fol. 81 v°). Cf. Arch. nat., LL 1172, p. 265, LL 1173, p. 293. — [2] Ms.: *Guidonis.* — [3] Ms.: *adhuc requirantur partes.*

ᴍⁱ ᴄᴄᴄⁱ xvıⁱ, et de arreragiis ejusdem decime pro anno ᴍ° ᴄᴄᴄ° xııı°, et pro [......] termino ᴍⁱ ᴄᴄᴄⁱ xıvⁱ. Item de arreragiis decime anni ᴍⁱ ᴄᴄᴄⁱ xⁱ. Corrigitur fınis. Restant plures defectus requirendi in qualibet diocesi. Sciatur ubi sunt.

Alius compotus ejusdem de eadem decima ibi pro anno ᴍ° ᴄᴄᴄ° xvıı°, et de arreragiis annorum precedentium, et decime anni ᴍⁱ ᴄᴄᴄⁱ xⁱ, que dicitur annualis, adjuncta biennali, prout ibi continetur; item, de arreragiis decime anni ᴍⁱ ᴄᴄᴄⁱ xıvⁱ. Corrigitur finis. Restant plures defectus adhuc requirendi; sciatur ubi sunt. — De anno xvııı°[1] promptus est computus dicti magistri[2] P.; et est compotus de e[odem] inter non audit[os].

Alius compotus ejusdem de arreragiis ejusdem decime restantibus ad levandum post duos computos suos precedentes in dictis provinciis et diocesibus. Debet vᶜ ıııı lib., xıı sol., ııı den. tur. Restant adhuc arreragia requirenda de ııᵐ ıııᶜ ııııˣˣ v lib., xıı sol., ı den. tur., que sunt in dicto compoto, et tradidit etiam arreragia diocesis Bituricensis in duobus parvis rotulis simul sutis.

850. *Turonensis.*

Compotus magistri R. de Vernone de dicta decima sexennali pro anno ᴍ° ᴄᴄᴄ° xııı°, redditus trigesima Maii ᴍ° ᴄᴄᴄ° xv°. Corrigitur finis. Restant plures defectus requirendi in quodam alio rotulo.

Alius compotus ejusdem de arreragiis ejusdem decime pro dicto anno ᴍ° ᴄᴄᴄ° xııı°. Corrigitur finis. Restant adhuc plures defectus requirendi.

Alius compotus ejusdem de eadem decima ibi pro anno ᴍ° ᴄᴄᴄ° xıv°. Corrigitur finis. Restant plures defectus requirendi.

Alius compotus ejusdem de eadem ibi pro anno ᴍ° ᴄᴄᴄ° xv°. Corrigitur finis. Restant plures defectus requirendi.

Alius compotus ejusdem de eadem ibi pro anno ᴍ° ᴄᴄᴄ° xvı°. Corrigitur finis. Restant ut supra.

Alius compotus ejusdem de eadem decima levata per ipsum in ecclesia Beati Martini Turonensis et ejus membris, tantum pro anno ᴍ° ᴄᴄᴄ° xvıı°. Corrigitur finis. Restant vıııˣˣ xı lib., vıı sol. requirenda, que sunt ibi suta.

851. Compotus magistri Bertaudi[3] de Latigniaco et Petri de Yverniaco de arreragiis ejusdem decime pro primo termino anni ᴍⁱ ᴄᴄᴄⁱ xıvⁱ et pro annis ᴍ° ᴄᴄᴄ° xv° et ᴍ° ᴄᴄᴄ° xvı° in eadem provincia, redditus nona Aprilis ᴍ° ᴄᴄᴄ° xx°. Corrigitur finis. Restant adhuc plura arreragia requirenda.

852. Compotus dicti Petri de Yverniaco de arreragiis ejusdem decime in eadem provincia pro secundo termino anni ᴍⁱ ᴄᴄᴄⁱ xıvⁱ et annis ᴍ° ᴄᴄᴄ° xv° et ᴍ° ᴄᴄᴄ° xvı°, ac de arreragiis exemptorum subjectorum ecclesie Beati Martini Turonensis pro quin[t]o anno, redditus vigesima quinta Junii ᴍ° ᴄᴄᴄ° xxıv°. Corrigitur finis. Restant adhuc plures defectus requirendi.

---

[1] Ms.: *cxvııı.* — [2] Ms.: *dictus mag.* — [3] Ms.: *Bertrandi.*

853. Compotus magistri G. d'Esquetot de eadem decima ibi pro anno m° ccc° xvii°, redditus vigesima secunda Septembris m° ccc° xxiv°. Corrigitur finis. Restant plura arreragia requirenda que sunt in fine, que ascendunt ad lxx lib., iiii sol., iii den. Habet computare[1] de anno m° ccc° xviii°.

Alius compotus ejusdem magistri G. de dictis arreragiis dicte decime sexennalis in eadem provincia, redditus curie per ejus fratrem decima septima Aprilis m° ccc° xxx°. Debet cxv lib., iii sol., x den. tur.

854. *Rothomagensis.*

Compotus magistri Johannis de Pilosis de dicta decima in provincia Rothomagensi pro anno m° ccc° xiii°, redditus apud Vicennas quarta Julii m° ccc° xiv°. Corrigitur finis. Restant plures defectus requirendi.

Alius compotus ejusdem de eadem decima in eadem provincia pro primo termino anni m^i ccc^i xiv^i, redditus decima Maii m° ccc° xvii°. Corrigitur finis. Restant plura arreragia requirenda.

Alius compotus ejusdem de arreragiis ejusdem decime in eadem provincia pro anno m° ccc° xiii°. Corrigitur finis. Restant ut supra.

Alius compotus ejusdem de eadem decima ibi pro secundo termino m^i ccc^i xiv^i et pro primo termino m^i ccc^i xv^i. Debentur ei iiii sol., i den. Restant plura arreragia requirenda.

855. Compoti tres magistri Johannis de Fontanis, decani Caslet[ensis], de eadem decima ibi pro secundo termino anni m^i ccc^i xv^i et m° ccc° xvi°, necnon de arreragiis ejusdem decime ibi pro quinque primis terminis, de qua computavit magister Johannes de Pilosis. Corriguntur fines. Restant adhuc plura arreragia requirenda.

856. *Narbonensis et Auxitanensis.*

Compotus magistri P. de Aureli[anis] de dicta decima in provincia Narbonensi pro anno m° ccc° xiii°. Corrigitur finis. Restant in fine plura arreragia requirenda.

Alius compotus ejusdem de eadem ibi pro primo termino anni m^i ccc^i xiv^i et de arreragiis primi anni, et de arreragiis [decime] pape concesse a prelatis in eadem provincia et Auxitanensi, et de arreragiis duplicis decime concesse a papa Benedicto XI° in provincia Auxitanensi. Corrigitur finis. Restant ut supra.

857. Compoti duo magistri G. de Usco de eadem decima in provincia Narbonensi pro termino Purificationis anni m^i ccc^i xiv^i et pro annis m° ccc° xv°, m° ccc° xvi°, m° ccc° xvii°. Corriguntur fines[2]. Restant ut supra.

858. *Burdegalensis et Auxitanensis.*

Compoti duo Girardi Tronquiere, deputati a magistro P. de Monciaco, de dicta decima in provincia Burdegalensi pro anno m° ccc° xiii°, et de hoc quod recepit de anno m° ccc° xiv°. Corriguntur fines. Restant tamen plura arreragia requirenda.

---

[1] Ms.: *compotum.* Peut-être «Habemus compotum». Cf. § 809. — [2] Ms.: *corrigitur finis.*

859. Compotus magistri Johannis de Sechervilla[1] de dicta decima in diocesi Vasatensi, provincie Auxitanensis, pro anno M° CCC° XIII°.

860. Compotus magistri P. de Aurelianis de eadem decima in eadem provincia, pro anno M° CCC° XIV°. Corrigitur finis. Restant ut supra.

Alius compotus ejusdem de eadem in provinciis Burdegalensi et Auxitanensi, pro anno M° CCC° XV°, et de decima concessa a papa Benedicto XI° in provincia Auxitanensi, et de decima concessa pape Clementi V° in provincia Burdegalensi. Corrigitur finis. Restant ut supra, que sunt a tergo compoti.

Alius compotus ejusdem de eadem decima in provinciis Burdegalensi et Auxitanensi pro anno M° CCC° XVI° et de arreragiis decime pape concesse in provincia Burdegalensi, ac de arreragiis biennalis decime a papa Benedicto concesse in diocesi Auxitanensi; item de arreragiis dicte decime sexennalis pro annis M° CCC° XIII°, M° CCC° XIV° et M° CCC° XV°, et de arreragiis ejusdem pro annis M° CCC° XIV°, M° CCC° XV° et M° CCC° XVI° in provincia Auxitanensi. Corrigitur finis. Restant adhuc plura arreragia a tergo compoti requirenda.

Alius compotus ejusdem de arreragiis ejusdem decime in eadem provincia Auxitanensi pro annis M° CCC° XIII° et M° CCC° XIV°. Corrigitur finis. Restant a tergo, ut supra.

861. *Lugdunensis et Viennensis provincie.*

Compotus magistri G. de Poteria de dicta decima in provincia Lugdunensi et in provincia Viennensi, pro parte que in regno consistit, pro quinque primis annis, et non de sexto [2], quamvis esset paratus computare de eodem, prout continetur ibi, necnon de arreragiis decimarum ejusdem provincie concessarum annis M° CCC° IV°, M° CCC° VII°, M° CCC° VIII°, M° CCC° X° et M° CCC° XII°. Redditus anno M° CCC° XXII°. Corrigitur finis. Restant plura arreragia in fine requirenda.

862. Compotus magistri Reginaldi de Briençone de hoc quod recepit de eadem decima in eadem provincia pro tribus primis terminis, et de arreragiis decime pape [3] concesse, et de expensis quas fecit pro relatione facienda super quibusdam condempnationibus [4] et emendis baillivie Matisconensis et senescallie Lugdunensis [5], per magistrum Johannem de Forgetis [6] adjudicatis, et Bernardum de Meso, inquisitores ibi, et super facto Templariorum ac subventione exercitus Flandrie anni M¹ CCC¹ XIV¹. Auditus tertia decima Decembris M° CCC° XXVIII°. Debet, cedulis thesauri deductis [7], II° IX^xx lib., XVI sol., IIII den. tur.

863. *Bisontinensis.* — Nihil.

---

[1] Ms. : *Sechvilla*, la haste de l'*h* barrée. Mot douteux.
[2] Ms. : *et de non de sexto*.
[3] Ms. : *de arreragiis papæ decimæ*.
[4] Ms. : *comdempnantiis*.
[5] Ms. : *Burdegalensis*.
[6] Ms. : *Freget*, avec un signe d'abréviation.
[7] Ms. : *Debet cedulam thes. cedulam deductis...* Cf. § 878.

DECIMA DUPLEX SEU BIENNALIS A PAPA JOHANNE XXII° CONCESSA.

864. Decima duplex seu biennalis a papa Johanne XXII°, consecrato apud Lugdunum anno M° CCC° XVI°, post obitum pape Clementis V¹, qui obiit anno...., concessa regi Philippo Magno, anno M° CCC° XVIII°, levari tribus annis in sex terminis, videlicet una in terminis Magdalene et Purificationis tunc, alia in eisdem terminis annis M° CCC° XIX° et M° CCC° XX°. Cujus executores fuerunt episcopi Meldensis et Noviomensis. Et sunt compoti ejusdem correcti quantum ad fines et solutiones thesauro pro majori parte saltem, et suti per provincias [1] ordine subscripto.

865. *Senonensis.*
Compotus magistri Henrici de Cabilone de dicta decima biennali pro toto triennio quo debuit levari in provincia Senonensi, perfectus tertia Aprilis M° CCC° XXVI° ante Pascha. Debet X^m IX^c XIX lib., VI sol., II den. tur. Sunt ibi partes corrigende per thesaurum de VI^m IIII^c IIII^{xx} lib., II sol., I den., ac circa. Sic restat quod debet III^m V^c LXXV lib., VIII sol., X den. ob., cum pluribus summis peccunie quas posuerat inter arreragia requirenda; eas tamen receperat. Et sunt multa arreragia requirenda, que tradidit in quodam rotulo, quorum copia missa fuit Johanni de Sancto Salvatore pro explect[ando] mense Decembri M° CCC° XXVI°.

866. *Remensis.*
Compotus singularium collectorum cujuslibet diocesis provincie Remensis de dicta decima biennali pro duobus terminis anni M¹ CCC¹ XVIII¹, redditus magistro P. de Albigniaco, generali collectori ejusdem decime ibi, et traditus curie per eum penultima Februarii M° CCC° XIX°. Corrigitur finis. Arreragia restant ad levandum. Sunt penes alios socios.

867. Compotus dicti magistri P. de Albigniaco de eadem decima in eadem provincia pro dicto anno M° CCC° XVIII°. Et quia cum hoc computavit de decima sexennali in eadem provincia pro anno M° CCC° XVII°, ideo est cum aliis compotis ejusdem magistri P. de decima sexennali, ut patet superius intuenti [2].

868. Compoti duo collectorum cujuslibet diocesis ejusdem provincie de dicta decima pro annis M° CCC° XIX° et M° CCC° XX°, redditi per ipsum magistrum P. de Albigniaco et traditi curie per eum decima quinta Martii M° CCC° XXI°. Corriguntur fines. Restant plura arreragia requirenda.

869. Compotus dicti magistri P. de eadem decima ibi pro dictis annis M° CCC° XIX° et M° CCC° XX°, et de hoc quod recepit de arreragiis ejusdem decime et quarundam aliarum precedentium, redditus curie decima sexta Martii M° CCC° XXI°. Corrigitur finis.

---

[1] Ms.: *pro provinciis.* Cf. *Historiens de la France,* XXI, p. 526, note 19. — [2] Cf. ci-dessus, § 846.

870. *Bituricensis provincia.*

Compotus magistri Chatardi de Penna Varia de tota dicta decima in provincia Bituricensi, redditus sexta die Novembris anno M° CCC° XXII°. Restant in fine plura arreragia requirenda. Thesaurus sic debuit reddere pro ipso quod debetur ei.

871. *Turonensis.*

Compotus magistri Ivonis de Lambalia de tota dicta decima in provincia Turonensi, redditus vigesima quarta Augusti M° CCC° XXV°. Debet V^c XXIX lib., XIIII sol., X den. tur., de quibus thesaurus per cedulam suam IIII^c lib. tur. Plura arreragia sunt ibi requirenda, quorum partes in uno rotulo, que tradita fuerunt magistro G. d'Esquelot ad levandum; tamen nichil ex eis levavit, ut dixit frater suus decima septima Aprilis M° CCC° XXX° in Camera compotorum; que dicta arreragia curie reddidit in tribus rotulis.

872. *Rothomagensis.*

Compoti tres magistri Johannis de Ceres de tota dicta decima in provincia Rothomagensi. Restant plura arreragia requirenda. Partes in eisdem compotis.

873. Compotus magistri Stephani Coci, thesaurarii Constantiensis, de arreragiis ejusdem decime in diocesi Constantiensi pro annis M° CCC° XIX° et M° CCC° XX°, redditus secunda Martii M° CCC° XXIII°.

874. *Narbonensis et Tholosana.*

Compoti tres magistri P. de Aurelianis de tota dicta decima in provincia Narbonensi, et de aliquibus arreragiis decime sexennalis in provincia Auxitanensi et in provincia Burdegalensi. Corriguntur fines, ut de aliis. Restant a tergo plura arreragia requirenda.

Alius compotus ejusdem magistri P. de arreragiis ejusdem decime in provincia Tholosana, videlicet in diocesibus Tholosana, Lomb[er]iensi et Rivensi pro ultimo anno, redditus decima Maii M° CCC° XXII°. Corrigitur finis.

875. *Burdegalensis.*

Compoti duo magistri Johannis de Calmeta⁽¹⁾ de tota dicta decima in provincia Burdegalensi, redditus decima Junii M° CCC° XXIII°. Corriguntur quantum ad fines et solutiones thesauro, prout de aliis. Restant⁽²⁾ in quolibet compoto plura arreragia requirenda pro quolibet trium annorum.

876. *Auxitanensis provincia.*

Compotus domini Johannis de Sancto Lupo de tota dicta decima in provincia Auxitanensi, redditus vigesima octava Martii M° CCC° XXIII°. Debet III^m II^c V lib., VIII sol., VI den. tur. Restant plura arreragia requirenda.

877. *Viennensis.*

Compotus magistri Stephani de Broco de tota dicta decima in provincia Viennensi et de aliquibus arreragiis decime sexennalis ibi, redditus sexta Julii M° CCC° XXI°. Debuit

---

⁽¹⁾ Ms. : *Calineta.* — ⁽²⁾ Ms. : *redd.*

viii[e] iiii[xx] vi lib., etc.; thesaur[us] tamen [(1)] pro ipso debet reddere quod deberetur, et xix lib., x sol., xi den. tur., de quibus habuit cedulam test[imonialem].

878. *Lugdunensis et comitatus Burgundie.*
Compotus magistri Henrici de Salinis de dicta decima pro toto triennio in dictis provincia Lugdunensi et comitatu Burgundie, perfectus decima septima Aprilis m° ccc° xxv°. Tradidit arreragia comitatus predicti in uno rotulo, et arreragia dicte provincie in alio. Debet circa iiii° lib., cedulis thes[auri] deductis. Plura signantur ibi recuperanda.

879. *Bisontinensis.*
In qua provincia nihil reperi, sed videndum.

DECIMA BIENNALIS CONCESSA A PAPA JOHANNE XXII° REGI CAROLO.

880. Compotus decime biennalis a papa Johanne XXII° concesse regi Karolo, facto milite ad Penthecosten m° ccc° xiii° cum fratribus suis regibus Ludovico et Philippo Magno, coronato dominica ante Brandones m° ccc° xxi°, et sublato de medio prima die Februarii m° ccc° xxvii°, levate in qualibet provincia regni per prelatos cujuslibet diocesis in quatuor terminis, videlicet in festo Sancti Andree m° ccc° xxii°, in festo Penthecostes m° ccc° xxiii°, et in eisdem terminis sequentibus.

881. *Senonensis.*
Compotus archiepiscopi Senonensis de dicta biennali decima in civitate et diocesi ibi, redditus curie per Symonem de Joyaco, sigilliferum curie Senonensis, procuratorem dicti archiepiscopi, octava die Maii m° ccc° xxv°. Debuit pro fine ejusdem compoti m xxiii lib., iii den., ob. tur.; et ad tantum ascendebant arreragia requirenda, de quibus tenetur idem archiepiscopus respondere; et eodem modo quilibet prelatus in sua diocesi.

882. *Parisiensis.*
Compotus episcopi ibi de eadem decima ejusdem sue diocesis, redditus vigesima septima Februarii m° ccc° xxv°. Debuit, etc. Et fuerunt plura arreragia requirenda, de quibus tenetur respondere, prout supra.

883. *Carnotensis.*
Compotus episcopi ibi de eadem decima ejusdem sue diocesis, redditus curie vigesima secunda die Junii m° ccc° xxv°. Debuit, et fuerunt arreragia requirenda de quibus tenetur respondere, ut supra.

884. *Aurelianensis.*
Compotus episcopi ibi de eadem decima ejusdem sue diocesis, redditus curie duodecima die Junii m° ccc° xxv°.

[(1)] Ms. : *tantum.*

Alius compotus ejusdem episcopi de arreragiis ejusdem decime, redditus curie decima sexta Julii M° CCC° XXVII°.

885. *Nivernensis.*
Compotus episcopi ibi de eadem decima ejusdem sue diocesis, redditus curie nona die Martii M° CCC° XXVII°.

886. *Autissiodorensis.*
Compotus episcopi ibi de eadem decima in eadem sua diocesi, redditus curie decima septima die Decembris M° CCC° XXVI°.

887. *Trecensis.*
Compotus episcopi ibi de eadem decima in eadem sua diocesi, redditus curie vigesima quarta die Maii M° CCC° XXVI°.

Alius compotus ejusdem de arreragiis dicte decime, redditus curie tertia die Julii M° CCC° XXVII°. Debetur ei.

888. *Meldensis.*
Compotus episcopi ibi de eodem in eadem sua diocesi, redditus curie nona die Novembris M° CCC° XXVI°.

889. PROVINCIA REMENSIS. — *Archiepiscopatus ibi.*
Compotus Roberti Cati de arreragiis decimarum annorum M^i CCC^i XXII^i et M^i CCC^i XXIV^i in tota provincia Remensi, redditus duodecima Julii M° CCC° XXXVII°. Corrigitur finis.

Alius compotus ejusdem de arreragiis decimarum annorum M^i CCC^i XXVIII^i et M^i CCC^i XXX^i, in dicta provincia Remensi, redditus decima sexta Julii M° CCC° XXXVII°. Debet mm^m [?] lib., etc.

890. *Cathalaunensis.*
Compotus episcopi ibi de dicta biennali decima, redditus curie decima die mensis Decembris M° CCC° XXV°.

Alius compotus ejusdem de arreragiis ejusdem decime, redditus undecima Julii M° CCC° XXVII°.

891. *Laudunensis.*
Compotus episcopi ibi de eadem decima ejusdem sue diocesis pro primo anno, redditus Parisius ultima die Maii M° CCC° XXXVI°.

Alius compotus ejusdem de eadem pro[1] secundo anno, redditus curie vigesima secunda die Aprilis M° CCC° XXVIII° post Pascha.

892. *Suessionensis.*
Compotus episcopi ibi de eadem decima ejusdem sue diocesis, redditus curie Parisius vigesima secunda die Novembris M° CCC° XXV°.

[1] Ms.: *qui.*

893. *Noviomensis.*

Compotus episcopi ibi de eadem decima ejusdem sue diocesis, redditus Parisius vigesima sexta Novembris m° ccc° xxv°.

894. *Belvacensis.*

Compotus episcopi ibi de eadem decima ejusdem sue diocesis, redditus Parisius decima octava die Octobris m° ccc° xxv°.

895. *Silvanectensis.*

Compotus episcopi Silvanectensis de dicta decima ibi, redditus vigesima nona Aprilis m° ccc° xxxi°.

896. *Ambianensis.*

Compotus episcopi ibi de eadem decima ejusdem sue diocesis, redditus curie decima sexta die Octobris m° ccc° xxvi°.

897. *Atrebatensis.*

Compotus episcopi ibi de eadem decima ejusdem sue diocesis, redditus curie vigesima secunda die Maii, anno m° ccc° xxv°.

898. *Cameracensis.*

Compotus episcopi ibi de eadem decima ejusdem sue diocesis, redditus curie septima die Junii m° ccc° xxvi°.

899. *Tornacensis.*

Compotus episcopi ibi de eadem decima ejusdem sue diocesis, redditus curie quarta die Junii m° ccc° xxvi°.

900. *Morinensis.*

Compotus episcopi ibi de eadem decima ejusdem sue diocesis, redditus curie decima quinta die Junii m° ccc° xxv°.

901. Provincia Bituricensis. — *Archiepiscopatus ibi.*

Compotus archiepiscopi ibi de eadem decima ejusdem sue diocesis, redditus curie prima die Martii anno m° ccc° xxv°.

902. *Clarus Mons.*

Compotus episcopi ibi de eadem decima in eadem sua diocesi, redditus vigesima prima die Decembris m° ccc° xxv°.

903. *Sanctus Florus.*

Compotus episcopi ibi de eadem decima ejusdem sue diocesis, redditus curie decima quinta die Julii m° ccc° xxvi°.

904. *Lemovicensis.*

Compotus episcopi ibi de eadem decima ejusdem sue diocesis, redditus curie vigesima prima die Februarii m° ccc° xxv°.

905. *Tutellensis.*
Compotus episcopi ibi de eadem decima ejusdem sue diocesis, redditus curie trigesima die Januarii m° ccc° xxv°.

906. *Caturcensis.*
Compotus episcopi ibi de eadem decima ejusdem sue diocesis, redditus curie trigesima die Januarii m° ccc° xxv°.

907. *Ruthenensis.*
Compotus episcopi ibi de eadem decima ejusdem sue diocesis, redditus curie quarta die Junii m° ccc° xxvi°.

908. *Albiensis.*
Compotus episcopi ibi de eadem decima ejusdem sue diocesis, redditus vigesima prima die Decembris m° ccc° xxv°.

909. *Castrensis.*
Compotus episcopi ibi de eadem decima ejusdem sue diocesis, redditus curie in mense Junio m° ccc° xxvi°.

910. *Mimatensis.*
Compotus episcopi ibi de eadem decima ejusdem sue diocesis, redditus curie octava die Julii m° ccc° xxvi°.

911. *Aniciensis.*
Compotus episcopi ibi de eadem decima ejusdem sue diocesis, redditus curie decima quinta die Julii m° ccc° xxvi°.

912. *Vabrensis* [1]. — Nihil reperi.

913. Provincia Turonensis. — *Archiepiscopatus ibi.*
Compotus archiepiscopi ibi de eadem decima ejusdem sue diocesis, redditus curie quarta die mensis Julii, anno Domini m° ccc° xxv°.
Alius compotus ejusdem de arreragiis ejusdem decime, redditus decima quarta die mensis Junii anno m° ccc° xxvii°.

914. *Andegavensis.*
Compotus episcopi ibi de eadem decima ejusdem sue diocesis, redditus curie vigesima octava mensis Junii m° ccc° xxv°.

915. *Cenomanensis.*
Compotus episcopi ibi de eadem decima ejusdem sue diocesis, redditus curie decima quarta die Maii m° ccc° xxv°.

[1] Ms. : *Vambrunensis.*

916. *Dolensis.*
Compotus episcopi ibi de eadem decima ejusdem sue diocesis, redditus curie nona die Octobris m° ccc° xxv°.

917. *Redonensis.*
Compotus episcopi ibi de eadem decima ejusdem sue diocesis, redditus curie vicesima secunda Junii m° ccc° xxv°.

918. *Briocensis.*
Compotus episcopi ibi de eadem decima ejusdem sue diocesis, redditus curie septima die Novembris m° ccc° xxv°.

919. *Venetensis.*
Compotus episcopi ibi de eadem decima ejusdem sue diocesis, redditus curie quinta die Julii m° ccc° xxv°.

920. *Corisopitensis.*
Compotus episcopi ibi de eadem decima ejusdem sue diocesis, redditus curie vicesima prima Junii m° ccc° xxv°.

921. *Macloviensis.*
Compotus episcopi ibi de eadem decima ejusdem sue diocesis, redditus curie decima octava die Octobris m° ccc° xxv°.

922. *Nannetensis.*
Compotus episcopi ibi de eadem decima ejusdem sue diocesis, redditus vicesima sexta die Junii m° ccc° xxv°.

923. *Trecorensis.*
Compotus episcopi ibi de eadem decima ejusdem sue diocesis, redditus ultima die Octobris m° ccc° xxv°.

924. *Leonensis.*
Compotus episcopi ibi de eadem decima ejusdem sue diocesis, redditus curie secunda Julii m° ccc° xxv°.

925. PROVINCIA ROTHOMAGENSIS. — *Archiepiscopatus ibi.*
Compotus archiepiscopi ibi de eadem decima ejusdem sue diocesis, redditus undecima die Maii m° ccc° xxvi°, vel prima die Julii.

926. *Ebroicensis.*
Compotus episcopi ibi de eadem decima ejusdem sue diocesis, redditus undecima die Maii m° ccc° xxv°.

927. *Lexoviensis.*
Compotus episcopi ibi de eadem decima ejusdem sue diocesis, redditus decima octava die Decembris m° ccc° xxv°.

928. *Abri[n]censis.*
Compotus episcopi ibi de eadem decima ejusdem sue diocesis, redditus curie. Sed non reperi diem, annum neque mensem.

929. *Baiocensis.*
Compotus episcopi ibi de eadem decima ejusdem sue diocesis, redditus curie vigesima tertia Maii m° ccc° xxv°.

930. *Constantiensis.*
Compotus episcopi ibi de eadem decima ejusdem sue diocesis, redditus curie octava die Junii m° ccc° xxv°.

931. *Sagiensis.*
Compotus episcopi ibi de eadem decima ejusdem sue diocesis, redditus curie decima quarta die Maii m° ccc° xxv°.

932. Provincia Burdegalensis. — *Archiepiscopatus ibi.* — Nihil reperi.

933. *Pictaviensis.*
Compotus episcopi ibi de eadem decima ejusdem sue diocesis, redditus vigesima quarta die Julii m° ccc° xxvi°.

934. *Xanctonensis.*
Compotus episcopi ibi de eadem decima ejusdem sue diocesis, redditus vigesima tertia Julii m° ccc° xxvi°.

935. *Petragor[ic]ensis.*
Compotus episcopi ibi de eadem decima ejusdem sue diocesis, redditus decima die Martii m° ccc° xxvi°.

936. *Engolismensis.*
Compotus episcopi ibi [de] eadem decima ejusdem sue diocesis, redditus undecima die mensis Junii m° ccc° xxvi°.

937. *Agennensis.*
Compotus episcopi ibi de eadem decima ejusdem sue diocesis, redditus quarta die mensis Maii m° ccc° xxvii°.

938. *Condomiensis.*
Compotus episcopi Condomiensis de eadem decima in eadem diocesi, redditus magistro Alphonso de Malobodio, sexta die mensis Junii anno Domini m° ccc° xxvi°.

939. *Sallatensis.*
Compotus episcopi de eadem decima ejusdem sue diocesis, redditus vigesima quarta die Junii m° ccc° xxvi°.

940. *Malleacensis.*
Compotus episcopi ibi de eadem decima ejusdem sue diocesis, redditus ultima die Junii m° ccc° xxvi°.

941. *Lussoniensis.*
Compotus episcopi ibi de eadem ejusdem sue diocesis, redditus curie septima die Decembris m° ccc° xxvi°.

942. Provincia Narbonensis. — *Archiepiscopatus ibi.*
Compotus archiepiscopi ibi de eadem decima ejusdem sue diocesis, redditus curie vigesima secunda Junii m° ccc° xxvi°.

943. *Carcassonnensis.*
Compotus episcopi de eadem decima ejusdem sue diocesis, redditus ultima die Junii m° ccc° xxvi°.

944. *Biterrensis.*
Compotus episcopi ibi de eadem decima ejusdem sue diocesis, redditus vigesima Junii m° ccc° xxvi°.

945. *Agathensis.*
Compotus episcopi ibi de eadem decima ejusdem sue diocesis, redditus octava Augusti m° ccc° xxvi°.

946. *Lodoviensis.*
Compotus episcopi Lodoviensis de eadem decima in eadem diocesi, redditus magistro Alphonso de Malobodio decima octava Martii m° ccc° xxix° apud Montempessulanum.

947. *Magalonensis.*
Compotus episcopi ibi de eadem decima ejusdem sue diocesis, redditus duodecima Septembris m° ccc° xxvi°.

948. *Nemausensis.*
Compotus episcopi ibi de eadem decima ejusdem sue diocesis, redditus quarta mensis Augusti m° ccc° xxvi°.

949. *Uticensis.*
Compotus episcopi ibi de eadem decima ejusdem sue diocesis, redditus ultima Aprilis m° ccc° xxvii°.

950. *Arelatensis.*
Nihil reperi.

951. *Electensis.*

Compotus episcopi ibi de eadem decima ejusdem sue diocesis, redditus vigesima quinta die Junii M° CCC° XXVI°.

952. *Sanctus Pontius Thomeriarum.*

Compotus episcopi ibi de eadem decima ejusdem sue diocesis, redditus decima Julii M° CCC° XXVI°.

953. Provincia Tholosana. — *Archiepiscopatus ibi.*

Compotus archiepiscopi Tholose de dicta decima in diocesi Tholosana, redditus tertia Decembris M° CCC° XXV°.

954. *Appamiensis.*

Compotus episcopi ibi de dicta decima ejusdem sue diocesis, redditus tertia mensis Junii M° CCC° XXVIII°.

955. *Vavrensis.*

Compotus episcopi Vavrensis de dicta decima ejusdem sue diocesis, redditus die vigesima secunda Junii M° CCC° XXV°.

956. *Mons Albani.*

Compotus episcopi Montis Albani de dicta decima ibi, redditus decima septima Julii M° CCC° XXVI°.

957. *Lomberyensis* [1].

Nihil quidquam reperi.

958. *Mirapicensis.*

Compotus episcopi Mirapiscensis de dicta decima in eadem diocesi, redditus magistro Alphonso de Malobodio vigesima quarta die Januarii M° CCC° XXIX° apud Tholosam.

959. *Rivensis.*

Compotus episcopi Rivensis de dicta decima in eadem diocesi, redditus vigesima prima die mensis Augusti anno M° CCC° XXVI°.

960. *Sanctus Papulus.*

Compotus episcopi Sancti Papuli de dicta decima ibi, redditus duodecima die Julii M° CCC° XXVIII°.

961. Provincia Lugdunensis. — *Archiepiscopatus ibi.*

Compotus archiepiscopatus ibi de de dicta biennali decima in dicto archiepiscopatu sive diocesi Lugdunensi, redditus vigesima sexta die Aprilis M° CCC° XXX°. Debet.

---

[1] Ms. : *Lomberyenensis.*

962. *Cabilonensis.*

Compotus episcopi ibi de eadem decima ejusdem sue diocesis, redditus quarta die mensis Julii m° ccc° xxvi°.

963. *Eduensis.*

Compotus episcopi ibi de eadem decima ejusdem sue diocesis, redditus undecima Februarii......

Alius compotus de arreragiis ejusdem decime, redditus vigesima prima Martii m° ccc° xxvi°.

964. *Matisconensis.*

Compotus episcopi ibi de eadem decima ejusdem sue diocesis, redditus quinta die mensis Julii anno m° ccc° xxvi°.

965. *Lingonensis.*

Compotus episcopi ibi, domini Ludovici, de eadem decima ibi pro primo anno, redditus ultima Januarii m° ccc° xxx°.

Alius compotus episcopi ibi, domini P. de Ruperforti, de eadem decima ejusdem sue diocesis pro secundo anno, redditus vigesima septima die Maii m° ccc° xxvi°.

Compotus domini Raimundi Gebennensis de arreragiis ejusdem decime, redditus vigesima nona Maii m° ccc° xxxvi°. Debet iiii^{xx} xi lib., xvi sol., iii den. tur.

966. Provincia Auxitanensis. — *Archiepiscopatus ibi.*

Compotus archiepiscopi ibi de dicta decima ibi, pro tribus terminis, redditus quinta Januarii m° ccc° xxx°.

Alius compotus ejusdem de eadem pro quarto termino, redditus decima nona Maii m° ccc° xxix°.

967. *Lectorensis.*

Compotus episcopi Lectorensis de dicta decima ibi, redditus duodecima die mensis Septembris m° ccc° xxix°.

968. *Adurensis.*

969. *Acquensis.*

970. *Vasatensis.*

Compotus episcopi Vasatensis de eadem decima in eadem diocesi, redditus decima quarta Januarii m° ccc° xxix° domino Alphonso de Malobodio apud Tholosam.

971. *Baionnensis.* — Nihil.

972. *Lascurensis* [1]. — Nihil.

---

[1] Ms. : *Lasturrensis.*

973. *Tarviensis.*

Compotus episcopi Tarviensis de eadem decima in eadem diocesi, redditus magistro Alphonso de Malobodio septima Aprilis M° CCC° XXIX° apud Rapistannum.

974. *Conseranensis.*

Compotus episcopi ibi de eadem decima ejusdem sue diocesis, redditus decima sexta die Septembris vel Decembris M° CCC° XXV°.

975. Sunt et adhuc alii episcopatus ejusdem provincie Auxitanensis, sicut *Convennarum.*

Compotus episcopi Convennarum de eadem decima in eadem diocesi, redditus magistro Alphonso de Malobodio, vigesima die mensis Januarii anno M° CCC° XXIX° apud Tholosam.

976. *Olerensis.* — Nihil reperi.

977. Provincia Viennensis. — *Archiepiscopatus ibi.* — Nihil, et deficit.

978. *Valentinensis.* — Deficit.

979. *Vivariensis.*

Compotus episcopi Vivariensis de dicta biennali decima ibi et in aliquibus partibus diocesis Valentinensis in regno Francie existentibus, redditus curie decima Januarii M° CCC° XXVI°. Et quitte.

980. *Gebennensis.* — *Maurianensis.*

Deficiunt inhisce diocesibus que de illis quantum ad decimam biennalem. Debent addi.

981. *Gratianopolitana.* — *Dyensis.* — *Tarantasensis.* — *Sedunensis.* — *Augustensis.* — *Ebredunensis.*

Deficiunt sicut supra, etc.

982. *Leodiensis.* — *Virdunensis.* — *Tullensis.* — *Metensis.*

983. Provincia Bysontinensis. — *Archiepiscopatus ibi.* — *Lausanensis.* — *Bellicensis.* — *Basileensis.*

Deficiunt, sed addantur quantum ad decimam biennalem.

DECIMA BIENNALIS CONCESSA CAROLO REGI A PAPA JOHANNE XXII° ANNO M°CCC°XXIV°.

984. Decima biennalis concessa a domino papa Johanne XXII° regi Carolo anno M° CCC° XXIV°, levata in quatuor terminis, videlicet Omnium Sanctorum M° CCC° XXV°, Ascensionis M° CCC° XXVI°, et in eisdem terminis sequentibus per quemlibet episcopum in sua diocesi.

985. Provincia Senonensis. — *Archiepiscopatus ibi.*

Compotus archiepiscopi Senonensis de dicta biennali decima in diocesi Senonensi, redditus vigesima tertia Januarii M° CCC° XXIX°.

986. *Parisiensis.*

Compotus episcopi ibi de dicta decima in eadem diocesi, redditus quinta die Maii m° ccc° xxviii°.

987. *Carnotensis.*

Compotus episcopi Carnotensis de dicta decima ibi, pro primo, tertio, et quarto terminis, redditus quinta Junii m° ccc° xxix° per Johannem Tierrici.

Compotus Petri de Condeto de dicta decima pro secundo termino, redditus decima octava Julii m° ccc° xxix°.

Compotus arreragiorum dicte decime ibi, redditus per Jacobum de Lengres vigesima prima die Novembris m° ccc° xxx°.

988. *Aurelianensis.*

Compotus episcopi Aurelianensis de dicta decima ibi, redditus undecima die Septembris m° ccc° xxvii°.

989. *Nivernensis.*

Compotus episcopi Nivernensis de dicta decima ibi, redditus decima die Martii anno Domini m° ccc° xxvii°.

990. *Autissiodorensis.*

Compotus episcopi Autissiodorensis de eadem decima ibi, redditus..... *In margine tamen scriptum est :* Non computavit.

991. *Trecensis.*

Compotus episcopi Trecensis de dicta decima ibi, redditus vigesima secunda die Aprilis m° ccc° xxviii°.

992. *Meldensis.*

Compotus episcopi Meldensis de dicta decima ibi, redditus sexta [1] die Martii m° ccc° xxviii°.

993. Provincia Remensis. — *Archiepiscopatus ibi.* — Desunt.

994. *Catalaunensis.* — Idem.

995. *Laudunensis.* — Idem.

996. *Suessionensis.* — Idem.

997. *Noviomensis.* — Idem.

998. *Belvacensis.* — Idem.

999. *Silvanectensis.* — Idem.

1000. *Ambianensis.* — Idem.

---

[1] Ms. : *in,* pour « vi° ».

1001. *Atrebatensis.* — Idem.

1002. *Cameracensis.* — Idem.

1003. *Tornacensis.* — Idem.

1004. *Morinensis.* — Idem.

1005. Provincia Bituricensis. — *Archiepiscopatus ibi.*
Compotus archiepiscopi Bituricensis de dicta decima biennali in eadem diocesi, redditus undecima Decembris m° ccc° xxx°.

Compotus Johannis Boher (*sic*) de arreragiis ejusdem decime anni $m^i ccc^i xxii^i$, redditus decima quinta Decembris m° ccc° xxxii°.

1006. *Clarus Mons.*
Compotus episcopi Claromontensis de dicta decima in eadem diocesi Claromontensi, redditus decima sexta mensis Aprilis anni Domini m° ccc° xxviii° post Pascha.

1007. *Sanctus Florus.*

1008. *Lemovicensis.*

1009. *Tutellensis.*
Compotus episcopi Tutellensis de eadem decima in eadem diocesi, redditus vigesima quarta Junii m° ccc° xxix°.

1010. *Caturcensis.*
Compotus episcopi Caturcensis de eadem decima in eadem diocesi, redditus vigesima Aprilis anno m° ccc° xxviii°.

1011. *Ruthenensis.*
Compotus episcopi Ruthenensis de eadem decima in eadem diocesi, redditus nona Martii anno Domini m° ccc° xxvii°.

1012. *Albiensis.*
Compotus episcopi Albiensis de eadem decima in eadem diocesi, redditus septima Martii m° ccc° xxvii°.

1013. *Castrensis.*

1014. *Mimatensis.*
Compotus episcopi Mimatensis de dicta decima in eadem diocesi, redditus vigesima quarta Martii m° ccc° xxvii°.

1015. *Aniciensis.*
Compotus episcopi Aniciensis de eadem decima in eadem diocesi, redditus septima Martii anno Domini m° ccc° xxvii°.

1016. *Vabrensis.*
Compotus episcopi Vabrensis de dicta decima in eadem diocesi, redditus vigesima septima Martii m° ccc° xxvii°.

1017. Provincia Turonensis. — *Archiepiscopatus ibi.*
Compotus archiepiscopi Turonensis de dicta biennali decima concessa regi anno m° ccc° xxiv°, levata per eum in diocesi Turonensi, redditus decima mensis Decembris m° ccc° xxvii°.

Alius compotus ejusdem de arreragiis dicte decime et decime anni m^i ccc^i xxii^i, redditus vigesima prima Decembris m° ccc° xxviii°.

1018. *Andegavensis.*
Compotus episcopi Andegavensis de dicta biennali decima in diocesi Andegavensi, redditus decima Novembris m° ccc° xxvii°.

1019. *Cenomanensis.*
Compotus episcopi Cenomanensis de dicta decima in eadem diocesi pro primo termino, redditus vigesima quarta Septembris m° ccc° xxvi°.

Alius compotus episcopi Cenomanensis, successoris predicti, de eadem decima ibi, pro tribus ultimis terminis, redditus vigesima tertia die mensis Junii anno m° ccc° xxvii°.

1020. *Dolensis.*
Compotus episcopi Dolensis de dicta decima in diocesi Dolensi, redditus vigesima octava Januarii m° ccc° xxvii°.

1021. *Redonensis.*
Compotus episcopi Redonensis de dicta biennali decima in dicta diocesi, perfectus mense Octobri m° ccc° xxvii°.

1022. *Briocensis.*
Compotus episcopi Briocensis de dicta biennali decima in diocesi Briocensi, redditus vigesima septima Februarii m° ccc° xxvii°.

1023. *Venetensis.*
Compotus episcopi Venetensis de dicta decima in diocesi Venetensi, redditus vigesima nona Octobris m° ccc° xxvii°.

1024. Alius compotus ipsius de arreragiis dicte decime et decime biennalis anni m^i ccc^i xxvii^i, redditus decima quarta Martii m° ccc° xxvii°.

1025. *Corisopitensis.*
Compotus episcopi Corisopitensis de dicta decima in diocesi Corisopitensi pro duobus primis terminis, redditus quarta mensis Septembris anno Domini m° ccc° xxvi°.

Alius compotus ejusdem de eadem pro duobus aliis terminis ultimis, redditus vigesima tertia die Septembris m° ccc° xxvii°.

DECIME.

1026. *Macloviensis.*

Compotus episcopi Macloviensis de dicta decima in eadem diocesi, redditus vigesima sexta Februarii M° CCC° XXVII°.

1027. *Nannetensis.*

Compotus episcopi Nannetensis de dicta decima in eadem diocesi, redditus duodecima Novembris M° CCC° XXVII°.

1028. *Trecorensis.*

1029. *Leonensis.*

Compotus episcopi Leonensis de dicta decima in eadem diocesi Leonensi, redditus vigesima Augusti M° CCC° XXVII°.

1030. PROVINCIA ROTHOMAGENSIS. — *Archiepiscopatus ibi.*

Compotus archiepiscopi Rothomagensis de dicta biennali decima in diocesi Rothomagensi, redditus vigesima nona die Novembris M° CCC° XXX°.

1031. Compotus magistri Roberti de Athiis [1] de arreragiis dicte decime et decime an[orum] M^i CCC^i XXII^i et M^i CCC^i XXVIII^i levatis [2] per eum in dicta diocesi Rothomagensi, excepto termino Ascensionis M° CCC° XXX°, de quo habet computare [3] Guerardus Postel de Rothomago, redditus octava Julii M° CCC° XXXVIII°. Debet VI° LXVI lib., VI sol., den. tur.

1032. *Lexoviensis.*

Compotus episcopi Lexoviensis de dicta decima in eadem diocesi, redditus decima tertia Februarii M° CCC° XXVII°.

Alius compotus ejusdem de arreragiis ejusdem decime ibi., redditus septima Januarii M° CCC° XXVIII°.

1033. *Abri[n]censis.*

Compotus episcopi Abrincensis de dicta decima in eadem diocesi, redditus decima quarta mensis Novembris anno Domini M° CCC° [XX]VII°.

1034. *Ebroycensis.*

1035. *Baiocensis.*

Compotus episcopi Baiocensis de dicta decima in eadem diocesi pro duobus terminis primi anni, redditus vigesima tertia Februarii anno Domini M° CCC° XXVII°.

Alius compotus ejusdem de arreragiis ejusdem decime pro dictis terminis, redditus undecima Decembris M° CCC° XXX°.

Alius compotus ejusdem de eisdem pro duobus ultimis terminis, redditus vigesima quinta Februarii M° CCC° XXVII°.

---

[1] Ms. : *Achiis.* — [2] Ms. : *levatæ.* — [3] Ms. : *compotam.*

1036. *Constantiensis.*
Compotus episcopi Constantiensis de dicta decima in eadem diocesi, redditus decima sexta Decembris M° CCC° XXVII°.

1037. *Sagiensis.*
Compotus episcopi Sagiensis de dicta decima in eadem diocesi, redditus quinta die Novembris M° CCC° XXVII°.

1038. PROVINCIA BURDEGALENSIS. — *Archiepiscopatus ibi.*
Desunt, sed videndum, ut addantur.

1039. *Pictavensis.*
Compotus episcopi Pictavensis de dicta decima in diocesi Pictavensi, redditus septima die Octobris M° CCC° XXVII°.

1040. *Xanctonensis.*
Compotus episcopi Xanctonensis de dicta decima in diocesi Xanctonensi pro tribus primis terminis, redditus vigesima nona Januarii M° CCC° XXIX°.
Alius compotus ejusdem de eisdem pro duobus ultimis terminis, redditus dicta die tunc.

1041. *Petragor[ic]ensis.*
Compotus episcopi Petragor[ic]ensis de dicta decima in diocesi Petragor[ic]ensi, redditus vigesima tertia Aprilis M° CCC° XXVII° post Pascha.

1042. *Engolismensis.*
Compotus episcopi Engolismensis de eadem[1] decima in eadem diocesi, redditus magistro Alphonso de Malobodio tertia die Decembris M° CCC° XXIX° apud Engolismum.

1043. *Agennensis.*
Compotus episcopi Agennensis de eadem decima in eadem diocesi, redditus vigesima secunda Decembris M° CCC° XXIX° apud Agennum[2] magistro Alphonso de Malobodio.

1044. *Condomiensis*[3].
Compotus episcopi Condomiensis de eadem decima in eadem diocesi, redditus magistro Alphonso de Malobodio sexta Junii M° CCC° XXX°.

1045. *Sallatensis.*
Compotus episcopi Sallatensis de dicta decima in eadem diocesi, redditus vigesima septima Junii M° CCC° XXVIII°.

1046. *Malleacensis*[4].
Compotus episcopi Malleacensis de dicta decima in eadem diocesi, redditus octava Martii M° CCC° XXVII°.

---

[1] Ms. : *die.* — [2] Ms. : *Agennensem.* — [3] Ms. : *Condonniensis.* — [4] Ms. : *Malleatensis.*

1047. *Lusonniensis* [1].

Compotus episcopi Lusonniensis de dicta decima in eadem diocesi, redditus magistro Alphonso de Malobodio vigesima quinta die Novembris M° CCC° XXIX° apud Sanctum Johannem Angeliaci.

1048. PROVINCIA NARBONENSIS. — *Archiepiscopatus ibi.*

Compotus archiepiscopi Narbonensis de dicta decima biennali anni M^i CCC^i XXIV^i, redditus quarta die Martii M° CCC° XXVII°.

1049. *Carcassonensis.*

1050. *Byterrensis.*

Compotus episcopi Biterrensis de dicta decima in diocesi Byterrensi, redditus vigesima prima Aprilis M° CCC° XXVIII° post Pascha.

1051. *Agathensis.*

Compotus episcopi Agathensis de eadem decima in eadem diocesi, redditus quarta Martii M° CCC° XXVIII°.

1052. *Lodovensis* [2].

Compotus episcopi Lodovensis de dicta decima in eadem diocesi, redditus quarta Martii M° CCC° XXVII°.

1053. *Magalonensis.*

Compotus episcopi Magalonensis de eadem decima in eadem diocesi, redditus vigesima octava Maii M° CCC° XXVIII°.

1054. *Nemausensis.*

Compotus episcopi Nemausensis de eadem decima in eadem diocesi, redditus decima tertia Aprilis M° CCC° XXVIII° post Pascha.

1055. *Uticensis.*

Compotus episcopi Uticensis de eadem decima in eadem diocesi, redditus nona Martii M° CCC° XXVII°.

1056. *Arelatensis.*

Nihil reperio.

1057. *Electensis.*

Compotus episcopi Electensis de eadem decima in eadem diocesi, redditus decima tertia Aprilis M° CCC° XXVIII° post Pascha.

1058. *Sanctus Pontius Thomeryarum.*

Compotus episcopi Sancti Pontii Thomeriarum, redditus septima Martii M° CCC° XXVII°.

---

[1] Ms. : *Luxiensis.* — [2] Ms. : *Lodonensis.*

1059. Provincia Tholosana. — *Archiepiscopatus ibi.*
Compotus archiepiscopi Tholose de dicta decima biennali anni $m^i ccc^i xxiv^i$ in diocesi Tholosana, redditus undecima Martii m° ccc° xxvii°.

1060. *Appamyensis.*
Compotus episcopi Appamiensis de eadem decima in eadem diocesi, redditus tertia Junii m° ccc° xxviii°.

1061. *Vavrensis.*
Compotus episcopi Vavrensis de eadem decima in eadem dyocesi, redditus magistro Alphonso de Malobodio vigesima sexta Januarii m° ccc° xxix° apud Tholosam.

1062. *Mons Albani.*
Compotus episcopi Montis Albani de dicta decima in eadem diocesi, redditus undecima Martii m° ccc° xxvii°.

1063. *Lomberiensis.*
Compotus episcopi Lomberiensis de eadem decima, redditus decima octava Februarii m° ccc° xxvii°.

1064. *Mirapiscensis* [1].
Compotus episcopi Mirapiscensis de eadem decima in eadem diocesi, redditus magistro Alphonso de Malobodio, ultima die mensis Januarii anno Domini m° ccc° xxix° apud Tholosam.

1065. *Rivensis.*
Compotus episcopi Rivensis de eadem decima in eadem diocesi, redditus decima tertia Julii m° ccc° xxviii°.

1066. *Sanctus Papulus.*
Compotus episcopi Sancti Papuli de dicta decima in eadem diocesi, redditus decima tertia Julii m° ccc° xxviii°.

1067. Provincia Lugdunensis. — *Archiepiscopatus ibi.*
Compotus archiepiscopi ibi de dicta biennali decima in dicto suo archiepiscopatu seu diocesi Lugdunensi, redditus vigesima septima mensis Aprilis m° ccc° xxx°. Debet.

1068. *Cabilonensis.*
Compotus episcopi Cabilonensis de dicta decima in eadem diocesi, redditus vigesima quarta Maii m° ccc° xxviii°. Debet ii^c, etc.

1069. *Eduensis.*
Compotus episcopi Eduensis de dicta decima in eadem diocesi, redditus vigesima secunda Martii m° ccc° xxvii°.

---

[1] Ms., ici et plus loin : *Mirapistensis.*

Alius compotus ejusdem de arreragiis ejusdem decime ibi, redditus decima tertia Martii m° ccc° xxx°.

1070. *Matisconensis.*
Compotus episcopi Matisconensis de dicta decima in eadem diocesi, redditus secunda Martii m° ccc° xxvii°.

1071. *Lingonensis.*
Compotus episcopi Lingonensis de eadem decima in dicta diocesi, redditus decima quinta Martii m° ccc° xxviii°.

1072. Provincia Auxitanensis. — *Archiepiscopatus ibi.*
Compotus archiepiscopi Auxitanensis de dicta decima biennali anni m^i ccc^i xxiv^i, redditus decima nona Maii m° ccc° xxix° [1].

1073. *Lectorensis.*
Compotus episcopi Lectorensis de dicta decima in eadem diocesi, perfectus vigesima secunda Septembris m° ccc° xxix°.

1074. *Basatensis.*
Compotus episcopi Basatensis de eadem decima in eadem diocesi, redditus magistro Alphonso de Malobodio vigesima die Junii m° ccc° xxx° apud Petragoram.

1075. *Adurensis.*

1076. *Aquensis.*

1077. *Baionensis.*

1078. *Lescurrensis.*

1079. *Tarviensis.*
Compotus episcopi Tarviensis de eadem decima in eadem diocesi, redditus magistro Alphonso de Malobodio duodecima Januarii anno Domini m° ccc° xxix° apud Tholosam.

1080. *Conseranensis.*
Compotus episcopi Conseranensis de dicta decima in eadem diocesi, redditus quinta Martii m° ccc° xxvii°.

1081. *Convenarum.*
Compotus episcopi Convenarum de eadem decima in eadem diocesi, redditus magistro Alphonso de Malobodio decima octava Januarii m° ccc° xxix° apud Tholosam.

[1] Ms.: *1319.*

1082. *Olerensis.*

1083. PROVINCIA VIENNENSIS. — *Archiepiscopatus ibi.*

1084. *Valentinensis.*

1085. *Vivariensis.*

1086. *Gebennensis.*

1087. *Maurianensis.*

1088. *Grationopolitana.*

1089. *Dyensis.*   Desunt compoti harum diocesiam.

1090. *Tarantasiensis.*

1091. *Sedunensis.*   De iis subauditur que in regno sunt et reperiuntur in istis diocesibus.

1092. *Augustensis.*

1093. *Ebredunensis.*

1094. *Leodiensis.*

1095. *Verdunensis.*

1096. *Tullensis.*

1097. *Metensis.*

In quibus diocesibus perfecti si sint compoti de dicta decima biennali, addendi sunt, et ideo videndum penes quem vel quos poterunt esse. — Et idem sit dicendum de subsequentibus episcopatibus provincie Bisontinensis, qui sunt videlicet ordine supposito.

1098. PROVINCIA BYSONTINENSIS. — *Archiepiscopatus ibi.*

1099. *Lausanensis.*

1100. *Bellicensis.*

1101. *Basileensis.*

1102. Hec quoad compotos decimarum in singulis regni provinciis prenotatarum.

MUTUA ET DONA.

MUTUA ET DONA PRO ARRAGONIA ET PRO VASCONIA.

1103. Mutua et dona facta regi pro Arragonia circa annum M^{um} CC^{um} IIII^{xx} IV^{um} et pro Vasconia annis M° CC° IIII^{xx}XIV° et M° CC° IIII^{xx} XV°, de quibus aliqua fuerunt reddita [a] personis a quibus recepta fuerant, et aliqua restant adhuc reddenda. De aliquibus etiam fuerunt date cedule testimoniales. — Sunt alia mutua inter compotos Bichii et Moucheti, et inter scripta que non habent loca propria, item inter subventiones exercituum Flandrie.

1104. Mutua facta pro Arragonia [1] sunt in fine mutuorum Vasconie.

[MUTUA FACTA PRO VASCONIA.]

1105. Mutua facta pro Vasconia vicecomitatus Parisiensis et ressorti sunt in duobus rotulis.

1106. Compotus magistri Guillelmi de Chigniaco et Yvonis Malimilitis de mutuis ville Parisiensis ab octavis Omnium Sanctorum m° cc° iiii^{xx} xiv° usque ad dominicam post Sanctum Remigium m° cc° iiii^{xx} xv°, factus mense Octobri tunc. Summa [2] totius mutui debuit esse de c^m libris tur. Solum tamen receperunt per dictum compotum lxxvii^m iiii^c lib., lii sol., vi den. par. Ideo arrestatur ibi quod burgenses debent residu[u]m, videlicet [xx] ii^m v^c iiii^{xx} xvii lib., vii sol., vi den. par. [3]

1107. Alius compotus eorundem de residuo dicti mutui recepto post dictum compotum, redditus [4] vigesima septima Novembris m° ccc°. Summa recepte dicti residui [5] fuit vii^{xx} xvi lib., viii sol., sine iii^c iiii^{xx} xix lib., xii sol., ix den., ob., quas debebant pro fine precedentis compoti.

1108. Compotus magistri Symonis Bouelli [6] et Symonis Pagani de mutuis villarum circa Parisius domino regi factis, scilicet Vitriaci [7], Yvriaci, Ville Judaice, Choisiaci, Grignon, Tyais, redditus mercurii post Omnes Sanctos m° cc° iiii^{xx} xvii°. — Arrestatur ibi quod Lupara debet reddere receptam istius compoti et capere expensas ejus. — Et fuit summa mutuorum ix° iiii^{xx} x lib. par. Non sunt tamen levate nisi vi^c vi lib. par., nec debet residuum levari.

1109. Quedam mutua, quorum medietas fuit relaxata personis ibi contentis post taxationem factam, et alia medietas est levanda. Cujus summa fuit de ix° iiii^{xx} x lib., que ponuntur in debitis Parisiensibus de m° cc° iiii^{xx} xv°, ut ibidem arrestatur.

1110. Compotus Johannis de Bretigniaco, prepositi Gonnessie, de hiis que recepit de mutuis in eadem prepositura. Corrigitur finis. Summa fuit viii^c xlv lib. par.

1111. Compotus Bichii et Moucheti de hiis que receperunt in prepositura Parisiensi per Johannem [de] Bardelli[aco], procuratorem suum, factus mense Februario m° cc° iiii^{xx} xv°. Et fuit summa mutuorum ii^m xi lib., vi sol. tur., que redduntur regi per compotum Bichii ad Omnes Sanctos m° cc° iiii^{xx} xv°.

1112. Mutua promissa domine regine pro rege per litteras ejusdem regine datas circa Assumptionem et Nativitatem Beate Marie ccc° iiii°. Et fuit summa ix^m v^c lib. tur. Sciatur si levata fuerunt et ubi redduntur regi.

---

[1] Ms. : *arreragiis*.
[2] Ms. : *supra*.
[3] Cf. Menant, XI, fol. 23 v°.
[4] Ms. : *reddend*.
[5] Ms. : *dicte reservationis*.
[6] Ms. : *Bonelli*.
[7] Ms. : *Veritati*.

1113. Compotus Bichii et Moucheti de hiis que receperunt de mutuis factis regi in ressorto Parisiensi[1], videlicet in comitatu de Domnomartino et pluribus certis castellaniis et villis ibi contentis, factus per Johannem de Bardelli[aco] mense Octobri m° cc° iiii^xx xv° et per Thomam de Colduno[2], procuratores dictorum Bichii et Moucheti. Fuit summa mutuorum x^m v^c xiii lib., x sol. tur., que redduntur regi per compotum Bichii ad Ascensionem m° cc° iiii^xx xv°.

1114. Compotus Bichii et Moucheti de hiis que receperunt de mutuis factis regi per prelatos et magistros curie et alias personas ibi, factus die jovis ante Sanctum Dyonisium m° cc° iiii^xx xv°. Fuit summa de xlviii^m ix^c xxv lib. tur. Redditus per Bichium ad Ascensionem m° cc° iiii^xx xv°. De quibus pars fuit reddita. Signatur a tergo quod archiepiscopus Rothomagensis debet viii^c lib. tur. et litteras mutui sui.

1115. Compotus Ancherii de Compendio et Bertrandi, ejus socii, servientis Castelleti[3], de hoc quod receperunt de mutuis regi factis in castellania de Montlhery m° cc° iiii^xx xiv°. Correctus est, et fuit summa mutuorum ibi xviii^c iiii^xx xvi lib., x sol. par. Suitur cum sequenti compoto.

1116. Compotus magistri P. Ramposne et Johannis Bon[n]e Avainne[4] de mutuis ibidem levatis, factus in festo Beate Lucie m° cc° iiii^xx xvi°. Correctus est, et fuit summa mutui ibi vii^m iiii^c liii lib., xii sol. par. Redditus in festo Sancte Lucie m° cc° iiii^xx xvi°. Suitur[5] cum precedenti in uno rotulo.

1117. *Sylvanectensis, Ambianensis et Gisortii.* — Suuntur in uno rotulo.

Compotus Bichii et Moucheti predictorum de mutuis regi factis in baillivia Sylvanectensi, factus post Assumptionem Beate Marie m° cc° iiii^xx xv° per Symonem Galvani et Johannem Reneri, procuratores[6] ipsorum. Correctus est. Summa mutui fuit xxxvii^m viii^c iiii^xx xviii lib., xv sol. tur., que redditur in compoto Bichii ad Ascensionem m° cc° iiii^xx xv°, exceptis xx sol. que ponuntur in debitis Magnarum Partium de m° cc° iiii^xx xvi°.

1118. Alius compotus ipsius Symonis solius de eodem, factus mense Februario m° cc° iiii^xx xv°. Correctus est. Fuit summa mutui vii^m iii^c xi lib., xv sol. tur. Redditus per Bichium ad Omnes Sanctos m° cc° iiii^xx xv°.

1119. Compotus magistri Corraldi de Crespeyo et Radulphi de Mellento de via ad mutua corrigenda in bailliviis Silvanectensi et Ambianensi, traditus curie circa Sanctum Michaelem m° cc° iiii^xx xv°. Et arrestatur ibi quod videatur compotus Bichii et Moucheti de termino Ascensionis m° cc° iiii^xx xv° usque ad Omnes Sanctos post, ad videndum si capiat dictas expensas.

---

[1] Ms. : *ressortis paris.*

[2] « De preposito Chosiaci Thoma de Coudun... » (*Journal du Trésor*, Bibl. nat., lat. 9783, folio 10 v°).

[3] Ms. : *subventionis castelleti.*

[4] Ms. : *Bone Bovine.* Voir un compte original, Bibl. nat., fr. 25947, au mot « Poissy » : « C'est le compte mestre Pierre Ramposne et Jehan Bonne Avainne de ce qu'il ont receu des prez faiz a nostre seingneur le roy... es chastellenies de Poissy et de Pontoise, l'an de grace m cc iiii^xx et xvi, le lundi devant la feste Saint Michiel. »

[5] Ms. : *Fuit.*

[6] Ms. : *Joannis Reneri, procuratorum.*

MUTUA ET DONA. 143

1120. Compotus Bichii et Moucheti de mutuis factis regi et domino de Chambliaco in bailliviis Sylvanectensi et Gisortii, levatis per Guillelmum de Cutriaco, procuratorem ipsorum, circa Candelosam m° cc° iiii^{xx} xv°, et traditus curie die martis post Brandones tunc, exceptis xiiii^c xiii lib. tunc signatis recuperandis super ipsum dominum de Chambliaco, cum litteris mutuorum dicte summe. Et fuit summa mutuorum[1] xviii^c xxviii lib. tur. ex una parte, et ex alia lxxiii lib. tur.

1121. In uno rotulo mutua carcata ad levandum Bichio et Moucheto in baillivia Sylvanectensi et ejus ressorto, quorum summa xvii^m lvi lib., v sol. tur.; quorum mutuorum G. de Templo recepit omnes litteras die veneris vigilia Sancti Michaelis m° cc° iiii^{xx} xvi°, ut arrestatur ibi de manu sua.

1122. *Viromandensis.*

Rotulus mutuorum apud Laudunum et Suessionem regi concessorum, per Bernardum Jacobi et Jacquemardum de Sequino, procuratores Bichii et Moucheti, super summa totali que est xlii^m x lib., ix sol., vi den. Arrestatur de manu Camere quod Bichius solvit dictam summam per compotum suum ad Ascensionem anno m° cc° iiii^{xx} xv°, redditum[2] sabbato post Nativitatem Beate Marie tunc. Est in fine quoddam donum de ii^m v^c lib. tur. redditum regi, ut supra.

1123. Compotus Goberti Sarraceni de Lauduno de quibusdam mutuis levatis per ipsum in dicta baillivia, que quidem mutua sibi tradidit ad levandum decanus Turonensis. Arrestatur ibi quod totum fit per Luparam et Templum. Et fuit summa levata viii^m ii^c lxxxvii lib., xi sol., x den., ob. tur., de summa de x^m iiii^c xxv lib. sibi tradita ad levandum.

1124. Cedula quedam de dictis mutuis per quam[3] videntur restare adhuc[4] levande de eisdem mutuis xxii^c xlvii lib., ix sol., i den., super personis que sunt a tergo. Non vidi tamen istam cedulam.

1125. Alius compotus Hugonis de Challiaco, procuratoris Bichii et Moucheti, de mutuis regi concessis apud Royam, Peronam, Sanctum Quintinum et Chauniacum in baillivia Viromandensi predicta, factus in vigilia Beati Maglorii m° cc° iiii^{xx} xv°. Et fuit summa inde levata xxxiii^m ii^c xliiii lib., x sol. tur., que redditur per compotum dictorum Bichii et Moucheti ad Ascensionem m° cc° iiii^{xx} xv°.

1126. Compotus dictorum Bichii et Moucheti de recepta dictorum donorum que ascendunt ad xxv^m iiii^c xxxiiii lib., xi sol., vi den. tur., et mutuorum que ascendunt ad m v^c xxxiii lib. tur., in villa Remensi et ejus pertinentiis regi concessorum, levatorum[5] per manus [Johannis] Jouing[6] et Gerardi Gerardini[7], procuratorum dictorum Bichii et

---

[1] Ms. : *mutui.*
[2] Ms. : *redditus.*
[3] Ms. : *quem.*
[4] Ms. : *ad hoc.*
[5] Ms. : *levata.*
[6] Le nom de ce personnage paraît plus loin (§ 1355) sous la forme « Johannes Joigny ».
[7] Ms. : *Gerardum.*

Moucheti. Totum est de recepta. Redditus[1] per compotum eorundem ad Ascensionem
$M^o cc^o IIII^{xx} xv^o$. Factus die lune post Nativitatem Beate Marie tunc.

1127. Compotus eorundem Bichii et Moucheti de hiis que receperunt de mutuis domino regi factis in prepositura Montisdesiderii et ejus ressorto, levatis per Spinetum[2] Ac[c]ursi, eorum procuratorem. Et redditur ejus summa per compotum Bichii ad Ascensionem $M^o cc^o IIII^{xx} xv^o$; et fuit summa $IX^m VI^c LXII$ lib., x sol. tur.

1128. Compotus mutuorum que ascendunt ad $XXII^m III^c XVI$ lib., x sol. tur., factorum regi in villa Cathala[u]nensi, levatorum per Thomam de Cortenayo[3], procuratorem Bichii et Moucheti, redditus regi per compotum ipsorum ad Ascensionem $M^o cc^o IIII^{xx} xv^o$.

1129. Partes mutuorum quarundam personarum ejusdem ville Cathalaunensis, factorum regi pro Arragonia, et manus mortue Colardi de Latigniaco de Cathalauno, tradite per Johannem dictum Richehomme de Cathalauno die dominica post vel ante *Oculi mei* $CCC^o II^o$. Et fuit summa de $XVI^m VIII^c$ lib., que videntur solute fuisse. Suitur iste compotus cum aliis mutuis pro Arragonia[4].

1130. *Ambianensis, ultra id quod est superius.*

Compotus per Bindum de Monasterio[5], factus mense Februario $M^o cc^o IIII^{xx} xv^o$. Et redditur id quod recepit per compotum eorundem Bichii et Moucheti ad Omnes Sanctos $M^o cc^o IIII^{xx} xv^o$. Videtur quod aliqua sint recuperanda. Et fuit summa $XVI^m III^c XII$ lib., x sol. tur.

1131. Compotus Bichii et Moucheti de hiis que receperunt de mutuis domino regi factis in baillivia Ambianensi per Bindum de Monasterio, procuratorem dictorum Bichii et Moucheti, ad Ascensionem $M^o cc^o IIII^{xx} xv^o$. Et fuerunt levata in villis Attrebati, Sancti Richerii, Abbatisville et Dorlenti. Et fuit summa $IIII^m V^c xxx$ lib.

1132. *Senonensis.*

Compotus Bichii et Moucheti de mutuis factis in baillivia Senonensi, domino regi concessis, per Franciscum Jacobi, eorum procuratorem. Totalis summa redditur regi per compotum Bichii ad Ascensionem $M^o cc^o IIII^{xx} xv^o$, et videtur quod totus sit correctus, exceptis $VI^{xx} VIII$ lib., VIII sol., IIII den. tur., quas debet Johannes, prior de Nemosio, de hiis que recepit in castellania Gressii et ejus ressorto. Fuit summa mutuorum $XXV^m VI^{xx} XIX$ lib., IX sol., IX den. tur., et summa donorum $M V^c XLVII$ lib., x sol. tur. Sunt quedam alia mutua a tergo. Suuntur etiam ibi plures partes dictorum mutuorum.

1133. Compotus dictorum Bichii et Moucheti de mutuis regi factis, levatis in villa Lorriaci in Gastineto.

---

[1] Ms. : ...*de recepta reddita*....
[2] Ms. : *Sperinetum*. Cf. § 2098.
[3] Ms. : *Tenayo*. Cf. § 1351.
[4] Cf. § 1172.
[5] Ms., ici et plus loin : *Bertrandum de Moitrio*. Le même personnage est appelé plus loin (§ 1352), dans le ms. lat. 9069, « Bernardus de Mouterio ». Or on rencontre assez souvent, dans les comptes originaux de la fin du XIII° siècle, un certain « Bindus de Monasterio ». C'est assurément le comptable dont il est ici question. Voir plus loin, p. 169, note 3.

1134. *Aurelianensis.* — Suitur cum Senonensi.

Compotus magistri Guillelmi Thiboldi[1], prepositi Aurelianensis, de mutuis domino regi factis in dicta baillivia Aurelianensi. Et fuit summa totalis xx^m lxiiii lib. par. Solvit per compotum Bichii ad Ascensionem m° cc° iiii^{xx} xv°. Correctus.

Alius compotus ejusdem de debito sui compoti predicti, non auditus. Jactentur recepte et expense, ut sciatur si debeat.

1135. In uno rotulo persone de comitatu Blesensi et comitatu Nivernensi, de quibus dictus Guillelmus, prepositus Aurelianensis, carcatus de mutuis in eadem baillivia domino regi factis, reddidit litteras sigillo domini regis sigillatas. Et fuit summa litterarum ii^c viii lib., et summa pecunie xv^m vi^c xxx lib. Sciatur causa quare non fuerunt levate.

1136. In una cedula mutua promissa domine regine. Non vidi, nisi sint id quod superius[2].

1137. *Matisconensis.*

Compotus hujus baillivie deficit et deest, sed debet addi.

1138. *Bituricensis.*

Compotus Bichii et Moucheti de hoc quod receperunt de mutuis domino regi factis in civitate Bituricensi et in baillivia et ressorto ejusdem, per manus Boquini[3] Coceti. Et fuit summa totalis xxxvi^m v^c lib., iiii den. tur., que redditur regi per compotum ipsorum Bichii et Moucheti ad Ascensionem m° cc° iiii^{xx} xv°.

1139. Alius compotus ipsorum Bichii et Moucheti de hiis que receperunt per dictum Boquinum Coceti et Mauricium Rogerii, procuratores[4] eorundem, de residuo mutuorum in dicta baillivia post primum compotum factum[5] per dictum Boquinum die lune post octavas Pasche m° cc° iiii^{xx} xvi°. Et fuit summa iiii^m iiii^c lxiiii lib., xi sol. tur. Non corrigitur finis.

1140. Alius compotus eorundem Bichii et Moucheti de hiis que receperunt per Boquinum Coceti et Mauricium Rogerii, procuratores eorundem, de residuo mutuorum in baillivia Bituricensi et ejus ressorto post primum et secundum compotum suum per dictos procuratores. Et fuit summa mutuorum cxlv lib., xiiii sol. tur. — Bichius, etc., in debitis Parisi[iensibus] de anno m° cc° iiii^{xx} xv° per partes, [ut] supra[6].

1141. *Turonensis.*

Compotus mutuorum et donorum loco mutuorum, ac etiam quorundam aliorum donorum dicte baillivie pro defensione regni, quorum magister J. de Placentia et Ancherius Corraldi, procuratores ipsorum Bichii et Moucheti, receperunt majorem partem, traditus per baillivum Bituricensem, Robertum Maugerii, tertia Decembris m° cc° iiii^{xx} xix°. Videatur

---

[1] Ms.: *Cohiboldi.* Voir la pièce, en français, qui est aux Arch. nat., J 742, n° 3.
[2] Cf. § 1112.
[3] Ms., ici et plus loin : *Hoquini.* Cf. le Journal du Trésor, Bibl. nat., lat. 9783, fol. 125 v°.
[4] Ms., ici et plus loin : *procuratorem.*
[5] Ms. : *factus.*
[6] Cf. § 1109.

diligenter in correctione propter ipsius obscuritatem. Summa mutuorum fuit xix^m cvii lib. tur. Fuit autem totalis summa mutuorum predictorum xxxiii^m ii^c xxix lib., vi sol., iii den. tur. quas solverunt [1], ut in eodem compoto abreviato continetur; sed non videtur quod sit auditus.

1142. Compotus R. Maugerii, baillivi Turonensis, de mutuis et donis factis regi. Et est summa mutuorum xx^m lv lib., et donorum iiii^m iiii^c xx lib. restantes. Totum redditur regi per compotum Bichii [2] ad Ascensionem m° cc° iiii^{xx} xv°. Non vidi eum.

1143. Partes de vi^m lib. tur. quas homines Castri Novi Turonensis mutuaverunt regi [anno] m° cc° iiii^{xx} xv°, tradite per baillivum Turonensem, Robertum Maugerii, in compoto Omnium Sanctorum m° ccc° vi°.

1144. *Rothomagensis.*

Mutua procurata domino regi in dicta baillivia anno m° cc° iiii^{xx} xv° per dominum Guillelmum de Haricuria et Renaudum Barbou, baillivum ibi. Redduntur regi per compotum Bichii ad Ascensionem tunc, in summa, non per partes. Et fuit summa v^m lx lib.

1145. *Cadomensis.*

1146. *Caletensis.*

Compotus Ade Halot, baillivi Caleti, de mutuis regi concessis in eadem baillivia pro termino Paschatis anno m° cc° iiii^{xx} xv°. Fit per compotum Bichii ad Ascensionem tunc. Fuit summa mutuorum iii^m xviii lib. tur. Est tamen ibi quedam memoria quod dictus baillivus recepit de taillia Judeorum iiii^m iii^c lxii lib., ix sol., v den. par. Item, a quodam Judeo xxv lib. par. Sciatur ubi reddidit eas regi.

1147. In quodam rotulo nomina religiosorum et nobilium dicte baillivie, cum quibus baillivus ibi et P. Toffardi [3] locuti fuerunt super mutuis et donis domino regi faciendis, cum nominibus illorum qui non fuerunt in exercitu et qui non finaverunt, ut dicitur. Qui quidem rotulus traditus per magistrum P. Toffardi sabbato ante Sanctum Dyonisium m° ccc° ii°. — Sciatur si quid inde levatum fuerit et ubi redditur regi.

1148. *Constantinensis.*

1149. *Gisortii.*

Compotus magistri Guillelmi de Noycello, canonici Turonensis, et baillivi Gisortii de mutuis in eadem baillivia Gisortii et ejus ressorto levatis. Et fuit summa totalis vi^m vi^c xxviii lib., x sol. tur., quas debuit levare dictus baillivus et reddere per compotum suum ad Ascensionem m° cc° iiii^{xx} xvi° et capere expensas dicti magistri Guillelmi. Sciatur et corrigatur.

1150. Compotus castellanie Vernonis de mutuis in eadem castellania regi factis, receptis per Guillelmum d'Espouville. Et fuit summa vi^c lib., xl sol., iii den., de quibus reddidit baillivus Gisortii, in compoto suo de termino Paschatis m° cc° iiii^{xx} xvii°, vi lib.

---

[1] Ms.: *solvit.* — [2] Ms.: *Richerii.* — [3] Ms.: *per Toffardum.*

MUTUA ET DONA.

Petatur residuum. Et fuit dictus compotus traditus per dictum bailiivum in Scacario Sancti Michaelis, etc.

1151. *Trecensis et Meldensis simul.*

Compotus Bertaudi[1] Mahielli de mutuis faciendis et factis regi in dictis bailliviis $\text{M}^\circ \text{CC}^\circ \text{IIII}^{xx} \text{XIV}^\circ$, redditus curie decima die Julii $\text{M}^\circ \text{CC}^\circ \text{IIII}^{xx} \text{XIX}^\circ$. Et fuit eorum summa $\text{XXII}^m \text{VII}^c \text{IIII}^{xx} \text{XVII}$ lib. Non dicitur ubi redduntur regi. Sciatur.

1152. Compotus Bichii et Moucheti de mutuis regi factis in baillivia Trecensi, levatis per Johannem Tassini, procuratorem ipsorum. Correctus est. Et fuit summa $\text{XII}^m \text{IX}^c \text{XXV}$ lib.

1153. Compotus eorundem Bichii et Moucheti de eisdem [in castellania] Pruvinensi et ejus ressorto levatis per Franciscum Monstre[2], procuratorem ipsorum. Et fuit summa $\text{VI}^m \text{IX}^c \text{X}$ lib. tur., quas Bichius reddidit in compoto suo ad Ascensionem $\text{M}^\circ \text{CC}^\circ \text{IIII}^{xx} \text{XV}^\circ$, et capit similiter expensas inde factas.

Alius compotus eorundem ibi levatus. Et est summa $\text{VII}^c \text{VII}$ lib., x sol. tur. Creditur quod fiat[3] per compotum eorundem tunc. Sciatur.

1154. In una cedula nomina illorum qui computaverunt de mutuis factis regi pro subsidio regni.

1155. Compotus Jacobi Huguechionis, procuratoris Brichii Guidi, de mutuis in prepositura Meldensi et ejus ressorto levatis, factus veneris in vigilia Sancti Barnabe Apostoli $\text{M}^\circ \text{CC}^\circ \text{IIII}^{xx} \text{XV}^\circ$. Totum fit in debitis. Et fuit summa $\text{VI}^m \text{VI}^c \text{IIII}^{xx} \text{VI}$ lib., x sol. tur. Totum in debitis.

1156. *Vitriaci.*

Compotus dictorum Bichii et Moucheti de eisdem mutuis regi factis in baillivia Vitriaci, factus per Monniacum de Monniaco[4], procuratorem ipsorum. Dictus compotus fit per compotum eorundem Bichii et Moucheti ad Ascensionem $\text{M}^\circ \text{CC}^\circ \text{IIII}^{xx} \text{XV}^\circ$. Et fuit summa mutuorum $\text{VIII}^m \text{III}^c \text{LXXV}$ [lib.] tur.

1157. *Calvimontis.*

Compotus dictorum Bichii et Moucheti de mutuis domino regi factis in eadem baillivia Calvimontis et ejus ressorto, factus per Jacqueminum Cayn, procuratorem ipsorum. Totum fit per compotum[5] eorundem ad Ascensionem $\text{M}^\circ \text{CC}^\circ \text{IIII}^{xx} \text{XV}^\circ$. Fuit summa mutuorum $\text{VII}^m \text{VI}^c \text{LXX}$ lib. tur., soluta per Bichium ad Ascensionem $\text{M}^\circ \text{CC}^\circ \text{IIII}^{xx} \text{XV}^\circ$.

1158. Compotus dictorum Bichii et Moucheti de hiis que receperunt de mutuis ibi levatis per Chiperellum dictum Diexthaist[6], procuratorem ipsorum. Fit per compotum[7]

---

[1] Ms. : *Bertrandi.* Cf. p. 28, note 2.

[2] Ce nom, sans doute corrompu, paraît plus loin sous la forme : «Monsire», qui n'est pas meilleure; nous ne l'avons pas encore rencontré dans les documents originaux.

[3] Ms. : *fiant.*

[4] Cf. § 1407 et § 2108.

[5] Ms. : *compositum.*

[6] Ms. : *Diextheist.* Quelques comptes rendus par ce personnage, que Boccace a rendu célèbre, ont été publiés par M. Cesare Paoli dans le *Giornale storico della letteratura italiana*, 1885, p. 344 et suiv.

[7] Ms. : *compositum.*

eorundem ad Ascensionem M° CC° IIII^{xx} XV°. Fuit summa V^m IXe IIII^{xx} XIX lib., soluta per Bichium ad Ascensionem M° CC° IIII^{xx} XV°.

1159. *Pictaviensis, Xanctonensis et ressorta earundem senescalliarum.*

Compotus magistri Johannis, cancellarii Meldensis, de mutuis et donis per ipsum receptis in dictis senescalliis et earum ressortis, auditus dominica post Sanctum Bartholomeum M° CC° IIII^{xx} XVII°. Intitulatur etiam in tertio sacco guerre Vasconie. Et est summa mutuorum, ut videtur, V^m VI^c LXVI lib. tur.; et summa donorum fuit XLIIII^m IX^c X lib., XIX sol., IX den. tur. Debentur dicto cancellario XIIII^c XIII lib., XII sol., V den. tur. Fecit quasdam solutiones pluribus stipendiariis que sunt in sacco tertio guerre Vasconie. Sunt etiam a tergo dicti compoti quedam mutua facta in baillivia Turonensi per eundem cancellarium.

1160. Rotulus donorum et mutuorum factorum regi in senescallia Xantonensi. Sciatur quid inde fuit levatum, et recuperetur pro rege. Est etiam intitulatus inter compotos loca propria non habentes.

1161. *Alvernie et ressortum.*

Compotus Bichii et Moucheti de mutuis factis domino regi anno M° CC° IIII^{xx} XIV° pro guerra Anglie, factus in compoto Ascensionis M° CC° IIII^{xx} XV°. Videatur dictus compotus ad sciendum si contenta in dicto rotulo tam in recepta quam expensa fiant per ipsum. Et fuit summa XXX^m V^c lib., CX sol., VI den. tur., videlicet pro mutuis et donis ibi factis II^m II^c XXII lib.

1162. Compotus dictorum Bichii et Moucheti de hiis que receperunt de mutuis et subventione regni, nomine decime, et aliis in dicta baillivia, per Bertum[1] Talenti, procuratorem ipsorum, redditus die dominica post Sanctum Martinum M° CC° IIII^{xx} XVI°. Et fuit summa mutuorum M IIII^c XXXI lib. tur., super Bichium in debitis Parisiensibus de M° CC° IIII^{xx} XV°. Et sunt ibi mutua de XVI^c lib. tur., que facta fuerunt a priore Sancti Johannis Jerosolimitani, et mutua[2] de XI^c IIII^{xx} XV lib., V sol., VII den. tur., facta a non exemptis diocesis Clarimontis, et mutua de II^m C XXIIII lib., III sol., X den. tur., facta ab ordine Cluniacensi, que omnia ponuntur super Bichium in debitis Parisiensibus.

1163. *Caturcensis.*

Partes mutuorum levatorum in senescallia Caturcensi per priorem de Brioliis et ejus socios[3]. Sunt in sacco primo guerre Vasconie cum compoto domini Caroli de Valesio, fratris regis.

1164. Nomina omnium qui de omnibus supradictis computaverunt.

1165. *Tholose.*

1166. *Ruthenensis.*

---

[1] Ms. : *Bertrandum.* Cf. Bibl. nat., fr. 10365, fol. 12. — [2] Ms., ici et plus loin : *mutuis.* — [3] Ms. : *sociis.* Cf. § 2335.

SUBVENTIONES.

1167. *Carcassone.*

1168. *Bellicadri.*

1169. *Petragoricensis.*

1170. *Lugdunensis.*

MUTUA PRO ARRAGONIA.

1171. Mutua soluta regi pro Arragonia per Templum ad Candelosam M° CC° LXXVIII°[1] et plures terminos sequentes, pro majori parte. Major pars reddita est [a] personis a quibus recepta fuerant. Non fit ibi summa totalis.

1172. Partes mutuorum ville Cathala[u]nensis factorum regi, anno M° CC° IIII^{xx} IV°, et manus mortue Colardi de Latigniaco de Cathalauno, tradite per Johannem dictum Richomme de Cathalauno, dominica qua cantatur *Oculi mei* M° CC° IIII^{xx} XII°[2]. Summa mutuorum fuit XVI^m VIII^c lib., que videntur soluta fuisse.

SUBVENTIONES, TALLIE SEU IMPOSITIONES LEVATE IN BAILLIVIIS ET SENESCALLIIS REGNI PRO SUBSIDIO EJUSDEM, AB ANNO M° CC° IIII^{xx} X° CITRA.

DUPLEX SEU PRIMA CENTESIMA.

1173. *Vicecomitatus Parisiensis.*

Recepta ville Parisiensis et ejus ressorti per Petrum Besquet de duplici centesima et grossa ejusdem ville, redditus curie dominica post festum Beate Marie Mart[ii] M° CC° IIII^{xx} XVIII°. Totus compotus est de recepta, et dicitur ibi quod recepit de dicta duplici decima XI^m VI^c XIII lib., II sol., VIII den. par.; et restant ad solvendum IIII^m IIII^c LXXI lib., X sol. par., posite[3] in sufferentia. Sciatur si postea solute fuerunt, et de dictis XI^m, etc., per eum levatis, ubi redduntur regi.

1174. *Baillivia Silvanectensis.*

Compotus Gerardi de Marla et Johannis Le Chat de duplici centesima levata pro terminis Penthecostes et Assumptionis M° CC° IIII^{xx} XVII° in dicta baillivia Sylvanectensi, redditus mense Januario M° CC° IIII^{xx} XVIII°. Debet dominus Gerardus pro fine compoti XIX lib., XIX sol., III den. Non est correctus. Pauca restant corrigenda per ipsum.

1175. Item compotus magistri Clementis de Saviaco de hoc quod recepit de correctione dicte duplicis centesime ibi, anno M° CC° IIII^{xx} XVII°, et de expensis de pluribus viis, redditus per ipsum sabbato post *Oculi mei* M° CC° IIII^{xx} XVIII°. Debentur ei pro fine compoti IX^{xx} XIII lib., XVII sol., XI den., de quibus habuit cedulam ad thesaurum. Correctus est penes dominum J. de Charmeya; non est correctus penes me. Signantur tamen recuperande certe LII lib. par. super duabus personis ibi nominatis, et quedam alia.

---

[1] Menant (XI, fol. 24) : *1274.* — [2] Menant, *l. c.* : *1302.* Cf. § 1129. — [3] Ms. : *positis.*

1176. *Bailliv[i]a Viromandensis.*

Compotus magistri Guillelmi de Condeto et Nicolai Caillet de eodem in eadem baillivia Viromandensi, redditus curie prima Februarii m° cc° iiii^{xx} xvii°. Debent pro fine dicti compoti lxxvi solidos. Non est correctus. Sunt tamen aliqua recuperanda super ipsos, et signantur in dicto compoto. Restant etiam ad solvendum x^m ii^c iiii^{xx} lib., lxxiii sol., iii den., quas debent persone quarum nomina a tergo dicti compoti continentur, nec videtur quod tradite fuerint ad solvendum. Sciatur hoc.

Compotus eorundem de eodem abbreviatus.

1177. Item compotus magistri Nicolai Caillet et Balduini de Nantholio de duplici centesima clericorum non clericaliter viventium in eadem baillivia mense Junio m° cc° iiii^{xx} xviii°. Debent xi lib., xv sol., iii den., ob. Arrestatur in fine de manu magistri Sanctii quod receptores locorum receperunt id quod solutum est in dicto compoto. Et de hiis debet respondere Renaudus du Cavech[1].

1178. *Baillivia Ambianensis.*
Nihil reperio.

1179. *Baillivia Senonensis.*

Compotus Guillelmi Martini de Trapis de eadem duplici centesima levata anno m° cc° iiii^{xx} xvii° in baillivia Senonensi, redditus curie sabbato post Candelosam m° ccc° viii°. Correctus est quantum ad finem compoti[2], et non quantum ad residuum, ubi sunt plures denarii traditi qui nondum positi fuerunt in debitis.

1180. Item partes recepte dicte duplicis centesime in eadem baillivia et nomina receptorum tradita per defunctum magistrum G. de Ultramare, extracta de magnis rotulis. Non nominat tempus in quo tradita fuerunt.

1181. Item compotus magistri Henrici de Gauchi de arreragiis dicte centesime, redditus curie tertia Julii anno m° cc° iiii^{xx} xviii°. Videtur debere per finem compoti xxii lib., xvi sol., v den. par. Non est correctus. Parum tamen est corrigendum aliud a fine dicti compoti.

1182. Item arreragia duplicis centesime predicte tradita per ipsum Henricum die veneris in festo Translationis Beati Martini m° cc° iiii^{xx} xviii°. Tamen tradita fuerunt domino J., capellano de Feritate Milonis, qui debuit ea levare. Sciatur si computaverit de ipsis.

1183. *Aurelianensis baillivia.*
Desunt.

1184. *Matisconensis baillivia.*

Magister P. de Latilliaco et Sylvester, curatus de Eva, debuerunt computare, prout in debitis Matisconensibus de anno m° ccc° iv°.

---

[1] Cette forme ne doit pas être suspectée. Voir Bibl. nat., lat. 9783, fol. 7 v°, et *passim*. — [2] Ms. : *compositum*.

1185. *Baillivia Bituricensis.*

Computus magistri Symonis de Sancto Benedicto de duplici centesima in dicta baillivia Bituricensi et ejus ressorto pro exercitu Flandrie M° CCC° I°. Non est acceptatus quantum ad expensas. Videtur tamen quod plura restarent adhuc deberi per eum, si clauderetur.

1186. Item alius compotus de eadem, imposita per magistrum P. de Monciaco, videlicet de hiis qui solvunt in grossa summa. Non est similiter auditus quantum ad expensas, ut supra.

1187. *Baillivia Turonensis.*

Compotus Bichii et Moucheti de hiis que receperunt de centesima et decima pro defensione regni in comitatu Britannie, auditus M° CC° IIII^{xx} XVI°, et correctus quantum ad partem ipsius. Videtur tamen quod sit ibi quedam expensa, cujus summa est VI^{xx} IX lib., XV sol., XI den., non deducta eis ibi de sua recepta. Sciatur penes socios si habeant ipsum compotum. Si non inveniatur cum predictis, invenietur cum non habentibus loca propria, aut cum compotis Bichii et Moucheti.

1189. *Rothomagensis baillivia.*

1190. *Baillivia Caletensis.*

Compotus Nicolai Vassalli et Gaufridi Avice, vicecomitis Rothomagensis, de eadem duplici centesima baillivie Caletensis, factus veneris in Translatione Sancti Martini M° CC° IIII^{xx} XVIII°. Compotus correctus est ad plenum.

1191. Partes centesime reddite regi per dictum compotum Nicolai Vassalli.

1192. Alie partes ejusdem centesime reddite militi (*sic*)[1] ejusdem baillivie per dictum compotum. Item arreragia que debentur de eadem in dicta baillivia, tradita per dictum R. (?) die lune ante Annunciationem Dominicam tunc; et tradita fuerunt baillivo tunc ibi ad levandum. Sciatur ubi redduntur regi.

1193. *Baillivie Cadomensis et Constantinensis.*

Recepte et expense facte in bailliviis Cadomensi et Constantinensi per dominos Radulphum de Mellento et Philippum de Villa Petrosa de subventione novissima, loco duplicis centesime levate in baillivia Cadomensi taxata. Debent pro fine dicti compoti XVI lib., XV sol., IX den. tur. Non est correctus. Sunt tamen recuperande per dictum compotum, cui locus[2] est etiam inferius super villam Cathala[u]ni, post alium compotum ipsorum de duplici centesima in eadem villa, cum quo suitur.

1194. Item compotus magistri Roberti de Vernone et Bertrandi Michaelis[3] de eadem duplici centesima et aliis subventionibus in dictis bailliviis, factus die jovis post Epiphaniam M° CC° IIII^{xx} X°. Debent pro fine dicti compoti VIII lib., XV sol. tur. Non est correctus

---

[1] Il y a probablement ici, dans le ms. lat. 9069, une lacune d'une ligne, qui rend ce passage inintelligible. — [2] Ms. : *cui L. est.* Cf. § 1204. — [3] Peut-être pour « Bertaudi Mahielli ».

1195. *Gisortii.*

Compotus Johannis de Sancto (Gisortio seu de Sancto) Leonardo de duplici centesima baillivie Gisortii ac de subventionibus duplicis decime dyocesis Ebroicensis, redditus in compoto Omnium Sanctorum M° CC° IIII^{xx} XIX°. Non est correctus.

1196. *Trecensis baillivia.*

Compotus Johannis Plaster[ar]ii et Galterini de Porta de duplici centesima prepositure [de] Saincte Menehoult et ressorti, factus vigesima nona die Augusti anno M° CC° IIII^{xx} XVIII°.

1197. *Meldensis baillivia.*

Assisia duplicis centesime castellanie Pruvinensis, facta per magistrum Henricum de Horreto super clericos non clericaliter viventes, orphanos et viduas [1], tradita ad levandum Manassero de Fossatis. Suitur ibi quidam compotus ejusdem magistri Henrici qui intitulatur infra inter compotos [2] centesime super Matisconem.

1198. Compotus Manasseri de Fossatis de dicta duplici centesima in eadem castellania pro exercitu Flandrie, factus mense Septembri anno M° CC° IIII^{xx} XVII°.

1199. *Vitriaci baillivia.*

Compotus Colardi de la Maison et Johannis de Court Robert de dicta duplici centesima in baillivia Vitriaci, levata anno M° CC° IIII^{xx} XVII° in pluribus preposituris ibi nominatis. Illud quod debent pro fine computi ponitur super ipsos in debitis Trecensibus. Restant tamen corrigende per dictum compotum certe IX^{xx} lib., X sol. tur., super collectores (dicte prepositure) dicte baillivie. Petantur.

1200. Compotus Johannis Hoquerelli, Maneheud et Colardi Mairel [3] de duplici centesima in prepositura Castri Porciani [4], factus penultima Augusti M° CC° IIII^{xx} XVIII°. Debent pro fine compoti LXXIII lib., XVI sol., II den. tur. Arrestatur tamen in dicto compoto quod non fuit acceptatus ex toto, quia non receperant compotum a collectoribus per partes (seu personas) villarum.

1201. Compotus Egidii d'Avenay de eodem in prepositur[is] de Spernaco et de Laonnois, factus penultima Augusti M° CC° IIII^{xx} XVIII°. Debet pro fine compoti CXV lib., XVII sol. Petit tamen eas pro expensis. Habeatur deliberatio quid fiet de hoc. Non est correctus. Sunt tamen aliqua recuperanda super collectores que retinuerunt pro expensis, quorum nomina sunt in dicto compoto.

1202. Compotus Bethini Hugonis [5] de Florentia et Stephani de Condeto de duplici centesima in prepositur[is] Doncherie et Sancti Hylierii levata M° CC° IIII^{xx} XVII°, redditus per Johannem Vivien, commorantem [6] apud Dameriacum. Correctus est.

---

[1] Ms. : *orph. et videt.*
[2] Ms. : *compotum.* Cf. § 1238.
[3] Formes suspectes.
[4] Ms. : *Portuensis.*
[5] Ms. : *Hugues.*
[6] Ms. : *commorans.*

1203. *Villa Cathalaunum de dicta baillivia.*

Compotus magistri Radulphi de Mellento et Philippi de Villa Petrosa, alias Conversi, de duplici centesima ville Cathalauni et quibusdam aliis de dicta baillivia Vitriaci, perfectus secunda die Martii m° cc° iiii^{xx} xviii°. Corrigitur finis per sequentem compotum.

1204. *Cadomensis et Constantinensis.*

Compotus eorundem de receptis et expensis suis factis in bailliviis Cadomensi et Constantinensi pro subventione novissima, [loco duplicis centesime levate in baillivia Cadomensi] taxata[1]. Debent xvi lib., xv sol., ix den. tur. Est etiam superius super dictas baillivias.

1205. *Calvimontis baillivia.*

1206. *Senescallia Pictaviensis et Lemovicensis.*

Compotus abbreviatus duplicis centesime in senescallia Pictaviensi et Lemovicensi per magistrum Guidonem Levessel[2] et Guillelmum Armigeri, redditus magistro Symoni Festu, decano Blesensi, in octava Assumptionis m° cc° iiii^{xx} xix°. Sciatur si magister Symon predictus reddi[di]t compotum predictum, et quo tempore. Non fuit auditus.

1207. *Xanctonensis senescallia.*
Desunt.

1208. *Alvernie.*

Compotus magistri Reginaldi de Gire[s]me et Petri Crassi de dicta duplici centesima in baillivia Alvernie, redditus curie m° cc° iiii^{xx} xiii°, mense Julii. Correctus ad plenum.

1209. *Caturcensis.*
Desunt.

1210. *Tholose et Albiensis.*
1211. *Rathenensis senescallia*[3]
1212. *Carcassone.*
1213. *Bellicadri.*
1214. *Petragoricensis.*
1215. *Lugdunensis.*

} Addenda sunt que in hiis bailliviis et senescalliis desunt.
Videatur de compotis redditis de hisce locis.

CENTESIMA SIMPLEX SEU SECUNDA LEVATA INTER ANNOS M^{um} CC^{um} IIII^{xx} X^{um} ET M^{um} CCC^{um}.

1216. *Parisiensis.*

Compotus centesime terrarum reginarum Margarete et Marie cum ressortis, factus per

---

[1] Ms. : *novissima taxandi.* Une ligne a été omise; elle est restituée ici d'après le § 1193.

[2] Forme suspecte. La correction « Cavassole », qui se présente à l'esprit, — Gui Cavassole est un financier bien connu de ce temps, — serait arbitraire.

[3] Ms. : *baillivia.*

magistrum P. de Sancto Justo, die lune ante festum Beati Andree M° CC° IIII^{xx} XV°. Correctus est.

1217. Compotus domini Johannis de Variis de eadem in castellaniis Corbolii, Stemparum et Dordani et Feritatis Alesie, traditus die lune ante Sanctam Luciam M° CC° IIII^{xx} XV°. Correctus est.

1218. Nomina castellaniarum et parrochiarum terre dicte regine Marguarete, et summe dicte centesime tunc levate per dictum dominum Johannem.

1219. Item partes centesime prepositure Parisiensis levande, tradite per magistrum Symonem Bodelli[1] et Simonem Pagani, die lune post Nativitatem Beate Marie M° CC° IIII^{xx} XVI°. Totum hoc quod debetur de eisdem fit in debitis Paris[iensibus] de anno M° CC° IIII^{xx} XV°.

Alius compotus ipsorum de hoc quod receperunt de dictis partibus. Et fit totum in debitis, ut supra.

1220. *Baillivia Sylvanectensis.*

1221. *Baillivia Viromandensis.*

Compotus Philippi Lequesne et Johannis Le Chat de eadem centesima cujusdam partis baillivie Viromandensis, factus veneris post Sanctum Martinum hiemalem M° CC° IIII^{xx} XVI°. Arrestatur in principio quod est totus correctus.

1222. Compotus magistri H. de Gauchi de denariis quos recepit a Johanne Brenot de eadem, apud Sanctum Quintinum et Ribodimontem et terram Tierascie, factus quarta Aprilis M° CC° IIII^{xx} XVI°. Correctus est.

1223. Compotus domini Richardi de Verberia et P[etri] de Monasterio de eodem in prepositura Laudunensi et prepositura Calniaci, factus mense Februario M° CC° IIII^{xx} XV°. Correctus est.

1224. Compotus dictorum Philippi Lequesne et Johannis Le Chat de eadem. Videtur quod debeant pro fine compoti IIII^{xx} lib., XXVII sol., III den., prout est in quadam cedula que est cum dicto compoto.

1225. Compotus Petri de Vaudrimpont de centesima civitatis Tornacensis de anno M° CC° IIII^{xx} XV°.

1226. *Baillivia Ambianensis.*

Compotus magistri H. de Gauchi, collectoris aliquorum defectuum ejusdem centesime in baillivia Ambianensi apud Sanctum Odomarum, Monsterolium et in comitatu Boloniensi, factus M° CC° IIII^{xx} XVI°. Correctus est.

1227. Compotus Roberti Lequesne de eadem centesima ibi, factus die lune ante Sanctum Thomam M° CC° IIII^{xx} XVI°. Correctus est.

1228. Item partes ipsius centesime levande in predicta baillivia.

---

[1] Ms. : *Lidelly.*

1229. *Senonensis baillivia.*

Compotus receptorum centesime baillivie Senonensis in diversis partibus, redditus curie per dominum Robertum Regis mense Julio M° CC° IIII^{xx} XVI°. Correctus est.

1230. Partes recepte centesime ejusdem baillivie et nomina receptorum per inquestam deffuncti magistri G. de Ultramare, extracta de magnis rotulis per G. de Poteria, clericum suum.

1231. Compotus domini Stephani de Autissiodoro et magistri P. de Massengeyo, canonici Senonensis, de centesima clericorum ecclesie Senonensis, auditus per magistrum Robertum Regis predictum[1], veneris post Translationem Sancti Benedicti anno M° CC° IIII^{xx} XVI°. Correctus est.

1232. Compotus abbatis Sancti Remigii de Senonis [2] de eadem [3] levata super personas ecclesiasticas civitatis et diocesis Senonensis, absque illis de choro dicte ecclesie, redditus per magistrum Robertum Regis predictum, veneris post Translationem Sancti Benedicti, anno Domini M° CC° IIII^{xx} XVI°. Debetur ei. Non est correctus.

1233. *Baillivia Aurelianensis.*

Rotulus valoris totius centesime baillivie Aurelianensis.

1234. Compotus magistrorum Johannis Huesselini et Guillelmi de Gisortio, canonici Lexoviensis, de eadem centesima in dicta baillivia Aurelianensi, factus lune post festum Beati Dyonisii. Debent pro fine compoti XV lib., IX sol., IIII den. par. Non est correctus. Sunt tamen aliqua recuperanda per ipsum.

1235. Compotus Guillelmi de Cabilone et P. de Auversio [4] de eadem in eadem baillivia et ressorto ejusdem de hiis que receperunt ab eis qui statuti fuerunt pro levanda dicta centesima ibi, M° CC° IIII^{xx} XVI°. Debent XIX lib., V sol., VII den. par. Non est correctus.

1236. Compotus Guillelmi Thibout, Ste[phani] Agni et P. de Lymois [5], deputatorum in recepta prime centesime per P. Seymelli, tunc baillivum ibi, factus M° CC° IIII^{xx} XVII°. Debent XV lib., IX sol., IIII den. Non est correctus.

1237. *Matisconensis baillivia.*

Compotus magistrorum Petri de Latilliaco et Sylvestris [6] de Beloy de centesima [baillivie] Matisconensis et ressorti ejusdem, factus mense Martio anno Domini M° CC° IIII^{xx} XV°. Correctus est.

1238. Compotus magistri Henrici de Horreto, missi in provincia Lugdunensi et diocesibus Aniciensi ac Trecensi ad monendum prelatos et exemptos super solutione duplicis decime, necnon ad recipiendum monetagium Matisconense, et quascumque alias pecuniarum summas a quibuscumque collectoribus centesime et quinquagesime in Matisconensi

---

[1] Ms.: *predicti.*
[2] Ms.: *de senescallia;* en marge: *de Senono.* Cette correction, quoique conjecturale, paraît certaine.
[3] Ms.: *eodem.*
[4] Ms.: *Auus*, avec une abréviation. Cf. § 191.
[5] Sic. Cf. p. 156, note 3.
[6] Ms.: *Sylvanestri* Cf. § 695.

bailllivia constitutis. Non videtur esse perfectus. Suitur post compotum dicti magistri Henrici de assisia duplicis centesime castellanie Pruvinensis qui intitulatur super Meld[ensem bailliviam] superius[1].

1239. *Ducatus Burgundie et comitatus Cabilonensis.*

Compotus centesime ducatus Burgundie et comitatus Cabilonensis, redditus curie per magistrum Sylvestrem[2], curatum de Eva, Sylvanectensis diocesis, pro se et magistro P. de Belna, clerico ducis Burgundie, sabbato post festum Sancte Lucie virginis anno m° cc° iiii^{xx} xvi°. Totum fit in debitis, et sic correctus.

1240. *Bituricensis baillivia.*

Compotus Petri Lombardi, receptoris ibi, de prima centesima imposita ibidem per decanum de Lynais[3], m° cc° iiii^{xx} xv°. Debetur ei pro fine compoti. Nichil est corrigendum, nec apparet quod auditus fuerit in Camera.

1241. Compotus dicti decani de Linais et magistri Johannis Cherité de eadem in baillivia predicta, factus tunc, ad Omnes Sanctos m° cc° iiii^{xx} xv°. Correctus est[4].

1242. *Turonensis baillivia.*

Compotus centesime in dicta baillivia et ejus ressorti per Reginaldum de Marsell[is] factus et (sic) canonicum de Maceriis super Meusam, et Guillelmum Otrani, canonicum de Gournay in Normania, factus die mercurii post octavas Pasche m° cc° iiii^{xx} xvi°. Correctus est.

1243. Quidam rotulus quem tradidit dominus G. Otrani de partibus dicte centesime remanentibus ad levandum, traditus curie die mercurii ante Sanctum Laurentium m° cc° iiii^{xx} xvi°. Correctus est.

1244. Compotus magistri Johannis Cherité, Alani de Lambalé et Guillelmi de Cheny de eadem centesima Britannie, factus m° cc° iiii^{xx} xv°. Non est correctus. Debent, ut est a tergo ejusdem compoti, videlicet magister Johannes[5] de Charitate unum equum de xii lib., x sol., et magister G. de Cheny unum equum de xiii lib., et comes Britannie xix lib., viii sol., vi den.

1245. *Rothomagensis baillivia.*

Partes prime centesime sive longus compotus de assisia ejusdem centesime facta per magistrum Johannem Hiesselin et Hemardum Scutiferum per totam bailliviam Rothomagensem et de solutione ejusdem, traditus vigesima die Maii m° cc° iiii^{xx} xix°. Totum est de recepta, sed est alius rotulus abbreviatus de eodem, traditus tunc, per quem debetur eis. Nichil est corrigendum per ipsum. Sunt corrigenda[6].

---

(1) Cf. § 1197.

(2) Ms. : *Sylvanestrum de Eva...*

(3) Ms. : *Lignois;* au § 1241, *Limais.* Il s'agit de « magister Martinus, decanus de Linays » (Bibl. nat., lat. 9783, fol. 29).

(4) Ms. : ... *predicta factus tunc correctus est factus ad Omnes Sanctos 1295.*

(5) Ms. : *magistri Johannis.* Peut-être faut-il lire : «Debentur... magistro Johanni unus,» etc.

(6) Ms. : *corrigendum per ipsum sunt corrigendi.*

SUBVENTIONES.

1246. Compotus de eadem ibi levata m° cc° iiii^{xx} xv° et reddita in compoto Sancti Michaelis tunc. Creditur quod factus fuerit per baillivum ibi. Correctus est.

1247. *Rothomagensis et Caletensis baillivie.*
Compotus domini Roberti dicti Le Roy et Chiny de Gratia[1], procuratoris Bichii, de eadem centesima in baillivia predicta et baillivia Rothomagensi ac de decima baillivie Rothomagensis, factus mercurii post Pascha m° cc° iiii^{xx} xvi°. Non est clausus. Queratur in sacco Bichii et Moucheti, nisi inveniatur cum aliis compotis de dicta centesima.

1248. Compotus dicte centesime ibi factus per Johannem Le Panetier et Robertum de Suessione, burgensem Compendii, die lune post Sanctum Dyonisium m° cc° iiii^{xx} xv°. Et fuit summa totalis xvi^m cxvi lib., v sol., iii den. tur., que ponitur in debitis Caleti de anno m° cc° iiii^{xx} xv°.

1249. *Cadomensis baillivia.*
Compotus Martini Viel, Johannis Le Hanapier et sociorum de eadem in vicecomitatu Falesie, traditus per magistrum G. de Gisortio in crastino Magdalene m° cc° iiii^{xx} xvi°. Totum fit in debitis quod debet fieri.

1250. *Baillivia Constantinensis.*
Compotus magistri Sansonis Harenc, rectoris ecclesie de Auteya, de eadem centesima ibi levata anno m° cc° iiii^{xx} xv°. Fit per Luparam.

1251. *Gisortii baillivia.*

1252. *Trecensis baillivia.*
Compotus Roberti de Cyconia et P. Folet de eadem centesima in dicta baillivia, factus die jovis post Trinitatem m° cc° iiii^{xx} xvi°, sutus cum compoto ipsorum de centesima terre dotalicii. Correcti sunt.

1253. *Meldensis baillivia.*

1254. *Baillivia Vitriaci.*
Compotus domini Johannis, capellani de Feritate Milonis, et Jacobi Bras de Fer de eadem centesima, factus mense Januario m° cc° iiii^{xx} xvi°. Correctus est.

1255. *Baillivia Calvimontis.*

1256. *Senescallia Pictaviensis.*
Compotus domini Philippi vel Johannis de Sancto Dionisio, magistri Stephani de Capella et magistri Stephani de Borreto, redditus magistro Symoni Festu, canonico Carnotensi. Debe[ntur] pro fine compoti vii^c iiii^{xx} x lib., vii sol., ix den. tur., quas debent col-

---

[1] Ms. : *Chimy*. Voir le *Journal du Trésor*, Bibl. nat., lat. 9783, fol. 18 : «a Chino Gratie, Lombardo, receptore Ruthenensi».

lectores in dicto compoto nominati. Non est correctus, sed sunt plura ad recuperandum signata.

1257. *Xanctonensis.*

1258. *Alvernie.*

Compotus Johannis de Tria [1], baillivi in eadem baillivia, de dicta centesima, redditus die lune ante Sanctum Clementem m° cc° iiii^{xx} xv°. Correctus est.

1259. Nomina collectorum ejusdem centesime in eadem baillivia, seu quidam compotus de collectoribus centesime predicte in summis impositis super eos per juramenta sua pro centesima sua. Et habuerunt expensas suas, ut apparet in dicto compoto Johannis de Tria de eadem centesima.

1260. Quidam compotus de residuo centesime ejusdem baillivie, cujus finis redditur regi per compotum baillivi Alvernie ad Ascensionem m° cc° iiii^{xx} xvi°. Et sic est totus correctus.

1261. *Caturcensis senescallia.*

1262. *Tholose senescallia.*

1263. *Rathenensis senescallia.*

1264. *Carcassone senescallia.*

1265. *Bellicadri senescallia.*

1266. *Petragoricensis senescallia.*

1267. *Lugdunensis senescallia.*

SCRIPTA QUINQUAGESIME ET TERTIE QUINQUAGESIME.

1268. *Parisiensis.*

Compotus magistri Guillelmi de Marigniaco defuncti et domini Philippi de Marigniaco de arreragiis tertie quinquagesime in castellania et villa Parisiensi et ressortis, de hiis que recepta fuerunt post compotum magistri Guillelmi de Marigniaco, factus per magistrum G. de Baugy die mercurii post Trinitatem m° ccc° i°. Aliqua signantur recuperari. Debentur ei iiii^{xx} xiiii lib., iii sol., vi den. Non est correctus.

1269. Compotus magistri G. de Marigny, successoris magistri G. de Belloforti, de tertia quinquagesima prepositure Parisiensis et ressorti ejusdem, excepta villa Parisiensi, factus anno m° ccc°. Debet ii° li lib., xiii sol., iiii den. par. Non est correctus.

1270. Alius compotus magistri G. de Marigny de aliquibus correctionibus tertie quinquagesime in prepositura Parisiensi et ressorto, auditus die lune sexta die Martii m° ccc°. Correctus est.

---

[1] Ms., ici et plus loin : *Teria*.

1271. Impositio quinquagesime grossorum civium Parisiensium, tradita per magistrum G. Le Goein[1] dominica ante Magdalenam anno m° cc° iiii^xx xvii°, que sic incipit : « Hec sunt que de quinquagesima et centesima solvere debuerunt persone infrascripte pro termino Penthecostes anno m° cc° iiii^xx xvii°... » — Debentur, ut videtur, regi pro fine compoti ejusdem vii^m ix^c i lib., ii sol. Sciatur penes socios, si sciri poterit, qui arreragia ista levaverint, et recuperentur.

1272. Alius rotulus in quo ponuntur nomina illorum qui nondum solverunt. Et est summa defectuum in fine rotuli ii^m clv lib., xii [sol.]. Petantur.

1273. *Silvanectensis.*

Compotus Guillelmi de Sancto Vincentio de veteri quinquagesima statuta per magistrum Dionisium Boyau et Johannem d'Argenteuil, auditus septima Februarii m° cc° iiii^xx xvii°. Correctus est. Dicitur in fine quod arreragia de ii^m iiii^c x lib., xviii sol., i den., fuerunt tradita servientibus certis ad explectandum. Sciatur si et ubi redduntur regi.

Alius compotus ipsius de dicta quinquagesima incepta levari ante Sanctum Johannem m° cc° iiii^xx xvii°. Et est summa totalis ipsius xxv^m vi^c iiii^xx xvii lib., x sol., xi den. par. Sciatur ubi rex habuit.

1274. Compotus magistri Clementis de Saviaco de rebinagio duplicis quinquagesime in prepositura Silvanectensi, factus sabbato post Annunciationem Beate Marie m° cc° iiii^xx xvii°. Debetur ei. Non est correctus.

1275. Compotus Johannis Gudin, P. Burserii et Richardi de Mortuofonte pro quinquagesima prepositure Petrefontis, factus jovis post octavas Candelose m° cc° iiii^xx xvii°. Correctus est quantum ad finem compoti. Plures denarii traditi sunt per dictum compotum. Petantur.

1276. Duo compoti magistri Johannis Lotharingi, commissarii in baillivia Silvanectensi, adjuncto secum Egidio de Landuno, tunc baillivo ibidem, ad levandum arreragia subventionis quinquagesime levate anno m° ccc°, redditi per ejus relictam, secunda die Octobris... Non est correctus. Debent pro fin[ibus] dictorum compotorum xli lib., x sol., i den. par. debil.

1277. *Viromandensis.*

Compotus quinquagesime baillivie ejusdem pro parte, videlicet in episcopatibus Noviomensi, Belvacensi, Ambianensi et partim Tornacensi, per magistrum Laurentium de Monteforti et Arnulphum dictum Mellin de Meldis, factus dominica ante Omnes Sanctos m° cc° iiii^xx xvi°. Totum fit in debitis.

1278. Compotus feodorum et possessionum quas tenent ignobiles in baillivia Viromandensi loco quinquagesime, factus per dominum Michaelem de Condayo[2] et magistrum N.

---

[1] Ce paragraphe a été copié par Menant (XI, fol. 25) qui a lu : « G. Le Goen ». Cf. § 1430 : « Le Gorin ».

[2] « Michael de Codreyo », dans un compte de la Toussaint 1296 (*Bibliothèque de l'École des chartes*, 1884, p. 252, n° 198) et dans le *Journal du Trésor*, Bibl. nat., lat. 9783, fol. 49.

dictum Caillet die dominica ante Assumptionem Beate Marie Virginis m° cc°iiii°^{xx} xvi°. Totum fit in debitis.

1279. Deffectus ultime quinquagesime baillivie Viromandensis et Ribodimontis, traditus per G. de Hangesto juniorem, decima tertia die Septembris m° ccc° v°. Et [est] summa totalis eorum iiii^m ii^c xxi lib., iiii sol., ix den. par.

1280. Compotus domini Guidonis, canonici Laudunensis, et G. de Hangesto, quondam baillivi Viromandensis, de tertia quinquagesima ejusdem baillivie, levata m° ccc°, factus sabbato ante Sanctum Georgium m° ccc° ii°. Debent xxxiiii^m v^c iiii^{xx} xvi lib., xii sol., iiii den. par. Non est correctus.

1281. Quidam rotulus de arreragiis prime quinquagesime, traditus per magistrum Sylvestrem, curatum de Eva, pro magistro Johanne de Bruer[iis], de quibus pars soluta est. Residuum arrestatur ibi levandum, videlicet circa v^c lib.

1282. *Ambianensis.*

Valor seu recepta totius quinquagesime villarum Cathalaunensis, Remensis, Montiscorneti[1], Laudunensis, Suessionensis, per[2] compotos traditos curie.

1283. Compotus magistri Radulphi de Houdencourt de quinquagesima Atrebatensi, factus dominica ante Annunciationem Domini m° cc° iiii^{xx} xvi°. Totum fit in debitis Ambianensibus.

1284. Compotus abbreviatus magistri G. de Bosco de arreragiis prime centesime et quinquagesime, de hiis que recepit de duplici centesima in baillivia Ambianensi et ressorto, auditus dominica in festo Cathedre Sancti Petri anno m° cc° iiii^{xx} xviii°. Debet pro fine dicti compoti xli lib., x sol. par. Non est correctus. Plura sunt per ipsum recuperanda et corrigenda.

1285. Partes dictarum centesime, quinquagesime et totius duplicis centesime ejusdem baillivie, tradite per dictum magistrum G., post dictum compotum suum, in uno rotulo, die dominica in festo Cathedre Sancti Petri m° cc° iiii^{xx} xviii°, qua die fuit auditus dictus compotus. Et est summa xix^m ii^c lxxvi lib., xvii sol., ix den.

1286. Compotus Roberti de Soissons et Jacobi Harel de Compendio de quinquagesima et arreragiis antique centesime ibi et [in] ressorto ac in comitatu Pontivi. Nec est auditus, ut arrestatur ibi, sed traditus fuit decima septima Februarii m° cc° iiii^{xx} xvii°, ad hoc quod curia esset consulta, cum computaret de hoc Symon de Croy. Tradiderunt tamen defectus levandos, ut signatur in dicto compoto, qui ascendunt ad magnam summam. Sciatur qui eos levavit, et si et ubi redduntur regi, aut recuperentur, et mandetur dictus Symon ad comput[and]um, nisi inveniatur quod computaverit.

1287. *Senonensis.*

Compotus Roberti Le Roy et Simonis Payen de receptis et expensis quas fecerunt in baillivia Senonensi pro facto quinquagesime m° cc° iiii^{xx} xv°, die jovis post Epiphaniam,

---

(1) Ms. : *Montiscoleti, Corneti*... — (2) Ms. : *post*.

SUBVENTIONES. 161

auditus nona Martii m° cc° iiii^{xx} xvii°. Dicitur quod sit a tergo bailliviarum Francie Omnium Sanctorum m° cc° iiii^{xx} xvii°. Debentur pro fine dicti compoti. Correctus est.

1288. Duo compoti, videlicet longus et abbreviatus, domini Roberti Regis et Johannis, capellani de Feritate Milonis, de quinquagesima ibi, factus m° cc° iiii^{xx} xvii°. Debent pro fine dicti compoti iiii^{xx} xix lib., xiiii sol., viii den. par. Non est correctus. Tradiderunt mense Martio m° cc° iiii^{xx} xvii° partes levand[orum], que debentur pro fine dicti compoti, quarum summa est de iii^c xlv lib., xvi sol., x den. par. Et sunt a tergo dictarum partium ville de quibus nihil levatum fuit, que sunt duci Burgundie; quarum summa ii^c v lib., xix sol., ii den. tur. Sciatur tamen si teneantur ad dictam subventionem.

1289. Partes recepte de dicta quinquagesima per compotos collectorum villarum et locorum ejusdem baillivie, et nomina receptorum, per inquestam factam per magistrum G. de Ultramare, extracta per G. de Poteria de magnis rotulis.

1290. Compotus domini Johannis de Veriis, militis, baillivi Senonensis, de tertia quinquagesima imposita anno m° ccc° iii° ville Senonensi et castellanie ejusdem, factus die lune ante Sanctum Thomam anno m° ccc° iii°. Corrigitur finis. Sunt ibi denarii recuperandi, qui ascendunt ad xiiii^c xxv lib., vii sol., i den.

1291. Compotus magistri Henrici de Gauchi de duplici quinquagesima baillivie Senonensis, factus in compoto Ascensionis m° cc° iiii^{xx} xviii°. Et debet xxii lib., xvi sol., v den. par.

1292. *Lingonensis.*

Compotus Laurentii Fourrier de quinquagesima in episcopatu Lingonensi levata per vim et violentiam armorum m° cc° iiii^{xx} xvi°, factus sabbato ante Annunciationem Beate Marie m° cc° iiii^{xx} xvii°. Debet vi sol., v den. tur. Non est correctus. Cum parvo rotulo de summis abbreviatis quas dictus Laurentius recepit de dicta quinquagesima.

1293. Compotus Johannis Bourciaut, statuti a dicto Laurentio pro levanda dicta prima quinquagesima in dicto episcopatu m° cc° iiii^{xx} xvi°. Non est auditus.

1294. *Aurelianensis.*

Compotus quem receptores castellaniarum[1] baillivie Aurelianensis tradiderunt Jacobo Bras de Fer de hoc quod receperunt de prima quinquagesima. Non videtur quod fuerit tentus in Camera. Tamen recepte et expense sunt equales. Impositio penes Johannem de Charmeya.

1295. Abbreviatio compoti Jacobi Bras de Fer de subventionibus baillivie Aurelianensis, traditi per ipsum mercurii ante Annunciationem Dominicam m° cc° iiii^{xx} xiv°, facta jovis vigilia dicte Annunciationis tunc. Signantur ibi iii^c xliiii lib., xix sol. ad recuperandum super certas personas.

1296. Compotus Symonis de Montigny, baillivi Aurelianensis, de tertia quinquagesima

---

[1] Ms.: *castellaniæ.*

dicte baillivie levata anno m° ccc°, et statuta [1] per magistrum Corraldum de Crispeyo et dominum Dyonisium de Senonis [2], auditus jovis post Exaltationem Sancte Crucis m° ccc° v°. Correctus est. Restant plura levanda super personas in eodem compoto superius scriptas. Sciatur utrum levata sint et si reddantur regi, vel non, et ubi.

1297. Compotus Petri de Senonches de quinquagesima comitatus Carnotensis, levata anno m° cc° iiii^{xx} xvi°, ac de nova assisia super mercaturis que vocatur mala tolta [3], et de pluribus defectibus et traditis ad levandum per dominum Johannem de Feritate Milonis, magistrum Corraldum de Crispeyo et Jacobum Bras de Fer, redditus curie vigesima quinta Septembris anno m° ccc° x°. Corrigitur finis.

Alius compotus ejusdem de hoc quod recepit de secunda quinquagesima terre capituli Carnotensis, anno m° cc° iiii^{xx} xvii°, auditus vigesima septima Septembris m° ccc° x°. Debentur ei vi^{xx} xv lib., iii sol., vi den.

1298. *Matisconensis.*

Compotus Egidii de Dormeles [4], castellani Matisconensis, de quinquagesima ibi, traditus per Johannem, clericum magistri Dyonisii de Albigniaco. Non est auditus. Videtur tamen quod deberet pro fine dicti compoti circa ii^c iiii^{xx} lib. tur., si audiretur, absque denariis traditis et defectibus requirendis, qui ad magnam summam ascendunt.

1299. *Bituricensis.*

Compotus seu rotulus (archiepiscopi seu) archidiaconi Borboniensis et domini Johannis de Marla de grossis summis quinquagesime levate pro exercitu Flandrie, anno m° ccc°, et de donis factis regi in baillivia Bituricensi et ejus ressorto, traditus sabbato post Sanctum Martinum estivalem m° ccc° i°. Totum est de recepta. Videtur quod plura restant adhuc levanda, et signantur recuperanda super personas ibi contentas.

1300. Compotus magistri G., cantoris Milliaci, et Reginaldi, dicti de suo cognomine Giresme [5], de eodem ibi, factus mense Martio m° cc° iiii^{xx} xvi°. Non est correctus.

1301. Compotus Petri Lombardi de receptis quinquagesime a clericis in baillivia Bituricensi. Nihil arrestatur ibi de manu Camere, nisi quod traditus fuit per dictum Petrum. Non nominat diem. Tamen recepte et expense sunt equales.

1302. Compotus magistri Symonis de Sancto Benedicto, canonici Brugensis, et Johannis de Nancreto, de novissima subventione quinquagesime bailliyie Bituricensis et ejus ressorti, factus anno m° ccc° i°. Aliqua sunt ponenda in debitis per finem compoti. Debentur tamen eis. Habuerunt et quitte. Signatur [6] ibi quod summa totalis taxata, que fuit xx^m xxxv lib., xvi sol., vi den. tur., debet per baillivum levata fuisse. Sciatur ubi redditur regi.

---

[1] Ms.: *situata.*
[2] Ms.: *Den.*
[3] Ms.: *quæ vocantur mal crostæ.*
[4] «Compotus Egidii de Dromellis, castellani Matisconensis...» (Original. Bibl. nat., lat. 9018, n° 24.)
[5] Ms.: *Giresine.* Cf. § 1208.
[6] Ms.: *signantur.*

SUBVENTIONES.

1303. *Turonensis, Andegavensis, Cenomanensis et Britannia.*

Compotus Balduini Alani de quinquagesima baillivie Andegavensis et Cenomanensis, factus in Martio M° CC° IIII^{xx} XVI°. Debentur ei, ut videtur, pro fine dicti compoti, XXXIII lib., etc., quia non videtur quod fuerit perfectus. Aliqua recuperanda signantur per ipsum compotum que ad magnam summam ascendunt.

1304. Compotus P. Chevalier[1] et G. de Marla de prima quinquagesima Britannie, factus decima octava Augusti M° CC° IIII^{xx} XVII°. Correctus est quantum ad finem compoti parisiensium. Aliud restat corrigendum.

1305. *Turonensis, Pictaviensis, Andegavensis et ressorta.*

Compotus magistri Balduini Alani et Guillelmi Otrani de quinquagesima ibi, factus post Inventionem Sancti Stephani M° CC° IIII^{xx} XVI°. Totum fit in debitis super receptores.

1306. *Rothomagensis.*

1307. *Caletensis.*

Compotus P. Rampone, canonici Lexoviensis, et Johannis Le Cat de Silvane[c]to de quinquagesima dicte baillivie, factus dominica post Sanctum Martinum hyemalem M° CC° IIII^{xx} XVI°. Correctus est.

1308. Compotus abbreviatus magistri Johannis de Marigniaco de tertia quinquagesima baillivie Caletensis, anno M° CCC° II°, ultra id quod levatum fuerat per mandatum baillivi Caletensis, de quo debuit reddere compotum curie. Sciatur. Totalis redditus dicte baillivie fuit VI^m XXVI lib., XI sol. tur., quod est de manu Camere. Nihil plus ibi apparet de dicta manu. Sciatur qui debent computare de expensis, vel petatur dicta recepta.

1309. *Cadomensis.*

Arreragia levanda in baillivia Cadomensi de rebinagio quinquagesime ibi, tradita per magistrum Philippum de Marigny M° CCC° I°. Sciatur si levata fuerint, et [si] qui ea debuit levare non computaverit. Unde proveniunt dicta arreragia sciatur penes socios.

1310. Compotus seu partes recepte quinquagesime in baillivia Cadomensi computate ad Sanctum Michaelem M° CCC°. Nec dicitur qui fuit receptor, nec quando recipere incepit. Totum est [de] recepta. Sciatur qui fuit receptor, si possit sciri, si recepta reddita fuit regi vel non et ubi. Dictum est [quod] non est correctus.

1311. *Constantinensis.*

Compotus magistri Johannis de Roceyo[2] et P. de Auversio[3] de quinquagesima in dicta baillivia, factus die lune ante Ascensionem M° CC° IIII^{xx} XVI°. Correctus est.

---

[1] Ms. : *Chevall*... Cf. un compte de la Toussaint 1296, *Bibliothèque de l'École des chartes*, 1884, p. 252, n° 196.

[2] Ms. : *Rostoy*. Cf. la cédule intitulée : *Nomina missorum ad negocia quinquagesime* (Bibl. nat., fr. 25992, n° 11) : « magister J. de Roceyo... »

[3] Ms. : *Auuis*, avec un signe d'abréviation. Cf. S 1235.

Alius compotus eorundem Johannis et P. de eadem quinquagesima in eadem baillivia, factus dominica post Sanctum Arnulphum M° CC° IIII^{xx} XVI°. Totum fit in debitis.

1312. Compotus magistri G. de Gisortio de eadem ibi, factus M° CC° IIII^{xx} XVI°. Correctus est.

1313. Quidam compotus brevis de eadem quinquagesima in eadem baillivia factus, ut videtur, anno M° CCC°.

1314. *Gisortii.*

Compotus Johannis, capellani de Feritate Milonis, et Husseti Hukedieu[1], burgensis Atrebatensis, de eadem ibi et [in] toto ressorto, videlicet comitatu Drocensi, terra Carnotensi, terra regine Margarite[2], factus veneris in Conversione Sancti Pauli M° CC° IIII^{xx} XVI°. Corrigitur quantum ad finem compoti, et non quantum ad residuum, cum partibus compoti baillivi Gisortii de recepta subventionis duplicis quinquagesime Vernolii et Gisortii, traditi ad compotum Omnium Sanctorum M° CC° IIII^{xx} XIX° in uno rotulo, et in alio arreragia prime et secunde quinquagesime seu ultime subventionis in dicta baillivia per sergenterias. Sciatur a quo compotus et compoti proveniunt et si levata fuerunt.

1315. *Campania. — Trecensis et Meldensis.*

Compotus Johannis Tassini, receptoris Campanie, de quibusdam grossis summis pecunie receptis per ipsum de prima quinquagesima in Campania, factus mercurii post octabas Candelose M° CC° IIII^{xx} XVII°. Correctus est, nisi quod arrestatur ibi : « Bichius et Mouchetus seu Francherius Lombardus debent de hoc quod receperunt, deducto hoc quod solverunt[3] per compotum eorum factum M° CC° IIII^{xx} XVI°, II^m VII^c II lib., IX sol., XI den. tur. » Sciatur ubi reddiderunt eas regi.

1316. Compotus seu rotulus receptarum predictarum de eadem factarum per Franciscum seu Francherium Lombardum in castellaniis Pruvinii, Braii, Monsterolii, Joyaci et Colomeriarum, redditus per tres compotos, anno M° CC° IIII^{xx} XVI°, de assisia facta per magistrum Leobinum de Roceio et Johannem Bloet[4].

1317. *Item Trecensis et Meldensis.*

Compotus Johannis de Courrobert de prima, secunda et ultima quinquagesima ibi, levatis M° CC° IIII^{xx} XVII°, auditus tertia Octobris M° CC° IIII^{xx} XVII°. Corrigitur quantum ad finem compoti. Quedam minuta signantur ibi recuperanda.

1318. Compotus magistri Stephani de Laval, canonici Sancti Vedasti Belvacensis[5], et Theobaldi de Crocy de quinquagesima baillivie dotalitii Campanie, factus veneris post Sanctum Barnabam M° CC° IIII^{xx} XVI°.

---

[1] Ms. : *Hugonis Dieu.* Cf. la cédule intitulée : *Nomina missorum*... (Bibl. nat., fr. 25992, n° 11) : « In baillivia Gisortii, J., capellanus leprosarie Feritatis Milonis, et Hussetus Hukedieu ».

[2] Ms. : *regiæ Mart.*

[3] Ms. : *receperunt solvunt.*

[4] Cf. la cédule intitulée : *Nomina missorum*... (Bibl. nat., fr. 25992, n° 11) : « Magister Leobinus, archidiaconus Pictavensis, et J. Bloeti. »

[5] Il y avait à Beauvais une collégiale de St-Vaast.

1319. Compotus secundus dicti Theobaldi de eadem ibi, factus veneris post Epiphaniam m° cc° iiii^{xx} xvi°. Correctus est.

1320. Compotus Jacobi Bras de Fer et Nicolai Symonis de correctione quinquagesime in bailliviis dotalitii et Trecensi, levate per eos annis m° cc° iiii^{xx} xvi° et m° cc° iiii^{xx} xvii°. Non fuit auditus quantum ad expensas. Fuit autem auditus quantum ad receptam, jovis post Epiphaniam m° cc° iiii^{xx} xviii°. Et adhuc [1] debent, si acceptarentur expense, x lib., xv sol. Mandentur ad computandum.

1321. Compotus Balduini Tiroul de tertia quinquagesima baillivie Trecensis, factus anno m° ccc° ii°, die sabbati in octavis Candelose. Non est correctus. Debet pro fine compoti iiii^c iiii^{xx} lib., vi sol., ix den. tur.

1322. *Vitriaci.*

Compotus magistri Johannis Osanne et Jacobi Bras de Fer de quinquagesima baillivie Vitriaci, factus mercurii ante Sanctum Clementem m° cc° iiii^{xx} xvi°. Corrigitur quantum ad finem compoti. Signantur tamen plura recuperanda super collectores aliquarum parrochiarum, qui ea retinuerunt pro expensis suis, et etiam super quosdam milites qui retinuerunt de dicta quinquagesima plures summas pecunie.

1323. Compotus dicti Jacobi Bras de Fer et Nicolai Symonis [2] de rebinagio seu correctione quinquagesime baillivie Vitriaci, levate per ipsos m° cc° iiii^{xx} xvi°, factus secunda Decembris m° cc° iiii^{xx} xvii°. Debentur eis, deductis solutionibus quas fecerunt, viii den. tur. Signantur ibi recuperari super Martinum de Florentia v^c xlii lib., ix sol., x den., ex una parte, et ex alia viii^{xx} lib., et ex alia ii^c lib.; et super dominum Castellionis, dominum Galcherum, per tres litteras suas, v^c xxii lib., vi den.; super dominum Petrum de Salornoy, quondam baillivum Vitriaci, xx lib.; et super dominum Johannem de Acy, quondam baillivum ibi, vii lib., xvi sol. Arrestatur tamen ibi quod receptores Campanie debent totum reddere et capere in expensis. Sciatur et leventur, si non fuerint levata. Non est correctus.

1324. Compotus Radulphi Maquart de Marolio, pro rege commissarii, et Johannis [de] Suyppe [3], pro episcopo Trecensi instituti, de tertia quinquagesima baillivie Vitriaci, a die jovis post Pascha anno m° ccc°. Debent pro fine dicti compoti xi^c iiii^{xx} lib., xviii sol., iiii den. Quedam tamen expense non fuerunt eis deducte, quarum partes a tergo dicti compoti; que tamen non ascendunt ad tantam summam. Sciatur causa, quia non dicitur ibi, aut mittatur dicta summa ad explectandum. Signantur ibi etiam inter partes a tergo plura ad recuperandum. Clausus est dictus compotus, et debentur eis xvi sol., iiii den.

1325. Compotus prioris Castri Theoderici de arreragiis tertie quinquagesime baillivie Vitriaci, factus die lune ante Cathedram Sancti Petri anno m° ccc° ii°. Correctus est.

---

[1] Ms.: *ad hæc.*
[2] Ms.: *N. Dyonisii Symonis.* Cf. § 1320 et Arch. nat., JJ 35, fol. 71 v°.
[3] Ce compte a été vu par Menant (IV, fol. 101): «C'est le compte Raoul Maquart de Mareuil, estably de par le roy, et Jehan de Suipe...»

1326. *Calvimontis.*

Compotus Stephani de Morgnevalle et Normanni de Borreyo[1], scutiferi, de quinquagesima ibi, factus m° cc° iiii^{xx} xvi°. Correctus est quantum ad finem compoti et non quantum ad residuum.

1327. Quidam rotulus in quo sunt nomina plurium personarum, que fecerunt plures recusias in dicta baillivia a collectoribus qui voluerunt levare dictam quinquagesimam in baillivia Calvimontis. Sciatur si habuerint justam causam et privilegia, per que sint immunes a predictis, et quid factum fuerit inde, quia videtur quod rex debet habere emendas ab eisdem, nisi absolvantur per predicta.

1328. Compotus Petri Jumelli, tunc baillivi Calvimontis, de ultima quinquagesima levata in baillivia Calvimontis, anno m° ccc°. Non est correctus, et debet pro fine compoti iiii^c iiii^{xx} xix lib., iiii sol., viii den. tur.

1329. *Pictaviensis et Lemovicensis.*

Compotus magistri J. de Lusarche et Benedicti de Augon[nay][2] de quinquagesima senescallie Pictaviensis, redditus vigilia Sancti Johannis m° cc° iiii^{xx} xix°. Plura sunt recuperanda; usque ad summam de ii^m lib. tur. et plus ascendunt, nisi reddita fuerint per alium compotum quem non habeo[3]. Habeatur diligentia in correctione.

1330. Quidam rotulus ubi sunt summe tradite receptori ibi de dicta quinquagesima. Sciatur ubi reddite fuerint regi.

1331. Compotus abbreviatus magistri Symonis Festu et Petri de Villablouana de quinquagesima imposita per eos in dicta senescallia et in Lemovicensi anno m° ccc°, traditus jovis ante Sanctum Vincentium m° ccc° iv°. Debent pro fine dicti compoti m lxiii lib., viii sol., ix den. tur. Non est correctus.

1332. Taxatio facta per Symonem Festu, canonicum Carnotensem, et dominum P. de Villablouana, militem, pro quinquagesima levata in senescalliis Pictaviensi et Lemovicensi anno m° ccc°.

1333. Valor quinquagesime totius terre senescallie Pictaviensis, traditus curie per partes. Videntur multa in rotulo fore recuperanda, saltem ii^m ii^c lxxi lib., ii sol., viii den. tur., que remanserunt levande, ut arrestatur ibi. Petantur.

1334. *Xanctonensis.*

Compotus abbreviatus de eadem quinquagesima in senescallia Xanctonensi, redditus per magistrum Benedictum de Goneyo pro se et socio suo, J. de Lusarche, cive de Niorto, m° cc° iiii^{xx} xix°. Debent pro fine dicti compoti v^c iiii^{xx} v lib., x sol., ii den. tur. Non est correctus, licet multa alia corrigenda et recuperanda sint. Et sunt ibi in alio rotulo summe minute dicte quinquagesime.

---

[1] On lit dans la cédule originale, précitée : *Nomina missorum ad negocia quinquagesime* (Bibl. nat., fr. 25992, n° 11) : « Stephanus de Mornivaille et Normanus de Beeriz. »

[2] Le nom de ce personnage a été lu plus loin (§ 1334) : « Benedictus de Goneyo », et (§ 2678) : « Benedictus d'Agonnay ».

[3] Ms. : *habebam.*

1335. Compotus domini P. de Baleus⁽¹⁾, senescalli Xanctonensis, de recepta cujusdam partis quinquagesime ibi, veteris decime, annualium, et de opere galearum in dicta senescallia, a die lune ante festum Beati Laurentii M° CCC° II° usque ad crastinum post festum Beati Matthei⁽²⁾ tunc, redditus jovis post Cineres M° CCC° III°. Debentur ei IIII[xx] x lib., IIII sol., I den. Non correctus.

1336. *Alvernie.*

Compotus magistri Martini, decani de Linays, et Henrici Biaus Hostes⁽³⁾ de quinquagesima totius Alvernie, factus veneris post octavas Omnium Sanctorum M° CC° IIII[xx] XVI°. Totum fit in debitis super Alverniam.

1337. Compotus magistri Symonis Boelli, canonici Nivernensis, de tertia quinquagesima totius baillivie Alvernie, concessa regi anno M° CCC°, factus post Cathedram Sancti Petri M° CCC°. Quantum ad finem compoti correctus est. Tamen per partes compoti restant aliqua ponenda in debitis.

1338. *Caturcensis, Tholose, Ruthenensis, Petragoricensis.*

Compotus domini Gerardi Baleine de subventione ibi et in senescallia Petragoricensi loco tertie quinquagesime, redditus sabbato post Candelosam M° CCC° II°. Correctus est.

1339. Partes quinquagesimalis subsidii impositi in senescallia Tolosana et Albiensi per magistrum Nicolaum de Lusarches, prepositum de Adverso. Non fit summa totalis dicte impositionis. Sciatur tamen qui computavit de dicta quinquagesima, et ubi redditur regi.

1340. Quidam compotus intitulatus « De subsidio Ruthenensi », non nominato collectore. Totum est de recepta. Sciatur qui debuit eum reddere et ubi recepta reddita fuit regi.

1341. *Carcassone.*

Financie quinquagesime senescallie Carcassone facte per magistrum Radulphum Rousseleti anno M° CCC°, cum castris et villis ejusdem senescallie, excepta vicaria Bitterrensi.

1342. Compotus Symonis de Aubenton⁽⁴⁾ et Johannis Laurentii de subsidio Carcassone, loco tertie quinquagesime, factus decima septima Januarii M° CCC° I°. Non est correctus, quia signantur ibi plura recuperari.

1343. *Bellicadri.*

Compotus cantoris Aurelianensis, magistri Johannis de Auxeio, et Bertrandi de Pojolariis de subsidiis loco quinquagesime in senescallia Bellicadri concessis⁽⁵⁾ regi pro exercitu

---

(1) Ms. : *Balem.*

(2) *Sic.* Mais cette pièce a été conservée; on y lit : « usque ad crastinum Beati Matie » (Bibl. nat., fr. 25992, n° 8).

(3) Ms. : *de Biaus hostes.* Cf. la cédule : *Nomina missorum*, précitée : « Henricus Biaux Ostes. »

(4) Ms. : *Aubanton.* Cf. un compte original, Bibl. nat., fr. 25993, n° 129 : « Magister Symon de Aubentone, receptor pecunie annualium dyocesis Carcassone. »

(5) Ms. : *concessæ.*

Flandrie, factus mercurii post Assumptionem Beate Marie anno m° ccc°. Totum est de recepta [1]. Sciatur ubi redditur regi.

SCRIPTA CENTESIME, MUTUORUM, QUINQUAGESIME, DECIMARUM ET ALIARUM SUBVENTIONUM
PRO SUBSIDIO REGNI QUE NON POTUERUNT PONI IN LOCIS PROPRIIS.

1344. *Parisiensis.*

Compotus magistri Laurentii Herout [2], clerici regis, et Roberti Lechesne, commissarii ad levandum subventiones prime quinquagesime et residuum centesime precedentis in prepositura Parisiensi et ejus ressorto. Summe recepte continentur in hoc rotulo et in alio rotulo, curie tradito. Sunt solutiones et nomina personarum quibus facte sunt; et in alio rotulo curie tradito continentur subventionum defectus. Non est clausus.

1345. Compotus Johannis de Divione et Guillelmi Martini pro subventione centesime, quinquagesime et duplicis centesime, et mutuis, decimis, annuali[bu]s [3] prepositure Parisiensis et ejus ressorti, virtute commissionis sibi facte et date in festo Beati Michaelis anno m° ccc°. Corrigitur finis. Videntur adhuc aliqua esse levanda.

1346. *Sylvanectensis.*

Compotus Guillelmi de Sancto Vincentio, quondam receptoris Sylvanectensis, de mutuis, centesima, quinquagesima prima et secunda, assisia super mercaturas et decimis ibi, factus per Adam de Plesseio, procuratorem suum, in Martio m° cc° iiii^{xx} xviii°. Et sunt ibi aliqua mutua levanda.

1347. *Viromandensis.*

Compotus Guillelmi Arresnart de Carnoto, scholastici Lexoviensis, deputati ad inquirendum in baillivia Viromandensi de arreragiis et male gestis centesime, quinquagesime [simplicis] et duplicis, ac decimarum, mutu[orum] [4] et etiam annualium ecclesiasticorum beneficiorum in diocesibus Remensi et Suessionensi. Non dicit diem in albo qua primo inquirere incepit, nec diem seu annum quo computavit; tamen dicit a tergo quod compotus factus fuit tertia Martii m° cc° iiii^{xx} xix°. Debet pro fine compoti xvii lib., x sol. tur. Lupara per cedulam suam, quarta Martii m° cc° iiii^{xx} xix°. Correctus est quantum ad hoc. Restat levandum in arreragiis v^c xxxv lib.

1348. Compotus Guillelmi de Hangesto, tunc baillivi Viromandensis, de decimali subventione et duplici decimali concessa a festo Nativitatis Beati Johannis m° cc° iiii^{xx} xviii° usque ad Omnes Sanctos m° ccc° ii°, auditus lune post Candelosam m° ccc° iii°. Debet pro fine dicti compoti iiii^{xx} xi^m iii^c xxxi lib., ix sol., i den. Sciatur si et ubi reddantur regi.

---

[1] Ms.: *Totum ut receptum.*

[2] On lirait plutôt, dans le ms. et dans les Extraits de Menant (XI, fol. 25): «Heront». Mais voyez la cédule: *Nomina missorum...* précitée: «Laurentius Herout, clericus noster.»

[3] Menant, qui a copié ce paragraphe, a lu (XI. fol. 25 v°): «et mutui xv Annual. prepositure...»

[4] Ms.: *quinquagesime mutualis et duplicis ac decime.* — Menant a lu, *l. c.*: «quinquagesime mutuator. ecclesiasticorum beneficiorum....»

1349. Alius compotus Guillelmi de Hangesto, tunc baillivi Viromandensis, pro defectibus et arreragiis centesime, duplicis centesime et aliarum plurium subventionum, et pro financiis, tam ratione ultime subventionis quinquagesime quam ratione exercitus Flandrie, in baillivia Viromandensi per deputatos inibi taxatis[1], a festo Nativitatis Beati Johannis Baptiste anno M° CC° IIII^{xx} XVIII° usque ad festum Omnium Sanctorum M° CCC° II°, redditus lune post Candelosam M° CCC° III°. Non est correctus. Debet pro fine compoti V^m II^c XXXVI lib., V sol., II den. par. Sciatur si et ubi redditur regi.

1350. Quedam relatio facta per Stephanum Boiliaue de subventione bailliviarum Viromandensis et Ambianensis, tradita curie per ipsum veneris post Annunciationem Beate Marie anno M° CCC° II°. Videatur diligenter.

Alius compotus ejusdem Stephani pro eisdem subventionibus factis eodem anno. Debetur ei pro fine compoti.

1351. Compotus Bichii et Moucheti, valetorum domini regis, de hiis que receperunt de mutuis, centesima et decima, eidem domino regi factis in villa Cathalauni, per Thomam de Cortenayo[2], procuratorem dictorum Bichii et Moucheti, factus post Assumptionem M° CC° IIII^{xx} XVI°. Et fuit totalis recepta II^m VII lib., VII sol. tur. Sciatur ubi redduntur regi. Nec est ibi aliquid de manu Camere, nisi intitulatio compoti.

1352. Compotus appellationum volagiorum in prepositura Laudunensi et subventionis loco decime pro subsidio regni, factus per Bindum de Monasterio[3] et Bricium Guidi, procuratores Bichii et Moucheti, post Magdalenam M° CC° IIII^{xx} XVI°. Et fuit summa [recepte] XLIII^m VI^c IIII^{xx} X lib., XV [sol.] tur.; et expensa VI^{xx} XVI lib., XIII sol., IX den. Non est clausus. Sciatur ubi residuum recepte redditur regi.

1353. Compotus Bichii et Moucheti de hiis que receperunt de mutuis et centesima, eidem domino regi factis in prepositura Montisdesiderii et ejus ressorto. Non fit summa totalis. Sciatur tamen de hoc quod receperunt ubi redditur regi.

1354. Compotus magistri Hugonis de Challiaco de residuo mutuorum et centesima in baillivia Viromandensi, factus die veneris ante festum Sancti Barnabe Apostoli M° CC° IIII^{xx} XVI°. Totum fit in debitis super Bichium et Mouchetum, ut arrestatur ibi. Plura signantur esse recuperanda.

1355. Compotus Bichii et Moucheti de hiis que receperunt de mutuis, donis, centesima[4] et denario de libra de villa Remensi et ejus ressorto, factus per Johannem Joigny[5], procuratorem dictorum Bichii et Moucheti, mense Februario M° CC° IIII^{xx} XV°. Recepta et expensa fiunt per compotum Bichii ad Omnes Sanctos M° CC° IIII^{xx} XV°.

1356. Compotus Bichii et Moucheti de mutuis baillivie Viromandensis, et manumissionibus seu franchisiis ibi concessis, et assisiis factis in villis Laudunensi, Suessionensi et

---

[1] Ms. : *per deputatum inibi taxatum.*

[2] Ms. : *Cortaneyo.*

[3] Ms. : *Bertrandum de Mouterio.* Cf. plus haut, § 1130. Et voir le *Journal du Trésor*, Bibl. nat., lat. 9783, fol. 24 : « ..... solverat Bindo de Monasterio et Bricio Guidi, collectoribus dictarum appellationum ».

[4] Ms. : *centesime.*

[5] Cf. § 1126.

earum pertinentiis, per Bernardum Jacobi, procuratorem ipsorum, factus mense Februario м° cc° iiii⁽ˣˣ⁾ xv°. Correctus est, ut videtur, exceptis quibusdam mutuis caricatis ad levandum dictis Bichio et Moucheto. Dicitur ibi quod nihil levabitur de eis. Videatur plenius in correctione.

1357. Compotus domini J. de Sancto Spiritu de explectis factis in diocesi et provincia Remensi et bailliviis Viromandensi et Sylvanectensi anno м° ccc° v° super dictis annualibus, subventionibus et aliis. Correctus est.

1358. Compotus Reginaldi du Cavech, receptoris baillivie Viromandensis, de prima centesima, prima quinquagesima et duplici centesima, malatolta et aliis per eum receptis de toto tempore quo fuit receptor Viromandensis, factus veneris prima Augusti in festo Sancti Petri ad Vincula, anno Domini м° cc° iiii⁽ˣˣ⁾ xviii°. Corrigitur finis. Plures tamen denarii traditi et plura alia ad maximam summam ⁽¹⁾ ascendentia signantur esse recuperanda et corrigenda locis suis.

1359. *Ambianensis.*
Compotus Dionisii de Albigniaco, tunc baillivi Ambianensis, de decimis et annualibus in civitatibus et diocesibus Ambianensi, Morinensi et Atrebatensi, et de tertia quinquagesima baillivie Ambianensis. Totum fit per Luparam ad Omnes Sanctos м° ccc° ii°.

1360. Alius compotus Jacobi Maingot, receptoris Pontivi⁽²⁾, de arreragiis centesime, quinquagesime et mutuorum in dicta terra Pontivi, factus post Conversionem Sancti Pauli anno м° cc° iiii⁽ˣˣ⁾ xvi°. Debet fieri per Luparam ad Ascensionem м° cc° iiii⁽ˣˣ⁾ xvii°. Dissuatur de compoto baillivie Alvernie, ubi est sutus, et suatur cum istis.

1361. Compotus Galteri Lot et Thome Rustici, procuratorum Bichii et Moucheti, de residuo mutuorum, centesime et decime circa Corbeyam et Atrebatum. Totum est de recepta, quam debet reddere per partes ad Ascensionem anno м° cc° iiii⁽ˣˣ⁾ xvi°.

1362. Compoti duo Symonis de Croy de receptis quas fecit in baillivia Ambianensi de centesimis, quinquagesimis, mutuis, tailliis Judeorum et aliis subventionibus⁽³⁾ a Sancto Vincentio м° cc° iiii⁽ˣˣ⁾ xv° usque ad Purificationem Beate Marie м° cc° iiii⁽ˣˣ⁾ xviii°, facti primus videlicet ultima Januarii м° cc° iiii⁽ˣˣ⁾ xvi°, secundus prima Martii м° cc° iiii⁽ˣˣ⁾ xviii°.

1363. Compoti tres Johannis Poile de receptis quas fecit apud Atrebatum de bonis inimicorum Flandrie, de duplici centesima, vicesima quinta, arreragiis prime centesime et quinquagesime, et decimis provincie Remensis, et de redditis ac explectis dicte baillivie Ambianensis, ac de pluribus aliis receptis et misiis factis per eum pro guerra Flandrie, facti videlicet primus per Luparam ad Ascensionem м° cc° iiii⁽ˣˣ⁾ xix°, secundus ante Sanctum Laurentium м° ccc° i°, tertius factus per Templum in Julio м° ccc° v°.

1364. Compotus Roberti, Baldi, Johannis et Egidii Crispinorum de Atrebato, de emolumentis baillivie Ambianensis, de explectis magistri Gaufridi de Bosco, et de moneta

---

[1] Ms. : *summam ascendunt seu ascendentia...* — [2] Ms., ici et plus loin : *Pontini.* — [3] Ms. : *aliarum subventionum.*

SUBVENTIONES.

ordinata pro operibus Flandrie a Paschate M° CC° IIII^{xx} XIX° usque ad Nativitatem Domini post, factus vigilia Nativitatis Beate Marie M° CCC° I°.

1365. *Senonensis.*

Compotus Johannis, capellani Sancti Spiritus de Feritate Milonis, de arreragiis quinquagesime prime et secunde[1] in baillivia Senonensi et ejus ressorto, cum rotulo defectuum eorundem, factus lune post Sanctum Vincentium M° CC° IIII^{xx} XIX°. Videtur quod non fuerit complete auditus. Dicitur tamen in fine, non de manu Camere, quod fuit auditus sabbato ante Carniprivium. Idcirco debet dictus Johannes, ut continetur ibi, v^e XLVIII lib., XXII den. par. Sciatur si et ubi redduntur regi.

1366. Compotus Bichii et Moucheti de mutuis, donis, centesima[2] in baillivia Senonensi et ejus ressorto, factus in Pascha M° CC° IIII^{xx} XVI°. Totum est de recepta, que ascendit usque ad summam VII^m IIII^c IIII^{xx} II lib., XVIII sol., IX den. tur. Sciatur ubi summa ista redditur regi. Duos habemus similes penes nos. Queratur inter compotos Bichii et Moucheti, si non inveniatur inter istos.

1367. Valores centesime, quinquagesime et duplicis centesime in baillivia Senonensi per inquestam magistri G. de Ultramare, regis clerici. Et nuncupatur ibi quantum solutum est de ea et quantum restat ad solvendum. Et fuit in dicto negotio a festo Beati Nicolai usque ad Pascha floridum M° CC° IIII^{xx} XVIII°. Summa que restat ad solvendum XXXIX^m CXIX lib., XV sol., III den. tur. Sciatur per quos compoti redduntur regi et ubi.

1368. Compotus magistri Guillelmi de Ultramare, eidem redditus, dum vivebat, per collectores ab eo deputatos, et per Guillelmum de Poteria, ejus clericum, traditus, de valore subventionum centesime, quinquagesime et duplicis centesime baillivie Senonensis, sabbato in octavis Assumptionis Beate Marie anno M° CCC° II°. Non est auditus complete nec correctus.

1369. Compotus debitorum levandorum in baillivia Senonensi, traditus magistro Guillelmo de Ultramare, dum vivebat, per collectores subventionum predictarum pro subventionibus centesime, quinquagesime et duplicis centesime, que novissima subventio nuncupatur. Non est correctus, et dicitur a tergo quod dominus J. habet originale, et quod extracta fuerunt de magnis rotulis per G. de Poteria. Videntur adhuc aliqua esse levanda.

1370. Compotus magistri Sanctii de Blesis de quinquagesima et centesima in civitatibus et diocesibus Senonensi, Nivernensi et Aurelianensi, factus mense Januario M° CC° IIII^{xx} XIX°. Correctus est. Debentur ei pro fine compoti VIII^{xx} lib., XIIII sol., V den. tur.

1371. Compotus Johannis de Remino, [canonici?] Noviomensis [et] Carnotensis, de quibus[dam] arreragiis decimarum [et] annualium provincie Senonensis, et subventionum et aliorum mutuorum ejusdem baillivie Senonensis et prepositure Parisiensis, levatis per ipsum, auditus septima Februarii M° CCC° XII°. Et debet VII^{xx}, etc. Thesaurus tamen pro eo.

---

[1] Ms. : *primi et secundi*. — [2] Ms. : *centesime*.

1372. Compotus Theobaldi Armigeri, quondam receptoris baillivie[1] Senonensis, de prima centesima seu simplici, et de secunda que fuit duplex, de prima et secunda quinquagesima, de financiis Judeorum ac feodorum in eadem baillivia, de prima et secunda duplici decima et aliquibus annualibus ibi, a Candelosa m° cc° iiii^{xx} xv° usque ad Sanctum Gregorium m° cc° iiii^{xx} xviii°. Et suuntur ibi partes expensarum suarum et solutionum factarum thesauro[2].

1373. *Aurelianensis.*

Compotus Jacobi Bras de Fer de quinquagesima prima et secunda, ac de financia[3] pro exercitu Flandrie, et de duplici centesima baillivie Aurelianensis et ejus ressorti, factus martis in octava Candelose anno m° cc° iiii^{xx} xix°. Non est acceptatus nec correctus.

Abbreviatio compoti ipsius de subventionibus in dicta baillivia, tradita per ipsum mercurii ante Annunciationem Domini m° cc° iiii^{xx} xix°.

1374. Compotus magistri Johannis de Roboreto de arreragiis centesime, quinquagesime et duplicis centesime et male tolte[4] in baillivia Aurelianensi et ejus ressorto, ac in episcopatu Carnotensi, factus jovis post Sanctum Barnabam, anno m° ccc° i°. Corrigitur finis.

1375. Compotus Egidii Cassine de arreragiis prime quinquagesime, centesime, duplicis decime, de secunda quinquagesima, et de financia[5] exercitus Flandrie anni m^i cc^i iiii^{xx} xvii^i, factus vigesima octava Septembris m° cc° iiii^{xx} xviii°.

1376. *Matisconensis.*

Compotus Bichii et Moucheti de decima, centesima[6] et aliis [subventionibus] regi concessis in baillivia Matisconensi et ejus ressorto. Totum est [de] recepta. Ibi tamen arrestatur quod Lupara debet dictam summam reddere per partes ad Omnes Sanctos m° cc° iiii^{xx} xvi°. Corrigatur.

1377. *Bituricensis.*

1378. *Turonensis et comitatus Andegavensis.*

Compotus seu relatio magistri Roberti de Vernone, subdecani ecclesie Beati Martini Turonensis, super valorem centesime, quinquagesime, duplicis centesime, financiarum nobilium pro exercitu Flandrie, donorum, nove assisie seu nove impositionis super minus juratis, et nove assisie super mercaturis et custodia portuum maris, et aliarum subventionum baillivie Turonensis et ejus ressorti seu comitatus Andegavensis, factus die mercurii in festo Beati Luce Evangeliste m° ccc° i°. Non est correctus et sunt plures summe magne in debitis ponende.

1379. Secundus compotus magistri G. de Poteria de minutis arreragiis centesime, quinquagesime, duplicis centesime, debitorum super minus juratis et financiarum prioris

---

[1] Ms. : *baillivo.*
[2] Ms. : *finatione.* Cf. § 1375.
[3] Ms. : *Tholosæ.*
[4] Ms. : *male taxatis.*
[5] Ms. : *de secunda quinquagesima, et debet financiam exercitus Flandrie...* — Restitué d'après le § 1373.
[6] Ms. : *centesimæ.*

exercitus Flandrie, debitis post relationem magistri Roberti de Vernone, audita[m] in festo Sancti Luce Evangeliste m° ccc° i°, que fit ad debilem monetam, auditus prima Julii m° ccc° xiii°. Finis per quem plurima signantur esse recuperanda.

1380. Compotus seu relatio ejusdem super debitis et arreragiis subventionis focorum baillivie Turonensis et ressorti, traditus per relationem magistri Johannis Harch[er]ii, dicte subventionis collectoris et impositoris [1] quondam, et super pluribus de novo repertis per ipsum magistrum G., auditus mercurii in vigilia Ascensionis m° ccc° ix°, per quem plura signantur esse recuperanda.

Secundus compotus ejusdem de minutis arreragiis subventionis focorum dicte baillivie, restantibus post [2] primum compotum suum, redditum in vigilia Ascensionis m° ccc° ix°. Corrigitur finis. Signantur plura esse recuperanda. Auditus quarta Augusti m° ccc° xiii°.

1381. Relatio ejusdem magistri G. de arreragiis centesime, quinquagesime, duplicis centesime, debitorum super minus juratis, financiarum nobilium pro exercitu Flandrie; item recepta de subventione imposita per magistrum Symonem Lamberti in dicta baillivia. Auditus sabbato in festo Inventionis Sancte Crucis m° ccc° ix°, per quem plura signantur esse recuperanda.

1382. Compotus brevis dicti magistri G. de arreragiis subventionum, quinquagesime, duplicis centesime, debitorum super minus juratis, et financiarum nobilium pro primo exercitu Flandrie, post relationem magistri R. de Vernone factam curie m° ccc° i°, die Sancti Luce Evangeliste. — Item, de arreragiis subventionis focorum post relationem magistri Johannis Harch[er]ii, et de aliis per eundem de novo repertis. — Item, de subventione nobilium pro exercitu Flandrie anno Domini m° ccc° iv°. — Item, de debitis Petri Saymel, baillivi quondam Turonensis. — Item, de arreragiis subventionum impositarum per magistrum Symonem Lamberti. — Item, de debitis et bonis Judeorum dicte baillivie. — Item, de duplici decima provincie Turonensis, seu de subventione que quinta dicitur, auctoritate principali regia indicta pro subsidio guerre Flandrie m° ccc° iv°. — Auditus sabbato post Sanctum Johannem anno Domini m° ccc° ix°, vigilia Apostolorum Petri et Pauli. Corrigitur finis, per quem plura signantur esse recuperanda.

1383. Compotus magistri Balduini Alani in civitate et diocesi Cenomanensi, super valore duplicis decime annualis et quinquagesime; factus anno m° ccc°, mense Julio. Aliqua sunt recuperanda per partes compoti, et videtur correctus quantum ad finem compoti. Auditus sabbato ante Magdalenam.

1384. Compotus Bichii et Moucheti de centesima et decimali subventione comitatus Britannie, factus mercurii ante Magdalenam m° cc° iiii^{xx} xvii°. Non videtur perfectus. Est inter compotos Bichii et Moucheti, nisi inveniatur inter istos.

1385. *Rothomagensis.*

Compotus Johannis de Roboreto, clerici, de recepta prime centesime, quinquagesime,

---

[1] Ms.: *collectorum et impositorum.* — [2] Ms.: *per.*

duplicis centesime, mutuorum et obol[orum] maris in baillivia Rothomagensi, ad hoc missi anno m° cc° iiii^xx x°, et de nova assisia ibi recepta per eum m° cc° iiii^xx xvi°. Totum est de recepta. Sciatur ubi redditur regi, quia summe sunt magne.

Compotus seu relatio ejusdem de valore prime centesime et aliarum subventionum in dicta baillivia.

1386. Compotus Johannis Gaidre, canonici Cadomensis, de rebinagio centesime prime, quinquagesime et duplicis centesime totius baillivie Rothomagensis, annis m° cc° iiii^xx xvii° et m° cc° iiii^xx xviii°. A tergo tamen dicitur quod est compotus Johannis de Roboreto. Debuit pro fine ejusdem compoti iii^m iiii^c iiii^xx lib., xvii sol., x den. Corrigitur tamen idem finis, ut creditur.

1387. Compotus ejusdem J. de Roboreto, clerici, de rebinagio quinquagesime et duplicis centesime et male tolte [1] in predicta baillivia Rothomagensi. Non est correctus. Debet pro fine ejusdem compoti vi^c lx lib., xvi sol., ix den. tur.

1388. Compotus magistri Bertaudi de Latigniaco [2] de denariis per ipsum receptis de arreragiis prime et secunde duplicis decime, annualium, decime biennalis provincie Rothomagensis, factus dominica post Sanctum Lucam m° ccc° i°. Debet pro fine dicti compoti xxxii sol., x den. tur. Non est correctus.

1389. Compotus seu recepta Henrici Louvel de tallia Judeorum, decima et donis villarum de quibus alias non computavit, non tentus in Camera, ut videtur. Videntur tamen deberi per finem ejusdem iiii^c iiii^xx lib., xxxv sol., vi den. par.

1390. *Caletensis et Gisortii.*

Aprisia [3] facta per modum compoti per dominum Gerardum de Condeto et Drocone[m] Peregrini super valore centesime, quinquagesime prime et secunde seu novissime, mutu[alis] [4] auxilii et obolorum pro facto maris, financiarum nobilium pro exercitu Flandrie, et assisie que malatolta dicitur, in baillivia Caletensi et ejus ressorto, anno m° cc° iiii^xx xix°. Totum est [de] recepta. Sciatur ubi redditur regi.

1391. Compotus eorundem domini Gerardi de Condeto et Droconis Peregrini de centesima, quinquagesima et aliis subventionibus in bailliviis Caletensi et Gisortii, factus veneris post Sanctum Matthiam anno m° cc° iiii^xx xix°. Debent pro fine dicti compoti xxxi lib., viii sol., v den. tur. Non est correctus.

1392. Partes recepte [5] centesime, prime quinquagesime et ultime, armature et gueti maris in baillivia Caletensi anno m° cc° iiii^xx xix°, tempore Johannis de Trya, tunc ibidem baillivi. Totum est de recepta. Comput[atum est] in Scacario Paschatis m° cc° iiii^xx xix°.

1393. Alie partes recepte facte per dictum dominum Johannem de centesima, quinquagesima ultima, subventione [6] guerre maris, armate maris, et nova assisia seu mala

---

[1] Ms.: *male taxatorum*.
[2] Ms.: *Bertrandi de Latilliaco*.
[3] Ms.: *Aprilia*.
[4] Ms.: *mutui*. Restitué d'après l'original de cette pièce, qui a été conservé (Bibl. nat., fr. 25992, n° 22).
[5] Ms.: *receptionis*.
[6] Ms.: *quinquagesimæ ultimæ subventionis*.

costuma dicte baillivie Caletensis, a tempore citra quo fuit institutus baillivus in baillivia memorata. Totum est [de] recepta. Sciatur ubi et si regi redditur.

1394. Compotus Johannis Guedre de pluribus subventionibus baillivie Caletensis anno m° ccc° iii°. Debet pro fine dicti compoti ix^c xxxv lib., xvii sol., iii den. tur., de quibus tradidit in fine dicti compoti debentes dictam summam. Corrigitur in compoto suo brevi de restantiis precedentium compotorum suorum.

1395. Compotus Guillelmi de Hangest de decimali subventione et duplici decima in baillivia Gisortii, a Sancto Johanne m° cc° iiii^{xx} viii° usque ad Omnes Sanctos m° ccc° ii°. Debet pro fine ejusdem compoti iiii^{xx} xi^m xxxi lib., ix sol., i den. tur. Non correctus. Est etiam inter subventiones exercitus Flandrie anni m° ccc° ii° ubi invenietur, nisi sit inter predictos.

1396. *Cadomensis et Constantinensis.*

Compotus Bichii et Moucheti de mutuis, centesima et decima in bailliviis Cadomensi et Constantinensi per procuratores dictorum Bichii et Moucheti, videlicet[1] magistrum G. de Gisortio et Michaelem Daniel, anno m° cc° iiii^{xx} xvi°. Et est summa totalis recepte in albo vi^m ix^c iiii^{xx} xv lib., x den. tur., que ponitur super Bichium in debitis. Et arrestatur a tergo quod dictus magister G. habet computare de ix^{xx} lib., xli sol., iii den. tur.

1397. Informatio facta per magistrum R. de Vernone super subventionibus, annualibus et decimis[2] bailliviarum Cadomensis et Constantinensis. Videatur in correctione, quia plures denarii traditi fuerunt pluribus personis, que persone eos confesse sunt, ut signatur in dicto compoto. Sciatur ubi redduntur regi.

1398. Aprisia facta in Cadomo et Constantia seu in eorum bailliviis super subventione domini regis per magistrum R. de Vernone, que subventio levata fuit per triginta unum menses et quindenam. Et fuit valor per mensem ix^{xx} lib., xviii sol., iiii den. tur.

1399. Aprisia super valore centesime. Item, super valore mutuorum. Item, super valore duplicis decime et aliorum mutuorum. Et fuit valor omnium predictorum xlviii^m iii^c iiii^{xx} lib., xxvii sol., xi den., ob. tur. Sciatur ubi rex eas habuit.

1400. Compotus magistri Roberti de Vernone et Bertaudi[3] Mahiel de centesima, quinquagesima, duplici centesima et aliis subventionibus in bailliviis Constantinensi et Cadomensi, factus die jovis post Epiphaniam m° cc° iiii^{xx} xix°. Non est correctus.

1401. *Trecensis.*

Valor quinquagesime, duplicis quinquagesime et centesime super parochiis baillivie Trecensis. Sciatur ubi summe redduntur regi. Factus et traditus per Bertaudum Mahyel decima Julii m° cc° iiii^{xx} xix°.

1402. Valor seu partes centesime, quinquagesime et duplicis centesime in baillivia Trecensi per Bertaudum Mahiel [de] Pont[e] Audomari, traditus curie veneris decima die Julii, anno m° cc° iiii^{xx} xix°. Sciatur ubi totales summe redduntur regi, nam sunt magne.

---

[1] Ms.: *Monchiti. Vidi magistrum......* — [2] Ms.: *subventionibus annuali et decimali.* — [3] Ms.: *Bertrandi.*

1403. Compotus ipsius Bertaudi de expensis suis in baillivia Trecensi pro inquestis factis per eum super subventionibus ibidem, factus veneris decima die Julii m° cc° iiii^{xx} xix°. Debentur ei xiii lib., v sol., xi den. tur.

1404. Valor subsidii comitatus Campanie, impositi pro guerra contra comitem Barri, traditus per dictum Bertaudum; et fuit valor iiii^{xx} xiiii^m v^c lxii lib., xiii sol., iiii den. Sciatur ubi rex habuit.

1405. Compotus magistri Symonis Festu de mutuis factis regi ab anno m° ccc° iii° usque ad m^{um} ccc^{um} v^{um} in nundinis Campanie et extra, de mon[etagio] et aliis subventionibus [1], redditus apud Pontisaram decima septima Septembris m° ccc° vii°. Signantur ibi plures denarii recuperari super G. Coquatrix, cantorem Milliaci et alios, ratione guerre Vasconie.

1406. *Meldensis.*

1407. *Vitriaci.*
Compotus Bichii et Moucheti de centesima, decima et mutuis in baillivia Vitriaci et ejus ressorto, per procuratorem dictorum Bichii et Moucheti, Mon[n]ayum de Mon[n]ayo [2], factus quarta die Junii anno m° cc° iiii^{xx} xvi°. Correctus est.

1408. *Calvimontis.*
Compotus Bichii et Moucheti de receptis centesime, decime, mutuorum et feodorum acquisitorum regi in baillivia Calvimontis et ejus ressorto, per procuratorem dictorum Bichii et Moucheti, Jacqueminum Cay[n], factus quarta die Junii anno m° cc° iiii^{xx} xvi°. Non est correctus, et videntur aliqua esse levanda.

1409. Alius compotus eorundem Bichii et Moucheti de arreragiis centesime, quinquagesime et financiarum feodorum, per magistrum Jacobum de Sancto Alberto, in predicta baillivia Calvimontis. Factus per receptores Campanie veneris post Nativitatem Domini anno m° cc° iiii^{xx} xvii°, per Jacqueminum Cayn et Lappum [3] Bernardi, procuratores dictorum Bichii et Moucheti. Debent xiii lib., iiii sol. tur. Lupara tamen per cedulam, etc.

1410. Alius compotus Jacquemini Cayn et Radulphi Macart de duplici centesima, quinquagesima et mutuis baillivie ejusdem anno m° cc° iiii^{xx} xviii°, factus per Luparam, curie redditus anno m° cc° iiii^{xx} xviii°. Non est correctus ad plenum, nec acceptata est expensa que est a tergo.

1411. Alius compotus predicti Jacquemini de duplici decima, arreragiis quinquagesime et duplicis centesime in eadem baillivia Calvimontis, a prima die Januarii anno m° cc° iiii^{xx} xviii° usque ad septimam diem Februarii anno m° cc° iiii^{xx} xix°. Non est correctus.

1412. Alius compotus magistri Johannis dicti Legrant de Calvomonte, redditus et factus magistro Andree de Charroliis, domini regis clerico, de subventione levata in

---

[1] Ms. : *Demen. et at. subvention.* Menant (XI, fol. 26) a lu : «de mon. et alia subvent., etc.» — Restitué d'après le § 1447.

[2] Forme attestée par l'original de ce compte, qui a été conservé : Bibl. nat., lat. 9018, n° 15.

[3] Ms. : *Luppum.*

baillivia predicta Calvimontis, per magistrum Bernardum [1] de Lauduno, circa festum Beate Marie Virginis, mense Septembris, anno м° ccc° ii°. Non est correctus.

1413. *Pictaviensis et Lemovicensis, Xanctonensis et Engolismensis baillivie.*

Compotus magistri P. de Villablouana, militis, senescalli Pictaviensis et Lemovicensis [2], de arreragiis centesime, quinquagesime, annualium et aliarum subventionum plurium in dictis senescalliis collectarum, factus anno м° ccc° v°. Corrigitur finis.

1414. Rotulus in quo continentur dona et mutua facta regi in senescallia Xanctonensi. Sciatur quid inde fuit levatum, si sciri possit, et recuperetur pro rege.

1415. Compotus domini Hugonis de Cella, militis, de pluribus subsidiis, inquestis et viagiis factis per eum, ab anno м° ccc° ix° usque ad annum м° ccc° xvi°, in senescallia Xanctonensi et baillivia Lemovicensi et aliis locis, auditus septima Augusti м° ccc° xix° et perfectus decima tertia die ejusdem tunc. Debe[n]tur ei ix^c lxxviii lib., xi sol., ix den. tur. fort. Est inter non habentes loca propria.

1416. Compotus Gerardi Tronquiere de financiis acquestuum feodorum, subventionis maritagii [3] regine Anglie, forefacturarum et emendarum taxatarum per dictum dominum Hugonem de Cella et ejus collegam in senescalliis Xantonensi, Pictaviensi et Engolismensi, perfectus quarta Octobris м° ccc° xix°. Debet xii^m vii^c iiii^{xx} xiii lib., xix sol., vii den., ob. tur. fort. Plura signantur esse recuperanda.

1417. Compoti quatuor domini P. de Melet, quondam receptoris Pictaviensis, de duplici centesima, quinquagesima, mutuis, donis et decimis exemptorum diocesium Xanctonensis et Pictaviensis, de nova impositione seu assisia super mercaturis, vocata malatolta, de monetagio ac aliis diversis receptis ejusdem senescallie Pictaviensis, a Paschate м° cc° iiii^{xx} xvi° usque ad Magdalenam м° cc° iiii^{xx} xviii°. Totum fit per Luparam.

1418. Rotulus de vadiis plurium stipend[iar]iorum solutis per eundem ratione guerre Vasconie.

1419. *Alvernie.*

Compotus Bichii et Moucheti de residuo mutuorum et aliarum subventionum loco decime in baillivia Alvernie et ejus ressorto concessarum, anno м° cc° iiii^{xx} xvi°, die dominica ante Ascensionem. Et est correctus.

1420. Compotus magistri Symonis de Sancto Benedicto de financiis exercitus Flandrie et arreragiis quinquagesime tertie in baillivia Alvernie, factus vigilia Annunciationis Beate Marie anno м° ccc° ii°, factus die dominica in vigilia Beate Marie. Corrigitur finis.

1421. Compotus magistri Henrici de Horreto, clerici, de arreragiis tertie [4] quinquagesime, redditus per compotum magistri Symonis Boelli, et de arreragiis condemnationum factarum per dominum Egidium de Monte Capreoli [5] et magistrum G. de Fossa. Item, de

---

[1] Ms.: *Bussardum.* Mot douteux. Cf. § 1455.
[2] Ms.: *milite senescallo.*
[3] Ms.: *subventionum maritagiorum.*
[4] Ms.: *terræ.*
[5] Ms.: *Capioli.* Cf. Bibl. nation., lat. 9783, fol. 10.

arreragiis regalis Clarimontis. Item, de debitis Judeorum in baillivia Alvernie. Redditus decima tertia Martii m° ccc° x°. Debet ix lib., iiii sol. tur. fort. Signantur plura esse recuperanda.

1422. Compotus Girardi Calc[i]ati, receptoris Alvernie, de diversis subventionibus et annualibus receptis per eum ibi, anno m° ccc° iv°, factus veneris ante festum Apostolorum Symonis et Jude m° ccc° iv°.

1423. Compotus magistri Henrici de Horreto de arreragiis tertie quinquagesime, emendarum per inquisitores [1], regalis Clarimontis et debitorum Judeorum in baillivia Alvernie, redditus decima tertia Martii m° ccc° x°. Corrigitur finis. Signantur aliqua esse recuperanda.

1424. *Petragoricensis, Caturcensis et Tholose.*

Compotus magistri Henrici de Horreto de quibusdam emendis parlamenti finiti ad Ascensionem m° ccc° xiv° in senescalliis Petragoricensi, Caturcensi et Tholose, et de iii^m [lib.] pro compositione capituli ecclesie Appamiarum, et de annualibus totius provincie Auxitanensis m° ccc° xvii°, ac de annualibus diocesis Vasatensis et diocesis Aquensis pro secundo anno. Corrigitur finis. Signantur aliqua esse recuperanda. Suitur cum compoto suo de arreragiis tertie quinquagesime et aliis in baillivia Alvernie.

1425. *Ruthenensis.*

1426. *Carcassone.*

Compotus Poncii Botonis [2] de subsidiis seu tertia quinquagesima feodorum et aliis diversis receptis in senescallia Carcassone, redditus per Symonem de Aubenton, mense Februario m° ccc° i°. Debet m vii° xxvii lib., v den., que ponuntur super ipsum in debitis Carcassonensibus de m° cc° iiii^{xx} xvii°.

1427. *Bellicadri.*

Compotus magistri Stephani de Anthogniaco de arreragiis bonorum Judeorum in senescallia Bellicadri a captione ipsorum, que fuit anno m° ccc° vi°, ac de captione quorundam Lumbardorum, et de financiis super acquestis feodorum, et de subventione exercitus Flandrie anni mⁱ cccⁱ xivⁱ, redditus decima septima Februarii anno m° ccc° xxi°.

1428. *Petragoricensis.*

SUBVENTIONES FACTE ANNO M° CCC° II° PRO EXERCITU FLANDRIE, CUM QUIBUS SUUNTUR AUT LIGANTUR IN UNO SACCO SUBVENTIONES [3] EJUSDEM EXERCITUS PRO ANNO M° CCC° III° QUE INFRA SCRIBUNTUR.

1429. *Parisiensis.*

Compotus magistri Dionisii de Senonis, Radulphi de Meulanto et magistri Guidonis de Lauduno, thesaurarii capelle regis Parisiensis, de magna subventione Parisius, incepta

---

[1] Ms.: *inquestum.*
[2] Ms.: *Poon.* Ce nom est attesté par le *Journal du Trésor*, Bibl. nat., lat. 9783, fol. 111 v°, et par une charte originale, Bibl. nat., lat. 9015, n° 23: « P. Botonis de Bitterris. »
[3] Ms., ici et plus loin: *subventione.*

levari per eos in crastino Ramorum Palmarum m° ccc° ii°. — Et fuit tunc ordinatio quod a personis habentibus v° lib. tur. in bonis mobilibus levarentur xxv lib. tur., et sic de magis magis, et subtus nichil; et de hiis qui habebant c lib. tur. annui redditus, xx lib. tur., et de magis magis, et subtus nihil, ut supra. — Debent item de parva subventione ibi, pro qua levati fuerunt xl sol. tur. ab illis qui habebant xx lib. tur. redditus annui, et xx sol. par. ab habentibus xl lib. par. in mobilibus, et de pluri plus, et subtus nichil, incepta levari ad Sanctum Johannem m° ccc° iii°. — Et fuit summa totalis dictarum subventionum, magne videlicet et parve, xxi^m lxxvi lib., xii sol.[1], vi den. par. — Signantur ibi esse recuperande super Imbertum de Lyons viii^{xx} lib. par., et super Dyonisium de Savigny iiii^{xx} lib. par., que summe nondum fuerunt levate; et super magistrum Dyonisium de Senonis, sibi mutuate per litteras suas, lx lib. par.; et super dominum Radulphum de Mellento xxii lib. par. Sciatur tamen si reddiderunt[2] eas in quodam compoto suo a tergo bailliviarum m° ccc° iv°. Debent pro fine dicti compoti vii^c, etc. Sed signatur ibi quod Templum debet pro eis reddere. Non est correctus.

1430. Compotus de financiis ville Parisiensis de non euntibus in exercitum Flandrie m° ccc° ii°, et de iis qui minus sufficienter ibi miserunt pro eis, factus per magistrum Guidonem de Lauduno, thesaurarium capelle regis, martis post Sanctum Matthiam tunc. Et quedam financia fuit explecta[ta] per Johannem du Solier et G. Le Gorin; et postea fuit preceptum quod id quod levatum fuerat de dicta financia restitueretur personis; quod factum fuit, exceptis personis que sunt a tergo. Debent pro fine dicti compoti vii^{xx} xii lib., xiii sol. par., de quibus debet dictus thesaurarius cv lib. iii sol., et Johannes de Solario xlvii lib., x sol. par. Videntur aliqua, cum pluribus defectibus positis per curiam in sufferentia, esse recuperanda.

1431. Compoti duo magistri Symonis Bodelli et Nicolai Le Porteur[3] de eadem subventione tunc in castellaniis Montisleherici[4], Castrifortis, Pissiaci et Corbolii, facti circa Sanctum Ludovicum m° ccc° iv°. Corrigitur finis primi, et de[ben]tur pro fine secundi dicto Nicolao xxx lib., xviii sol., x den. par., et dicto Symoni lvii lib., etc., que tamen ei redduntur in debitis Parisiensibus.

1432. *Sylvanectensis.*

Financie facte per magistrum P. de Latilliaco cum personis ecclesiasticis et nobilibus ibi, anno m° cc° iiii^{xx} xiii°, usque ad parlamentum dicti anni; quarum summa est ii^m lii lib., iiii den. par. Petantur a dictis personis, quia non videtur quod solverint eas.

1433. *Viromandensis.*

Compotus magistri J. de Divione et G. de Hangest junioris de eodem in baillivia Viromandensi, redditus per magistrum J. predictum, die sabbati post Sanctum Matthiam m° ccc° iii°. Debent pro fine dicti compoti xxviii lib., vii sol., xi den. par. Non est correctus.

---

[1] Menant, XI, fol. 26 v°. Ces deux mots ont été omis par le copiste du ms. lat. 9069.
[2] Ms.: *reddat.*
[3] Ce nom est attesté par le *Journal du Trésor.* Bibl. nat., lat. 9783, fol. 83.
[4] Ms.: *Montislherii.*

1434. Compotus ipsius Guillelmi junioris de financiis communitatum et aliquarum villarum dicte bailliivie ratione dicti exercitus tunc, que finare inceperunt lune post Ascensionem m° ccc° ii°, et duraverunt per duos menses, factus nona Martii m° ccc° ii°. Debet pro fine dicti compoti v^m iiii^c iiii^{xx} xix lib., xii den. par., quas Templum debet pro ipso reddere. Et signantur tamen recuperande super villam Sancti Quintini c lib. par., et super capitulum Noviomense iiii^{xx} lib. Non est correctus, et sunt alia corrigenda ibi.

1435. Compotus magistri Jacobi de Sancto Alberto de viis in bailliviis Viromandie, Vitriaci et Calvimontis, cum uno rotulo subventionis in baillivia Vitriaci, et alio in baillivia Calvimontis. Quittus est per finem dicti compoti ; sed receptores Campanie, qui erant pro tempore, debent levare iii^m et v^c lib. restantes ad levandum. Auditus veneris ante Sanctum Bartholomeum m° ccc° iii°.

1436. Compotus magistri Philippi Conversi et G. de Sancto Marcello de financiis villarum Remensis et Catalaunensis pro exercitu Flandrie, tunc factus per eos m° ccc° iii°. Debetur eis. Non est correctus.

1437. *Ambianensis.*

1438. *Senonensis.*
Financie in quodam quaterno facte ibi per magistrum P. de Latilliaco et Johannem de Veres, baillivum Senonensem, anno m° ccc° ii°, in eadem baillivia. Videtur quod levate fuerint per Theobaldum Lescuier, substitutum ab eis, et quod dictus Theobaldus debeat pro fine ipsarum, deductis solutionibus factis thesauro et alibi, circa ii^m lxiiii lib. tur. Sciatur ubi reddi[di]t eas regi, quia non est correctus. Dicte financie sunt in quodam quaterno.

1439. Compotus Johannis, prioris de Nemo[u]x, J. Yvon[is] et Hugonis d'Yerre de Capella⁽¹⁾ de financiis ibi (nunc vel) tunc, videlicet ab impotentibus hominibus, dominis, domicellis et viduis. Debent pro fine dicti compoti xi^{xx} iiii lib., xii den. Dicunt tamen solvisse dictam summam Jacobo Oleario et domino Johannis de Variis, exceptis xxi lib. quas retinent pro expensis. Petantur.

1440. Taxationes financie dicte baillivie facte super deficientibus in exercitu Flandrie m° ccc° ii°, videlicet super illis qui habent iii^c lib. in mobilibus, vel v^c lib. in aliis bonis, tradite per magistrum P. de Latilliaco octava Martii tunc, ascendentes ad summam viii^c vi lib., viii sol. tur. Sciatur qui debuit eas levare vel, si remanserint non solute⁽²⁾, petantur.

1441. Compotus Johannis dicti Prevoust, prepositi Castri Nanthonis, et Johannis As Orrées⁽³⁾, tabellionis ibi, de eodem, de deffectibus exercitus Flandrie in dicta prepositura, redditus curie m° ccc° ii°. Debent pro fine dicti compoti cix lib., xiii sol., deductis solutionibus Jacobo Oleario factis. Sciatur ubi dictus Jacobus reddi[di]t eas regi, quia as-

---

⁽¹⁾ Formes suspectes, que nous n'avons pas le moyen de corriger. — ⁽²⁾ Ms. : *solum*. — ⁽³⁾ Forme attestée par le *Journal du Trésor*, Bibl. nat., lat. 9783, fol. 122 v°.

cendunt ad xi^c x lib. tur. Et arrestatur ibi dictum Johannem debere dictas cix lib., xiiii sol. tur.

1442. Compotus prioris de Moreto et Guyardi des Nes[1] de deffectibus et arreragiis subventionis exercitus Flandrie, debitis in prepositutis de Moreto, de Same[s]yo et de Flagiaco[2]. Nihil debent pro fine dicti compoti, quia fecerunt solutiones pluribus personis, videlicet Jacobo Oleario iiii°lxxv lib., et Johanni, preposito de Castro Nanthonis, iiii^{xx}. Residuum retinuerunt collectores pro expensis, videlicet circa xxiii lib. tur. Sciatur ubi dictus Jacobus et dictus prepositus redd[ider]unt dictas summas regi.

1443. *Aurelianensis, Bituricensis, Matisconensis et Turonensis.*

Compotus magistri Stephani de Borreto, subdecani Pictaviensis, de financiis exercitus Flandrie in baillivia Bituricensi, factus die mercurii post Sanctum Clementem m° ccc° iii°, cum compotis expensarum ejusdem sutis in fine. Debuit pro fine compoti, deductis expensis suis, de hoc quod recepit de dicta subventione, ii^m viii° iiii^{xx} xvii lib., xiiii den. par., quas debet Petrus Lombardi per compotum factum de eodem cum dicto subdecano, ut arrestatur ibi.

1444. *Comitatus Blesensis.*

Compotus magistri Symonis Lamberti et P. Aalis de financiis ibi tunc, ratione exercitus Flandrie predicti. Non videtur esse auditus. Sciatur in correctione causa.

1445. *Rothomagensis.*

1446. *Caletensis.*

1447. *Cadomensis.*

Compotus magistri Guillelmi de Gilly de financiis ratione exercitus Flandrie predicti tunc, cum Roberto de la Cegoigne, baillivo ibi, auditus m° ccc° iii°. Debet pro fine dicti compoti xxi lib., vi sol. par. Restant multa arreragia levanda. Non est correctus. Plura signantur esse recuperanda.

Partes dictarum financiarum traditarum anno m° ccc° iii° per dictum magistrum G., qui eas fecit, sunt in quodam grosso rotulo in isto sacco. Videntur aliqua restare ad levandum.

1448. *Constantinensis.*

Compotus magistri Balduini Alani de financiis baillivie Constantinensis pro exercitu Flandrie m° ccc° ii°, factus martis ante Sanctum Mattheum m° ccc° iii°. Debentur ei pro fine dicti compoti que redduntur ei in compoto suo de financiis baillivie Cadomensis facto tunc. Et sunt in fine partes remanentes ad solvendum, que ascendunt ad summam de xi^c lxxvii lib., xiii sol., v den. Sciatur cui tradite fuerint pro rege ad levandum, et petantur. Corrigitur finis. Signantur tamen plura esse recuperanda.

[1] «Guyardus de Navibus» (Bibl. nat., lat. 9783, fol. 60). — [2] Ms.: *Flamigny.*

1449. *Gisortii.*

Compotus P. de Hangesto, baillivi ibi, de financiis ratione exercitus predicti in baillivia Gisortii et Vernolii, factus mercurii post Sanctum Matthiam M° CCC° II°. Debet pro fine dicti compoti XVII°XLIX lib., IIII sol., v den. tur. Non est correctus, quia signantur aliqua esse recuperanda.

1450. Compotus Guillelmi de Hangesto, baillivi Viromandensis, de decimali subventione et duplici decima ibi, a Nativitate Beati Johannis M° CC° IIII^{XX} XVIII° usque ad Omnes Sanctos M° CCC° II°. Debet pro fine dicti compoti IIII^{XX} XI^m III^c XXXI lib., IX sol., I den. tur. Non est correctus.

1451. *Trecensis.*

1452. *Meldensis.*

1453. *Vitriaci.*

Compotus Hugonis de Anisiaco de financiis baillivie Vitriaci pro exercitu Flandrie de M° CCC° II°, redditus curie dominica in octavis Epiphanie tunc. Debentur ei circa XIII sol., deductis solutionibus quas thesaurus debet reddere pro ipso per cedulas suas, [ut] ibi arrestatur [1]. Non est correctus.

1454. Compotus magistri Jacobi de Sancto Alberto de dictis financiis tunc super personas ignobiles dicte baillivie, ultra taxationem factam per dictum Hugonem. Dictus compotus non fuit tentus nec auditus.

1455. *Calvimontis* [2].

Compotus magistri Jacobi Magni, quem [3] fecit magistro Andree de Charroles, clerico domini regis, de subventione imposita pro exercitu Flandrie, per magistrum Bernardum [4] de Lauduno tunc. Non fuit tentus in Camera. Videtur tamen quod debet dictus Jacobus CVIII lib., XVI sol., IIII den. tur.

1456. Guido de Villiers Morier [5], baillivus ibi, de hoc quod recepit de dicta subventione, II^c LXIII lib., XIII sol.

1457. *Pictaviensis.*

Compotus magistri Bald[uin]i de Medonta et P. de Villablouana, senescalli ibi, de financiis ibi tunc, redditus [6] curie martis ante Sanctum Vincentium M° CCC° IV°. Videtur quod restant ad solvendum, solutionibus per ipsos factis deductis, II^m VI^c LX lib., III sol. tur. Sciatur ubi redduntur regi. Debentur eis pro fine dicti compoti XXXIX lib., XIII sol., IIII den. Redduntur eis in compoto quinquagesime levate M° CCC° III°. Et quitte. Non est correctus.

Summe abbreviate dicte subventionis, cum ipso rotulo de hoc quod debetur de dicta subventione.

---

(1) Ms.: *cedulas suas, ibi arrestatas.*
(2) Ms.: *Cla imontis.*
(3) Ms.: *quæ.*
(4) Ms.: *magnum Bensardum.* Cf. § 1412.
(5) Ms.: *Villa Mortier.* Cf. p. 22, note 3.
(6) Ms.: *redditis.*

SUBVENTIONES.

Taxationes facte de dicta subventione pro exercitu Flandrie predicto tunc in dicta senescallia et in baillivia Lemovicensi per ipsos, que ascendunt ad xxv^m viii^c xxxiii lib., xii den.; de quibus solutum est, ut arrestatur in fine, xxii^m vi^c lx lib., iii sol. Residuum est levandum. Sciatur ubi redditur regi. Tradite per dictum senescallum vigesima septima Aprilis m° ccc° iii°. Quarum copia missa fuit inquisitori[bus] ejusdem senescallie.

Compotus abbreviatus de dictis financiis seu taxationibus ibi, redditus martis ante Sanctum Vincentium m° ccc° iv°. Corrigitur finis. Signantur aliqua recuperanda.

1458. *Xanctoniensis.*

Compotus magistri R. de Vernone et domini P. de Baleus, militis, de financiis exercitus Flandrie tunc, factus sabbato post Conversionem Sancti Pauli m° ccc° ii°. Debentur pro fine dicti compoti xxii lib., xvi sol., vi den. tur. Nec est aliquid corrigendum aliud a fine dicti compoti, nisi levetur residuum subventionis, de quo residuo rex inhibuit levari partem.

1459. *Alvernie.*

1460. *Catarcensis et Petragoricensis.*

Compotus magistri Odonis de Columberiis de financiis factis m° ccc° ii° pro exercitu Flandrie, factus per eum lune ante Sanctum Barnabam m° ccc° iii°. Debentur ei pro fine dicti compoti, de quibus habuit cedulam. Restant ad levandum, de hiis que explectavit dictus Odo, circa iii^m lib., quas debet reddere regi thesaurarius dicte senescallie, ut arrestatur ibi. Sciatur ubi reddidit eas regi.

1461. Financie facte per dominum G. Flote, senescallum Petragoricensem et Caturcensem, et magistrum Guillel[m]um de Bocellis, clericum, priorem secularem ecclesie Exold[un]ensis, ratione exercitus Flandrie tunc in dicta senescallia. Et fuit earum summa xxii^m ix^c iii^{xx} xi lib. tur., quarum partes in magno rotulo continentur, ut[1] arrestatur ibi. Sciatur ubi redduntur regi. Sunt in quodam parvo rotulo per se in sacco istius subventionis.

1462. *Tholose et Ruthenensis senescallie.*
1463. *Carcassone.* } Addantur que in his senescalliis desunt.
1464. *Bellicadri.*
1465. *Lugdunensis.*
Non erat tunc regis, ut credo.

SUBVENTIONES LEVATE ANNO M° CCC° III° PRO GUERRA FLANDRIE.

1466. *Parisiensis.*

Compotus fratris P. de Paredo, prioris de Chesa, et Johannis [Amici][2] de Cormeliis de

---

[1] Ms. : nec. — [2] Cf. le *Journal du Trésor*, Bibl. nat., lat. 9783, fol. 37.

financiis vicesime cujusdam partis vicecomitatus Parisiensis, redditus jovis ante Sanctum Laurentium m° ccc° iii°. Videtur esse quasi correctus.

1467. *Silvanectensis.*

Relatio magistri Guillelmi de Gilleyo de impositione et taxatione vicesime imposite in baillivia predicta tunc, facta per modum compoti. Debetur ei. Non est correctus.

1468. Compotus Dyonisii de Albigniaco, baillivi ibi, de hoc quod recepit de impositione vicesime ibi taxate anno m° ccc° iii°, pro exercitu Flandrie, per magistrum G. de Gilleyo et dictum baillivum, super habentibus v° lib. tur. redditus, et de quinquagesima imposita super habentibus quinquaginta libras in mobilibus, vel viginti libras redditus, quarum partes continentur in quodam alio rotulo, redditus prima Julii m° ccc° iv°, seu post octavas Trinitatis tunc. Correctus est quantum ad finem compoti, et non quantum ad residuum. Signantur fere iiii° lib. recuperande [1] super personas quibus tradite fuerunt.

1469. *Viromandensis.*

Compotus domini Johannis de Vaissiaco de residuo vicesime in baillivia Viromandensi, imposite per Guillelmum de Hangesto seniorem, Johannem de Trya et Radulphum Poire super personas que habent valorem de iiii° lib. et plus, anno m° ccc° ii°; et in fine alterius compoti ipsius de vicesima a personis que habent viginti libras et plus in bonis, levata anno m° ccc° iii°. Redditus curie decima septima Martii m° ccc° xi°. Correctus est.

1470. *Ambianensis.*

1471. *Senonensis.*

Compotus magistri Johannis de Meleduno de subventionibus dicte baillivie tunc. Debet pro fine dicti compoti ix^{xx} xiii lib., vi sol., iii den. tur. Arrestatur ibi quod solvit Gaufridus Coquatrix. Sciatur ubi dictus Gaufridus solvit [et] reddi[di]t eas regi.

1472. Compotus Martini Martini [2] de subventionibus baillivie Senonensis et ejus ressorti [3] tunc impositis [4] per G. de Gisortio et G. de Marcilly, a die martis ante Sanctum Johannem m° ccc° iii° usque ad Sanctum Laurentium, redditus curie die jovis post Sanctum Nicolaum hyemalem m° ccc° v°. Debuit pro fine dicti compoti xii^m vi^c l lib., x den. tur., quas tradidit Gaufrido Coquatrix, per confessionem ejusdem Gaufridi. Sciatur ubi dictus G. reddidit regi dictam summam. Plura signantur esse recuperanda super certas personas; et restant plures defectus adhuc requirendi.

Deffectus dicte subventionis, cujus summa vi^m ix^c xliii lib., xvi sol., iii den., traditi domino Gaufrido per dictum Martinum.

1473. *Aurelianensis.*

Impositio subventionis baillivie Aurelianensis facte pro exercitu Flandrie m° ccc° iii°, per Johannem de Yenvilla, videlicet super habentes c lib. redditus xx libras, et de plus

---

[1] Ms.: *super personis recuperandis.* — [2] Cette forme est attestée par un compte original: Bibl. nat., Coll. Baluze, 391, n° 8. Cf. *Revue numismatique*, 1897, p. 182. — [3] Ms.: *ressorto.* — [4] Ms.: *imposita.*

plus; super habentes vᵉ libras in mobilibus, vicesimam; super habentes xx libras redditus, decimam partem; et super habentes (quingentas seu) quinquaginta libras in mobilibus vel plus, quinquagesimam.

1474. Compotus magnus Theobaldi Bucherii, deputati a Gaufrido Coquatrix ad levandum subventionem in dicta baillivia imposita[m] per J. de Yenvilla, baillivum Aurelianensem, anno mº cccº iiiº, redditus martis post Sanctum Martinum hyemalem mº cccº vº. Debet pro fine dicti compoti vɪᵐvɪɪɪᶜʟxxɪ lib., ɪx den. par. Arrestatur ibi quod Templum debuit reddere pro ipso. Sciatur si sit ita. Non est correctus.

1475. In alio rotulo partes gratiarum factarum per regem de dicta subventione levata ibi, mº cccº iiiº, per Theobaldum Bucherii, cum partibus deffectuum ejusdem subventionis tunc, et cum rotulo de quibusdam aliis partibus traditis per dictum Theobaldum; qui defectus ascendunt ad vᵐ vɪɪɪᶜ xvɪ lib., xɪɪɪɪ sol., vɪ den. par. Sciatur si postea levata fuerint, et petantur, nisi, etc.; cum compoto abbreviato dicti Theobaldi de dicta subventione ibi tunc.

1476. *Matisconensis.*

1477. *Bituricensis.*
Compotus domini P. de Plaailliaco⁽¹⁾, militis, de subventione prelatorum, abbatum, priorum, capellanorum et aliarum personarum ecclesiasticarum dicte baillivie mº cccº iiiº. Debentur ei pro fine dicti compoti ʟxɪɪɪ sol., ɪɪɪɪ den. tur. Et fuit valor dicte subventionis ɪɪᵐ vᶜ ʟɪɪ lib., xvɪɪ sol. par., quas tradidit ad levandum, ut arrestatur ibi, Petro Lombardi, tenenti locum baillivi Bituricensis tunc. Sciatur ubi predictus Petrus reddidit eas regi.

1478. Compotus abbreviatus Stephani de Borreto, subdecani Pictaviensis, et Guillelmi de Castro, archidiaconi Borboniensis in ecclesia Bituricensi, de subventione ratione exercitus Flandrie tunc. Et fuit totalis summa xxvᵐ ɪɪɪɪˣˣ xv lib., vɪɪɪ sol., vɪ den. tur., de qua receptum est solum xᵐ vᶜ ʟxɪɪɪ lib., vɪ sol., vɪ den. tur., Deductis expensis de dicta recepta, restant ɪxᵐ ɪɪᶜ ʟxxv lib., xvɪ sol. tur. quas receperunt nominati in dicto compoto. Sciatur ubi reddiderunt regi. Sic restant levande xɪɪɪɪᵐ ɪɪɪɪᶜ xʟɪɪ, vel xxxɪɪ, lib., xɪɪ sol. tur., in prepositurīs⁽²⁾ dicte baillivie nominatis ibi. Sciatur qui debuit eas levare.

1479. Quedam relatio magistri Johannis de Ursiaco, canonici Brugensis, de subventione et aliis levatis in dicta baillivia. Non nominat tempus.

1480. *Turonensis.*
Compotus domini Petri de Fontenayo, militis, de subventione ordinata per ipsum et magistrum Symonem Lamberti, anno mº cccº iiiº, factus martis post Sanctam Luciam mº cccº ivº. Debentur ei vɪˣˣ xvɪɪɪ lib., vɪɪ sol. tur. Sunt plura recuperanda per ipsum.

1481. Relatio seu primus compotus magistri G. de Poteria de arreragiis centesime,

---

⁽¹⁾ Ms.: *Plaaliaco*. — ⁽²⁾ Ms.: *præpositura*.

quinquagesime, duplicis centesime, debitorum super minus juratis, financiarum,[1] nobilium pro exercitu Flandrie.

1482. Recepta de aliquibus personis de subventione imposita per magistrum Symonem Lamberti in baillivia Turonensi. Auditus sabbato in festo Inventionis Sancte Crucis M° CCC° IX°. Correctus est quantum ad finem compoti, sed plura arreragia restant solvenda per ipsum compotum.

1483. Impositio seu valor grosse et minoris subventionis impositarum super ignobiles baillivie Turonensis et ressorti per magistrum Symonem Lamberti, M° CCC° III°. Et fuit summa valoris utriusque insimul XVII^m VII^c lib., XI sol. tur.

1484. Secundus compotus de eisdem minutis arreragiis post dictum primum compotum ipsius G. de arreragiis financiarum[2] ipsius baillivie, traditus per relationem magistri Johannis Harcherii, auditus in vigilia Ascensionis M° CCC° IX°. Totum est de recepta, que est de XVII^m CX lib., XII sol., XI den. tur. debil., quam red[di]dit in compoto suo abbreviato de arreragiis subventionis reddito in vigilia Apostolorum Petri et Pauli M° CCC° IX°.

1485. Compotus ipsius Guillelmi de arreragiis dicte subventionis post dictum compotum factum tunc. Debentur ei pro fine dicti compoti que redduntur ei in compoto suo de bonis Judeorum de novo inventis, reddito[3] curie sexta Augusti M° CCC° XIII°.

1486. Alius compotus ipsius Guillelmi de minutis arreragiis subventionis focorum, restantibus post primum compotum ipsius Guillelmi, redditus in vigilia Ascensionis M° CCC° IX°. Totum est de recepta, que est VIII^m II^c XXIX lib., XVIII sol., I den. tur. monete debilis. Redd[itur] in compoto suo de bonis Judeorum, ut supra.

1487. Compotus taxationis subventionis focorum baillivie Turonensis, imposite pro exercitu Flandrie M° CCC° IV°, redditus per magistrum Johannem Harch[er]ii, clericum, die lune post Brandones M° CCC° V°. Et fuit summa totalis impositionis XLV^m VIII^c IIII^{xx} XV lib., XI sol., XI den. tur.; de quibus levatum fuit XXV^m XVII lib., VII sol., III ob. tur., redditas regi per compotum baillivie Turonensis ad Ascensionem M° CCC° VI°. Residuum est levandum, videlicet XIX^m VIII^c LXXVIII lib., IX sol., IX den., ob. tur., quarum partes in secunda columna dicti compoti. Sciatur si postea fuerint levate, et cum hoc recuperentur plures denarii traditi, signati in dicto compoto.

1488. *Rothomagensis, Caletensis et Gisortii.*

Compotus domini Roberti de Heusa de denariis per ipsum receptis in bailliviis Rothomagensi, Caleti et Gisortii de subventionibus pro exercitu Flandrie tunc, auditus dominica post Sanctos Jacobum et Christophorum M° CCC° IV°. Debet pro fine dicti compoti V^c LXXII lib., VII den. par. Non est correctus. Signantur recuperande super certas personas ibi IIII^{xx} lib., LXXVI sol. par.

1489. Minute partes dicte grosse subventionis in duobus rotulis cum ipso, et alie summe abbreviate, in dicta baillivia Rothomagensi imposite per Reginaldum Barbou et

---

[1] Ms.: *minus juratis financiis.* — [2] Ms.: *factorum.* — [3] Ms.: *redditum.*

SUBVENTIONES. 187

P. de Hangesto, baillivum ibi, super personis habentibus v^c lib. in mobilibus, et c lib. in redditu, tradite per dominum Bertaudum [1] de Latigniaco, martis post Nativitatem Beate Marie m° ccc° iii°. Et videtur quod summa fuerit x^m vii^c xxix lib., xviii sol., viii den.

Alie partes dicte subventionis totius baillivie Rothomagensis, levate et explectate per dictos Reginaldum Barbou [2] et P. de Hangesto, anno m° ccc° iii°, que debuerunt reddi regi ad Sanctum Michaelem m° ccc° iv° per compotum ejusdem baillivie.

1490. *Item, Caletensis.*

Compotus magistri Johannis Gaidre [3] de subventionibus baillivie Caletensis pro exercitu Flandrie, redditus sabbato post Sanctum Georgium m° ccc° iii°. Non est correctus totus, sed corrigitur finis.

1491. Item, in uno rotulo, partes arreragiorum debitorum in baillivia Gisortii, levatorum per ipsum Johannem de tempore plurium baillivorum. Non est ibi nisi de recepta. De quibus arreragiis dictus Johannes computavit undecima Julii m° ccc° viii°. Et est dictus compotus a tergo bailliviarum [4] Francie de termino Ascensionis tunc.

1492. Isti compoti magistri Johannis Gaidre, cum omnibus aliis compotis suis et pluribus [aliis], sunt in sacco subventionum exercitus Flandrie de xv°. Querantur ibi, nisi sint hic [5].

1493. Alius compotus ipsius de arreragiis denariorum debitorum in baillivia Gisortii de tempore G. Courteheuse, Symonis de Montigniaco, P. de Hangesto et Johannis de Sancto Leonardo, quondam baillivorum ibi, factus undecima Julii m° ccc° viii°. Et est dictus compotus a tergo bailliviarum Francie de termino Ascensionis tunc.

1494. Alius compotus ipsius de aliquibus receptis et misiis traditis per ipsum de ultima subventione Normanie, anno m° ccc° iv°, factus in octavis Sancti Pauli m° ccc° v°. Correctus est, et est scriptus a tergo bailliviarum Francie de termino Ascensionis tunc.

1495. *Cadomensis.*

Compotus magistri Bald[uin]i Alani et Johannis de Veretot, baillivi ibi, de financiis baillivie Cadomensis pro exercitu Flandrie m° ccc° iii°, factus die martis ante Sanctum Mattheum tunc. Debuit pro fine dicti compoti ii^m vi^{xx} xvi lib., x sol. tur., que remanserunt levande. Arrestatur ibi quod magister Johannes de Buxellis, de Meleduno, debuit eas levare. Mandetur ad computandum [6], nisi computaverit [7] de eisdem. De[ben]tur ei lxx sol. tur.

1496. *Constantinensis.*

Compotus magistri Bertaudi de Latigniaco de subventione vicesime in baillivia Constantinensi pro dicto exercitu, auditus sabbato ante Sanctum Arnulphum m° ccc° v° tunc.

---

(1) Ms., ici et plus loin : *Bertrandum.*
(2) Ms. : *Balbou.*
(3) Ms. : *Gardre.*
(4) Ms., ici et plus loin : *baillivie.*
(5) Cf. § 1657.
(6) Ms. : *ad compotum.*
(7) Ms. : *computaverint.*

Correctus est quantum ad finem compoti. Parum aliud est corrigendum. Sunt partes minute [1] dicte subventionis in alio rotulo cum dicto compoto.

1497. Compotus magistri H. de Rya et domini [2] P. de Bonavalle de prima et secunda subventione impositis in dicta baillivia pro exercitu Flandrie tunc, auditus in festo Beati Thome Apostoli tunc. Correctus est ad plenum. Restant xii^c iiii^{xx} iiii lib., xix sol., ix den., recuperande super personas a tergo, que ponuntur in debitis Constantinensibus. Summa super eos.

1498. Compotus dominorum J. Gaidre et P. de Bonavalle de arreragiis focagii Normanie, factus lune ante Sanctum Thomam m° ccc° iii°. Debuerunt pro fine dicti compoti vii^{xx} iiii lib., etc., quas Templum per cedulas suas. Non est correctus.

1499. Alius compotus ipsius Johannis Gaydre solius de subventione levata in partibus maris Normanie, videlicet quatuor denariorum pro libra, redditus mercurii ante Cineres m° ccc° iii°. Non est correctus. Debuit pro fine dicti compoti iiii^c xxxiii lib., xvii sol., iii den., quas debent persone quarum nomina sunt in fine dicti compoti.

1500. *Trecensis.*
Addantur.

1501. *Meldensis.*
Addantur que desunt.

1502. *Vitriaci.*
Addantur, etc.

1503. *Calvimontis.*
Addantur.

1504. *Pictaviensis.*
Compotus magistri Courrardi de Crispeyo de subventione levata ibi pro exercitu Flandrie m° ccc° iii°, videlicet super habentibus v^c lib. in mobilibus et c lib. in redditu vigesimam, et super habentibus l lib. in mobilibus [3] quinquagesimam, factus sabbato vigilia Candelose tunc. Debentur ei pro fine dicti compoti xxxiii lib. tur. Summa tamen totius subventionis predicte fuit xxiv^m ix^{xx} v lib., xiii sol. tur., quam tradidit dictus Courrardus ad levandum domino P. de Baleus, senescallo ibi. Sciatur per quem compoti redduntur regi, et corrigatur ibi.

1505. *Xanctonensis.*

1506. *Alvernie.*
Compotus magistri Symonis de Sancto Benedicto, canonici Brugensis, de subventione exercitus Flandrie tunc levata super habentibus v^c lib. in mobilibus et c lib. in redditu

---

[1] Ms.: *corrigendum cum partibus minutis.* — [2] Ms.: *dominum.* — [3] Ms.: *omnibus.*

vigesimam, et super habentibus L lib. in mobilibus et xx lib. in redditu usque ad c libras, quinquagesimam, redditus curie lune post octavas Candelose M° CCC° III°. Corrigitur finis.

1507. Item debentur regi de totali impositione dictarum bailliviarum, que restant ad solvendum, III^m XI^{xx} VIII lib., x sol. par. Plura restant corrigenda et recuperanda.

1508. *Catarcensis et Petragoricensis.*
Compotus P. Baleine de subventione imposita in dicta senescallia, concessa regi quando fuit in Tholosa M° CCC° III°, redditus mercurii ante Epiphaniam M° CCC° V°. Debet pro fine dicti compoti XXII^m V^c LXXVII lib., x sol., VI den. tur. Non est correctus.

Item tradidit in fine dicti compoti debita adhuc levanda, quorum summa est XVI^c IIII^{xx} XI lib., II sol., VI den. tur. Sciatur qui debuit eas levare.

1509. Item in alio rotulo impositio[1] dicte subventionis, facta per dominum Jordanum de Insula, vicecomitem Brunequelli, Johannem de Arrableyo et alios ibi nominatos.

1510. *Ruthenensis.*
Addantur.

1511. *Carcassone.*

1512. *Bellicadri.*

1513. *Petragoricensis.* Superius est.

1514. *Lugdunensis.*

Addantur que desunt in hisce senescalliis, etc.

SUBVENTIONES LEVATE PRO EXERCITU FLANDRIE ANNO M° CCC° IV°.

1515. *Parisiensis.*
Fuit quedam subventio focorum levata in terra comitisse Montisfortis per magistrum Radulphum de Meullanto et Johannem de Furno, baillivum ibi, M° CCC° V°, super nobiles et ignobiles qui non fuerunt in dicto exercitu M° CCC° IV°, redditus decima quinta Aprilis M° CCC° XII°. Et debent per dictum compotum VI^{xx} XVIII lib., XIIII sol., II den., ob. Signantur aliqua esse recuperanda, nec est correctus.

1516. *Silvanectensis.*

1517. *Viromandensis.*
Compotus subventionis focorum levate per dominum J. de Vaissiaco, quondam baillivum Viromandie, anno M° CCC° IV°, redditus per ipsum J. sabbato post *Jubilate* vigesima secunda die Aprilis M° CCC° XII°. Debentur ei pro fine ipsius II^m V^c LI lib., XII sol., XI den. par. debil. Plures tamen denarii traditi fuerunt pluribus personis, in dicto compoto nominatis, qui ad magnam summam ascendunt. Petantur et videatur diligenter in correctione,

---

[1] Ms.: *impositio singulis dicte.* Cf. § 1547.

quia sunt aliqui defectus adhuc requirendi. Signantur ibi. vɪ¹ˣ lib. traditas fuisse Balduino de Royaco pro garnisionibus regis. Sciatur ubi redduntur regi. Sunt etiam ibi partes operum pontis Hedini.

1518. *Ambianensis.*

Compotus Dionisii de Albigniaco et Stephani . . . . [1] de subventione centesime [2] focorum levata ibi tunc, redditus curie sabbato post Sanctum Nicolaum hyemalem ᴍ° ᴄᴄᴄ° ᴠ°. Corrigitur quantum ad finem compoti. Restant plura recuperanda per ipsum super personas ibi, si esset correctus, que ad magnam summam ascendunt.

1519. *Senonensis.*

Compotus domini Johannis de Veriis, baillivi ibi, et Remigii Bourdon, civis Parisiensis, de subventione focorum dicte baillivie levata tunc, redditus per Johannem de Venesia, executorem dicti militis post obitum ipsius, die sabbati post Sanctum Nicolaum hyemalem ᴍ° ᴄᴄᴄ° ᴠɪɪ°. Debuerunt pro fine compoti, quod debitum positum fuit in debitis super dictum militem. Plura debita restant levanda per dictum compotum, quorum summa ɪɪᵐ ᴠɪɪᵉ xxɪx lib., ɪɪ sol., ɪɪɪɪ den. par. debil., que tradita fuerunt ad levandum magistro R. de Sancto Benedicto, ut arrestatur ibi. Sciatur quis explectavit de eisdem et mandetur ad computandum. Dictus compotus non est correctus.

1520. *Aurelianensis.*

Compotus magistri Gerardi de Campis et Stephani de Sancto Maximino de subventione focorum ibi facta pro dicto exercitu tunc, redditus curie die jovis post Exaltationem Sancte Crucis ᴍ° ᴄᴄᴄ° ᴠ°. Debent pro fine dicti compoti ɪɪɪɪᶜ ʟxɪ lib., ɪɪ den. par. Et sunt multa recuperanda. Non est correctus, licet Templum de dicto debito et defectibus dicte subventionis ᴠɪᶜ xxᴠ lib. tur.

1521. In alio rotulo partes defectuum dicte subventionis tradite per eundem Gerardum dominica post Exaltationem Sancte Crucis ᴍ° ᴄᴄᴄ° ᴠ°. Et est eorum summa ɪɪɪᵐ ɪɪᵉ xxxɪɪɪ lib., xɪ sol., ᴠɪ den. par.

1522. In fine ipsorum quidam rotulus de hiis que receperunt de dicta subventione Bertrandus Poinglasne et Renaudus Arresnart; et est summa circa ᴠᶜ lib.

1523. In alio rotulo id quod recepit dictus Stephanus de restantiis que debebantur in dicta baillivia de dicta subventione focorum post compotum per ipsum factum de eodem cum magistro Gerardo de Campis, ut est superius. Nichil est hic de manu Camere. Sciatur qui tradidit eum Camere et quando.

1524. Quedam financie facte per decanum de Gornayo et magistrum H. de Lingonis pro dicto exercitu tunc. Debent esse penes dominum Thomam.

1525. *Matisconensis.*

---

[1] On lit dans le ms. : *Meatrr*. Nous n'avons pas le moyen de corriger cette forme corrompue. Cf. § 1520.
— [2] Ms. : *centnm*.

SUBVENTIONES.

1526. *Bituricensis.*

Compotus magistri Johannis de Remino de dicta subventione, videlicet centesime [1] focorum levata tunc, redditus curie sabbato post Sanctum Remigium m° ccc° viii°. Corrigitur finis. Plura alia restant corrigenda per dictum compotum, et arreragia de v^m vi^c lxxvi lib., xiii sol., viii den. tur.

1527. *Turonensis.*

Compotus seu recepta G. de Poteria, et aliorum institutorum pro ipso, de nobilibus baillivie Turonensis, pro subventione quinte partis reddituum eorum pro exercitu Flandrie tunc, videlicet usque ad diem martis decima Julii m° ccc° viii°, auditus tertia Junii m° ccc° ix°. Sunt aliqua arreragia recuperanda. Recepta totalis est xviii^m vi^c xxviii lib., xvii sol., iiii den. tur. Non est ibi expensa, sed arrestatur quod capiet expensa[s] in abbreviato dicte recepte.

1528. Secundus compotus ipsius de minutis arreragiis centesime, quinquagesime et duplicis centesime, debitorum super minus juratis, et financiarum prioris exercitus, per relationem magistri Roberti de Vernone, auditus prima Julii m° ccc° xiii°. Totum est de recepta, que redditur regi in compoto suo de bonis Judeorum facto m° ccc° xiii°.

1529. Compotus domini P. de Fontenayo, militis, quondam baillivi Turonensis, super recepta subventionis ordinate per ipsum et magistrum Symonem Lamberti, clericum regis, m° ccc° iv°. Debetur ei pro fine dicti compoti. Non est correctus.

1530. Compotus magistri Johannis Archerii de taxatione subventionis focorum baillivie Turonensis imposite pro dicto exercitu m° ccc° iv°, auditus lune post Brandones m° ccc° v°. Et sciendum [2] est quod quelibet persona solvit quintum terre sue, et centum foci fecerunt sex servientes per quatuor menses, videlicet pro quolibet ii sol. par. per diem, et pro armis suis c sol. Sunt tamen aliqua arreragia recuperanda.

1531. *Rothomagensis.*

Partes subventionis imposite in tota baillivia predicta, m° ccc° iv°, per magistrum P. de Monchy et P. de Hangest, baillivum ibi, explectate per magistrum Johannem de Chambliaco et dictum baillivum. Non fit tota summa de dicta impositione. Sciatur tamen ubi id quod continetur in dicto rotulo redditur regi. Arrestatur ibi quod redditur in fine compoti dicte baillivie ad Sanctum Michaelem [3] m° ccc° iv°. Videatur que debent ignobiles dicte baillivie pro dicto exercitu.

Arreragia ejusdem in alio rotulo pro nobilibus ibi. Sciatur si tradita fuerint ad levandum.

Compotus subventionis de nobilibus dicte baillivie qui [4] finaverunt tunc cum magistro Johanne de Chambliaco non fuit auditus.

1532. *Caletensis.*

Compotus Johannis de Tria, baillivi Caletensis, et domini Bertrandi de Monteacuto,

---

[1] Ms.: *centum.* — [2] Ms.: *secundus.* — [3] Ms.: *Martinam.* — [4] Ms.: *que.*

presbiteri, de subventione focorum facta et concessa m° ccc° iv°. Et fuit summa totalis recepte xxx^m iiii^c lxxiii lib., xviii sol., x den. par. Expensa acceptata de dicto compoto, xxix^m ii^c xxxviii lib., x sol., vii den. par. Residuum expensarum non fuit acceptatum. Sciatur causa, quia non arrestatur ibi.

1533. *Cadomensis.*

Compotus magistri Baldu[in]i Alani, baillivi ibi, de subventione exercitus Flandrie imposita ibi per eum[1] m° ccc° iv°. Restant levanda de dicta subventione circa viii^c lib. Debentur dicto Balduino pro expensis suis in dicto negotio xxxi lib., viii sol., ix den., ut arrestatur ibi, non tamen de manu Camere. Non est correctus. Habeo dictum compotum, sed compotus domini Thome prevalet.

1534. *Constantinensis.*

Magistri Bertaudi[2] de Latigniaco compotus de subventione baillivie Constantinensis pro exercitu Flandrie m° ccc° iv°, redditus sabbato ante Sanctum Clementem m° ccc° v°. In fine sunt plura arreragia recuperanda. Debet li lib., ii sol., vi den. tur. Signantur in fine aliqui denarii traditi, recuperandi aut corrigendi locis suis.

1535. *Gisortii.*

Compotus baillivi Gisortii et magistri Johannis d'Avenay de eodem ibi tunc, auditus mercurii post Purificationem tunc. Debet pro fine dicti compoti, deductis solutionibus factis ibi, m lix lib., viii sol., iiii den. tur. Et cum hoc debuerunt tradere plures defectus. Sciatur ubi et quando tradiderunt, et ubi redduntur regi.

1536. *Trecensis.*

1537. *Vitriaci.*

Compotus domini Hugonis, decani Stampensis[3], de eodem ibi tunc, redditus[4] die martis post Cathedram Sancti Petri m° ccc° iv°. Quitus est pro fine dicti compoti. Aliqua alia sunt ibi corrigenda et signata ad recuperandum.

1538. *Meldensis.*

1539. *Calvimontis.*

Compotus magistri Johannis de Sancto Spiritu de subventione dicte baillivie pro exercitu Flandrie tunc, redditus in septimana ante Sanctum Johannem m° ccc° v°. Debet pro fine dicti compoti ii^c lxvi lib., xv sol., vi den. tur. Non est correctus, et arrestatur in fine quod nobiles et clerici conjugati[5] debent adhuc subventionem suam. Parum aliud signatur ibi corrigendum.

---

[1] Ms. : *eos.* — [2] Ms. : *Bertrandi.* — [3] Ms. : *Stampenensis.* — [4] Ms. : *quitus est pro fine dicti compoti aliqua alia sunt ibi corrigenda redditus.* Deux lignes interverties dans le manuscrit. — [5] Ms. : *conjuges.*

SUBVENTIONES.

1540. *Pictaviensis.*

Compotus magistri Corrardi de Crispeyo de eodem ibi tunc, redditus mercurii post festum Beati Andree m° ccc° v°. Corrigitur finis. Plura signantur tamen ibi recuperanda et corrigenda super certas personas ibi.

Compotus abbreviatus de eodem, sutus cum ipso, et fuit, ut apparet in dicto abbreviato, summa recepte xxxix^m iiii^c lviii lib., xvi sol. tur., de quibus restant ad levandum xii^m vi^c xiiii lib., xv sol., v den., ob. tur. Sciatur qui debuit eas levare.

1541. *Lemovicensis.*

1542. *Xanctonensis.*

Compotus abbreviatus domini P. de Bonavalle, presbyteri, de subventione focorum levata in ista senescallia tunc, redditus dominica ante Sanctum Vincentium m° ccc° vii°. Debet pro fine dicti compoti m iiii^{xx} xvii lib., viii sol., xi den. tur. monete debilis. Et signantur ibi plura recuperanda.

Tradidit partes in fine dicti compoti levandas, quarum summa est iiii^m ix^c iiii^{xx} xii lib., xiii sol., ix den. tur. monete predicte. Non est correctus. Sciatur qui debuit eas levare.

1543. *Alvernie.*

Impositio subventionis baillivie Alvernie pro exercitu Flandrie m° ccc° iv°, reddita per magistrum Bertrandum de Clusello, dominica in festo Sancti Vincentii m° ccc° vi°.

1544. Compotus magistri Bertrandi de Clusello, canonici Brivatensis[1], de subventione baillivie Alvernie tunc, auditus mercurii post Sanctum Vincentium m° ccc° vi°. Debentur ei pro fine dicti compoti iii^c xxv lib., iii den. tur., capiende super recepta per Gerardum Calc[i]ati. Et etiam videtur quod debeant[ur] de dicta subventione xiiii^c xxxv lib., x sol., xi den., ob. tur.

Minute partes dicte subventionis imposite per eundem in alio rotulo per se.

1545. Compotus Gerardi Calc[i]ati de hoc quod recepit de subventione imposita per dictum magistrum Bertrandum et Symonem Bodelli et alios. Debentur ei pro fine dicti compoti iiii^{xx} xv lib., xvii sol., viii den. Non est correctus.

1546. Compotus dicti Gerardi Calciati de diversis subventionibus et aliis levatis per ipsum in dicta baillivia m° ccc° iii°. Debentur ei pro fine compoti vii^c li lib., xiiii sol., vi den. tur., quas debet recuperare super subventionem promissam regi et levandam tunc per Guiardum Mallevalle et Bertrandum de Cluselles.

1547. *Caturcensis, Tholose, Petragoricensis.*

Impositio subventionis predicte in senescallia Petragoricensi et Caturcensi, facta per dominum Jordanum de Insula, Guillelmum, vicecomitem Bruniquelli, Johannem de Arrabley et dominum Gerardum Balene, reddita per P. Balduc, martis ante Epiphaniam m° ccc° v°. Non continentur ibi nobiles.

---

[1] Ms. : *Brimatonensis.*

1548. Compotus dicti P. Balene de dicta subventione earundem senescalliarum, redditus ut de precedentibus. Debet xxii^m v^c lxx vii lib., x sol., vi den. tur. Et sunt ibi arreragia requirenda. Debet xvi^c iiii^{xx} xi lib., ii sol., vi den.

1549. Subventio senescallie Tolose imposita per Nicolaum de Lusarches, prepositum de Adverso[1], de eodem tunc, tradita curie circa Sanctum Vincentium m° ccc° iv°. Et fuit summa totalis subventionis predicte lxxiii^m iiii^c lxxix lib., vi sol. tur. Sciatur ubi redditur regi et per quem computatur.

1550. Compotus magistri Radulphi Rousseleti, missi ad senescallias Tholose, Carcassone et alias partes que per jura scripta reguntur, anno m° ccc° iv°, pro notariis publicis auctoritate regia confirmandis, auditus lune vigesima Februarii m° ccc° vi°. Debet ii^m viii^{xx} xvi lib., xv sol., vii den. tur. debilis monete. Plura alia signantur esse recuperanda super magistrum G. de Plexeyo et alios. Et sunt nomina notariorum confirmatorum ibi in principio ejusdem compoti.

1551. *Ruthenensis.* }
1552. *Carcassone.* } Addantur.

1553. *Petragoricensis.*
Superius est.

1554. *Bellicadri.*
Compotus expensarum magistri Johannis Britonis[2] pro viagiis subventionis imposite in senescallia Bellicadri, anno m° ccc° iv°, redditus ante *Letare Jerusalem* m° ccc° vi°, et finitus quinta Aprilis m° ccc° vii°. Debetur ei. Arrestatur tamen in fine quod non est acceptatus rotulus de villis et focis dicte senescallie, traditus per dictum magistrum Johannem tunc. Et arrestatur ibi quod non sunt audite iste partes que indigent declaratione.

SUBVENTIO IMPOSITA ANNO M° CCC° IX° PRO MARITAGIO DOMINE ISABELLIS, FILIE REGIS PHILIPPI PULCHRI, QUOD FUIT ANNO . . ., [3] CUM ODOARDO, REGE ANGLIE.

1555. *Parisiensis.*
Compotus domini G. de Marciliaco pro subsidio maritagii domine Isabellis, filie regis, in prepositura Parisiensi et ejus ressorto, explectato[4] per eum anno m° ccc° ix°, redditus curie die veneris duodecima Martii m° ccc° x°. Debet pro fine dicti compoti iii^c lxxvii lib., ix sol., viii den. par. Signantur adhuc levande super personas que sunt in fine, de subventione vicecomitatus Parisiensis et ressorti xi^c iiii^{xx} xv lib., xvii sol., viii den. par., et de subventione ville Parisiensis ii^m vi^c xliii lib., vii sol. par. Sunt ibi corrigende circa ix^m lib.

---

[1] Ms. : *Aurel. et prœpositum*... — Restitué d'après le § 1339.

[2] Ms. : *Britoniensis.*

[3] Lacune. Ms. : *quod fuit cum Odoardo*. Menant, XI, fol. 27 v°, signale la lacune.

[4] Ms. : *explectatœ.*

et plus, solute pro hospitio regis per cedulam Reginaldi de Royaco [1], et circa IIII^m IIe x lib., XVI sol., x den., per cedulas magistri Anselli de Morgnevalle, et magistri Radulphi de Paredo et aliorum [2]. Item, plures alii denarii soluti. Item, signantur ibi VIIIe lib. par. recuperande super dominum Petrum de Maumont, militem, sibi mutuo tradite.

1556. *Sylvanectensis.*

1557. *Viromandensis.*

Firminus de Coquerello, tunc baillivus, levavit dictum subsidium, de quo reddidit, prout in debitis Viromandie de M° CCC° VIII°, tertio rotulo.

1558. *Ambianensis.*

Partes recepte subventionis imposite in baillivia Ambianensi, ratione maritagii domine Isabellis, regine Anglie, redditus curie per Hugonem de Filanis [3], baillivum ibi, in compoto Omnium Sanctorum anno M° CCC° X°.

Nicolaus de Poteria levavit et inde tradidit compotum suum non auditum anno, etc. Multa sunt addenda que desunt.

1559. *Senonensis.*

Dominus Thomas de Marfontanis debet computare et tradere partes, prout in debitis de M° CCC° VIII°, ante Ascensionem M° CCC° VIII°.

Multa desunt que opere pretium est addere.

1560. *Aurelianensis.*

Compotus Petri Le Chrestienne [4] de dicto subsidio in baillivia Aurelianensi imposito per dominum Symonem de Montigniaco, baillivum tunc ibi, Johannem de Meleduno, receptorem tunc ibi, et Johannem de Anieriis [5], — que impositio signatur ibi recuperari super Johannem de Anieriis [6], quia alii obierunt, — incepto levari anno M° CCC° X°, sabbato post Sanctum Remigium. Auditus undecima Martii M° CCC° XXIII°. Debuit XVI lib., VIII sol., VI den. par. fortis monete, quas thesaurus pro ipso, etc. Signantur ibi plures denarii traditi recuperari super R. de Royaco et alios, aut corrigendi locis suis.

1561. *Matisconensis.*
1562. *Bituricensis.* } Multa quoque in istis desunt que addi debent.

1563. *Turonensis.*

Compotus domini Johannis de Vaucellis, baillivi Turonensis, super auxilio maritagii domine Isabellis, regine Anglie, levato in eadem baillivia, auditus vigesima secunda die mensis Augusti M° CCC° XVIII°. Debuit pro fine dicti compoti III^m IXe XLII lib., XIIII sol.,

---

[1] Ms. et Menant, *l. c.* : *Boyaco.*
[2] Ms. et Menant, *l. c.* : *alios.*
[3] Ms. : *Filariis.*
[4] Cette forme est attestée : Bibl. nat., lat. 9783, fol. 113 v°.
[5] Ms. : *Avieriis.*
[6] Ms. : *Amer.*

vi den. tur., quas debent persone quarum nomina ponuntur in fine compoti. Sciatur an tradite fuerint ad levandum, et, si quid explectatum fuerit, ubi redditur regi.

1564. *Rothomagensis.*
Multa sunt adjungenda.

1565. *Caletensis.*
Compotus Guillelmi de Bosco, baillivi quondam Caletensis, de denariis levatis per ipsum in dicta baillivia pro dicto auxilio, anno M° CCC° IX°, redditus vigesima nona die Octobris, anno M° CCC° XXXIII°. Debet XV° XXII lib., XIX sol., V den., III pict. tur. currentis [monete] anno CCC° IX°.

1566. *Cadomensis et Constantinensis.*
Compotus domini Gerardi de Tyais de subventione maritagii ejusdem regine imposita in bailliviis Cadomensi et Constantinensi, qui pertinet ad Nativitatem Domini M° CCC° IX°. Habuit [1] pro eodem negocio n° lib., etc., per dominum Johannem de Divione et G. Coquatrix anno M° CCC° X° [2], levata[s] per ipsum. Redditus curie lune ante Nativitatem Domini vigesima prima Decembris M° CCC° X°. Debet pro fine compoti III° XXVIII lib., XIV sol., X den. tur. Non videtur tamen esse correctus.

1567. *Gisortii.*
Compotus Guillelmi d'Espouville de dicto subsidio in baillivia Gisortii et ressorto, perfectus octava Septembris anno M° CCC° XXVI°, et quitte. Signantur ibi plura recuperanda.

1568. Compotus Michaelis Jude [3] de dicto subsidio in vicecomitatu Vernolii, perfectus vigesima tertia Junii, anno Domini M° CCC° XXII°. Debet XII° XLII lib., II sol., V den. tur. — Johannes de Altavilla, serviens Castelleti [4], recepit subsidium impositum in vicecomitatu Vernolii [5].

1569. *Trecensis.*
1570. *Meldensis.*
1571. *Vitriaci.*
1572. *Calvimontis.*

In his addenda sunt que deficiunt.

1573. *Pictaviensis, Lemovicensis, Xanctonensis, Engolismensis.*
Tres rotuli seu compoti expensarum factarum per dominum [6] H. in senescalliis predictis

---

(1) Ms.: *habuerunt.*
(2) Ms.: *1320.* Les mots suivants sont douteux.
(3) Ms.: *Iue.* Cf. Bibl. nat., lat. 9783, fol. 86 v° : « De debitis baillivie Gisortii per Michaelem Iude de Vernolio... »
(4) Ms.: *deblevi.*
(5) Ms.: *recepta subsid. respon. vicecomitatus Vernolii.* — Passage inintelligible; la restitution proposée est tout à fait conjecturale, mais c'est la plus vraisemblable de celles que permet, à la rigueur, le texte du manuscrit.
(6) Ms.: *dictum.* Il s'agit probablement d'Hugues de la Celle (cf. § 1676).

Pictaviensi, Xanctonensi et Lemovicensi atque Engolismensi et alibi pro eodem, quorum aliqui suuntur cum dicto compoto domini Gerardi [1].

1574. Septem rotuli minutarum expensarum factarum per dominum H. et ejus gentes.

1575. Financie subsidii imposiți ratione maritagii ejusdem regine Anglie in senescalliis Pictaviensi, Xanctonensi et Lemovicensi, et in toto comitatu Marchie et Engolismi, per dictum H., anno m° ccc° x°. Et fuit summa xix^m liii lib., vii sol., xi den. tur., quam debet reddere Gerardus [2] Tronquiere, ut arrestatur ibi. Redditur per compotum suum superius.

1576. *Alvernie.*

1577. *Caturcensis.*

1578. *Tholose.*

1579. *Ruthenensis.*

1580. *Carcassone.*

1581. *Bellicadri.* — Pro subventione predicta.

1582. *Petragoricensis.*

1583. *Lugdunensis.*
Non erat regis, [ut] credo.

1584. *Terra regine Marie.*
Martinus Malaquin et Johannes de V... collectores, reddiderunt de eadem subsidii subventione per thesaurum, ad Omnes Sanctos anno m° ccc° xi°, iiii^c lib. tur.

SUBVENTIO IMPOSITA ANNO M° CCC° XIII° PRO MILITIA REGIS LUDOVICI, PRIMOGENITI REGIS PHILIPPI PULCHRI, QUE FUIT PARISIUS IN PENTHECOSTE EODEM ANNO.

1585. *Parisiensis.*

Compotus R. Sanson de subventione per eum levata in vicecomitatu Parisiensi et ejus ressorto, exceptis villa Parisiensi et castellania Pissiaci, pro militia regis Ludovici, anno m° ccc° xiii°, que fuit tunc imposita per dominum G. de Marcilliaco, milite[m], et explectata annis ccc° xiii°, ccc° xiv° et ccc° xv°, per Robertum Sanson et Johannem Dessus [3],

---

[1] Il est fait allusion ici, et plus loin (§ 1575), à un compte de Girard Tronquière, dont l'indication manque dans le manuscrit. Peut-être un paragraphe a-t-il été omis. Cf. § 1416.

[2] Ms. : *Girardo.*

[3] Cette forme est attestée par les originaux : Bibl. nat., Coll. Clairambault, 228, p. 949.

deputatos ab ipso milite. Debuit pro fine compoti........ (1) quas reddidit in compoto suo de subventione per eum levata anno m° ccc° xiv° pro exercitu Flandrie. Plura sunt debita in fine compoti levanda, usque ad summam de iiii^m ii^c xlix lib., xvii sol., i den., ob. par., de quibus pars soluta est. Extrahatur et petatur non solutum. Item, arrestatur ibi quod de castellania Pissiaci debet dictus miles computare, et quod villa Parisiensis finavit ad x^m lib., quas debuit solvere thesauro. — Signantur ibi recuperari unum computat[ori]um cum burello, pretii de xxx solidis, et quedam balancia seu statera precii de xvi solidis.

1586. Compotus domini G. de Marcilliaco, militis, de subventione imposita per eum in castellania Pissiaci, pro militia regis Ludovici, anno m° ccc° xiii°, redditus trigesima Martii anno Domini m° ccc° xxv° aut vi°. De[be]tur ei. Tamen habuit cedulam testimonialem.

1587. Compotus Johannis Le Charron de dicta subventione in castellania Corbolii, auditus [2] mense Januario anno m° ccc° xxvii°. Debet xv lib.

1588. *Sylvanectensis.*
Robertus de Huval, baillivus Sylvanectensis, debet computare, prout in debitis Sylvanectensibus de m° ccc° viii° anno, decimo quinto rotulo.

1589. *Viromandensis.*

1590. *Ambianensis.*
Nicolaus de Poteria hic computavit, et habemus [3] compotum, et est inter non auditos.

1591. *Senonensis.*
Per compotum baillivie Senonensis ad Omnes Sanctos, anno m° ccc° xvi°, redduntur de dicto subsidio xiii^c xv lib., v sol. Partes ibidem, prout in debitis de m° ccc° viii°, in fine, a tergo aliorum debitorum.

1592. *Aurelianensis.*

1593. *Bituricensis.*
Hugo Gohaudi debet compotum, quem reddidit de dicto subsidio per compotum baillivie Bituricensis, ut in debitis de anno m° ccc° viii°, iiii^m iiii^c viii lib., ix sol., iiii den.

1594. *Matisconensis.*

1595. *Turonensis.*

---

(1) Lacune, dans le manuscrit latin 9069 et dans les Extraits de Menant.

(2) « R' xxix^a Januarii m° ccc° xxvii° », dans l'original, qui a été conservé (Bibl. nat., Coll. Clairambault, 228, p. 971).

(3) Ms. : *habet.* Passage douteux.

SUBVENTIONES.

1596. *Rothomagensis.*

1597. *Caletensis.*

1598. *Cadomensis.*
G. de Flavacuria [1], J. Billoardi et baillivus debent computare de ista subventione, ut apparet per impositionem que est cum aliis.

1599. *Constantinensis.*

1600. *Gisortii.*

1601. *Trecensis, Meldensis, Vitriaci, Calvimontis.*
Compoti Stephani de Chaumont, collectoris dicte subventionis in baillivia Calvimontis, Jacobi Garnerii, collectoris ejusdem in baillivia Trecensi, Roberti Dagobert, collectoris ejusdem in baillivia Meldensi, et Ade de Ponte Moolain, collectoris ejusdem in baillivia Vitriaci, traditi curie in uno rotulo conjunctim [2]. Nihil est ibi de manu Camere, nisi quod de dicto subsidio in baillivia Trecensi redduntur regi $\text{iiii}^m \text{iii}^c$ xxxviii lib., viii sol.; de eodem in baillivia Meldensi $\text{iiii}^m \text{iiii}^c$ xliiii lib., viii sol., vi den., ob.; de eodem in baillivia Vitriaci iii^m vii^c xxix lib., xvi sol., iii den., ob.; et de eodem in baillivia Calvimontis m iiii^c lxvi lib., ii sol., iiii den., ob. Sciatur per quos computat[um est], quia non dicitur ibi.

1602. *Pictaviensis.*

1603. *Xantoniensis.*

1604. *Alvernie.*

1605. *Caturcensis.*

1606. *Tholose.*

1607. *Ruthenensis.*

1608. *Carcassone.*

1609. *Bellicadri.*

1610. *Petragoricensis.*

1611. *Lugdunensis.*

SUBVENTIONES ET FINANCIE PRO EXERCITU FLANDRIE DE ANNO M° CCC° XIV°.

1612. Quedam subventio fuit ordinata levari pro eodem exercitu, anno m° ccc° xiii°,

---

[1] Ms.: *Flaventia.* Cf. § 1625. — [2] Ce paragraphe a été collationné sur le compte original, qui a été conservé (Bibl. nat., Coll. Clairambault, 228, p. 973).

circa Sanctum Martinum hiemalem. Et sunt nomina commissariorum super hoc in Jornali Camere de dicto tempore, quod est in camera burelli. — Sciatur si fuit levata, quia nullus videtur computasse.

1613. *Parisiensis.*

Compotus impositionis pro guerra Flandrie anni $m^i ccc^i xiv^i$ facte per magistrum Michaelem de Bordeneto, G. de Briençon et G. Coquatrix, levate per R. Sanson, et redditus curie per ipsum vigesima prima Augusti $m° ccc° xv°$. Debet pro fine compoti iiii^{xx} lib. par., quas solvit, ut ibidem. Signantur ibi plures denarii traditi, aut recuperandi, aut corrigendi; et cum hoc restant plures subventiones levande in pluribus villis et castellaniis signatis ibidem, quas levare debent certe persone ibi nominate. Mandentur ad computandum de ipsis. Dicitur tamen quod rex noluit subventionem in dictis villis et castellaniis levari, nisi jam collectores eas receperint; unde arrestatur ibi Nicolaus Larchier, baillivus Chailliaci, debere computare de eadem subventione in castellaniis Chailliaci et Caprosie; Odo Larcevesque de eadem in castellania Pissiaci et terra Montis Morenciaci.

1614. Compotus Odonis Archiepiscopi de dicta subventione in eadem castellania Pissiaci, redditus vigesima nona Julii $m° ccc° xxxv°$. Debet $iiii^{xx} iii$ lib., xii den., ob. par. fort., deductis, etc. Plura arreragia signantur recuperari. Debuit computare cum H. (?) de eodem subsidio in terra domini Montis Morenciaci. Sciatur si computavit ibidem.

1615. *Sylvanectensis.*

1616. *Viromandensis.*

Compotus magistri Droconis de Caritate, regis clerici, ac Firmini de Coquerel, tunc baillivi Viromandensis, de financiis, impositionibus, malatolta super mercaturis, et mutuis ab ipsis in dicta baillivia factis pro eodem exercitu, anno $m° ccc° xiv°$, auditus decima tertia Julii $m° ccc° xviii°$. Correctus est quantum ad finem. Restant tamen que debebantur in dicta baillivia pro dicta subventione, $iii^m viii^c lxxv$ lib., $xviii$ sol., v den. ob., quas debent commissarii instituti ab eis; et ponuntur super ipsos in debitis compot[orum] particular[ium] incept[is] anno $m° ccc° xxii°$.

1617. *Ambianensis.*

Compotus Symonis de Billy, militis, baillivi ibi, de impositione facta super mercaturis venientibus ad portum maris in eadem baillivia, redditus curie vigesima prima Decembris anno $m° ccc° xvii°$. Debuit[1] pro fine dicti compoti $iiii^m iii^c$ lib., vii sol. par., posita in debitis super ipsum. Plura sunt recuperanda per compotum, et signa[n]tur.

1618. *Senonensis.*

1619. *Aurelianensis.*

Compotus Johannis de Bardilliaco de impositione exercitus Flandric anni $m^i ccc^i xiv^i$

---

[1] Ms.: *debent.*

in baillivia Aurelianensi et ejus ressorto, auditus vigesima quarta die Februarii anno Domini M° CCC° XXIII°. Corrigitur finis. Arrestatur ibi quod dominus Giraudus de Brion debet computare de dicta subventione et de subventione anni M^i CCC^i XIV^i.

1620. *Matisconensis et Lugdunensis.*

Compotus Boni Fidelis [et] Johannis de Cabilone, legum professoris, de subventione Flandrie exercitus levata in bailliviis Lugdunensi et Matisconensi anno M° CCC° XIV°. Correctus est ad plenum.

1621. *Bituricensis.*

Compotus Petri Parvi, commissi ad levandum financias et impositiones pro exercitu Flandrie, anno M° CCC° XIV°, in eadem baillivia Bituricensi et Nivernensi impositas per dominum Theobaldum de Sancto Cesare, Philippum de Mornayo, P. Favelli et baillivum ibi, redditus curie quinta Martii anno Domini M° CCC° XV°. Debetur ei pro fine compoti, et illud voluit reddi magistro P. de Condeto, ut arrestatur ibi.

1622. *Turonensis.*

Compotus impositionis subsidii exercitus Flandrie anni M^i CCC^i XIV^i in baillivia Turonensi et ressorto, facte per magistrum P. de Monciaco, et dominum Robertum de Sancto Benedicto, et magistrum Radulphum de Pareau, et dominum Johannem de Vaucellis, baillivum ibi, auditus decima sexta Decembris M° CCC° XXI° anno. Corrigitur finis. Plura signantur adhuc levanda et recuperanda.

1623. *Rothomagensis.*

Compotus subventionis imposite in dicta baillivia, ratione dicti exercitus, anno M° CCC° XIV°, factus per P. de Hangesto, baillivum ibi, secunda die Junii anno Domini M° CCC° XIX°. Reddidit id quod debuit pro fine ipsius per compotum dicte baillivie de executione regis Philippi, de termino Paschatis M° CCC° XIX°. Plura sunt recuperanda, per compotum videlicet denariorum traditorum.

Dicta impositio per partes, quam fecerunt magister P. de Condeto et G. Courteheuse, miles.

1624. *Caletensis.*

Compotus Johannis Guilloti, Matthei Le Vilain, domini regis clericorum, et Johannis de Porta, ibi baillivi, super impositione pro exercitu Flandrie ibidem facta, anno M° CCC° XIV°, auditus prima die Decembris anno M° CCC° XVIII°. Debent pro fine compoti LXIII lib., X sol. tur. Et sunt plura recuperanda.

1625. *Cadomensis.*

Impositio facta per magistrum Guillelmum de Flavacuria, archiepiscopum Rothomagensem, de subventione ejusdem baillivie pro exercitu Flandrie anno M° CCC° XIV°, redditus curie die sabbati ante Nativitatem Beate Marie anno m° ccc° xv°, in uno quaterno. Non fit summa totalis. Sciatur qui debuit de ea computare et cui traditus fuit ad levandum.

1626. Relatio habitantium in terra regine Clementie. Non dicitur per quem facta fuit. Sciatur quid est, quia non vidi. Est etiam inter subventiones annorum m^i ccc° xv^i, xviii^i et xix^i.

1627. *Constantinensis.*

Compotus domini Johannis Gaidre, Ludovici de Villa Petrosa, et Roberti Busquet, baillivi ibi, de subventione exercitus Flandrie anno Domini m° ccc° xiv°, pro tribus mensibus. Debetur eis pro fine compoti, deductis partibus de iiii^c iiii^{xx} v lib., ii sol., i den. tur., quas tradiderunt in arreragiis super alias personas dictam summam debentes in fine compoti. Non est correctus. Suitur cum aliis compotis ejusdem magistri Johannis, qui sunt in sacco subventionis exercitus Flandrie de anno m° ccc° xv° et citra.

1628. *Gisortii.*

1629. *Trecensis.*

Compotus Johannis de Seris, civis Trecensis, de financiis exercitus Flandrie factis in dicta baillivia et ressorto per magistrum Stephanum de Borreto, Johannem de Vanoise et Milonem du Plessis, et receptis per dictum Johannem, redditus vigesima quarta Septembris, anno m° ccc° xxvi°. Corrigitur finis. Tamen plura signantur poni in debitis super dictas personas et alias, et quod habeatur dicta impositio a dictis personis, ad sciendum si totam subventionem reddiderit dictus Johannes.

1630. *Meldensis.*

Impositio subventionis exercitus Flandrie anni ccc^i xiv^i in baillivia Meldensi per decanum Suessionensem, Reginaldum Barbou [1], G. de Sancto Marcello et Erardum d'Alement, baillivum ibi, facta et tradita curie vigesima nona die Junii anno ccc° xix°; de qua subventione debet computare Johannes de Beellay, generalis collector in tota baillivia, qui eam recepit. N[ihil] e[st] ibi de manu Camere. Fit mentio [in debitis] super Parisius [de anno] xxii° [2].

Guillelmus de Sancto Marcello fuit collector apud Pruvinum, Brayum, Monsteriolum, Sezannam et Cantum Meruli, Jacobus Sourt in preposituris Joyaci, Colomeriarum, Meldensi, Latigniaci et ressortis. Fit [mentio] in debitis Parisiensibus de anno m° ccc° xxii°.

1631. *Vitriaci.*

Compotus Michaelis Fagot, burgensis Vitriaci in (Burgesio seu) Partesio, de subventione exercitus Flandrie anni m^i ccc^i xiv^i, imposita per eum in baillivia Vitriaci, redditus undecima Januarii, anno m° ccc° xxiv°. Debet li sol., vi den., ob. tur. Aliqua signantur recuperari per eundem compotum.

---

[1] Ms.: *Balbou.* — [2] Ms.: *Fit mentio super par. xxii.* Cf. l'alinéa suivant et le § 1817.

1632. *Calvimontis.*

1633. *Alvernie.*

Magister Johannes de Halis [1] fuit ibi anno m° ccc° xiii° pro dicto subsidio. Habemus [2] compotum de expensis suis pro eodem facto ad Ascensionem, non acceptatum donec tradiderit expleta.

Item habemus compotum de eodem subsidio, anno m° ccc° xiv°, prout in compoto expense tunc scripto ad dictam Ascensionem.

1634. *Pictaviensis, Lemovicensis, Xantoniensis et Engolismensis senescallie.*

Compotus subventionis imposite in dictis senescalliis per magistrum Petrum de Monciaco et per dominum Hugonem de Cella, militem, de subventione exercitus Flandrie levata in dictis senescalliis, ratione exercitus Flandrie de anno m° ccc° xiv°, redditus curie per Gerardum Tronquiere quarta die mensis Maii anno Domini ccc° xvii°. Corrigitur finis, et sunt signata plura ad recuperandum.

1635. *Caturcensis, Petragoricensis.*

Compotus magistri Arnaldi de Proboleno de subsidio domino regi facto in senescallia Caturcensi et Petragoricensi, levato anno m° ccc° xiv°, quod impositum fuit per decanum Senonensem et dominum Matheum de Curtibus Jumellis, judicem ordinarium Caturci. Dictus compotus correctus est quantum ad finem. Plura tamen signantur esse recuperanda.

1636. *Tholose.*

Compotus Nicolai de Ermeno[n]villa, receptoris Tholose, de financiis et compositionibus inibi, in dicta baillivia Tholose, impositis per episcopum Suessionensem, dominum Gerardum de Cortona, et Hugonem Geraldi, locum tenentem senescalli, pro eodem exercitu Flandrie, anno m° ccc° xiv°. Correctus est ad plenum.

1637. *Ruthenensis.*

1638. *Carcassone.*

Financie facte per dominum Alanum, episcopum Briocensem, et dominum Americum de Croso, militem, senescallum Carcassone, de subventione in eadem senescallia levata pro subsidio Flandrie exercitus, anno m° ccc° xiii°. Summa financie subventionis prefate fuit xxvii^m ix^c iiii^{xx} viii lib., viii sol., ii den., iii poug.; cujus summe totalis thesaurarius Carcassone recognovit et dixit se habuisse partes. Sciatur ubi redduntur regi. Et in dicta senescallia remanserunt plures financie levande, ut dicitur in compoto, maxime in vicariis [3] Fenolhedesii et Terminesii, in tota baillivia saltem, et pro majori parte in vicaria Carcassone.

---

[1] Ms.: *Halio.* Cf. § 1659. — [2] Ms., ici et à l'alinéa suivant: *habet.* — [3] Ms.: *vicaria.*

1639. Compotus magistri Nicolai de Braya, canonici Tornacensis, et domini Aymerici predicti de subventione facta in eadem senescallia et Byterris, ratione dicti exercitus, a decima septima die mensis Septembris, anno M° CCC° XIV°, usque ad quartam diem mensis Februarii eodem anno, auditus die veneris nona Januarii anno M° CCC° XV°. Correctus est quantum ad finem compoti, tamen plura sunt ponenda in debitis per partes.

1640. *Bellicadri.*
Desunt aliqua.
Compotus Stephani de Crenan (?) de arreragiis subsidii Flandrie exercitus, impositi annis M° CCC° XIV° et XV° in senescallia Bellicadri per dominos Ivonem Prepositi et Petrum de Macherino [1], redditus octava die Martii M° CCC° XLI°, et quitte.

1641. *Petragoricensis.* — Prius.

1642. *Lugdunensis.*

SUBVENTIONES, MUTUA, FINANCIE ET ALIE LEVATE PRO EXERCITIBUS FLANDRIE DE ANNIS M° CCC° XV°, M° CCC° XVIII° SEU M° CCC° XIX°.

1643. *Parisiensis.*
Compotus Roberti Samsonis et Johannis Pagani de subventione vicecomitatus Parisiensis, levata anno M° CCC° XIX° pro exercitu Flandrie. Nec tamen computaverunt de subventione ville Parisiensis. Dicitur in fine quod summa, que ascendit ad V^m, etc., redditur eis in fine compoti sui de impositione dicte subventionis [2].

1644. *Sylvanectensis.*
Compotus domini Symonis de Billiaco, quondam baillivi Sylvanectensis, de financiis exercitus Flandrie, anno M° CCC° XVIII° in eadem baillivia per ipsum factis, redditus decima Novembris M° CCC° XXVI°. Debetur ei. Aliqua signantur ponenda in debitis.

1645. Compotus magistri Nicolai de Braya, commissarii cum domino Sanctio de Calvomonte subrogati a magistro Ranulpho de Bosco et baillivo Sylvanectensi super factis [3] usurar[ior]um et acquestuum in eadem baillivia, anno M° CCC° XV°, redditus quinta die Maii anno M° CCC° XXXVIII°. Debet; thesaurus tamen pro ipso.

1646. Pro simili subsidio anni M^i CCC^i XV^i fuerunt commissarii Sanctius de Calvomonte et magister Nicolaus de Braya, prout in Jornali de eodem tempore, in quo sunt nomina omnium commissariorum missorum per regnum pro dicto subsidio tunc.

1647. *Viromandensis.*
Compotus financiarum in dicta baillivia anno M° CCC° XV°, tam pro exercitu Flandrie quam ratione usurar[ior]um, per magistrum Droconem de Caritate et baillivum ibi, G. de

---

[1] Ms.: *Petrum de Manchino.* — [2] Ms.: *de impositione et subventione.* — [3] Ms.: *subfacto.*

Vill[iers] Mour[ier]. Correctus est quantum ad finem compoti. Fiunt ibi regi aliqua mutua, etc. Correctus est.

1648. Compotus Goberti Sarraceni de Lauduno de expensis suis super facto usurar[ior]um, et suitur compotus suus cum compotis particularibus [1] Omnium Sanctorum m° ccc° xxxvii°, tradiditque quendam rotulum de dictis financiis concordatis cum ipso in villa Remensi et villis vicinis, qui est in sacco dictarum financiarum cum compoto dictorum magistri Droconis et G. de Vill[iers] M[ourier].

1649. *Ambianensis.*

Compotus Symonis de Billy, militis, baillivi ibi, de impositione facta super mercaturis venientibus ad portum maris, pro solvendo, circa annum ccc^m xv^{um} [2], armaturam constitutam ad custodiendum mare et dictas mercaturas transeuntes per illud, redditus curie vigesima prima Decembris m° ccc° xvii° [3]. Debuit pro fine dicti compoti iii^m iii^c lib., vii sol. par., positas in debitis super ipsum. Plures denarii traditi signantur recuperari super villam de Calesio et Firminum de Coquerello. — Est etiam intitulatus cum compotis armaturarum maris pro exercitu Flandrie ab anno m° cc° iiii^{xx} xvi°, ubi queratur, nisi hic inveniatur.

1650. *Senonensis.*

Compotus Firmini de Coquerello, Roberti de Villanova et Johannis Darsi de subsidio exercitus Flandrie anni m^i ccc° xv^i in baillivia Senonensi, mutuis et financia usurar[ior]um ibi, redditus quarta Maii m° ccc° xxv°. Debuerunt viii^c, etc. Poni tamen debent in debitis super certas personas.

Signantur plures denarii traditi recuperari super P. Remigii.

1651. *Aurelianensis.*

Compotus Johannis de Bardilliaco de impositione subventionis exercitus Flandrie m° ccc° xv° in baillivia Aurelianensi et ressorto, redditus vigesima quarta Februarii m° ccc° xxiii°. Corrigitur finis.

1652. Compotus Johannis de Bardilliaco de impositione subsidii exercitus Flandrie anno m° ccc° xviii° in baillivia Aurelianensi et ressorto, videlicet in castellaniis Castri Renardi et ressorto, de Cepeyo et ressorto, auditus vigesima quarta Februarii m° ccc° xxiii°.

1653. Compotus Matthei Hery, granetarii Aurelianensis, de tota dicta subventione anni m^i ccc^i xviii^i in eadem baillivia et ejus ressorto. Debetur ei. Habuit tamen cedulam testimonialem vigesima septima Februarii m° ccc° xxviii°, qua die fuit iste compotus auditus.

Pro anno m° ccc° xv° fuerunt commiss[ari]i Gaufridus Le Danois et baillivus.

---

[1] Ms. : *cum compoto particulari*. — [2] Les mots *circa*, etc., manquent dans le ms. lat. 9069. Ils sont dans les Extraits de Menant, XI, fol. 29. — [3] Menant (XI, fol. 29) : *1316*.

1654. *Lugdunensis, Matisconensis.*

Compotus Johannis de Campo Balduini, canonici Meldensis, et Egidii de Malodumo [1], baillivi ibi, commissariorum deputatorum in dicta baillivia super facto Flandrie exercitus, mutuorum, financiarum usurar[ior]um et Ytalicorum anno m° ccc° xv°. Non est auditus. Signantur tamen recuperari super dominum Henricum de Noyers ii° l lib., et super thesaurum xxv lib., ix sol., vi den.

1655. Compotus domini Johannis de Machery, [senescalli] Lugdunensis, et Bartholomei Caprarii de financiis usurar[ior]um in diocesi Aniciensi senescallie Lugdunensis, anno m° ccc° xv°, circa Assumptionem, redditus decima nona Junii m° ccc° xviii°. Signantur plures denarii traditi recuperari. Corrigitur finis. Articuli [2] recuperandi ponuntur in debitis Bellicadri.

1656. Alius compotus Philippi Lande, receptoris Lugdunensis et Matisconensis, pro subsidio Flandrie exercitus levato in dictis senescalliis, anno m° ccc° xix°, instituti ad levandam dictam subventionem per magistrum J. de Losanna, Bartholomeum Caprarii et dominum Johannem de Macherino [3], redditus vigesima nona Novembris m° ccc° xxix°. Correctus est quantum ad finem compoti, et non quantum ad residuum, quia signantur aliqua recuperari.

1657. *Bituricensis.*

Compotus magistri Johannis Gaydre, clerici regis, et Guillelmi de Diciaco, baillivi Bituricensis, de subventione exercitus Flandrie, mutuorum, emendarum usurar[ior]um, financiarum Lombardorum et facti monete, in baillivia Bituricensi et ejus ressorto, anno m° ccc° xv°, redditus vigesima Martii m° ccc° xvii°. Corrigitur finis. Signantur tamen recuperanda super magistrum Johannem predictum iiii^{xx} x lib., et super P. Remigii, thesaurarium, plures summe. — Suitur cum aliis compotis ejusdem magistri Johannis, qui suuntur in uno rotulo, ordine sequenti, reposito cum compotis istius subventionis exercitus Flandrie m° ccc° xv°.

1657 a. Primus videlicet : Compotus dominorum Johannis Gaydre et Petri de Bonavalle de arreragiis focagii Normanie et emendis propter hoc levatis per eos annis m° ccc° ii° et m° ccc° iii°, factus die lune ante Sanctum Thomam Apostolum anno m° ccc° iii°. Corrigitur finis.

1657 b. Partes rebinagii focagii Normanie, facti per dictos magistrum Johannem et Petrum anno m° ccc° ii°. Arrestatur ibi quod aliqua sunt adhuc requirenda de dicto focagio.

1657 c. Alius compotus ejusdem magistri Johannis de subventionibus collectis in portubus maris totius Normanie, videlicet quatuor denariorum pro libra, a [4] Sancto Hylario m° ccc° ii° usque ad Omnes Sanctos m° ccc° iii°, redditus die mercurii ante Cineres tunc. Signantur plures denarii traditi recuperari. Restant aliqua arreragia de iiii^c xxxiii lib., xvii sol., iii den. tur. recuperanda, de quibus pars est soluta.

---

[1] Ms. : *Maloduno.* — [2] Ms. : *arter.* — [3] Ms. : *Matherino.* — [4] Ms. : *denarios... ante Sanctum Hylarium.*

1657 d. Alius compotus ejusdem de grossa et minuta subventione baillivie Caletensis pro exercitu Flandrie M° ccc° III° collecta, videlicet xxv lib. tur. a quolibet homine non nobili, habente v° lib. in mobilibus et de pluri plus; xx lib. ab habentibus c lib. terre seu redditus, et de pluri plus; item xx sol. ab habentibus L lib. in mobilibus, et de pluri plus usque ad v° lib.; et XL sol. ab habentibus xx lib. redditus, et de pluri plus usque ad c lib. redditus; sabbato post Sanctum Gregorium M° ccc° III°. Debuit IX°, etc., recuperari super personis ibi; tamen pars soluta est. Signantur aliqui denarii traditi ad recuperandum. Partes ejusdem subventionis inferius.

1657 e. Alius compotus ejusdem de hoc quod recepit a collectoribus novissime subventionis et aliarum in ducatu Normanie concessarum pro exercitu Flandrie M° ccc° IV°. Correctus est. Scribitur a tergo bailliviarum Francie de termino Ascensionis M° ccc° xv°.

1657 f. Alius compotus ejusdem de rebinagio centesime, prime quinquagesime et duplicis centesime ac maletolte[1] totius baillivie Rothomagensis. Totum est de recepta.

1657 g. Alius compotus ejusdem de arreragiis denariorum debitorum in baillivia Gisortii de tempore plurium baillivorum ibi, videlicet domini G. Courteheuse, Symonis de Montigniaco, P. de Hangest, Johannis de Sancto Leonardo, Vincentii Tencré et Droconis Peregrini, levatis per eum annis M° ccc° v°, M° ccc° vi°, M° ccc° vii°, redditus in Translatione Sancti Benedicti M° ccc° vii°. Corrigitur finis. Scriptus a tergo bailliviarum Francie ad Ascensionem tunc.

1657 h. Partes dictorum arreragiorum explectatorum per dictum magistrum Johannem in uno rotulo.

1657 i. Alius compotus ejusdem magistri Johannis de rebinagio focagii seu monetagii ducatus Normanie de anno M° ccc° viii°, facto et explectato per eum, et de emendis levatis per eundem propter hoc, perauditus decima octava Novembris M° ccc° xxiii°. Corrigitur finis. Plura[2] sunt corrigenda[3].

1657 j. Alius compotus ejusdem magistri Johannis, Ludovici de Villa Petrosa et Roberti Buquet de subventione exercitus Flandrie M° ccc° xiv°, videlicet de centum focis xviii lib., et de pluri plus, et de minori minus, in baillivia Constantinensi, etc., prout supra inter compotos dicte subventionis.

1657 k. Alius compotus ejusdem magistri Johannis et Guillelmi de Dicy de subventione exercitus Flandrie M° ccc° xv°, etc., ut supra.

1657 l. Partes subventionis grosse et minute baillivie Caletensis, explectate et levate per eundem magistrum Johannem, anno M° ccc° xiii°, de quibus computatum, ut supra.

Isti compoti magistri Johannis Gaidre sunt cum pluribus aliis compotis suis in sacco subventionis exercitus Flandrie de M° ccc° xv° citra. Querantur ibi. Non sunt hic.

1658. *Turonensis.*

Compotus impositionis subsidii exercitus Flandrie anni M^i ccc^i xv^i ac financiarum usu-

[1] Ms. : *maletaxate*. — [2] Ms. : *Par*. — [3] Ms. : *corrigendi*.

rar[ior]um et monetarum, facte per dominum Johannem de Villa Petrosa et dominum Johannem de Vaucellis, auditus decima sexta Decembris m° ccc° xxi°. Corrigitur finis. Signantur tamen multa adhuc requirenda.

1659. Compotus magistri Johannis de Halis et domini Johannis de Vaucellis, baillivi Turonensis, de impositione subsidii exercitus Flandrie anni m^i ccc^i xix^i ibi. Non est auditus.

1660. *Rothomagensis.*
Compotus domini Guillelmi de Marcilliaco, militis, de subventione et mutuis ratione exercitus Flandrie, de financiis usurar[ior]um ac de puniendo contra ordinationes monetas facientes, pro anno m° ccc° xv°. Non est correctus. Debetur ei pro fine compoti.

1661. *Caletensis.*
Pro anno m° ccc° xv° fuerunt commissarii dominus G. de Marcilliaco et baillivus Caletensis.

1662. *Cadomensis.*
Pro anno m° ccc° xv° magister Robertus de Sancto Benedicto et baillivus ibi. — Quedam tamen relatio de numero tenentium a domino rege in dicta baillivia et ressorto, videlicet de gentibus religiosis et aliis, exceptis nobilibus ejusdem baillivie, facta per magistrum Guidonem de Percone et baillivum ibi, pro eodem exercitu, m° ccc° xix°. Et fuit valor totius baillivie ii^m viii^c iiii^{xx} vii lib., xvii sol., iiii den. Sciatur cui tradite fuerunt ad levandum.

1663. In uno alio rotulo relatio habitantium in terra regine Clementie. Non dicitur per quem facta fuit.

1664. *Constantinensis.*
Pro anno ccc° xv° magister Henricus de Horreto et baillivus.

1665. *Gisortii.*
Pro anno ccc° xv° Balduinus Alani et baillivus ibi.

1666. *Trecensis.*
Impositio subventionis baillivie Trecensis, facta per Reginaldum Barbou et Jacobum Sors, pro subventione exercitus Flandrie anno ccc° xv°, tradita per eos vigesima nona Junii anno m° ccc° xvii°, cujus impositionis fuit summa viii^m ii^c xxxii lib., x sol., vi den. tur. Sciatur ubi redditur regi. Dictus Reginaldus computavit de expensis quas fecit in dicto negocio, et debet scribi a tergo bailliviarum Francie de termino Ascensionis m° ccc° xvii°.

1667. Compotus Johannis de Seriz, civis Trecensis, de hoc quod recepit de dicta subventione in dicta baillivia. Summa totalis recepte fuit ii^m viii^c li lib., etc., quia dicit quod non plus potuit levare. Debe[n]tur ei xxi lib., xvi sol., ix den. tur. Signatur ibi quod

SUBVENTIONES.

Reginaldus Barbou veniat computaturus de II^m VIII^c LXVIII lib., de quibus habuit [1] litteras obligatorias a pluribus personis que dictam summam habuerunt a dicto Johanne.

Johannes de Vanoise, Jacobus Sourdi et Reginaldus Barbou receperunt majorem partem vel totam dictam impositionem. Mandentur ad computandum hic (?) [2], per relationem magistri Johannis de Verduno, clerici receptoris Parisiensis, qui habet compotum eorum penes se.

1668. *Meldensis.*

Compotus Reginaldi Barbou, Erardi d'Alement, baillivi ibi, et Jacobi Sourt de subventione in eadem baillivia Meldensi et ressorto, levata anno M° CCC° XV°, videlicet pro exercitu Flandrie, ac de factis usurar[ior]um et monete, auditus prima die mensis Julii anno CCC° XVII°. Debent pro fine compoti XIII^c XXI lib., IIII sol., XI den. tur. fort., quas tradiderunt in arreragiis super personas quarum nomina ponuntur in fine compoti. Videtur quod non missum fuit ad explectandum. Mittantur. Item petantur plures denarii traditi per eundem compotum, videlicet a G. de Floriaco IX^c IIII^{xx} X lib., a P. Remigii M V^c lib. tur., et a Jacobo Sourt X lib.

1669. Impositio facta in eadem baillivia, ratione dicti exercitus, anno M° CCC° XIX°, per baillivum ibi et magistrum Johannem de Paredo, clericum regis, tradita curie vigesima die Aprilis tunc. Et fuit summa dicte impositionis IIII^m VII^c lib., X sol. tur. Sciatur qui debuit de ea computare.

1670. *Vitriaci.*

Pro anno CCC° XV° Ulricus de Noiz, magister Radulphus de Mellento et baillivus.

1671. *Calvimontis.*

Pro anno CCC° XV° magister Radulphus de Mellento, Ulricus de Noiz et baillivus.

1672. *Pictaviensis, Lemovicensis, Xantoniensis, Angolismensis.*

Taxatio imposita in dicta senescallia Pictaviensi, ratione exercitus Flandrie de anno M° CCC° XV°, per dominum P. de Villablouana, senescallum ibi, de mandato magistri P. de Arrableyo, cancellarii domini P., comitis Pictaviensis. Totum est de recepta, nec fit summa totalis ipsius. Sciatur quantum ascendit et qui debuit de ea computare.

1673. Compotus Gerardi Tronquiere de eadem subventione in bailliviis Xantonensi, Engolismensi, Lemovicensi et Brivatensi, ratione exercitus Flandrie, de anno M° CCC° XV°, imposita per dictum magistrum P. et dominum Johannem Bertrandi, factus ultima Aprilis anno CCC° XVII°. Debetur ei pro fine compoti, et sunt plura ponenda in debitis et recuperanda.

1674. Financie facte cum nobilibus dictarum provinciarum et senescalliarum per reverendum in Christo patrem ac dominum F., Dei gracia Noviomensem episcopum, et

---

[1] Ms.: *habent.* — [2] Ms.: *ad compotum h.*

dominum Poncium de Mauritania, vicecomitem de Alneyo, pro exercitu Flandrie, anno ccc° xix°⁽¹⁾. Et fuit summa totalis earum iii^m iiii° i lib., viii sol., iiii den. tur. Sciatur ubi redduntur regi et qui eas levare debuit.

1675. Imposicio facta in senescallia Xantoniensi per magistrum P. Boelli, clericum domini regis, et per senescallum ibi, Guidonem Caprarii, pro subsidio guerre Flandrie tunc. Et est summa dicte impositionis vii^m ii^c lxvii lib., iii den. tur. Sciatur ut supra.

1676. Tres rotuli expensarum factarum per dictum dominum H. in senescallia Pictaviensi et in senescalliis Xanctoniensi, Engolismensi et Lemovicensi, et alibi. Non vidi eos. Per dominum Hugonem de Cella, ut credo.

1677. Septem rotuli minutarum expensarum factarum per dictum H. et ejus gentes. Non vidi eos.

1678. Compotus domini P. de Villablouana, militis, de subventione exercitus Flandrie, anno ccc° xv°, in senescallia Lemovicensi, cum impositionis ejusdem partibus adhuc levandis, traditis a thesauro ⁽²⁾, pro faciendo levari, circa Nativitatem Domini m° ccc° xx°.

1679. *Alvernie.*

Financie facte per dominum Johannem de Halis, clericum regis, et baillivum ibi, R. Charloti, pro factis usurar[ior]um et monete in eadem baillivia et ejus ressorto, de annis ccc° xv° et xvi°. Totum est de recepta, que est vi^m vi^c iiii^xx x lib., ii sol., vi den. tur. Sciatur ubi redditur regi. Auditus vigesima Septembris m° ccc° xvii°.

1680. Financie facte per eundem Johannem et dictum baillivum pro subventione in dicta baillivia levata racione Flandrie exercitus, annis m° ccc° xv° et xvi°. Totum est de recepta, que est de vii^m lxxiiii lib., xi sol. tur. Sciatur ubi redduntur regi. Auditus vigesima Septembris m° ccc° xvii°.

1681. Compotus Jacobi Gayte, receptoris Alvernie, de hoc quod recepit de omnibus dictis financiis. Non perfectus, ut videtur. Signantur plures summe recuperari.

1682. *Caturcensis, Petragoricensis.*

Compotus magistri Arnaldi de Proboleno de hoc quod recepit in dicta senescallia de subsidio imposito pro dicto exercitu Flandrie per dominum P. Mangonis, anno m° ccc° xv°, ad primam diem Augusti m° ccc° xvi°. Correctus est quantum ad finem compoti, et non quantum ad residuum.

1683. Alius compotus ejusdem Arnaldi de dicto subsidio Flandrie exercitus, levato in dicta senescallia Caturcensi et Petragoricensi, imposito per dictum G.⁽³⁾, a prima die Augusti m° ccc° xvi° usque ad Nativitatem Beati Johannis Baptiste m° ccc° xvii°. Correctus quantum ad finem. Tamen plura sunt ponenda in debitis per partes.

1684. Alius compotus ejusdem Arnaldi⁽⁴⁾ de hoc quod recepit de eodem subsidio pro

---

⁽¹⁾ Menant, XI, fol. 29 v° : *1315.* — ⁽²⁾ Ms. : *traditus cum thesaur.* — ⁽³⁾ *Sic.* Faut-il lire P. [*Mangonis*]? Cf. § 1682. — ⁽⁴⁾ Ms. : *arreragii.*

dicto exercitu, imposito per senescallum ibi, anno m° ccc° xix°, redditus curie vigesima prima Aprilis m° ccc° xix°. Debuit pro fine dicti compoti, et illud reddi[di]t in compoto suo senescallie Petragoricensis de termino Sancti Johannis tunc. Plura sunt tamen corrigenda et ponenda in debitis per partes [1].

1685. *Tholose.*

Compotus Arnaldi de Proboleno, ibidem receptoris, de subventione senescallie Tholose et Albiensis, levata in ejusdem [2] bailliviis pro subsidio ejusdem exercitus m° ccc° xv°, facta per dominum Johannem de Bleynville. Correctus est quantum ad finem compoti. Restant tamen ad levandum ix° lxxix lib., vi sol., x den., ob. tur., quarum partes tradidit in fine dicti compoti.

1686. Alius compotus ejusdem Arnaldi de marca argenti vel sexaginta solidis pro illa, levatis a quolibet notario ejusdem senescallie [3] Tholose, a vigesima die Martii m° ccc° xv° usque ad quartam diem Octobris m° ccc° xvi°. Correctus est, excepto quodam memoriali, videlicet quod habeant[ur] nomina omnium notariorum istius vicarie et judicature senescallie Tholose ab episcopo Briocensi. Non vidi.

1687. Compotus Matthei Gueyte, receptoris ejusdem senescallie Tholose, de subventione predicti exercitus qui sperabatur anno m° ccc° xix° esse, levata in dicta senescallia, pro medietate ejusdem subventionis, mense Martii m° ccc° xviii°. Fit per compotum dicte senescallie ad Sanctum Johannem m° ccc° xix°, exceptis debitis restantibus, que sunt in fine ejusdem compoti ad levandum. Par[um] ascendunt. Petantur tamen, et signata ad recuperandum.

1688. *Ruthenensis.*

Compotus Petri de Ferrariis, senescalli Ruthenensis, et Osilii de Ategiaco [4], domicelli, commissarii pro subventione ejusdem exercitus anno ccc° xv°, et pro mutuis ac financiis accipiendis, et super illis qui contra ordinationes usuras commiserant, factus nona die Novembris, anno Domini ccc° xv°. Debent pro fine compoti ejusdem iiii° iiii^{xx} lib., v sol., vi den. tur. Restant plura adhuc levanda; et signantur super dictum senescallum, pro denariis traditis ibi; m xl lib. tur. Non est correctus.

1689. *Bellicadri.*

Compotus magistri Ivonis Prepositi, cantoris Briocensis, super facto Flandrie exercitus, super usur[ari]is, monetis et aliis commissionibus ejusdem commissarii in dicta senescallia, anno ccc° xv°. Non fuit auditus, propter licentiam quam petiit a magistris nostris tunc eundi ad partes suas. Mandetur ad computandum.

---

[1] Ms.: *compotos.*
[2] Ms.: *eisdem.*
[3] Ms.: *ejusdem compoti senescallie.*
[4] Le nom de ce personnage se trouve dans le Compte des trésoriers pour le terme de la Saint-Jean 1316 (Bibl. nat., fr. 20683, fol. 7), sous la forme: «Oisilius Dandigat»; dans les *Olim* (t. III, p. 1456) sous la forme: «Osilius de Antigaco»; dans les preuves de l'*Histoire de Languedoc* (X, col. 591) sous la forme: «Ozilius de Anthonhaco».

1690. *Lugdunensis.*

Pro anno ccc° xv° Bartholomeus Caprarii et senescallus.

1691. *Carcassone et Bitterris.*

Compotus magistri Stephani de Houceya, canonici Sylvanectensis, et domini Aymerici de Croso, senescalli Carcassonensis, de subventione facta Carcassone et Byterris pro subsidio predicti exercitus anni m^i ccc^i xv^i et de financiis usurar[ior]um et mutuis levatis tunc. Correctus quantum ad finem, non quantum ad alia, quia signantur plura recuperari. Redditus vigesima prima Januarii m° ccc° xv° per Guillelmum Guillelmi[1], receptorem ibi, pro eis.

Alius compotus eorundem magistri Stephani et domini A[ymerici] predictorum de arreragiis subventionis et mutuorum, financiarum usurar[ior]um, marche argenti, ibidem levatis ratione predicti exercitus, anno m° ccc° xv°. Correctus quantum ad finem. Et sunt aliqua ponenda in debitis.

1692. Duo compoti Arnaldi de Proboleno de subsidio exercitus Flandrie anni m^i ccc^i xv^i in eisdem senescalliis Petragoricensi et Carcassone levato per eum ab hinc usque ad Sanctum Johannem m° ccc° xvii°. Plura signantur recuperari. Corrigitur finis. Primus auditus tertia Decembris m° ccc° xvii°[2], et secundus septima Novembris m° ccc° xviii°.

Alius compotus ejusdem Arnaldi de Proboleno de subsidiis exercitus Flandrie m° ccc° xix°, levatis per eum usque ad Nativitatem Domini tunc, redditus vigesima prima Aprilis tunc. Corrigitur finis. Signantur plura recuperari.

1693. Partes financiarum subsidii exercitus Flandrie anni m^i ccc^i xix^i in senescallia Carcassone, quarum medietas fuit levata et medietas remissa, redditarum per compotum ejusdem senescallie de termino Sancti Johannis tunc.

SUBVENTIO IMPOSITA ANNO M° CCC° XVIII° ET LEVATA PRO MARITAGIO DOMINE JOHANNE, DUCISSE BURGUNDIE, FILIE QUONDAM REGIS PHILIPPI MAGNI, UNDE MAJOR PARS ISTIUS SUBSIDII REDDITUR PER COMPOTOS BAILLIVIARUM ET SENESCALLIARUM VEL PER THESAURUM.[3]

1694. *Parisiensis.*

Compotus Johannis Pagani et Nicolai de Poteria de dicta subventione in toto vicecomitatu Parisiensi, exclusa villa Parisiensi, redditus curie quinta die Junii, anno Domini m° ccc° xli°. Debetur eis.

1695. *Silvanectensis.*

Compotus domini Symonis de Billiaco, quondam baillivi Sylvanectensis, de subsidio maritagii ducisse Burgundie, primogenite regis Philippi Magni, levato per ipsum anno ccc° xviii°, redditus septima Novembris anno Domini ccc° xxvii°. Debet v^e iiii^{xx} xiii lib., xv sol., vii den. par. Signantur ibi aliqua recuperanda.

---

[1] Ms. : *Gini.* Cf. § 103. — [2] Ms. : *1342.* — [3] Menant (XI, fol. 29 v°) a copié cette rubrique, et noté ensuite : « Tout est en blanc » ce qui n'est pas, comme on le voit, tout à fait exact.

1696. *Viromandensis.*
Compotus domini Guidonis Levrier, militis, de dicto subsidio in baillivia Viromandensi. Suitur post compotum suum ejusdem baillivie de termino Ascensionis m° ccc° xix°.

1697. *Ambianensis.*

1698. *Senonensis.*
Nihil redditur per compotos baillivie ad Ascensionem et Omnes Sanctos annis ccc° xviii°, xix°, xx°.

1699. *Aurelianensis.*
Compotus Johannis de Bardilliaco de impositione dicti subsidii in baillivia Aurelianensi et ressorto, facta per eum anno ccc° xvii°. Corrigitur finis.

1700. Compotus Nicolai Chaperon de dicto subsidio ibi, redditus per ejus executores vigesima quinta Februarii anno Domini m° ccc° xxiii°. Debetur ei. Habuerunt cedulam. Plura signantur ibi corrigenda.

1701. *Matisconensis.*

1702. *Bituricensis.*

1703. *Turonensis.*

1704. *Rothomagensis.*

1705. *Caletensis.*

1706. *Cadomensis.*

1707. *Constantinensis.*

1708. *Gisortii.*

1709. *Trecensis.*

1710. *Meldensis.*

1711. *Vitriaci.*

1712. *Calvimontis.*

1713. *Pictaviensis.*

1714. *Xantoniensis.*

1715. *Alvernie.*

1716. *Caturcensis.*

1717. *Tholose.*

1718. *Ruthenensis.*

1719. *Carcassone.*

1720. *Bellicadri.*

1721. *Lugdunensis.*

[SUBVENTIO APERTURE PONTIS ROTHOMAGENSIS.]

1722. Subventio aperture pontis Rothomagensis, imposita super mercaturas transeuntes inter Pontem Arche et Auribeccum[1], incepta levari apud Rothomagum et Calidum Beccum sexta Junii m° ccc° xv°, et levanda donec satisfactum fuerit regi de lx^m lib. par. sibi debitis ratione cujusdam franchisie mercatorum concesse ab eodem. Et est sciendum quod per compotos ejusdem parum aut nihil est recuperandum et corrigendum.

1723. Compotus Jacobi Lazari de impositione aperture pontis Rothomagensis, levata super mercaturas transeuntes inter Pontem Arche et Auribeccum, a sexta die Junii m° ccc° xv°, qua incepta fuit levari apud Rothomagum et Calidum Beccum, usque ad vigesimam octavam diem Augusti post. Et fuit primus compotus dicte impositionis redditus curie in presentia Stephani Barbette[2], prepositi mercatorum, et aliorum burgensium Parisiensium, sexta Aprilis tunc. Summa recepte pro rege, deductis expensis, fuit xi^c xxxi lib., iiii sol., ii den. tur. fort. Tota expensa fit per thesaurum, exceptis vadiis dicti Jacobi et aliorum ordinariis[3]. Nihil signatur recuperandum per ipsum, nisi lxxii lib. capte super regem pro utensilibus emendis. Habeatur precium ab illis qui eis usi sunt. — Arrestatur ibi quod magister Johannes de Sancto Justo habet tenorem dicte impositionis, et quantum debet levari super qualibet mercatura pro dicta apertura pontis Rothomagensis, donec rex habeat lx^m lib. par., deductis omnibus expensis.

1724. Alius compotus ipsius de eodem cum Johanne Herpini[4], a dicta vigesima octava die Augusti m° ccc° xv° usque ad vigesimam nonam diem Novembris post. Fit per thesaurum. Auditus in presentia predictorum. Totum est [de] expensa. Fuit summa recepte pro rege vii^c lxvii lib., xiii sol., vi den. ob. tur.

1725. Alius compotus dicti Johannis cum Stephano de Pissiaco de eodem, a vigesima nona Novembris m° ccc° xv° usque ad primam Martii tunc. Fit per thesaurum. Signantur tamen xxx sol. recuperandi pro uno coffro empto pro ipsis. Summa recepte pro rege xiiii^c xxviii lib., vii sol., ob. tur.

Alius compotus predicti Johannis Herpini et Stephani de Pissiaco, a dicta prima Martii usque ad vigesimam octavam Septembris m° ccc° xvi°. Fit per thesaurum. Prompt[e][5] partes assign[ationis] facte[6] G. Coquatrix et aliis. Fuit summa recepte pro rege ii^m vi^c lib., xxvi sol., vi den., ob. tur.

---

[1] *Sic*, ici est au § 1723. Pour «Calidum Beccum»?

[2] Ms. : *Barbeccœ.*

[3] Ms. : *ordinariorum.*

[4] Ms. : *Chopini.*

[5] Cf. ci-dessus, p. 117, l. 8.

[6] Ms. : *thesaurum prompt. partes assign. factas.*

SUBVENTIONES. 215

Alius compotus, a dicta vigesima octava die Septembris m° ccc° xvi° usque ad primam Aprilis tunc. Fit per thesaurum, ut supra. Summa recepte pro rege xviiiᶜ lxxii lib., x den. tur.

Alius compotus ipsorum, a prima die Aprilis m° ccc° xvi° usque ad primam diem Octobris m° ccc° xvii°. Fit ut supra. Summa recepte pro rege xviᶜ iiiiˣˣ ii lib., iiii den. tur.

Alius compotus eorundem, a dicta die Octobris m° ccc° xvii° usque ad primam diem Aprilis tunc. Fit ut supra. Summa recepte pro rege xviᶜ lxiiii lib., xii den., ob.

Alius compotus eorundem, a dicta die Aprilis m° ccc° xvii° usque ad primam diem Octobris m° ccc° xviii°. Fit ut supra. Summa recepte pro rege xviᶜ xxxiiii lib., iiii sol., xi den. tur.

Alius compotus ipsorum, a prima Octobris m° ccc° xviii° usque ad primam Aprilis tunc. Fit ut supra. Summa recepte pro rege xvᶜ lx lib., xviii sol., iii den. tur.

Alius compotus eorundem, a dicta prima Aprilis usque ad vigesimam quartam dicti mensis m° ccc° xix°. Fit ut supra. Summa recepte pro rege iiᶜ vi lib., iii sol., vii den.

1726. Compotus dicte aperture factus per Johannem de Novo Castro, deputatum ibi a rege, Johannem Le Breton et Hugonem Auveré [1], deputatos ibi per Johannem Barbette, Gencianum de Passiaco et alios dicte impositionis emptores, a vigesima quinta Aprilis m° ccc° xix° usque ad septimam Jugnii sequentis, auditus prima die Julii m° ccc° xx°. Corrigitur finis. Summa recepte pro rege vᶜ xvii lib., xii sol., xi den. ob.

Compotus impositionis dicte aperture factus per Johannem de Castro Novo et Johannem Herpini pro rege, et Hugonem Auveré pro mercatoribus, a dicta septima Junii tunc usque ad sextam Octobris post, perfectus tertia Julii m° ccc° xx°. Corrigitur finis. Summa recepte pro rege vᶜ lxxvi lib., x sol., v den., ob.

1727. Compotus impositionis dicte aperture, factus per Johannem Tyessart et Guillelmum Bonnart pro Nicolao de Passiaco, Johanne Forti, Richardo de Burgo Abbatis et P. Lamine, firmariis dicte impositionis, a die sexta Aprilis m° ccc° xx° post Pascha usque ad vigesimam nonam Julii post, qua dimiserunt eam in manu regis; auditus ultima Martii m° ccc° xx°. Corrigitur finis. Summa recepte iiiiᶜ l lib., xviii sol., iiii den.

1728. Compotus ejusdem impositionis a trigesima Julii m° ccc° xx° usque ad primam Aprilis tunc, factus per Jacobum Lazari et Johannem Herpini pro rege, ac Hugonem Auveré pro mercatoribus, redditus decima sexta Junii m° ccc° xxi°. Corrigitur finis. Summa recepte pro rege iiᵐ iiiᶜ iiiiˣˣ xv lib., vi sol., ii den. tur.

1729. Compotus ejusdem impositionis, a dicta prima Aprilis tunc usque ad primam Augusti m° ccc° xxi°, factus per Johannem Herpini pro rege, et per Hugonem Auveré pro mercatoribus, auditus decima Novembris m° ccc° xxi°. Corrigitur finis. [Summa recepte pro rege] iiiiᶜ lib., lxxiiii sol., iii den. tur.

Compotus ejusdem impositionis, a dicta prima die Augusti tunc usque ad primam

---

[1] Ms. et Menant (XI, fol. 30) : *Auvere*. Le nom de ce personnage se présente, dans le *Journal du Trésor* (Arch. nat., KK 1, p. 51, 66, 75, 131, etc.), sous les formes «Auvredi», «Alveredi», etc.

Octobris post, factus per eundem Johannem pro rege, et Hugonem pro mercatoribus. Summa recepte pro rege iiii^c lx lib., xv [sol.], i den. tur.

Compotus ejusdem impositionis, a dicta prima Octobris tunc usque ad primam Aprilis tunc, factus per eundem Johannem pro rege, et Hugonem pro mercatoribus, secunda Julii m° ccc° xxii°. Corrigitur finis. Summa recepta pro rege ii^m ii° xxvi lib., xiiii sol., viii den.

Compotus ejusdem impositionis, a dicta prima Aprilis m° ccc° xxi° usque ad primam Octobris m° ccc° xxii°, factus per eundem Johannem pro rege, et Hugonem pro mercatoribus, vigesima secunda Decembris m° ccc° xxii°. Fuit summa recepte pro rege, deductis expensis, iiii^c xxxiii lib., xviii sol., ob. tur., quas debuerunt. Thesaurus tamen pro ipsis, etc.

Compotus ejusdem impositionis, a dicta die Octobris tunc usque ad primam Aprilis m° ccc° xxiii°, factus per eundem Johannem pro rege, et Hugonem pro mercatoribus, octava Julii tunc. Summa totalis recepte ejusdem, deductis expensis, fuit xviii^c iiii^{xx} xii lib., xxii den. tur., quas thesaurus et plus pro ipsis, etc., quod plus redditur eis in compoto sequenti.

Compotus ejusdem impositionis, a dicta prima Aprilis tunc usque ad primam Octobris post, factus per eosdem decima septima Martii tunc. Corrigitur finis. Summa recepte pro rege fuit xv^c xxxvii lib., xi sol., iiii den., ob. tur. Signantur ibi x lib. recuperande super quandam firmam, que redduntur in sequenti compoto.

Compotus ejusdem impositionis, a dicta prima Octobris m° ccc° xxiii° usque ad primam Aprilis tunc, factus per eundem Johannem et Hugonem, vigesima Martii m° ccc° xxiv°. Corrigitur finis. Summa recepte pro rege xvii^c iiii^{xx} xvii lib., xix sol., ii den., ob.

Compotus ejusdem impositionis, a dicta prima Aprilis tunc usque ad primam Octobris m° ccc° xxiv°, factus per eosdem vigesima Martii tunc. Corrigitur finis. Fuit summa recepte pro rege ix^c xii lib., xii den., ob. tur.

Alius compotus ejusdem impositionis, a dicta prima Octobris m° ccc° xxiv° usque ad primam Aprilis tunc, factus per eosdem vigesima die Maii m° ccc° xxvi°. Corrigitur finis. Fuit summa recepte pro rege iii^m vi lib., ii sol., i den., ob. tur.

Compotus ejusdem impositionis, a dicta prima Aprilis m° ccc° xxiv° usque ad primam Octobris m° ccc° xxv°, factus per eosdem trigesima Maii m° ccc° xxvi°. Corrigitur finis. Summa recepte pro rege xvi^c xlii lib., vii sol., vii den., ob. tur.

Compotus ejusdem impositionis, a dicta prima die Octobris m° ccc° xxv° usque ad primam Aprilis m° ccc° xxvi° post Pascha, factus per eosdem trigesima Maii tunc. Corrigitur finis. Summa recepte ii^m iii^c xxxix lib., ii sol., vi den., ob.

Compotus ejusdem impositionis a dicta prima Aprilis m° ccc° xxvi° usque ad primam Octobris tunc, factus per eosdem decima septima Junii m° ccc° xxvii°. Corrigitur finis. Summa recepte ix^c liiii lib.; viii sol., x den. tur.

Compotus ejusdem impositionis a dicta prima die mensis Octobris anno m° ccc° xxvi° usque ad primam Aprilis tunc ante Pascha, factus per eos decima octava Junii m° ccc° xxvii°. Corrigitur finis. Summa recepte xvi^c iiii^{xx} x lib., ix den., ob. tur.

SUBVENTIONES.

Compotus ejusdem impositionis, a dicta prima Aprilis m° ccc° xxvi° ante Pascha usque ad primam Octobris m° ccc° xxvii°. Corrigitur finis. Factus per eosdem J[ohannem] et H[ugonem] vigesima quarta Novembris m° ccc° xxviii°. Summa recepte pro rege viii° iiii^{xx} xvi lib., vii sol., x den., ob. tur.

Compotus ejusdem impositionis, a dicta prima Octobris m° ccc° xxvii° usque ad primam Aprilis ante Pascha m° ccc° xxviii°, factus per eosdem vigesima quarta die Aprilis m° ccc° xxviii°. Corrigitur finis. Summa recepte ii^m iiii^c lxii lib., xiii sol., iii den., ob. tur.

SUBSIDIA IMPOSITA ET LEVATA PRO EXERCITU VASCONIE ANNO M° CCC° XXIV° ET PRO EXERCITU FLANDRIE ANNO M° CCC° XXV°[1].

1730. Subsidia imposita et levata pro exercitu Vasconie anno m° ccc° xxiv° et pro exercitu Flandrie anno m° ccc° xxv° in aliquibus partibus, et abhinc pro tempore regis Caroli, tam super mercaturis factis in regno, videlicet unum denarium pro qualibet libra, quam super mercaturis tractis extra regnum, videlicet pro qualibet libra quatuor denarios, pro quolibet dolio vini decem solidos, pro quolibet sextario bladi, pisorum et fabarum xii den., pro quolibet sextario avene vi den., etc., prout per instructionem constat que est a tergo compoti Roberti de Versone de eodem subsidio in baillivia Viromandensi usque ad Ascensionem m° ccc° xxviii° exclusive. — Isti[2] compoti fuerunt [facti] quasi omnes per compotos bailliviarum et senescalliarum in quibus levata fuerunt dicta subsidia.

Item alique financie feodorum, usurariorum et emendarum per inquisitores levate fuerunt mixtim cum dictis subsidiis in quibusdam partibus, nec poterunt compoti separari ab invicem.

Compot[i][3] de eisdem subsidiis pro tempore sequenti, videlicet pro tempore regis Philippi de Valesio, debent fieri in Inventario de suo tempore.

1731. *Parisiensis.*

1732. *Sylvane[c]tensis.*

Compotus Egidii Haquin, baillivi tunc Sylvanectensis, de subsidio levato pro exercitu Vasconie super mercaturis venditis in eadem baillivia, a vigesima sexta die Februarii m° ccc° xxiv°, qua incepit, usque ad duodecimam Januarii m° ccc° xxv°, qua cessavit, imposito ibi per dominum Johannem Pasté et dictum Egidium, anno m° ccc° xxiv°, redditus curie decima quarta die Septembris anno m° ccc° xxvii°. Debet. Thesaurus tamen pro ipso.

1733. Impositio seu assisia dicti subsidii in eadem baillivia, facta per dictos dominum Johannem et Egidium, tradita curie in Quadragesima m° ccc° xxiv°.

1734. Compotus Guillelmi du Paage, de Compendio, de alio subsidio imposito super

---

[1] Cet article est omis dans la *Tabula major* (ci-dessus, p. 11.). — [2] Ms. : *Omnes.* — [3] Ms. : *Compotus.*

mercaturis tractis extra regnum, et levato in dicta baillivia a festo Sanctorum Innocentium M° CCC° XXIV°, qua inceptum [1] fuit levari, usque ad Omnes Sanctos M° CCC° XXVII°, redditus ultima Februarii tunc. Finis redditur per compotum ejusdem baillivie ad eundem terminum tunc.

1735. Alii compoti de eodem subsidio pro tempore sequenti, videlicet pro tempore regis Philippi de Valesio, fieri debent in Inventario compotorum de suo tempore.

1736. *Viromandensis.*
Compotus Roberti de Versone, receptoris ibi, de subsidio imposito super mercaturis ejusdem baillivie per magistrum Nicolaum de Sancto Justo et Petrum de Bellomonte, baillivum ibi, pro guerra Vasconie, ab undecima die Martii M° CCC° XXIV°, qua inceptum fuit levari, usque ad Nativitatem Domini post, redditus decima quinta die Januarii M° CCC° XXVI°; et quitte. Fit per compotum ejusdem baillivie ad Omnes Sanctos tunc. Signantur ibi x lib. recuperari super Johannem de Quievresis. — Dictus P. de Bellomonte dicitur computasse de parte dicti subsidii, et dicitur compotus suus esse in fine compoti ejusdem baillivie de termino Omnium Sanctorum M° CCC° XXIV°. Penes alios socios.

Assisia ejusdem subsidii facta per dictum magistrum Nicolaum, anno M° CCC° XXIV°, et sunt ibi nomina villarum que dictum subsidium concesserunt, etc.

Alius compotus dicti Roberti de Versone de subsidio imposito ibi super mercaturis tractis extra regnum, et levato a Nativitate Domini M° CCC° XXIV°, qua inceptum fuit levari, usque ad Sanctum Johannem M° CCC° XXV°, qua cessavit. Redditus octava Januarii M° CCC° XXVI°. Fit per compotum ejusdem baillivie ad Ascensionem tunc, et quitte. Aliqua signa[ntur] recuperari.

Alius compotus ejusdem de eodem, a Sancto Nicolao hiemali M° CCC° XXV°, qua reinceptum fuit levari, usque ad Omnes Sanctos M° CCC° XXVI°. Fit per compotum ejusdem baillivie ad Omnes Sanctos tunc; et quitte. Aliqua signantur recuperari.

Alius compotus ejusdem de eodem, ab Omnibus Sanctis M° CCC° XXVI° usque ad Ascensionem M° CCC° XXVII°, redditus decima Julii tunc. Fit per compotum ejusdem baillivie ad Ascensionem tunc.

Alius compotus ejusdem de eodem, ab Ascensione M° CCC° XXVII° usque ad Omnes Sanctos tunc aut circiter, redditus quinta Julii tunc. Fit per compotum ejusdem baillivie ad Omnes Sanctos tunc.

1737. Compotus Johannis Grossaine [2] de Cathalauno de subsidio imposito super mercaturis tractis extra regnum, levato in villa Cathalaunensi a Sancto Nicolao M° CCC° XXV° usque ad Sanctum Remigium M° CCC° XXVII°, redditus vigesima prima Octobris tunc. Fit per compotum baillivie Viromandensis ad Omnes Sanctos M° CCC° XXVI°.

1738. Omnes compoti Sylvanectensium commissariorum [facti] fuerunt per compotos ejusdem baillivie.

---

[1] Ms. : *incepta*. — [2] Ms. : *Grossame*. «Grossaire» était, au XIV° siècle, un nom très répandu à Châlons.

SUBVENTIONES. 219

1739. Compotus Jacobi Le Pois, de Remis, de dicto subsidio levato in villa Remensi, a Sancto Clemente hyemali m° ccc° xxv° usque ad diem martis post Sanctum Dyonisium sequentem. Fit per compotum [1] ejusdem baillivie ad Omnes Sanctos m° ccc° xxvi°. Aliqua signantur recuperanda.

1740. *Ambianensis.*

Compotus domini Andree de Charroliis, baillivi Ambianensis, de subsidio imposito in eadem baillivia, et de quibusdam financiis usurariorum [2], redditus decima nona Junii m° ccc° xxvii°. Corrigitur finis.

1741. Compotus Johannis de Sery, receptoris Ambianensis, de dicto subsidio imposito per magistrum Egidium de Remino et dictum dominum Andream de Charroliis, super villis ejusdem baillivie, et de quibusdam financiis usurar[ior]um ac de quadam decima levata ab ecclesia Ambianensi, redditus vigesima die Junii m° ccc° xxvii°. Corrigitur finis. Sunt aliqua recuperanda. Suitur cum dicto compoto dicti domini Andree.

1742. Partes dicti subsidii et financiarum usurar[ior]um taxatarum ibi per dictos magistrum Egidium et dominum Andream.

Item similes financie usurar[ior]um taxate ibi per magistrum Nicolaum de Sancto Justo, que suuntur omnes in fine compoti dictorum magistri Egidii et domini Andree.

1743. Compotus Johannis de Cambio, receptoris Ambianensis, de subsidio imposito super mercaturis tractis extra regnum, levato ab Omnibus Sanctis m° ccc° xxvi° usque ad Omnes Sanctos m° ccc° xxvii°, redditus prima Julii m° ccc° xxviii°. Fit per compotum ejusdem baillivie Ambianensis ad Ascensionem Domini tunc.

Alius compotus ejusdem de eodem subsidio, ab Omnibus Sanctis m° ccc° xxvii° usque ad Ascensionem Domini xxviii°. Fit per compotum ejusdem baillivie ad Omnes Sanctos tunc.

1744. Compotus Johannis de [Longa] [3] Aqua de eodem subsidio levato pro exercitu Flandrie in villa Duaci, a Sancto Andrea m° ccc° xxv° usque ad Sanctum Johannem xxvi°. Videtur fieri per compotum Insule ad Sanctum Johannem anno Domini m° ccc° xxvii°.

1745. *Senonensis.*

Compotus Johannis Ursini, quondam receptoris Senonensis, de subsidio levato super mercaturis venditis in eadem baillivia et ressorto, a tertia Martii m° ccc° xxiv°, qua incepit, usque ad dominicam post Sanctum Barnabam m° ccc° xxv°, qua cessavit de mandato regis, imposito ibi per dominos Adam de Insula et Radulphum de Joyaco, baillivum tunc ibi, et de marcha argenti levata a corretariis. Redditus decima nona Januarii m° ccc° xxviii°. Plura signantur recuperari.

Partes dicti subsidii et quarumdam financiarum usurariorum et feodorum in quodam parvo rotulo.

1746. *Aurelianensis.*

Partes subsidii levati in baillivia Aurelianensi pro exercitu Vasconie, annis m° ccc° xxvi°

---

[1] Ms.: *fitque compotus.* — [2] Ms.: *usuris.* — [3] Cf. § 1762.

et xxvii°, et pro exercitu Flandrie anno xxviii°, quod redditur per compotos ejusdem baillivie ad Ascensionem xxvii°, xxviii° et xxix°.

1747. *Carnotensis, Matisconensis et Bellicadri.*

Partes subsidii impositi in baillivia Matisconensi super certis villis, pro guerra Vasconie, anno m° ccc° xxv°, per dominos Remundum Saqueti et Gaucelinum de Campanis, ac Francionem [1] de Avenariis, baillivum tunc ibi; de quo subsidio pars reddita est regi, et pars non reddita.

1748. Compotus Johannis Quatreus [2], deputati per J. Ursini, Guillelmum Tossac et Franciscum Jacobi, commissarios generales super subsidio imposito super mercaturis tractis extra regnum, ad recipiendum compotum dicti subsidii in bailliviis Matisconensi, Calvimontis in Bassigneio et senescallia Carcassone, et earum ressortis.

Item Guillelmi Constantini, prepositi Matisconensis, Bernardi de Montecalveti et Poncii de Vitriaco, castellani de Sancto Jangone, de dicto subsidio baillivie Matisconensis, a nona Januarii m° ccc° xxiv°, qua incepit, usque ad octavam Julii m° ccc° xxv° qua cessavit, et a duodecima die Decembris tunc, qua reincepit, usque ad Sanctum Andream m° ccc° xxvi°. Redditus vigesima quarta Januarii tunc. Debet dictus Poncius pro fine compoti iii^c xlviii lib., xv sol., vi den., ob. tur. Thesaurus tamen pro ipso ii^c lxxix lib., v den. par.

1749. Compotus Guillelmi Constantini de impositione quatuor denariorum de libra in dicta baillivia, a Sancto Andrea m° ccc° xxvi° usque ad decimam tertiam Februarii tunc, redditus mense Februarii m° ccc° xli°. Corrigitur finis.

1750. *Bituricensis.*

Dominus Johannes de Foux [3], miles, baillivus Bituricensis, imposuit dictum subsidium super villis ejusdem baillivie, anno ccc° xxiv° et xxv° quoque anno. Et fuit summa impositionis iii^m lxvii lib., xv sol., ob. tur., de quibus rex habuit per compotum ejusdem baillivie ad Omnes Sanctos ccc° xxvi°, viii^c iiii^{xx} lib. par., et ad Ascensionem ccc° xxvii° pro toto residuo xv^c lxxiii lib., iiii sol., ob. par., prout totum hoc in eodem compoto continetur. Nunquam tamen fuerunt partes dicti subsidii tradite curie.

1751. *Turonensis.*

Compotus Johannis de Montegisonis, receptoris Turonensis, de subsidio imposito per magistrum Remundum de Parisius et dominum Reginaldum de Bauchevillari, baillivum ibi, levato anno m° ccc° xxv°, redditus prima Octobris m° ccc° xxvii°. Corrigitur finis et quantum ad denarios impositos.

Partes dicti subsidii impositi per dictos magistrum Remundum et dominum Reginaldum tunc.

1752. *Andegavensis.*

---

[1] Ms.: *fractione.* — [2] Ms.: *Quatrex.* Cf. Arch. nat., KK 2, fol. 29. — [3] Ms.: *des Feux.*

1753. *Cenomanensis.*

1754. *Perticum* [1].

1755. *Insula.*

1756. *Valesium.*

1757. *Rothomagensis.*
Compotus domini Johannis Gahe [2] et Nicolai de Fovilla de subsidio imposito super mercaturis tractis extra regnum, levato in baillivia Rothomagensi a dominica ante Nativitatem Domini m° ccc° xxv° usque ad decimam nonam Novembris m° ccc° xxvii°, redditus decima Decembris. Totum fit per compotum ejusdem baillivie ad Sanctum Michaelem tunc.

1758. Compotus de eodem pro tempore sequenti debet fieri in Inventario regis Philippi de Valesio; et similiter de aliis in aliis bailliviis et senescalliis.

1759. *Caletensis.*
Partes subsidii impositi ibi pro dicta guerra Vasconie per Erardum d'Alement et Vincentium de Castello, et baillivum ibi, super mercaturis venditis in eadem baillivia, et levati ibi a die lune ante Cineres m° ccc° xxiv° qua incepit, usque ad Sanctos Gervasium et Prothasium m° ccc° xxv° qua cessavit. Ascendunt ad xvii° xiii lib., xvi sol., ii den. tur., que redduntur per compotum ejusdem baillivie ad Sanctum Michaelem m° ccc° xxvi°.

1760. Partes subsidii impositi per comitem Augi, et levati per Robertum Stulti, super quasdam terras prope mare in sergenteriis de Harfleur et de Monstervilliers, in dicta baillivia. Ascendunt ad iiii° lxxiii lib., v sol., deductis expensis, que redduntur regi per compotum ejusdem baillivie ad Sanctum Michaelem m° ccc° xxvi°.

1761. Partes subsidii impositi super mercaturis tractis extra regnum, et levati in eadem baillivia, a Nativitate Domini m° ccc° xxiv° usque ad Pascha m° ccc° xxvi°. Ascendunt ad xviii° iiii^{xx} xiii lib., xiii sol., vii den. tur., que redduntur per compotum ejusdem baillivie ad Sanctum Michaelem tunc.

1762. Compotus Roberti Bras de fer et Johannis de Longa Aqua de dicto subsidio levato apud Dieppam, a Sancto Michaele [3] m° ccc° xxvii° usque ad diem martis post Ascensionem Beate Marie m° ccc° xxix°, redditus prima Decembris tunc. Debet vi^{xx} xiii lib., vii sol., iii den., ob. tur.

1763. *Cadomensis.*

1764. *Constantinensis.*
Partes subsidii impositi super certis villis baillivie Constantinensis, ac partes emendarum et marche argenti super servientes ejusdem baillivie, pro dicta guerra Vasconie, per

---

[1] Ms.: *Particum.* — [2] Forme très suspecte. Pour «Gaidre»? — [3] Ms.: *Martino.*

Guillelmum de Diciaco et Godefredum Le Blond, baillivum tunc ibi, anno m° ccc° xxiv°, in uno libro cum financiis feodorum ibi, in quo continetur instructio facta super mercaturis regni et financiis feodorum levandis ibi.

1765. *Baillivia Gisortii.*

1766. *Campania.*
Compoti tres magistri Johannis de Borbonio et Michaelis de Parisius, baillivi Trecensis, de denario pro libra levato super mercaturis ejusdem baillivie, et de alio subsidio petito ab aliquibus villis ibi pro exercitibus Vasconie et Flandrie, levato per ipsos in eadem baillivia Trecensi, annis m° ccc° xxiv°, m° ccc° xxv° et m° ccc° xxvi°, ac de compositionibus, emendis, donis et mutuis, ac de financiis feodorum ibi. Redditus nona Maii vel Februarii m° ccc° xxvii° vel m° ccc° xxvi°. Corrigitur finis; arreragia requirenda in fine.

1767. Compotus Guillelmi de Feritate de dictis [arreragiis subsidii, financiarum compositionum et emendarum baillivie Trecensis, restantibus ad levandum post dictum compotum magistri Johannis et Michaelis, redditus vigesima quarta Februarii m° ccc° xxviii°. Debet m xlvii lib., vi sol., iii den. tur. Thesaurus tamen pro ipso vi^e xxv lib., xii sol., vi den. tur. Restant ibi pro arreragiis requirendis ii^m v^c xxiiii lib., xvi sol., viii den. tur. Signantur recuperari super dictum Michaelem de Parisius vii^{xx} ix lib. par. Suitur post tres compotos dictorum magistri Johannis et Michaelis. Valor dicti subsidii in fine dicti compoti.

1768. Compotus magistri Gervasii de Ponte Arsis de dicto subsidio et de financiis usur[ariorum] et acquest[uum] levatis in baillivia Vitriaci pro exercitu Vasconie annis m° ccc° xxiv° et m° ccc° xxvi°. Non auditus.

1769. Compotus Oudardi Le Sauvage de hoc quod levavit de arreragiis dicti subsidii, redditus decima quarta Julii m° ccc° xxvii°. Corrigitur finis.

1770. Partes subsidii impositi in baillivia Calvimontis pro exercitu Vasconie, anno m° ccc° xxv°, per dominum Guillelmum Gadre et baillivum ibi, dominum Petrum de Tertialeuca, cum quibusdam partibus financiarum usurar[ior]um.

1771. Compotus domini Johannis de Machery, baillivi Vitriaci, de subsidio imposito super mercaturis tractis extra regnum, levato in eadem baillivia a Nativitate Domini m° ccc° xxiv° per duos annos, ut videtur.

Item de subsidio levato super servientibus regiis anno m° ccc° xxvi°, et de aliquibus bonis Anglicorum captorum in eadem baillivia tunc, redditus vigesima quarta Novembris m° ccc° xxvi°. Debet. Thesaurus tamen pro ipso.

1772. Compotus Johannis Viardi de eodem subsidio levato in prepositura de Espernayo, a Candelosa m° ccc° xxiv° usque ad diem veneris ante Sanctum Remigium m° ccc° xxvi°, redditus decima octava Octobris tunc. Debet. Thesaurus tamen pro ipso.

1773. Alius compotus ejusdem de eodem levato in castellania de Fimis, a Nativitate Domini m° ccc° xxiv° usque ad nonam Julii m° ccc° xxvi° qua cessavit, et a vigesima Decembris M° ccc° xxv°, qua reincepta fuit levari, usque ad decimam quintam Octobris M° ccc° xxvi°. Redditus dicta die tunc. Thesaurus debet pro ipso.

Alius compotus ejusdem de eodem ibi, a dicta decima Octobris M° ccc° xxvi° usque ad decimam quintam Martii M° ccc° xxix°, redditus duodecima Januarii M° ccc° xxxii°. Corrigitur finis.

1774. Compotus Petri d'Avary[1] de eodem subsidio levato in prepositura Castri Th[eoderici], a Candelosa M° ccc° xxiv° usque ad Sanctum Remigium M° ccc° xxvi°, redditus decima octava die Octobris tunc. Thesaurus tamen pro ipso.

1775. Compoti duo Petri Mali Monachi de dicto subsidio in castellania Sancte Menehildis et ressorto, a Sancto Michaele M° ccc° xxvi° usque ad Nativitatem Domini M° ccc° xxviii°, redditi nona Februarii tunc. Corrigitur finis. Signatur ibi quod plures commissarii ibidem nominati mandentur ad computandum.

1776. *Pictaviensis, Lemovicensis et Marchie.*

Compotus Aymerici Brugelue, receptoris Pictaviensis, de subsidio levato super mercaturis ejusdem senescallie Pictaviensis, et in bailliviis Lemovicensi et Marchie, et imposito per dominum Raimbaldum de Rechignevoizin et dominum Petrum de Rapistagnis, senescallum Pictaviensem, anno M° ccc° xxv°, redditus nona Maii anno M° ccc° xxix°. Corrigitur finis. Aliqua signantur recuperanda.

1777. *Xantonensis, Engolismensis, Petragoricensis, Caturcensis baillivie.*

Partes subsidii imposili in senescallia Xantonensi et comitatu Engolismensi super certis villis pro exercitu Flandrie M° ccc° xxv°, et pro exercitu Vasconie M° ccc° xxvii° in senescallia Petragoricensi et Caturcensi, per dominum Nicolaum Albi et dominum Guillelmum de Pois, milites, tradite curie undecima Decembris tunc.

1778. Compotus Guillelmi Sorini de subsidio super mercaturis tractis extra regnum, levato in senescallia Xantonensi a vigesima quinta Novembris M° ccc° xxvi° usque ad Sanctum Johannem M° ccc° xxxi°, redditus vigesima prima Julii M° ccc° xxxii°. Debetur ei.

Alius compotus ipsius, seu partes plegiariorum captorum [2] in eadem senescallia per eum, ratione mercaturarum carcatarum apud Rupellam et alios portus circa, a vigesima nona Octobris M° ccc° xxvii° anno usque ad festum Sancti Johannis M° ccc° xxxi°.

1779. Compotus Johannis de Proboleno, receptoris Petragoricensis et Caturcensis, de subsidio ibi imposito per dominos Johannem de Varennis et Jordanum de Lumbercio, senescallum ibi, pro guerra Vasconie, anno Domini M° ccc° xxv° et de marchis argenti receptis a notariis regiis et correttariis [3] ibi, et de subsidio de LX sol. par. a quolibet serviente [4] equite, et de XX sol. a quolibet serviente pedite. Non auditus.

1780. *Alvernie.*

---

[1] Forme très suspecte. Peut-être pour «Avenay». — [2] M.: *plegeriarum captarum.* — [3] Ms.: *a notario regio et correctarum ibi.* Cf. 3 1745. — [4] Ms.: *gignente.*

1781. *Caturcensis.*
Est etiam superius.

1782. *Ruthenensis.*

1783. *Carcassone.*
Etiam supra.

1784. *Tholose et Albiensis, Carcassone, Bigorre.*
Compotus domini Radulphi Chalon de hoc quod recepit de dicto subsidio et de aliquibus emendis per inquisitores [1], de financiis feodorum et usurariorum [2], in senescalliis Tholose, Carcassone et Bigorre, annis M° CCC° XXV°, M° CCC° XXVI°, M° CCC° XXVII°, redditus quarta Augusti M° CCC° XXXV°. Corrigitur finis. Plura signantur [3] recuperari super dominum Guillelmum de Villar[ibus] et quosdam alios.

1785. Compotus Poncii Costa et Guillelmi de Gaure de subsidio imposito super mercaturis tractis extra regnum, levato in senescallia Tholose et Albiensi, ab octava Januarii M° CCC° XXV° anno usque ad decimam septimam Septembris M° CCC° XXVI°, redditus duodecima Decembris tunc.

1786. Compotus Stephani Damberain [4], commissarii generalis ad recipiendum compotos singularium collectorum subsidii ordinati super mercaturis transeuntibus per mare pro auxilio ejusdem, incepti levari mense Octobri M° CCC° XXVII° usque ad Pascha M° CCC° XXIX° qua cessavit, de hoc quod levavit de eodem a dictis collectoribus per dictum tempus, redditus sexta Julii M° CCC° XXXI°. Debet II^m V^c LXIIII lib., I den. tur. monete debilis, quas thesaurus per cedulam suam. Sunt in fine arreragia de LIX^m V^c lib., XXV sol., VII den. tur. adhuc levanda. Et tradidit compotum dicti subsidii.

Debet etiam esse in Inventario regis Philippi de Valesio.

1787. *Bellicadri et Nemausi.*
Partes subsidii impositi in senescallia Bellicadri et Nemausi super certis villis anno CCC° XXV°, pro exercitu Vasconie, per priorem de Charitate.

1788. *Vasconie et Agennensis.*

---

[1] Ms.: *inquestum.* — [2] Ms.: *usuris.* — [3] Ms.: *Plus signatur.* — [4] Ms.: *Damberani.*

FINANCIE FEODORUM DE NOVO ACQUISITORUM.

FINANCIE LEVATE RATIONE FEODORUM, RETROFEODORUM, CENSIVARUM, RETROCENSIVARUM, ALLODIORUM ET NOVORUM ACQUISITORUM AB ECCLESIASTICIS ET IGNOBILIBUS PERSONIS AB ANNO M° CC° IIII^{xx} X° USQUE AD ADVENTUM REGIS PHILIPPI DE VALESIO, QUI INCEPIT REGNARE ANNO M° CCC° XXVII° AD CANDELOSAM, ET INDE USQUE AD ASCENSIONEM M° CCC° XXVIII° EXCLUSIVE.

1789. *Parisiensis.*

Compotus magistri Symonis Bodelli et Symonis Pagani de financiis feodorum in prepositura Parisiensi et ejus ressorto, pro termino Beati Remigii M° CC° IIII^{xx} XII°, redditus mercurii post Sanctum Dyonisium M° CC° IIII^{xx} XIV°. Correctus est quantum ad finem compoti. Sunt tamen in fine quidam respectus dati per litteras, quorum summa est circa VI° lib. par. Petantur et sciatur ubi redduntur regi.

1790. Alius eorundem [1] de eodem et de novis acquisitis, a Sancto Remigio M° CC° IIII^{xx} XIV° usque [ad] jovis post Epiphaniam M° CC° IIII^{xx} XV°, factus post Nativitatem Beate Marie M° CC° IIII^{xx} XVI°. Correctus est quantum ad finem compoti paris[iensium]. Aliud restat corrigendum.

1791. Compotus magistri Guillelmi de Marigniaco de eodem ibi, redditus curie die lune ante Cathedram Sancti Petri. Correctus est ad plenum.

1792. Compotus domini Philippi de Marigniaco de financiis acquestuum ibi. Non dicitur tempus quo fuit ibi; sed, prout vidimus contineri in expensis quas voluit capere, fuit ibi a die sabbati post Nativitatem Domini M° CCC° usque ad Nativitatem Sancti Johannis Baptiste CCC° I°. Non fuit clausus. Sciatur tamen, quia non dicitur ibi.

1793. Compotus magistri Galteri de Rovris de financiis feodorum levatis per eum in vicecomitatu Parisiensi et baillivia Meldensi. Fit in tempore regis Philippi de Valesio.

1794. *Silvane[c]tensis.*

Compotus magistri P. de Latilliaco [2] de eodem tunc in bailliviis Gisortii et Silvanectensi, factus ad Omnes Sanctos anno M° CCC° III° in compoto Omnium Sanctorum. Correctus est.

1795. Duo compoti domini P. de Playlli de eodem, de quibus primus fit in compoto Candelose M° CC° IIII^{xx} III° et alter in compoto Ascensionis M° CC° IIII^{xx} IV° vel M° CC° IIII^{xx} III°. Debet pro fine ipsorum circa II° lib. par. Sciatur in dictis compotis baillivie si redditi fuerunt, et, si non, petantur.

1796. Compotus H. Basanerii de hoc quod recepit de financiis explectatis per Jacobum de Sancto Alberto, factus in compoto Omnium Sanctorum M° CC° IIII^{xx} XV°. Correctus est.

1797. Compotus ipsius de eisdem taxatis per magistrum P. de Latilliaco, levatis M° CC° IIII^{xx} XVI°, factus in quindena Candelose tunc. Correctus est quantum ad finem com-

---

[1] Ms.: *ejusdem*. — [2] Ms.: *Latigniaco*.

poti. Sunt tamen aliqua recuperanda que posita fuerunt in sufferentia per regem. Sciatur si levata fuerunt.

1798. Financie levande in episcopatu Belvacensi, tradite per magistrum P. de Latilliaco predictum ante Ascensionem m° cc° iiii^{xx} xiv°; et est earum summa iiii^c xi lib., xviii sol., vi den. Sciatur si tradite fuerunt ad levandum.

1799. Partes financie dicte baillivie, taxate et non solute, facte per magistrum Jacobum predictum, quarum summa xvi^c li lib., xxiii sol., viii den. Sciatur ut supra.

1800. Compotus ipsius magistri Jacobi de eisdem ibi, factus in octava Epiphanie m° cc° iiii^{xx} xiv°. Correctus est.

1801. Partes financie baillivie Sylvanectensis, facte per magistrum P. de Latilliaco, levate per H. Le Basenier et G. de Trocha, tradite in vigilia Ascensionis m° cc° iiii^{xx} xv°. Solverunt totum Bichio et Moucheto quod debuerunt pro fine dicti compoti. Sciatur ubi dicti Bichius et Mouchetus redd[ider]unt regi.

1802. Compotus magistrorum Anselli de Morgnevalle et Nicolai de Braya de financiis factis per eos in baillivia Sylvanectensi et ejus ressorto pro feodis acquisitis [1] ab ignobilibus personis et ecclesiasticis personis, et pro libertatibus et hominibus ac feminis dicte baillivie de servitute redemptis et aliis, anno m° ccc° xvii°, traditus curie decima Decembris m° ccc° xix°. Non auditus.

1803. Compotus Guyardi de Monteleherici [2] de financiis feodorum et usurariorum [3] levatis per eum in baillivia Sylvanectensi, annis m° ccc° xxv° et m° ccc° xxvi°, redditus decima quinta Maii m° ccc° xxvii°. Debet. Thesaurus tamen pro ipso. Aliqua signantur recuperari.

1804. Partes dictarum financiarum feodorum et usurariorum et cujusdam subsidii, tunc factarum per magistrum Stephanum de Villar[iis] et Egidium Haquin. Suuntur in fine dicti compoti.

1805. Quidam rotulus de informatione super aliquibus financiis feodorum et usurariorum.

1806. *Inveni plures partes minutas istorum acquisitorum feodorum de istis bailliviis; ligavi istas insimul, et posui ad partem* [4] *extra saccum, quia videntur mihi nullius valoris.*

1807. *Viromandensis.*

Compotus Evrardi Porion et Lissardi Le Jonne de Lauduno de financiis feodorum in baillivia Viromandensi, factus in compoto Candelose m° cc° iiii^{xx} xii°.

Alius compotus ipsorum de eodem, factus die lune post festum Beati Matthei Apostoli m° cc° iiii^{xx} xv°.

Alius compotus ipsorum, redditus dominica ante Sanctum Clementem m° cc° iiii^{xx} xv°.

Quartus compotus ipsorum de eodem, factus in festo Sancti Nicolai hyemalis, anno

---

[1] Ms. : *financiis, factus... per feodum acquisitum.* — [2] Ms. : *Montelcrico.* — [3] Ms. : *usuris.* — [4] Ms. : *partes.*

FINANCIE FEODORUM DE NOVO ACQUISITORUM.

M°CC°IIII^{xx}XVI°. — Videntur (tamen) omnes esse correcti. Ponuntur tamen cum non correctis.

1808. Compotus magistri Philippi Conversi et M. de Malo Conductu de financiis hominum servilis conditionis et bastardorum per eos factis in baillivia Viromandensi M°CCC°XV°, et super libertatibus et franchisiis feodorum et pluribus aliis contentis in commissione sua, redditus curie sexta Junii M°CCC°XX°. Debe[n]t pro fine dicti compoti c lib., XIX sol., I den. par., quas solverunt[1] per compotum suum a tergo bailliviarum Francie [de termino] Ascensionis M°CCC°XXII°.

Sunt in fine dicti compoti defectus levandi quorum non fit summa. Petantur.

1809. Quidam compotus dicti Philippi de expensis quas fecit in faciendo assisiam terre domini R. de Atrebato apud Bellum Montem Rogeri[2], annis M°CCC°XIV° [et] M°CCC°XV°. Auditus tunc, M°CCC°XX°. Debentur ei que reddduntur ei in compoto superius scripto a tergo bailliviarum Francie de termino Ascensionis M°CCC°XX° (sic).

1810. Compotus Johannis Vincentii et Johannis de Vergis de receptis et misi[i]s quas fecerunt in prepositura Laudunensi et ressorto, super et de financiis feodorum factis per dominum Guidonem Poitevin et Robertum de Versone, a Nativitate Beate Marie M°CCC°XXVI° usque ad Sanctum Nicolaum hyemalem M°CCC°XXVII°, redditus decima octava Decembris M°CCC°XXIX°. Corrigitur finis.

1811. Quidam rotulus de hoc quod fecit magister Nicolaus de Sancto Justo in dicta baillivia anno M°CCC°XXIV° super facto usurariorum.

1812. Compotus Guidonis Poitevin de financiis usur[ariorum] ibi anno M°CCC°XXVII°, redditus vigesima sexta Januarii tunc, et quitte. Partes usur[ariorum] sunt in dicto compoto radiate, eo quod dicuntur poni in debitis. Dicuntur etiam esse inter emendas per inquisitores[3] de tempore regis Caroli, et in fine compoti sui qui dicitur ibi sui ad Omnes Sanctos M°CCC°XXVIII°.

1813. *Ambianensis.*

Tres compoti magistri Evrardi Porion. Primus, de acquestibus ibi factis, die martis in crastino Sancti Andree Apostoli M°CC°IIII^{xx}XIII°; correctus, ut videtur. Secundus de eodem, factus per ipsum die sabbati in vigilia Beatorum Philippi et Jacobi M°CC°IIII^{xx}XV°; correctus, ut videtur. Item tertius, factus per ipsum dominica ante Sanctum Clementem tunc; correctus, ut videtur.

1814. Partes financiarum feodorum factarum in dicta baillivia per magistrum Nicolaum de Sancto Justo, anno M°CCC°XXVI°.

1815. Partes financiarum usurar[ior]um ibi, tradite per dominum Andream de Carroliis, prout invenientur inter compotos subsidii levati super mercaturis regni pro guerra Vasconie anno M°CCC°XXIV°. Invenientur autem hic.

1816. *Senonensis.*

Compotus Johannis de Variis, militis, et P. de Villablouana de eodem in dicta bail

---

[1] Ms.: *solvit.* — [2] Ms.: *Regium.* — [3] Ms.: *R. inquis.*

livia, pro annis m° cc° iiii^{xx} xi° et m° cc° iiii^{xx} xii°, redditus in compoto Candelose m° cc° iiii^{xx} xii°. Summa dicti compoti est ii^{m} vi^{c} lxviii lib., vi sol., ix den. tur. Sciatur ubi redduntur regi et per quem computatur.

Compotus ipsorum de eodem, factus in compoto Candelose m° cc° iiii^{xx} xiii°. Correctus est. Sunt tamen quedam debita que tradiderunt in fine dicti compoti, que non videntur esse soluta ad plenum. Petantur.

Compotus ipsorum de eodem, factus a die Sancti Petri hyemalis m° cc° iiii^{xx} xiii° usque ad diem sabbati ante Magdalenam m° cc° iiii^{xx} xv°. Non est correctus; et sunt plura levanda quorum partes in dicto compoto. Petantur in correctione.

1817. Compotus Henrici Normanni de residuo financiarum (et) acquestuum in baillivia Senonensi, factus die jovis post Trinitatem m° cc° iiii^{xx} xvi°, cum una cedula de hiis que recepit dictus Henricus de financiis feodorum, quas habuimus in debitis super Senonis de anno m° cc° iiii^{xx} xv° [1]. Debet pro fine compoti predicti xxii lib., xvi sol., ix den., et super hoc debetur ei salarium [2].

1818. Compotus ubi continentur nomina illorum qui finaverunt de novis acquestibus in dicta baillivia cum magistro Odone de Columberiis, anno m° ccc° xvii°. Debentur dicto domino Odoni xxxvii lib., xvi sol., ix den., ob. tur., quarum pars soluta est per baillivum Senonensem, et pars remanet solvenda. Extrahatur et petatur a dictis personis.

1819. Compotus alter dicti Henrici de recepta per ipsum facta de hiis que debentur regi ratione financiarum feodorum et novorum acquisitorum in dicta baillivia et ejus ressorto, cum domino J. de Variis et domino P. de Villablouana, redditus curie martis post Sanctum Nicolaum m° ccc° i°. Debet ii^{c} xiiii lib., vi sol., vi den. par.; et cum hoc restat ad levandum de dictis financiis, quarum partes in fine dicti compoti, circa ii^{m} lviii lib., viii sol. tur., que non videntur solute. Petantur.

1820. Financie dicte baillivie Senonensis [3], facte per Johannem [de] Longueau. Sunt cum financiis baillivie Aurelianensis.

1821. Partes financiarum feodorum castellanie Meledunensis tradite per receptorem Senonensem decima quarta Septembris m° ccc° xxvii°. Suuntur cum compoto Jacobi Hardi de dictis aut similibus financiis, levatis per eum anno m° ccc° xxviii° pro tempore regis Philippi de Valesio. Queratur ibidem, nisi cum istis inveniantur.

1822. Compotus magistri Renardi Raviau de dictis financiis in prepositura Ville Nove Regis, anno m° ccc° xxvii°, redditus decima quarta Julii m° ccc° xxvii°. Debet. Thesaurus tamen pro ipso.

1823. *Aurelianensis.*

Alius compotus Petri de Adversio de eodem termino Ascensionis m° cc° iiii^{xx} xiii°. — Sunt correcti [4].

---

(1) Ms. : *quos habuimus in debitis super Senono de anno...*

(2) Ms. : *solarium.*

(3) Ms. : *Den.*

(4) Il semble qu'un paragraphe ait été omis, qui précédait immédiatement celui-ci.

FINANCIE FEODORUM DE NOVO ACQUISITORUM.

Compotus ipsius P. de Adversio de acquestibus in baillivia predicta de termino Omnium Sanctorum M° CC° IIII^{xx} XIII°.

1824. Compotus Johannis de Longiau[1] de eodem in bailliviis Senonensi et Aurelianensi, de tempore executionis, videlicet a M° CCC° XIII° citra, et etiam de tempore regum Philippi et Ludovici. Dicta expensa non est ad plenum clausa; si tamen clauderetur[2], deductis solutionibus quas fecit cum expensis, deberetur ei.

1825. *Masticonensis baillivia.*

Compotus Johannis, cantoris de Lynais, de eodem ibi, de termino Ascensionis M° CC° IIII^{xx} XIV°, redditus die lune in crastino octavarum Beati Martini hyemalis tunc.

Alius compotus ipsius de eodem, factus ad Omnes Sanctos anno M° CC° IIII^{xx} XV°. Correctus est complete, exceptis cx lib. tur. que signantur recuperande super abbatem et conventum Sancti Rigaudi, quia debuit vi^{xx} lib., et non solvit nisi x lib. tur.

1826. Partes financiarum feodorum dicte baillivie facte per magistrum Raymundum Saqueti[3] et magistrum P. Boyau anno M° CCC° XXVI° vel[4] circa.

1827. Partes usurar[ior]um ibi facte per dominum Raymundum Saqueti et Gaucelinum de Campanis anno M° CCC° XXV° vel circa.

1828. *Bituricensis.*

Compotus magistrorum P. Favelli et Symonis de Sancto Benedicto, commissariorum in baillivia Bituricensi et ejus ressorto, super acquisitis [a] personis ignobilibus et ecclesiasticis, et super aliis[5] temporale domini regis tangentibus, de hoc quod receperunt de eodem annis M° CCC° X° et XI°. Auditus tertia die Maii M° CCC° XVII°. Debe[n]t pro fine compoti, deducto hoc quod thesaurus debet reddere pro ipsis, XXII lib., V sol. tur. monete tunc currentis. Et tradiderunt arreragia in fine dicti compoti, quorum pars soluta est per baillivum Bituricensem[6]. Extrahantur et petantur non soluta.

1829. Partes financiarum feodorum et usurariorum in eadem baillivia facte per magistrum Aymardum de Croso, annis M° CCC° XXV° et M° CCC° XXVI°.

1830. Compotus magistri Ren[ardi][7] Ravel de dictis financiis feodorum in dicta baillivia, anno M° CCC° XXVII°, redditus decima Decembris M° CCC° XXVII°, et quitte.

Partes dictarum financiarum tunc ibi, sute in principio ejusdem compoti.

1831. *Turonensis.*

Compotus magistri Johannis Osanne et domini Johannis de Noycello de financiis acquisitorum ibi, factus die mercurii post Epiphaniam anno M° CC° IIII^{xx} XIV°.

1832. Compotus magistri J. de Noycello cum Reginaldo de Marcellis de eodem, factus lune ante Ascensionem anno M° CC° IIII^{xx} XVI°. Correctus est.

---

[1] Cf. § 1762 et 1820.
[2] Ms. : *claudentur.*
[3] Ms. : *Saquer.*
[4] Ms. : *et.*
[5] Ms. : *aliud.*
[6] Ms. : *baillivos Bituricenses.*
[7] Cf. § 1822.

1833. Partes financiarum conquestuum predictorum per ipsum et Renaudum de Marsellis, tradite curie per baillivum ad Ascensionem m° cc° iiii^{xx} xvii°. Et est earum summa v^c lviii lib., xix sol., iii den. Sciatur ubi redduntur regi. Deberent tamen reddi per compotum dicte baillivie. Videatur.

1834. Compotus magistri Thome de Remis de financiis feodorum et usurar[ior]um in dicta baillivia, anno m° ccc° xxvi°, redditus decima septima Julii m° ccc° xxvii°. Debet cxiii lib., v sol., xi den. tur., de quibus thesaurus pro ipso c lib. tur.

1835. Compotus Benedicti Brocardi de financiis feodorum in bailliviis Turonensi et Andegavensi, annis m° ccc° xxvii°, m° ccc° xxviii° et m° ccc° xxix°, redditus decima tertia Maii m° ccc° xxxi°. Et quitte.

1836. *Rothomagensis.*

Compotus magistri Johannis Osanne, curati Sancti Jacobi Parisiensis, de financiis feodorum in dicta baillivia, redditus curie dominica post Epiphaniam, anno m° cc° iiii^{xx} xiv°. Videtur quod restant ad levandum per dictum compotum. Videatur diligenter in correctione. Debetur tamen dicto magistro Johanni. Non est correctus, et sunt ibi plura corrigenda.

1837. Compotus magistri Reginaldi d'Archieu de eodem ibi, ab Incarnatione Domini m° cc° iiii^{xx} xiv° usque ad finem mensis Augusti m° cc° iiii^{xx} xv°. Correctus est.

Alius compotus ejusdem de arreragiis debitis regi in ducatu Normanie, levatis per ipsum Reginaldum in vigilia Sancti Matthei Apostoli m° ccc° xi°. Debentur ei xi lib., ii sol., iiii den. tur.

Alius compotus ejusdem de eodem, a die Sancti Bartholomei m° cc° iiii^{xx} xvi° usque ad diem Beati Johannis m° cc° iiii^{xx} xvii°, factus in Julio m° cc° iiii^{xx} xvii°. Debentur ei pro fine dicti compoti vi^{xx} lib., de quibus habuit cedulam. Correctus est.

Partes tradite per ipsum de hoc quod restat ad levandum ibi de hiis qui finare de acquisitis noluerunt, tradite mense Julii m° cc° iiii^{xx} xvii°. Et est earum summa v^c vii lib., ix sol., iiii den. Sciatur ubi redduntur regi.

Alie partes tradite per eum in duobus rotulis, facte[1] et reddite per compotum baillivie Rothomagensis, videlicet quedam ad Sanctum Michaelem anno m° cc° iiii^{xx} xvi°, et alie ad Pascha m° cc° iiii^{xx} xvii°. Sciatur plenius in correctione.

1838. Partes financiarum feodorum in baillivia Rothomagensi factarum per Petrum Droconis, annis m° ccc° xxv°, xxvi° et xxvii°, redditus sexta Maii m° ccc° xxxi°. Debetur ei. Habuit tamen cedulam testimonialem.

1839. *Caletensis.*

Financie facte in dicta baillivia super eodem per magistrum Clementem de Saviaco, ab Omnibus Sanctis m° cc° iiii^{xx} xii° usque ad Omnes Sanctos anno m° cc° iiii^{xx} xiii°, de quibus erat terminus ad solvendum easdem ad Sanctum Michaelem tunc. Non fit summa

---

[1] Ms.: *rotulis factis, et reddite...*

totalis earum. Dictus tamen magister Clemens de hoc quod recepit de eodem pro expensis suis in dicto negotio computavit [1]. Et debitum fuit ei quod solutum fuit per Bichium. Sic est correctus.

1840. Partes financiarum feodorum in baillivia Caletensi factarum per Vincentium de Castello anno M° CCC° XXV°, et traditus curie decima quinta Octobris M° CCC° XXVII°.

1841. *Cadomensis et Constantinensis.*

Compotus magistri Guillelmi Boucelli de financiis acquisitorum ibi, factus circa Candelosam M° CC° IIII^{xx} XII°. Correctus est, excepto de aliquibus personis que solverunt financias suas pro medietate. Petatur residuum.

1842. Financie facte in dicta baillivia cum magistro G. Bouciau ad Sanctum Jo[han]nem M° CC° IIII^{xx} XIII°, que ad magnam summam ascendunt. Recepit tamen de eisdem dictus magister Guillelmus VII^{xx} X lib., X sol. tur. pro expensis suis. Sciatur ubi residuum ipsarum redditur. Et est ejus compotus a tergo dictarum financiarum. Et est correctus.

1843. Compotus magistri L. Houroust [2] super acquisitis ecclesiarum et scripturis [3] ibi, redditus sabbato post Sanctum Vincentium M° CC° IIII^{xx} XIII°. Et fuit summa totalis VII^{m} VIII^{c} LXI vel LI lib., XVIII sol., VII den. tur., de quibus recepit VIII^{c} XIIII lib., X den. tur., de quibus partes a tergo; et expendit IIII^{c} XII lib., X sol. tur. Debentur ei IIII^{xx} XVII lib., IX sol., II den. tur. Petatur residuum, nisi inveniatur quod redditum fuerit.

Alius compotus ejusdem super pluribus negotiis sibi commissis, videlicet super residuo financiarum bailliviarum Constantinensis et Cadomensis, et super pluribus negotiis ei commissis M° CC° IIII^{xx} XIV°, de quo residuo sunt partes in dicto compoto; et laboravit in dicto negotio a vigesima secunda Januarii M° CC° IIII^{xx} XII° usque ad duodecimam diem Aprilis sequentis. Non est acceptatus.

1844. Declarationes scripturarum factarum contra regem in dictis bailliviis, invente per informationem plurium, et substractorum [4] de jure regio, que nondum recuperate sunt pro rege. Videatur diligenter in correctione.

1845. Partes financiarum feodorum, seu informatio super acquisitis in baillivia Cadomensi per dominum Johannem de Lineriis, annis M° CCC° XXVII°, XXVI°, XXV°.

1846. Compotus dicti domini Johannis de eodem, redditus curie decima Julii M° CCC° XXXVII°. Debet II^{m} III^{c} XXV lib., VI sol., VII den., ob. tur. debil. In fine sunt plura arreragia requirenda. Partes dictarum financiarum in quodam libro de papiro.

1847. Informatio super acquisitis factis in vicecomitatu Abri[n]censi anno M° CCC° XXVII°, tradita per Philippum de Gornayo, vicecomitem ibi.

1848. *Gisortii.*

Financie facte per magistrum P. de Latilliaco cum personis ecclesiasticis et ignobilibus

---

[1] Ms.: *compoti.* L'original de ce compte est à la Bibl. nat., Coll. Clairambault, 469, p. 181. — [2] Cf., p. 168, note 2. — [3] Ms.: *scripturarum.* Cf. § 1844. — [4] Ms.: *substratorum.*

dicte baillivie m° cc° iiii__xx__ xii°. Signatur pro correcto. Videatur tamen, quia ascendunt ad viii__e__ ix lib., xv sol., viii den. tur.

1849. In uno rotulo alie financie facte per dictum P. [anno] m° cc° iiii__xx__ xiii°, videlicet apud Gysortium, Andeliacum, Ebroycas, Vernolium. Non fit summa totalis earum. Sciatur tamen qui debuit levare eas, quia arrestatur ibi quod non sunt solute.

1850. Taxationes financiarum baillivie Gisortii super novis acquestibus, facte per magistrum Jacobum de Sancto Alberto, tradite in compotis Purificationis m° cc° iiii__xx__ xvi°; et ascendunt circa iiii__c__ lib. Sciatur ubi redduntur. Videtur quod deberent solvi per compotum baillivie tunc. Et cum hoc tradidit quendam rotulum de veteribus taxati[onibu]s financiarum dicte baillivie pro eo quod sciatur utrum contineantur in compoto magistri P. de Latilly vel non.

1851. Partes financiarum feodorum in dicta baillivia, factarum anno m° ccc° xxvii° per magistrum Stephanum de Villariis et Johannem Avunculi, baillivum tunc ibi.

1852. *Trecensis, Meldensis.*

Compotus magistri Guillelmi de Noycello, canonici Turonensis [1], de eodem ibi, redditus curie anno m° cc° iiii__xx__ xiii°, die veneris post Epiphaniam. Correctus est ad plenum.

Alius compotus ejusdem de eodem ibi, et [in] dotalicio domine Blanche, regine Navarre, factus per ipsum mense Martii m° cc° iiii__xx__ xv°. Correctus est, ut supra.

1853. Compotus Guillelmi de Medunta et Guillelmi predicti de Noycello de eodem ibidem, et [in] dotalicio regine, redditus curie die Sancti Barnabe Apostoli tunc. Correctus est ut alii precedentes. Arrestatur tamen in fine quod episcopus Trecensis, capitula Sancti Petri et Stephani ibi, et abbas Montiscelle ibi, habent finare de pluribus in quibus se asserunt habere altam justiciam; et super hoc inquiratur. Sciatur si quid factum fuerit de hoc.

1854. *Vitriaci.*

Compotus domini Hugonis de (Monencourt vel) Nonencourt et Johannis de Sancto Verano de admortisationibus ibi. Debent pro fine dicti compoti viii den., ob. tur. Non est hic aliquid de manu Camere, nisi dictam restanciam [2]. Dictus tamen compotus, ut videtur, debuit fieri per compotum terre Campanie. Sciatur, quia restant ad levandum per dictum compotum xviii lib., xviii sol., v den. Petantur.

1855. Financie feodorum ibi per magistrum Johannem de Borbonio et Michaelem de Parisius, annis m° ccc° xxiv°, xxv° et xxvi°, prout inter compotos subsidii mercaturarum regni pro guerra Vasconie tunc invenietur, nisi inter istos fuerit.

1856. Compotus magistri Gervasii de Ponte Arsis de financiis feodorum, usurar[ior]um et subsidii ibi pro guerra Vasconie annis m° ccc° xxiv°, xxv° et xxvi°, redditus decima sexta julii m° ccc° xxxiii°. Et habetur hic quitte. Arreragia levanda suuntur in fine.

---

[1] Menant (XI, fol. 31 v°) a lu : *Trecensis*; mais cf. Arch. nat., K 181, n° 49. — [2] Ms. *resta.*

FINANCIE FEODORUM DE NOVO ACQUISITORUM.

Alius compotus ejusdem de eisdem levatis post dictum compotum suum, redditus decima sexta Julii M° CCC° XXXIII°. Et quitte hic.

1857. *Calvimontis.*

Compotus magistri Jacobi de Sancto Alberto et Guyardi de Porta, baillivi ibi, de financiis acquisitorum de novo, traditus in compoto Purificationis M° CC° IIII^{xx} XII°. Et fuit summa totalis eorundem M V^c LX lib., II sol., II den. tur., et expensa II^c XXII lib., XVI sol., VI den. Sic debuerunt M III^c XXXVII lib., V sol., VIII den., et baillivus per se L lib. Sciatur ubi totum redditur regi.

Alius compotus magistri Jacobi de Sancto Alberto de eodem ibi, factus mense Februario M° CC° IIII^{xx} XVI°. Correctus est, exceptis quibusdam respectibus datis per regem. Sciatur si solverint.

1858. *Pictaviensis, Lemovicensis et Marchie.*

Compotus magistri P. de Bellomonte de eodem ibi, redditus curie mense Martii M° CC° IIII^{xx} XIII°. Debetur ei pro fine dicti compoti. Non est correctus.

Alius compotus ejusdem de eodem ibi, factus die lune post festum Beati Matthei Apostoli M° CC° IIII^{xx} XIV°. Et fuit earum summa M VII^c XXVII lib., XIX sol., X den., que debuerunt poni in debitis Pictaviensibus. Sciatur. Debuit dictus P. XLIII lib., XVIII sol. tur. Signatur quod Bichius debuit eas pro ipso reddere. Sciatur. Item quod senescallus ibi habet partes dictarum financiarum. Petantur.

Alius compotus ipsius de eodem ibi, videlicet de hoc quod erat levandum in pluribus sergenteriis dicte senescallie, redditus die martis ante Natale M° CC° IIII^{xx} XV°. Debentur ei que debet reddere Bichius. Videtur esse correctus.

1859. Compotus Aymerici Brugelue de financiis acquestuum in senescallia Pictaviensi et Marchie et Lemovicensi, factis per dominum Raimbaldum de Rechignevoisin annis M° CCC° XXV° et M° CCC° XXVI°, redditus vigesima quinta Maii M° CCC° XXIX°. Debet VII^m XXVI lib., XIX sol., ob. tur.; et sunt plura ibi recuperanda.

1860. Partes dictarum financiarum per dictum magistrum Raimbaldum de Rechignevoisin, secundum primas ordinationes.

1861. Compotus dicti magistri Raimbaldi de expensis suis super facto dictarum financiarum feodorum, usurar[ior]um et subsidii guerrarum Vasconie et Flandrie, annis M° CCC° XXIV°, XXV° et XXVI°, in dictis senescalliis.

1862. Partes financiarum feodorum in senescallia Pictaviensi per decanum de Thoarcio et Aymardum de Bello Podio, anno M° CCC° XXVII°, secundum ultimas ordinationes traditas per magistrum Raimbaldum predictum, generalem commissarium ad hoc, decima sexta mensis Junii anno Domini M° CCC° XXVIII°.

1863. *Xanctoniensis.*

Compotus domini Guillelmi de Medonta de financiis per eum factis apud Rupellam et alibi in dicta senescallia, videlicet anno M° CC° IIII^{xx} XII°. Fit a tergo bailliviarum de termino Ascensionis m° cc° iiii^{xx} xiii°. Item tradidit in fine dicti compoti quasdam personas que finaverunt, quia[1] non solverunt dictam financiam, ut arrestatur ibi. Sciatur si postea solverunt. Penes dominum Thomam[2] arrestatur quod ponuntur in debitis dicte senescallie renovatis m° cc° iiii^{xx} xii°.

1864. Compotus magistri Reginaldi de Marsellis de financiis super acquisitis factis ibi, redditus curie die mercurii post Pentecostem anno m° cc° iiii^{xx} xviii°. Expensa fit a tergo bailliviarum[3] Francie de termino Ascensionis m° cc° iiii^{xx} xviii°. Illud quod est recuperandum ponitur in debitis financiarum dicte senescallie de anno m° cc° iiii^{xx} xvii°, ut arrestatur penes dominum Thomam.

1865. Partes financiarum feodorum factarum in senescallia Xanctonensi et Engolismensi, per dominum Nicolaum Albi, anno m° ccc° xxvi°.

1866. *Alvernie.*

Compotus magistri P. Grossi[4] de Feritate Milonis de accrementis factis ibi, factus dominica post octavis Epiphanie m° cc° iiii^{xx} xiii°. Debetur ei pro fine dicti compoti. Non est correctus. Sciendum est quod totalis summa recepta fuit xii^m ii^c lxxv lib., vi sol., vi den. tur. Sciatur ubi reddentur, quia baillivus Alvernie tunc, ut videtur, debuit eas reddere et capere in expensa v^e l lib. tur., quas tradidit dicto P. cum expensis.

1867. Financie feodorum ibi, — superius accrementis[5], — tradite per dominum J. de Tria et P. dictum Le Gros, inquisitores deputatos super hoc, de termino Omnium Sanctorum m° cc° iiii^{xx} xiii°, quarum summe redduntur in compoto P. Grossi qui est superius.

Dicte financie ibi tradite per eosdem ad terminum Omnium Sanctorum anno m° cc° iiii^{xx} xiii°.

1868. Financie facte per dominum G. de Dumis et Philippum de Sancto Verano, militem, in dicta baillivia Alvernie et senescallia Ruthenensi super acquestibus per ignobiles et nobiles et super correctione subditorum anno m° cc° iiii^{xx} xviii°, traditus curie decima septima die Augusti, anno m° ccc° xvi°. Et fuit summa totalis eorum xv^m iii^c xxxi lib., ii sol., iiii den. tur. Et arrestatur in fine ipsius quod restant ad levandum in dicta baillivia et senescallia predicta xxviii^m ix^c iiii^{xx} iiii lib., xviii sol., v den. tur. Sciatur qui debuit ea levare, et petantur cum alia summa de xv^m ut supra, etc., nisi inveniantur regi reddita.

1869. Partes financiarum feodorum ibi per magistrum P. Fauvelli anno Domini m° ccc° xxvii°.

1870. Compotus Johannis de Senonis, alias de Sancto Salvatore, de dictis financiis feodorum et usurar[ior]um levatis per eum, redditus septima die mensis Maii, anno Domini m° ccc° xxiv°. Debet xi^c xxiiii lib., viii sol., x den. tur. fort.

---

(1) Ms. : *que.*

(2) Ms. : *solverunt penes dominum thesaurarium. Arrestatur...*

(3) Ms. : *baillivie.*

(4) Ms. : *Grassi.* Voir un compte original, Bibl. nat., lat. 17141, fol. 53 : « Compotus Petri dicti Le Gros de Firmitate Milonis......»

(5) Cf. § 1866. Ces deux mots sont une glose.

1871. *Caturcensis, Petragoricensis.*

Compotus magistri Odonis Chagrin [1] de financiis feodorum in senescallia Petragoricensi et Caturcensi, factus die lune ante Sanctum Barnabam anno m° ccc° iii°. Recepit de dictis financiis viii^{xx} ix lib., et expendit xi^{xx} xii lib., xviii den. tur. Sic debentur ei [lxiii lib.], de quibus habuit cedulam. Plura tamen restant ad solvendum de dictis financiis. Extrahantur et petantur.

1872. *Tholose.*

Financie facte de eodem per magistrum P. de Mornayo, archidiaconum Sigalonie [2], Johannem de Puteolis et Egidium Camelini ibi in Albige[s]io et Caturcin[i]o, reddite in parlamento Sancti Martini anno m° cc° iiii^{xx} ii°. Non fit summa totalis. Sciatur tamen de contentis ibi, si fuerunt levate, ubi redduntur.

1873. In alio magno rotulo recepta facta per Reginaldum de Dugniaco de compositi[o- nibu]s factis in partibus Tholose et Albige[s]ii per religiosum virum abbatem Belle Per- tice et Petrum Grimoardi super feodis alienatis in manus ignobilium et personarum ecclesiasticarum, de quibus computavit dictus R. [3] ad Ascensionem m° cc° iiii^{xx} iii°, ut ar- restatur ibi de manu Camere. Sciatur.

Nisi inveniantur in sacco cum aliis, querantur in uno sacco per se cum cedula : « Que- dam financie seu compositiones Tholose et solutiones facte per, etc. »

1874. *Ruthenensis.*

Videtur deesse primus compotus. Addatur, si inveniatur.

1875. Compotus Roberti de Campo Moreti de financiis feodorum et usurar[ior]um levatis per eum in senescallia Ruthenensi, a Paschate m° ccc° xxvi° usque ad Omnes Sanc- tos xxvii°, auditus decima Maii anno xxviii°. Corrigitur finis.

Partes dictarum financiarum feodorum et usurar[ior]um et subsidii pro guerra Vas- conie tunc suuntur in fine.

1876. Compotus Johannis de Mandevilain de financiis feodorum et usurar[ior]um levatis ibi per eum anno m° ccc° xxiv°, redditus decima Junii ccc° xxxiv°. Debuit. The- saurus tamen pro ipso. Tradidit expleta ibi levata et levanda, ut arrestatur ibidem; tamen non vidi.

1877. *Carcassone.*

Financie feodorum facte per dominum Alanum, episcopum Briocensem, et dominum Aymericum de Croso, militem, in senescallia Carcassone, anno m° ccc° xiii°. Sciatur si fuerint levate.

1878. Financie facte per prepositum de A[u]versio et cantorem Aurelianensem cum

---

[1] « Odo de Chagrin », clerc du roi, est nommé dans une lettre de décembre 1302 (Arch. nat., JJ 38, fol. 53 v°).

[2] Ms. : *Sigalanum.*

[3] Ms. : *dictus B.*

certis personis in eadem senescallia, reddite per Bartholomeum Talamuchii, receptorem ibi, die jovis post Sanctum Nicolaum m° ccc° vi° anno.

1879. Sunt penes dominum Thomam quinque rotuli de dictis financiis feodorum, factis per magistrum Radulphum Rousseleti[1], anno m° ccc°. Non fit summa totalis in quolibet ipsorum. Sciatur si contenta in eis sint levata pro rege. Nihil apparet ibi de manu Camere.

1880. Compotus Marchesii Scatice et Th. de Podio de hoc quod levaverunt ab anno m° ccc° xiv° usque ad m^{um} ccc^{um} xvi^{nm} de dictis financiis feodorum, factis per dictos episcopum Briocensem et dominum Aymericum de Croso, redditus curie decima tertia die Octobris m° ccc° xxxiv°. Debent xxvii lib., xii den., ob. tur. fort.

1881. Quidam secundus rotulus financiarum feodorum senescallie Carcassone, per magistrum Remundum Fulcaudi, a mense Augusti m° ccc° xxvi° usque ad Pascha xxvii°, in quo continetur quod est alius primus rotulus Carcassone pro anteriori tempore, quod tradidit dictus magister Raymundus magistro P. de Cabilone. Tamen bene vidi quendam alium rotulum de recepta dictarum financiarum ibi, et quendam alium rotulum de recepta financiarum feodorum in vicaria Bitterrensi, facta per Bartholomeum Jacobi, quondam clavarium ibi. Creduntur reddi per compotum senescallie Carcassone. Sciatur ad quem terminum, quia dicti duo rotuli sunt penes alios nostros socios.

1882. Compotus Benedicti Brocardi de financiis feodorum ibi levatis per eum, redditus curie sexta Augusti anno Domini m° ccc° xxvii° [2]. Finis in debitis. Sciatur si sit de tempore regis Caroli aut Philippi de Valesio.

1883. *Bellicadri.*
1884. *Lugdunensis.* } In quibus que desunt apponentur, cum inveniantur.

SCRIPTA FOREFACTURARUM QUE HABEMUS PENES NOS.

1885. *Parisiensis, Silvanectensis, Senonensis, Aurelianensis. De eisdem ac de quibusdam rachatis, releveiis et quintis denariis.*

Compoti quatuor domini Johannis de Cappella et Petri Pariseti[3] de forefacturis, quintis denariis, rachatis et releveiis, thesaurario, canonicis, capellanis et clericis capelle regalis Parisius a rege Philippo Pulchro concessis in vicecomitatu Parisiensi et bailliviis Silvanectensi, Senonensi et Aurelianensi, ab octavis Assumptionis Beate Marie m° ccc° xl° usque ad dominicam post Translationem Sancti Benedicti m° ccc° xiv° indictis, facti[4] ad parisienses de tempore burgensium decima sexta et decima septima Julii m° ccc° xiv°. Corrigun-

---

[1] Ms.: *Cassoleti.* — [2] Ms.: *1337.* — [3] Ms.: *Parisc...* Cf. Menant, XI, fol. 32. — [4] Ms. et Menant (*ibid.*): *in dictis factus ad par.*

tur fines. — Signantur ibi ponenda in domo terre de Sopes, in baillivia Senonensi, que empta fuit pro M[1] III° IX lib. burgensium, et quod littera emptionis tradita fuit Johanni de Tribus Molendinis, receptori tunc ibi. Sciatur ubi dicta terra redditur regi a termino Candelose M° CCC° XV° exclusive, que redditur pro dicto termino in compoto dictorum J. et P. finito septima Junii M° CCC° XVI°. Signantur etiam plura rachata ac quinti denarii recuperari.

Alius compotus eorundem de eisdem, in vicecomitatu Parisiensi et dictis bailliviis, a dicta Translatione tunc usque ad Sanctum Andream post, factus ad parisienses, trigesima Augusti M° CCC° XVIII°. Corrigitur finis. Aliqua signantur corrigenda et recuperanda.

Alius compotus eorundem [2] de eodem, in eodem vicecomitatu Parisiensi, a dicto Sancto Andrea M° CCC° XIV° usque ad sextam Junii M° CCC° XVI°. Corrigitur finis. Signantur tamen aliqua corrigenda et ponenda in debitis.

Alius compotus eorundem de eodem, a dicta septima Junii M° CCC° XVI° usque ad Sanctum Remigium M° CCC° XVII°, auditus penultima Augusti anno M° CCC° XVIII°.

Alius compotus eorundem de eodem ibi, a dicto Sancto Remigio usque ad Sanctum Johannem M° CCC° XVIII°, quo revocate fuerunt commissiones, redditus decima tercia die Julii M° CCC° XXIII°, et perfectus prima Februarii M° CCC° XXIV°. Debentur eis CXIII lib., VII sol., VI den., ob. par. Signantur aliqua recuperari.

1886. Compotus Johannis de La Taylle[3], deputati in prepositura Parisiensi et ressorto super forefacturis monetarum, factus in Januario M° CC° IIII^XX XVIII°. Debetur ei pro fine dicti compoti. Videtur tamen quod non fuerit clausus, nec acceptatur quantum ad quedam contenta post dictam restanciam [4].

1887. Compotus magistri Mauricii Alani de bonis Johannis de Esseyo qui se suspendit, inventis[5] apud Pontissaram. Corrigitur finis in debitis Sylvanectensibus. Suitur cum precedenti compoto Johannis [de] La Taylle.

1888. Compotus Guillelmi de Ebroicis de forefacturis vicecomitatus Parisiensis, a Magdalena anno M° CCC° usque ad Magdalenam M° CCC° II°. Debuit LV lib., II sol., X den., ob. par., que ponuntur super ipsum in debitis Parisiensibus de M° CCC° XV°. Quem compotum nunquam vidi.

Alius compotus ejusdem de eodem, a Magdalena M° CCC° II° usque ad dominicam post Mediam Quadragesimam M° CCC° III°, qui nunquam fuit auditus. Debuit tamen LXXXIII lib., XXII den. par. debil.

1889. *Silvanectensis.*
Ut superius.

[1] Ms. : *eo*. Restitué par conjecture.
[2] Ms. : *ejusdem*.
[3] Ms. : *Latuylle*. Voir le *Journal du Trésor* (Bibl. nat., lat. 9783, fol. 29 v°) : «Johannes de Tallia pro fine compoti sui in negocio deffensionis monetarum in baillivia Parisiensi et ressorto.....»; et un compte original de Jean de La Taille (Bibl. nat., Portefeuilles Fontanieu, n° 708). Cf. Arch. nat., JJ 49, fol. 34, n° 70.
[4] Ms. : *post dictam restam*.
[5] Ms. : *inventus*.

1890. *Viromandensis, cujus compoti suuntur in duobus rotulis.*

Compotus Johannis Varroquier de forefacturis quas ipse et Guillelmus de Berry, Johannes Erneys[1] et Gaufridus de Vitriaco ceperunt et explectaverunt, anno M° CC° IIII^{xx} XVII°, super inimicos regis, factus decima Martii tunc. Signantur plura recuperanda. Debuit III^c XVIII lib., IX sol., VIII den. tur., de quibus reddidit Johanni Erneys in compoto suo sequenti CIX lib., X sol., VII den. tur.

1891. Compotus Johannis Arneys de hoc quod recepit de forefacturis super inimicos regni in baillivia Viromandensi, per eundem Johannem, Gaufridum de Vitriaco et Guillelmum de Berry, a tertia Aprilis M° CC° IIII^{xx} XVII° usque ad Omnes Sanctos M° CC° IIII^{xx} XVII°, factus prima Septembris M° CC° IIII^{xx} XVIII°. Debet II^c XXXII lib., XI sol. par., sed petit super hoc quasdam expensas.

1892. Compotus Gaufridi de Vitriaco de hoc quod recepit de forefacturis in baillivia Viromandie et partibus Imperii Alemanie, captis per G. de Berry, J. Erneys et Gaufridum de Vitriaco, factus prima Septembris M° CC° IIII^{xx} XVIII°. Debet II^c L lib., XII sol. par., sed petit expensas. Multa sunt ibi arreragia et alia signata[2] ad recuperandum super G. Coquatrix, Girardum Rossignol de Parisius, Johannem Le Saunier, comitem Rociaci et plures alios.

1893. Compotus Guillelmi de Berry de hoc quod recepit de dictis forefacturis[3] in baillivia Viromandensi, a Nativitate Beate Marie M° CC° IIII^{xx} XVI° usque ad Sanctum Remigium post, factus martis ante Nativitatem Domini M° CCC° I°. Debetur ei, ut videtur. Nihil est tamen in albo de manu Camere.

1894. Compotus magistri Johannis de Fontanis[4], decani Casletensis, et Roberti de Sancto Benedicto de emenda de XII^m lib. tur. levata per eos super habitantes ville Cathalaunensis, condempnatos ad Candelosam in parlamento M° CCC° XI°; pro qua emenda levanda facta fuit impositio super dictos habitantes de XVIII^m II^c XXII lib., XII sol. tur. Restant plures defectus adhuc[5] levandi, qui traditi fuerunt Johanni Grossaire[6], civi Cathalaunensi, pro levando. Perfectus decima octava Martii M° CCC° XII°. Villa debet eis XXXII lib., etc.

1895. Forefacture Sancti Quintini, tradite per Firminum de Coquerello, baillivum Viromandie, qui eas receperat, ut dicebat, a scabinis Sancti Quintini ad Ascensionem M° CCC° IX°, levande, quia non in compoto baillivie inveniuntur fuisse regi reddite a tempore quo fuerunt forefacte. Dicte partes ad magnam summam ascendunt. Leventur.

1896. Forefacture levande, tradite per Johannem Varroquier sabbato post Assumptionem M° CC° IIII^{xx} XVIII°. Habuit cautiones emendarum, ut est ibi.

1897. Compotus Balduini de Pois, militis, de denariis levatis per ipsum de emenda communis[7] ville Laudunensis, de summa de XXX^m lib., pro violentia ecclesie dicte ville facta, redditus jovis ante Sanctum Arnulphum M° CC° IIII^{xx} XVIII°. Debet VI^m VII^{xx} XII lib.,

---

[1] Ms. : *Ermeys*. — [2] Ms. : *significata*. — [3] M. : *forestis*. — [4] Ms. : *Fonte*. — [5] Ms. : *ad hoc*. — [6] Ms. : *de Missamne*. Cf. § 1737. — [7] Ms. : *comitatus*.

iiii sol., ii den., ob. par. Solvit tamen per Luparam ad Ascensionem m° cc° iiii^{xx} xvii°, in principio recepte paris[iensium], v^m ix lib., x sol. par. Sciatur si sit de dicto debito.

1898. Compotus ejusdem Balduini de garda ville Laudunensis, de dicta emenda ac bonis Johannis de Semilly, factus dominica ante Magdalenam m° cc° iiii^{xx} xviii°. Debet xix^c lvi lib., ix sol., v den. par.

Partes recepte ejusdem Balduini de garda ville Laudunensis, emendis per inquisitores [1] et bonis Johannis de Semilly, pro compoto suo facto dominica ante Magdalenam xviii°. Aliqua signantur ibi recuperari.

1899. Compotus magistri P. de Moncy et Reneri [de] la Belle de recepta dicte emende, redditus jovis ante Magdalenam m° cc° iiii^{xx} xviii°. Debuit dictus Renerus xi^c iiii lib., ii sol., v den., quas solvit in sequenti compoto.

1900. Compotus Reneri [de] la Belle de garda ville Laudunensis, de emendis per inquisitores [2] et de bonis Johannis de Semilly, factus veneris ante Magdalenam m° cc° iiii^{xx} xviii°. Debuit vi^m vi^c lxviii lib., quas solvit, ut est ibi; et quitte.

Partes recepte ejusdem Balduini pro dicto compoto.

1901. Compoti duo Roberti Craquet de prepositura Suessionensi in garda a vigesima octava die Novembris m° ccc° xxv° usque ad Penthecostem m° ccc° xxvii°, redditi vigesima septima Junii m° ccc° xxxi°. Debetur ei. Habuit tamen cedulam testimonialem. Aliqua signantur recuperari.

1902. *Ambianensis.*

Compotus P. de Hangesto, baillivi ibi, de forefacturis dicte bailivie captis super inimicos Flandrie, a secunda Junii m° cc° iiii^{xx} xviii° usque ad Sanctum Johannem m° cc° iiii^{xx} xix°, factus m° cc° iiii^{xx} x[ix]° ad Sanctum Johannem. Totum quod debetur pro fine dicti compoti redditur regi per compotum [3] dicte bailivie ad Ascensionem tunc. Nichil aliud est corrigendum.

Alius compotus ejusdem de eisdem levatis in eadem bailivia, ratione guerre Anglie et guerre Flandrie. Arrestatur ibi quod restancia [4] compoti redditur per compotum bailivie de termino Omnium Sanctorum m° cc° iiii^{xx} xix°.

1903. Compotus P. de Hangest, baillivi Gisortii, de eisdem forefacturis in eadem bailivia, factus in compoto Ascensionis Domini m° ccc°, ut ibi arrestatur [5].

1904. *Forefacture Flandrie sute in duobus rotulis.*

Compotus Johannis de Sancto Verano et Colardi Dugart et Guillelmi de Villa Domini, Ambianensis, de pannis mercatorum Flandrie captis apud Latigniacum, venditis in nundinis Campanie [6], factus vigesima secunda Aprilis m° cc° iiii^{xx} xvii°.

1905. Alius compotus eorundem de residuo bonorum mercatorum Flandrie, tradi-

---

[1] Ms.: *singulis.*
[2] Ms.: *de emenda singul.....*
[3] Ms.: *pro compoto.*
[4] Ms.: *resta.*
[5] On lit, en marge : « Relinquitur spatium pro tribus aut quatuor articulis. »
[6] Ms.: *Compendii.*

tus septima Martii m° cc° iiii^xx xix°, non auditus. Debent tamen per ipsum, ut videtur.

1906. Compotus Philippi de Fontanis de quibusdam forefacturis venditis apud Tornacum m° cc° iiii^xx xvii°.

1907. Compotus Reneri de Aula de hoc quod recepit a magistris monete, a Candelosa m° cc° iiii^xx xv°, pro expensis suis et domini Betini [1] factis capiendo quosdam falsos monetarios, et propter alia necessaria sua pro eodem facto. Debet xlv lib., xviii sol., iii den. tur.

1908. Compotus Gerardi Mainabourse de expensis suis pro eodem facto, traditus per Betinum, vigesima Januarii m° cc° iiii^xx x°. Non tentus per Cameram.

1909. Copie commissionum magistri Matthei Le Borgne de Atrebato virtute quarum levavit certas summas pecunie ibi contentas.

1910. Compotus ejusdem magistri Matthei de forefacturis Flandrie receptis per eum usque ad finem Octobris m° ccc° iv°, auditus sabbato post Candelosam.

1911. Compotus Guillelmi Britonis de forefacturis fronteriarum Flandrie, redditus martis ante Sanctum Ludovicum m° ccc° v°.

1912. Compotus Balduini de Royaco de forefacturis inimicorum Flandrie, captis in terra et mari per Berangarium B[l]anc et alios, anno m° ccc° xix°, redditus vigesima tertia Decembris m° ccc° xxi°. Corrigitur finis. Signantur ibi plures denarii traditi recuperari.

1913. Compoti duo ejusdem, videlicet de forefacturis per mare unus, alius per terram, levatis anno m° ccc° xv°, auditi vigesima tertia Novembris m° ccc° xxi°. Debe[n]tur ei vii^xx v lib., viii sol., iii den. par. de quibus, etc., redduntur ei cxvii lib., viii sol., iii den. par.

1914. Compotus domini Guillelmi de Balma [2], militis, de forefacturis fronteriarum Arthesii, ab undecima Martii m° ccc° xx° usque ad Sanctum Vincentium m° ccc° xxi°. Debet v^c xliii lib., xix sol., iiii den. par., pro quibus debet reddere Franciscus de Hospitali [3] in compoto quem habet factum de tempore quo fuit clericus balistariorum, videlicet de annis m° ccc° xx° et m° ccc° xxi°, prout ibidem arrestatur, vi^c lxxix lib., xix sol., ii den. tur.

1915. Compotus domini Alphonsi de Rovrayo, quondam gubernatoris Navarre, de pannis Flandrie positis in Navarra ultra deffensionem regis, et captis per eum ibi anno m° ccc° v°, redditus lune sexta mensis Julii m° ccc° x°. Debet xlv lib., xii sol., vii den. tur.

1916. Compoti duo Egidii Haquin de forefacturis Flandrie, levatis per ipsum annis m° ccc° xv° et m° ccc° xvi°. Non vidi. Tamen habent alii socii, ut dicit dominus Adam.

1917. Compoti duo Ferrici de Piquigniaco et Vanne Guidi [4] de forefacturis bonorum nobilium Flamingorum occisorum ante Cassellum, anno m° ccc° xxviii°, redditi vigesima sexta Junii m° ccc° xxx°. Debet dictus V. Guidi [5] ii^m vi^c iiii^xx xvii lib., vii sol., vii den. par. monete debilis. Signantur ibi plura recuperanda.

1918. *Aurelianensis.*

Ut supra.

---

[1] Ms.: *Bertini.* — [2] Ms.: *Balina.* — [3] Ms.: *Hospitio.* — [4] Ms.: *V. Gandy.* Cf. § 1979. — [5] Ms.: *Guy.*

1919. *Bituricensis.*

1920. *Masticonensis.*

Est de eodem quidam compotus quem fecit P. de Autissiodoro pro defensione monetarum. Fit a tergo bailliviarum Francie de termino Omnium Sanctorum anno m° ccc°. Debet vi^{xx} xviii lib., viii den. tur.

1921. Compotus Guillelmi Octrani de moneta forefacta ibi, factus sabbato post Sanctum Gregorium anno m° cc° iiii^{xx} xviii°. Debet pro fine dicti compoti xxv lib., v sol., ix den. tur. Non est correctus, et sunt aliqua minuta recuperanda per ipsum.

1922. *Senonensis.*

Ut superius est.

1923. Compotus Guillelmi Fourré, civis Parisiensis, de monetis forefactis in baillivia Senonensi annis m° ccc° xiii°, xiv°, et in comitatu Campanie, traditus curie sabbato secunda die Octobris m° ccc° xvi°. Debe[re]ntur ei, si esset perfectus, circa ix^{xx} xiiii lib., etc.

1924. *Turonensis.*

1925. *Rothomagensis.*

Compotus G. Martini de Trappis de monetis forefactis in baillivia predicta, ab Epiphania m° cc° iiii^{xx} xvii° usque ad Pascha post, factus sabbato post Sanctum Mattheum m° ccc° ii°. Debet pro fine dicti compoti xxx lib., xi sol. stellingorum, x sol. artissiensium et ii sol., xi den. baudequinorum. Item . . . . . lib. tur., que sunt super ipsum in debitis Paris[iensibus] de anno m° cc° iiii^{xx} x°.

Alius compotus ipsius factus post dictum primum compotum. Non vidi istum. Sciatur si fuerit ita.

1926. *Caletensis [et] ressortum.*

Compotus Gerardi Le Leu de monetis forefactis ibi et [in] ressorto, auditus vigilia Sancti (Matthei vel) M[arci] Aprilis m° ccc° i°. Debite fuerunt ei pro fine dicti compoti lvi lib., iiii sol., iiii den. tur., quas habuit[1] per Luparam ad Omnes Sanctos m° ccc° i°. Non est correctus.

1927. Compotus Johannis Majoris de Argentolio de monetis forefactis ibi, factus die veneris post Epiphaniam m° ccc° ii°. Debuit per eundem compotus Betinus de Moneta xiii lib. stellingorum, et xii sol., vi den., ob. flandrensium, que sunt super ipsum in debitis monetagii penes magistrum Sanceium[2].

1928. *Cadomensis.*

Compotus Petri Grossi de monetis forefactis in baillivia Cadomensi, missi ibi anno m° cc° iiii^{xx} xii°, factus in vigilia Magdalene anno m° ccc° ii°. Corrigitur finis in debitis Sylvanectensibus de, etc., a tergo.

---

[1] Ms : *habent.* — [2] Ms. : *Santeiam.*

1929. *Constantinensis.*

1930. *Gisortii.*

1931. *Forefacture Campanie.*
Compotus Bernardi de Nantolio de emendis registrorum nundinarum Campanie receptis per eum, antequam Johannes de Fontibus veniret in societatem Johannis Varroquier anno m° cc° iiii^{xx} xvii°.

1932. Compotus Johannis de Fontibus de similibus emendis receptis per eum m° cc° iiii^{xx} xvii°, factus in Septembri m° cc° iiii^{xx} xviii°. Debet vii^{xx} lib., cii sol. tur., super Luparam.

1933. Compotus Gilleberti de Stampis de bonis mercatorum Flandrie receptis per societatem Caponum in nundinis Latigniaci, factus mense Augusto m° cc° iiii^{xx} xvii°. Corrigitur finis.

1934. Compotus Johannis Varroquier et Guillelmi de Berry de similibus emendis receptis per eos a die martis post Sanctum Martinum m° cc° iiii^{xx} xvii°, factus jovis post Sanctum Gregorium m° cc° iiii^{xx} xvii°. Debent viii lib., xix sol., iii den. tur.

1935. Compotus ejusdem Johannis et Gilleberti de Stampis de hoc quod receperunt in nundinis Barri et Pruvini, anno m° cc° iiii^{xx} xvii°, de debitis que debebantur mercatoribus Flandrie et pannis eorumdem forefactis, factus jovis in octava Assumptionis tunc. Corrigitur finis, ut videtur. Multa tamen signantur recuperari que ad magnam summam ascendunt.

Alius compotus eorundem de similibus debitis et pannis forefactis, receptis per eos post dictum compotum, a crastino Sancti Bartholomei m° cc° iiii^{xx} xvii° usque ad Omnes Sanctos tunc. Debent vi^{c} lxxii lib., xiii sol., iii den. Et signantur ibi multa alia recuperari.

1936. Inqueste facte per Symonem de Corceaus, prepositum Meldensem, super facto monete prohibite per regnum m° cc° iiii^{xx} xvii°, tradite per eum in Decembri m° cc° iiii^{xx} xix°.

1937. Compotus Erardi de Brolia de monetis forefactis apud Trecas et Pruivinum, factus sabbato ante Cathedram Sancti Petri m° ccc° viii°. Debitum fuit ei. Tamen habuit cedulam de hoc ad Luparam. Signantur aliqua recuperari.

1938. Compotus Petri Sarraceni de monetis forefactis seu prohibitis in baillivia Trecensi anno m° ccc° xiii°, redditus vigesima septima Martii anno ccc° xxviii°. Debent executores sui xxix lib., xviii sol., x den., ob. tur.

1939. *Pictaviensis.*

1940. *Xantonensis.*

1941. *Alvernie.*
Compotus Johannis Mauger de monetis forefactis in dicta baillivia, auditus die mer-

curii ante Nativitatem Beati Johannis Baptiste м° cc° ɪɪɪɪˣˣ xvɪɪɪ°. Debentur ei pro fine dicti compoti. Nihil aliud est corrigendum. Tradidit partes et nomina personarum a quibus recepit dictas forefacturas in uno alio rotulo suto cum dicto compoto.

1942. *Caturcensis.*

1943. *Tholose, Carcassone.*

Compotus P. Cenomanensis de monetis forefactis ibi, traditus curie quarta die Martii м° cc° ɪɪɪɪˣˣ xvɪɪ°. Fit per compotum Tholose ad Sanctum Johannem м° cc° ɪɪɪɪˣˣ xv°. Suitur cum compoto baillivie Alvernie.

1944. *Ruthenensis.*

1945. *Bellicadri et Nemausi.*

Compotus domini Renaudi de Nusiaco, militis, de monetis forefactis ibi, factus die mercurii in vigilia Apostolorum Petri et Pauli м° ccc° vɪɪ°. Debentur ei pro fine dicti compoti, de quo debito habuit cedulam ad Templum. Quedam tamen recuperanda remanent per dictum compotum. Suitur cum compoto Alvernie.

1946. Compotus Martini Martini, campsoris Parisiensis, de eodem ibi, pro toto tempore quo fuit ibi sine magistro Johanne Lotharingi[1], socio suo, factus jovis post Sanctum Clementem м° ccc° vɪ°. Debentur ei pro fine dicti compoti, de quo habuit cedulam ad Templum. Totus est correctus. Suitur cum compoto Alvernie.

1947. Compotus magistri Yvonis de Laudunaco et Bertrandi Agasse[2] de monetis forefactis et aliis in senescallia Bellicadri et Nemausi ac locis vicinis, redditus dominica post Sanctum Matthiam м° ccc° vɪ°. Suitur cum compoto Alvernie.

1948. *Petragoricensis.*

1949. *Agennensis.*

Quidam rotulus de forefacturis Agennensibus, traditus ad explectandum Bernardo [de] La Devoyse[3], thesaurario ibi, per magistrum R. Rousseleti м° ccc° vel cc° ɪɪɪɪˣˣ xɪx°, et redditus curie dominica ante Annunciationem Beate Virginis, anno м° cc° ɪɪɪɪˣˣ x[ɪx]°. Non fit summa totalis ipsius, nec dicitur ubi contenta in ipso rotulo redduntur regi. Sciatur. Suitur cum compoto Alvernie.

1950. *Lugdunensis.*

[1] Ms. : *Lotarii.* Cf. *Revue numismatique*, 1897, p. 182.

[2] Ms. : *Symonis de Laudunato et Bertrandi de Gassa.* Cf. une lettre royale du 13 octobre 1308 à

« Yvo de Laudunaco, judex noster ordinarius Tolose », et à « Bertrandus Agasse », chevalier du roi, Arch. nat., JJ 42ᵃ, fol. 72 v°, n° 23.

[3] Ms. : *Denoyse.* Cf. § 115.

SCRIPTA MANUUM MORTUARUM ET FORISMARITAGIORUM.

1951. Compotus seu expensa Colardi de Caloigne [1] facta pro dictis manibus mortuis et forismaritagiis, a mense Aprili M° CC° IIII^{xx} II° usque ad Ascensionem M° CC° IIII^{xx} IV°. Non videtur fuisse auditus.

1952. Compotus domini Richardi [2] de Verberia, canonici Noviomensis, de eisdem, factus M° CC° IIII^{xx} IV°. Debet pro fine dicti compoti in una parte LXVIII lib., X sol., X den., et in alia XIIIe V lib., XIII sol., VII den. Videtur quod non fuit auditus in Camera. Sciatur penes socios si habeant dictum compotum.

Compotus ejusdem de eodem pro termino Omnium Sanctorum M° CC° IIII^{xx} IIII° [3].

1953. Compotus ipsius de eodem cum magistro Galtero Burgundi de terminis Ascensionis et Omnium Sanctorum M° CC° IIII^{xx} V° [4].

1954. Duo compoti eorundem de eodem, de terminis Ascensionis et Omnium Sanctorum M° CC° IIII^{xx} VI°. Finis ponitur in debitis Sylvanectensibus, ut videtur.

1955. Duo compoti ipsius [R.] solius, de eisdem terminis et Candelose M° CC° IIII^{xx} VII°. Fines ponuntur in debitis, ut videtur. Signatur tamen una emenda in compoto Ascensionis tunc recuperari.

1956. Compotus ipsius de eisdem terminis et termino Candelose M° CC° IIII^{xx} VIII°. Solum vidi illum de termino Omnium Sanctorum tunc. Corrigitur finis, ut de aliis. Dicitur tamen quod in compoto Candelose signatur una emenda, et residuum cujusdam manus mortue ponendum in debitis.

1957. Duo compoti ipsius de eisdem terminis Ascensionis et Omnium Sanctorum M° CC° IIII^{xx} IX°.

Compotus ipsius de eisdem terminis et termino Candelose M° CC° IIII^{xx} X°. Signatur una emenda de C libris ponenda in debitis.

1958. Tres compoti Laurentii Filioli, videlicet primus factus ad Omnes Sanctos M° CC° IIII^{xx} XI°, et alii duo ad terminos Ascensionis et Omnium Sanctorum M° CC° IIII^{xx} XI[I]° [5]. Sunt correcti.

1959. Compotus P. Le Gros de eisdem, factus M° CC° IIII^{xx} XIII° ad terminum Omnium Sanctorum. Finis ponitur in debitis. Restant recuperande circa C lib. de duabus manibus mortuis, de quibus non fuit computatum, nisi pro medietate.

Compotus ejusdem de eodem, factus ad Omnes Sanctos M° CC° IIII^{xx} XIV°. Debet VIII^{xx} XV lib., II sol., VIII den.

---

[1] Ms. : *Coloigne*. Voir l'original de cette pièce. Bibl. nat., Collection Clairambault, 473, p. 112.

[2] Ms. : *Bich.*, avec un signe d'abréviation.

[3] Ms. : *1294*.

[4] Ms. : *1295*.

[5] Cf. Bibl. nat., lat. 9018, n° 12.

SCRIPTA MANUUM MORTUARUM ET FORISMARITAGIORUM.

Compotus ipsius de terminis Ascensionis et Omnium Sanctorum m° cc° iiii^{xx} xv°. — Sciatur qui computavit de eisdem pro anno m° cc° iiii^{xx} xiv°, quia non habeo penes me. — J. de Charmeya tradidit mihi compotum [1] predictum factum ad terminum Omnium Sanctorum m° cc° iiii^{xx} xiv°. Debet pro fine dicti compoti viii^{xx} xv lib., ii sol., viii den. Non est correctus. — Illi de terminis Ascensionis et Omnium Sanctorum m° cc° iiii^{xx} xv° corriguntur, excepto quod debentur ei pro fine compoti Omnium Sanctorum cxi lib., xi den.

Compotus ipsius de termino Ascensionis m° cc° iiii^{xx} xvi°. [Debentur ei] pro fine dicti compoti viii^{xx} lib., lv sol., iii den. Non est correctus.

Alius compotus ipsius de eodem, a die veneris ...., m° cc° iiii^{xx} xviii° usque ad veneris post octavam Sancti Andree m° ccc°, factus m° ccc° ii°, videlicet in vigilia Magdalene, per ejus relictam. Correctus est.

1960. Compotus magistri Richardi de Verberia de eodem, factus sabbato ante Nativitatem Beati Johannis Baptiste m° cc° iiii^{xx} xviii°. Correctus est.

Alius compotus ipsius de termino Omnium Sanctorum m° cc° iiii^{xx} xviii°, auditus jovis in festo Sancti Laurentii tunc. Correctus est.

1961. Omnes predicti compoti sunt correcti, excepto illo de termino Ascensionis m° cc° iiii^{xx} xvi°. Et sunt plura corrigenda per ipsum.

1962. Compotus magistri Dyonisii de Meleduno de eodem, videlicet a Purificatione m° ccc° usque ad Omnes Sanctos m° ccc° i°, factus in festo Beati Mauri m° ccc° i°. Debet pro fine dicti compoti cv lib., v sol., i den. tur. Non est correctus.

1963. Compotus magistri Hugonis, decani de Stampis, a Paschate anno m° ccc° i° usque ad Omnes Sanctos m° ccc° iv°, auditus lune post Sanctum Lucam tunc. Debet pro fine dicti compoti viii den. par. Non est correctus, et sunt plura per ipsum corrigenda.

1964. Compotus Johannis Aupois de eodem, a Paschate m° ccc° vi° usque ad Omnes Sanctos m° ccc° vii°, auditus dominica post octavas Beati Martini hyemalis m° ccc° viii°, factus ad Omnes Sanctos m° ccc° vii°. Recepit de eodem in Francia lviii lib., xviii sol. par.; thesaurus pro ipso per cedulam suam l lib., vi sol., iii den. par; sic deberet circa vii lib., x sol. par. De hoc quod recepit in Campania debet computare cum executoribus regine Johanne.

1965. Compotus magistri Guillelmi de Cheny [2] de eodem in Campania, redditus veneris post Nativitatem Domini m° ccc° vii°. Debentur ei pro fine dicti compoti xiii sol., ix den., fortis monete. Non est correctus.

1966. Compotus Guillelmi de Mussiaco, militis regis, inquisitoris super jura recelata in Campania, de manibus mortuis et aliis juribus regis, a Decolatione Sancti Johannis m° cc° iiii^{xx} xviii° usque ad Sanctum Martinum hyemalem m° ccc° iii°. Plura signantur recuperanda seu corrigenda. Debuit pro fine dicti compoti m lii lib., vi sol. tur., de quibus recep

---

[1] Ms.: *in compoto.* — [2] Ms.: *Cheix.* Voir la note écrite au dos du compte de 1282 (§ 1951).

tores Campanie reddunt in communi recepta bailivie Calvimontis, de anno finito ad Magdalenam m° ccc° v°, xviii^c xxvii lib., xiii sol. tur. Sic debentur ei vii^c lxxv lib., vii sol tur., quas capiet super explecta sua levanda, ut arrestatur ibi. Sciatur quando computavit de dictis explectis, quia non habuimus compotum penes nos. Item arrestatur ibi quod debuit tradere in scriptis illud quod debetur de predictis informationibus, de quibus fit mentio in dicto compoto. Item quod nihil computavit de baillivia Vitriaci, quia magister Dyonisius de Meleduno et magister Hugo, decanus de Stampis, debuerunt de ea computare. Videatur tamen de omnibus arrestatis quid factum fuerit.

1967. Compotus magistri Johannis Parvi de mortua manu Johannis Disier, redditus curie die sabbati post Sanctum Lucam m° ccc° i°. Debentur ei pro fine dicti compoti x lib., x sol., vi den. Quedam restant corrigenda et videnda in dicto compoto.

1968. Compotus Thome de Sarnaco, canonici Suessionensis, de eodem, videlicet a festo Sancti Johannis Baptiste m° cc° iiii^{xx} xix° usque ad Nativitatem Domini m° ccc°. Correctus est finis.

Compotus ipsius de eodem, a festo Omnium Sanctorum m° ccc° i° usque ad festum Omnium Sanctorum m° ccc° iv°, auditus lune post Sanctam Luciam m° ccc° iv°. Correctus est finis.

Alius compotus ipsius de eodem, a die martis post octavas Sancti Martini hyemalis tunc usque ad Omnes Sanctos m° ccc° vi°, auditus die veneris septima Julii m° ccc° vii°. Correctus est. Tradidit tamen in uno rotulo partes expensarum [1] per dictum tempus, ubi signantur aliqua recuperanda.

Alius compotus ipsius de eodem, videlicet a festo Omnium Sanctorum m° ccc° vi° usque ad Omnes Sanctos m° ccc° vii°, factus die dominica decima nona die Novembris tunc. Corrigitur finis.

1969. Egidius d'Avenay in prepositura d'Espernay habet computare [2] de dictis manibus mortuis et formaritagiis in Campania, de quibus fuit [receptor] institutus anno m° ccc° x°, et anno m° ccc° xi° cum Jacobo Sourt.

1970. Item dominus Henricus des Noes fuit receptor institutus in dicto negotio, anno m° ccc° xiii°; item Theobaldus de Dommartin anno m° ccc° xiv°; prout hoc totum apparet in debitis compoti de anno m° ccc° xix° super baillivia Vitriaci. Computaverunt.

---

(1) Ms. : *preter expens*. — (2) Ms. : *compotum*.

COMPOTI RECEPTARUM BALLIVIARUM AC SENESCALLIARUM UBI PRIUS NON FUERANT RECEPTORES.
COMPOTI DIVERSARUM ET GROSSARUM RECEPTARUM ET MISIARUM A DIVERSIS PERSONIS PER REGNUM FACTARUM [1].

1971. *Senonensis.*

Compotus Theobaldi Armigeri, quondam receptoris baillivie Senonensis, de receptis quas fecit ibi de prima centesima que fuit simplex, et de secunda que fuit duplex, de prima et secunda quinquagesima, de financiis Judeorum ac feodorum et acquisitorum ecclesiasticarum personarum in eadem baillivia, de prima et secunda duplici decimis et de aliquibus annualibus ibi, a festo Candelose anno m° cc° iiii^{xx} xv° usque ad festum Sancti Gregorii m° cc° iiii^{xx} xviii°. Et suuntur ibi partes expensarum suarum et solutionum factarum thesauro [2].

1972. *Aurelianensis.*

Compotus Egidii Cassine de receptis factis per eum in baillivia Aurelianensi, de arreragiis prime quinquagesime, centesime, duplicis decime ac de secunda quinquagesima et financiis exercitus Flandrie anni m^i cc^i iiii^{xx} xvii^i, factus vigesima octava Septembris m° cc° iiii^{xx} xviii°.

1973. *Silvanectensis.*

Compotus Guillelmi de Sancto Vincentio, quondam receptoris baillivie Sylvanectensis, de hoc quod recepit de mutuis, centesima, quinquagesimis prima et secunda, assisia super mercaturis et decimis in eadem baillivia, factus per Adam de Plesseyo, executorem suum, mense Martii m° cc° iiii^{xx} xviii°. Et sunt ibi plura mutua adhuc levanda.

1974. *Viromandensis.*

Compotus Reginaldi du Cavech [3], receptoris Viromandensis, de prima centesima levata anno m° cc° iiii^{xx} xiv°, de monetagio Sancti Quintini a Sancto Remigio m° cc° iiii^{xx} xvii°, assisia denarii [4] de libra, prima quinquagesima levata anno m° cc° iiii^{xx} xvi°, vendis boscorum [5], regal[is] Noviomensis anni m^i cc^i iiii^{xx} xvii^i, secunda quinquagesima levata anno m° cc° iiii^{xx} xvii°, decima anni ejusdem m^i cc^i iiii^{xx} xvii^i, et pluribus aliis receptis, redditus prima Augusti anno m° cc° iiii^{xx} xviii°.

---

[1] Menant (XI, fol. 33) a noté que l'on lisait en marge, dans le manuscrit original : « Isti compoti sunt in uno sacco cum compotis de temporalitatibus episcopatuum ».

[2] Ms. : *Tholose.*
[3] Ms. : *Du Tavet.*
[4] Ms. : *assem denarium.*
[5] Ms. : *vend. bast.*

1975. *Ambianensis.*

Compoti duo Symonis de Croy de receptis quas fecit in baillivia Ambianensi de centesimis, quinquagesimis, mutuis, talliis Judeorum et aliis subventionibus, a festo Sancti Vincentii m° cc° iiii^{xx} xv° usque ad Purificationem Beate Marie m° cc° iiii^{xx} xviii°, facti, primus videlicet ultima Januarii iiii^{xx} xvi°, secundus prima mensis Martii anno iiii^{xx} xviii°.

1976. Compoti tres Johannis Poisle de receptis quas fecit apud Atrebatum de bonis inimicorum Flandrie, de duplici centesima, vicesima quinta, arreragiis prime centesime seu simplicis et quinquagesime, et decimis provincie Remensis et redditibus et explectibus baillivie Ambianensis, ac de pluribus aliis receptis et misiis factis per eum pro guerra Flandrie, facti, videlicet primus per Luparam ad Ascensionem m° cc° iiii^{xx} xix° anno; secundus, auditus ante Sanctum Laurentium ccc° i° anno; tertius, factus per Templum mense Julii anno ccc° v°.

1977. Compotus Roberti, Baldi, Johannis et Egidii Crispinorum de Atrebato, de receptis et mis[i]is factis per eos, ratione operum Flandrie, a[1] Pascha m° cc° iiii^{xx} xix° usque ad Nativitatem Domini post, factus vigilia Nativitatis Beate Marie Virginis anno ccc° i°.

1978. Inter loca propria non habentes. Et notantur in primo rotulo que superius habentur de Senonensi, Aurelianensi et Sylvanectensi, in secundo rotulo que de Viromandensi, in tertio que de Ambianensi quoad primum articulum, in quarto rotulo duo sequentes articuli de eodem Ambianensi.

1979. *Flandria. Quintus rotulus.*

Compoti sex, videlicet quinque Thoti Guidi et Jacobi de Chertaudo, et sextus ipsius Thoti et Vanne, fratris sui, de receptis factis per eos a comitatu Flandrie et de denariis quos receperunt de dictis financiis Lumbardorum et Judeorum, monetagio et de aliis receptis et misiis per eos factis, a principio quo habuerunt super hoc mandatum a rege usque ad Omnes Sanctos m° ccc° xv°, perfecti undecima et duodecima diebus Januarii m° ccc° xv°.

1980. Alii compoti tres, videlicet primus ipsius Thoti Guidi de expensis quas fecit pro viagio Avinionensi, annis m° ccc° x° et m° ccc° xi°, perfectus decima quinta Julii m° ccc° xiii°; secundus eorumdem Thoti et Vanne, fratris sui, de expensis quas fecerunt pro viagio suo Viennensi, anno m° ccc° xii°, perfectus decima Januarii m° ccc° xv°; tertius, ejusdem Thoti solius, de receptis et misiis quas fecit pro rege Philippo Magno, tempore quo fuit comes Pictaviensis et etiam regens, apud Lugdunum, Avinionem et alibi. Fit per thesaurum ad Omnes Sanctos anno m° ccc° xviii°.

Item ibi suitur quidam rotulus de liberationibus factis gentibus compotorum, thesauri, et magistris monete, pro militia regis Ludovici et fratrum suorum.

---

[1] Ms. : *ad.*

COMPOTI DIVERSARUM ET GROSSARUM RECEPTARUM, ETC. 249

1981. Alius compotus predictorum Thoti Guidi et Vanne, fratrum, de receptis suis a comitatu Flandrie, a prima Februarii M° CCC° XXI° usque ad primam Decembris M° CCC° XXIV°. Debent XXVI^m que ponuntur in debitis compotorum extraordinariorum [1] de anno M° CCC° XXIV°. Nihil receperunt pro isto intermedi[ari]o tempore, ut continetur in sequenti compoto.

1982. Alius compotus eorumdem de eodem, a prima Aprilis M° CCC° XXVIII° ante Pascha usque ad Sanctum Johannem M° CCC° XXX°, redditus [2] undecima Septembris M° CCC° XXX°. Debent LII^m VI^c IIII^{xx} VII lib.

1983. Alius compotus de eodem in tertio folio sequenti [3].

1984. *Sextus rotulus.*

Compoti quatuor Petri [4] de Melet, quondam receptoris senescallie Pictaviensis, de receptis quas fecit de duplici centesima, de quinquagesima, mutuis, donis, decimis exemptorum diocesium Pictaviensis et Xanctoniensis, de nova impositione seu assisia super mercaturis vocata malatolta, de monetagio ac de diversis receptis in eadem senescallia, a festo Paschatis M° CC° IIII^{xx} XVI° usque ad Magdalenam M° CC° IIII^{xx} XVIII°. Totum fit per Luparam.

Quidam rotulus de quibusdam misiis et vadiis plurium stipendi[ari]orum solutis per eum, ratione guerre Flandrie [5].

1985. *Septimus rotulus.*

Compotus magistri Simonis [6] Festu, archidiaconi Vindocinensis in ecclesia Carnotensi, de mutuis factis regi, ab anno M° CCC° III° usque ad annum M° CCC° V°, in nundinis Campanie et extra, ac de emolumentis monet[agii] [7] et diversis subventionibus, auditus apud Pontisaram, decima septima die Septembris M° CCC° VII°. Signantur ibi plures denarii traditi ponendi in debitis super G. Coquatrix, cantorem Milliaci et alios, ratione guerre.

1986. Compotus abbreviatus Reginaldi de Royaco de expensis hospitii regis Philippi Pulchri a toto tempore suo usque ad primam Januarii M° CCC° X°. Debetur ei. Multa sunt corrigenda.

Alius compotus ejusdem Reginaldi de eodem, pro terminis Sancti Johannis et Nativitatis Domini M° CCC° XI°. Debetur ei. Multa sunt corrigenda.

Compotus abbreviatus R. de Royaco de restantiis omnium compotorum suorum, pro tempore quo fuit magister hospitii regis.

1987. Compotus magistri P. La Reue, thesaurarii pro exercitu Flandrie, de recepta quam fecit sine suis sociis usque ad Omnes Sanctos M° CCC° II°.

---

[1] Ms. : *compoti extra ordinem.*
[2] Ms : *receptus.*
[3] Cf. ci-dessous, § 2004.
[4] Manuscrit : *Iterici.* Cf. *Bibliothèque de l'É-cole des chartes*, 1884, p. 247, numéro 118.
[5] En marge : « Non Flandrie, sed Vasconie ».
[6] Ms. : *Stephani.*
[7] Ms. : *monetis.*

Alius compotus ejusdem de eodem, a dicto festo tunc usque ad Sanctum Nicolaum hyemalem m° ccc° iii°.

Alius compotus ejusdem de eodem, factus dominica ante Sanctum Vincentium m° ccc° iv°.

Alius compotus ejusdem de vadiis stipendiariorum marinariorum [1] solutis per eum, traditus hebdomada post Pascha m° cc° iiii^{xx} xvi°. Fit per Luparam ad Ascensionem m° cc° iiii^{xx} xvi° vel m° cc° iiii^{xx} xv°.

Alius compotus ejusdem de recepta quam fecit in thesauro capelle regalis Parisiensis inferioris, in secreto, a domino Johanne Clarisensus [2] post mortem magistri Johannis, fratris sui.

Alius compotus ejusdem de hoc quod recepit de domno Renaudo Barbou in crastino Magdalene m° ccc° i°.

Hi septem superiores compoti suuntur simul.

1988. Compotus domini Hugonis, capellani quondam comitisse Blesensis, de bonis ejusdem comitisse per eum et plures alios venditis, factus [3] anno m° cc° iiii^{xx} xvi° [4]. Debetur ei.

1989. Compotus domini Symonis Festu, episcopi Meldensis, et Gaufridi Coquatrix de bonis executionis dicte comitisse Blesensis, domine Beatricis, redditus vigesima Martii m° ccc° xii°. Debet dictus Gaufridus ii°iiii^{xx} iiii lib., xvi sol., iiii den. par. monete tunc currentis; et debent recuperari super dominam Blancham de Yspania viii^c lix lib., xv sol. tur., nisi ostenderit quod ei debebantur.

1990. Inventarium bonorum mobilium dicte comitisse, traditum per dictos Symonem et Gaufridum.

1991. Hi tres articuli ponuntur cum compotis particularibus non sutis [5] ante Ascensionem m° ccc° xxii°, ubi querantur, nisi inveniantur hic.

1992. Compoti septem simul suti Petri Genciani [6] de jocalibus regis, pro terminis Omnium Sanctorum m° cc° iiii^{xx} xii°, Ascensionis m° cc° iiii^{xx} xiii°, Omnium Sanctorum m° cc° iiii^{xx} xiv°, Candelose tunc, Ascensionis m° cc° iiii^{xx} xvi° et Omnium Sanctorum m° cc° iiii^{xx} xviii°, qui creduntur fieri per thesaurum Lupare vel Templi.

1993. Compoti duo, simul suti cum predictis septem, Guillelmi Juliani, de jocalibus regis, pro terminis Omnium Sanctorum m° cc° iiii^{xx} xiii°, Ascensionis et Omnium Sanctorum m° cc° iiii^{xx} xiv°, Omnium Sanctorum et Candelose m° cc° iiii^{xx} xv°, qui creduntur fieri per thesaurum.

1994. Compoti Jacobi Genciani de simili, pro termino Omnium Sanctorum m° cc° iiii^{xx} xix°.

---

[1] Ms. : *stipendiariis marinarum*.
[2] Ms. : *Clariss*.
[3] Ms. : *factis*.
[4] Menant, XI, fol. 33 v° : *1292*.
[5] Ms. : *cum compoto particulari non suto*.
[6] Ms.: *Petri et Genciani*. Cf. Menant, VIII, fol. 30.

COMPOTI DIVERSARUM ET GROSSARUM RECEPTARUM, ETC.

1995. Quedam partes Stephani Haudry de pannis liberatis in hospitio regis, pro termino Ascensionis M° CC° IIII^{xx} XVI°.

Hi quatuor superiores articuli suuntur simul.

1996. Compotus magistri G. Aurifabri de vessalamentis et aliis pro hospitio regis de annis sequentibus videlicet : M° CC° IIII^{xx} XVIII°, M° CC° IIII^{xx} XIX°, M° CCC°, M° CCC° I°, M° CCC° II°, M° CCC° III°, M° CCC° IIII°, M° CCC° V°, M° CCC° VI°, M° CCC° VII°, M° CCC° VIII°, M° CCC° IX°, M° CCC° X°; ac de misiis capelle regalis Parisiensis pro anno M° CC° IIII^{xx} XVIII°.

Alius compotus ejusdem de operibus casse Beati Ludovici, pro annis M° CC° IIII^{xx} XVIII° et M° CC° IIII^{xx} XIX°, redditus circa Brandones M° CCC° III°.

Alius compotus ejusdem de eodem, usque ad Sanctum Petrum ad Vincula. Non dicit annum.

Alius de eodem pro anno M° CCC° VI°, auditus circa Assumptionem Beate Marie M° CCC° XVII°.

Quedam cedule et extracta, dictum G. tangentia, que ligantur cum predictis compotis.

Hi quatuor superiores articuli suuntur simul.

1997. Compotus domini Hugonis de Bovilla de jocalibus et aliis rebus pertinentibus ad ornamentum domine regine Anglie, emptis per ipsum anno M° CC° IIII^{xx} XIX° [1]. Debet XIII^c XX lib. par., quas confitetur G. Coquatrix debere pro ipso.

Alius compotus ejusdem Hugonis de eisdem, tornatus per curiam.

1998. Compotus G. Coquatrix de vinis pro garnisione regis, pro anno M° CC° IIII^{xx} XVIII°, tornatus per curiam, mense Januario M° CC° IIII^{xx} XIX°.

1999. Alius compotus predicti domini H. de Bovilla de apparatu ducisse Austrie, factus per Luparam ad Ascensionem M° CCC° I°. Debentur ei VI^c, etc.

2000. Alius compotus ejusdem de jocalibus emptis per ipsum pro rege, ab Omnibus Sanctis M° CCC° usque ad Candelosam tunc, vel circa. Debentur ei III^c [2], etc.

Alius compotus ejusdem de jocalibus datis pro rege, ab Omnibus Sanctis M° CC° IIII^{xx} XIX°. Debetur ei tota expensa, videlicet VIII^m, etc.

Alius compotus ejusdem de jocalibus et aliis emptis pro rege, factus secunda die Aprilis M° CCC° I°. Debentur ei III^m, etc.

Alius compotus ejusdem de eodem, factus quarta die Maii M° CCC° III°. Debentur ei II^m, etc.

Alius compotus ejusdem de eodem, redditus veneris ante Magdalenam M° CCC° IIII° [3]. Fit per Templum; et fuit expensa IX^m IIII^c, etc.

2001. Compotus sociorum societatis Perruchiorum de pluribus receptis, mutuis et misiis factis pro regibus Philippo Pulchro, Ludovico, Philippo Magno et Carolo, usque ad primam Januarii M° CCC° XXV°, redditus sexta [4] die Maii M° CCC° XXVI°. Debebantur eis II^m, etc. Tamen debent capi super regem per thesaurum, etc.

---

[1] On lit « CC III^{xx} IX » dans une copie de ce compte, exécutée au XIVe siècle, qui est aux Arch. nat., J 631, n° 4.

[2] Menant (XI, fol. 34) a lu : *3000*.

[3] Cf. Menant, VIII, fol. 31-34.

[4] Ms. : *in*, pour « VI^a ».

2002. Compotus Johannis de Rageuse de denariis quos recepit de diversis debitis que regi debebantur pro diversis temporibus, redditus septima die Septembris M° CCC° XXIX°. Debet VIII lib., VIII sol., IIII den., ob., pict. par.

2003. Compotus Jacquini du Bourg, factoris[1] P. Remigii, de diversis receptis quas fecit, videlicet de decimis, subsidiis et aliis anno M° CCC° XXII° et citra, redditus secunda Aprilis M° CCC° XXIX° ante Pascha. Debetur ei. Tamen habuit cedulam testimonialem[2] conditionatam.

2004. Compotus Thoti Guidi de receptis Flandrie, a Sancto Johanne M° CCC° XXX° usque ad decimam septimam Decembris M° CCC° XXXII°, qua obiit, redditus duodecima Aprilis M° CCC° XXXIIII° ante Pascha. Finis in debitis partic[ularibus].

2005. Compotus Rechuchii Guidi et Cordelarii Poillet[3] de receptis Flandrie, a Nativitate Domini M° CCC° XXXII° usque ad eandem Nativitatem Domini M° CCC° XXXIIII°, redditus decima tertia Maii M° CCC° XXXV°. Debent LXXI^m, etc. Fit in debitis partic[ularibus].

2006. Compotus heredum Jacobi, Matthei et Geraldi Guete, fratrum, de hiis in quibus poterant teneri regi et rex eis, a tempore preterito usque ad annum M° CCC° XXV° inclusive, redditus quinta die Januarii M° CCC° XXXVIII°. Corrigitur finis.

2007. Compotus Ludovici et Geraldi Chauchei[4], fratrum, de hiis in quibus regi poterant teneri et rex eis[5], redditus vigesima septima die Octobris M° CCC° XXXV°. Corrigitur finis.

2008. Compotus Richardi Lazari, servientis armorum, de hoc quod recepit in Flandria, occasione pacis, a vigesima secunda Januarii M° CCC° XXXIIII° usque ad decimam octavam Aprilis M° CCC° XXXVII°[6], redditus quarta Martii M° CCC° XXXIX°. Debet XVIII^m XIII^c, etc.

PASSAGIA LANARUM PER REGNUM

DE QUIBUS SUNT COMPOTI SEQUENTES.

SCRIPTA PRO PASSAGIIS LANARUM SEU RERUM EXTRAHI VETITARUM PER PASSAGIA REGNI.

2009. Compotus G. Coquatrix, deputati cum magistro P. de Cabilone [et] domino G. de Marcilliaco, milite, super facto et ordinatione passagii lanarum et aliarum rerum vetitarum, a die jovis post Pascha M° CCC° VIII° usque ad diem veneris ante Candelosam M° CCC° X°. Quittus est per finem compoti. Tamen aliqua signantur recuperanda per compotum.

---

[1] Ms. : *Rourt, fautoris* « Bourg » est dans les Extraits de Menant (XI, fol. 34 v°).

[2] Ms. : *testatoriam*.

[3] Ce nom est attesté : *Mémoires de la Société de l'histoire de Paris*, XI (1884), p. 139.

[4] Ms. : *Chaucoz*.

[5] Ms. : *rex ab eis*.

[6] Menant (XI, fol. 35) a lu : *1338*.

Item compoti commissariorum, sive compoti particulares qui remanserunt penes dominum[1] G. predictum, ut arrestatur in dicto compoto.

2010. Item in quodam rotulo penes dominum Thomam, deliberationes et gratie regis, conestabularii et G. Coquatrix super hiis que extracta[2] fuerunt de regno per gratias generales regis.

2011. Item compotus Johannis de Vartigues, scutiferi, et Richardi d'Ostrabes de explectis dicti passagii, a dominica post octavas Nativitatis Domini m° ccc° iii° usque ad Sanctum Bartholomeum m° ccc° v°, per quod tempus instituti fuerunt in bailliviis Vitriaci et Viromandie per conestabularium et G. Coquatrix. Nihil est ibidem de manu Camere.

2012. Compotus P. Folet de eodem, apud Andelotum, a tergo bailliviarum........

2013. Compotus magistri P. de Cabilone de eodem, a decima nona die Septembris m° cc° iiii^{xx} xvii° usque ad diem jovis post Pascha m° ccc° viii°. Debentur ei pro fine dicti compoti m iiii^{xx} xii lib., iii sol. tur. fort., reddite ei inferius in fine compoti sequentis de eodem, a (dicto) festo Sancti Georgii m° ccc° viii° usque ad illud festum m° ccc° xi°. Debet pro fine dicti compoti iiii^{c} lib., ciii sol., i den. tur.

Item alius compotus ipsius de eodem, a dicto festo Sancti Georgii usque ad Nativitatem Beati Johannis Baptiste m° ccc° xv°. Debentur ei pro fine dicti compoti ii^{m} xxv lib., xi sol., iiii den. tur., videlicet [a] rege Philippo xv^{c} xxviii lib., xiiii sol., xi den. tur., pro portione sua, et [a] rege Ludovico iiii^{c} iiii^{xx} xv lib., xvi sol., v den. tur. Non est auditus.

2014. Compotus domini Guillelmi de Marcilliaco de financiis lanarum extractarum a regno, per ipsum factus m° ccc° vii°. Fit per thesaurum ad primam diem Januarii m° ccc° x°.

Item alius compotus ipsius de eodem, factus m° ccc° viii°. Debet pro fine dicti compoti xlvi lib., xi sol. tur. Debet fieri per Templum. Sciatur si sit ita.

2015. Compotus P. Folet de passagiis lanarum apud Andelotum, a festo Sancti Remigii m° cc° iiii^{xx} xvii° usque ad Candelosam m° cc° iiii^{xx} xviii°.

2016. Compotus P. de Marigny[3], visitatoris generalis passagi[orum] regni Francie, a decima octava die Julii m° ccc° xiii° usque ad Nativitatem Beati Johannis Baptiste m° ccc° xiv°, virtute commissionis sibi facte, et G. de Ulmo, a magistro P. de Cabilone, G. de Marcilly et G. Coquatrix, qui compotus traditus fuit Camere per magistrum P. de Cabilone predictum, et auditus ab eodem de precepto Camere. Tamen non fuit examinatus in Camera. Debetur ei modo quo est. Et fit mentio quod dictus P. de Marigny non computavit nisi pro medietate; de alia habet computare dictus G. de Ulmo, socius suus. Mandetur ut computet. Tradidit compotum suum G. Coquatrix, ut est penes [dominum] Thomam[4].

2017. Alius compotus ipsius P., a dicto festo Beati Johannis Baptiste m° ccc° xiv° usque ad decimam sextam diem Decembris sequentis, auditus decima octava Octobris m° ccc° xviii°. Debentur ei cviii sol., ix den. tur.

2018. Compotus Nicolai de Aquilecuria de eodem ibi, a festo Candelose m° cc° iiii^{xx} v° usque ad Omnes Sanctos m° cc° iiii^{xx} vi°. Correctus est.

---

[1] Ms.: *penes nos g. predictum.* — [2] Ms.: *exactæ.* Menant (XI, fol. 35) a lu «extracte». — [3] Ms.: *Matigny.* — [4] Ms.: *penes thesaurum, vel thm.*

2019. Compotus Renaudi de Sancto Amando de eodem apud Andelotum, factus m° cc° iiii^xx x°. Debet pro fine compoti ii^m iii^c xliii lib., x sol.

2020. Item Renaudus de Malone (?) fecit quendam compotum de eodem ibi, anno m° cc° iiii^xx xi°, per quem debuit vii^c iiii^xx xv lib., x sol. tur. Correctus est.

2021. Item relatio magistri P. de Cabilone de aliquibus tangentibus dictum negotium, facta anno m° cc° iiii^xx xviii°, antequam constitueretur generalis collector super dicto facto, et de toto tempore sequenti usque ad annum m^um ccc^um xv^um.

2022. Arnaldus de Partallo, serviens armorum, fuit commissus super facto passagiorum et custodia portuum senescalliarum Tholose, Caturci, Bellicadri et Lugdunensis; et tradidit de eo compotum curie, videlicet a vigesima septima die Julii m° ccc° xv°, a qua die fuit deputatus ibi. Non est auditus.

Tradidit cum eo duos rotulos super eodem. Sciatur si sint alicujus valoris.

2023. Compotus domini Johannis de Rubeomonte de tempore quo fuit custos portuum, passagiorum, exituum regni in senescallia Bellicadri et Nemausi et ejus ressorto, videlicet a Cathedra Sancti Petri m° ccc° i° usque ad Assumptionem Beate Marie m° ccc° ii°. Debentur ei pro fine dicti compoti. Nihil aliud videtur corrigendum.

2024. Compotus magistri Johannis Lotharingi, canonici Claromontensis, de inquisitione super lanis furtive extractis de regno in senescalliis Bellicadri, Carcassone, Tholose et alibi, redditus curie lune ante Cineres m° ccc° vi°. Debentur ei pro fine compoti dicti l lib., xi sol., x den. par. Non est correctus. Videntur plura recuperanda per ipsum per partes dicti compoti.

2025. Compotus Guillelmi Tybout de custodia portuum Rodani et Vyenne, ne bona et victualia exirent regnum, factus in crastino Sancti Petri ad Vincula m° cc° iiii^xx xviii°. Debentur ei pro fine compoti xxxi lib., xvii sol., ix den. tur.

2026. Compotus Guillelmi Polani, vicarii Nemausi, custodis portuum Ruppis Maure, Bellicadri, Furcarum, Cadeneti[1], Sancti Egidii, Pontis Avinionis et de Mota, redditus curie mercurii post Sanctam Luciam m° cc° iiii^xx xviii°. Debet pro fine dicti compoti lxviii lib., v sol., v den. tur.

2027. Compotus Gaufridi de Bosco, canonici Matisconensis, deputati ad inquirendum [super] ordinationes passagiorum[2] et puniendos transgressores, cum[3] Johanne de Novo Castro, cive Parisiensi, videlicet anno m° cc° iiii^xx xiii°, mense Julii. Non est ibi aliquid de manu Camere, nisi quod non fuit auditus.

2028. Compotus Osilii de Antegiaco[4], domicelli, super facto compositionum factarum per ipsum cum pluribus personis senescallie Bellicadri super extractione rerum prohibitarum a regno Francie, et super facto monetarum regiarum, redditus curie per eundem veneris post festum Omnium Sanctorum anno m° ccc° x°. Correctus est quantum ad finem compoti, non quantum[5] ad residuum. Plura tamen sunt recuperanda super plures per-

---

[1] Ms.: *Cadoneti et Cadoleti*. — [2] Ms.: *ordinationes, passagia*. — [3] Ms.: *transgressores cura cum*. — [4] Cf. S 1688. — [5] Ms.: *nonquam*.

sonas, que ad x^m lib. ascendunt, et que ponuntur per partes in debitis Bellicadri de anno m° cc° iiii^{xx} xvii°. Extrahantur et petantur.

ALIA SCRIPTA PRO DICTIS PASSAGIIS PLURIUM RERUM DE REGNO EXTRAHI VETITARUM.

2029. Compotus Reneri de la Belle, gardiatoris[1], de passagiis de Meseriis usque ad bailliviam Ambianensem, a dominica post Assumptionem Beate Marie m° ccc° ii° usque ad octavas Paschatis m° ccc° iiii°, auditus veneris post festum Apostolorum Petri et Pauli tunc. Debentur ei, de quibus habuit cedulam. Non est correctus.

2030. Compotus Guillelmi Bertrandi, custodis portuum baillivie Matisconensis, redditus martis ante Assumptionem Beate Marie m° ccc° iii°. Debetur ei. Aliqua sunt recuperanda.

2031. Compotus domini Johannis de Bucy, militis, de custodia dictorum portuum ibi et [in] ressorto, redditus jovis ante Sanctum Marcum m° ccc° iiii°. Debet. Aliqua sunt recuperanda.

2032. Compotus domini Imberti de Romanis de custodia eorundem portuum ibi, redditus veneris ante Ramos Palmarum m° ccc° iiii°. Debentur ei xiii°, etc.

2033. Compotus Petri Arnulphi de emolumentis portuum regni, ab ultima Augusti m° ccc° xxix°- usque ad vigesimam tertiam........ m° ccc° xxx°, redditus vigesima tertia Junii tunc. Debetur ei. Signantur ibi aliqua recuperanda.

Alius compotus ejusdem a dicto anno usque ad decimam nonam Septembris m° ccc° xxxvi°.

2034. Compotus magistri Petri de Cabilone de receptis et misiis factis per ipsum super ordinatione pannorum et certa dispositione passagiorum in Lingua Occitana, a vigesima quinta Februarii m° ccc° xvii° usque ad ultimam Decembris m° ccc° xix°, redditus vigesima septima Maii m° ccc° xxi°. Debentur ei iii° lxxv lib., viii sol., ix den. tur.

Alius compotus ejusdem de pannificio et lanificio, a primo Januarii m° ccc° xix° usque ad Sanctum Johannem m° ccc° xxvi°, redditus duodecima Septembris m° ccc° xxx°. Debuit. Corrigitur tamen finis.

2035. Alius compotus dicti magistri Petri de Cabilone de negotio passagi[orum] et portuum regni, a Sancto Johanne m° ccc° xv° usque ad idem festum m° ccc° xxvii°, redditus decima sexta Martii m° ccc° xxx°. Pro fine cujus tradidit partes debitorum que sunt et suuntur in fine dicti compoti in sacco communi debitorum. Et debebatur ei. Tamen habuit[2] cedulam testimonialem.

Alius compotus ipsius de eodem, a dicto Sancto Johanne m° ccc° xxvi°, usque ad Sanctum Johannem m° ccc° xxvii°, redditus decima quinta die Septembris m° ccc° xxx°. Debebatur ei. Corrigitur tamen finis.

Alius compotus ejusdem de eodem, a dicto Sancto Johanne m° ccc° xxvii° usque ad

---

[1] Ms. : *de la Bellegarde.* Voir l'Index, au mot «Renerus de la Belle». — [2] Ms. : *habent.*

vicesimam tertiam Octobris mº cccº xxviiiº, redditus sexta decima Martii mº cccº xxxº. Debetur ei. Corrigitur finis.

Alius compotus ipsius de custodia portuum et passagiorum regni, a Sancto Johanne mº cccº xxviiiº usque ad Sanctum Johannem mº cccº xxxvº, redditus vigesima tertia Septembris tunc. Debetur ei. Tamen tradidit partes solvendas pro ipso in fine ejusdem compoti.

2036. Compotus Petri de Plotis[1] de emolumentis telarum[2] oneratarum apud Villamfrancam bailivie Matisconensis, et transeuntium per pontem Avinionis, a tertia die Martii mº cccº xiº usque ad vigesimam tertiam Septembris mº cccº xxxº, redditus vigesima octava die Septembris mº cccº xxxiiiº. Debetur tamen ei. Habuit tamen cedulam testimonialem.

2037. Compotus Guerini de Silvanecto et Gaufridi de Floriaco de receptis et misiis quas fecerunt a tertia die Januarii mº cccº xvº usque ad vigesimam secundam Januarii mº cccº xviiiº, redditus decima tertia die Martii mº cccº xxxviiº. Debent iiᵐ liii lib., vii sol., iiii den. tur. Corrigitur finis.

COMPOTI BONORUM QUE FUERUNT GANDULPHI DE ARCELLIS, LOMBARDI.

2038. Compotus magistri Johannis Lotharingi et Jacobi Preingne[3] super commissione sibi facta ad recuperandum bona Fulconis de Virsanno in nundinis Campanie et alibi, redditus lune ante Ascensionem Domini mº cccº vº. Debentur eis pro fine dicti compoti. Redditur eis in compoto suo de bonis Gandulphi de Arcellis, facto mense Martio mº cccº viiº; et quitte. Quantum tamen ad quedam alia non est perfecte correctus.

2039. Alius compotus ipsorum de debitis Gandulphi predicti, redditus die veneris post octavas Candelose mº cccº viiiº per dictum Jacobum et clericum dicti magistri Johannis post mortem ipsius Johannis. Debent pro fine dicti compoti iiiᶜ lxxvi lib., xviii sol., v den. par. debilis monete. Non est correctus. Arrestatur etiam in principio quod non est perfectus; in fine cujus continetur quod debentur adhuc levanda.

2040. Dictus Jacobus reddidit curie quendam rotulum de dictis bonis que tenebat et possidebat Jacobus Bonpié, quorum summa est xxiiᵐ lib. vel circa, ut arrestatur ibi, per compotum quem fecerat dictus Jacobus Bonpié dicto Gandulpho, tempore quo vivebat. Partes tamen dicti rotuli non faciunt nisi xviᵐ viiiˣˣ xviii lib., ix sol., x den. par. Sciatur per quos compoti redduntur.

2041. Invenimus postea quendam compotum abbreviatum quem fecerunt magister Johannes Lotharingi et Jacobus Preigne predicti[4] de dictis xviᵐ, etc. Et videtur quod de-

---

[1] Ce nom est attesté : Arch. nat., JJ 42ª, fol. 104.

[2] Ms. : celar.

[3] Ms. : Previgne. Cf. le testament de G. d'Arcelles, dans C. Piton, Les Lombards en France et à Paris (Paris, 1892, in-8º), p. 157.

[4] Ms. : Preigne prædam. «Predicti» est fourni par les Extraits de Menant (XI, fol. 36 vº).

COMPOTI BONORUM GANDULPHI DE ARCELLIS.

beant pro fine dicti compoti $II^c IIII^{xx} IX$ lib., VIII sol., IX den. Dictus tamen compotus non fuit auditus in Camera, nec est ibi aliquid de manu Camere. Sciatur si sit aliquid de manu Camere.

2042. Compotus Roberti Payen et Ade Le Flament de dictis bonis, a die lune ante Sanctum Laurentium $M^o CCC^{o (1)}$ anno, non nominato usque ad quod tempus. Debuerunt[2] pro fine compoti $III^c XLI$ lib., VII sol., X den., de quibus solverunt apud Luparam in fine dicti compoti $III^c LXIX$ lib., V sol. Sic debetur eis.

2043. Compotus decani Pictaviensis, magistri Johannis de Pontissara, de eodem, redditus lune post Quasimodo $M^o CCC^o$. Quittus est per finem compoti. Non est correctus ad plenum.

2044. Compotus magistri R. Fulcrerii, substituti a decano Pictaviensi[3], magistro Johanne predicto, super eodem. Debet pro fine compoti $III^c XIII^{xx} XIII$ lib., XV sol., IIII den. par. Arrestatur tamen ibi quod solvit magistro Michaeli de Bordencto et Guidoni Florencii III^c lib. tur. Sciatur ubi redduntur regi.

2045. Compotus domini Symonis de Rambouilleto, commissarii super eodem instituti, vigesima octava Maii $M^o CCC^o XII^o$. Debet pro fine compoti LXXVII lib., IIII sol., VII den. tur. vel burg. Arrestatur tamen de manu Camere quod non est perfectus. Perfectus fuit et clausus postea, ut creditur.

Dictus Symon fecit alium compotum de hoc quod recepit de dictis bonis, a vigesima septima die mensis Decembris anno $M^o CCC^o XV^o$ usque ad octavas Beati Martini anno $M^o CCC^o XVIII^o$, auditum vigesima secunda die Septembris $M^o CCC^o XX^o$. Debentur ei XLI lib., XVIII sol., VI den. par. Non est correctus.

2046. Compotus magistri Johannis de Spernone de eodem, redditus curie prima die Augusti $M^o CCC^o XVIII^o$. Debentur ei pro fine compoti XXI lib., XVII sol., IV den. tur. Non est correctus.

2047. Compotus Guidonis Cavass[ole] et Alberti Chapon de hoc quod receperunt de administratione Johannis de Spernone[4]. Debent pro fine compoti CXIII lib., VIII sol., IIII den. tur., quas Lupara per cedulam suam. Sciatur.

2048. Compotus domini Symonis predicti de Rambouilleto de bonis defunctorum Bichii et Moucheti, quondam militum, et cum hoc de bonis defunctorum Cop[5] Champellain et Petri Biche de Senis, fratrum, videlicet a die sexta Januarii anno $M^o CCC^o VII^o$ usque ad festum Beati Johannis Baptiste $M^o CCC^o XIV^o$. Auditus fuit et perfectus vigesima tertia Septembris $M^o CCC^o XXII^o$, excepto quantum ad financiam de bonis dictorum Cop et Petri fratrum, que sunt in fine. Debentur ei $IX^{xx} XV$ lib., V sol., VI den. par., de quibus habuit cedulam Camere vigesima quarta Septembris $M^o CCC^o XXII^o$. Non est correctus. Sunt per eundem compotum aliqua recuperanda. Iste compotus queratur in secundo sacco Bichii et Moucheti, nisi hic inveniatur[6].

---

(1) Ms.: *tricesimo cum millesimo anno.*
(2) Ms.: *debuit.*
(3) Ms.: *Par.*
(4) Ms.: *Guyen.*

(5) Cette forme ne doit pas être suspectée. Voyez un compte original, Bibl. nat., fr. 25993, n° 147.
(6) Cf. § 2116.

2049. Compotus Michaelis Jugnet de Thyeuvervalle[1] de bonis Gendulphi de Arcellis in castellaniis Montis Lherici, Dordani, Stamparum, et plurium aliarum villarum circumvicinarum, redditus curie vigesima die Augusti M° CCC° XVIII°. Debet CXXVII lib., XX den. par.

SCRIPTA FINANCIARUM LOMBARDORUM
QUE SUNT PENES DOMINUM THOMAM.

2050. In uno rotulo financie facte cum magistro Henrico de Horreto, clerico, Gaufrido de Vitriaco, cive Parisiensi, et Francisco Jacobi, notario, de Senis, deputatis super financiis Lombardorum singularium in regno Francie, annis M° CCC° IX° et M° CCC° X°, tradite curie vigesima quarta Septembris M° CCC° XVIII°. Tamen non fuerunt examinate, ut arrestatur ibi. Videantur et sciatur ubi contenta ibi redduntur regi.

2051. Dictus Henricus computavit de expensis quas fecit super facto dictarum financiarum; qui compotus redditus fuit per ipsum curie decima octava die Maii M° CCC° XIX°, pro fine cujus debentur LXXVI vel tantum LXXI lib. par. Non est correctus.

2052. Alius compotus ejusdem Henrici de expensis quas fecit in dicto negotio, de tempore quo dictus J. de Domnomartino, Renaudus Barbou et G. Coquatrix fuerunt commissi super dicto facto, quem reddidit curie decima octava die Maii M° CCC° XIX°. Debentur ei VII^{xx} X lib., IIII sol. par. Non est correctus.

2053. Compotus Guillelmi Le Flamant, civis Parisiensis, de receptis per eum factis super financiis Italicorum, pro annis M° CCC° III° et IIII°, auditus vigesima prima Martii M° CCC° XVII°. Quittus est pro fine dicti compoti. Quedam tamen signantur recuperanda in dicto compoto.

SCRIPTA DOMINORUM BICHII ET MOUCHETI, FRATRUM, MILITUM.

PRIMUS SACCUS DICTORUM SCRIPTORUM
QUE SUUNTUR IN SEPTEM ROTULIS ORDINE QUO SEQUUNTUR[2].

2054. *Vadia stipendiariorum Flandrie.*

Compotus Montachii Gaygne, procuratoris Bichii, de vadiis stipendiariorum maris solutis per eum in Normania et Flandria, cujus summa VII^{xx} XVIII lib., XLI sol., XI den. tur., factus post Annunciationem Dominicam M° CC° IIII^{xx} XVI°.

---

[1] Cf. Arch. nat., KK 2, fol. 56 v°: «Michaele Juignet de Tyverval». — [2] Menant (XI, fol. 37) a noté qu'on lisait en marge, dans le manuscrit original: «De duobus saccis fit unus saccus».

2055. *Solutiones vadiorum Flandrie.*

Alius compotus Bichii et Moucheti de solutionibus factis in armata navigii de flotta domini de Haricuria et domini Montis Morenciaci apud Montendre in Xanctonia[1], mense Octobri m° cc° iiii^{xx} xv°, factus anno m° cc° iiii^{xx} xvi°, die veneris post octavas Pasche. Et fuit summa totalis cviii^m v^c lxi lib., vii sol., ix den. tur. — Sciatur de dictis duabus summis [2] ubi capiuntur super regem, et corrigatur.

2056. Quidam extractus mutuorum factorum militibus et scutiferis pro exercitu Vasconie per compotum Bichii de terminis Ascensionis et Omnium Sanctorum m° cc° iiii^{xx} xv°.

2057. Alia mutua facta pro eodem per compotos domini Guichardi de Marziaco et magistri[3] Johannis de Domnomartino et aliorum.

2058. *Subsidia Flandrie annis m° cc° iiii^{xx} xiv° et m° cc° iiii^{xx} xv°, in senescallia Carcassone.*

Compotus subsidii facti et impositi in senescallia Carcassone et Byterris per comitem Foresii[4] et dominum Fulconem de Regny a nobilibus personis, pro exercitu Flandrie, videlicet pro quinta parte suorum reddituum unius anni, recepti per Bartholomeum[5] Talamuchii et Tyngum Lotoringny, receptores Carcassone, annis m° cc° iiii^{xx} xiv° et m° cc° iiii^{xx} xv°.

Debuerunt dicti receptores ibi pro fine dicti compoti lix^m lib. et iiii^c lxiiii lib., xiii sol., x den. tur., quas reddiderunt per compotos suos dicte senescallie annis m° ccc° iv° et m° ccc° v°. Et quitte quantum ad hoc. Aliud restat corrigendum per ipsum cum arreragiis in alio rotulo, que arreragia redduntur per compotum dicte senescallie ad Sanctum Johannem m° ccc° vi°.

2059. *Subsidium Flandrie m° ccc° v° senescallie Carcassone.*

Subventio in dicta senescallia per predictos, et postea per cantorem Aurelianensem et magistrum Nicolaum de Lusarchiis, facta per gentes Bichii et Moucheti et Nicolai (?) Guidi, receptoris Carcassone, ab octavis Beati Johannis Baptiste m° ccc° v° usque ad decimam diem Aprilis m° ccc° vi°. Debent per finem dicti compoti xiii^m iiii^c lxiii lib., xv sol tur. monete debilis. Redd[ider]unt regi per compotum senescallie Carcassone ad Sanctum Johannem m° ccc° vi°. Correctus est, ut videtur.

2060. *Subsidium exercitus Flandrie anni m^i ccc^i iiii^i in senescallia Carcassone.*

Partes arreragii subsidii petiti anno m° ccc° iiii° in senescallia Carcassone per dominum Fulconem de Rigny pro exercitu Flandrie, de summa de v^c xlii lib., xviii sol., iiii den., reddita per compotum senescalli Carcassone, domini Johannis de Alneto, ad Sanctum Johannem m° ccc° vi°.

---

[1] Ms.: *Flandria.* — [2] Cf. § 2054. — [3] Ms.: *ma. Johan. de Domnomartino et aliis.* — [4] Ms. *Forensem.* — [5] Ms.: *Bertolum.* Cf. § 103.

2061. *Subsidium exercitus Flandrie anno m° ccc° iii°.*

Compotus predictorum Bichii et Moucheti de subventione levata in pluribus bailliviis et senescalliis regni pro exercitu Flandrie m° ccc° iii°, redditus per Baldum Fini et Guiponellum Coriaci, secunda Decembris m° ccc° iiii°. Correctus est quantum ad finem compoti et non quantum ad residuum.

2062. *Subventiones exercitus Flandrie m° ccc° iii° in senescallia Carcassone.*

Compotus Bartholomei Dieutajuti [1], receptoris dicte senescallie, de subventione guerre Flandrie levata ibi m° ccc° iii°, redditus curie sabbato post Sanctum Andream m° ccc° iiii°; sed debet pro fine compoti predicti vi^m ii^c iiii^{xx} vii lib., xv sol., vi den. tur. Non est correctus, et sunt plura corrigenda per ipsum quantum ad denarios traditos.

2063. *Subsidium exercitus Flandrie m° ccc° iiii° in senescallia Bellicadri.*

Compotus Guidonis Philippi, receptoris Bellicadri, de subventione levata in eadem senescallia, anno m° ccc° iiii°, usque ad calendas Augusti m° ccc° v°, redditus circa Sanctum Martinum hyemalem tunc. Debuit xiiii^m vi^c xxiiii lib., iiii sol., vii den. tur., quas, ut arrestatur, debuit reddere in compoto quem habuit facere de diversis receptis. Sciatur et corrigatur.

2064. Compotus arreragiorum dicte subventionis, traditus in compoto dicte senescallie m° ccc° vi°. De quo compoto magister J. Britonis debet tradere partes. Reddidit id quod debuit pro fine dicti compoti per compotum suum senescallie ad Sanctum Johannem m° ccc° vi°. Plura sunt corrigenda per ipsum.

2065. Compotus Bichii et Moucheti, thesaurariorum domini regis, de termino Ascensionis m° cc° iiii^{xx} xv°, cum Magna Recepta regis Omnium Sanctorum tunc in alio rotulo suto cum predicto compoto [2].

2066. *Tractus lanarum.*

Compotus predictorum Bichii et Moucheti de financiis et emendis lanarum factis in provincia Narbonensi, redditus curie per Baldum Fini de Fighino [3] mense Augusti m° cc° iiii^{xx} xvi°. Debent pro fine ejusdem compoti circa ii^m v^c xxx lib. tur. Et sunt plura corrigenda per eum.

2067. Alius compotus ipsorum de eodem ibi, per dominos Alphinum de Marinera [4] et Jacobum de Florentia. Debent pro fine dicti compoti xvi^c xi lib., vi sol., ii den. tur., et plus. Non est correctus.

2068. Compotus quidam de pluribus receptis et misiis aliis, regi non redditis, et pluribus expensis non aut parum super regem alias captis. Non auditus est. Quasi quidam extractus videtur esse quorundam receptorum Carcassone. Sciatur et qui fuerunt.

2069. Plura debita que debentur in Campania de tempore quo dictus Quentenaille et ejus socii tenuerunt receptam ibi, et quidam denarii soluti per eos.

2070. Quidam rotulus billonis capti in senescallia Nemausi et Bellicadri.

---

[1] Ms.: *Dieutamti.* Cf. § 106. — [2] Cf. § 2092. — [3] Ms.: *Seghino.* — [4] Cf. *Histoire littéraire*, XXVIII, p. 37.

2071. Compotus Bichii et Moucheti et Nicolai Guidi [1] de hiis que debebant regi ipsi et sua societas, prout continetur in quodam rotulo tradito curie per eos, ut dicitur in eodem compoto, redditus martis ante Omnes Sanctos m° ccc° iii°. Debentur eis xv^m vii^{xx} x lib., etc. Non est correctus.

2072. Quidam compotus seu rotulus ubi sunt plures recepte monetagiorum Francie et aliorum denariorum, ac quedam expense seu misie facte per Bichium. Non est intitulatus. Plures tamen sunt ibi grosse summe in expensa. Videatur in correctione [2] diligenter. Et sunt plura corrigenda [3].

SECUNDUS SACCUS SCRIPTORUM BICHII ET MOUCHETI PREDICTORUM.

2073. *De taillia Lumbardorum.*

Compotus abbreviatus de taillia Lumbardorum, factus per gentes dominorum Bichii et Moucheti. Debuerunt vii^{xx} i^m iii^c iiii^{xx} iiii lib., v sol., x den. tur. Sciatur si et ubi redduntur regi.

Quedam cedula in qua est abbreviatio compoti Bichii et Moucheti ac Nicolai Guidi, fratrum, de negotio Lumbardorum.

2074. Compotus Moucheti Guidi de recepta quam fecit de hoc quod debebat habere a rege, per litteras suas, de assignamentis factis sibi et sue societati, traditus per Baldum Figny [4] et Quanquenellum Corraldi [5] pro debitis domini Moucheti, vigesima tertia Septembris m° ccc° v°. Debetur ei, ut videtur.

2075. Compotus Bichii et Moucheti de hoc quod debebant regi et quod eis debebatur, factus martis ante Omnes Sanctos m° ccc° iii°. Debentur eis xv^m, etc.

2076. Compotus Bichii et Moucheti de taillia seu financia Lumbardorum, factus per Templum ad Candelosam m° cc° iiii^{xx} xii°. Debuerunt vii^{xx} xii^m, etc., que redduntur regi per Templum ad Candelosam tunc.

Alius compotus eorundem [6] de eodem, cujus recepta fuit ii^c xxi^m etc. De expensis non fit summa, nec est clausus rotulus de taxatione dictarum financiarum.

2077. Duo rotuli qui videntur esse de eodem, pauci valoris, ut videtur.

2078. Compotus Bichii et Moucheti de denariis quos solverunt et tradiderunt de mandato regis, et aliis expensis per eos factis, redditus in compoto Candelose m° cc° iiii^{xx} xii°.

Alius compotus eorundem de hiis que receperunt a Candelosa m° cc° iiii^{xx} xii° usque ad Sanctum Johannem m° cc° iiii^{xx} xiii°.

Alius compotus eorundem de hiis que receperunt de bonis Baionnensium (?) [7] existentibus apud Rupellam per Baldum Diedi [8], procuratorem ipsorum, annis m° cc° iiii^{xx} xiii° et m° cc° iiii^{xx} xiv°. Corrigitur.

---

[1] Ms. : *Cher.*
[2] Ms. : *collectione.*
[3] Cf. § 2079 et § 2080.
[4] Ms. : *Signy.*
[5] Menant (XI, fol. 37 v°) a lu : « Quinquellum Coraldi ».
[6] Ms., ici et plus loin : *ejusdem.*
[7] Ms. : *baonnorum.*
[8] Nom inconnu.

Alius compotus eorundem de hiis que receperunt de bonis (executoris vel) executionis domini Bertrandi, episcopi Tholose, redditus in compoto Ascensionis M° CC° IIII^{xx} X°.

2079. Compotus Bichii et Moucheti et Nicolai Guidi, militum, de hoc quod ipsi et sua societas debebant regi, prout in quodam alio rotulo tradito curie continetur.

2080. Alius compotus ejusdem Bichii de pluribus receptis monetagii Francie et aliis, ac de misiis factis per eum. Non auditus. Est quasi quidam extractus.

2081. Compotus domini Moucheti de viagio Rome facto per eum M° CC° IIII^{xx} XVII°, et pluribus aliis viagiis pro rege, redditus curie ante Candelosam M° CC° IIII^{xx} X°. Debetur ei.

2082. Compotus Quanquenelli Conraldi, Reneri Fini et aliarum gentium Bichii et Moucheti de hiis que receperunt pro rege et tradiderunt ejus nunciis in via et curia Romana per plures vices, redditus per Baldum Fini circa Omnes Sanctos M° CCC°. — Quidam extractus denariorum traditorum pro via Rome predicta per compotum predictum. — Summe denariorum que redduntur per dictum compotum nuntiorum de dicta via Rome.

2083. Partes de Ve XXII lib., III sol., III den. tur., traditis nunciis regis per dominum Bichium.

2084. Compoti duo Bichii et Moucheti de hiis que receperunt de arreragiis decimarum triennalis et quadriennalis, ac subventionis facte pro subsidio regni loco decime, atque de centesima Britonum in provincia Turonensi, per Johannem Chinche et Durandum de Montesy (?), procuratores eorum.

2085. Alius compotus eorundem de hoc quod receperunt de centesima et decimali subventione comitatus Britannie [1], pro defensione regni concessis, factus mercurii ante Magdalenam M° CC° IIII^{xx} XVI° per Bertum [2] Bonagundi, procuratorem eorum. Non est perfectus, ut videtur.

2086. Alius compotus Bichii et Moucheti de decima quam receperunt in provincia Narbonensi, a Sancto Johanne M° CC° IIII^{xx} X° usque ad eundem M° CC° IIII^{xx} XI°.

2087. Alius compotus eorundem de beneficiis personarum ecclesiasticarum extra regnum existentium contra deffensam regis in senescalliis Tholose, Ruthenensi, Carcassone et Bellicadri, factus per Guidonem Falconerii [3] et Baldum [4] Fini. Nihil est ibi de manu Camere. Videtur quod debeantur regi CXIII lib., XIII sol., VIII den. tur.

2088. Alius compotus Bichii et Moucheti de decimis quadriennali et triennali pro Arragonia, et de denariis indistinctis legatorum relictorum. Non auditus.

2089. Compotus Templi de decima Arragonie [5] pro quadriennio.

2090. Alius compotus Templi de decima Arragonie pro triennio.

2091. Compotus Bichii de termino Ascensionis M° CC° IIII^{xx} XV°.

2092. Magna Recepta regis de termino Omnium Sanctorum M° CC° IIII^{xx} XV°.

---

[1] Ms. : *Britensis.*

[2] Ms. : *Bitum.*

[3] Ms. : *Guidum Falconarii.* Le nom de « Guido Falconerii » paraît très souvent dans le *Journal du Trésor* (Bibl. nat., lat. 9783), et dans les comptes originaux.

[4] Ou « Renerum ». Ms. : *Statinum.*

[5] Ms., ici et plus loin : *arreragiorum.*

2093. Plura extracta debitorum Bichii et Moucheti ac plurium receptorum suorum et aliarum gentium eorum.

2094. Debita Bichii[1] pro decima Arragonie ad triennium in provincia Senonensi.

2095. Alia debita Bichii pro eodem ibidem.

2096. Recepta per baillivos et alios ministros regis de decima Arragonie ad quadriennium.

2097. Debita que debentur dominis Bichio et Moucheto, traditus curie dominica post Epiphaniam M° CC° IIII^{xx} XVII°.

2098. Compotus Bichii et Moucheti de hiis que receperunt de mutuis, centesima, decima Clygniaci et acquisitis per dominum Evrardum Porion factis in prepositura Montis Desiderii, factus mercurii post octavas Paschatis M° CC° IIII^{xx} XVI°, per Spinetum Accoursi, procuratorem eorum.

2099. Alius compotus eorundem de mutuis baillivie, manumissionibus seu franchisiis ibi concessis[2] et assisiis factis in villis Laudunensi, Suessionensi et earum pertinentiis, per Bernardum Jacobi, procuratorem dictorum Bichii et Moucheti, factus in Februario M° CC° IIII^{xx} X°.

2100. Alius compotus eorundem de mutuis, denariis centesime et denariis de libra ville Remensis et ressorti, factus per Johannem Juigny, procuratorem eorundem, M° CC° IIII^{xx} XV°, mense Februario.

2101. Alius compotus eorundem de mutuis civitatis Atrebatensis et ville Corbiensis, factus per Galterum Loth, procuratorem eorundem, que reddidit in compoto Ascensionis M° CC° IIII^{xx} XV°.

Alius compotus eorundem de residuis mutuorum, centesime et decime ibi, factus per dictum Galterum post Sanctum Benedictum M° CC° IIII^{xx} XVI°.

2102. Alius compotus eorundem de residuis mutuorum, donorum, centesime et decime in baillivia Senonensi, factus per Franciscum Jacobi et Ricum Aldebrandel, procuratores eorundem, dominica post octavas Paschatis M° CC° IIII^{xx} XVI°.

2103. Alius compotus eorundem de centesima, decima biennali pro subsidio regni, quibusdam financiis factis per cantorem de Linays, et aliis denariis receptis in baillivia Matisconensi, factus per Quirinum Jacobi, procuratorem eorundem.

2104. Littere carcate Bichio et Moucheto ad levandum super mutuis factis regi, non levatis, tradite per Jacobum Petri, mercurii post Sanctum Bartholomeum anno M° CC° IIII^{xx} XVI°.

2105. Compotus domini Roberti Regis et Chiny de Gratia, procuratoris Bichii, de decima et subventione centesime baillivie Caleti, factus mercurii post Pascha M° CC° IIII^{xx} XVI°.

2106. Compotus Bichii et Moucheti de hiis que receperunt de mutuis, centesima et decima in bailliviis Cadomensi et Constantinensi, factus per dominum G. de Gisortio et Michaelem Danielis, procuratorem eorum, quarta Junii M° CC° IIII^{xx} XVI°.

---

[1] Ms. : *baillivorum*. — [2] Ms. : *contra*.

2107. Compotus Francisci Monsire [1], procuratoris Bichii, de mutuis et donis castellanie Pruviniensis, factus quarta Junii m° cc° iiii^{xx} xvi°. Corrigitur finis.

2108. Alius compotus Bichii et Moucheti de receptis per eos de mutuis, centesima et decima baillivie Vitriaci et ejus ressorti per Monnayum de Monnayo, eorum procuratorem, factus quarta Januarii m° cc° iiii^{xx} xvi°. Corrigitur finis.

2109. Alius compotus eorum de residuo mutui in baillivia Alvernie, et subventione regni, loco decime, in dyocesi Claromontensi, factus per Bertum [2] Talenti, procuratorem eorundem, dominica ante Ascensionem m° cc° iiii^{xx} xvi°.

2110. Residuum mutui hujus articuli
Articuli superioris idem
Articuli xliii (§ 2107) idem } sunt in sacco mutuorum [4].
In articulo xlii (§ 2106) mutua, centesima, decima
In articulo xli (§ 2105) decima, subventio centesime [3]

2111. Partes de iii^m v^c iiii^{xx} xi lib., xii sol., iv den. pro mutuis villarum Bellicad[r]i [et] Bitterris redduntur regi per compotum senescallie Carcassone ad Ascensionem m° cc° iiii^{xx} xvi°, in summa de viii^m viii^c xxxix lib., xviii sol., x den.

2112. Compotus Bichii et Moucheti Guidique fratrum, receptorum senescallie Tholose et Albiensis, de mutuis ibi factis, annis videlicet m° cc° iiii^{xx} xiv° et iiii^{xx} xv°.

2113. Compotus receptarum et expensarum factarum ratione de c^m lib. tur., pro taillia Judeorum, a Candelosa m° cc° lxxx° anno usque ad Omnes Sanctos m° cc° iiii^{xx} xii°.

2114. Alii quatuor compoti Bichii et Moucheti de nova taillia Judeorum et arreragiis veteris taillie eorundem, a Sancto Johanne Baptista m° cc° iiii^{xx} xiii° usque ad Ascensionem iiii^{xx} xvi°. Debuerunt pro fine cujusdam compoti magnas summas pecunie. Sciatur si et ubi redduntur regi.

2115. Quidam rotulus de nominibus collectorum seu visitatorum decimarum.

2116. Compotus domini Symonis de Ramboleto et magistri Johannis de Ceres, thesaurarii Lexoviensis, subrogatorum per regem loco magistri Sanctii de Charmeya et Michaelis de Bordeneto, de bonis defunctorum Bichii et Moucheti, militum, et de quadam financia facta de bonis defunctorum Cop Champelini et Petri Biche de Senis, fratrum. Perfectus vigesima tertia Septembris m° ccc° xxii°. Debentur eis, de quibus habuit dominus Symon predictus cedulam testimonialem. Plura signantur ponenda in debitis. Non est tamen perfectus quantum ad dictam financiam.

2117. Quidam rotulus de inventario bonorum dictorum Bichii et Moucheti, et alie minute cedule et rotuli simul ligati.

2118. Compotus magistri Radulphi Le Feutrier de debitis dictorum Bichii et Moucheti sibi traditis ad explectandum, cujus copiam tradidit curie, et est in scrinio litterarum Bichii et Moucheti.

---

[1] Cf. p. 147, note 2. — [2] Ms.: *Bertrandum.* — [3] Ms.: *subsidium.* — [4] Cf. p. 140 et suiv.

DE BONIS TEMPLI ET TEMPLARIORUM DELIBERATIS HOSPITALARIIS ANNO M° CCC° VII°.

2119. De bonis quondam Templi et Templariorum habemus quinque compotos Guillelmi Pizdoe et Reneri Bourdon, civium Parisiensium, curatorum eorundem bonorum, a die veneris vigesima secunda Decembris anno m° ccc° vii°, qua data fuit commissio ipsorum, usque ad Magdalenam anno m° ccc° xiii°, quo anno dicta bona fuerunt deliberata Hospitali.

2120. Alium vidi sextum compotum, videlicet factum de restantiis [1] precedentium compotorum suorum, duodecima die Septembris m° ccc° xxv°, pro cujus fine debent m iiii^c iiii^{xx} xiv lib., xvi sol., vii den. par. Plura signantur in dictis compotis corrigenda et recuperanda.

2121. Alium compotum, videlicet septimum, fecerunt dicti curatores de deliberationibus bonorum contentorum in inventario, in quo signantur plura corrigenda et recuperanda.

2122. Inventarium bonorum domus Templi Parisiensis.

2123. De dictis bonis habent heredes magistri G. de Gisortio, pro quanto de eisdem se intromisit cum dictis curatoribus [2], computare.

2124. Compoti gardiatorum seu firmariorum domorum Templi a rege per regnum constitutorum, traditi curie per dictos curatores, habentur per inventarium in qualibet bailllivia et senescallia regni in alio libro, in quo Inventarium compotorum particularium [3] continetur.

SCRIPTA DE BONIS JUDEORUM CAPTORUM PER REGNUM IN DIE MAGDALENE M°CCC°VI° ET ANNO M°CCC°XX° IN PARTE.

2125. *Parisiensis cum ejus ressorto.*

Compotus domini Guidonis de Lauduno, thesaurarii capelle regalis Parisiensis, et domini Symonis de Rambolleto, de bonis Judeorum prepositure Parisiensis [4] et totius vicecomitatus ejusdem, redditus per ipsum Symonem, mercurii decima die Martii [5] m° ccc° x°. Correctus est ad plenum.

2126. Compotus in uno libro magistrorum J. de Divione et J. de Ceres de hiis que

---

[1] Menant (XI, fol. 38) : *restis.* — [2] Ms. : *curatis.* — [3] Ms. : *compoti particularis.* — [4] Menant a lu (XI, fol. 38) : *prope Parisius.* — [5] Menant (*l. c.*) a lu : *Maii.*

receperunt et expenderunt de bonis Judeorum Francie et Normanie, auditus apud Nemus Vicennarum, et perfectus in Camera compotorum Parisius decima nona Januarii M° CCC° XV°. Videtur quod thesaurarii debeant reddere pro ipsis quod debent pro fine dicti compoti. Plura sunt corrigenda et recuperanda super collectores quos instituerunt in diversis bailliviis. Videatur diligenter in correctione.

Compotus abbreviatus de eodem in uno rotulo.

2127. Compotus magistri Radulphi de Joyaco de incusationibus[1] bonorum Judeorum expulsorum a regno super bonis eorundem recelatis, redditus sabbato ultima Julii M° CCC° XI°. Debet pro fine dicti compoti M VII° LXXVI lib., XVIII sol., IX den. Non est correctus, licet pars ejus ponatur in debitis.

2128. *Sylvane[c]tensis*. — G. Tiboust et G. de Hangesto debent computare.

2129. *Viromandensis*.
Compotus Petri Jumelli, quondam baillivi ibi, de bonis Judeorum dicte baillivie. Non est tentus, nec est ibi aliquid de manu Camere, nec dicitur dies qua traditus fuit Camere. Mandentur ejus heredes ad computandum de hoc.

2130. *Ambianensis*.
Compotus Dionisii de Albigniaco, quondam baillivi Ambianensis, de bonis Judeorum dicte baillivie, tam super inventariis quam extra inventaria, auditus vigesima secunda Augusti M° CCC° II°. Correctus est; et sunt inventaria bonorum Judeorum dicte baillivie cum dicto compoto, in uno sacco. Et est ibi cedula quedam de hoc faciens mentionem.

2131. *Senonensis*. — G. de Hangesto junior debet computare.

2132. *Aurelianensis*.
Compotus Johannis de Yenvilla, servientis armorum, et S[imonis] de Montigniaco, baillivi Aurelianensis, de bonis Judeorum dicte baillivie et ressorti. Correctus est quantum ad finem compoti. Plura sunt alia corrigenda per dictum compotum. Videatur diligenter in correctione.

2133. Compotus Ligier de Serarville (*sic*) et Johannis de Bardilly, deputatorum ad levandum debita restantia per compotum predictorum Johannis et S[imonis], redditus curie anno M° CC° IIII^{xx} XIV°, mense Julii. Debent pro fine dicti compoti II° LVII lib., III den. par. Non est correctus. Et sunt plura corrigenda per ipsum.

2134. *Matisconensis*.

2135. *Bituricensis*.
Compotus seu relatio magistri P. de Bonavalle de bonis Judeorum baillivie Bituricensis, redditus curie in festo Beati Vincentii M° CCC° VII° anno. Debentur ei pro fine dicti compoti

---

[1] *Sic*. Peut-être pour « inquisitionibus ». Cf. § 2137.

III^c XXXV lib., XI sol. tur. debil. Non est correctus. Arrestatur etiam in principio quod loquatur de expensis dicti compoti cum magistris, nec dicit causam. Sciatur.

2136. Compotus magistri Johannis Gaidre de hiis que recepit de debitis que debebantur Judeis in baillivia Bituricensi et ejus ressorto, redditus curie prima Martii anno M° CCC° XXII°. Corrigitur finis. Plura sunt corrigenda per eundem compotum.

2137. Compotus Johannis Barmont d'Issoudun de debitis Judeorum baillivie Bituricensis et accusationibus ipsorum, receptis per eum ab anno M° CCC° VI° usque ad M^{um} CCC^{um} X^{um}, redditus decima nona Novembris M° CCC° XXIV°. Fuit summa recepte II^m IIII^c LV lib., VIII sol., VIII den. tur. debil. Corrigitur finis. Similis compotus suitur ad Omnes Sanctos anno M° CCC° XXIV°.

2138. Compotus Petri de Monasterio et Stephani de Sablonneria de hoc quod receperunt de bonis Judeorum baillivie Bituricensis fugatorum anno M° CCC° XX°, redditus duodecima Julii M° CCC° XXXV° anno. De hoc fit [mentio] in debitis de [anno] XXII°. Item debent plura eorundem Judeorum ⁽¹⁾, que habent penes se. Sunt ibi plura arreragia et plures denarii traditi ad recuperandum.

2139. *Turonensis.*

Compotus Roberti Maugerii de bonis Judeorum baillivie Turonensis, cum magistro (Stephano vel) P. de Bituris, redditus curie quarta die Aprilis M° CCC° IX°. Debet pro fine dicti compoti, deducto hoc quod thesaurus debet reddere pro ipso, circa IIII^m III^c lib., et plus, nisi alibi solverit. Sciatur. Non est correctus, et sunt plura corrigenda et recuperanda.

2140. Quidam rotulus traditus per ipsum et magistrum P. de Bituris de jocalibus auri et argenti Judeorum baillivie predicte, [traditis] magistro Michaeli de Bordeneto, prout ipse magister Michael confitetur in litteris suis que sunt in fine dicti rotuli.

2141. Compoti duo magistri G. de Poteria de debitis Judeorum dicte baillivie, quorum primus auditus fuit lune sexta die Augusti M° CCC° XIII°, et alter decima sexta dicti mensis tunc. Debuit pro fine dicti compoti primi quod reddidit per compotum secundum. Non sunt correcti.

2142. *Rothomagensis.*

Inventarium bonorum Caloti, Judei, de Rothomago, qui obiit sabbato post Pascha M° CCC°, factum per R. Barbou et P. Saymel, baillivum ibi, magistrum P. de Bituris et Radulphum de Joyaco.

2143. Compotus magistri P. de Bituris et Radulphi de Joyaco de explectis bonorum dicti inventarii, auditus sexta Junii M° CCC° IIII^{xx} XVI°. Debent VII^{xx} lib., XXIIII sol., VIII den. tur., et signantur ibi aliqua recuperanda.

2144. Compotus magistri P. de Latilliaco, canonici Parisiensis, de hiis que recepit de bonis Judeorum predictorum in dicta baillivia, auditus lune nona Aprilis M° CCC° XII°. Finis est correctus; et sunt plura corrigenda per ipsum.

---

(1) Ms.: *plura ead. Jud.* Passage altéré.

Sciatur qui debuit levare in aliis bailliviis Normanie, quia non habeo compotos penes me.

2145. Alius compotus ejusdem magistri P. et Petri de Hangesto, baillivi Rothomagensis, de omnibus bonis Judeorum dicte baillivie Rothomagensis, minutus pariter in quodam alio rotulo, quem non vidi. Debet xvi^m viii^c iiii^{xx} vii lib., xix sol., vii den. tur. debil. Signantur aliqua corrigenda et recuperanda. Auditus ultima Martii m° ccc° xxiii°.

2146. *Caletensis.*

2147. *Cadomensis.*

2148. *Constantinensis.*

2149. *Gisortii.*

Compotus Gaufridi Le Danois de bonis Judeorum dicte baillivie et ressorti ipsius. Non est clausus. Tamen debet xviii^c xi lib., xvii sol., xi den. par. debil. Et sunt quedam debita, in fine suta, recuperanda pro rege, que ponuntur in debitis compotorum particularium de anno m° ccc° xxiv°.

2150. Compotus domini Richardi de Dyerreville et dicti Gaufridi de eodem, redditus decima octava Martii m° ccc° xxv°. Debitum fuit eis, de quo habuerunt cedulam testimonialem [1].

2151. *Campania, Trecensis et Meldensis.*

Compotus magistri Johannis Gaulardi de dictis bonis in baillivia Trecensi et Meldensi, factus m° ccc° ix°, mense Martii. Debet pro fine dicti compoti lix^m vii^c lvii lib., vi sol., ix den. debilis monete. Non est correctus et sunt plura per ipsum recuperanda.

2152. *Vitriaci.*

Compotus predicti magistri Johannis Gaulardi de eodem in baillivia Vitriaci, factus penultima die Aprilis m° ccc° x°. Debet pro fine dicti compoti xxii^m vi^c iiii^{xx} xiiii lib., v sol., iii den. Non est correctus, ut supra.

2153. *Calvimontis.*

Compotus ejusdem magistri Johannis Gaulardi in baillivia Calvimontis, factus die jovis in festo Apostolorum Philippi et Jacobi anno m° ccc° x°. Debet pro fine dicti compoti xxi^m ix^c lxxviii lib., xix sol., x den. Non est correctus, ut supra. Corriguntur omnes isti compoti quantum ad finem. Penes dominum Thomam.

2154. Alius compotus ipsius et magistri B. de Prell ..... [2] in baillivia Calvimontis. Debet pro fine dicti compoti iiii^{xx} iiii lib., xiii sol., ii den. Non est correctus nec tentus, ut videtur.

---

[1] Ms. : *testat*. — [2] Peut-être pour : « R. de Praellis ».

2155. *Campania iterum.*

Compotus magistri Johannis Gaulardi predicti de hiis que recepit et solvit de debitis que debebantur domino regi in Campania, a tempore quo terra erat in manu sua, a tempore videlicet quo dictum officium fuit sibi commissum, videlicet a festo Omnium Sanctorum M°CCC°X°, per ipsum Johannem traditus curie die veneris post Sanctum Barnabam M°CCC°XII°. Non fuit auditus.

2156. Alius compotus dicti magistri Johannis de bonis dictorum Judeorum Campanie a quindena Paschatis M°CCC°X°, alias M°CCC°IX° citra, quo tempore reddiderat alios compotos suos de eodem, auditus quinta die Julii anno M°CCC°XVII°. Debentur ei pro fine dicti compoti, deductis sibi x^m VII^c XIX lib., XIII sol., III den., ob. tur., quas tradidit recuperandas super personis eas debentibus. Sciatur cui tradidit vel tradite fuerint ad levandum, et recuperentur pro executione regine Johanne cui debentur. Non vidi istum bene, tamen vidi quendam similem, ut videtur, non auditum.

2157. *Pictaviensis.*

2158. *Xanctonensis.*

2159. *Alvernie.*

Compotus Gerardi Calc[i]ati, receptoris Alvernie et domini Geraudi de Paredo, baillivi ibi, de bonis Judeorum dicte baillivie de regno expulsorum M°CCC°VI° anno, factus die veneris post Cathedram Sancti Petri M°CCC°VII°. Debent pro fine dicti compoti IIII^m VI^c XXXIX lib., XIII sol., XI den., ob. tur. debilis monete. Non est correctus.

Alter compotus, ut arrestatur in principio dicti compoti, debet fieri de dictis bonis, in quo minute partes bonorum ipsorum Judeorum contineantur. Et sunt reddenda cum dicto compoto inventaria.

2160. Quedam cedula de hiis que dictus Gerardus recepit de arreragiis que debebantur Judeis dicte baillivie, post compotum suum predictum. Non est hic nisi recepta, que ascendit ad IIII^c IIII^{xx} XIII lib., V sol., monete debilis. Sciatur ubi eam reddi[di]t. Redditur per compotum suum Alvernie ad Sanctum Johannem M°CCC°VIII°.

2161. *Caturcensis et Petragoricensis.*

Compotus magistri Radulphi Rousseleti de hiis que recepit de bonis Judeorum in senescallia Caturcensi et Petragoricensi, traditus per ipsum R., decima quarta Februarii anno M°CCC°VI°. Non est auditus, nec est ibi aliquid de manu Camere, nisi dies qua traditus fuit.

2162. Quidam rotulus traditus per eum decima quarta Februarii M°CCC°VI°, super inventario bonorum Judeorum senescallie Petragoricensis et Caturcensis.

2163. *Tholose et Albiensis.*

Compotus domini Johannis de Sancto Justo et Guillelmi de Nogareto, militis, missorum ad dictam senescalliam Tholose et Albiensis a domino rege pro captione Judeorum in eadem senescallia in festo Magdalene M° ccc° vi° anno. Correctus est quantum ad finem compoti. Plura restant alia ad corrigendum.

2164. *Ruthenensis.*
Compotus domini Johannis B[r]itonis de captione Judeorum ibi, auditus quinta die Aprilis M° ccc° vii°. Correctus est quantum ad finem ipsius. Plura sunt alia corrigenda et signata recuperari.

2165. *Carcassone.*
Compotus magistri Gerardi de Cortona de eodem in eadem senescallia, a festo Magdalene M° ccc° vi° usque ad festum Nativitatis Domini M° ccc° vii°, auditus lune post Nativitatem Beate Marie M° ccc° viii°. Correctus est quantum ad finem compoti. Restant plura recuperanda et corrigenda. Videatur diligenter.

Minute expense per ipsum compotum super dicto negotio ibi, tradite per ipsum eadem die tunc, que quidem minute expense continentur in grosso in compoto predicto. Et sunt ibi aliqua recuperanda, quia non fuit correctus.

2166. Alius compotus ipsius de eodem ibi cum compoto expense ejusdem, a dicta Nativitate Domini M° ccc° vii° usque ad idem festum ccc° ix°, auditus secunda die Septembris anno ccc° x°. Corrigendus, ut et alius compotus supra.

2167. Alius compotus ipsius de eodem ibi, a dicta Nativitate ccc° ix° usque ad diem lune que fuit vigesima Septembris ccc° xi°, qua omnes commissarii super dicto facto fuerunt revocati, auditus vigesima mensis Januarii tunc. Correctus est, ut de aliis supra.

2168. In uno rotulo extractus debitorum recuperandorum, et summe totales recepte compoti ipsius Gerardi, a festo Magdalene M° ccc° vi° usque ad Nativitatem Domini ccc° vii°.

2169. Rotulus jocalium dictorum Judeorum, per ipsum magistrum Gerardum traditus curie secunda die mensis Septembris. Non est ibi aliquid de manu Camere, nisi dies qua traditus fuit Camere.

2170. *Bernardus Rasoris de Narbona.*
Compotus ipsius de receptis et expensis per eum in dicto negotio, a tempore commissionis [1] magistri G. de Cortona, a decima octava die Junii ccc° xii° usque ad vigesimam quartam Octobris tunc, qua die cessavit negotium per litteras regis, auditus vigesima secunda Februarii ccc° xiii°. Debet pro fine dicti compoti xvi^e xxiii lib., x sol., iii den. tur. monete debilis. Valent v^e xli lib., iii sol., v den. tur. monete currentis tempore burgensium.

Alius compotus ipsius de eodem, a secunda die Januarii M° ccc° xiii° usque ad festum Ascensionis Domini M° ccc° xv°, redditus curie prima die Augusti ccc° xvii°, per P. Re-

[1] Ms., ici et plus loin : *commissarii.*

mundi Malipili[1], notarium regium, procuratorem ipsius Bernardi. Debet pro fine dicti compoti circa xi^c lxx lib., xvii den. tur. Non est correctus.

2171. Compotus Guillelmi Vaisse de Bitterris de eodem ibi, tempore commissionis magistri G. de Cortona, [a] decima octava Junii m° ccc° xii° usque ad vigesimam quartam Octobris eodem anno, auditus vigesima die Februarii ccc° xiii°. Debet pro fine dicti compoti xiii^c xxxix lib., xv sol., ix den. tur., quas reddidit in compoto sequenti.

Alius compotus ipsius de eodem, factus vigesima tertia Octobris m° ccc° xviii°. Debet, inclusis dictis xiii^c lib. de alio compoto, et deducto quod thesaurarii debent reddere pro ipso, circa ix^c lib. tur. Non est correctus.

2172. Compotus Johannis Deodati, burgensis de Monte Regali, de eodem, a decima octava die Junii m° ccc° xii° usque ad vigesimam quartam diem eodem anno, in senescallia Carcassone, de dicto tempore, ut supra, auditus vigesima die Februarii m° ccc° xiii°. Correctus est.

2173. Sit memoria quod sunt plures compoti plurium commissariorum, videlicet istorum predictorum G. et J. Deodati et S. de Aubentone, quos ligavi simul, qui non fuerunt tenti nec auditi. Creditur quod facti sunt per compotum magistri G. de Cortona, generalis commissarii in dicto negotio. Sciatur hoc et habeatur diligentia in correctione.

2174. Compotus Benedicti Brossardi de bonis et debitis Judeorum in dicta senescallia Carcassone, et de bonis Amanatorum de Pistorio, redditus curie decima sexta die Augusti m° ccc° xxxvii°. Debet iiii^{xx} v lib., xv sol., x den. tur.

2175. *Bellicadri et Nemausi.*
Compotus magistri Stephani de Antogniaco, generalis commissarii deputati super negotio Judeorum senescallie Bellicadri et Nemausi, anno m° ccc° x°, item super facto financiarum, item super facto subsidiorum exercitus Flandrie, et super captione quorundam Lumbardorum, redditus decima septima Februarii m° ccc° xxi°. Corrigitur finis. Signantur multa recuperari.

2176. Compotus dicti magistri Stephani de Antogniaco, commissarii particularis super bonis Judeorum dicte senescallie, deputati per dominos Corardum de Crespeyo, Bertrandum Jordani de Insula, senescallum ibi, Johannem Britonis, magistrum Stephanum de Ferreriis, P. de Broco et Stephanum de Antoigniaco, traditus curie per dictum Stephanum de Antoigniaco, decima quarta die Junii m° ccc° xv°. Non est auditus.

2177. Alius compotus ipsius magistri Stephani de Anthoigniaco de receptis et expensis per eum factis in dicto negotio, videlicet a die festo Beati Nicolai hyemalis anno m° ccc° x° usque ad diem martis post Quasimodo, anno m° ccc° xv°. Non est ibi aliquid de manu Camere, nec ibi dicitur dies qua predictus compotus fuit traditus Camere.

2178. Compotus magistri Stephani de Ferreriis antedicti de receptis et expensis per eum factis in dicta senescallia Bellicadri et Nemausi ratione commissionis sibi facte super

---

[1] Cette forme est attestée : Bibl. nat., fr. 25695, n° 10478.

facto bonorum Judeorum ibi, traditus curie duodecima mensis Septembris anno Domini M° CCC° X°. Non est clausus, nec dicitur ibi causa. Sciatur tamen et videatur diligenter.

2179. *Lugdunensis.*

2180. *Terra regine Marie.*
Compotus magistri Guillelmi de Rovris de bonis Judeorum ibi, traditus curie decima quarta Septembris anno M° CCC° XVIII° [1]. Est penes dominum Thomam. Non est auditus.

COMPOTI DE OPERIBUS REGALIBUS

VIDELICET PONTIUM PARISIENSIUM, PALACII REGII PARISIUS, PISSIACI ET PLURIUM ALIORUM LOCORUM AC DE OPERIBUS VIVARIORUM REGIS.

OPERA PRO PONTIBUS.

2181. Compotus J. de Sancto Leonardo de operibus pontium Parisiensium, traditus curie apud Rothomagum, dominica post Sanctum Martinum M° CC° IIII^{xx} XVII°. Videtur esse correctus, et sunt plures partes tam parvi pontis quam magni in rotulis parvis simul ligatis.

2182. Debita que restant [2] solvenda pro tumba regis Philippi, tradita curie per dominum P. de Clariaco, presbyterum quondam, nepotem domini Galteri de Cantulupi, jovis post Trinitatem anno M° CCC° VIII°. Sunt etiam alia debita pro finibus compotorum suorum que tradita fuerunt jovis post *Letare Jerusalem,* anno M° CC° IIII^{xx} XVIII°.

Debita pro finibus compotorum [3] dicti Galteri, tradita per dictum P. jovis post *Letare Jerusalem,* anno M° CC° IIII^{xx} XVIII°.

2183. Compotus magistrorum Gaufridi et Johannis de Gysorcio, carpentariorum, de operibus magni pontis et parvi, a die veneris post Conversionem Sancti Pauli anno M° CCC° V° usque ad diem festi Beati Johannis Baptiste anno M° CCC° VI°. Debentur eis pro fine compoti XII^c X lib., XIX sol., IIII den. par. monete debil., de quibus tradiderunt in alio rotulo partes quibus debentur, que ligantur cum dicto compoto.

2184. Partes grossi merreni capti a pluribus personis per predictos Gaufridum et Johannem eodem termino pro eodem, cujus summa VI^c XI lib., XIX sol., VIII den. par.

OPERA PALACII.

2185. Compotus magistri Petri de Herouvilla [4] et Johannis Festu pro operibus palacii regis, a die lune ante festum Beati Petri, decima nona die Februarii anno M° CCC° VII°, usque ad dominicam vigesimam tertiam diem Martii anno M° CCC° VIII°. Corrigitur finis.

Alius compotus eorundem Petri et Johannis de eisdem operibus, a vigesima tertia die

---

[1] Menant (XI, fol. 39) a lu : *1308.*
[2] On a lu : *sunt.* Voyez *Gazette des Beaux-Arts,* XXXV (1887), p. 237.
[3] Ms. : *compoti.*
[4] Ms. : *Herbonvilla.* La bonne leçon est dans les Extraits de Menant (XI, fol. 40).

COMPOTI DE OPERIBUS REGALIBUS.

Martii m° ccc° viii° usque ad decimam tertiam diem Januarii m° ccc° ix°. Debentur eis pro fine compoti xiii°xliiii lib., iii sol., x den. par. fort., redditus in compoto sequenti suto post dictum compotum, et quitte.

Alius compotus ipsorum, ab octavis Epiphanie m° ccc°ix° usque ad dominicam quintam decimam Martii sequentis, per quem debent, pluribus finibus aliorum compotorum eis deductis, ii° vi lib., xiiii sol., x den. par.

2186. Compotus dicti magistri Petri et magistri Stephani de Bertencur[ia] pro operibus palacii regis, a vigesima tertia die Martii anno m° ccc° ix° usque ad octavam diem Junii anno m° ccc° x°, auditus decima die Martii tunc. Debentur eis pro fine dicti compoti, deductis pluribus finibus aliorum compotorum suorum, v° lib., v sol., i den. Fit per thesaurum.

2187. Compotus Stephani de Bertencuria et Nicolai Le Loquetier de dictis operibus palacii regalis Parisius, a septima die Februarii m° ccc° x° usque ad nonam diem dicti mensis m° ccc° xv°, redditus curie nona die Julii m° ccc° xvii°. Debentur xxvii^m iiii° liii lib., xiii sol., v den. burg. pro fine ipsius, de quibus tradiderunt pro solvendo personis, quarum nomina tradiderunt in quodam rotulo, xxvii^m iiii° ix lib., xiiii sol., viii den., ob. tur. Residuum solvitur eis in sequenti compoto eorundem de restantiis suis.

2188. Alius compotus eorundem de restantiis et affinanciis operum regalium Parisius et circa, de tempore regis Philippi Pulchri, auditus vigesima tertia Maii m° ccc° xxiii°. Debetur eis. Tamen habuerunt cedulam test[imonialem]. Aliqua signantur recuperanda.

2189. Alius compotus eorundem operum regalium Parisius et circa, abbreviatus, de tempore regis Ludovici. Debetur pluribus personis pro eis. Partes in quodam rotulo viii° xxv lib., iii sol., iii den. par., et eis lxx lib., etc. Tamen habuerunt cedulam testimonialem.

2190. Alius brevis compotus eorundem de eodem, de toto tempore regis Philippi Magni, videlicet ab undecima Decembris anno m° ccc° xvi° usque ad primam diem Januarii m° ccc° xxi°, auditus prima Junii m° ccc° xxiii°. Debetur pro eis personis quarum nomina tradiderunt, iiii° liii lib., ii sol., i den. par., et eis iiii° lv lib., x sol., vii den., ob. par.

2191. Magnus compotus eorundem de eodem.

ALIA OPERA PALACII.

2192. Compotus Jacobi Lucie[1] de misiis operum palacii regis, factus sabbato post Sanctum Nicolaum hyemalem m° ccc°. Debuit pro fine dicti compoti ii^m xxvi lib., xvii sol., i den. par., quas reddi[di]t in alio compoto suo de dictis misiis, a duodecima Julii m° cc° iiii^xx xix° usque ad dominicam quartam diem Decembris tunc. Qui secundus com-

---

[1] Menant (XI, fol. 40) a lu : *Batye*, — mais cf. Bibl. nat., Coll. Clairambault, Titres scellés, LXVII, 5217, et *Mémoires de la Société des Antiquaires de France*, XXVII (1864), p. 10, — et, plus loin, *2036* au lieu de « 2026 ».

potus fuit scriptus a tergo bailliviarum tunc. Minute partes simul ligate penes nos. Pro cujus fine debet iiii^c xxxi lib., xix sol., vii den. par.

2193. Compotus ejusdem Jacobi pro operibus camere juxta palacium, a dominica quarta die Novembris anno m° ccc° ii° usque ad vigesimam octavam diem Martii m° ccc° iv°. Debet pro fine compoti iii^c xv lib., vii sol., xi den. par. debil. Sibi redduntur [1] ibi v^c iiii^{xx} xix lib., xvi d. par., sibi debite [2], ut arrestatur ibi, in compoto precedenti, quem non invenimus in factione Inventariorum.

2194. Alius compotus minutarum partium camerarum palacii regis super aquam; et capiuntur in compoto dictorum annorum de anno finito ad primam diem Januarii m° ccc° vi°.

2195. Compotus magistri Petri de Burgo Dolensi de operibus regalibus factis Parisius, Pissiaci, apud Sanctum Germanum in Laya, apud Vicennas, et alibi circa Parisius, a nona Septembris m° ccc° xx° usque ad decimam quartam Septembris m° ccc° xxi°, redditus sexta Maii m° ccc° xxii°. Debentur ei lix lib., etc. Tamen habuit cedulam testimonialem a pluribus personis pro ipso, xii^c lxxiii lib., xii sol., v den. par. Signantur ibi plura recuperanda super magistrum Nicolaum Le Loquetier, plures denarii traditi [3] pro sepultura regis Philippi Magni, et super magistrum Petrum de Valenciennes, x lib. par.; et super Guerran le chaufour[n]ier, x lib., v sol., de calce ad valorem dicte summe. Et plura aliqua alia signantur ibi corrigenda et recuperanda.

Abbreviatus compotus ejusdem de eodem, non tentus nec tenendus.

OPERA LUPARE.

2196. Compotus Johannis Festu, portarii [4] regis, pro operibus Lupare, a die dominica decima quinta Februarii anno m° ccc° viii° usque ad diem mercurii et octavam Februarii anno m° ccc° ix°, redditus curie per Guillelmum, ejus filium, veneris post Assumptionem Beate Marie m° ccc° x°. Debentur ei pro fine dicti compoti xlv lib., xiii sol. par.

2197. Alius compotus magistrorum P. de Herouvilla et Stephani de Bertencuria [5] pro eisdem operibus, a decima quinta die Martii m° ccc° ix° usque ad vigesimam diem anno m° ccc° x°, redditus curie sabbato undecima die Martii m° ccc° x°. Debentur eis xiiii^c xxix lib., xxiii den. Fit per thesaurum mense Aprili m° ccc° xii°.

OPERA QUARRERIARUM.

2198. Compotus Egidii Granche de operibus sejorni regis apud Carrerias, auditus circa Magdalenam m° ccc° iii°, cum quibus[dam] misiis per eum traditis circa Magdalenam m° ccc° iv°. Debitum fuit ei. Tamen habuit cedulam ad Templum, jovis post Magdalenam m° ccc° iv°.

---

[1] Ms. : *redditus.* — [2] Ms. : *debitis.* — [3] Ms. : *Plures denarios tradi.* — [4] Ms. : *fortarii.* — [5] Ms. : *B. centur.*

COMPOTI DE OPERIBUS REGALIBUS.

OPERA PISSIACI.

2199. Compotus magistri Petri de Herouvilla et G. de Berry pro operibus Pissiaci, a crastino festi Beate Catharine anno m° cc° iiii^{xx} xvii° usque ad Candelosam m° cc° iiii^{xx} xviii°. Redditur finis in compoto sequenti. Aliqua sunt recuperanda.

Alius compotus ipsorum de eodem, a dicta Candelosa tunc usque ad Nativitatem Beati Johannis sequentis m° cc° iiii^{xx} xix°. Redditur finis in compoto sequenti.

Alius compotus ipsorum, a dicta Nativitate m° cc° iiii^{xx} xix° usque ad octavam Omnium Sanctorum tunc. Debentur eis vi^c xviii lib., xv sol., vi den. par.

Tres compoti pro carpentaria ipsorum de eodem, a festo predicto Omnium Sanctorum m° cc° iiii^{xx} x° usque ad festum Omnium Sanctorum m° ccc° i°. Corriguntur fines per sequentem compotum.

Alius compotus ipsorum, a dicto festo Omnium Sanctorum m° ccc° i° usque ad dictum festum m° ccc° ii°. Corrigitur finis per sequentem compotum.

Alius compotus eorundem Petri et G. pro eisdem operibus, a Nativitate Domini anno m° ccc° ii° usque ad Nativitatem Domini anno m° ccc° iv°, redditus curie jovis ante Candelosam tunc. Debitum fuit eis n^m iiii^c lxii lib., xix sol., xi den. par. Arrestatur penes Thomam quod de eis habuerunt cedulam ad Templum. Sciatur et corrigatur, quia dictam summam habuerunt per compotum suum sequentem, finitum ad Ascensionem m° ccc° vii°. Signantur ibi aliqua recuperari.

Alius compotus eorundem Petri et G. pro eisdem operibus, a Nativitate Domini m° ccc° iv° usque ad Ascensionem Domini m° ccc° vii°. Corrigitur finis per sequentem compotum suum.

2200. Alius compotus ipsius Petri et Johannis Rosselli de eodem, a dicto festo Ascensionis m° ccc° vii° usque ad festum Beati Dionisii. Debitum fuit eis iii^c iiii^{xx} iiii lib., iiii sol. par. fort., que redduntur eis in fine compoti sui sequentis finiti ad diem veneris ante Pascha m° ccc° viii° in summa de vii^c lxxvi lib., xiii den. par. fort. Sciatur quomodo residuum dicte summe debebatur eis.

2201. Alius compotus ejusdem Petri et Johannis Festu pro eisdem operibus, a festo Beati Dionisii anno m° ccc° vii° usque ad diem veneris ante Pascha, anno m° ccc° viii°, redditus curie nona die Martii m° ccc° xi°. Corrigitur finis.

2202. Alius compotus eorundem Petri et G. de predictis operibus, a festo Pasche anno m° ccc° ix° usque ad diem dominicam post Candelosam sequentem, octava die Februarii eodem anno. Corrigitur finis.

2203. Alius compotus ipsius Petri et Stephani de Bertencuria[1], a vigesima tertia die tunc usque ad sextam diem Junii m° ccc° xi°. Debentur eis xii^c xliii lib., xi den. par. Sciatur ubi redduntur eis, et corrigatur.

---

[1] Ms. : *Bercenur*.

Alius compotus ipsorum de eodem ibi, a dicta sexta die Junii mº cccº xıº usque ad quartam diem Februarii mºcccºxııº. Debentur ei[s] ıım vᶜ lxxııı lib., x sol., ıx den. par. Non est clausus penes Egidium, sed penes Thomam. Sciatur ubi redduntur eis, et corrigatur.

Alius compotus ipsorum de eodem ibi, a dicta quarta die Februarii mºcccº xııº usque ad ultimam diem Augusti mº cccºxvº. Debentur ei[s] ıxˣˣ vıº ʟvı lib., ııı sol., ıııı den. Sciatur ubi eis redduntur et corrigatur.

2204. Compotus fratris Nicolai de Claromonte, ordinis Fratrum Predicatorum, quondam prioris de Pissiaco, de operibus ibi factis, a prima Januarii mºcccº xvııº usque ad eandem diem mº cccº xxııº [1], auditus decima Martii tunc. Debetur ei. Tamen habuit cedulam test[imonialem]. Plura signantur recuperanda et corrigenda.

2205. Compotus fratris Wiberti [2] Louel, quondam confessoris regis Caroli, de operibus Pissiaci a prima Januarii mº cccº xxııº [3] usque ad decimam quartam Septembris mº cccº xxıııº, redditus vigesima prima die ejusdem mensis tunc. Et debetur ei; habuit tamen cedulam testimonialem.

2206. Compoti duo Henrici de Meudono, primus de operibus logiarum Laye anno mº cccº xxıııº, alius de misiis pro bichatis regis anno mº cccº xxıvº, redditi quarta die Junii mº cccº xxvıııº. Corriguntur fines.

OPERA REGALIS LOCI.

2207. Compotus operum abbatie seu prioratus Regalis Loci juxta Compendium, inceptorum anno mº cccº vº, et duraverunt [4] usque ad Sanctum Matthiam mº cccº xııº. Qui compotus redditus fuit curie undecima die Martii mº cccº xvııº. Debentur eis vıııᶜ ııııˣˣ xıx lib., xv sol., vııı den., ob., par. fort., de quibus habuerunt cedulam testimonialem vigesima tertia die Martii mº cccº xxvıııº.

2208. Sunt aliqui compoti penes dominum J. de Charmeya de pluribus operibus domorum regis, exceptis supradictis, qui debent scribi a tergo bailliviarum Francie, vel fieri per compotum bailliviarum in quibus insistunt. Sciatur.

OPERA BELLE OSANNE, GOURNAII ET VERNOLII ET MORTUI MARIS.

2209. Compotus domini Stephani de Benefacta pro operibus Belle [5] Osane, a die lune post Trinitatem mº cccº ıº usque ad dominicam post Sanctum Laurentium vel Vincentium eodem anno. Corrigitur finis.

Alius compotus ipsius Stephani pro operibus dicti loci, a prima die Martii mº cccº ııº usque ad Omnes Sanctos mº cccº vıº. Debet pro fine dicti compoti ıᶜ ııııˣˣ vııı lib., xııı sol.,

---

[1] Menant (XI, fol. 40 vᵉ) a lu : *1321*. — [2] Ms. : *Urbani*. Menant (*l. c.*) : *Ymberti*. Cf. Arch. nat., KK 1, p. 385. — [3] Menant (*l.c.*) a lu : *1323*. — [4] Ms. : *devenerunt*. — [5] Ms. : *ville*.

viii den. par. debilis monete. Solvit, et quitte. Tamen ponende sunt in debitis per partes a tergo super certas personas circa ii^e lib.; item, in fine ipsius, parvus compotus de iii^c iiii^{xx} ii lib., quas dimisit domino Ol. de Havaches[1] pro dictis operibus factis m° ccc° i°. Debet pro fine dicti compoti xiii lib., xvi sol., v den. par.

2210. Est alius compotus dicti Stephani, quem tradidit curie de restantiis compotorum suorum, per quem debuit viii^c vii lib., xiii sol., iiii den. par. fort. Super iis tamen petit restaurum equorum undecim mortuorum in dicto negotio.

2211. Compotus domini Stephani de Benefacta de operibus castri Vernolii, a septimana ante festum Sancti Marci Evangeliste anno m° ccc° vii° usque ad Purificationem Beate Marie m° ccc° ix°. Debet pro fine dicti compoti cix lib. et iv sol.

2212. Compotus dicti militis de pluribus receptis pro expensis et negotiis, redditus per ipsum curie, die veneris vigesima octava die Aprilis m° ccc° xii°. Corrigitur finis.

2213. Compotus Johannis Thome, piscatoris regis, de operibus vivariorum Belle Osane et Gornaii, a Nativitate Domini m° ccc° xv° usque ad Omnes Sanctos m° ccc° xvi°, auditus quinta Martii m° ccc° xxiv°. De pluribus personis pro ipso, quarum nomina in fine, iiii^{xx} iii lib., viii sol., x den. par. Residuum finis corrigitur.

2214. Compotus Guillelmi de Bosco de operibus castri Mortui Maris, a Paschate m° ccc° xii° usque ad Pascha m° ccc° xvi°, redditus vigesima Martii m° ccc° xxiii°. Debentur ei iii^m v^c iiii lib., xviii sol., ii den. tur., et pluribus personis, quarum nomina in fine, ii^m viii^{xx} lib., xxvii sol., i den. tur., dum tamen opera incepta compleverint; que summa non capitur super rege alicubi, ut arrestatur ibi. Signantur ibi aliqua recuperari.

OPERA AQUARUM LAUDUNENSIUM.

2215. Compotus Guiardi de Navibus et Fastredi de Hodenco[2], clerici, de operibus ripparie Laudunensis, ab anno m° cc° iiii^{xx} xii° usque ad Pentecosten m° cc° iiii^{xx} xv°, per tres annos, Johanne de Aquis tunc existente magistro. Totus est correctus, exceptis quibusdam minutis signatis parvi valoris. Videbitur in correctione. — Est primus rotulus eorum in fine compoti, a dicta die Penthecostes m° cc° iiii^{xx} xv° usque ad diem lune ante *Oculi mei* tunc. Debentur xi^c xi lib., ii sol., ii den. ob. par. Non est correctus.

Compotus Guiardi de Navibus et Fastredi de Hodenco predictorum de eisdem operibus, a die lune ante Cathedram Sancti Petri anno m° cc° iiii^{xx} xv° usque ad Candelosam anno predicto. Correctus est finis.

2216. Alius compotus ejusdem Fastredi de eadem riparia, a festo Candelose anno m° cc° iiii^{xx} xvii° usque ad diem lune post festum Beati Matthie Apostoli anno m° cc° iiii^{xx} xviii°. Debentur ei ix^c viii^{xx} xi lib., xvi sol., iiii den., ob. par. Non est correctus.

2217. Alius compotus ejusdem Fastredi de eisdem operibus, a die lune post festum

---

[1] Forme suspecte. — [2] Ms., ici et plus loin : *Hodento*. « Fastredus de Hodenco » est la forme qui se trouve le plus souvent dans les comptes originaux : Bibl. nat., fr. 10365, fol. 10, etc.

Beati Matthie Apostoli anno m° cc° iiii^{xx} xviii° usque ad Candelosam anno m° cc° iiii^{xx} xix°. Debentur ei vi^c xli lib., iiii sol., iii den. par., de quibus habuit cedulam ad Luparam, quinta decima die Februarii.

2218. Alius compotus ejusdem Frastredi de eadem riparia, a Candelosa m° cc° iiii^{xx} xix° usque ad diem lune ante festum Sancti Petri ad Vincula m° ccc° i°, factus veneris post Assumptionem Beate Marie eodem anno. Debentur ei pro fine compoti vii^c iiii^{xx} lib., xli sol., ii den. par. Non est correctus.

Alius compotus ejusdem de eodem, a die lune predicto usque ad diem veneris ante Candelosam, anno m° ccc° ii°. Debentur ei pro fine compoti viii^c iiii^{xx} xvii lib., xvi sol., x den. par. Non est correctus.

2219. Partes que debentur personis contentis in rotulo, et residuum [quod] debetur dicto Fastredo de eisdem operibus, a die lune ante festum Beati Petri ad Vincula anno m° ccc° ii° usque ad diem martis ante festum Beati Georgii anno m° ccc° iv°.

2220. Alius compotus eorundem G. de Navibus et Fastredi de eadem riparia ab anno m° ccc° xv°.

COMPOTI DE QUIBUSDAM ALIIS OPERIBUS ALIQUARUM DOMORUM REGIS PARISIUS ET VICENNARUM, ET DE BURSIS SCHOLARIUM, BEGUINARUM ET CONVERSORUM, CUM EXPENSIS FERARUM VICENNIS.

SUTI SUNT IN DUOBUS ROTULIS.

2221. Compotus Galteri[1] ..... de operibus domorum regis Parisius, de bursis scholar[i]um, beguinarum et conversorum, pro termino Candelose m° cc° iiii^{xx} xvii° et Ascensionis m° cc° iiii^{xx} xviii°. Debentur ei lxiiii lib., xii den. par. Fit a tergo bailliviarum Francie de termino Ascensionis tunc.

2222. Compotus domini Johannis de Capella et Johannis Poinlasne[2] de operibus domorum regis Parisius, [de] bursis scholar[i]um, beguinarum et conversorum, et de feris Vicennarum, a festo Candelose m° cc° iiii^{xx} xviii° ad Ascensionem m° cc° iiii^{xx} xix°. Corrigitur finis per sequentem compotum. Fit per Luparam ad Ascensionem m° ccc°.

Alius compotus eorundem, a festo Beati Johannis Baptiste m° cc° iiii^{xx} xix° usque ad dominicam post festum Beati Martini hyemalis tunc. Debentur ei pro fine dicti compoti iiii^c xix lib., vi sol., iii den. Fit per Luparam ad Ascensionem m° ccc°.

Alius compotus ipsorum, a Nativitate Domini tunc usque ad mensem Maii m° ccc°. Debentur eis vi^m iiii^{xx} v lib., v sol., vi den. ob. par., quas habuerunt per Luparam ad Omnes Sanctos m° ccc° in magna parte; et quitte hic.

---

[1] Cf. § 2182. — [2] Ms.: *Poislasne*.

Alius compotus ipsorum, a festo Sancti Johannis Baptiste m° ccc° usque ad primam diem Januarii tunc. Debentur eis xi.ᶜ ᴵᴵᴵᴵˣˣ x lib., ii sol.

2223. Alius compotus dictorum Galteri et Johannis pro eodem, a prima die Januarii m° ccc° usque ad primam diem Julii m° ccc° i°. Corrigitur finis per sequentem compotum.

Alius compotus eorundem pro eodem, a prima die Julii m° ccc° i° usque ad primam diem Januarii sequentis. Debentur eis pro fine dicti compoti viiᶜ ᴵᴵᴵᴵˣˣ xi lib., xvii sol., i den. par.

Alius compotus eorundem pro eodem, a prima die Januarii m° ccc° i° usque ad diem predictum anno revoluto, videlicet m° ccc° ii°. Corrigitur finis per sequentem compotum. Tamen non [1] est clausus. Penes nos [2].

Alius compotus eorundem et pro eodem, a prima die Januarii m° ccc° ii° usque ad eandem diem anno revoluto m° ccc° iii°. Corrigitur finis per sequentem compotum.

Alius compotus a prima die Januarii m° ccc° iii° usque ad eandem diem m° ccc° iv°, anno revoluto. Corrigitur finis in sequenti compoto. Deficit iste compotus penes nos.

2224. Compotus dictorum Galteri et Johannis pro operibus domorum regis Parisius, videlicet Lupare, Vicennarum, scholar[i]um, beguinarum et conversorum, et pro munitione feni et vesciarum pro feris Vicennarum, a prima die Januarii m° ccc° iv° usque ad eandem diem m° ccc° v°. Corrigitur finis in compoto sequenti.

Alius compotus eorundem pro eisdem operibus, a prima die Januarii m° ccc° v° usque ad eandem diem m° ccc° vi°. Debentur eis pro fine dicti compoti iiiᵐ viᶜ xvi lib., xvii sol., par. debilis monete. Redduntur eis in compoto sequenti. Signantur aliqua recuperari.

Alius compotus eorundem pro eisdem operibus cum minutis partibus in alio rotulo domorum regis, scholarium, beguinarum et conversorum, a prima die Januarii m° ccc° vi° usque ad dictam diem m° ccc° vii°. Debentur eis pro fine compoti iiiᵐ ixᶜ xiii lib., ii sol., iii den. par. debilis monete, de quibus habuerunt cedulam ad thesaurum de viiᶜ lxxv lib., xii sol., i den. par. debilis monete. Residuum eis redditur in compoto suo abbreviato de restantiis aliis suto in fine compoti eorundem finiti prima Januarii m° ccc° xx°.

Alius compotus eorundem pro operibus novi palacii regis, cum minutis partibus in alio rotulo, a quinta die Martii m° ccc° vi° usque ad diem dominicam vigesimam sextam diem Novembris m° ccc° vii°. Non est auditus. Non vidi istum.

Alius compotus eorundem pro operibus domorum regis, scholar[i]um, etc., a prima die Januarii m° ccc° vii° usque ad eandem diem m° ccc° viii°. Corrigitur finis per sequentem compotum.

Alius compotus pro eisdem operibus, a prima die Januarii m° ccc° viii° usque ad eandem diem anno revoluto. Debent pro fine dicti compoti iiiiˣˣ x lib., ix sol., vii den. par. fort. Reddunt eas in compoto suo de restantiis suis, suto post suum compotum finitum prima Januarii m° ccc° xx°.

Alius compotus eorundem de eodem et de factione tumbarum regine Johanne et regis

---

[1] Ms. : *solum*. — [2] Ms. : *Penes nos in margine*.

Philippi mortui in Arragonia, a prima die Januarii m° ccc° ix° usque ad eandem diem anno revoluto. Debentur eis pro fine compoti vii^{xx} xvi lib., xiii sol., ix den. par. fort., que redduntur eis in compoto de restantiis suis predictis. Signantur ibi plures denarii tradi[ti] pro dictis tumbis recuperandi seu corrigendi.

Alius compotus eorundem pro eodem, a prima die Januarii m° ccc° x° usque ad eandem diem m° ccc° xi°. Debentur eis pro fine compoti vi^c lx lib., iiii sol., iiii den. par. fort. Redduntur eis in compoto suo predicto de restantiis suis; et quitte hic.

Alius compotus eorundem pro eodem, a prima die Januarii m° ccc° xi° usque ad eandem diem m° ccc° xii°. Debentur eis pro fine compoti ii^c xxxii lib., ii sol., v den. burg. Redduntur eis in predicto compoto suo de restantiis suis.

Alius compotus eorundem de eodem, a dicta prima Januarii m° ccc° xii° usque ad eandem diem m° ccc° xiii°. Fit ad parisi[enses], de tempore burgensium. Corrigitur finis.

Alius compotus eorundem de eodem, a dicta prima Januarii m° ccc° xiii° usque ad eandem diem m° ccc° xiv°. Corrigitur finis.

Alius compotus eorundem de eodem, a dicta prima Januarii m° ccc° xiv° usque ad eandem diem m° ccc° xv°. Corrigitur finis. Signantur ibi recuperande seu corrigende super magistrum Stephanum de Bertencuria iiii^{xx} xvi lib., xxi den.

Alius compotus eorundem de eodem a tertia Januarii m° ccc° xv° usque ad eandem diem m° ccc° xvi°. Corrigitur finis.

Alius compotus eorundem de eodem, a secunda Januarii m° ccc° xvi° usque ad eandem m° ccc° xvii°. Corrigitur finis.

Alius compotus eorundem de eodem, ab ultima Decembris m° ccc° xvii° usque ad eandem diem m° ccc° xviii°. Corrigitur finis.

Alius compotus eorundem de eodem, a dominica post Natale m° ccc° xviii° usque ad eandem diem m° ccc° xix°.

Alius compotus eorundem de eodem, a dominica post Natale m° ccc° xix° usque ad eandem m° ccc° xx°. Corrigitur finis.

Alius compotus eorundem de restantiis predictorum compotorum suorum. Debentur eis vi^c xv lib., xiii sol., iii den. par. fort. Tamen non videtur esse auditus.

Alius compotus eorundem de dictis operibus et bursis, etc., a dicta dominica post Nativitatem Domini m° ccc° xxi° usque ad eandem dominicam m° ccc° xxii°. Corrigitur finis. Signantur tamen ibi aliqua ponenda in debitis.

2225. Alii sex compoti, a dicta dominica m° ccc° xxi° usque ad eandem m° ccc° xxvii°, etc. Tradite partes debit[orum] que debentur pluribus personis, et sunt in sacco debitorum receptorum.

2226. Alii compoti a dicta dominica m° ccc° xxvii° fient in Inventario regis Philippi de Valesio moderni.

2227. Compotus domini Guillelmi de Comtes[1], militis, conciergii bosci Vicennarum,

---

[1] « G. de Comitibus », dans les documents originaux.

de quibusdam operibus factis in calceya dicti bosci, anno m° ccc° xxvi°, redditus curie vigesima quarta Januarii m° ccc° xxvi°. Debuit, etc. Thesaurus tamen pro ipso, etc.

2228. Compotus domini Simonis de Ramboleto et Guidonis Florentii de operibus domus scholarium domine regine [1] Navarre anno m° ccc° x°, auditus circa Sanctum Johannem m° ccc° xvii°, ut dicitur.

BECCOSOLIUM.

2229. Compotus magistri Petri Le Saige de operibus Beccosolii anno m° ccc° xxii°, redditus decima sexta Augusti m° ccc° xxv°. Et quitte.

2230. Compotus Johannis de Baiocis de similibus operibus ibi, a vigesima prima Junii m° ccc° xxii° usque ad Candelosam m° ccc° xxiiii°, redditus vigesima Augusti m° ccc° xxv°. Debet vi lib., viii sol., viii den., ob. tur. Redditus in quarto compoto.

Alius compotus ejusdem de eodem, a secunda die Februarii m° ccc° xxiiii° usque ad decimam quintam Augusti m° ccc° xxv°, redditus vigesima prima ejusdem mensis tunc. Debet vi lib., xviii sol., xi den. tur. Redditus in quarto compoto.

Alius compotus ejusdem de eodem, a dicta decima quinta Augusti tunc usque ad decimam quintam Julii m° ccc° xxv°, redditus vigesima Aprilis m° ccc° xxx°. Corrigitur finis.

Alius compotus ejusdem de eodem, a dicta decima quinta Julii usque ad ultimam Aprilis m° ccc° xxix°, redditus ultima Aprilis m° ccc° xxx°. Debetur ei. Tamen tradidit partes debitorum [2] de xiii^e lx lib., etc., et de residuo habuit cedulam.

MONCELLUS.

2231. Compotus fratrum Jacobi de Bisontio [3] et Johannis Viel, de ordine Minorum, domini Odardi de Ponte et magistri Petri de Fontenayo de operibus Moncelli, a festo Sancti Andree Apostoli m° ccc° viii° usque ad Sanctum Johannem m° ccc° xiv°, redditus decima octava mensis Martii m° ccc° xviii° a dictis fratribus.

VIVARIUM IN BRIA.

2232. Compotus magistri Evrardi de Aurelianis [4], pictoris, de operibus per eum factis apud Vivarium in Bria, apud Villare juxta Rez, apud Gueyum [5] de Mauny, et alibi, pro domino Carolo de Valesio et rege Philippo, filio suo, ab anno m° ccc° viii° usque ad pri-

---

[1] Ms.: regiæ.
[2] Ms.: tradid. partes deb.
[3] Ms.: Bisancio. « Bisontio » est dans les Extraits de Menant (XI, fol. 42 v°).
[4] Ms.: Aurelio.
[5] Leçon des Extraits de Menaut (XI, fol. 42 v°). — Ms.: guerium. — Il s'agit du Gué de Mauny, près du Mans (Sarthe).

mam Octobris[1] m° ccc° xxviii°. Debetur ei. Habuit tamen cedulam testimonialem. Redditus quarta Februarii m° ccc° xxviii°.

Alius compotus ejusdem de pluribus picturis et aliis operibus factis per ipsum in pluribus locis, ab Ascensione m° ccc° xxviii° usque ad annum m° ccc° xl°. Debetur ei et habuit cedulam.

COMPOTI VIVARIORUM ET FORESTARUM REGIS.

2233. Compotus Johannis d'Es, magistri aquarum, de vivariis regis, a Magdalena m° cc° iiii^{xx} xii° usque ad eandem Magdalenam m° cc° iiii^{xx} xiii°. Debetur ei, etc., super Paris[ius].

Alius compotus ejusdem Johannis de Aquis de eodem, a dicta Magdalena tunc usque ad Assumptionem Beate Marie m° cc° iiii^{xx} xiv°. Debetur ei, etc.

Alius compotus ejusdem de eodem, a dicta Assumptione m° cc° iiii^{xx} xiv° usque ad Candelosam m° cc° iiii^{xx} xv°. Debet ii° lxx lib., xi sol., iii den. par.; et sunt ibi aliqua recuperanda.

2234. Compotus Stephani de Benefacta de vivariis regis pro duobus annis, a festo Candelose m° cc° iiii^{xx} xv° usque ad idem festum m° cc° iiii^{xx} xvii°. Finis ipsius ponitur in debitis, et quedam alia signata pars tamen remanet, ut videtur[2]. Videatur in correctione.

Alius compotus ejusdem domini Stephani de Benefacta de aquis regis, factus mense Decembri m° cc° iiii^{xx} xviii°. Correctus est quantum ad finem compoti; et sunt aliqua ponenda in debitis per partes, ut de alio supra.

Compotus ipsius de eodem, finitus ad Ascensionem m° ccc°; correctus ut alius supra.

Compotus ejusdem Stephani pro aquis regiis, a festo Beati Dyonisii m° ccc° usque ad diem Brandonum, que fuit vigesima quarta Februarii anno m° ccc° ii°, factus martis post Brandones eodem anno. Correctus est quantum ad finem compoti. Tamen sunt aliqua ponenda in debitis per partes.

Compotus ejusdem Stephani pro eisdem aquis a Brandoni[bu]s m° ccc° ii° usque ad Ascensionem m° ccc° vi°[3]. Debuit pro fine dicti compoti ii^m ix° xxxvii lib., xv sol., vii den. par. debil., de quibus thesaurus pro ipso ii^m iii° lxx lib., iii sol., ix den., ob. Sic debet v° lxvii lib., iii sol., x den. Aliqua signantur recuperari.

2235. Compotus Ade de Sancto Benedicto de aquis regis, a die mercurii post Trinitatem m° ccc° iv° usque ad Ascensionem Domini m° ccc° ix°, qua die intravit gardiam vivarii Aurelianensis. Debuit pro fine dicti compoti lvi lib., v sol., viii den. par.

2236. Compotus Johannis Thome de aquis predictis, a sexta die Junii m° ccc° vi° usque ad tertiam diem Januarii tunc. Debuit pro fine dicti compoti xiiii^c iiii^{xx} lib., cxii sol.,

---

[1] Menant (XI, fol. 42 v°) a lu: *Decembris*. — [2] Ce passage semble altéré. — [3] Cf. Bibl. nat., fr. 25992, n° 113.

v den. par., de quibus tradidit partes in fine dicti compoti, et personas debentes partem dicte summe. Arrestatur tamen quod non fuerunt acceptate, quia non habebat litteras recognitionis.

Alius compotus ipsius Johannis Thome, piscatoris regis, a Nativitate Domini M° CCC° XV° usque ad Sanctum Michaelem M° CCC° XX°, redditus quarta Februarii M° CCC° XXV° anno. Debet. Thesaurus tamen pro ipso, etc.

Alius compotus ejusdem de piscibus deliberatis hospitio regis et datis pro rege, a dicta Nativitate M° CCC° XV° usque ad dictum Sanctum Michaelem M° CCC° XX°. Non perfectus. Signantur ibi plura recuperari.

2237. Compotus Guillelmi Imberti de aquis regiis, a tertia die Januarii M° CCC° VI° usque ad Carniprivium M° CCC° VIII°, qua die dictus Guillelmus intravit in guardiam vivarii Moreti. Debet pro fine dicti compoti VII^c LXIII lib., VI sol., VII den., ob. par. Tradidit vero personas debentes dictam summam. Arrestatur tamen ibi quod non fuerunt acceptate quia non habebat litteras recognitionis earum.

2238. Compotus Johannis de Vivario de aquis regiis, a septima die Januarii M° CCC° VI° usque ad diem jovis post Trinitatem M° CCC° IX°, qua die intravit gardiam vivarii Vernolii. Debet pro fine dicti compoti XXIX sol., IV den. par.

2239. Compotus P. Pelet de aquis regiis, videlicet a vigesima nona die Maii M° CCC° IX° usque ad vigesimam quartam diem Martii M° CCC° X°, qua die intravit gardiam vivarii Vernolii. Debet pro fine dicti compoti IIII^c LII lib., VI sol., III den., ob. par. Tradidit vero personas in fine dicti compoti debentes partem dicte summe, videlicet super Reginaldum de Roy[aco] VII^x[^{c}] XII lib., XV sol. par. Petantur.

Alius compotus ipsius, a dicta vigesima quarta die Martii M° CCC° X° usque ad Ascensionem M° CCC° XII°. Debuit pro fine dicti compoti CIIII lib., XVIII sol., VII den., ob. par., de quibus debet Guillelmus Miette, piscionarius Parisiensis, per confessionem suam, XLVIII lib. par. Petatur totum.

2240. Compotus[1] domini Roberti Venatoris, militis, magistri aquarum et forestarum domini regis, a die quarta Februarii M° CCC° XII°, qua die intravit in officium post dominum Stephanum de Benefacta, predecessorem suum, usque ad Sanctum Andream M° CCC° XIV°, de ruptis boscorum et aliarum pertinentiarum ad dictum officium suum per dictum tempus, redditus curie vigesima sexta Junii M° CCC° XVIII°. Debet pro fine dicti compoti II^m VI^c XXXV lib., XVIII sol., III den., ob. tur., quas reddit in compoto sequenti.

Alius compotus ipsius per dictum tempus de aquis et vivariis regis. Debet pro fine dicti compoti LXVI lib., XV sol., V den. tur. Summa quam debet pro finibus dictorum duorum compotorum II^m VII^c lib., LII sol., VIII den., ob. tur. Et debentur ei pro misiis operum per ipsum factorum in vivariis regis II^m XX lib., XV sol., V den. Sic debet VI^c IIII^{xx} lib., XXXVII sol., III den. ob. tur., que, ut arrestatur ibi, debent reddi executioni regis Phi-

---

[1] Ce paragraphe est le premier que Blanchard ait transcrit, dans les Extraits qu'il a faits de la Table de Robert Mignon : Bibl. nat., nouv. acq. lat., 184, fol. 88.

lippi per thesaurum, per cedulam decani..., missam[1] ibi tunc, decima tertia die Januarii m°ccc°xix°.

Alius compotus ipsius pro rege Ludovico de ruptis et aliis pertinentibus ad dictum officium, a dicto festo Sancti Andree m°ccc°xiv° usque ad Trinitatem m°ccc°xvi°, que fuit nona die Junii, redditus curie vigesima sexta die Junii m°ccc°xviii°. Debet pro fine dicti compoti xi^c lxvii lib., vi sol., ob. tur., quas reddit in compoto sequenti.

Alius compotus ipsius de aquis et vivariis per dictum tempus, redditus curie prima die Julii m°ccc°xviii°. Debentur ei per dictum compotum viii^c lib., li sol., x den. tur.; et debet pro fine compoti precedentis xi^c lxvii lib., vi den., ob. tur. Sic restat quod debet iii^c lxiiii lib., viii sol., viii den., ob. tur., que, ut arrestatur ibi, debent reddi exequtioni regis Ludovici ad Ascensionem m°ccc°xx° per thesaurum.

Compotus ipsius de tempore regis moderni, a dicta nona die Junii m°ccc°xvi° usque ad vigesimam tertiam diem Aprilis m°ccc°xviii°, videlicet de ruptis et aliis, ratione officii sui, redditus curie vigesima septima die Junii m°ccc°xviii°. Debet pro fine dicti compoti xiiii^c lxxvi lib., x sol., ix den., ob., quas reddit in compoti sequenti.

Alius compotus ipsius per dictum tempus, videlicet de aquis et vivariis regis, factus prima die Julii m°ccc°xviii°[2]. Debentur ei pro fine dicti compoti iiii^{xx} lib., viii sol., ii den. tur.; et debet pro fine dicti compoti precedentis xiiii^c lxxvi lib., x sol., ix den., ob. tur. Sic restat quod debet xiii^c iiii^{xx} xvi lib., ii sol., vii den. tur., quas debet reddere thesauro in compoto Sancti Johannis m°ccc°xx°.

2241. Emende taxate per Robertum Venatoris, militem, et Oudardum de Croso, magistros et inquisitores aquarum et forestarum, annis m°ccc°xviii° et m°ccc°xix°. Extrahantur et petantur. Creditur quod sint alibi.

2242. Compotus ipsius Roberti, a vigesima tertia die Aprilis m°ccc°xviii° usque ad primam diem Septembris m°ccc°xix°, redditus curie undecima die Septembris m°ccc°xix°, pro fine cujus debet iiii^c lxi lib., viii sol., iiii den. tur., quas thesaurus debet reddere in compoto suo Ascensionis m°ccc°xx°.

2243. Compotus Guillelmi de Diciaco[3], a tempore quo fuit institutus magister et inquisitor forestarum et aquarum regis, a decima sexta die Octobris m°ccc°xv° usque ad Pascha m°ccc°xvii°, redditus curie vigesima quarta die Februarii m°ccc°xvii°. Debentur ei pro fine dicti compoti xxxix lib., xvii sol., v den. par. Plura sunt recuperanda per ipsum.

2244. Compotus Oudardi de Croso, magistri forestarum et aquarum regis, a festo Innocentium m°ccc°xv° usque ad idem festum m°ccc°xxi°, de venditione forestarum regis et ruptis earundem, auditus septima Februarii, alias Martii, ante Pascha, m°ccc°xxiii°. Corrigitur finis. Signantur tamen plura recuperari.

Alius compotus ejusdem de vadiis suis per dictum tempus, et de quibusdam summis de quibus fuit oneratus in precedenti compoto, redditus vigesima octava Maii m°ccc°xxiii°. Debet circa iii^c vii lib. par. Signantur plura recuperari.

---

[1] Ms. : *decani et missam*. — [2] Ms. : *1298*. — [3] Ms. : *Dociaco*.

2245. Compotus magistri Philippi Conversi et domini Johannis Venatoris, militis, de emendis forestarum taxatis per eos in Normania, factus veneris ante Sanctum Vincentium anno m° ccc° ii°. Debent xix sol.

2246. Alius compotus magistri Philippi de Villa Petrosa de negotiis forestarum regis, a Sancto Johanne m° ccc° vi° usque ad diem veneris ante Ascensionem m° ccc° vii°. Debet lxxiii lib., vi sol., i den. par. fortis monete, et circa viii^{xx} lib., de quibus non computavit, ut arrestatur in fine. Nihil tamen videtur ibi esse de manu Camere.

Alius compotus ejusdem de eisdem, a Purificatione m° ccc° vii° usque ad Assumptionem m° ccc° viii°. Debetur ei. Signantur ibi xix lib. recuperari. Scribitur ad Ascensionem m° ccc° viii°.

Alius compotus ejusdem magistri Philippi Conversi solius de negotiis dictarum forestarum, ab Assumptione Beate Marie Virginis m° ccc° viii° usque ad dominicam post Magdalenam m° ccc° ix°, scriptus a tergo bailliviarum Francie tunc, et auditus veneris ante Sanctum Laurentium m° ccc° ix° [1]. Debet vii^{xx} xli lib., xi sol., vii den. par.

2247. Alius compotus ejusdem magistri Philippi Conversi et Guillelmi de Sancto Marcello de expensis suis factis pro negotio forestarum Lingue Occitane, factus anno m° ccc° viii°, auditus veneris ante Sanctum Laurentium m° ccc° ix°. Debent viii lib., xviii sol., ix den.

2248. Alius compotus ejusdem magistri Philippi Conversi de expensis suis in negotiis forestarum et in duobus Scacariis, a dominica post Magdalenam m° ccc° ix° usque ad Assumptionem Beate Marie m° ccc° x°. Debet iii^{xx} xviii lib., usque ad diem martis post Sanctum Laurentium m° ccc° ix°, sicut etiam xviii sol., v den. — Scriptus a tergo bailliviarum Francie de termino Ascensionis m° ccc° x°.

Alius compotus ejusdem magistri Philippi Conversi de expensis suis, ratione forestarum et alias, a die lune [post dominicam] qua cantatur *Reminiscere* m° ccc° xiii° usque ad diem martis post Sanctum Laurentium m° ccc° xiv°, auditus in vigilia ejusdem festi tunc, scriptus a tergo bailliviarum [2] Francie de termino Ascensionis m° ccc° xiv°. Corrigitur finis. Signantur tamen aliqua recuperari. Petantur.

Alius compotus ejusdem magistri Philippi Conversi de receptis et misiis suis, ratione officii forestarum, et de pluribus aliis, factus circa Carniprivium m° ccc° xvii°. Debet viii^{xx} xiiii lib., v sol., ii den., ob. tur. Thesaurus tamen pro ipso debet reddere viii^{xx} lib. tur. Signantur recuperari super Egidium de Clamardo viii^{xx} xvii lib., x sol. tur. fort., et super P. de Machello, alias de Macheyo, c lib. par. burg.; et super plures alias personas plures denarii traditi.

2249. Compotus magistri Philippi de Betisiaco, inquisitoris forestarum et aquarum regis, a vigesima secunda Augusti m° ccc° xx° usque ad Nativitatem Domini m° ccc° xxiii°, redditus vigesima octava Januarii m° ccc° xxiii°. Debet iiii^{xx} xi lib., etc. Arrestatur tamen ibi quod sibi quittantur pro rege. Signantur ibi aliqua recuperari.

2250. Duo compoti Johannis Venatoris, militis, de emendis forestarum taxatis per

---

[1] Cf. Bibl. nat., fr. 25993, n° 132. — [2] Ms.: *ad baillivias*.

eum annis m° ccc° xviii°, m° ccc° xix°, m° ccc° xx°, m° ccc° xxi°, m° ccc° xxii°, m° ccc° xxiii°, redditus vigesima septima (1) die Septembris m° ccc° xxiv°. Debet vii^c xi lib., iii sol., iiii den., ob. par. Videntur aliqua corrigenda.

Alius compotus ejusdem de eodem, redditus prima die Martii m° ccc° xxvi°, qua finivit idem compotus; et quitte.

Alius compotus ejusdem de eodem, redditus decima quinta Januarii m° ccc° xxix°. Debet xxv lib., vi sol., ix den. vel ii den. par. Explecta autem suuntur in fine.

2251. Compotus Gaufridi du Tertre, mensuratoris [2] regis, de hoc quod recepit de ruptis regis, a duodecima Februarii m° ccc° ix° usque ad Sanctum Johannem m° ccc° xiii°. Debet, ut videtur, et signantur aliqua recuperari.

Compotus Stephani du Tertre, mensuratoris regis, de hoc quod recepit de ruptis locorum regis mensuratorum per eundem Gaufridum, a die festi Sancti Clementis m° ccc° xi° usque ad Sanctum Johannem ccc° xiii° alias xii°. Signantur plura recuperari.

2252. Compotus Guillelmi de Pressorio de eodem, ab undecima Junii m° ccc° xi° usque ad annum m^{um} ccc^{um} xix^{um} vel circa (alias usque ad annum m^{um} ccc^{um} xxiii^{um}), auditus decima quinta Martii m° ccc° xxiii°. Debentur ei iiii^c xxv lib., xiii sol., x den., ob. par.

2253. Compotus Johannis Thome, piscatoris regis, a Nativitate Domini m° ccc° xv° usque ad Sanctum Michaelem m° ccc° xx°, redditus quarta die Februarii m° ccc° xxiv°. Debet iii^c xxxiii lib., ix den. par. Thesaurus tamen pro ipso, etc. Arrestatur ibi quod mandentur ad computandum P. Pelet de custodiis Vernolii et Britolii et aliis, Guillelmus Imberti de custodiis vivariorum Moreti, Campanie, Nivernensis et aliis, Gaufridus Le Danois et Robertus Venatoris, pro tempore preterito.

2254. Compotus Guillelmi Imberti de vivariis Brie et Campanie, a Candelosa m° ccc° xxvii° usque ad Nativitatem Domini m° ccc° x[x]viii°, redditus sexta Julii m° ccc° xxix°. Debetur ei. Habuit cedulam.

2255. Compotus magistri Ranulphi de Bosco [3] de explectis per eum factis in inquisitione forestarum Lingue Occitane, anno m° ccc° xviii°, redditus undecima Martii m° ccc° xix°. Aliqua signantur ponenda in debitis. Debuit. Tamen thesaurus pro ipso, etc.

2256. Compotus Petri de Machello [4], inquisitoris super facto aquarum et forestarum regis, de emendis et explectis ejusdem, a vigesima septima die Septembris m° ccc° xxv°, qua illud officium intravit, usque ad vigesimam quintam Martii m° ccc° xxvii°, perfectus vigesima prima Aprilis anno m° ccc° xxviii°. Debet ii^c xliii lib., xii sol., x den. par. Et sunt plura recuperanda.

2257. Compotus magistri Philippi Conversi de restantiis aliorum compotorum suorum et pluribus aliis in quibus poterat teneri regi et rex sibi, redditus per ejus executorem tertia Novembris m° ccc° xxvii°. Debet xii^c xxxiii lib., xiiii sol., iii ob. Thesaurus tamen pro ipso viii^c iiii^{xx} xi lib., xix sol., i den. tur.

---

(1) Blanchard (Bibl. nat., nouv. acq. lat., 184, fol. 88) a lu : *19*. — (2) Ms. : *mensurarii*. — (3) Ms. : *Bosco*. — (4) Ms. : *Michello*.

2258. Compotus Johannis de Bardilliaco, magistri et inquisitoris forestarum et aquarum regis, a decima tertia Septembris M°CCC°XXVI°, qua dictum officium intravit, usque ad Candelosam M°CCC°XXVIII°, redditus vigesima quarta Februarii M°CCC°XXXIII°. Debet MLXII lib., VI sol., IX den., III pict. par. Fit in debitis.

2259. *Compoti magistrorum forestarum Lingue Occitane.*
Compoti quinque Bertaudi[1] de Borreto et Johannis Pileti, magistrorum forestarum Lingue Occitane, de emolumentis vendarum forestarum, glandium, herbagiorum et molinarum ferrearum forestarum Lingue Occitane, a Sancto Michaele M°CCC°IX° usque ad Sanctum Johannem M°CCC°XIII°. Corriguntur fines, non tamen quantum ad residuum.

Alius compotus ipsorum de pluribus emendis forestarum levatis per ipsos in senescalliis Pictaviensi et Xantoniensi per magistrum Philippum Conversi, redditus quinta Martii M°CCC°XXVII°. Debet VIII°XI lib., etc. Thesaurus tamen pro ipsis. Et quitte.

2260. Quinque rotuli de explectis et vendis forestarum Lingue Occitane pro annis M°CCC°XXI° et XXII°, factis per dominum Egidium de Pouville, magistrum forestarum predictarum, traditi per eum curie, videlicet quatuor pro annis M°CCC°XX° et XXI°, vigesima nona Martii M°CCC°XXI° anno, et unus pro annis M°CCC°XXI° et XXII°, decima sexta Aprilis M°CCC°XXIII°. Sunt in uno sacco per se.

SCRIPTA GUERRARUM VASCONIE INVENTA PENES NOS.

DE GARNISIONIBUS FACTIS RATIONE GUERRARUM PREDICTARUM.

2261. De guerra Arragonie, Fuxi et Navarre, que fuit anno M°CC°LXXVII°, nullos habemus compotos, nisi sint ad partem [2].

2262. Compotus Johannis de Aquis de viis[3] Moisiaci, Baionne et Aquarum, ratione garnisionum ibi faciendarum, anno M°CC°IIII^{XX}IX°. Plura signantur recuperanda et corrigenda, quamvis arrestatur ibi quod sit correctus.

Alius compotus ejusdem de garnisionibus emptis Bayonne et Aquis, post Ascensionem anno M°CC°IIII^{XX}X°. De correctione ipsius, ut de alio ibi supra.

Alius compotus ejusdem Johannis de garnisionibus navigii factis apud Harefluctum anno M°CC°IIII^{XX}XV°, factus mense Martii tunc. Plura signantur recuperari.

Extractum pro debito ejusdem Johannis in duobus rotulis.

---

[1] Ms.: *Bertrandi.* Voir l'original de l'un de ces comptes, Bibl. nat., lat. 17010, fol. 16 : « Compotus Bertaudi de Borreto et Johannis Pileti, magistrorum forestarum regiarum Lingue Occitane..... »

[2] Cet article était écrit en marge dans le manuscrit original. Voir les Extraits de Menant, XI, fol. 43.

[3] Ms.: *via.* Ce passage a été traduit ainsi : « le Bayonnais Jean d'Aix de Via Moisiaci », dans la *Revue des questions historiques*, octobre 1896, p. 424.

2263. Compotus Gerardi Baleine et Johannis de Soisy de garnisionibus factis per eos apud Burdegalam et Bayonnam, redditus ad Omnes Sanctos M° CC° IIII^{xx} XIII°. Correctus est.

Alius compotus ejusdem G. Baleine solius [1] de dictis garnisionibus que remanserunt apud Burdegalam et Bayonnam, post compotum per ipsum et Johannem de Soisy superius factum, et de garnisione vinorum emptorum pro rege per dictum Gerardum, factus ad Omnes Sanctos anno M° CC° IIII^{xx} XV°. Et est correctus.

2264. Compotus G. Coquatrix de garnisionibus ibi factis pro dicto exercitu Vasconie, factus curie jovis vigesima septima die Martii M° CC° IIII^{xx} XVI°. Debentur pro fine dicti compoti, videlicet comes Atrebatensis debet XLIII^m LXIIII lib., XI sol., V den. tur., et magister Helyas de Orly, LXXI lib., V sol. tur., que signantur recuperari super ipsos.

Alius magnus rotulus de minutis partibus dictarum garnisionum.

2265. Compotus Nicolai de Ermenonville et Arnaldi Aymar de garnisionibus ibi, ratione guerre Vasconie, factus per dominum Nicolaum, anno M° CC° IIII^{xx} XVIII°, in crastino Omnium Sanctorum. Non est perfecte auditus.

2266. Compotus domini Odardi de Ruppis Altis de garnisionibus emptis pro stabilita Burdegale, positis apud Sanctum Macharium et Langonem [2], factus mense Februarii, lune in quindena Candelose M° CC° IIII^{xx} XVIII°. Correctus est. Tradidit tamen plures personas in fine dicti compoti, quibus tradidit partem dictarum garnisionum. Sciatur ubi redduntur regi, quia summa ascendit ad VI^c LI lib., XV sol. tur.

2267. Compotus Roberti Maugerii de garnisionibus factis Namnetibus circa M^{um} CC^{um} IIII^{xx} XV^{um}; nec est ibi aliquid de manu Camere, nisi quod non fuit jactatus.

2268. Compotus Gileti Castellani de garnisionibus factis apud Rothomagum, Loram, Touquam et Harefluctum, factus sabbato post Nativitatem Beati Johannis Baptiste M° CC° IIII^{xx} XVI°. Correctus est quantum ad ipsius finem.

2269. Compotus Johannis de Compendio et Symonis Larchier de biscoto et garnisionibus factis pro exercitu maris, redditus curie die jovis ante Natale M° CC° IIII^{xx} XV°. Debetur eis pro fine dicti compoti. Solvitur eis per Luparam. Non est correctus quantum ad minuta signata ibi.

Compotus Symonis Larchier de residuo bladi compoti ipsius et Johannis de Compendio, redditus curie in compoto Omnium Sanctorum M° CC° IIII^{xx} XV°, die veneris ante Sanctum Vincentium. Fit per Luparam ad Omnes Sanctos M° CC° IIII^{xx} XV°. Videtur tamen quod debeantur recuperari super dictum Symonem LXX lib., XV sol., X den. tur., ut arrestatur ibi.

2270. Compotus Philippi de Bello Manerio, baillivi Sylvanectensis, de bladis emptis in dicta baillivia pro garnisione armate maris, redditus per Radulphum, clericum suum, M° CC° IIII^{xx} XV° [3]. Correctus est quantum ad finem ipsius compoti. Partes bladorum non solutorum in dicta baillivia, tradite per dictum Radulphum, de quibus pars soluta est personis a quibus capta fuit.

---

[1] Ms. : *solum.* — [2] Ms. : *Lingones.* — [3] Blanchard (*l. c.*) a lu : *1315.*

2271. Compotus Roberti Bouterii de garnisionibus apud Loram et Harefluctum, factus sabbato post Nativitatem Beati Johannis M° CC° IIII^{xx} XVI°. Correctus est quantum ad finem ipsius. Aliqua restant corrigenda.

Compotus ejusdem pro garnisionibus vinorum factis Parisius, Ambiani et [apud] Foylleiam, factus M° CC° IIII^{xx} XVI°, die jovis post Sanctum Martinum hyemalem. Correctus est.

2272. Compotus Girardi Le Barillier et Bertaudi [1] Mouton de garnisionibus bladi et avene per eos factis apud Rothomagum [2], redditus in compoto Ascensionis M° CC° IIII^{xx} XIII°. Alius compotus ipsorum de eodem ibi, videlicet de blado dimisso apud Rothomagum, factus ante Ascensionem M° CC° IIII^{xx} XIV°.

2273. Alius compotus domini Bertaudi solius de garnisionibus ductis Rothomagum pro navigio, factus ad Omnes Sanctos M° CC° IIII^{xx} XV°. Debet pro fine dicti compoti XXIII lib., XII sol., XI den. par., et per finem alterius, in fine cujus expense a tergo, XXIII lib., XIII sol., VIII den. Non est correctus.

Quidam rotulus traditus per eum tunc, de personis quibus debetur de dictis garnisionibus captis per eum, traditus cum compoto suo Omnium Sanctorum anno M° CC° IIII^{xx} XV°.

In alio rotulo, penes dominum Thomam, nomina personarum que solute fuerunt per dictum Bertaudum de dictis garnisionibus, tradita ad Omnes Sanctos anno M° CC° IIII^{xx} XV°.

2274. Compotus Hannequini de Haya de garnisionibus factis apud Harefluctum, redditus in compoto Omnium Sanctorum M° CC° IIII^{xx} XV°, mercurii ante Epiphaniam. Debet pro fine dicti compoti XII lib., IX sol., IX den. tur., et III^{m} IX^{xx} caseos. Non est correctus.

2275. Compotus Thome [de] Anglia de eodem ibi, factus anno M° CC° IIII^{xx} XVI°.

2276. Compotus Martini Petitot de garnisionibus caseorum pro exercitu maris, redditus die martis ante Natale M° CC° IIII^{xx} XV°. Recepta et expensa sunt equales. Sunt tamen plura signata super aliquas personas pro dictis caseis sibi traditis.

2277. Compotus Colardi...... [3] de bladis per eum captis apud Ambianum et Corbeyam pro biscoto domini regis faciendo, anno M° CC° IIII^{xx} XV°, redditus curie ad Omnes Sanctos tunc, die mercurii in festo Sancti Clementis. Illud quod debitum fuit per dictum compotum redditum sibi fuit tunc per compotum baillivie Ambianensis.

2278. Compotus Johannis de Trya, baillivi Alvernie, de bladis, fabis, rationibus et aliis garnisionibus factis in dicta baillivia, redditus ad Omnes Sanctos M° CC° IIII^{xx} XV°, die martis post octavas Beati Martini hyemalis. Correctus est.

2279. Compotus Ade Halot de eodem, die jovis post Assumptionem Beate Marie Virginis M° CC° IIII^{xx} XVI°. Non est correctus.

2280. Blada capta in vicecomitatu Ebroicensi per Vincentium Tancreti, traditus per dominum Richardum, ejus clericum, lune post Epiphaniam M° CCC°. Et dicitur ibi quod dicta blada tradita fuerunt P. Hostiario [4]. Sciatur ubi reddidit ea.

---

[1] Ms.: *de Malla et Bertrandi*. Cf. un compte original, Bibl. nat., Coll. Clairambault, 469, p. 199 : « C'est le compte Girart Le Barillier et Bertaut Mouton des vins achetez par eus... » (1295).

[2] Ms.: *Noveten.* et, plus bas, *Novet.*

[3] Ms.: *Turim.* Forme corrompue.

[4] Ms.: *per hostiar.*

Blada capta in baillivia Gisortii per dictum Vincentium, tradita per dictum Richardum, ejus clericum tunc. Dicitur quod P. Hostiarii habuerit blada.

2281. Persone quibus debetur in baillivia Sylvanectensi pro garnisionibus bladorum captorum ab eis m° cc° iiii^{xx} xv°, traditis per Robertum de Villafranca, baillivum ibi, dominica in festo Sancte Catharine tunc.

2282. Garnisiones empte de mandato regis per Nicolaum de Villariis, baillivum Cadomensem. Non dicitur tempus, nec est ibi aliquid de manu Camere. Tamen restant ii^m vii^c lxii lib., ii sol., vi den., nec apparet cui, aut regi aut personis a quibus capte fuerunt.

2283. Compotus Guillelmi Guidonis, bajuli Petragoricensis, pro guerra Vasconie, de munitionibus Fronciaci et aliarum villarum acquisitarum ibi, redditus curie in compoto Omnium Sanctorum m° cc° iiii^{xx} xv°, die mercurii post octavas Epiphanie. Debentur pro fine dicti compoti pluribus personis xxxii^m lxxiiii lib., xix sol., v den. tur., ut arrestatur ibi.

Extractus compoti et debitorum Guillelmi, bajuli de Petragoris, de quibusdam existentibus in garnisionibus castrorum Vasconie, factus anno m° cc° iiii^{xx} xv°.

2284. Compotus gentium armorum et servientium stabilite Fronciaci et Castellionis, redditus per dominum G. de Marziaco, tempore quo erat senescallus Petragoricensis, mense Februario m° ccc° vii°. Arrestatur tamen ibi quod non fuit presens. Misit tamen alium compotum sigillatum sigillo suo, a quo iste fuit extractus. Id quod debetur pro fine dicti compoti, videlicet ii^m ix° xlviii lib., vi sol., i den., debetur pluribus personis. Non arrestatur tamen ibi quod tradiderit nomina ipsarum. Dicitur a tergo ejusdem compoti quod est compotus Guillelmi Guidonis [1], bajuli Petragoricensis.

2285. Compotus Johannis Bartholomei, valleti regis, de bladis emptis apud Abbatis villam [2] pro biscoto faciendo pro exercitu maris, redditus ad Omnes Sanctos m° cc° iiii^{xx} xv°, die mercurii in festo Beati Clementis. Correctus est.

2286. Compotus domini Symonis de Courcellis, prepositi Meledunensis, de bladis captis in baillivia Senonensi, pro garnisione regis apud Rothomagum, factus mense Februario m° cc° iiii^{xx} xvi°. Debet pro fine ipsius de dictis garnisionibus captis non solutis xi° xxxvii lib., xii sol., x den. tur. Nomina dictarum personarum quibus debetur suta in fine dicti compoti.

2287. Compotus Raimundi Andree de Gailliaco de vinis et garnisionibus emptis et deliberatis per ipsum pro exercitu predicto, de quibus fit mentio in compoto magistri P. de Latilliaco, reddito curie die jovis ante Penthecosten m° cc° iiii^{xx} xviii°. Correctus est, exceptis v^e iiii^{xx} iii^{bus} doliis vini, traditis Giraudo Baleine. Sciatur ubi reddidit ea regi.

2288. Compotus P. Hostiarii de garnisionibus per ipsum emptis et factis apud Aquas et Bayonam pro rege, qui sperabatur illuc venire. Et fuit redditus curie ad Omnes Sanctos m° cc° iiii^{xx} ix°. Et arrestatur ibi de manu Camere quod totum fit in debitis. Tamen non videtur. Sciatur plenius in correctione.

[1] Ms.: *Guidi*. Cf. § 2283 et § 2473. — [2] Ms.: *Albisvillam*.

Alius compotus ipsius de garnisionibus que erant apud Rothomagum pro galeis, redditus curie die lune post Brandones m° cc° iiii^{xx} xvi°. Non est correctus.

Alius compotus ipsius de ii^m iii^c viii lib., xv sol., xviii den. tur., quas cepit Tholose a Philippo de Fontainnes m° cc° iiii^{xx} xvii°, et ab aliis personis eas debentibus [1], et de qua pecunia emit garnisiones pro exercitu regis. Et debentur ei pro fine dicti compoti xxxi lib., xiii sol., x den. tur. Non est correctus quantum ad hoc, et quedam signata ibi ad recuperandum.

Alius compotus ipsius pro garnisionibus armate galearum, de anno m° cc° iiii^{xx} xvi°. Nihil est hic de manu Camere.

Alius compotus ipsius de vinis bastardis de Rupella [2], quos Johannes Arrode [3] misit Rupellam, captis super Flamingis m° cc° iiii^{xx} xvii°, redditus per Petrum Prepositi et Adam du Ban, ejus executorem, jovis post Trinitatem m° ccc° m°. Debetur ei quod redditur ei in debitis par[ticularibus] [4]. Correctus est.

2289. Compotus garnisionum que remanserunt in civitate Gironde, venditarum per Johannem Prepositi, et solutionum factarum stipendiariis, cum expensis per eum factis ratione predictorum. Debentur ei iii^c xlvi lib., xviii sol., iii den. tur. Non est correctus.

COMPOTI PRO OPERIBUS GALEARUM ET ALIORUM VASORUM, NECNON ET PRO ARMATA MARIS PRO EXERCITU PREDICTO.

2290. Compotus Petri Hostiarii pro operibus galearum, garnisionibus, vadiis et quibusdam aliis, factus mercurii in festo Sancti Benedicti m° cc° iiii^{xx} xv°. Debentur ei pro fine dicti compoti ii^m vii^c xi lib., iiii sol., xi den. tur. Plura sunt recuperanda per dictum compotum que signantur ibi.

Alius compotus ejusdem de operibus galearum et de garnisionibus armate domini Otonis de Thouciaco [5], factis apud Rothomagum, a festo Assumptionis Beate Marie m° cc° iiii^{xx} xv° usque ad Omnes Sanctos m° cc° iiii^{xx} xvi°. Debentur ei pro fine dicti compoti ii^m v^c xxxvii lib., vii sol., vii den. tur., que reddentur ei in fine compoti sequentis finiti ad idem festum m° cc° iiii^{xx} xvii°. Sic est correctus.

Alius compotus ejusdem Petri de dictis operibus factis apud Rothomagum, a festo Omnium Sanctorum m° cc° iiii^{xx} xvi° usque ad idem festum m° cc° iiii^{xx} xvii°, factus mense Januarii eodem anno. Correctus est, excepto fine compoti, per quem debentur ei ii^m iii^c lxi lib., xvi sol., ix den. tur.

Alius compotus ipsius de eodem [6], videlicet de negotiis navigii apud Rothomagum, a festo Omnium Sanctorum m° cc° iiii^{xx} xvii° usque ad idem festum m° cc° iiii^{xx} xviii°. Non est perfecte correctus.

Alius compotus ipsius Petri de eodem, a festo Omnium Sanctorum m° cc° iiii^{xx} xviii° usque ad primam diem Maii m° ccc°, auditus jovis post festum Apostolorum Petri et

---

[1] Ms.: *debitis.* — [2] Cf. § 2078. — [3] Ms.: *Ariode.* — [4] Cf. § 2290, al. 5 et 6. — [5] Ms.: *Odonis de Thouriaco.* — [6] Ms.: *cedula.* Cf. Bibl. nat., fr. 25992, n° 41.

Pauli tunc. Debentur ei pro fine dicti compoti vi lib., xiii sol., vii den. tur. Redduntur ei in debitis particularibus. Quedam alia signantur recuperanda in dicto compoto.

Alius compotus ipsius pro negotio galearum, factus per P. Prepositi et Adam du Ban, executores ipsius, et P. de Braya, jovis post Trinitatem m° ccc° iii°. Debet pro fine dicti compoti iii^c iiii^{xx} x lib., xvii sol., ii den. tur., positas in debitis particularibus super ipsum. Quantum ad alia signata in dicto compoto non est correctus.

Alius compotus ipsius pro operibus factis in castro Aurivallis, redditus curie per P. Prepositi et Adam du Ban, mercurii post festum Sancti Barnabe Apostoli m° ccc° iii°. Non fuit tentus, nec est ibi aliquid de manu Camere, nisi intitulatio predicta.

Alius parvus compotus ipsius de navibus traditis ei et magistro Johanni de Hospitali, factus per predictos tunc. Correctus est.

2291. Compotus domini Auberti de Villaperion (?)[1] super operibus ingeniorum, ab octava die Februarii usque ad undecimam diem Martii, anno m° cc° iiii^{xx} xiv°. Debentur ei. Nihil aliud est corrigendum.

2292. Compotus magistri P. Vitalis, carpentatoris, magistri quarellorum armate Gironde, de anno m° cc° iiii^{xx} xiv°, redditus curie anno m° cc° iiii^{xx} xv°. Est correctus.

2293. Compotus domini G. Bocucii[2] de expensis calefatorum missorum Rothomagum per eum, et de custodia galearum regis, et de custodia galearum apud Marsiliam, factus m° cc° iiii^{xx} xvi°. Correctus est.

2294. Compotus magistri Johannis Lathomi de operibus in civitate Aquensi, auditus jovis post Sanctum Andream m° ccc°. Correctus est, quia debentur sibi pro fine compoti, de quibus omnibus habuit cedulam.

2295. Compotus magistri Johannis de Terminis, magistri ingeniorum et operum regis in senescallia Tholose, pro expensis per eum factis de pluribus viis pro exercitu Vasconie domini S[tephani], archiepiscopi Senonensis, ibi factis m° cc° iiii^{xx} xvii°. Debentur ei pro fine dicti compoti, de quo debito habuit litteram regis ad senescallum Tholose. Non est correctus.

2296. Compotus Gerardi de Montibus, Figiacensis, provisoris armature Gironde, redditus curie mercurii ante Natale m^b cc° iiii^{xx} xv°. Et est alius abbreviatus, extractus ab eo. Correctus est quantum ad hoc quod debebatur dicto Gerardo; sed debentur pluribus personis, quarum nomina et partes ipsarum in debitis Vasconie inferius, circa iii^m viii^c lib. tur.

2297. Compotus P. Binuccii[3], burgensis Narbonensis, rectoris constabularie et operariorum Narbonensium, quos adduxit dictus Gerardus ad exercitum predictum, anno m° cc° iiii^{xx} xiv°, redditus sabbato in festo Sancti Arnulphi m° ccc° x° per Stephanum Truillart et Renaudum de Opiano, fratrem et procuratorem ipsius. Debentur ei pro fine dicti compoti iiii^m vi^c [lib.]; de quibus habuit tunc litteram ad thesaurum, et, anno m° ccc° xxx°, cedulam testim[onialem] per compotum alterius socii. Non est correctus.

---

[1] « Villepereux » ? — [2] Ms.: *Botucii*. — [3] Cf. *Revue des questions historiques*, octobre 1896, p. 410 : « Binucci ou Bernuis ».

2298. Compotus magistri G. Gorjuti [1] super armamento galearum et aliorum vasorum qui erant apud Calesium m° cc° iiii^{xx} xv°, factus per eum mense Maii m° cc° iiii^{xx} xvii°. Correctus est.

2299. Alius compotus ipsius et Johannis de Hyenvilla de expensis per ipsos factis apud Rupellam in secunda via, factus decima nona die Maii m° cc° iiii^{xx} xvii°. Debentur pro fine dicti compoti pluribus personis, quarum nomina a tergo, iiii^c xxxii lib., v sol., ii den. tur., et regi alia debita in fine dicti compoti contenta, quorum non fit summa. Petantur. Non est correctus.

2300. Alius compotus ipsius de expensis per eum factis de prima via apud Rupellam pro armata maris, factus mense Maio m° cc° iiii^{xx} xvii°. Non est perfecte correctus quantum ad quedam signata. Finis tamen est correctus.

Alius compotus ipsius de expensis per eum factis apud Loram, pro solvendo plures stipendiarios pro facto dicte armate, redditus tunc. Finis compoti est correctus et non residuum.

2301. Debita armate galearum factarum Bellicadri, tradita per ipsum. Non nominat diem, et est eorum summa vi^c lxiii lib., ix sol., iii den. tur. Petantur, quia debentur regi.

2302. Compotus magistri Johannis de Hospitali de guerra in Normania pro armata maris et partibus Xanctonie et Pictavie, factus per eum m° cc° iiii^{xx} xviii°, mense Martii. Tamen dicitur in fine quod non est acceptatus, quousque loqutum fuerit cum magistris et P. Hostiario. Debentur ei pro fine dicti compoti. Non est correctus.

2303. Compotus P. Kant de receptis et expensis pro nave dicta « Superba » [2], Bayone, factus m° cc° iiii^{xx} xix°, die martis in vigilia Beati Johannis Baptiste. Debentur ei pro fine dicti compoti. Non est correctus. Et tamen tradidit in fine dicti compoti quandam cedulam de armaturis que erant in nave regis vocata « Crincus » [3], quas tradidit P. Hostiario. Sciatur ubi dictus P. reddi[di]t eas regi.

2304. Compotus Guillelmi P. pro expensis mariniorum Januensium quos adduxit apud Rothomagum pro guerra predicta, factus m° cc° iiii^{xx} xvi°, in vigilia Assumptionis Beate Marie. Correctus est.

2305. Duo compoti Geraldi Le Barrillier de armatura maris pro Vasconia, quorum primus auditus fuit die mercurii post Pascha m° cc° iiii^{xx} xvi° [4]. Et non dicitur de alio quando. Correcti sunt quantum ad finem compoti, et non quantum ad residuum.

2306. Compotus magistri Arnaldi [5] de armaturis et balistis quas emit apud Tholosam pro dicta armatura, factus post Omnes Sanctos m° cc° iiii^{xx} xv°. Debentur ei pro fine dicti

---

[1] Ms. et Ch. Jourdain, *Mémoire sur les commencements de la marine militaire sous Philippe le Bel;* p. 388, n. 1 : *Gorniti.* Cf. Arch. nat., K 36, n° 43°.

[2] Ms. : *Superbia.*

[3] Mot corrompu.

[4] Ce premier compte a été publié par A. Jal (*Archéologie navale*, II, Paris, 1840, in-8°, p. 301), d'après l'original : « Compotus Girardi Le Barillier... »

[5] *Sic*, dans le manuscrit. Voir l'original de ce compte, Bibl. nat., lat. 17658, fol. 20 : « Compotus magistri Arnaldi Magistri de armaturis et balistis per ipsum emptis apud Tholosam pro facto maris anno iiii^{xx} xv° post Omnes Sanctos... »

compoti; sed hoc debuit habere per compotum Tholose ad Sanctum Johannem M° CC° IIII^{xx} XVI°. Sciatur et corrigatur, quia nihil aliud est corrigendum per ipsum.

2307. Compotus M. de Navarra de armata aque Gironde, redditus domino J. de Domnomartino, sabbato in crastino Translationis Sancti Nicolai M° CC° IIII^{xx} XVIII°. Debentur ei pro fine dicti compoti, de quo habuit litteram regis ad thesaurum Parisius. Nihil aliud est corrigendum.

2308. Compotus Johannis de Aquis de garnisionibus navigii apud Harefluctum, anno M° CC° IIII^{xx} XV°. Non est perfectus. Tamen plura signantur recuperanda per ipsum.

2309. Partes de II^c IIII^{xx} lib., LXXII sol., III den. tur., que debentur in baillivia Rothomagensi, tradite per Johannem de Compendio tunc. Penes dominum Thomam.

2310. Compotus P. La Reue pro expensis factis apud Cherebourc, pro stipendiariis existentibus in garnisionibus galearum et galeatorum M° CC° IIII^{xx} XV°. Recepta et expensa sunt equales. Nihil est corrigendum.

2311. Compotus G. de Corvalli [1] de armata aque Gironde Burdegalis, factus M° CC° IIII^{xx} XVI° in presentia G. Baleine, die martis post Brandones. Debentur pro fine dicti compoti XXIII^m CXLI lib., XVI sol., VIII den., videlicet personis nominatis in dicto compoto, de quo debito habuit [2] litteras comitis Atrebatensis. Arrestatur in margine totum esse inter assign[ationes Dionysii] de Albigniaco [3]. Sciatur.

2312. Compotus domini Othonis de Touciaco, admiraldi maris, de expensis quas fecit ratione officii sui, a die veneris ante Nativitatem M° CC° IIII^{xx} XV° usque ad diem martis post festum Beati Luce Evangeliste M° CC° IIII^{xx} XVI°, factus per clericum suum post Sanctum Nicolaum hyemalem M° CC° IIII^{xx} XVI°. Debet pro fine dicti compoti IIII^c LX lib., XVI sol., V den. tur. Est alter compotus, ubi continentur expense hospicii sui particulares, cui non adhibeatur fides, quia in ipsum invenimus defectum.

2313. Compotus Michaelis de Navarra [4], valleti regis, de armata aque Gironde, redditus per dominum J. de Domnomartino, sabbato in crastino Translationis Sancti Nicolai M° CC° IIII^{xx} XVIII°. Correctus est quantum ad finem compoti, et non quantum ad residuum.

2314. Compotus magistri Johannis Clarisensus de expensis pro guerra maris, factus apud Rothomagum et prope, redditus mense Septembri M° CC° IIII^{xx} XV°. Fit per compotum Bichii ad Ascensionem M° CC° IIII^{xx} XV°, exceptis pluribus denariis traditis ad recuperandum in dicto compoto. Non est correctus.

2315. Compotus Guillelmi de Quarto, de Nemauso, de quibusdam calefatis ductis apud Rothomagum M° CC° IIII^{xx} XVI°. Correctus est, excepto quod debentur Petro Hostiario XXII lib. tur.

2316. Compotus Marchutii Jacobi et Raimundi Sequerii de expensis, adducendo CLVII marinarios de Provincia, factus sabbato post Sanctum Barnabam M° CC° IIII^{xx} XV°. Correctus est.

2317. Compotus Johannis Carnotensis et sociorum suorum de expensis adducendo VII^{xx} II marinarios de Provincia M° CC° IIII^{xx} XV°. Correctus est.

[1] «Cornalli», dans la *Revue des questions historiques*, octobre 1896, p. 428. — [2] Ms.: *habent*. — [3] Cf. § 2380 et § 2445. — [4] Ms.: *Navibus*.

2318. Compotus Philippi de Boreto et Francisci Bon et bel de eodem pro xi^{xx} marinariis. Non est plenarie correctus.

2319. Compotus Baldoini Poutrel, receptoris bailllivie Rothomagensis, de expensis pro guerra, factus ad Sanctum Johannem m° cc° iiii^{xx} xvi°. Fit per Luparam ad Ascensionem eodem anno.

2320. Compotus Guillelmi de Quarto et Bertrandi Garcie de cxviii marineriis de Provincia adducendis m° cc° iiii^{xx} xv°. Correctus est.

2321. Compotus domini Fulcaudi de Merula de expensis visitando maritima, traditus curie mercurii in festo Candelose m° cc° iiii^{xx} xiv°. Non est correctus.

2322. Compotus P. Le Roux de Nemauso et sociorum suorum de xii^{xx} marinariis adducendis de Provincia, m° cc° iiii^{xx} xv°. Correctus est.

2323. Compotus Pagani de Florentia et Johannis de Molendinis in Alvernia de iii^c marinariis adducendis per eos. Correctus est.

2324. Partes vadiorum et custodum navium apud Loram et Harefluctum, quarum summa capta in compoto bailllivie Caletensis ad Pascha m° cc° iiii^{xx} xvi°.

2325. Compotus Benedicti Zacarie, admiraldi maris, de receptis et expensis quas fecit ratione officii sui, videlicet annis m° cc° iiii^{xx} xvi° et m° cc° iiii^{xx} xvii°, redditus curie sabbato post Pascha m° cc° iiii^{xx} xviii°. Debentur ei pro fine dicti compoti pro certa conventione et financia, cum eo per magistros facta, xii^m(?) lib. tur., quas debuit habere per thesaurum, ut arrestatur ibi. Nihil aliud est corrigendum.

2326. Compotus Nicolai, prioris de Vatevilla, de marinariis per eum adductis Rothomagum, videlicet anno m° cc° iiii^{xx} xvi° circa Pascha. Debetur ei pro fine dicti compoti, de quo habuit cedulam. Nihil est corrigendum.

2327. Compotus Bonifacii de Sene pro expensis ii^c hominum, quos adduxit pro facto maris ab Aquis Mortuis, redditus mercurii ante Magdalenam (m° ccc° vel) m° cc° iiii^{xx} xv°. Correctus est.

2328. Compotus Bernardi de Castellario et Theobaldini de Marmaha de expensis quorundam Januensium quos Guillelmus Bocutii, vicarius Aquarum Mortuarum, misit de Aquis Mortuis apud Rothomagum, factus m° cc° iiii^{xx} xv°, die sabbati post festum Beati Bartholomei. Non est ad plenum correctus.

2329. Compotus Guillelmi Bocutii de galeis factis apud Marcilliam, redditus curie sabbato post festum Beate Lucie m° cc° iiii^{xx} xiv°. Correctus est.

Alius compotus ipsius de viginti galeis novis que sunt apud Marcilliam, ab Assumptione Beate Marie m° cc° iiii^{xx} xiv° usque ad primam diem mensis Aprilis m° cc° iiii^{xx} xv°, redditus eodem anno, die jovis in festo Beati Clementis. Correctus est.

Alius compotus ipsius de negociis sibi commissis ex parte domini regis pro galeis apud Januam, anno m° cc° iiii^{xx} xiv°, redditus die lune in festo Beate Lucie. Fit per compotum Bichii ad Omnes Sanctos m° cc° iiii^{xx} xiv°, exceptis cxv lib. signatis ad recuperandum pro quatuor equis non redditis.

Alius compotus ipsius de expensis suis, factis procurando homines marinarios, factus mense Septembris m° cc° iiii^xx xv°. Correctus est quantum ad finem compoti et non quantum ad residuum.

2330. Compotus domini Henrici Le Marquis, militis, pro darsenal[1] pro galeis apud Rothomagum, et expensis quas fecit apud Calesium, ab undecima die Martii m° cc° iiii^xx xiii° usque ad octavam diem Aprilis m° cc° iiii^xx xvi°.

Alius compotus ipsius marinariorum duarum galearum et duarum galiotarum, quas misit pro custodia maris versus Boloniam, de precepto domini de Haricuria et domini Montis Morenciaci, anno m° cc° iiii^xx xv°. Videatur diligenter in correctione, quia non potuimus eos concordare in collatione.

2331. Compotus Egidii Cassine de stipendiariis maris captis in Provincia, et armaturis captis ibi per eum, factus die dominica ante Sanctum Nicolaum m° cc° iiii^xx xv°. Finis compoti fit per compotum Bichii ad Ascensionem m° cc° iiii^xx xv°. Plura tamen restant recuperanda in dicto compoto.

2332. Garnisiones pro castris Normanie, tradite per dominum Hugonem de Villariis et Johannem de Hyenvilla m° cc° iiii^xx xiv°. Fiunt per compotum Bichii ad Ascensionem m° cc° iiii^xx xv°.

2333. Compotus Petri Le Roux[2] de Nemes, P. Roberti de Volobrigue et Lappo Bonihominis[3] de Florentia, capitaneorum ccxli hominum marinariorum adductorum ad exercitum m° cc° iiii^xx xv°. Correctus est.

TRES SACCI GUERRE VASCONIE IN QUIBUS SUNT COMPOTI EJUSDEM GUERRE.

2334. *Compoti guerre Vasconie qui sunt in primo sacco.*

Compotus domini Karoli, fratris regis, de exercitu predicto, redditus per Bertrandum de Vernolio, militem suum, et Johannem de Condeto, clericum suum, jovis post Epiphaniam Domini m° cc° iiii^xx xv°. Debentur ei. Non est correctus. Cum extracto ipsius.

Sute sunt[4] in fine compoti predicti partes de viii^m vi^c xliii lib., xiii sol. tur., reddite[5] in receptis compoti dicti J. de Condeto, solute per compotum Bichii et Moucheti de mandato regis.

2335. Ibi sunt partes mutuorum factorum regi, in senescallia Caturcensi levatorum per priorem de Brioliis[6] et ejus socium, fratrem Egidium de Brugis, et magistrum Jacobum de Bolonia, judicem Vasconie.

---

[1] Ms. : *Dorseval*. Il est dit, d'après le texte, dans la *Revue des questions historiques*, oct. 1896, p. 411, que Enrico Marchese « installa pour la première fois un arsenal maritime à Rouen ou *Dorsenal...* » Lisez « darsenal ». Ce mot manque dans le *Dictionnaire de l'ancienne langue française* de M. Godefroy, et, dans le « Complément » de cet ouvrage (v° *Arsenal*), la forme « darsenal » n'est pas citée.

[2] Ms. : *de Boux*.

[3] Ch. Jourdain (*Mémoire sur les commencements de la marine militaire sous Philippe le Bel*, p. 408) a lu : *Cappoboni, hominis de Florentia...*

[4] Menant (XI, fol. 43 v°) a lu : « Sunt autem ».

[5] Ms. : *redditus*.

[6] Ms. : *Britoliis*. Menant (*l. c.*) : *Brioliis*. Cf. § 1163.

2336. Alia mutua facta in Agenesio pro domino comite Valesii predicto, recepta per Cuer de Roy anno M° CC° IIII^xx XV°.

2337. Compotus domini R. de Nigella, constabularii Francie, de secundo viagio Vasconie, de expensis hospitii sui, factus mercurii ante Sanctum Gregorium M° CC° IIII^xx XV°. Debentur ei pro fine dicti compoti. Non est correctus, et est extractus in alio rotulo.

Alius compotus ejusdem de quibusdam expensis particularibus factis in diversis viagiis pro rege, traditus pro ipso constabulario defuncto per gentes episcopi Belvacensis, quarta die Julii M° CCC° III°. Non fuit auditus, ut videtur, quia nihil est hic de manu Camere. Debentur tamen ei, modo quo traditur, circa XII^c lib.

Alius compotus ipsius de receptis, expensis, et aliis misiis per Guillelmum [1] de Montemauri, clericum suum, ratione exercitus ducatus Aquitanie, in secundo viagio Vasconie, factus M° CC° IIII^xx XIV° et M° CC° IIII^xx XV°. Debentur dicto magistro Guillelmo pro fine dicti compoti, deductis solutionibus et debitis, quorum summa debitorum VIII^xx IX^m III^c IIII^xx XII lib., IX sol., III den. tur., in quodam rotulo cum debitis guerre Vasconie inferius, circa XVII° lib. tur. Non est correctus, et videntur plura recuperanda, videlicet mutua et alia, per dictum compotum.

2338. Compotus domini Guichardi de Ma[r]ziaco, senescalli Petragoricensis et Caturcensis, pro exercitu maris de eodem, factus M° CC° IIII^xx XV°, videlicet die sabbati post Epiphaniam Domini. Debentur pro fine dicti compoti XLIIII^m VII^c XXXIIII lib., XI sol., VIII den. tur., videlicet personis ibi contentis XXXV^m IIII^c LXIX lib., XII sol. tur., et senescallo residuum; de quo residuo pars soluta est, tamen deducto hoc quod habuit. Debentur adhuc ei circa V^m lib. tur. Extractus est in alio rotulo.

2339. Alius compotus ejusdem senescalli de eodem, factus per G. Baleine, mense Februario M° CC° IIII^xx XVI°. Debentur pro fine dicti compoti IX^m III^c XXXVIII lib., XIX sol., VII den., videlicet personis nominatis in dicto compoto VII^m II^c XXVI lib., XII sol., VII den., et senescallo residuum, quod habuit per compotum senescallie Tholose ad Ascensionem M° CC° IIII^xx XVIII°. Non est correctus.

2340. Alius compotus ejusdem, tunc [2] senescalli Tholose et Albiensis, de viagio facto cum gentibus dicte senescallie apud Aquas, dum Anglici tenebant dictam villam, redditus, de mandato comitis Atrebatensis, magistro J. de Domnomartino M° CC° IIII^xx XVI°. Debentur pro fine dicti compoti, videlicet personis ibi [contentis] VI^m IIII^c XXIX lib., VI sol., IX den. tur., et G. predictus debet II^c IIII^xx IX lib., VI sol., IX den. tur. Non est correctus.

Alius compotus ejusdem de eodem, factus M° CC° IIII^xx XVII°, die sabbati in Conversione Sancti Pauli M° CC° IIII^xx XVII°. Debentur pro fine dicti compoti IIII^xx VI lib., V sol., XI den. tur., de quibus debentur personis, in quodam rotulo contentis, qui est cum debitis Vasconie inferius, LXXV^m III^c IIII^xx IIII lib., VI sol., III den. tur., et senescallo predicto residuum, quod residuum habuit per Luparam et senescallum Tholose ad Sanctum Johannem M° CC° IIII^xx XVIII°; et quitte. Nihil aliud est corrigendum per ipsum.

---

[1] Ms. : *Guillelmum clericum*. — [2] Ms. : *nunc*.

Alius compotus ejusdem de eodem, de solutionibus et vadiis minus computatis in quodam compoto suo, facto m° cc° iiii^{xx} xv°, mense Januario. Nihil videtur ad corrigendum per ipsum, nisi circa iiii^c lib., que debentur pluribus personis nominatis in dicto compoto.

Alius compotus ejusdem de gentibus que remanserunt apud Regulam, de precepto comitis Atrebatensis, a die vigesima prima Septembris usque ad vicesimam quartam diem Octobris m° cc° iiii^{xx} xvi°, redditus magistro Johanni de Domnomartino. Correctus est, exceptis ii^m v^c iiii^{xx} iii lib., viii sol., iii den., que debentur personis quarum nomina a tergo dicti compoti.

Alius compotus ipsius de expensis factis per ipsum tempore quo fuit capitaneus ducatus Aquitanie, ante adventum domini de Sancto Venancio, factus m° ccc° i°, die lune ante Ascensionem Domini, per magistrum Benedictum, clericum suum. Debentur ei pro fine dicti compoti. Nihil aliud est corrigendum.

2341. Alius compotus ejusdem factus per Mahyetum Rolotum (*sic*), locum tenentem domini Guidonis Caprarii, senescalli Caturcensis, factus per ipsum dominum Guichardum mercurii ante Candelosam m° cc° iiii^{xx} xvii°. Debentur ei pro fine ipsius, vel stipendiariis ibi nominatis, ii^c iiii^{xx} x lib., xv sol., vii den. tur., ut est inferius.

2342. Partes de ii^c iiii^{xx} x lib., xv sol., vii den. tur., debite pluribus personis per dominum Mahyetum, tradite per dictum dominum Guichardum, mercurii ante Candelosam tunc, de quibus habuit litteras regis de recepta Caturcensi. Sciatur si fuerint solute, et corrigantur inter dictas partes.

2343. Cum ipso sutus compotus domini Stephani de Monte Acuto, locum tenentis domini Pontii de Montelauro, senescalli Agennensis, redditus tunc per dictum Guichardum. Debentur pluribus personis, quarum nomina post dictum compotum, ii^m vii^c x lib., iiii sol., tur.

2344. Compotus P. Rampone defuncti et Johannis Arrode de eodem in senescallia Xanctonensi et apud Rupellam, factus per dictum Johannem m° cc° iiii^{xx} xviii°, mense Januarii. Debentur pro fine dicti compoti vii^m v^c lxiii lib., v sol., xi den. tur., videlicet stipendiariis vi^m viii^c xx lib., xii sol., xi den., et Johanni Arrode vii^c xlii lib., xiii sol. tur. Non est correctus.

2345. Alius compotus ipsius Johannis de expensis per eum factis Brugis pro nunciis missis ad reges Scotie [1] et Norvegie, factus lune ante Assumptionem Beate Marie m° cc° iiii^{xx} xvi°. Correctus est, exceptis iiii^c lx lib., xii sol., vi den. tur., traditis mutuo. Recuperentur.

2346. Alius compotus ipsius et Johannis de Hospitali de navigio Flandrie m° cc° iiii^{xx} xvii°. Correctus quantum ad finem compoti et non quantum ad residuum.

2347. Alius compotus ipsius et M. de Navarra de expensis pro navigio Flandrie, factus m° cc° iiii^{xx} xvi°, dominica post Sanctum Bartholomeum [2]. Correctus est, exceptis vii^{xx} vii lib., xi sol., viii den. tur., recuperandis pro mutuis per eos factis.

---

[1] Ms.: *Suecie*. Cf. Bibl. nat., Coll. Clairambault, 469, p. 191.

[2] L'original est à la Bibliothèque nationale.

ibidem, p. 185 : « Compotus Johannis Arroude et Michaelis Gascoing de Navarra... ». Cf. A. Jal, *Archéologie navale*, II, p. 319.

2348. Quidam rotulus de bonis Flamingorum arrestatis, qui videtur esse nullius valoris, cum partibus de xxiii^m iii^c xlviii lib., iii sol., i den. tur., distributis per ipsum stipendiariis Xanctonie per litteras domini Aymari de Archiac.

2349. Compotus domini Johannis de Burlaco, magistri balistariorum, [gubernatoris] senescallie Vasconie et totius ducatus Aquitanie, de redditibus et exitibus, expensis et missionibus et solutionibus factis, de mandato suo, per G. Baleine, redditus ad Omnes Sanctos m° cc° iiii^{xx} xv°, die lune post festum Sancti Martini hyemalis. Fit per thesaurum Lupare ad Omnes Sanctos m° cc° iiii^{xx} xv°. Videtur esse correctus.

Alius compotus ipsius de expensis hospitii, a festo Johannis Baptiste m° cc° iiii^{xx} xvi° usque ad idem festum anno revoluto, et de aliquibus solutionibus per eum stipendiariis annis m° cc° iiii^{xx} xiv°, m° cc° iiii^{xx} xv°, m° cc° iiii^{xx} xvi°, m° cc° iiii^{xx} xvii°. Debet pro fine dicti compoti v^c iiii^{xx} xvii lib., xvii sol., vi den. Non est correctus, et sunt alia signata recuperari in dicto compoto.

2350. Compotus domini Johannis Prepositi, clerici balistariorum, de prima via pro exercitu Vasconie, que fuit m° cc° iiii^{xx} xiii°, factus per ipsum m° cc° iiii^{xx} xv°. Correctus est quantum ad finem compoti, et non quantum ad residuum, ubi signantur aliqua videnda et corrigenda.

Alius compotus ipsius de exercitu Hannonie, factus circa Candelosam m° cc° iiii^{xx} xv°, correctus, ut alter.

2351. Compotus Leonardi Le Sec, majoris Ambianensis, et Johannis de Ambianis, de bonis quinque navium captarum in Flandria super Anglicos per Michaelem de Navarra, redditus curie penultima die Maii m° cc° iiii^{xx} xvi°. Correctus est.

2352. *Secundus saccus guerre predicte Vasconie. — In hoc secundo sacco guerre Vasconie sunt hec que sequuntur.*

Compotus domini J. de Barris dicti Piau[de]chat, senescalli Petragoricensis et Caturcensis, in ducatu Aquitanie, pro duobus annis finitis ad Omnes Sanctos m° cc° iiii^{xx} xv°, et de expensis guerre factis per eum usque ad ultimam diem Septembris anno predicto. Debentur ei xviii^m viii^c iii lib., xiii sol., iii den. tur. Non est correctus.

Alius compotus ipsius de hiis que recepit de terra regis Anglie existente in senescallia Xantoniensi, pro toto anno m° cc° iiii^{xx} xvi°, et de expensis quas fecit, ratione guerre Flandrie, redditus curie die veneris post octavas Candelose.

Et debentur pro fine dicti compoti xlv^m ix^{xx} xvii lib., x sol., vi den. tur. Partes in quodam rotulo inter debita Vasconie inferius, et nomina personarum quibus debentur. Est extractus in alio rotulo.

Quidam compotus ipsius de eodem, videlicet a festo Omnium Sanctorum m° cc° iiii^{xx} xvi° usque ad diem martis post octavas Pasche m° cc° iiii^{xx} xvii°, redditus curie die veneris post *Oculi mei* tunc. Correctus est quantum ad finem compoti et non quantum ad residuum.

2353. Compotus domini J. de Domnomartino de guerra predicta, de tempore comitis

Atrebatensis, redditus per ipsum die jovis in Cena m° cc° iiii^{xx} xviii°. Debetur ei pro fine dicti compoti quod debet pluribus personis quas tradidit in uno rotulo qui est inferius cum debitis guerre Vasconie.

2354. Compotus domini Henrici de Helisia, senescalli Carcassone, de primo viagio Vasconie, factus per G. Baleine m° cc° iiii^{xx} xvi°, mense Martii. Id quod debetur pro fine dicti compoti, videlicet v^m iii^c xxx lib., xviii sol., iii den. tur., debetur stipendiariis quorum nomina tradidit in uno rotulo. Non est correctus.

Alius compotus ipsius senescalli Carcassone de secundo viagio Vasconie, factus domino J. de Domnomartino, de mandato comitis Atrebatensis, m° cc° iiii^{xx} xvi°. Debentur pro fine dicti compoti pluribus personis quarum tradidit nomina in fine dicti compoti, iii^m ix^c lxi lib., xviii sol., i den. tur. Cum hoc habuerunt dicte persone litteras comitis Atrebatensis ad thesaurarium Carcassone, quibus personis pars soluta est per dictum compotum. Extractus est in alio rotulo.

Compotus alius dicti domini Henrici de eodem exercitu, pro tertio viagio, redditus per dominum Johannem de Domnomartino, lune in Rogationibus m° cc° iiii^{xx} xviii°. Correctus est.

Alius compotus dicti domini Henrici de eodem exercitu, de receptis et expensis per eum factis, a prima die mensis Junii anno m° cc° iiii^{xx} xvii° usque ad vigesimam secundam diem proxime sequentis mensis Martii. Debentur pro fine compoti pluribus liii^m iii^c lxxix lib., ix sol., viii den. tur. Et sunt aliqua ponenda in debitis per compoti partes. Est extractus in alio rotulo.

2355. Compotus alius domini de Sancto Venancio, gubernatoris totius ducatus Aquitanie et custodis senescallie Vasconie, de quibusdam stipendiariis in stabilita Burdegalensi, redditus per dominum Alexandrum, capellanum suum, anno m° ccc°, lune ante Nativitatem Beati Johannis Baptiste [1]. Debentur ei pro fine dicti compoti, et etiam pluribus personis quarum tradidit nomina in quodam rotulo suto in fine ipsius. Non est correctus.

Expense hospitii ejus in alio rotulo, quarum summa iiii^m iiii^{xx} viii lib., viii sol., vii den. Ligatus est dictus rotulus cum predicto compoto.

2356. Alius compotus domini Johannis Archiepiscopi, senescalli Tholose, de guerra predicta, et perfectus, post mortem dicti militis, in presentia ejus relicte, veneris post Sanctum Nicolaum hyemalem m° ccc°. Debentur pro fine dicti compoti iiii^{xx} xix^m vii^c xxxiii lib., x sol., v den. tur., de quibus debentur pluribus stipendiariis, nobilibus et peditibus, partes

---

[1] Cf. Bibl. nat., lat. 9018, n° 17, fol. 47 : « Compotus gencium armorum stabilite Burdegalensis, tam equitum quam peditum, ad vadia domini nostri regis diversis diebus receptis, prout inferius continetur, per nobilem virum dominum Robertum de Waurino, dominum de Sancto Venancio, militem ejusdem domini regis, gubernatorem ducatus Aquitanie ac custodem senescallie Vasconie pro eodem, a decima die Septembris que fuit anno Domini m° cc° iiii^{xx} xviii° usque ad nonam diem Julii que fuit anno Domini m° cc° iiii^{xx} xix°. » Original incomplet. On lit en tête : « In primo sacco », et au dos : « Auditus fuit xxiii^a Junii ccc° ».

in rotulis inferius cum debitis guerre, IIII^{xx} VII^m XIII lib., v sol., III den. tur., et dicte relicte et ejus heredibus, II^m VII^c xx lib., v sol., III den. tur. Non est correctus. Partes vero minutarum expensarum penes dominum Thomam.

2357. Compotus domini J. de Arrablayo, militis, senescalli Petragoricensis, de exercitu predicto, a festo Sancti Bartholomei M° CC° IIII^{xx} XIII° usque ad Penthecosten M° CC° IIII^{xx} XIV°. Correctus est.

Alius compotus ejusdem, senescalli Carcassone et Byterris, de exercitu in ducatu Aquitanie, factus M° CC° IIII^{xx} XV°, die sabbati ante Sanctum Vincentium. Correctus est.

Alius compotus ejusdem de pluribus viis in senescalliis Xanctonensi, Pictaviensi et alibi, factus anno M° CCC° I°. Correctus est.

2358. Compotus domini J. de Sancto Dionisio, senescalli Pictaviensi[s] et Lemovicensi[s], de eodem, factus M° CC° IIII^{xx} XV°, mercurii post festum Beate Lucie. Correctus est quantum ad finem et non quantum ad residuum.

Alius compotus ipsius de eodem, factus M° CC° IIII^{xx} XVI°, jovis ante Epiphaniam, qui fit per Luparam ad Omnes Sanctos. Arrestatur tamen in fine quod debet M IIII^{xx} lib., LI sol. tur., quia capte fuerunt per Luparam tunc, et cepit eas in dicto compoto. Non est correctus.

2359. Alius compotus J. de Hospitali pro stipendiariis Hispanie[1] apud Harifluctum solvendis M° CC° IIII^{xx} XV° et M° CC° IIII^{xx} XVI°, redditus mense Martii M° CC° IIII^{xx} XVIII°, videlicet die lune post Brandones. Debetur ei pro fine dicti compoti. Non est correctus, et sunt plura per ipsum corrigenda.

In alio rotulo per ipsum tradito nomina illorum qui debent quartum de vino Oleron[ensi].

2360. Compotus domini P. de Baleus, senescalli Xantonensis, de expensis per eum factis, ratione guerre predicte, a festo Ascensionis Domini M° CC° IIII^{xx} XV° usque ad festum Beati Johannis Baptiste M° CCC°. Et sunt plures compoti, qui suuntur successive, facti per dictum tempus, et corriguntur aliqui quantum ad finem, et aliqui non. Quantum vero ad residuum videntur plura corrigenda. Videatur diligenter in correctione.

In uno rotulo denarii per eum traditi, tempore dicte guerre Castelle, et alia extracta de compoto suo.

Alius compotus ejusdem de senescallia Xantonensi in ducatu Aquitanie, et quibusdam solutionibus factis stipendiariis, a festo Omnium Sanctorum M° CC° IIII^{xx} XVII° usque ad idem festum M° CC° IIII^{xx} XVIII°. Correctus est quantum ad finem, non quantum ad residuum.

2361. Compotus domini Guidonis Caprarii, senescalli Petragoricensis et Caturcensis, de guerra predicta, redditus per dominum J. de Domnomartino M° CC° IIII^{xx} XVIII°, in vigilia Translationis Beati Nicolai. Debentur pluribus personis, in fine ipsius compoti sutis, III^m VII^c VII lib., XVIII sol., IX den. tur. Nihil videtur corrigendum, nisi per partes compoti.

---

[1] Ms. : *Hispanorum*.

Alius compotus ipsius senescalli de tempore quo regebat senescalliam Ruthenensem, videlicet m° cc° iiii^{xx} xvi°, redditus curie per dictum J. de Domnomartino m° cc° iiii^{xx} xvii°. Correctus est.

2362. Compotus domini Bertrandi Jordani de Insula de expensis factis Bayonne pro dicta guerra, factus m° cc° iiii^{xx} xvi° in vigilia Ascensionis. Totus est de expensis, et videtur, deducto hoc quod habuit, post perfectionem ipsius compoti, tam per compotum thesauri quam alias, quod adhuc debeantur ei circa iii^c lib. Videatur in correctione.

2363. Extractus compoti Guillelmi Bernardi Davard, civis Aquensis, pro stipendiariis in stabilita Aquensi morantibus [1]. Debentur ei pro fine ipsius viii^c iiii^{xx} xv lib., x sol., ix den. Non est correctus, et sunt plura corrigenda per ipsum.

2364. Extractus compoti domini P. de Pralli, militis, olim castellani de Talmonte, de redditibus dicte castellanie, de anno m° cc° iiii^{xx} xv°, factus m° cc° iiii^{xx} xvii° mense Aprili. Debentur ei pro fine dicti compoti. Non est correctus, nec etiam videtur quod fuerit tentus in Camera.

2365. Compotus domini Johannis de Maignele[r]s, senescalli Agennensis, super viagiis factis pro exercitu Vasconie, videlicet a die veneris post octavas Apostolorum Petri et Pauli m° cc° iiii^{xx} xiv° usque ad festum Beati Michaelis m° cc° iiii^{xx} xvi°. Debet pro fine dicti compoti iiii^{xx} xii lib., iiii sol., ii den. tur. Et debentur personis quarum nomina in fine dicti compoti ii^m iiii^c lxi lib., vii sol., x den. tur.

2366. Compotus ipsius domini Johannis, factus per dominum J. de Domnomartino et Julianum de Novetella, quondam ejusdem senescalli clericum, redditus curie martis post Inventionem Sancte Crucis m° cc° iiii^{xx} xviii°. Totus de expensis et vadiis nobilium dicte senescallie Agennensis, sine recepta. Et ascendit dicta expensa ad xviii^c xxv lib., vii sol. tur., de quibus habuerunt vii^c lxiii lib., iii sol., vi den. tur., et de residuo litteras. Sic magis habuerunt, deductis solutione et litteris, quam debetur eis. Recuperetur.

2367. Alius compotus ipsius factus per G. Baleine m° cc° iiii^{xx} xvi° de viagio Vasati, Langonis et Caduini [2] pro stipendiariis exercitus Vasconie illuc venientibus m° cc° iiii^{xx} xv° et m° cc° iiii^{xx} xvi°. Debentur ei pro fine dicti compoti. Non est correctus, et debentur dictis stipendiariis in dicto compoto nominatis viii^m ix^c iiii^{xx} xiiii lib., xiii sol., vi den. tur. Correctus est quantum ad totum residuum.

2368. Compotus domini P. de Foullay, gubernatoris stabilite Burdegalensis, factus mense Julii m° cc° iiii^{xx} xviii° per Remigium, clericum suum. Debet pro fine dicti compoti iiii^m iiii^c iiii^{xx} vi lib., xviii sol., iii den. tur. Non est correctus.

2369. Compotus magistri J. de Suessione, clerici domini Chambliaci, de expensis stipendiariorum per eum factis apud Burdegalam et Furn[os], factus m° cc° iiii^{xx} xviii°, mercurii post Ascensionem. Debet pro fine dicti compoti iii sol., iii den. tur. Non est correctus.

2370. Compotus Gerardi Baleine de exercitu Vasconie, videlicet de annis m° cc° iiii^{xx} xiv° et m° cc° iiii^{xx} xv° et m° cc° iiii^{xx} xvi°, cum extracto non perfecto ipsius, redditus in vigilia

---

[1] Ms.: *morientibus.* — [2] Ms.: *Cadusii.* Il s'agit sans doute de Cadouin en Périgord.

Cathedre Sancti Petri m° cc° iiii^{xx} xvi°. Debentur pro fine dicti compoti iii^c xxii^m iiii^c vii lib., ii sol., v den. tur., de quibus reddit partes et nomina personarum quibus debentur, iii^c iiii^{xx} xiii^m xviii lib., xvi sol. tur.; et sunt cum debitis Vasconie inferius. De residuo debiti habuit dictus Geraudus cedulam, et fuit capta super regem ad Ascensionem m° cc° iiii^{xx} xvii°.

Alius compotus ipsius de eodem, factus sabbato ante Sanctum Michaelem m° cc° iiii^{xx} xviii°. Debentur pro fine compoti iiii^{xx} xi^m iiii^{xx} x lib., xvi sol., ix den. tur., de quibus debentur stipendiariis, in quodam rotulo inferius cum debitis[1] Vasconie, xviii^m ix^c xlii lib., x sol. tur., et dicto Gerardo xlii^m vii^c viii lib., vi sol., ix den. tur., de quibus habuit cedulam ad Luparam ad Omnes Sanctos m° cc° iiii^{xx} xviii°. Non est correctus.

Alius compotus ipsius de eodem, de gentibus armorum existentibus in stabilitis Vasconie, factus m° cc° iiii^{xx} xix°. Non est correctus[2]. Fit per Luparam ad Omnes Sanctos tunc.

Alius compotus ipsius de stipendiariis cum quibus non fuerat alias computatum vigesima octava Januarii..... Debetur ei pro fine dicti compoti. Non est correctus. Arrestatur tamen ibi quod non adhibeatur ei fides quousque facta fuerit de eo collatio cum originali. Sciatur quis socius habet. Dictus compotus est penes dominum Thomam. Defectus est in aliis duobus compotis.

2371. Compotus Ruffi de Sulliaco de exercitu Vasconie, factus per ejus relictam, die sabbati post Conversionem Sancti Pauli m° cc° iiii^{xx} xvi°. Debet pro fine dicti compoti v^m xxxvii lib., xii sol., v den. tur. Non est correctus.

2372. Compotus magistri Terrici, clerici comitis Atrebatensis, de receptis vadiorum et misiis ratione exercitus Vasconie, a decima die Aprilis m° cc° iiii^{xx} xvi° usque ad vigesimam sextam Julii eodem anno. Debetur ei pro fine dicti compoti, de quo habuit cedulam ad Luparam. Non est correctus.

Alius compotus ipsius de minutis expensis hospitii dicti comitis, factus anno m° cc° iiii^{xx} xvii°.

2373. Extractus compoti P. de Ponte de expensis predicti hospitii factis in Vasconia. Debentur ei pro fine dicti extractus iii^c lix lib., x sol., ii den. tur. Non est correctus.

2374. Quidam compotus ipsius P. pro expensis Anglicorum captorum in Vasconia per dictum comitem, et eorum qui eos adduxerunt Parisius, factus mense Martio m° cc° iiii^{xx} xvi°. Debentur ei pro fine dicti compoti iiii^{xx} xvi lib., viii sol., xi den. tur. Non est correctus.

2375. *Tertius saccus dicte guerre Vasconie.* — *In hoc tertio sacco guerre Vasconie habentur compoti qui sequuntur.*

Compotus magistri Johannis, cancellarii Meldensis, de mutuis et donis per ipsum receptis in senescalliis Pictaviensi et Xanctoniensi, et earum ressortis, m° cc° iiii^{xx} xvii°, au-

---

[1] Ms. : *guerris.*

[2] Ms. : *corrigendus.* Cf. Bibl. nat., fr. 32510, fol. 38 : «Extrait du compte de Girard Baleine, trésorier du roi en Gascogne et Périgord, des gens d'armes estans en garnison en Gascogne, du jour de la Saint Jehan Baptiste 1298 jusques au 3 Novembre 1299, qu'elles en furent ostées du commandement du Roy.»

ditus in Camera compotorum dominica post festum Beati Bartholomei м° cc° ııır^{xx} xvıı°. Debentur ei pro fine dicti compoti, deductis lvı^m ıııı^c lib., lv sol., ıı den., pro solutionibus per eum factis stipendiariis, xıııı^c xııı lib., xıı sol. Partes dictarum solutionum in uno rotulo ligato in dicto sacco.

2376. Domini Guillelmi de Combrosio [1] compotus, senescalli Ruthenensis, de guerra Vasconie м° cc° ıııı^{xx} xvı°, redditus curie м° cc° ıııı^{xx} xvııı° per dominum J. de Domnomartino. Per dictum compotum, ut arrestatur ibi in fine, debentur dicto senescallo et aliis in dicto compoto contentis vıı^c xlı lib., xıx sol., vııı den. Non est correctus.

Alius compotus ipsius de expensis per eum factis in dicto negotio, cum gentibus senescallie predicte in societate senescallie Tholose, м° cc° ıııı^{xx} xvıı°. Debentur ei pro fine dicti compoti et personis ibi nominatis ıııı^c xı lib., xvııı sol., v den. tur. Non est correctus.
— Extractus dicti compoti cum ipso.

Alius compotus ipsius de eodem, redditus per Evrardum, clericum suum, mercurii in crastino Conceptionis Beate Marie м° cc° ıııı^{xx} xıx°. Debet pro fine dicti compoti vıı^c lxxvııı lib., xvıı sol. tur., que ponuntur super ipsum in debitis particularibus [2] de anno м° cc° ıııı^{xx} xıx° cum alio debito suo. Non est correctus quantum ad residuum.

2377. Compotus Dionisii de Albigniaco, clerici balistariorum, de secundo viagio Vasconie, factus м° cc° ıııı^{xx} xv°, mense Martio. Debentur ei pro fine dicti compoti xvı^m v^c xııı lib., xıx sol., vı den. tur., videlicet personis in uno rotulo contentis inter debita Vasconie inferius.

Alius compotus ipsius de solutionibus seu expeditione stipendiariorum, factus anno м° cc° ıııı^{xx} xıx°, mense Januarii. Correctus est quantum ad finem ipsius. Parum aliud restat corrigendum.

2378. Compotus domini Auberti de Nangiervilla [3], quondam senescalli Ruthenensis, de expensis per eum factis ratione exercitus Aquitanie, factus м° cc° ıııı^{xx} xv°, mense Februario. Debentur per dictum compotum circa x^m ıııı^c lxıx lib., xvııı sol., ıx den. personis quarum nomina tradidit a tergo dicti compoti; quibus personis pars soluta est per compotum dicte senescallie. Extrahantur, et sciatur quid remanet ad solvendum. Nihil est per ipsum corrigendum. Et est alius parvus compotus abbreviatus cum ipso.

2379. Compotus domini Symonis Louardi [4] de bonis captis in mari per M. de Navarra et ejus adjutores super inimicos regni, factus per clericum suum quinta Maii м° cc° ıııı^{xx} xvııı°. Debet pro fine dicti compoti ıııı^c ıııı lib., xıx sol., ıx den. restantes. Signantur tamen super dominum Jacobum de Sancto Paulo garnisiones plures deliberate et etiam alia super alias personas.

2380. Compotus Dalmacii de Marziaco, capitanei Sancti Egmuliani (sic), de guerra Vasconie, factus per G. Baleine mense Februario м° cc° ıııı^{xx} xvı°. Quod debetur pro fine dicti compoti, videlicet vııı^m vıı^c lxvııı lib., xıı den., debetur personis contentis in fine ip-

---

[1] Ms.: *Cambrosio.*
[2] Ms.: *Par.* Cf. p. 292, l. 2 et 5.
[3] Ce personnage est ordinairement appelé, dans les comptes originaux, « Aubertus de Nangeville ». Voir Bibl. nat., fr. 20683, fol. 4.
[4] Ms.: *Louvardi.*

sius compoti; et dicitur ibi totum inter assignationes Dionisii de Albigniaco. Sciatur tamen ab ipso si fiat aliqua mutatio de eisdem.

2381. Compotus R. Maugerii, baillivi Turonensis, de guerra predicta, factus per compotum [1] Bichii ad Ascensionem M° CC° IIII^{xx} XV°. Correctus est.

2382. Compotus domini Johannis de Butonneria, militis, et Johannis de Hyenvilla, servientis armorum, de expensis per eos factis pro exercitu maris apud Xanctones et Pictavos, factus ad Omnes Sanctos M° CC° IIII^{xx} XV°. Arrestatur in fine quod debet fieri per Luparam, ad Omnes Sanctos M° CC° IIII^{xx} XV°. Suatur cum parvo compoto extracto ab illo.

2383. Compotus domini N. de Paracio, militis, pro galeis conducendis apud Rupellam et Burdegalam, redditus M° CC° IIII^{xx} XVI°. Correctus est.

2384. Compotus domini Johannis de Sinemuro, capitanei Sancti Emmeliani, ab anno M° CC° IIII^{xx} XVI° citra usque quo Damalcius de Marziaco fuit ibi successor suus, redditus per dictum militem domino J. de Domnomartino M° CC° IIII^{xx} XVIII°. Debitum fuit ei pro fine dicti compoti, de quo debito habuit litteras recognitionis dicti magistri apud Mousac, octava Junii tunc, et quibusdam stipendiariis, quorum nomina a tergo, VIII^{xx} III lib., II sol., I den. Non est correctus quantum ad hoc.

2385. Littere misse thesaurarii[s] Parisius pro expeditione magistri Dionisii de Albigniaco.

2386. Littere misse senescallis [2] et receptoribus senescalli[arum]. Non dicitur pro qua causa.

2387. Littere misse baillivis Campanie. Non dicitur pro qua causa.

2388. Littere misse baillivis Normanie. Non dicitur de istis pro qua causa.

2389. Compotus domini de Haricuria de expensis per eum factis in mari, ratione guerre Vasconie, factus per capellanum suum, M° CC° IIII^{xx} XV°. Correctus est. Tradidit tamen in fine dicti compoti quandam cedulam per quam sunt aliqua recuperanda [3].

Partes vadiorum minus per ipsum solutorum, ultra summam in compoto suo positam, de expensis maris, cum partibus armaturarum et aliarum rerum per eum traditis martis in festo Beate Lucie M° CC° IIII^{xx} XV°.

2390. Compotus magistri Petri de Latilliaco et domini Radulphi de Brulleyo de receptis et expensis per eos factis pro guerra Vasconie, anno M° CC° IIII^{xx} XVII°, auditus in octava Ascensionis M° CC° IIII^{xx} XVIII°. Correctus est quantum ad finem compoti. Restant plura corrigenda per ipsum.

2391. Alius compotus ipsius P. [4] solius de subventione per eum procurata in senescallia Tholose pro exercitu predicto M° CC° IIII^{xx} XVII°, auditus eadem die qua supra, cujus subventionis summa fuit XXI^m IX^c IIII^{xx} VI lib., II sol. tur., de quibus ipse magister P[etrus]

---

[1] Ms. : *compendium*.
[2] Ms. : *senescallo*.
[3] Voir les *Preuves de l'histoire généalogique de la maison de Harcourt*, IV (Paris, 1662, in-fol.),

p. 1643. Cf. Bibl. nat., fr. 31803, fol. 23, et nouv. acq. fr., 2628, n° 7.
[4] Ms. : *ipsius Sol.*

et R. de Brully habuerunt, ut est superius, II^m lib. tur., quas reddunt in compoto suo, facto die mercurii ante Penthecosten M° CC° IIII^{xx} XVIII°, et thesaurarius Tholose XIX^m IX^c IIII^{xx} VI lib., II sol. tur., de quibus reddidit [1] per compotum dicte senescallie ad Sanctum Johannem M° CC° IIII^{xx} XVIII°, XIX^m V^c XX lib., II sol. tur. Residuum restat levandum.

2392. Alius compotus ipsorum Petri et Radulphi de compositionibus ibi factis cum quibusdam personis super inquestis pendentibus super diversis delictis, factus M° CC° IIII^{xx} XVIII°, martis ante Penthecosten, quarum compositionum summa est IIII^m III^c IIII^{xx} IIII lib., X sol., quas debet levare receptor Tholose, ut arrestatur ibi; de qua summa solvit in pluribus partibus circa IIII^m II^c lib. Restant ad solvendum circa XI^c XL lib. Sciatur si postea levate fuerint.

Alius compotus ipsorum de quibusdam receptis et expensis per eos factis in recipiendo redditus et proventus ejusdem senescallie Tholose, necnon in aliis senescalliis, videlicet Carcassone, Bellicadri, Petragoricensis et Caturcensis, cum lucro monetarum Sumidrii [2] et pluribus aliis. Debent pro fine dicti compoti XLVII lib., III sol., XI den. Non est correctus.

Duo parvi compoti ipsorum suti cum ipso de eodem ibi, qui corriguntur ad plenum, excepto uno mulo precii XL lib. tur. Signatur [3] recuperari super comitem Sancti Pauli qui eum recepit in viagio Rome.

2393. Alius compotus ipsius Petri solius quasalagiorum, exercituum, acquisitorum a personis ecclesiasticis, et pro provisione pecuniarum et victualium, et aliorum necessariorum pro exercitu predicto, factus die jovis ante Penthecosten M° CC° IIII^{xx} XVIII°. Debentur ei pro fine dicti compoti CLXVI lib., II sol., VIII den. tur. Arrestatur ibi quod habuit cedulam eadem die.

2394. Liberationes pecuniarum per ipsos facte pluribus personis, de tempore quo dominus Guichardus de Marziaco, senescallus Tholose, et dominus Henricus de Elisia, senescallus Carcassone, erant capitanei pro domino rege in guerra Vasconie. Et est summa CLXXIII^m VI^c XLVII lib., III sol., III den., quam summam reddunt dicti senescalli Tholose et Carcassone in compoto suo dicte guerre facto M° CC° IIII^{xx} XVII° et M° CC° IIII^{xx} XVIII°, et Geraldus Baleine in compoto suo facto M° CC° IIII^{xx} XVIII°, exceptis XV^m II^c IIII^{xx} VIII lib., VI sol., II den. tur., que debent deduci de hiis que debentur nobilibus in dicto compoto contentis.

2395. Compotus Gerardi Baleine de subventione Petragoricensi et Caturcensi, taxata per predictum dominum Radulphum et senescallum ibi, pro exercitu Vasconie et Flandrie, levata per ipsum Gerardum M° CC° IIII^{xx} XVII°. Debet pro fine dicti compoti XVII^m IX^c IIII^{xx} III lib., VII sol., III den. Non est correctus.

2396. Extractus compoti domini H. Bruni, comitis Marchie, capitanei pro rege in senescalliis Xanctonensi et Petragoricensi, ratione guerre Vasconie, redditus per dominum Guillelmum de Domnolio, capellanum suum, anno M° CC° IIII^{xx} XVI°. Debentur pro fine dicti

---

[1] Ms. : *reddunt*. — [2] Ms. : *Submundri*. — [3] Ms. : *Signantur*.

compoti xxix^m iiii^e xxvi lib., i den. tur. Tradidit personas in alio rotulo quibus debetur. Non est correctus.

2397. Compotus domini Montis Morenciaci de expensis suis pro duabus viis Flandrie, pro guerra Vasconie per mare, factus m° cc° iiii^{xx} xv°, veneris post Sanctum Andream. Debet pro fine dicti compoti iii^m viii^e lib., xx den. tur. Lupara tamen debet ei reddere per cedulam suam. Non est correctus.

2398. Compotus Symonis Larchier de v^m lib. tur. quas recepit a receptore Turonensi pro stipendiariis de Bourt solvendis, factus in Camera computorum veneris ante Magdalenam m° cc° iiii^{xx} xvi°. Fit per Luparam ad Ascensionem m° cc° iiii^{xx} xvi°.

2399. Compotus domini Guillelmi Bertrandi de custodia maritima Normanie, factus anno m° cc° iiii^{xx} xvi°, martis post quindenam Pasche. Debetur ei pro fine dicti compoti, de quo cedulam habuit. Non est correctus ad plenum, videlicet quantum ad unum equum pretii de xv lib., signatum ad recuperandum in dicto compoto.

2400. Quidam rotulus qui incipit : « Oudardus de Boucherel, constabularius ». Videtur esse nullius valoris.

2401. Extractus mutuorum factorum per P. de Autissiodoro militibus[1] et scutiferis apud Aurelianos euntibus in Vasconiam, de precepto domini Renaudi de Roboreto, circa Ascensionem m° cc° iiii^{xx} xvii°, captus per Luparam tunc. Debet pro fine ipsius lx lib., xiiii sol. tur. Non est correctus.

2402. In uno rotulo nomina baronum nobilium Agennensium, quibus debetur per finalem compotum domini Pontii de Montelauri, de guerra Vasconie qui computare debuit, redditus curie per dominum G. de Marziaco, senescallum Tholose.

2403. Quidam rotulus guerre predicte de vadiis solutis pluribus personis per dominum Eustachium de Torliaco, baillivum Caletensem, quorum vadiorum summa fuit ii^m iii^e xlvi lib., xiiii sol., iiii den. tur., que debuit capi super regem per dictum compotum ad Sanctum Michaelem[2] anno m° cc° iiii^{xx} xvi°. Sciatur.

2404. Compotus domini Symonis de Meleduno, marescalli Francie, de vadiis suis et gentis sue in Vasconia cum domino Carolo, m° cc° iiii^{xx} xiv°, et cum comite Atrebatensi anno m° cc° iiii^{xx} xvi°, et in Flandria cum domino Carolo anno m°cc° iiii^{xx} x[ix]°, correctus, auditus martis ante Sanctum Johannem m° ccc°. Debet pro fine dicti compoti xlvii lib., iii den. tur.

2405. Compotus Petri Piquardi de Foresta, militis, de custodia castri Fronciaci, a die sabbati post Sanctum Johannem m° cc° iiii^{xx} xiii° usque ad octavas Pasche m° cc° iiii^{xx} xvi°, factus martis secunda die Maii anno m° ccc° i° annoque, etc. Debentur ei pro fine dicti compoti xiii^e xliiii lib., viii den. tur. Non est correctus.

2406. Compotus magistri Helie de Orliaco, clerici balistariorum, de guerra Vasconie, factus martis post Assumptionem Beate Marie m° cc° iiii^{xx} xviii°. Debentur ei pro fine dicti compoti vii^m vi^e iiii lib., xix sol., x den. tur. Partes videlicet pluribus stipendiariis, quorum partes cum debitis Vasconie inferius.

[1] Ms. : *militem*. — [2] Ms. : *Martinum*.

2407. Compotus magistri Guillelmi de Gonnessia, clerici domini comitis Atrebatensis, pro stipendiariis exercitus Flandrie vel Vasconie, de tempore ipsius comitis, anno M° CC° IIII^{xx} XVI°, videlicet de illis quibus computa[vi]t pro exercitu predicto. Non est clausus.

2408. Compotus domini Eustachii de Bello Marchesio, senescalli Tholose, de quibusdam expensis per eum factis ratione exercitus Agennensis et Vasconie, redditus curie die mercurii in crastino Beatorum Philippi et Jacobi M° CC° IIII^{xx} XVI°. Debentur ei pro fine dicti compoti. Non est correctus.

2409. Compotus Michaelis de Navarra de prisiis per eum factis super inimicos regni, redditus curie die veneris post festum Beati Nicolai hiemalis M° CC° IIII^{xx} XVI°. Non fuit auditus perfecte. Deberentur tamen ei, si perficeretur[1].

2410. Compotus Guillelmi Routerii, hostiarii armorum domini regis, quem fecit cum Thoma de Parvo Celario, clerico balistariorum, super quibusdam receptis et misiis per eum factis pro exercitu Vasconie, anno Domini M° CC° IIII^{xx} XVI°. Debentur ei pro fine dicti compoti IIII^{xx} V lib. Non est correctus.

2411. Compotus domini Ademari de Archiac de receptis et expensis per eum factis ratione guerre Vasconie, videlicet a festo Beati Martini hyemalis anno M° CC° IIII^{xx} XVI° usque ad Ascensionem Domini M° CC° IIII^{xx} XVIII°, redditus curie die martis ante Magdalenam anno M° CCC° I°. Debentur pro fine dicti compoti XII^m V^c XXIX lib., V sol., VI den. tur. pluribus stipendiariis quorum nomina tradidit in alio rotulo, qui est cum debitis guerre. Et sunt plura corrigenda per ipsum, videlicet circa VI^c lib. tur. de denariis per ipsum traditis.

2412. *Guerra Vasconie et garnisiones pro eadem, incepte anno M° CCC° XXIV°.*

Compotus domini Caroli, comitis de Valesio, de viagio quod fecit in Vasconia, ratione guerre ibi, receptus et redditus. Similis suitur ad Omnes Sanctos M° CCC° XXIV°.

2413. Compotus comitis Augi de custodia portuum maris, videlicet de Leure et de Caleys et aliorum intermediariorum, redditus sexta Martii M° CCC° XXIV°. Debetur ei. Habuit tamen cedulam ad thesaurum. Similis suitur ad Omnes Sanctos M° CCC° XXIV°.

2414. Compotus domini de Noeriis de viagio Vasconie, ratione exercitus ibi, redditus vicesima sexta die Novembris M° CCC° XXV°.

Alius compotus ipsius de eodem abbreviatus.

2415. Compotus domini Guillelmi Poureau[2], militis, senescalli Xantonensis, de diversis receptis, videlicet biennalis decime anni M° CCC° XXII°, monetagii Monsterolii, mutuorum, donorum, firmarum, emendarum, explectorum, pasnagii, impositionis dicte guerre, financiarum feodorum et aliorum emolumentorum senescallie Xantonensis et Engolismensis, ac de misiis per ipsum factis pro dicta guerra, redditus..... Multa signantur ponenda in debitis et corrigenda. Debet XVII^c XLVIII lib., XIII den. tur., que sibi quittate fuerunt per regem.

---

[1] Ms. : *etsi perficerentur*. — [2] Ms. : *Poiivreau*. Le nom de ce personnage se présente, dans le *Journal du Trésor* (Arch. nat., KK 1), sous les formes : «Poureau, Pourelli», etc.

2416. Compotus domini Matthei de Varennis de viagiis que fecit in Normania pro custodia fronteriarum ibi, ratione dicte guerre Vasconie et Engolismi, annis M° CCC° XXIV° et M° CCC° XXV°. Debetur sibi. Habuit tamen cedulam testimonialem.

2417. Compotus Johannis de Proboleno, receptoris Petragoricensis et Caturcensis, de denariis per ipsum traditis pro dicta guerra, anno M° CCC° XXV° [1] redditus. Recepta nulla.

2418. Compoti quatuor domini Matthei de Tria, marescalli Francie, de quatuor viagiis per ipsum factis ad partes Vasconie et Flandrie, annis M° CCC° XXIV°, M° CCC° XXV° et M° CCC° XXVI°, et de expensis et vadiis plurium gentium armorum, ratione dicte guerre Vasconie, redditi curie sexta Martii M° CCC° XXVII°. Debetur ei. Habuit tamen cedulam testimonialem.

2419. Compotus Francisci de Hospitali [2], clerici arbalistariorum, de receptis et misiis quas fecit pro guerra Vasconie, anno M° CCC° XXIV°, sub regimine domini Caroli, comitis Valesii, redditus secunda Martii anno M° CCC° XXVII°. Corrigitur finis.

Alius compotus ipsius de receptis et misiis factis per dominum Johannem de Mauquanci dictum Mouton, dominum de Blainvilla, et dominum Guillelmum, dominum de Merula, militem, capitaneum pro rege, in garda fronteriarum Normanie, et dominum Oudardum de Malodumo, capitaneum apud Calesium et circa, pro guerra Vasconie, a vigesima secunda Julii M° CCC° XXVI° usque ad sextam Junii M° CCC° XXVII°, redditus decima quarta Martii M° CCC° XXVII°. Debentur ei V° etc., [et] pluribus personis pro tempore guerre, quarum partes in uno rotulo in sacco communi debitorum, IIII^m V^c IX lib., XIX sol.

Alius compotus ipsius de receptis et misiis quas fecit occasione dicte guerre, anno M° CCC° XXVI°, sub regimine domini Alphonsi de Hispania, militis, redditus decima nona Maii M° CCC° XXVIII°. Debentur ei XVIII^c IX lib., etc., et pluribus personis pro ipso, quarum nomina in uno rotulo in sacco debitorum communi LXII^m II^c LXII lib., XIIII sol., X den., ob. tur. — Item quedam expensa suta in fine pro guerra Flandrie M° CCC° XXV° et M° CCC° XXVI°, sub regimine domini de Noeriis [3].

Alius compotus ipsius Francisci de receptis et misiis factis per eum, occasione guerre Vasconie, annis M° CCC° XXVI° et M° CCC° XXVII°, sub regimine domini Roberti Bertrandi, marescalli Francie, redditus decima octava Aprilis M° CCC° XXVIII°, ante Pascha. Debentur ei XXVII^m III^c XXXV lib., VI sol., VII den., et signantur aliqua recuperanda super certis personis.

Alius compotus dicti Francisci de receptis et misiis suis, occasione guerre fronteriarum Xantonie, annis M° CCC° XXIV° et M° CCC° XXV°, sub regimine domini Pontii de Moritonia, vicecomitis d'Aunay, redditus decima sexta Octobris M° CCC° XXIX°. Tradidit partes solvendas pro ipso de XXV^m XXXV lib., VII sol., III den., ob. tur., in sacco communi debitorum. Et debentur ei VII^c, etc. Plura sunt recuperanda per ipsum.

Alius compotus ipsius de eodem ibidem, annis M° CCC° XXVI° et M° CCC° XXVII°, sub regi-

---

[1] Menant (XI, fol 45 v°) a lu : *1328*. — [2] Ms. : *Hospitio*. — [3] Cf. Bibl. nat., fr. 25994, n° 362.

mine domini Radulphi, comitis Augi, redditus ultima Martii m° ccc° xxix°. Debet xiiii^m ix^c vii lib., etc., eo quod tradidit partes solvendas pro ipso pluribus stipendiariis de xxv^m vi^c xxxii lib., iii den., ob. tur. Plura signantur recuperanda.

Alius compotus ipsius de receptis et misiis factis in fronteriis Xantonie, annis m° ccc° xxvi°, m° ccc° xxvii°, m° ccc° xxviii° et m° ccc° xxix°, sub regimine domini Johannis de Blainvilla et domini Poncii[1] de Moritonia, vicecomitis Alneti, redditus decima Martii m° ccc° xxxi°. Debentur ei ix° xlii lib., etc., debilis [monete], et tradidit partes solvendas pro ipso de xi^m viii^c lxii lib., ii sol. tur. debil. Plura sunt recuperanda.

2420. Compoti tres Durandi Payrole, thesaurarii Agennensis, de carnibus captis et emptis per ipsum pro dicta guerra annis m° ccc° xxiv° et m° ccc° xxvi°, et de liberatione earumdem garnisionum, redditi, primus videlicet decima nona Augusti m° ccc° xxviii°, alii duo vigesima sexta ejusdem mensis tunc. Corriguntur fines. Signantur plures garnisiones recuperande super ipsum in al[bo].

Alius compotus ipsius de bonis inimicorum regis in dicta guerra Vasconie receptis per eum, a decima tertia die Octobris m° ccc° xxiv° usque ad decimam sextam Januarii m° ccc° xxvi°, redditus ultima Augusti m° ccc° xxviii°. Corrigitur finis. Signantur aliqua recuperanda.

2421. Compoti tres Genciani Tri[s]tani, primus de custodia navigii maris pro guerra Vasconie anni m^i ccc^i xxiv^i et rebellione Flandrie m° ccc° xxv°, secundus de garnisionibus factis per eum occasione dicti navigii, redditi vigesima Augusti m° ccc° xxviii°; tertius de debitis in quibus teneri poterat regi et rex sibi, redditus duodecima Septembris tunc. Corriguntur fines.

2422. Compotus Petri Tronquiere de garnisionibus factis apud Bergeriacum pro dicta guerra Vasconie annis m° ccc° xxiv° et m° ccc° xxv°, auditus mense Septembri m° ccc° xxvii°. Corrigitur finis. Tradidit debita que debentur pluribus personis, quarum partes et nomina in sacco debitorum communium. Signantur in dicto compoto plures garnisiones recuperari.

Alius compotus ejusdem de garnisionibus factis in fronteriis Xantonie pro dicta guerra annis m° ccc° xxv° et m° ccc° xxvii°, que garnisiones debentur integre personis contentis in dicto compoto, a quibus capte fuerunt, redditus vigesima octava Martii m° ccc° xxvii°, Debetur ei; tamen habuit cedulam testimonialem.

2423. Compotus Aymerici Brugelue de garnisionibus per eum factis apud Pictavos[2], occasione dicte guerre, ad Pascha m° ccc° xxvi°, et venditis circa Ascensionem m° ccc° xxvii°, redditus decima Maii m° ccc° xxix°. Corrigitur finis. Signantur c dolia vini et xx caude Sancti Porciani recuperande super Johannem de Bonnay, scancionarium regis.

2424. Compotus Johannis Remigii, thesaurarii guerre Vasconie, de receptis et misiis factis per eum, occasione dicte guerre, annis m° ccc° xxvi° et m° ccc° xxvii°, redditus per Franciscum de Hospitali decima octava die Aprilis m° ccc° xxviii°. Debet vii^m vii^c lxviii lib., iii sol., vii den. tur.

---

[1] Ms. : Petri. Cf. § 1674 et § 2419. — [2] Ms. : Pictaviam.

2425. Compotus Thierrici de Toul et Johannis Bridoul de garnisionibus emptis per ipsos pro dicta guerra anno m° ccc° xxv°, redditus septima die Septembris m° ccc° xxviii°. Debetur eis. Tamen habuerunt cedulam testimonialem. Signantur recuperari super dominum Guillelmum de la Basine, castellanum Reule, quinque tonnelli frumenti, sex dolia vini cum centum et dimidio (?) [1] de lez [2] baconum, que habuit de garnisionibus de Montpesat, per litteras suas recognitionis. Sunt in fine dicti compoti.

2426. Compotus Johannis Medici de misiis factis per eum pro pluribus ingeniis recuperandis et faciendis occasione dicte guerre anno m° ccc° xxiv°, redditus nona Februarii m° ccc° xxix°. Corrigitur finis. Signantur ibi cxvi lib., x sol. tur., recuperari super dominum P. de Galart [3], magistrum arbalistariorum; vi^{xx} iiii lib., viii den. super Gerardum de Montibus, Figiaci.

Alius compotus ipsius de misiis factis per eum pro reparatione et visitatione galearum et navium regis apud Rothomagum et alibi, et pro certis galeis retinendis pro rege apud Brugias et Broissellum et alibi super mare, pro guerra que sperabatur in Anglia, anno m° ccc° xxvi°, redditus decima Februarii m° ccc° xxix°. Corrigitur finis.

Alius compotus ipsius de armata decem navium facta apud Dieppam, circa Pascha m° ccc° xxvi°, pro resistendo piratis [4] Anglie, redditus decima tertia Februarii m° ccc° xxix°. Corrigitur finis.

Alius compotus ipsius de garnisionibus gentium armorum et victualium, factis in castris fronteriarum Normanie sitis super mare, occasione dicte guerre que sperabatur in Anglia anno m° ccc° xxvii°, redditus decima sexta Februarii m° ccc° xxix°. Corrigitur finis. Signantur plura recuperanda.

Alius compotus ipsius de armata maris pro tuitione mercaturarum maris, et de hoc quod recepit de impositione ibi propter hoc ordinata, a mense Septembri anno m° ccc° xxvii°, quo fuit instituta, usque ad Pascha quod fuit vigesima tertia mensis Aprilis m° ccc° xxix° anno, sub regimine domini Petri Mege, admiraldi maris, redditus decima tertia Februarii anno predicto xxix°. Corrigitur finis. Sunt ibi arreragia dicte impositionis de ii^m xxiii lib., v sol., iv den., ob. tur. De qua impositione debet computare Stephanus de Ambianis, prout ibidem.

2427. Compoti duo domini Alphonsi de Hispania, primus de garnisionibus emptis per ejus deputatum pro facto dicte guerre Vasconie, anno m° ccc° xxvi°, redditus vigesima secunda Decembris anno ccc° xxx°. Corrigitur finis; tamen aliqua signantur recuperanda. Secundus, de viagiis que fecit in fronteriis Flandrie anno m° ccc° xxv°, apud Noviomum anno ccc° xxvi°; redditus per ejus relictam et executores vigesima prima Decembris m° ccc° xxx°. Debet ii^m ii^c et v^c lxv lib., xviii sol., ix den. par., currentes annis m° ccc° xxv° et xxvi°. Thesaurus tamen pro ipso viii^c xiv lib., xvi sol., v den. ob. par. fort. Sunt plura recuperanda.

2428. Compotus Egidii Le Closier, castellani aule regie Tholose, de garnisionibus factis

---

[1] Ms.: *did*. — [2] Ms.: *deloz*. — [3] Ms.: *Salart*. — [4] Ms.: *provinciis*.

per eum pro dicta guerra Vasconie anno m° ccc° xxiv°, redditus quinta die Septembris anno ccc° xxix°. Debentur ei ii°, etc., et pluribus personis pro ipso mii° et iiii^xx xvii lib., xi sol. tur. Partes in sacco communi debitorum.

2429. Compotus domini Galcheri de Castellione[1], constabularii Francie, de dicta guerra anno m° ccc° xxiv°. Non auditus. Queratur inter non auditos, nisi inveniatur inter predictos.

SCRIPTA PRO REVELATIONE BURDEGALENSI.

2430. Compotus defuncti domini Blaini[2] Lupi, quondam senescalli Tholose, capitanei ducatus Aquitanie, instituti per episcopum Suessionensem et archidiaconum Lexoviensem, de vadiis nobilium et ignobilium qui cum armis fuerunt cum eo in exercitu pro dicto facto, redditus curie per magistrum J. de Alberia[3], die lune post Pascha anno m° ccc° iv°. Debentur ei pro fine dicti compoti xliii^m ix^c xxxv lib., xviii sol., viii den. Tradidit partes quibus debentur, que sunt cum debitis Vasconie inferius. Non est correctus.

Tradidit in uno rotulo nomina nobilium et ignobilium qui fuerunt cum ipso in dicto exercitu.

Expense ipsius hospitii in alio rotulo, durante dicta guerra, quarum summa est ii^m ix^c lxxi[4] lib., ix sol., i den. tur.

2431. Compotus domini Johannis, vicedomini Ambianensis, domini de Piquigniaco[5], capitanei ducatus Aquitanie, de vadiis nobilium et ignobilium qui cum eo fuerunt in exercitu Vasconie pro facto predicto, necnon et in via Tholose et Albigesii, redditus per Reginaldum, filium suum, m° ccc° iv°, in septimana ante Annunciationem, post mortem ipsius vicedomini. Debentur pro fine dicti compoti xxiii^m vi^c xlvii lib., viii sol., vii den. tur. Tradidit partes personis quibus. Non est correctus.

Expensa hospitii sui, durante dicta guerra, ab octava die Octobris m° ccc° ii° usque ad vigesimam sextam diem Februarii m° ccc° iii°, et sunt in tribus rotulis ligatis cum dicto compoto.

2432. Compotus domini Bertrandi Jordani de Insula de aliquibus receptis et misiis occasione guerre predicte, redditus per ipsum jovis ante Omnes Sanctos m° ccc° iv°.

De quibusdam aliis receptis et expensis factis per ipsum in senescallia Vasconie, postquam liberatus fuit a prisione Burdegalensi, debentur ei pro fine dicti compoti, deductis xvii^c vi lib., quas habuit per Bartholomeum Dieutajuti[6] de subventione Bellicadri tunc, viii^c xliii lib., xvi sol., v den. tur.

---

[1] Ms. : *Castellis*.

[2] Menant (XI, fol. 46 v°) : *Blayvi*. Cf., dans le *Journal du Trésor*, Bibl. nat., lat. 9783, fol. 60 : « Blaynus Lupi, senescallus Tholose. » Voir aussi l'*Hist. gén. de Languedoc*, X, col. 254.

[3] Ms. : *Albigia*. Cf. Bibl. nat., fr. 25993, n° 190, et plus bas, § 2450.

[4] Menant (*l. c.*) a lu : *2271*.

[5] Ms. : *Piconio*.

[6] Ms. : *Dieutanci*.

2433. Compotus domini Johannis de Arrablayo, senescalli Petragoricensis et Caturcensis, de expensis per eum factis apud Regulam et alibi in Vasconia pro revelatione Burdegalensi, redditus per magistrum Guillelmum, ejus clericum, M° CCC° IV°, die lune in festo Beati Laurentii. Debentur ei pro fine dicti compoti x lib., xix sol., vi den. tur., et pluribus personis, quarum nomina tradidit a tergo ipsius compoti, III^m VIII^c LI lib., xi sol., III den. tur. Non est correctus.

2434. Compotus domini Henrici, domini de Hanz[1], senescalli Agennensis quondam, pro expensis per eum factis cum gentibus armorum et aliis, pro facto predicto, factus die jovis ante Sanctos Symonem et Judam M° CCC° III°. Debet pro fine dicti compoti xxvIII lib., xIIII sol., vIII den. tur. Non est correctus.

2435. Compotus P. Balcine, receptoris Petragoricensis, pro dicto facto, factus die jovis ante festum Beati Egidii M° CCC° IV°. Debentur ei pro fine dicti compoti LI^m IX^c LXIIII lib., II sol., xi den. tur., de qua summa debentur III^m VII^c LVIII lib., IIII sol., x den. tur., quas voluit eis reddi, et sibi XLVIII^m II^c lib., cxvIII sol., I den. tur. — Item cum dicto compoto est transcriptus compotus Hugonis de Glatigneyo, quondam castellani de Variis, factus tertia die Maii M° CCC° XI°, per quem debentur dicto castellano VI^c LXXVI lib., vIII sol., II den.; qui quidem compotus factus fuit dicto P. de mandato Camere.

DEBITA QUE DEBENTUR PER FINES COMPOTORUM GUERRE VASCONIE QUI SUNT INFERIUS.

2436. Debita que debentur per compotum domini Johanni[s] de Domnomartino de guerra Vasconie, factum die jovis in Cena M° CC° IIII^{xx} XVII°. Et est summa ipsorum II^c XXXIX^m VIII^c XLII lib., xx den. tur.

2437. Debita que debentur per compotum domini Ademari d'Archiac, militis, redditum curie veneris post Ascensionem M° CCC° I°; et est summa eorum xxII^m VI^c xxIX lib., v sol., vi den. tur.; de qua summa totus compotus J. Arrode debet deduci, ut arrestatur ibi.

Alia que ipse et ejus socii debent apud Pontem.

2438. Debita per compotum magistri Guillelmi de Montemauri de secundo viagio Vasconie, factum M° CC° IIII^{xx} XV°. Et est eorum summa VIII^{xx} IX^m III^c IIII^{xx} XII lib., IX sol., III den. tur. Sunt duplicia penes nos.

2439. Debita pro exercitu Vasconie, extracta circa festum Beati Johannis M° CC° IIII^{xx} XV°. Sunt in quodam sacco cum debitis pro guerra Flandrie.

2440. Debita que debentur per compotum domini P. de Bailleus, senescalli Xanctonensis, de guerra Vasconie, factum M° CC° IIII^{xx} XVI° circa Candelosam. Et fuit eorum summa xv^m III^c lib., LIX sol., VII den., de quibus solutum est personis quarum nomina a tergo dicti compoti VII^m III^c XLII lib., VIII sol., v den. tur. Residuum est solvendum, videlicet VII^m VIII^c LX lib., XI sol., II den. tur.

2441. Partes de LIII^m III^c LXXIX lib., IX sol., vIII den. debil., per compotum domini H. de

---

[1] Ms.: *Hauz*. « Henri de Hans » était sénéchal d'Agenais en 1303; voir A. Magen et G. Tholin, *Archives municipales d'Agen. Chartes* (Villeneuve-sur-Lot, 1876, in-4°), p. 216. Cf. F. Bourquelot, *Études sur les foires de Champagne* (Paris, 1865, in-4°), p. 227, n. 3.

Elisia[1], de tempore quo fuit capitaneus guerre Vasconie — et erat tunc senescallus Carcassone[2], — factum curie veneris post Trinitatem m° cc° iiii^{xx} xviii°.

2442. Alie partes de v^m iii^c xxx lib., xviii sol., ii den. tur., que debentur per compotum ipsius de primo viagio facto per G. Baleine m° cc° iiii^{xx} xvi°.

2443. Partes de lxxv^m iii^c iiii^{xx} iiii lib., vi sol., iii den. tur., debite per compotum domini Guichardi de Marziaco, senescalli Tholose, capitanei guerre Vasconie, factum m° cc° iiii^{xx} xvii°.

2444. Debita que debentur per compotum domini Johannis de Barris, dicti Piau de Chat, de guerra Vasconie, factum m° cc° iiii^{xx} xvi°, mense Februarii. Et fuit eorum summa xlv^m ix^{xx} xvii lib., xi sol., vi den. tur.

2445. Debita que debentur per compotum Dionisii de Albigniaco, clerici balistariorum, de secundo viagio Vasconie, factum m° cc° iiii^{xx} xv°. Et est eorum summa xv^m ix^c lxxvii lib., xiiii sol., i den. tur. Et ponuntur inter assignationes per ipsum factas de solutionibus stipendiariorum, etc.

2446. Sunt alia debita penes dominum Thomam ipsius Dyonisii, que debentur creditoribus[3] Parisiensibus, de vadiis stipendiariorum traditis preposito Parisiensi ad solvendum, quorum summa iiii^m ii^c xxx lib., xlii sol., iii den. tur.

2447. Partes de xlviii^m ix^c xlii lib., x sol. tur. que debentur per compotum G. Baleine, receptoris Vasconie, de guerra ibi m° cc° iiii^{xx} xvii°, factum die sabbati post Sanctam Agatham m° cc° iiii^{xx} xviii°.

2448. Partes de iii^c iiii^{xx} iiii^m iii^c xviii lib., xvi [sol.] tur., que debentur per compotum G. Baleine, factum mense Februarii m° cc° iiii^{xx} xvi°.

2449. Debita que debentur per compotum Gerardi de Montibus, Filghiaci, de armata Gironde, que facta fuit anno m° cc° iiii^{xx} xv° vel vi°, et illud quod debet regi in uno rotulo. Et debentur ei, deducto hoc quod debet regi de dictis debitis, xii^c x lib., vii sol., vi den. tur. Sunt alii duo rotuli simul ligati. Sciatur si sint alicujus valoris, quia videtur quod ultima tradita debeant ea excludere.

2450. Debita que debentur per compotum vicedomini Ambianensis de revelatione Burdegalensi, anno m° ccc° iv°; sed non sunt approbata, nec acceptata, quia dicit quod ascendunt ad majorem summam quam sit summa debiti per compotum suum predictum. Dicit tamen magister Johannes de Alberia, qui reddidit dictum compotum pro ipso, quod plures sint soluti pro majori parte per receptorem Tholose et alios.

2451. Partes de xliiii^m ix^c xxxv lib., xviii sol., viii den. tur., que debentur pro fine compoti domini Blaini Lupi, quondam senescalli Tholose, de rebellione Burdegalensi, facti post octavas Pascha anno m° ccc° iv°.

2452. Partes eorum que debentur stipendiariis et aliis per compotum domini de Sancto Venancio, tempore quo fuit senescallus Vasconie, factum lune ante Sanctum Johannem anno m° ccc°. Et fuit summa totalis eorum xxv^c xli lib., xvi [sol.] tur.

---

[1] Ms.: *Ecclesia*. — [2] Ms.: *Vasconie*. Cf. § 2394. — [3] Ms.: *hospitibus*. Conjecture. Cf. § 2455 et § 2477.

SCRIPTA GUERRARUM VASCONIE.

2453. Debita que debentur per compotum magistri Helie de Orliaco, clerici balistariorum, de guerra Vasconie, factum mense Augusti M° CC° IIII^{xx} XVIII°. Et eorum totalis summa VII^m VI^{xx} IIII lib., XIX sol., X den. tur.

2454. Debita que debentur per compotum domini Johannis Archiepiscopi, senescalli Tholose, de guerra Vasconie, auditum et perfectum veneris post Sanctum Nicolaum hyemalem M° CCC° anno. Et est eorum summa III^{lx} IX^m VII^c XXXIII lib., X sol., V den. tur. Et sunt in tribus rotulis facientibus dictam summam [1].

2455. Debita que debentur pluribus creditoribus Xantonie, deductis de stipendiis stipendiariorum per compotum domini Johannis de Barris, olim senescalli Xanctoniensis, in ducatu Aquitanie. Et invenientur in resta[nciis] dicti domini Johannis per partes.

2456. Debita domini J. de Courpalan, castellani Xanctoniensis, que debentur ibi in locis vicinis.

2457. Debita que debenturis constabulariis [2] Mirabell[i], Talemontis et Montis Andronis.

2458. Partes de IX^c LXXIX lib., XV sol., VI den. tur., que debentur pro fine compoti Mahieti, locum tenentis domini Guidonis Caprarii, senescalli Petragoricensis et Caturcensis, reddite per dominum Guichardum de Marziaco, senescallum Tholose, M° CC° IIII^{xx} XVII°.

SOLUTIONES FACTE PRO EXERCITU VASCONIE.

2459. Solutiones facte in senescalliis Pictaviensi et Xanctoniensi per N. de Hermeno[n]villa, receptorem Tholose. Et est summa soluta per ipsum III^m IX^c IX lib., XVI sol., II den. tur., reddita ei per Luparam ad Ascensionem anno M° CCC° I°.

2460. In senescallia Petragoricensi et Caturcensi, per ipsum Nicolaum; et est earum summa XV^m VI^c XXXVI lib., XII sol., III den. tur., capta per [3] Luparam tunc.

2461. In senescallia Tholose, per ipsum Nicolaum; et est earum summa XXXI^m VI^c XLV lib., X sol., IX den. tur., capta per Luparam tunc.

2462. In senescallia Ruthenensi, per ipsum Nicolaum; et est earum summa II^m VI^c XXXVII lib., XXXII den. tur., capta per Luparam tunc.

---

[1] Voir trois pièces originales qui sont conservées dans le manuscrit latin 17658 de la Bibliothèque nationale. Fol. 30 : « Extractus compoti domini Johannis Archiepiscopi, factus per ordinem alphabeti, de equis, armaturis et hernesiis traditis infrascriptis nobilibus senescallie Tholosane, quorum precium debetur infrascriptis personis... » — Fol. 41 : « Compotus eorum que debentur infrascriptis nobilibus et servientibus suis pro guerra Vasconie pro vadiis, per compotum domini Johannis Archiepiscopi, militis, olim vicarii Tholose, regentisque senescalliam Tholose et Albiensem. » — Fol. 48 : « Compoti eorum que debentur infrascriptis nobilibus pro guerra Vasconie pro vadiis, facti per ordinem alphabeti per compotum domini Johannis Archiepiscopi, militis, olim vicarii Tholose regentisque senescalliam Tholose et Albiensem. » — M. Borrelli de Serres (*Recherches sur divers services publics*, Paris, 1895, in-8°, p. 41, note 11) a essayé de déterminer la date de ces pièces, qu'il fixe à 1296. — Cf. § 2356.

[2] Ms. : *constabulario*.

[3] Menant (XI, fol. 47 v°) a lu : *super*.

2463. In senescallia Carcassone, per ipsum Nicolaum[1]; et est summa soluti vii^m ix^c lv lib., v sol., x den. tur., capta per Luparam tunc.

2464. In senescallia Bellicadri, per ipsum Nicolaum; et est summa soluti xvi^c lxxiiii lib., x sol., i den. tur., capta per Luparam tunc.

2465. In senescallia Agennensi, per ipsum Nicolaum; et est summa soluti vii^m ii^c lxxvi lib., vi sol., v den. tur., capta per Luparam tunc.

2466. In senescallia Vasconie, per ipsum Nicolaum; et est summa soluti xliii^m ix^{xx} lib., cxvi sol., iiii den. tur., capta per Luparam tunc.

2467. In regno Navarre per ipsum, xi^m v^c lxxvii lib., xi sol., iiii den. tur., capta per Luparam tunc.

2468. Solutiones facte per compotos[2] dominorum Henrici de Elysia[3], G. Baleine, cancellarii Meldensis, Johannis de Maignellers, P. de Balleus, domini de Sancto Venancio, Guichardi de Marzyaco et domini Johannis Archiepiscopi, militum, de anno m° cc° iiii^{xx} xviii°. Item, per compotos G. Baleine et magistri Guillelmi de Gonnessia de anno m° cc° iiii^{xx} xvi°.

2469. Solutiones et assignationes facte per Dionisium de Albigniaco stipendiariis Xanctonie equitibus, videlicet quibus debebatur per compotos domini Johannis de Barris, comitis Marchie, Ademari de Archiaco, et per litteras Ruffi de Sulliaco. Summe totales penes dominum Thomam.

2470. Solutiones et assignationes facte per dictum Dionisium stipendiariis peditibus, quibus debebatur per resta[ncias] compoti Gerardi Baleine.

2471. Alie in alio rotulo stipendiariis equitibus quibus debebatur per dictos compotos.

2472. Alie solutiones et assignationes facte per dictum Dyonisium stipendiariis, equitibus et peditibus, quibus debebatur per restancias[4] compoti ipsius Dionisii de secundo viagio Vasconie.

2473. Solutiones et assignationes facte per dictum Dionisium de resta[nciis] compoti domini Guichardi de Marziaco, olim senescalli Petragoricensis et Caturcensis, tam per se annis m° cc° iiii^{xx} xv° et m° cc° iiii^{xx} xvii°, quam per G. Baleine m° cc° iiii^{xx} xvi° et per Guillelmum Guidonis anno m° cc° iiii^{xx} xvii°.

2474. Solutiones facte per eundem Dionisium de compotis G. de Montemauri et plurium aliorum, et per litteras regis.

2475. Alie solutiones et assignationes facte per dictum Dionisium stipendiariis quibus debebatur per litteras domini Egidii, castellani sive capellani Rufi de Sulliaco[5].

2476. Alie solutiones et assignationes facte per eundem stipendiariis peditibus et equi-

---

[1] Extraits dans Bibl. nat., fr. 32510, fol. 38 v°.
[2] Ms., ici et plus loin : *compotum*.
[3] Ms. : *Clysia*.
[4] Ms. : *restam*.

[5] C'est « capellani » qu'il faut lire. Voir un compte de la Toussaint 1296, *Bibliothèque de l'École des chartes*, 1884, p. 247, n° 120.

tibus quibus debebatur per compotos domini Johannis de Maignellers[1], olim senescalli Agennensis, et domini Dalmatii de Marziaco, capitanei Sancti Emmeliani, anno M° CC° IIII^xx XVI°, per G. Baleine.

2477. Partes solute pluribus creditoribus ville Parisiensis per Henricum[2] de Trinitate, pro pluribus stipendiariis de compoto Gerardi Baleine de guerra Vasconie, audito die sabbati post Sanctum Andream M° CCC° VII°.

2478. Alie solutiones facte ibi, de mandato magistri P. La Reue[3]. Non nominatur per quem.

2479. Solutiones facte per Reginaldum Barbou de hiis que debent[ur] per compotos Bertaudi Mouton et plurium aliorum de garnisionibus maris. Et est summa totalis III^m V^c IIII^xx lib., LVII sol., XI den. tur., capta per Luparam ad Omnes Sanctos in summa de XLVII^m in capitulo guerre.

2480. Solutiones facte Ambiani per R. Barbou de hiis que debentur per compotos domini J. de Domnomartino, H. de Orlyaco, P. Rampone et J. Arrode, assignate per Dionisium de Albigniaco. Et est compotus abbreviatus ipsius de hiis, factus M° CCC° I°, in tertio sacco guerre. Et debet pro fine dicti compoti IX^m VII^c XLIII lib., XI den. tur. Sciatur ubi reddidit eas regi.

2481. Solutiones facte navigii apud Rothomagum existentis, facte per P. La Reue, anno M° CC° IIII^xx XVI°. Et est summa earum LXIIII^m VI^c LXX lib., X sol., VIII den. tur., capta super regem in expensis guerre per Luparam ad Omnes Sanctos tunc.

2482. Solutiones facte per G. Baleine per[4] compotos suos super senescallos Carcassone, Petragoricensem et ducatus Aquitanie et Vasconie, de termino Ascensionis M° CC° IIII^xx XVII°. Et est summa dictarum solutionum XXXV^m II^c XLV lib., II sol., VII den. tur., capta super regem per Luparam ad Omnes Sanctos tunc.

2483. Duo rotuli antiqui de quibusdam solutionibus factis per P. de Melet, constabularium de Mornac et de Mortaigne. Videntur esse nullius valoris.

2484. Solutiones facte Ambiani per R. Barbou, per rotulum Dionisii de Albigniaco, de stabilita de Mornaco, Xancton., traditum curie per ipsum, reddite veneris post Magdalenam M° CCC° I°.

2485. In uno rotulo, penes dominum Thomam, partes de XVIII^c lib., solutis per Johannem de Castro Censorii, presbyterum, stipendiariis quibus debebatur per compotum comitis Marchie, tradito per Baldum Fini[5], sabbato post Sanctum Barnabam M° CCC° I°.

2486. Solutiones facte apud Harefluctum, Rothomagum et Parisius, videlicet gentibus navigii, per Reginaldum Barbou, baillivum Rothomagensem, in compoto guerre Pasche M° CC° IIII^xx XVI°.

---

[1] Ms. : *Maghet*. Restitué d'après le § 2468; cf. § 2365. Voir aussi *Olim*, III, p. 35, n° XLVI : « Johanne de Managliers, quondam senescallo nostro Agennensi »; et Bibl. nat., lat. 9018, fol. 64 : « Johannes de Manhelers ».

[2] « Herveus », au § 67.

[3] Ms. : *P. de la Rene*.

[4] Ms. : *super*.

[5] Ms. : *Fun*.

2487. Quedam cedula quam tradidit Odardus de Villariis, pro acquitando se de quibusdam denariis traditis per ipsum quibusdam stipendiariis. Parvi valoris est.

2488. In quodam rotulo denarii soluti per baillivum Calvimontis pro guerra Vasconie M° CCC° III^{xx} XVI°, in partibus Montis Andronis, per litteras regis, qui debent capi per compotum Lupare tunc. Sciatur, quia, si copiantur ibi, iste rotulus nullius valoris est.

2489. Partes de XXII^m III^c XLVIII lib., III sol., I den. tur., quas Johannes Ar[r]ode et P. Rampone distribuerunt stipendiariis Xanctonie, per litteras domini Ademari de Archiac[1].

2490. Compotus magistri Johannis de Sancto Justo et domini Guillelmi de Nongareto, militis, de solutionibus stipendiariorum factis apud Tholosam M° CCC° VI°, redditus curie decima quarta die Decembris M° CCC° XII°. Debent[ur] dicto J[ohanni] pro fine dicti compoti XI^c XI lib., IIII sol., IX den. tur.

2491. Solutiones in uno quaterno facte stipendiariis apud Aurelianos per G. de Hangesto, magistrum P. de Latilliaco et Johannem de Verberia, anno M° CCC°. Nisi sit hic, queratur inter solutiones guerre Flandrie.

2492. Solutiones facte pluribus stipendiariis, apud Tholosam, per magistrum Johannem de Crispeyo, ab anno M° CCC° VII° usque ad Sanctum Andream M° CCC° XIV°. Ascendunt ad VII^{xx} XII^m IIII^c LXV lib., X sol., II den., ob. tur., debil., jactate et examinate prima die Octobris M° CCC° XXXVI°.

GUERRA FLANDRIE EXERCITUS AB ANNO M° CCC° III° USQUE AD ANNUM M^{um} CCC^{um} XIV^{um}.

2493. *Compoti pro guerra Flandrie exercitus.* — *Nota primo.*

Sit memoria quod de compotis guerre [Flandrie], garnisionum ejusdem[2], nec de debitis, nec de solutionibus pro eadem factis, nullam adhuc feci collationem. Ideo hic deficiunt aliqui compoti ejusdem, qui fuerunt auditi a confectione primi Inventarii facti circa annum M^{um} CCC^{um} XX^{um}.

2494. *Primo.* — *Garnisiones.*

Compotus Roberti Ausgans, panetarii regis, de garnisionibus factis per ipsum anno M° CCC° III°, pro exercitu Flandrie, redditus per ipsum lune post Sanctum Lucam tunc. Debentur ei pro fine dicti compoti IIII^m C lib., XXI sol., VI den. par., quas habuit per Templum ad Sanctum Johannem M° CCC° V°, in capitulo guerre; et sic debet solvere dictus Robertus personis quas tradidit in fine compoti, quibus debebantur de dictis garnisionibus, et regem acquitare.

2495. Compotus Jacobi Lazari, Matthei de Portu et Johannis de Charenton, varletorum domini regis, de garnisionibus per ipsos factis in fronteriis Flandrie, a die mercurii decima Julii M° CCC° III° usque ad festum Sancti Martini hyemalis sequentis. Non est perfectus quantum ad expensas.

---

[1] Extraits dans Bibl. nat., fr. 32510, fol. 12. — [2] Ms. : *earundem*.

2496. Compotus P. Flamingi de garnisionibus per ipsum factis pro eodem exercitu M° CCC° III°, redditus veneris ante Magdalenam M° CCC° IV°. Debetur ei pro fine compoti. Non est correctus. Tamen plura sunt corrigenda et recuperanda per compotum.

Cum ipso compoto quedam cedula de restantiis dicti compoti abbreviati.

2497. Partes garnisionum captarum per Johannem Coulon de Sancto Paulo, panetarium regis, pro guerra predicta, ab anno M° CCC° IV° vel anno M° CCC° III°, traditus jovis post Sanctum Matth[eum] tunc. Habuit cedulam ad Templum de hoc quod debebatur sibi pro expensis. Debetur personis illud quod captum fuit ab eis per eundem pro dictis garnisionibus.

2498. Compotus Hermanni de Suessione, servientis [1], et P. Saymel, tunc baillivi Rothomagensis, pro garnisionibus querendis et capiendis pro exercitu Flandrie predicto in dicta baillivia et ejus ressorto, mittendis apud Attrebatum, videlicet anno M° CCC° II°, redditus per dictum P. die Sancte Catharine M° CCC° V°. De summa emptionis dictarum garnisionum per ipsum habenda habuit cedulam vigesima sexta die Novembris tunc.

2499. Compotus Radulphi Poillet, scancionis domini regis, de garnisionibus per ipsum factis pro eodem exercitu, videlicet anno M° CCC° III°, redditus lune in octava Omnium Sanctorum tunc. Correctus est quantum ad finem compoti. Sunt tamen plures deliberationes in fine. Petantur a personis que eas habuerunt.

2500. Compotus magistri Guidonis de Nogento de garnisionibus per eum receptis apud Courtray anno M° CC° IIII^{xx} XVII°, et redditus curie dominica in octava Trinitatis M° CC° IIII^{xx} XVIII°. Correctus quantum ad finem compoti et non autem quantum ad residuum.

2501. Compotus Thome Conversi, prepositi Pontissare, de porcis [2] per eum emptis pro rege, missis in exercitu Flandrie anno M° CCC° II°, redditus die veneris ante Brandones M° CCC° IV°. Debentur ei pro fine dicti compoti XXV sol., VIII den. Non est correctus, et debentur personis in compoto contentis porci [3] ab eisdem capti.

2502. Compotus Reginaldi de Royaco de dictis garnisionibus per eum emptis pro eodem exercitu M° CCC° III°, redditus curie dominica ante festum Beate Catharine tunc. Debentur pro fine compoti XXII^m III^c LXXVIII lib., XII sol., II den. tur., de qua summa habuit per Templum ad Omnes Sanctos M° CCC° III°, III^m IIII^c XLVIII lib., XV sol., tur., et de residuo habuit cedulam ad thesaurum ultima Junii M° CCC° XI°. Et sic tenetur solvere totum, ut videtur. Plura sunt corrigenda et recuperanda per ipsum.

Compotus ipsius de dictis garnisionibus anno M° CCC° IV°, et pro aliquibus annis [4], videlicet M° CCC° V°, M° CCC° VI°, M° CCC° VII°, M° CCC° VIII°, auditus dominica ante Nativitatem Beati Johannis Baptiste M° CCC° XI°. Correctus est fere totus.

Compotus ipsius abbreviatus de eodem.

Compotus garnisionum predictarum anno M° CCC° IV°. Non est auditus.

Compotus ipsius de eodem, redditus post mortem suam per Balduinum de Royaco, ejus

---

[1] Ms.: *Hermandi de Suessione statuti*. Cf. l'index du tome XXIII des *Historiens de la France*. — [2] Ms.: *portubus*. Menant (XI, fol. 48) a lu : *de porcis per eum fact. emptis*. — [3] Ms.: *porti*. — [4] Ms.: *castris*.

fratrem, jovis post Assumptionem Beate Marie м° ccc° xii°. Debet xii^m vi^c xxvi lib., xv sol. tur. debil. Non est correctus. Et arrestatur ibi quod iterato videatur, quia multa sunt ibidem corrigenda et recuperanda.

Partes vinorum dictarum garnisionum, venditorum quelibet pecia precio xx lib. tur. debil., per compotum dicti Renaudi de Royaco, prout apparet per partes contentas in dicto rotulo.

Extractus debitorum que debentur regi per dictos compotos Renaudi de Royaco et suorum commissariorum. Sunt in sacco debitorum que debentur regi pro guerris Vasconie et Flandrie.

2503. Compotus Guidonis Florentii, thesaurarii regis, de dictis garnisionibus per ipsum emptis, pro garnisionibus castrorum Insule, Casleti, Dossemar et Royerie[1], auditus veneris in crastino Sancti Laurentii м° ccc° xii°. Debentur ei pro fine compoti. Fit per thesaurum.

Alius compotus ipsius Guidonis de garnisionibus per eum factis de bladis, baconibus et aliis per ipsum emptis, de precepto regis, pro garnisione castri Insule, videlicet circa festum Beati Martini hyemalis anno м° ccc° xii°. Dicte garnisiones et liberationes pecunie ad magnam summam ascendunt, ut apparet per partes in dicto compoto contentas; qui compotus non est clausus. Sciatur causa, quia[2] non exprimitur ibi.

2504. Compotus Hugonis de Lynieriis de garnisionibus castri Casleti, ab anno м° ccc° v° usque ad Sanctum Hilarium м° ccc° viii°, auditus dominica post Sanctum Johannem м° ccc° xii°. Debet dictus Hugo, vel Balduinus de Royaco pro ipso, ut arrestatur in fine compoti, cviii lib., ix sol., i den. tur. deb. Non est correctus.

Opera dicti castri Casleti facta per Johannem de Trecis, Guidonem Florentii, Bricium, Jacobum, Ramb[aldum][3] et Andream de Balone, anno м° ccc° viii°, capta super regem in compotis dicti R. de Royaco de garnisionibus Flandrie.

2505. Compotus armigeri de Bellencourt de omnibus garnisionibus per ipsum factis pro castro Insule, a quindena Omnium Sanctorum м° ccc° iv° usque ad dictam diem Omnium Sanctorum м° ccc° xi°. Correctus est.

2506. Compotus Johannis de Bourches de garnisionibus quas Hugo de Linieres sibi tradidit de Casleto, de tempore R. de Royaco, videlicet ab anno м° ccc° viii° usque ad annum м^um ccc^um xi^um. Debentur ei pro fine compoti xxiii lib., v sol., x den. par. fort. Non est correctus.

2507. Compotus Andree de Baalon de garnisionibus Courtraci, ab anno м° ccc° v° usque ad annum м^um ccc^um ix^um. Debet pro fine dicti compoti ix^c lxviii lib., v sol., viii den. tur. debil., redditus curie mercurii in vigilia Beati Laurentii anno м° ccc° xii°. Tamen dictum debitum debet poni super ipsum R. de Royaco, ut arrestatur in fine compoti, quia dictus Andreas erat commissarius ipsius R.

2508. Quedam minuta extracta, simul ligata, de compotis R. de Royaco et compotis Jacobi de Tornella de quibusdam expensis factis apud Dossemer[4].

---

[1] Menant (XI, fol. 48 v°) a lu : *Casleti, Docemar. et Royorie*. — [2] Menant (*l. c.*) : *que*. — [3] Ces noms sont suspects. — [4] Ms. : *Dosscin*.

2509. Compotus Johannis de Variis, baillivi Senonensis, de garnisionibus captis in dicta baillivia et ejus ressorto, pro exercitu Flandrie M° CCC° II°, factus sabbato ante Sanctum Lucam M° CCC° III°. Correctus est quantum ad finem compoti, non quantum ad residuum, quia debetur illis personis quod captum fuit ab eis de dictis garnisionibus, prout apparet in alio rotulo, videlicet inter partes dictarum garnisionum.

2510. Compotus P. Hostiarii de garnisione apud Rothomagum pro guerra Flandrie M° CC° IIII^xx XIX°, factus per Petrum Prepositi, quondam clericum ejus, et Adam du Ban, executorem dicti Petri, martis in festo Beati Barnabe Apostoli anno Domini M° CCC° III°. Non videtur esse perfectus.

2511. Compotus Guillelmi de Carsen, capitanei[1] de Ma[u]ritania, de garnisionibus positis in dicto castro Ma[u]ritanie per Petrum Flamingi, redditus curie die sabbati post Omnes Sanctos M° CCC° VI°. Debet pro fine compoti XII^c LXIII lib., XVI sol., VIII den., quas Templum pro ipso per cedulam datam[2] prima die Februarii anno M° CCC° VI°. Et arrestatur in principio quod non est acceptatus, quousque locutum fuerit cum domino G. de Haricuria.

2512. Quidam compotus de dictis garnisionibus, factus anno M° CCC° IV°, et creditur quod traditus fuerit per dictum R. de Royaco, quia in ipsius compoti expensis fit mentio de expensis quas voluit capere pro se et gentibus suis. Arrestatur tamen in principio quod non est auditus. Sciatur causa, quia ad magnam summam ascendunt, et signantur plura corrigenda per ipsum.

2513. Compotus Gaufridi Coquatrix, domini Petri Le Min[i]er, Philippi de Fontanis et Jacobi Coquatrix de garnisionibus per eos emptis pro exercitu Flandrie M° CC° IIII^xx XVII° et M° CC° IIII^xx XVIII°. Debentur ei pro fine dicti compoti LIV^m II^c LV lib., XIV sol. par.; de quibus partes et persone quibus debentur in quodam libro penes dominum Thomam.

2514. Alius compotus ipsius Gaufridi solius de eodem ibi, pro annis M° CC° IIII^xx XIX°, CCC° et CCC° I°. Et fuit summa totalis dictarum garnisionum L^m C lib., X sol., IIII den., ob. par.; et dictus Gaufridus receperat XLVIII^m IIII^c IIII^xx XVIII lib., XVI sol., ob. par. Sic deberetur ei. Arrestatur tamen in fine quod Watin de la Meure, burgensis de Gandavo, tenetur regi in XVI^c LI lib., XIII sol., IIII den. par., per litteras suas recognitionis. Petantur.

Alius compotus ipsius Gaufridi solius de eodem ibi pro annis M° CCC° II°, M° CCC° III°, M° CCC° IV°. Non est auditus. Idem[3] videtur fuisse auditus in quodam libro ad asseres. Debentur pluribus personis ibi LXXVIII^m III^c LXII lib., VII sol., VIII den., ob. par.

2515. Compotus Gaufridi de Sancto Reveriano de garnisionibus per eum captis in baillivia Turonensi pro exercitu Flandrie M° CCC° IV° et ductis per eum apud Calesium, redditus curie mercurii quinta die Martii M° CCC° VIII°[4]. Correctus est quantum ad finem

---

[1] Ms. : *capitaneus*. La forme « Carsen » ne doit pas être suspectée : voyez les *Journaux du Trésor de Philippe VI de Valois*, n° 3296.

[2] Ms. : *dictam*.

[3] Ms. : *ideo*.

[4] Cf. Bibl. nat., fr. 25992, n° 109 : « Ce sont les blez pris en la baillie de Touraine... par Geffroy de Saint Reverien, pour les garnisons le roy pour l'ost de Flandres, l'an CCCIV. »

ipsius solum, non quantum ad residuum, ubi signantur plura recuperanda. — In alio rotulo tradidit partes minutas personarum a quibus capte fuerunt dicte garnisiones.

2516. Compotus Balduini de Royaco de garnisionibus per eum factis pro castris fronteriarum Flandrie, anno m° ccc° vii°. Et est summa recepte xiii° iiii°xx xiii lib., viii sol., vii den. par. Summa totalis expense iiii^m vi° xlvii lib., xvii sol., ii den. par. Sic debentur ei iii^m ii° liiii lib., viii sol., vii den. par. De quibus debet tradere partes, et quibus personis predicta debentur. Redditus curie vicesima prima die mensis Decembris anno m° ccc° xviii°.

2517. Compotus abbatis Cisterciensis de garnisionibus captis super coabbates suos, pro eodem Flandrie et Vasconie exercitu, redditus curie die dominica ante Sanctum Thomam Apostolum anno m° ccc° viii°. Et fuit summa dictarum garnisionum a dictis abbatiis captarum ix^m ix° xiiii lib., xix sol., iii den. tur., que debuit capi super regem per cedulam datam decima quinta die Decembris m° ccc° viii° et reddi ei pro decima Cisterciensi. Videatur et corrigatur.

2518. Alius compotus dicti Balduini de Royaco de forefacturis lucratis super inimicis Flandrie, tam per terram quam per mare, per Berengarium Albi, admiraldum maris, et alios in compoto nominatos, anno m° ccc° xix°, auditus vicesima tertia Decembris m° ccc° xxi°. Corrigitur finis. Debet esse inter compotos forefacturarum [1].

Alius compotus dicti Balduini, multum grossus, de garnisionibus exercituum Flandrie pro annis m° ccc° xiii°, m° ccc° xiv°, m° ccc° xv°, m° ccc° xvi°, m° ccc° xvii° et m° ccc° xix°.

Alius compotus ipsius de expensis tourneamenti Compendii anno m° ccc° xiii°.

2519. Compotus Martini de Essartis de garnisionibus factis apud Lugdunum et Viennam, ratione concilii Viennensis m° ccc° xi°, redditus duodecima Januarii m° ccc° xxii°. Intitulatur etiam inter garnisiones Lugdunenses, ubi melius debet esse.

2520. Compotus Matthei Leonardi de garnisionibus Flandrie factis per eum anno m° ccc° xxv°, redditus curie anno m° ccc° xxvi°, sed nescio quo mense. Signantur multa ponenda in debitis, et corrigitur finis. Et debita que debentur pluribus personis pro fine ejusdem compoti sunt a tergo compoti et in sacco communi debitorum.

2521. *Garnisiones Flandrie anni mⁱ cccⁱ xxviiiⁱ.*
Fuerunt etiam in Inventario regis Philippi de Valesio, et melius. Item, inter litteras.

2522. Compotus Matthei Leonardi et Roberti Lapie ac Nicolai Behuchet de garnisionibus factis per ipsos pro guerra Flandrie anno m° ccc° xxviii°, redditus ultima Maii m° ccc° xxxi°.

Alius compotus ipsorum de residuis dictarum garnisionum, sutus in fine dicti compoti precedentis. Tradiderunt partes debitorum [2] que pluribus personis debebantur pro fine dicti compoti Ascensionis ad v^m lxiiii lib., xvii sol., ix den. par. debil., que sunt in sacco communi debitorum.

---

[1] Cf. § 1912. — [2] Ms.: *debitas*.

2523. *Opera*[1] *tam ingeniorum et artilliature*[2] *quam galearum et aliorum, cum compotis armature maris pro Flandria.*

Compotus Guilleberti de Lupara de operibus artilleriature et vectura per ipsum ductis in Flandriam, anno m° ccc° iv°. Debentur ei pro fine compoti ɪɪᵐ ʟxɪx lib., xɪɪɪ sol., ɪɪ den. par. Non est correctus. Debuit scribi a tergo bailliviarum Francie. Sciatur.

Alius compotus ipsius, pro artilleria ducenda in dictum exercitum Flandrie, factus in crastino Sancti Andree m° cc° ɪɪɪɪˣˣ xvɪɪ°, scriptus a tergo bailliviarum Francie de termino Omnium Sanctorum m° cc° ɪɪɪɪˣˣ xvɪɪ°.

Alius compotus ipsius de operibus artillerie et vectura[3] ejus in exercitum cum rege, annis m° ccc° ɪɪ° et m° ccc° ɪɪɪ°, factus martis post Candelosam m° ccc° ɪɪɪ°. Debentur ei pro fine compoti ʟxxɪɪ lib., xvɪɪɪ sol., vɪ den. par. Non est correctus.

2524. Compotus Johannis de Gisortio de operibus per eum factis ratione dicti exercitus, traditus per baillivum Ambianensem in compoto suo Omnium Sanctorum m° ccc° ɪv°. Nihil est ibi de manu Camere, nisi a quo[4] traditus fuit.

Alius compotus ipsius de ingeniis et garrotis per eum factis apud Novum Mercatum et Longum Campum, redditus per eum jovis ante Sanctum Andream m° ccc° ɪɪɪ°. Debentur pro fine compoti vɪɪᵉ lib., cx sol., vɪ den. tur., videlicet personis quarum nomina tradidit in uno rotulo, quibus personis, ut apparet in dicto rotulo, soluta est dicta summa per diversos commissarios[5] ibi nominatos.

2525. Compotus castellani Meleduni de balistis, baudreriis[6] et aliis pertinentibus ad artilleriam per ipsum ductis pro garnisione castrorum existentium in fronteriis Flandrie, factus per Gilbertum de Lupara m° ccc° ɪv°. Dictus compotus scriptus est a tergo bailliviarum Francie de termino Omnium Sanctorum m° ccc° vɪ°.

2526. Compotus Galteri de Hannonia de vectura ingeniorum ductorum apud Montem Sancti Quintini, factorum in forestis Cuisye, Orsicampi et Belliloci, m° ccc° ɪv°, scriptus a tergo bailliviarum Francie de termino Ascensionis m° ccc° v°.

2527. Compotus P. Nevelonis[7] et Galteri de Hannonia de eodem in foresta Cuysie, factus veneris ante *Letare Jerusalem* m° ccc° ɪɪɪ°. Debentur pro fine compoti vɪɪɪᵉ lib., ʟɪ sol., x den. par.; sed tradidit ibi quibus personis debentur.

2528. Compotus R. Barbou de operibus galearum et garnisione earundem apud Rothomagum m° ccc° ɪɪ°, redditus curie mercurii post Sanctum Andream m° ccc° ɪɪɪ°. Correctus est.

Alius compotus ipsius pro apparatu galearum et armata maris, ibi factus sexta mensis Aprilis anno m° ccc° ɪv°. Correctus est quantum ad finem compoti, non quantum ad residuum.

Alius compotus ipsius de eodem et garnisionibus positis ibi, factus mercurii post Trinitatem. Debet pro fine compoti xɪxᵉ ɪɪɪɪˣˣ xɪ lib., xvɪ sol., ɪx den. tur.

---

[1] Ms.: *Guerra.*
[2] Ms.: *artilliarum.*
[3] Ms.: *vecturis.*
[4] Ms.: *de qua.*
[5] Ms.: *Courp.*
[6] Ms.: *baudieriis.*
[7] Ms.: *P. de Nevelonis.*

In alio tamen compoto, qui est penes dominum J. de C[h]armeya, debuit pro fine compoti iiii^m ix^{xx} xiiii lib., xvi [sol.], ix den. tur., que summa totalis fuit posita super ipsum in debitis particularibus[1] [de] m° cc° iiii^{xx} xix°, absque aliqua deductione. Corrigatur in dictis debitis.

2529. Compotus P. La Reue et R. Barbou predicti de armata maris, tam pro galeis quam navibus, facta apud Rothomagum, Leuram et Calesium m° ccc° iv°, auditus martis ante Sanctum Mattheum tunc. Debentur pro fine compoti dicto P. La Reue, de assensu dicti R., vi^{xx} viii lib., vi sol., viii den. tur. Non est correctus.

2530. Compotus Renaudi Renier et P. Prepositi de operibus galearum apud Rothomagum, a prima die Martii anno. m° ccc° iv° usque ad primam diem Novembris m° ccc° viii°, redditus per dictum Renerium, veneris post Omnes Sanctos m° ccc° v°. Debentur pro fine compoti xxxix lib., xiiii sol., vii den. tur., de quibus habu[erunt] cedulam ad Templum. Non est correctus.

2531. Compotus Reneri de Grimaldis, admiraldi maris, de armata galearum, anno m° ccc° ii°. Et erat recepta dicti compoti xxi^m vi^c xiii lib., xvi [sol.] tur., et expensa xxi^m vii^c xxxviii lib., xii sol., vi den. Arrestatur in principio quod non est auditus, et sic est.

Alius compotus ipsius Reneri, ratione officii sui, videlicet a principio mensis Februarii m° ccc° iii° usque ad dominicam ante Nativitatem Domini m° ccc° iv°. Et fuit summa totalis iiii^{xx} iiii^m iiii^c lib., lvi sol., vii den. tur. Non fuit acceptatus quantum ad expensas. Sciatur causa, quia non arrestatur ibi.

2532. Compotus domini P. de Baleus, senescalli Xanctonensis, de reparatione decem galearum apud Sanctum Savinianum, de denariis per ipsum receptis de subventione Flandrie exercitus et annualibus, redditus curie per Johannem, clericum suum. Debentur ei pro fine compoti iiii^{xx} x lib., iiii sol., i den. tur. Non est correctus.

In alio rotulo partes minute expensarum pro dictis operibus.

2533. Compotus Michaelis de Navarra de aliquibus expensis quas fecit pro armata maris m° ccc° iv°, et eundo, etc., apud Tholosam. Debet pro fine compoti iii^c xv lib., xviii sol., x den. tur. Non est correctus.

2534. Compotus domini Goberti[2] de Heleville, militis, et Michaelis de Cenomano de navigio quod fecerunt parare apud Calesium de precepto comitis Valesii, anno m° ccc°, mense Aprili. Totus est de expensa, que est xi^c xxv lib., x sol. tur.

2535. Compotus domini Guillelmi de Viridario, servientis armorum regis, et Alberti Bonardi, missorum in Provinciam pro marinariis adducendis in exercitum Flandrie, anno m° cc° iiii^{xx} xix°, redditus curie veneris ante Sanctum Johannem m° ccc°. Debet dictus Guillelmus per confessionem suam m xlviii lib., xii sol., vi den. tur., quas Lupara pro ipso, ut arrestatur ibi, videlicet ad Ascensionem m° ccc°. Corrigatur cum aliis signatis in dicto compoto corrigendis.

---

[1] Ms. : *Parisiensibus*. Cf. § 2376, al. 3. — [2] Ms. : *Roberti*. Cf. Bibl. nat., Coll. Clairambault, Titres scellés, LIX, 4497.

2536. Compotus Petri de Hangesto, baillivi Rothomagensis, de quibusdam receptis et misiis factis per ipsum in eadem baillivia pro armata maris, ratione dicti exercitus Flandrie, redditus vigesima secunda die Novembris M° CCC° XVIII°, sutus post compotum dicte baillivie Rothomagensis de termino Sancti Michaelis M° CCC° XVIII°.

2537. Compotus domini Symonis de Billiaco, baillivi Ambianensis, de impositione facta super mercaturis venientibus ad portum maris, pro solvendo armaturam constitutam ad custodiendum mare, et mercaturas transeuntes per illud, redditus curie vigesima prima Decembris M° CCC° XVII°. Corrigitur finis. Signantur tamen aliqua recuperanda super villa[m] de Calesio et Firminum de Coquerello. Queratur.

COMPOTI PRO GUERRA FLANDRIE.

2538. *Primus saccus.*

Compotus magistri Helie de Orliaco, clerici balistariorum, pro exercitu Flandrie, anno M° CC° IIII^{xx} XVII°, cum expensis vadiorum stipendiariorum, equitum et peditum, et aliis misiis, ratione dicti officii, in aliis rotulis traditus et redditus curie per ipsum anno M° CC° IIII^{xx} XIX°. Debentur pro fine compoti XXIII^{m} XLIII lib., IX sol., X den. tur. : videlicet stipendia[rior]um equitum, XV^{m} V^{c} IIII^{xx} X lib., VI sol., VIII den.; et stipend[iarior]um peditum, VIII^{m} L lib., XII sol., X den. tur.; et magistro Helie predicto IIII^{c} L lib., IIII den. tur., pro quibus habendis habuit cedulam ad Luparam. Non est correctus.

Alius compotus ipsius Helie de aliquibus receptis et misiis factis pro dicto exercitu, factis M° CCC° III°, in ebdomada ante *Letare Jerusalem*. Fit per Templum ad Sanctum Johannem M° CCC° IV°.

2539. Compotus domini Milonis de Noeriis, marescalli Francie, de exercitu Flandrie anno M° CCC° IV°, redditus per ipsum M° CCC° VI°. Debet pro fine compoti XIX^{c} XXXIX lib., V sol., V den. tur. Non est correctus. Arrestatur tamen in dicto compoto quod debuit scribi a tergo bailliviarum Francie de termino Ascensionis M° CCC° VI°. Sciatur.

2540. Compotus domini Johannis de Arrableyo, senescalli Bellicadri, de guerra Flandrie, anno M° CC° IIII^{xx} XVII°. Debentur pro fine compoti pluribus stipendiariis VII^{m} LV lib., XIX sol. tur. Partes et nomina ipsorum a tergo dicti compoti.

2541. Compotus P. Flamingi et Roberti Ausgans de bonis captis in mari super inimicos regni per Renerum de Grimaldis, admiraldum maris, redditus per ipsos die martis post Magdalenam M° CCC° IV°. Debet dictus P., ut arrestatur in fine ipsius compoti, II^{c} XXV lib., XII sol., III den. tur. Non est correctus.

2542. Compotus Guillelmi de Trapis de expensis quas fecit in Flandria, tempore quo fuit ibi missus pro custodia terre, antequam guerra inciperet, videlicet a die sabbati post *Letare Jerusalem* M° CC° IIII^{xx} XIV° usque ad octavas Pasche M° CC° IIII^{xx} XVI°. Non fuit acceptatus, ut arrestatur in principio ipsius, nec dicitur causa. Est autem alius similis qui postea fuit acceptatus.

Alius compotus ipsius de via apud Gandavum, de mandato regis, M° CC° IIII^{xx} XIV°, traditus per eum vigesima secunda Septembris anno M° CCC° II°. Non fuit auditus, quia dicitur in dicto compoto quod non debebat capere expensas super regem, sed super villam predictam. Est alius similis qui fuit postea auditus.

2543. Compotus prime citationis pro exercitu Flandrie de receptis et misiis factis per G. de Montemauri, sacristam [1] Sancti Severini Burdegalensis, videlicet anno M° CC° IIII^{xx} XVI°, auditus et perfectus in Camera die veneris post Sanctum Martinum hyemalem M° CCC° X°. Videtur esse correctus.

Alius compotus ipsius Guillelmi de Montemauri et cantoris Milliaci de primo exercitu Flandrie, in quo fuit obsessa Insula, videlicet anno M° CC° IIII^{xx} XVII°, redditus curie et completus die mercurii in octava festi Sancti Martini hyemalis M° CCC° X° anno. Debentur eis pro fine dicti compoti LVII^m II^c LXXI lib., XIIII sol., IIII den. tur., de quibus tradiderunt partes in uno rotulo de LXIII^m LXV lib., XI sol., III den. tur. Sic debent pro nimis traditis V^m VII^c IIII^{xx} XV lib., XVI sol., XI den. tur., quas reddunt in suo compoto de stabilitatibus [2] Flandrie, M° CC° IIII^{xx} XVII°. Est in duobus rotulis.

In uno rotulo compotus abbreviatus de eodem.

Alius compotus ipsorum de receptis et misiis per eos factis in stabilitatibus Flandrie, anno M° CC° IIII^{xx} XVII°, sub regimine potentum ac nobilium virorum domini Guidonis, comitis Sancti Pauli, et Radulphi de Nigella, conestabularii Francie, auditus sabbato ante Sanctum Clementem M° CCC° X° anno. [Debent] pro fine compoti circa CIX^m VI^c VIII lib., III sol., IIII den. tur., de quibus tradiderunt partes [et] nomina personarum quibus debentur. Non est correctus.

Debita que debentur militibus et aliis stipendiariis, ratione primi exercitus Flandrie, videlicet in obsidione Insule, in alio sacco.

2544. Expense facte per predictos Guidonem, comitem Sancti Pauli, et Radulphum de Nigella de secundo anno guerre stabilitatum Flandrie, a die lune post festum Beati Dionisii anno M° CC° IIII^{xx} XVIII° usque ad diem martis post festum Beati Luce, anno M° CC° IIII^{xx} XIX°, quarum expensa[rum summa] fuit per dictum tempus IIII^c XLVII^m III^c IIII^{xx} lib., VIII(?) sol., III den. tur. Reddit[ur] eis in fine expensarum stabilitatum Flandrie de primo anno.

2545. Compotus Gaufridi de Bosco, canonici Nivernensis, et Guillelmi de Milliaco, cantoris ejusdem ecclesie, domini regis clericorum, de receptis et misiis per eos factis ratione dicti exercitus, sub regimine prepotentum virorum dominorum comitis Valesii, et Guidonis, comitis Sancti Pauli, videlicet anno M° CC° IIII^{xx} XIX°. Debentur eis pro fine dicti compoti IX^c VI lib., XIII sol., XI den. tur. debil.

2546. *Secundus saccus de compotis guerre Flandrie.*

Compotus domini R. de Nigella, connestabularii Francie, de expensis suis factis in via Hanonie, apud Atrebatum et in aliis locis, et in custodia terre Flandrie, videlicet anno M° CC° IIII^{xx} XVI°. Correctus est, exceptis quibusdam garnisionibus traditis personis

---

[1] Ms. : *sacristani*. — [2] Ms. : *stabilitate*.

signatis, recuperandis super eas, quarum summa est xv^m lxix lib., xiiii sol., iii den. Petantur.

2547. Compotus domini Symonis de Ruppe Cavardi, militis domini regis, constabularii Rupelle, de vadiis gentium armorum existentium [1] cum ipso, annis m° ccc° ii° et m° ccc° iii°, redditus curie ultima Januarii m° ccc° xvii°. Debentur ei pro fine dicti compoti lxi lib., x sol. tur. Nihil aliud videtur corrigendum per ipsum.

Alius compotus ipsius domini Symonis de gentibus armorum senescalliarum Pictaviensis et Xanctoniensis, per eum missis de mandato regis ad exercitum Flandrie m° ccc° iv°, auditus et perfectus sexta die Februarii m° ccc° xvii°. Debet pro fine dicti compoti xlv lib. tur.

2548. Compotus domini Symonis de Meleduno [2], marescalli Francie, de exercitu predicto. Qui compotus fit per compotum magistri G. de Montemauri et cantoris Milliaci de primo exercitu Flandrie anno m° cc° iiii^{xx} xvii°. Et scribitur a tergo dicti compoti.

2549. Compotus domini Guidonis de Claromonte, marescalli Francie, de primo viagio Flandrie [3], anno m° cc° iiii^{xx} xvi°. Fit per compotum dictorum Guidonis et cantoris Milliaci de prima citatione exercitus Flandrie anno m° cc° iiii^{xx} xvi°.

2550. Compotus Symonis Louardi [4], receptoris terre Flandrie de novo acquisite, traditus per G. de Montemauri, veneris post Sanctum Martinum hyemalem m° ccc° x°. Fit per compotum dicti G[uillelmi de Montemauri] de primo exercitu Flandrie m° cc° iiii^{xx} xvii°.

Alius compotus ipsius de expensis suis factis pro dicto exercitu. Fit per eundem compotum dicti G.

Quidam parvus rotulus, ubi sunt defectus saccorum receptorum a magistro P. La Reue, quos defectus dicti G. et cantor Milliaci capiunt in suo compoto primi exercitus Flandrie.

2551. In uno parvo rotulo nomina militum et scutiferorum comitis Hanonie, tradita per dictum G. dominica post Sanctum Martinum hyemalem m° ccc° x°; et capit vadia pro ipsis in primo compoto suo de guerra Flandrie anno m° cc° iiii^{xx} xvii°.

2552. In alio rotulo nomina stipendiariorum existentium a Ath et a Flobierch et a Marchienes, ex parte dicti comitis, de quibus capit dictus G. vadia in compoto suo tunc.

2553. Opera facta per Johannem Felix, que opera dictus G. capit in compoto suo predicto.

2554. In uno sacco plures compoti latomorum, carpentariorum et aliorum, qui fiunt omnes per compotum G. de Montemauri, et sunt in archa ubi solent custodiri antique guerre penes nos.

2555. In uno alio rotulo opera facta et denarii traditi pro exercitu Flandrie per magistrum J. de Sancto Justo, de quibus computavit idem J. martis ante Penthecosten m° cc° iiii^{xx} xviii°. Et est abbreviatus, ut arrestatur ibi, a tergo Lupare de termino Ascensionis tunc. Et est summa xii^{xx} v^m ii^c xvi lib., xi den. tur.

---

[1] Ms.: *exeuntium*. — [2] Ms.: *Moleduno*. Menant (XI, fol. 49 v°) a lu: *Malodumo*. — [3] Ms.: *Francie*. — [4] Ms.: *Leonardi*. Cf. § 2563.

2556. Compotus magistri Thome de Parvo Celario, clerici balistariorum, de receptis et misiis in exercitu Flandrie cum dominis Carolo, comite Valesii, et Guidone, comite Sancti Pauli, videlicet annis m° cc° iiii^{xx} xix° et m° ccc°; et postmodum pro stipendiariis et servientibus in garnisionibus ville de Dan et castrorum Flandrie, de tempore domini Jacobi de Sancto Paulo, anno m° ccc° i°; auditus et perfectus die mercurii post Sanctam Luciam [1] anno m° ccc° x°. Debentur ei pro fine compoti ii^m ii^c xxvii lib., v sol., i den. Non est correctus. De quibus voluit solvi vi^{xx} xvi lib. tur. Sic restant ei adhuc deberi ii^m iiii^{xx} xi lib., v sol., i den. tur.

Alius compotus ipsius de eodem, ubi continentur partes minute.

2557. Est alius magnus rotulus de minutis partibus stipendiariorum, qui non potuit poni in sacco.

2558. Alius compotus ipsius de aliquibus bonis, per ipsum et magistrum Gaufridum de Bosco levatis a Roberto et Baldo Crispin[orum] de Attrebato, anno m° ccc° v°, redditus per dictum Thomam die martis in octava Sanctorum Petri et Pauli tunc. Debet pro fine dicti compoti xxi^m ii^c ix lib., xiii sol., viii den. tur., quas confessus fuit, ut arrestatur in fine dicti compoti, debere ipse Thomas et reddidit [2] in compoto suo de guerra. Videatur dictus compotus, et corrigatur. Ibi arrestatur etiam quod est scriptus a tergo bailliviarum Francie tunc. Non nominat ad quem terminum. Sciatur.

2559. Compotus domini comitis Sancti Pauli de expensis per eum factis in custodia terre Flandrie, anno m° cc° iiii^{xx} xvii°, factus per dictum Johannem Le Brunet, magistrum hospitii sui, et dominum P. de Mailly, capellanum suum, martis post Ramos Palmarum, que fuit secunda dies Aprilis m° cc° iiii^{xx} xvii°. Correctus est.

2560. Compotus domini Johannis Le Picquart de denariis traditis balistariis et de quibusdam aliis, factus post mortem suam per dominum Hugonem de Saucourt [3], die martis ante Assumptionem Beate Marie m° cc° iiii^{xx} xvii°. Debet pro fine dicti compoti ii^c lxiii lib., xiii sol., iiii den. par., de quibus solvit, ut dicit, viii^{xx} lib. par. Sciatur. Debet residuum.

2561. Compotus magistri P. La Reue, archidiaconi Ripparie, de pluribus receptis et misiis pro exercitu Flandrie m° ccc° ii°. Fit per Luparam mense Decembri eodem anno.

Alius compotus ipsius magistri P., thesaurarii pro exercitu Flandrie, de recepta quam fecit fieri sociis suis usque ad Omnes Sanctos m° ccc° ii°.

Alius compotus ejusdem de eodem, a dicto festo usque ad Sanctum Nicolaum hyemalem m° ccc° iii°.

Alius compotus ejusdem de eodem, a Sancto Nicolao tunc usque ad dominicam ante Omnes Sanctos m° ccc° iv°.

Alius compotus ejusdem de eodem, factus dominica ante Sanctum Vincentium m° ccc° iv°.

Alius compotus ejusdem de eodem, seu de vadiis stipendiariorum marinariorum

---

[1] Menant (XI, fol. 5o): *Sanctum Lucam*. — [2] Ms.: *reddere*. — [3] Ms.: *Saucourt vel Seuicourt*.

solutis [1] per eum, traditus hebdomada post Pascha M° CC° IIII^{xx} XVI°. Fit per Luparam ad Ascensionem M° CC° IIII^{xx} XVI° vel M° CC° IIII^{xx} XV°.

Alius compotus ejusdem de recepta quam fecit in thesauro capelle regie inferioris Parisius, in secreto, a domino Johanne Clarisensus [2] post mortem magistri Johannis, fratris sui.

Alius compotus ejusdem de hoc quod recepit a domino Reginaldo Barbou in crastino Magdalene M° CCC° I° [3].

2562. *Tertius saccus in quo sunt compoti guerre Flandrie.*

Compotus Oudardi de Cramailles, militis, baillivi Ambianensis, de custodia castrorum, videlicet de Esclusa et de Tourtecan [4], a die martis ante festum Beati Matthei, anno M° CC° IIII^{xx} XVI°, usque ad primam diem Junii M° CC° IIII^{xx} XVII°, factus in compoto baillivie predicte de termino Ascensionis M° CC° IIII^{xx} XVII°.

2563. Compotus Symonis Louart [5] de bonis captis in mari per Michaelem de Navarra super inimicos regni, factus mense Maii M° CC° IIII^{xx} XVIII°. Debet pro fine compoti IIII^c IIII^{xx} XIX lib., XVII sol., X den. par. Et sunt in fine dicti compoti plures garnisiones per ipsum deliberate [6], de precepto domini Jacobi de Sancto Paulo. Sciatur in correctione dicti compoti si sit aliquid quod posset recuperari de eisdem.

2564. Compotus Johannis Medici, hostiarii armorum domini regis, [de gentibus] quas dominus Johannes de Blenvilla, tunc senescallus Tholose, adduxit ad exercitum Flandrie, anno M° CCC° XIV°, auditus et perfectus in Camera decima tertia die Septembris M° CCC° XVIII°. Correctus est.

2565. Dictus senescallus fecit plures compotos de gentibus quas adduxit ad exercitum Flandrie, videlicet annis M° CCC° XIII°, M° CCC° XIV°, M° CCC° XV°, qui debent esse a tergo bailliviarum Francie de anno M° CCC° XV°. Sciatur ad quem terminum.

2566. Alius compotus ipsius Johannis, ratione officii sui, videlicet clericatus balistariorum, a prima die Decembris M° CCC° XIV°, qua die Renaudus Buhort [7] dimisit dictum officium, usque ad... diem Septembris M° CCC° XV°, qua die rex Ludovicus recessit a fronteriis Flandrie, auditus duodecima die Septembris M° CCC° XVIII°. De quo compoto per dictum tempus fuit totalis recepta VII^{xx} VII^m V^c XXVII lib., III sol., VIII den. tur. — Expensa per dictum tempus II^c LIIII^m VI^c LXIII lib., VI sol., III den. tur. facta. Sic debentur pro fine dicti compoti CVIII^m VII^{xx} VI lib., II sol., VIII den. tur. fort.

Alius compotus ipsius de eodem, a dicta die Septembris tunc usque ad decimam octavam diem Novembris M° CCC° XVI°, quo tempore connestabularius Francie fuit ibi capi-

---

[1] Ms.: *sol. ven.*
[2] Ms.: *Clariss.*
[3] Tous ces comptes de P. La Reue ont été déjà énumérés au paragraphe 1987.
[4] Menant (XI, 50) a lu: *Tourtecave.* Il s'agit du château de Tortequenne (Pas-de-Calais).
[5] Ms.: *Louart.*
[6] Ms.: *debilitate.*
[7] « Buhure », dans plusieurs quittances originales de la Bibl. nat., Coll. Clairambault, Titres scellés, VI, 313, etc.

taneus gentium armorum, equitum et peditum, tunc existentium in dictis fronteriis, de quo compoto fuit summa recepte totalis c^m iie xl lib., xix sol., ix den., ob. tur.

Totalis expensa tunc c iiii^{xx} ix^m iie xvi lib., ii sol., vi den. tur. Sic debentur per dictum compotum iiii^{xx} viii^m ix^c lxxv lib., ii sol., ix den. tur.

Alius compotus ipsius de eodem, a dicto mense Novembri tunc usque ad decimam quintam diem dicti mensis m^o ccc^o xviii^o; de quo compoto fuit summa recepte totalis per dictum tempus ii^o ii^m ii^e xxxii lib., xvii sol., ix den. tur., et expensa vi^{xx} iiii^m ix^c xiii lib., ii sol., iiii den., ob. tur., quas reddidit dictus Johannes in recepta sua compoti sui de eodem, finiti ad ultimam diem Augusti m^o ccc^o xix^o; et quantum ad hoc est correctus, et non quantum ad residuum.

Alius compotus ipsius de eodem, a dicta decima quinta die Novembris m^o ccc^o xviii^o usque ad ultimam diem Augusti m^o ccc^o xix^o, cujus compoti summa fuit recepte totius lxxviii^m iii^e xix lib., xv sol., iiii den., ob. tur., videlicet de debito precedentis compoti, et expensa ix^{xx} v^m iiii^c iiii^{xx} xix lib., ii sol., ii den., ob. tur. Sic debentur $cviii^m$ iiii^{xx} xix lib., vi sol., x den. tur.

2567. Compotus domini Milonis de Maisiaco, militis, de receptis et misiis factis per ipsum de terra de Calais et de M[o]ere, redditus curie decima septima die Januarii m^o ccc^o xix^o, videlicet a tertia die Octobris m^o ccc^o xvi^o usque ad Omnes Sanctos m^o ccc^o xvii^o, quo tempore fuit capitaneus Calesii. Debet pro fine dicti compoti iiii^m ii^c iiii^{xx} xvii lib., xxiii den. tur.; quam summam thesaurus per cedulas suas pro ipso. Quantum ad residuum non est correctus.

Post dictum compotum sunt sute partes de vi^{xx} ix lib., xiii sol., iiii den. par., tradite marescallo Francie, domino J. de Bellomonte, vel aliis personis de ipsius mandato.

2568. Alius compotus cum inventario de bonis que dictus dominus Milo de Maisiaco, miles, invenit in galea Januensi[1], acquisita in mare, mense Augusti anno m^o ccc^o xix^o; et de quo compoto debuit pro fine ejusdem compoti vigesima sexta Januarii tunc iii^c xx lib., viii sol., ii den., quas thesaurus per cedulam suam pro ipso. Plura sunt signata in dicto inventario recuperanda diligenter. Videatur in correctione.

2569. Compotus Gentiani Tristan de lv lib., x sol. par. in sterlingis, captis super mercatores Hispanie in galea, cujus summe medietas pertinet ville Calesii, et alia marinariis ibi; factus decima die Februarii m^o ccc^o xix^o. Debetur ei pro fine compoti, de quo habuit cedulam. Parum aliud est corrigendum.

2570. Compotus domini Johannis de Arrebleyo junioris, senescalli Petragoricensis et Caturcensis, de expensis et misiis per ipsum factis ratione gentium armorum per eum adductorum ad exercitum Flandrie m^o ccc^o xv^o, redditus curie vigesima die Octobris. Debet pro fine dicti compoti vi^c iiii^{xx} xvi lib., xx sol., x den. tur. Non est correctus.

2571. Compotus quem reddidit Berengarius Blanc, admiraldus maris, magistro P. de Condeto, archidiacono Laudunensi, apud Rothomagum, lune vigesima tertia Augusti

[1] Ms.: *Ganuensi*. Cf. § 2571, alinéa 2.

M° CCC° XVI°, de vadiis marinariorum qui fuerunt cum eo in armata maris, in navibus et vasis nominatis in dicto compoto, de quibus personis quelibet percipit pro vadiis duos grossos tur. per diem. Et fuit summa totalis XII° XXVII lib., X sol. tur. Et per conventiones factas cum dicto admiraldo, super eo quod potuit sibi deberi pro pluribus compotis seu garnisionibus captis pro necessitatibus dicte armate, VIII° lib. tur. Non fuit clausus.

Dictus admiraldus tradidit curie tres rotulos decima nona Februarii M° CCC° XIX°, in quibus continentur que sequuntur, videlicet in uno expense maris, de quibus computavit cum Johanne Medici, hostiario armorum; et fuit summa totalis expensarum XVII^m CXXXV lib., IX sol., VIII den. tur. In alio rotulo id quod recepit de bonis galee Januensis predicte. In alio preceptum quod habuit, mense Martii M° CCC° XVII°, de reparatione galearum apud Rothomagum. In eodem aliud preceptum quod habuit tunc de faciendo fieri naves et dromones ibi. Predictus admiraldus tradidit solum istos rotulos, ut videatur status ejus quantum ad ea que recepit toto tempore quo fuit admiraldus.

Alius est compotus ipsius cum armata maris.

2572. Compotus Johannis Paeille, varleti regis, de denariis quos recepit a thesauro Parisius et alias[1] de mutuis regi factis, centesimis et aliis subventionibus, et ex denariis de predictis traditis pro exercitu Flandrie, factus sabbato post Sanctum Petrum ad Vincula M° CCC° I°. Debuit pro fine dicti compoti XXIIII^m VII^c LXXVII lib., IIII sol., II den. tur., quas solvit per Templum; et quitte. Plura tamen sunt recuperanda et corrigenda per ipsum.

2573. Compotus domini de Cordonnay de tempore suo, quo fuit capitaneus Brugarum, anno M° CC° IIII^{XX} XVIII°, videlicet de expensis quas fecit ultra vadia, a die mercurii post Sanctum Johannem Baptistam tunc usque ad diem lune vigesima tertia Martii post, per II^c LXXII dies. Non est ibi aliquid de manu Camere, nisi solum quod non fuit acceptatus per Cameram.

2574. Compotus Guidonis Florentii[2] de stabilita Sancti Audomari anno M° CCC° XIV°, quo tempore fuerunt ibi domini comes[3] Pictaviensis et comes Sancti Pauli, et de quibusdam garnisionibus vinorum pro eadem stabilita, redditus curie per P. Florentii, ejus filium, decima nona Januarii M° CCC° XXIV°. Debet XXXIIII^m IX^c, etc.

Alius compotus ejusdem de quibusdam receptis et misiis pro eadem guerra Flandrie anno M° CCC° XV°, redditus ut de precedenti. Debet XVI^c LXIX lib., etc.

2575. Compoti tres domini P. de Galardo, magistri arbalistariorum, domini Sulliaci, domini Galcheri; et sunt inferius[4]. Querantur in uno sacco ad partem, nisi inveniantur hic.

2576. Compotus Reneri Coquatrix, thesaurarii guerrarum Flandrie, de receptis et misiis factis occasione dictarum guerrarum Flandrie annis M° CCC° XV° et M° CCC° XVI°, do-

---

[1] Ms. ; *thesauraris Parisiensi et al.*

[2] Ms. : *de Florentia*. Cf. Bibl. nat., fr. 32510 fol. 56 et 96 : « Gens d'armes et de pié de l'establie de Saint Omer du temps de monseigneur de Poitiers et de monseigneur de Saint Pol.... Extrait du compte en rouleau de Guy Florent, de l'an 1314. »

[3] Ms. ici et plus oin : *comites*.

[4] Cf. § 2633 et suiv.

mino Galchero de Castellione[1], constabulario Francie, redditus curie decima septima Septembris m° ccc° xxx°. Debita que debentur pluribus personis pro eadem guerra sunt in uno rotulo in sacco communium debitorum. Corrigitur finis.

Alius compotus ejusdem de receptis et misiis factis per eum, ratione gentium armorum retentorum contra alligatos, anno m° ccc° xvi°, redditus vigesima secunda die Septembris m° ccc° xxx°. Corrigitur finis.

Alius compotus ejusdem de receptis et misiis suis, occasione armature maris annis m° ccc° xv° et m° ccc° xvi°, redditus vigesima quinta Septembris m° ccc° xxx°.

2577. Alius compotus ejusdem et Thome de Parvo Celario, thesaurarii guerre, de receptis et misiis suis, occasione gentium armorum existentium in fronteriis Flandrie annis m° ccc° xvii° et m° ccc° xviii°, redditus vigesima secunda die Octobris m° ccc° xxx°. Deb[ita] de cix^m ix^c iiii^{xx} lib., etc., pro fine istius sunt in compoto communi.

2578. Compotus Gaufridi Coquatrix, non auditus, de receptis et misiis factis per eum pro facto guerre Flandrie de tempore domini Roberti, comitis Atrebatensis, incepte vigesima sexta die Martii vel Maii m° ccc° ii°.

2579. Compotus magistri Guillelmi, cantoris Milliaci, et Gaufridi Coquatrix de exercitu Vitriaci, anno m° ccc° ii°. Non auditus.

2580. In dicto sacco tertio sunt compoti Johannis Medici et Francisci de Hospitali[2] de ultima guerra Flandrie, donec fiat saccus ad hoc.

2581. Compotus quidam comitis Augi de gentibus armorum pro armata maris occasione guerre Flandrie anni mⁱ cccⁱ xvⁱ, perfectus vigesima tertia Septembris m° ccc° xx°. Videtur quod debetur ei. Sciatur si sit validus[3], et ubi est originale quod magister Johannes de Sancto Justo debuit habere.

2582. Compotus domini Guillelmi de Chaunoy et domini Helie de Brocia[4], militis, de denariis pro ipsis distributis pluribus gentibus armorum pro guerra Flandrie anno m° ccc° xv°, redditus decima tertia Januarii m° ccc° xxxv°. Debetur eis. Habuerunt tamen cedulam testimonialem.

2583. Compotus magistri Guillelmi, cantoris Milliaci, et Thome de Parvo Celario, thesaurarii guerre istius in exercitu Flandrie qui fuit apud Montem Pabulum anno m° ccc° iv°. Et est in tribus magnis rotulis. Non auditus. Clausus.

2584. Compotus Thome de Parvo Celario, clerici arbalistariorum, de gentibus armorum qui fuerunt in exercitu in fronteriis Flandrie, annis m° ccc° ii° et m° ccc° iii°, pro tempore domini Galcheri de Castellione, constabularii Francie. Non clausus.

2585. Compotus dicti Thome de Parvo Celario de gentibus armorum exercitus Flandrie cum domino rege et locum suum tenente, ante adventum suum in Atrebato post conflictum Curtraci, anno m° ccc° ii°, Gaufrido Coquatrix tunc thesaurario unico. Non clausus.

2586. Item debita, in tribus rotulis, pro finibus istorum trium compotorum debita pluribus personis.

[1] Ms. : *Castellis*. — [2] Ms. : *Hospitio*. — [3] Ms. : *Val*. — [4] Ces noms sont attestés par des extraits du compte désigné ici, qui se trouve à la Bibliothèque nationale, fr. 32510, fol. 103.

Alius compotus suus de eodem, pro tempore domini comitis Atrebatensis, anno M° CCC° II°. Non clausus.

2587. Alius compotus ipsius de guerra Barrensi, cum domino Jacobo Latronis, milite, et Johanne de Yenvilla, anno M° CCC° I°. Non auditus.

2588. Compotus Reginaldi Buhure[1], clerici arbalistariorum, de gentibus armorum, seu stabilitis castrorum fronteriarum Flandrie, sub regimine domini P. de Galart[2], magistri balistariorum, a decima septima Januarii M° CCC° X°, qua intravit dictum officium et magister Gaufridus de Bosco dimisit illud, usque ad ultimam diem Augusti M° CCC° XIII°, et de operibus factis in castro Insule. Redditus curie quinta Julii M° CCC° XXVI°. Signantur ibi III^c LXXV lib. recuperari super Radulpho de Joncheriis, et quidam alii denarii super quibusdam aliis. Corrigitur finis.

Alius compotus ipsius de eodem, a prima die Septembris M° CCC° XIII° usque ad ultimam Maii M° CCC° XIV°, et de operibus factis in castro Curtraci, redditus decima quarta Julii M° CCC° XXVI°. Debentur ei II^m II^c, etc. Signantur VIII^m VIII^c XL lib. recuperari [su]per supradictum P. de Galart, magistrum arbalistariorum, nisi computaverit.

Alius compotus ipsius de eodem, a decima sexta die Septembris M° CCC° XIV° usque ad ultimam Novembris tunc, qua dimisit officium clericatus balistariorum, et Thomas de Parvo Celario intravit illud, redditus decima quarta Julii M° CCC° XXVI°. Debentur ei XI^m, etc. Signantur ibi VII^{xx} lib., X sol., recuperari super dominum Guillelmum de Carseo, militem, pro fine compoti.

Alius compotus ipsius grossior de eodem, a prima Junii M° CCC° XIV° usque ad ultimam Septembris post, et de operibus factis in castris Insule, Curtraci et aliis in fronteriis Flandrie. Signantur ibi plures denarii recuperari, aut de quibus est computandum. Debetur ei. Tamen debet tradere partes quibus debentur.

2589. *Debita pro guerra Flandrie.*

Debita que debentur stipendiariis equitibus in exercitu Flandrie M° CC° IIII^{xx} XVII°, per compotum[3] magistri Elie de Orliaco, factum anno M° CC° IIII^{xx} XIX°, quorum summa est XV^m V^c III^{xx} X lib., VI sol., VIII den. tur.

2590. In uno parvo rotulo ordo stipendiariorum equitum.

2591. Debita que debentur servientibus peditibus in exercitu Flandrie M° CC° IIII^{xx} XVII° per dictum compotum magistri Helie de Orliaco factum tunc, quorum summa est VIII^m L lib., XII sol., X den. tur.

2592. Partes de CIX^m VI^c LIIII lib., III sol., IIII den. tur., que debebantur pro fine compoti magistri Guillelmi de Montemauri et cantoris Milliaci de stabilitatibus Flandrie, annis M° CC° IIII^{xx} XVII°, M° CC° IIII^{xx} XVIII° et M° CC° IIII^{xx} XIX°[4], redditi et perfecti die veneris ante Sanctum Andream anno M° CCC° X°.

---

[1] Ms.: *Dehure.* Cf. § 2566. — [2] Ms.: *Colart.* — [3] Ms.: *pro compoto.* — [4] Ms.: *1317, 1318, 1319.* Cf. § 2543.

2593. Partes de LXIII^m LXV lib., XI sol., III den. tur., tradite per G. de Montemauri, M° CCC° X°, pro fine compoti sui primi exercitus Flandrie in obsidione Insule M° CC° IIII^{xx} XVII°.

2594. *Solutiones facte pro guerra Flandrie per R. Barbou et alios.*
Stipendiariis equitibus quibus debebatur per compotum magistri Helie de Orliaco, solutis per dictum R[eginaldum] Ambiani [1] ad Omnes Sanctos M° CCC°. Et est summa solutionis V^m VIII^c IIII^{xx} VI lib., VII sol. tur.

Stipendiariis peditibus quibus debebatur per dictum compotum, solutis per dictum Reginaldum ibi ad Sanctum Johannem M° CCC°.

Pluribus personis quibus debebatur pro garnisionibus captis ab ipsis per compotum Coquatrix, solutis per dictum R. ibi. Et fuit summa totalis IX^m VIII^c LXIII lib., VI sol., II den. tur.

2595. Solutiones facte per Dionisium de Albigniaco, baillivum Ambianensem, pro armata maris facta apud Calesium, tradite curie per dictum baillivum in compoto Omnium Sanctorum M° CCC° II°, redditus eidem baillivo per Luparam tunc. Sciatur si totus factus fuerit, quia sunt ibi plures denarii traditi.

In alio rotulo mutuum factum per ipsum trecentis servientibus, missis Brugas ad mandatum domini Jacobi de Sancto Paulo. Redditum fuit ei dictum mutuum ad Omnes Sanctos tunc per Luparam.

In alio rotulo partes de II^m lib., quas mutuavit mille balistariis per Johannem de Balliaco, notarium Castelleti Parisiensis, retentis; que summa reddita fuit baillivo tunc.

2596. Solutiones facte per G. Thibout, baillivum Ambianensem, pro pluribus stipendiariis hospitantibus [2] Atrebati, per Johannem Episcopi, varletum dicti G., cujus summa est capta, ut arrestatur ibi, per compotum baillivie ad Ascensionem M° CCC° XIV°.

2597. In uno quaterno solutiones facte stipendiariis, Aurelianis, per G. de Hangesto, magistros P. de Latilliaco et J. de Lillers, anno M° CCC°. Et fuit summa XX^m VI^c IIII^{xx} XIIII lib., XIX sol., IX den. tur., reddita regi per Luparam ad Omnes Sanctos M° CCC° I°, in capitulo guerre.

2598. In alio quaterno capto penes dominum Johannem de Charmeya alie solutiones per eosdem ibi pro exercitibus Flandrie et Vasconie. Signantur etiam inter solutiones Vasconie.

2599. Compotus Reginaldi Barbou de solutionibus per ipsum factis apud Rothomagum lune ante Pascha M° CC° IIII^{xx} XIX°, [pro] decem galeis et uno galioto missis in Flandriam, de quibus Benedictus Zacharie fuit admiraldus. Et fuit summa totalis recepte, que est de manu Camere solum, — nec est aliud arrestatum de dicta manu, — XXI^m IIII^c lib. tur. Non est clausus dictus compotus, neque dicitur causa, sed sciatur.

2600. Compotus Gerardi Gueite, familiaris domini regis, de XII^m lib. debilis [3], de quibus finavit, ex permissione [4] regis, cum aliquibus stipendiariis, quibus debebatur pro diversis

---

[1] Ms. : *Ambianensem.* — [2] Ms. : *hospitibus.* — [3] Ms. : *debitis.* — [4] Ms. : *permissu.*

exercitibus de vadiis suis, et de quo debito reddidit litteras et quittancias curie, et dictum compotum in curia, vigesima secunda die Februarii anno m° cc° iiii^{xx} xvii° [1].

2601. In uno rotulo, penes dominum Thomam, solutiones facte per dominum Guillelmum Clugneti, militem regis, de assignationibus, factis ex precepto regis, pluribus personis in eodem rotulo contentis, super bona Templi.

2602. *Compoti guerre Flandrie annorum* m^i ccc^i xxv^i *et* m^i ccc^i xxviii^i.

Sunt etiam in Inventario regis Philippi de Valesio, et inter litteras in tertio sacco precedentis guerre Flandrie.

2603. Compotus Francisci de Hospitali, clerici arbalistariorum, de receptis et misiis suis, occasione dicte guerre, annis m° ccc° xxv° et xxvi°, sub regimine domini Milonis de Noeriis, perfectus sexta die Octobris m° ccc° xxix°. Debet v^m lxvii lib., xi sol., iiii den., ob. tur., et sunt plura recuperanda.

Alius compotus ipsius de aliis misiis factis per eum, occasione dicte guerre tunc, sub eodem regimine, redditus vigesima octava Aprilis m° ccc° xxix°. Corrigitur finis. Suitur in fine compoti sui de guerra Vasconie tunc, redditi [2] curie decima nona Maii m° ccc° xxviii°.

Alius compotus ipsius de vadiis gentium armorum contra rebelles villarum Perone, Sancti Audomari et d'Esquerdes, et aliarum fronteriarum Flandrie, ac de debitis compotorum Johannis Medici et Reneri Coquatrix pro guerra Flandrie finita anno m° ccc° xx° solutis per eum, redditus decima septima die Martii m° ccc° xxxi°. Debet xxxiii lib., ii sol., vi den., ob. tur. Plura sunt recuperanda.

Alius compotus ipsius de armata maris facta in fronteriis Flandrie anno m° ccc° xxviii°, sub regimine domini Petri Mege, militis, admiraldi maris, redditus vigesima die Septembris m° ccc° xxxi°. Debet ii^c xli lib., i den. tur. debil.

Alius compotus ipsius de receptis et misiis factis per eum, occasione ejusdem guerre, mensibus Augusti et Septembris m° ccc° xxviii°, perfectus vigesima octava Aprilis m° ccc° xxix°, post Pascha. Debentur ei viii^m v^c iiii^{xx} ii lib., vi sol., vii den. tur., pro quibus tradidit partes de ii^m ix^c xviii lib., xix sol., iiii den. tur.; solvendis pro ipso, que sunt in sacco communi debitorum. Sic debentur ei v^m, etc. Plures denarii sunt recuperandi per eum, ad magnam summam ascendentes.

2604. Compotus Johannis Medici, thesaurarii guerre Flandrie incepte mense Julii m° ccc° xxviii°, de receptis et misiis factis per eum, occasione ejusdem guerre tunc, perfectus prima Martii m° ccc° xxviii°. Debentur ei xi^m xxxvi lib., xii sol., i den. tur. Multi denarii sunt recuperandi per eum, ascendentes ad circa xxv^m, etc. Corrigitur per compotum sequentem.

Alius compotus ipsius de vadiis plurium gentium armorum, que fuerunt in dicto exercitu, qui fuit ante Cassellum et Ypram anno m° ccc° xxviii°, et que non computaverant ante auditionem dicti primi compoti sui perfecti dicta prima Martii, et que in dicto com-

---

[1] Menant a lu (XI, fol. 50 v°) : *1318*. — [2] Ms. : *redditus*.

poto onerabantur de pluribus summis in presenti compoto redditis; redditus decima sexta die Februarii anno m° ccc° xxix°. Corrigitur finis. Signantur xii^c l lib. tur. recuperari super comitem Barri.

Alius compotus ipsius de misiis factis per eum pro castris fronteriarum Flandrie visitandis, et in eis providendo de gentibus armorum et victualiis[1], anno m° ccc° xxx°, redditus decima tertia die Februarii m° ccc° xxix°. Corrigitur finis. Plura signantur recuperari.

Alius compotus ipsius de restantiis aliorum compotorum suorum et de pluribus denariis quibus fuerat oneratus, redditus curie decima octava Aprilis m° ccc° xxx° post Pascha. Debet viii^m, etc., que ponuntur in debitis par[ticularibus] de m° ccc° xv° super eum. Major pars corrigitur.

2605. Compotus Roberti Lescrivain et Stephani de Billencourt de quibusdam garnisionibus receptis a Johanne Medici, redditus sexta Januarii m° ccc° xxx°. Suitur post compotum Johannis Medici de visitatione castrorum fronteriarum Flandrie.

SCRIPTA GUERRE LUGDUNENSIS, QUE FUIT ANNO M° CCC° X°, ET QUARUNDAM ALIARUM GUERRARUM.

2606. *Guerra Lugdunensis.*

Compotus magistri Ancelli de Morgneval, decani Sancti Germani Autissiodorensis, et Johannis de Helesmes[2], deputatorum ex parte domini regis super solutionibus faciendis ab eisdem in exercitu Lugdunensi anno m° ccc° x°, redditus curie die sabbati ante Brandones m° ccc° xi°, cum compotis connestabularii a tergo dicti compoti. Debentur eisdem pro fine dicti compoti cxviii lib., xi den. tur. Non est correctus. De qua summa habuit dictus decanus cedulam duodecima die Decembris anno m° ccc° xiii°. Non est correctus.

2607. Compotus magistri P. de Condeto, clerici domini regis Navarre, pro exercitu predicto, pro vadiis militum et gentium armorum in comitiva regis existentium, anno m° ccc° x°, auditus et perfectus jovis post Conversionem Sancti Pauli. Debentur ei pro fine compoti iii^c xxv lib., viii den. tur. Tradidit partes in fine dicti compoti quibus personis debentur. Non est correctus.

2608. Compotus domini Beraudi de Mercorio de custodia ville Lugdunensis et castri Sancti Laurentii[3], redditus curie dominica post Sanctum Vincentium m° ccc° x°. Debentur ei pro fine dicti compoti v^m xlvii lib., xvi sol. tur., et Johanni de Manso iii° lib. tur., quas dictus dominus de Mercorio voluit sibi solvi, de quibus duabus summis habuerunt cedulas ad thesaurum die qua supra.

2609. Compotus Gilleberti de Lupara de artilliatura ducta apud Lugdunum pro guerra

---

[1] Ms. : *victualium.*
[2] Menant (XI, fol. 51) : *Hellesme.*
[3] Cf. Bibl. nat., fr. 32510, fol. 54 : « Gages des gens d'armes establis pour la garde de la ville de Lyon et du chastel de Saint Lorent en Viennois. Extrait du compte de monseigneur Béraud de Mercœur », 1310.

ibi, auditus die mercurii post Translationem Sancti Benedicti m° ccc° xi°. Fit per Luparam ad Omnes Sanctos m° ccc° xi°.

2610. Compotus Hamonis Britonis de pavillionibus per ipsum reparatis et ductis in dicto exercitu circa Penthecosten m° ccc° x°, redditus curie die lune in vigilia Purificationis eodem anno. Debentur ei pro fine dicti compoti xxvi lib., xiii sol., vi den. par. Non est correctus.

2611. Compotus domini Egidii de Malodumo[1], militis, baillivi Matisconensis, pro facto guerre Lugdunensis et Sancti Laurentii Viennensis, auditus in vigilia Apostolorum Petri et Pauli m° ccc° xi°. Debentur pro fine dicti compoti ii^m iiii^c lxxv lib., v sol., vi den. tur., videlicet ipsi Egidio, ut arrestatur ibi, quia debuit respondere de totali summa, ut promisit. Est abreviatus penes dominum Thomam.

2612. Compotus domini Bertrandi[2] Jordani [de Insula], quondam senescalli Bellicadri, [et] domini Betini Caucinelli, militum, super solutionibus per ipsos factis stipendiariis existentibus in ripperia Rodani, ratione invasionis facte per gentes Avignionis infra regnum ad turrim prope pontem Avignionis, a decima septima Octobris m° ccc° vii° usque ad vigesimam octavam Junii anno m° ccc° viii°, redditus per ipsos curie vigesima Junii m° ccc° xi°. Totus est de expensa, cujus summa est iii^m vii^c l lib., xix sol., xi den. tur. Non est acceptatus, quousque senescallus fuerit presens.

2613. Rotulus expensarum factarum per P. de Ferreriis, militem, senescallum Ruthenensem, in executione mandatorum regis super facto domini de Mercorio, traditus mercurii post festum Apostolorum Petri et Pauli m° ccc° xi°. Et fuit summa totalis debita dicto senescallo pro fine compoti vi^c iiii^{xx} lib., lxxvii sol., x den. tur. Arrestatur ibi quod fit per compotum senescallie predicte. Non dicit ad quem terminum. Sciatur et corrigatur.

Alius rotulus ipsius de solutionibus et expensis per eum factis minatoribus missis de Rutheno ad exercitum Lugduni, traditus veneris post dictum festum Apostolorum m° ccc° xi°, Fit per dictum compotum. Non arrestatur ad quem terminum, ut dictum est de alio supra.

2614. Compotus Johannis de Helesmes de garnisionibus per eum factis pro guerra Lugdunensi, anno m° ccc° x°, factus die jovis ante Brandones. Non est correctus.

Debita garnisionum que debentur regi, et deliberata pluribus personis per ipsum Johannem. Nomina dictarum personarum in alio rotulo. Et est summa v^m iii^c xxxii lib., ii sol., vi den. tur. Sunt in sacco debitorum que debentur regi pro guerris Vasconie et Flandrie.

2615. Compotus operis turris de novo constructe in capite pontis Avignionis, redditus curie dominica ante festum Beati Clementis m° ccc° iii° per dominum J. de Arrableyo, senescallum Petragoricensem. Finis compoti positus fuit in debitis Petragoricensibus super J., de anno m° cc° iiii^{xx} xvi°.

2616. Compotus Gaufridi de Sancto Reveriano de garnisionibus factis apud Lugdunum

---

[1] Ms.: *Maloduno.* — [2] Ms.: *Bertaudi.*

pro rege, a tertia die Januarii Mº CCCº XVº usque ad duodecimam Octobris Mº CCCº XVIº, quotempore erat comes Pictaviensis. Non perfectus quantum ad deliberationes dictarum garnisionum. Debet VIIIᶜ, etc. Intitulatur etiam dictus compotus inter alios compotos suos de garnisionibus hospitii regis Philippi Magni. Queratur in sacco eorundem, nisi hic inveniatur.

2617. Compotus Martini de Essartis de garnisionibus factis apud Lugdunum et Viennam, ratione concilii Viennensis, anno Mº CCCº XIº, auditus duodecima Januarii Mº CCCº XXIIº. Dictus compotus intitulatur etiam inter garnisiones Flandrie. Queratur ibidem, nisi hic inveniatur.

2618. Compotus domini Johannis de Arrableyo, junioris, militis, senescalli Petragoricensis et Caturcensis, de expensis et misiis per eum factis pro gentibus armorum per eum ductis apud Lugdunum, de mandato comitis Pictaviensis, pro creatione summi pontificis anno Mº CCCº XVIº, redditus curie vigesima die Octobris eodem anno. Debet pro fine dicti compoti IIIᶜ LXXI lib., XVII sol., IX den., ob. tur.

2619. Compotus Renaudi de Royaco de garnisionibus factis pro rege apud Lugdunum ad consecrationem pape Clementis anno Mº CCCº Vº, redditus post[1] mortem dicti Renaudi per Balduinum, ejus fratrem, die martis ante festum Beati Ludovici Mº CCCº XIIº. Debentur ei pro fine dicti compoti IIIIᵐ XLVIII lib., VIII sol., IX den. tur., monete debilis. Et est extractus in alio rotulo.

2620. Compotus domini Bertrandi de Ruppenegata, militis, de receptis et misiis per eum factis pro facto Bonifacii pape, a die mercurii in crastino Epiphanie Mº CCCº IXº usque ad dominicam ante festum Nativitatis Beati Johannis Baptiste anno Mº CCCº XIº. Fit per thesaurum decima Julii Mº CCCº XIº.

2621. Compotus Reginaldi de Sancta Bova[2], militis, de custodia Lugduni, a decima quarta die Februarii anno Mº CCCº Xº usque ad decimam sextam diem Aprilis Mº CCCº XIIº, qua die temporalitas reddita fuit per dominum regem archiepiscopo Lugdunensi. Debentur ei pro fine dicti compoti VIᶜ XXXV lib., XII sol., X den. vienn., de quo habuit cedulam nona Decembris Mº CCCº XIIº. Non est correctus.

Partes expensarum quas fecit eundo Lugdunum, ex precepto regis, pro exequendis certis negotiis sibi commissis in presentia domini Marigniaci. Non dicit quo anno. Sciatur si sint partes presentis compoti. Arrestatur tamen in principio, de manu Camere, quod abbreviatum dictarum expensarum auditum fuit sabbato in festo Sancti Clementis Mº CCCº XIVº. Non invenimus dictum compotum in Inventario. Queratur.

COMPOTI GUERRE QUE FUIT APUD PASSAVANT IN ARGONA CONTRA DUCEM LOTHARINGIE ANNO Mº CCCº XIº, PER PHILIPPUM PULCHRUM.

2622. Compotus dominorum Ancelli de Rigneil[3], nunc domini de Jenvilla, Symonis de Menou[4] et Johannis de Barris, militum, de receptis et expensis per eos factis pro facto

---

[1] Ms. : *per.* — [2] Ms. : *Bona.* — [3] Ms. : *Rigueil.* « Ansellus, dominus de Rynello », dans les documents originaux. — [4] « Simon de Menost », dans la *Bibliothèque de l'École des chartes*, 1888, p. 705.

guerre de Passavant in Argona contra ducem Lotharingie, et Mattheum, ejus filium, anno M° CCC° XI°. Debentur pro fine compoti pluribus personis CLVIII lib., XVI sol., I den. tur., quarum nomina traduntur in fine compoti, qui non est correctus.

2623. Compotus domini Henrici de Clacy, baillivi Calvimontis, de receptis et expensis quas fecit pro dicto facto tunc. Debentur ei pro fine compoti LVII lib., XIV sol., I den., ob. Redduntur[1] ei per extractum receptarum Campanie de termino Magdalene anno M° CCC° XII°. Et quitte.

2624. Compotus domini Renaudi de Choisel, militis, de eodem tunc. Et est quittus pro fine compoti, licet aliqua sint recuperanda per ipsum.

2625. Compotus Guillelmi Le Sage, granetarii Bassigniensis, de eodem tunc. Debentur ei pro fine dicti compoti II° lib. cum LVII sol. et III den. tur., quas habuit per receptorem Campanie, Thomam de Parvo Celario, de termino Magdalene anno M° CCC° XII°.

DE GUERRA NIVERNENSI, QUE INCEPIT VERSUS ANNUM M^{um} CCC^{um} XVI^{um}, VEL M^{um} CCC^{um} XVII^{um}, SUNT HI SEQUENTES COMPOTI.

2626. Compotus Guillelmi d'Anlesi[2], militis regis, baillivi Nivernensis, de receptis et expensis per eum factis cum gentibus armorum ibi, ratione guerre predicte, videlicet a die martis ante Sanctum Georgium anno M° CCC° XVII° usque ad Sanctum Remigium eodem anno, redditus curie penultima die Januarii tunc. Debentur ei pro fine dicti compoti V^c LIIII lib., XIV sol., IX den. tur. Non est correctus.

2627. Compotus Guillelmi de Diciaco, baillivi Bituricensis, deputati ad regimen comitatus Nivernensis et baronie Donziaci, existentium in manu regis, redditus curie vigesima die mensis Martii, anno supradicto M° CCC° XVII°. Correctus est quantum ad finem compoti et non quantum ad residuum.

Alius compotus ipsius, de tempore quo fuit ibi capitaneus dominus Philippus de Valesio. Non est clausus.

2628. Compotus Guillelmi Charnier (?), scutiferi, de expensis per eum factis ratione dicte guerre, in custodiendo castrum du Mes Le Conte in dicto comitatu existens, de precepto domini Soliaci, auditus vigesima quinta die mensis Octobris M° CCC° XIX°. Debentur ei pro fine dicti compoti IIII^{xx} VIII lib., IX sol., I den. tur. Non est correctus.

COMPOTI DIVERSARUM GUERRARUM, SIVE COMPOTI DOMINI SOLIACI DE DIVERSIS VIAGIIS.

2629. Sunt in sacco compotorum domini Galcheri de Castellione et domini P. de Boucly. — Scribuntur infra, videlicet in sacco diversarum guerrarum.

2630. Compotus domini Soliaci, buticularii Francie, de expensis per eum factis eundo de Parisius apud Bituricum et Nivernum cum gentibus armorum, redditus curie die jovis

---

[1] Ms.: *redditus*. — [2] Ms.: *Alisi*.

ultima die Junii m° ccc° xvii° anno. Fit per thesaurum ad Omnes Sanctos predicto anno xvii°.

2631. Alii duo compoti ipsius de viagiis Avignionem factis, et pluribus aliis, a die martis ante Nativitatem Domini vigesima die mensis (Novembris vel) Decembris m° ccc° xvii° usque ad diem mercurii vigesimam secundam Martii tunc, per iiii^{xx} xii dies, pro certis negotiis regni, redditus prima Septembris anno m° ccc° xviii°. Debentur ei in denariis ix^m v^c lxv lib., ix sol., i den.; et debet x^m ix^c iiii^{xx} et x florenos de Florentia, et iiii^m viii^c xxx florenos ad agnum, prout continetur in fine magni compoti sui de dicto viagio.

Est tamen alius parvus de eodem, in quo arrestatur quod solum debet viii^m ix^c iiii^{xx} ix florenos de Florentia, et m viii^c xxx florenos ad agnum. Et debentur ei ix^m cum v^c lxv lib., ix sol., et i den. tur.

2632. Alius compotus ejusdem de viagiis ad summum pontificem, anno m° ccc° xviii°, pro certis negotiis regis, auditus nona die mensis Junii m° ccc° xix° anno. Debet iiii^m iiii^c xxviii lib., xvii sol. et x den. tur.

COMPOTI DOMINI P. DE GALARDO, MAGISTRI ARBALISTARIORUM, DE PLURIBUS SUIS EXPENSIS IN GUERRA FLANDRIE PRO DOMINO REGE.

2633. Compotus domini P. de Galardo, magistri balistariorum, de expensis per eum factis in Flandria, tempore quo fuit capitaneus ibi, videlicet a die martis sexta die Junii mensis anno m° ccc° xi°, usque ad Sanctum Martinum hyemalem undecima Novembris m° ccc° xii° anno, redditus curie quarta die Januarii m° ccc° xviii° anno. Debet pro fine dicti compoti v^c lxxiv lib., xii sol. tur. Redd[untur] in compoto inferius.

Alius compotus ipsius de expensis per eum factis apud Insulam et in aliis fronteriis Flandrie, a prima die Maii mensis m° ccc° xiv° usque ad primam diem Decembris tunc. Debet pro fine dicti compoti m iiii^{xx} xxviii lib., ix sol., viii den. tur., et pro fine compoti precedentis v^c lxxiv lib., xii sol. tur. Summa totalis quam debet, ii^m lib., lxi sol., viii den. tur., quas reddit in fine alii compoti sui, de quo fit mentio inferius.

Alius compotus ipsius de expensis per eum factis apud Insulam et in fronteriis Flandrie, a prima die mensis Maii m° ccc° xv° usque ad decimam septimam diem Septembris post, redditus curie quinta die Januarii m° ccc° xviii°. Debentur ei xi^m ciiii^{xx} xvii lib., ix sol., xi den. tur. De quibus cadunt, pro denariis quos debet executioni, ut est in alio compoto, ii^m lib., lxi sol., viii den. tur. Sic debentur ei ix[^{m} c]iiii^{xx} xiiii lib., vi den., ob. tur., de quibus habuit cedulam testimonialem vigesima tertia die Junii m° ccc° xx°.

COMPOTI DOMINI GALCHERI DE CASTELLIONE DE DIVERSIS GUERRIS UBI FUIT PRO REGE, ANTEQUAM FUISSET CONSTABULARIUS FRANCIE, ET POST. — ITEM ET HIC CONTINENTUR COMPOTI DOMINI P. DE BOUCLY DE GUERRA CAMPANIE.

2634. Compotus ipsius de guerra Campanie contra comitem Barri, circa Pascha m° ccc° iiii^{xx} xvi°, redditus curie die martis post festum Apostolorum Petri et Pauli m° ccc° i°.

Debentur ei pro fine dicti compoti xxxi^m vii^c xi lib., xix sol., i den. tur. Tradidit personas quibus debentur, in uno rotulo, cum partibus illorum qui habuerunt vadia per baillivum Calvimontis.

2635. Compotus domini P. de Boucly[1], militis, baillivi Calvimontis, de expensis et misiis per ipsum factis, custodiendo dictam bailliviam cum gentibus armorum, ratione guerre Campanje m° cc° iiii^{xx} xvii°. Fit per compotum constabularii de dicta guerra.

2636. Alius compotus ipsius de eodem, factus per dominum Ingerrannum de Marines[2], militem, maritum filie ipsius domini P., post mortem ipsius, sabbato post Annunciationem Dominicam m° ccc° ix°. Correctus est.

2637. Alius compotus dicti domini Galcheri de expensis hospitii sui in viagiis Flandrie et Hannonie pro domino rege, annorum mⁱ cccⁱ iiⁱ et mⁱ cccⁱ iiiⁱ, redditus curie lune ante Ascensionem Domini m° ccc° iv°. Debet pro fine dicti compoti ix^c iiii^{xx} xvi lib., xii sol., viii den. tur., quas reddit in compoto suo de viagio Hannonie, facto m° ccc° iii°. Non est correctus quantum ad residuum.

Alius compotus ipsius de secundo viagio Hannonie, videlicet m° ccc° iii° anno, redditus curie lune ante Ascensionem Domini m° ccc° iv°. Debet pro fine dicti compoti quod reddit in alio compoto suo de pluribus viis per ipsum factis tunc; et quitte.

2638. Alius compotus ipsius de exercitu Flandrie, a die qua fuit constabularius usque ad reditum exercitus predicti de anno m° ccc° iv°, auditus martis post Sanctum Petrum m° ccc° vi°. Debet fieri, ut arrestatur in principio ipsius, per cantorem Milliaci et Thomam de Parvo Celario. Debentur ei pro fine dicti compoti, pluribus deductis de restantiis compotorum suorum, vi^m iii^c xxxviii lib., viii sol., ii den. Non est correctus.

2639. Alius compotus ipsius de expensis hospitii sive de pluribus viagiis pro negotiis regis, redditus curie lune ante Ascensionem Domini m° ccc° iv°. Debet pro fine dicti compoti ii^m v^c iiii^{xx} viii lib., xii den. tur., quas G. Coquatrix et cantor Milliaci debent reddere in compoto suo de guerra Flandrie, ut dixit dominus G. die perfectionis istius compoti. Non est correctus.

2640. Alius compotus ipsius de expensis et vadiis suis ac gentium suarum de guerra Flandrie, a die veneris ante Penthecosten m° ccc° iv° usque ad vigesimam septimam diem Septembris, auditus die martis post festum Beati Martini hyemalis m° ccc° vi°. Videtur quod sit totus correctus. Arrestatur tamen in fine quod totus dictus compotus fiet per compotum cantoris Milliaci et Thome de Parvo Celario. Sciatur si sit ita.

2641. Alius compotus ipsius de expensis per ipsum factis, cum pluribus gentibus armorum pro facto hominum ville Cathalaunensis anno m° ccc° vii°, et apud Belvacum pro negotio Flamingorum anno m° ccc° viii°, redditus curie prima die Martii tunc. Debet pro fine dicti compoti iiii^c xix lib., xix sol., v den. tur. Non est correctus.

2642. Alius compotus ipsius pro viagio Flandrie et Hannonie quod fecit cum domino G. de Haricuria, anno m° ccc° x°, redditus curie dominica in octava Assumptionis

---

[1] Ms. : *Bouchy*. — [2] Ms. : *Mauines*. Conjecture.

m° ccc° xi°. Debentur ei pro fine dicti compoti iiii^xx lib., iiii sol., iii den. tur., quas debuit[1] habere per compotum suum de guerra Lugdunensi de anno m° ccc° x°. Arrestatur in margine ipsius : Non est correctus.

2643. Alius compotus ipsius de viagio per ipsum facto apud Lugdunum, cum comite Bolonie, redditus curie dominica in octava Assumptionis Beate Marie m° ccc° xi°. Debentur ei pro fine dicti compoti iiii^xx i lib., iii sol., iii den. tur., quas debuit habere per compotum de viagio Flandrie anno m° ccc° x°. Non est correctus.

2644. Alius compotus ipsius de expensis per ipsum factis in Alvernia, ubi missus fuit per regem pro guerra domini Beraudi de Mercorio, videlicet anno m° ccc° ix°. Debet pro fine dicti compoti vi^c iiii^xx xi lib., xviii sol., iii den. tur., que debent reddi regi per compotum suum de guerra Lugdunensi. Non est correctus.

2645. Alius compotus ipsius de guerra Lugdunensi cum domino rege Navarre, factus anno m° ccc° xi°, martis post Sanctum Martinum hyemalem m° ccc° xi°; et debet fieri per compotum magistri Anselli de Mornevalle de dicto exercitu. Debet pro fine dicti compoti xii^xx xii lib., x sol. tur. Fit a tergo dicti compoti. Non est correctus.

2646. Alius compotus ipsius de expensis per ipsum factis apud Attrebatum et alibi, in fronteriis Flandrie, a die lune vigesima prima die Februarii m° ccc° xi° usque ad diem sabbati quindecimam diem Aprilis m° ccc° xii° pro rebellione Flamingorum[2]. Et tunc temporis erat rex apud Viennam. Debentur ei pro fine dicti compoti ix^xx ii lib., vi den. tur. Non est correctus.

Alius compotus ipsius constabularii de expensis per eum factis apud Attrebatum et Insulam, a die sabbati post Nativitatem Beati Johannis m° ccc° xiv° usque ad dominicam decimam quintam diem post Septembris, per lxxviii dies; de quibus computavit decima die Maii m° ccc° xx°. Pro fine cujus compoti debuit viii^c xlviii lib., ix sol., iiii den. tur., quas reddidit in quodam compoto suo tornato per thesaurum ad Sanctum Johannem m° ccc° xx°, de tempore regis moderni.

Alius compotus ipsius de receptis et expensis per eum factis apud Insulam et in fronteriis Flandrie, a die mercurii decima septima die Septembris m° ccc° xv° usque ad diem sabbati tertiam decimam diem Novembris m° ccc° xvi°, redditus curie decima quinta die Aprilis m° ccc° xv°. Debentur ei pro fine dicti compoti sibi redditi vi^m v^c lxxviii lib., xi sol., ix den., pro expensis quas fecit in dictis fronteriis extra villam Insule, anno m° ccc° xv° : partes et diete in uno rotulo; item ix^m vii^c lxiii lib., xiii sol., v den. par., sibi debite pro expensis suis et gentium suarum, a decima septima die Septembris m° ccc° xv° usque ad decimam tertiam diem Novembris m° ccc° xvi°. In alio rotulo viii^m v^c lxiii lib.,

---

[1] Ms. : debent.

[2] Ce compte a été conservé : « Despens mons. Gaucher de Chatillon, conte de Porciens et connestable de France, estant a Arras et es frontieres de Flandres du commandement le roy, lundi xxi jour en fevrier l'an ccc xi duques au samedi xv jours en avril l'an ccc xii, par l,iii jours, pour la rebellion des Flamens qui lors estoient, quar li rois nostre sire estoit alez loins a Vienne... » (Bibl. nat., fr. 23256, fol. 21). Robert Mignon n'a pas noté que ce compte avait été « Auditus xxv° Octobris m° ccc° xviii° ».

ɪ den. tur., capte super regem per compotum thesaurariorum de tempore regis Ludovici vel moderni, de termino Sancti Johannis м° ccc° ɪx°, ut arrestatur ibi.

2647. Alius compotus ipsius de expensis per eum factis, de precepto regis, in comitatu Atrebatensi super confederatos et dominum de Fyenles, a die sabbati vigesima nona Octobris м° ccc° xvɪɪ° usque ad diem martis vigesimam nonam Novembris sequentis.

Alius compotus ipsius de expensis quas fecit apud Senonum, de mandato regis, contra confederatos Campanie, a die sabbati decima quarta Maii м° ccc° xvɪɪ° usque ad diem lune sequentem, per ɪx dies.

Alius compotus ipsius de expensis quas fecit apud Meledunum contra dictos confederatos, a dominica decima nona Junii м° ccc° xvɪɪ° usque ad diem sabbati secundam Julii sequentis, per xɪɪɪ dies.

Alius compotus ipsius de expensis factis apud Bethuniam, a die veneris vigesima octava Aprilis м° ccc° xvɪɪɪ° usque ad diem veneris quintam Maii sequentis, per vɪɪɪ dies.

Dicti quatuor suuntur simul, et redduntur fines trium primorum per ultimum compotum, et finis ultimi in quodam extracto tornato per thesaurum ad Sanctum Johannem м° ccc° xx°.

2648. Alius compotus extractus de pluribus viagiis, de receptis et expensis per eum factis de tempore bone memorie regum Philippi, Ludovici et moderni, qui fuit auditus dominica in festo Annunciationis Dominice vigesima quarta die mensis Martii anno м° ccc° xvɪɪɪ°. Debentur ei vɪɪ^{xx} vɪ lib., v sol., ob. tur.

2649. Alius compotus ipsius de dicta guerra, a vigesima quinta die Julii м° ccc° xvɪɪɪ° usque ad ultimam diem Augusti м° ccc° xɪx°. Debentur ei pro fine dicti compoti xvɪ^c ɪɪɪɪ^{xx} xvɪɪɪ lib., xɪɪ sol., ɪɪɪɪ den. tur. Non est correctus.

2650. Alius compotus ipsius de expensis quas fecit in via Burgundie, pro discordia que erat inter comitissam Burgundie et dominum J. de Cabilone, factus die jovis post Cineres м° ccc° vɪ°. Totus est de expensa, que est vɪ^c xxɪɪɪ lib., xv sol. tur. Sciatur ubi redditur ei, et corrigatur.

EMENDE PER INQUISITORES.

EMENDE SEU CONDEMNATIONES PER INQUISITORES INVENTE PENES NOS, VIDELICET DE ANNIS м° ccc° ɪɪ° ET CITRA PRO EXECUTIONE REGIS PHILIPPI. — ITEM ALIE DE ANNO м° ccc° xv° PRO REGIBUS LUDOVICO, PHILIPPO MAGNO ET CAROLO, PER ORDINEM.

2651. *Parisiensis.*

Emende taxate per magistrum Guillelmum Bonnet[1], thesaurarium Andegavensem, et Odardum de Novavilla, inquisitores prepositure et vicecomitatus. Sutus est cum illo de baillivia Sylvanectensi sequenti.

---

[1] Ms.: *Bouuet.*

2652. *Silvanectensis.*

Emende taxate in dicta baillivia per magistrum R. de Meulento et dominum Henricum de Cherisi, militem, dominum de Meureto. Sutus est cum illo de baillivia Parisiensi precedenti.

2653. *Viromandensis.*

2654. *Ambianensis.*

2655. *Senonensis.*

Emende taxate pro domino rege per magistrum Johannem de Foresta et Symonem de Marchesio, militem, inquisitores in baillivia Senonensi, anno m° ccc° ii°. Et arrestatur ibi eas esse a tergo debitorum dicte baillivie. Sciatur si extrahantur non soluta. Petantur.

2656. Emende monachorum de Barbello, tradite per Petrum de Brocia, hostiarium armorum, die lune post Assumptionem Beate Marie m° ccc° viii°; et de illis fit mentio in debitis Senonensibus.

2657. *Lingonensis.*

Condemnationes facte ibi super malefactores per dominum G. de Nogareto [et] dominum Symonem [de] Marchesio [1].

2658. *Aurelianensis.*

Emende taxate in baillivia Aurelianensi per inquisitores ibi deputatos tunc, videlicet magistrum Johannem de Foresta et dominum Symonem de Marchesio. Et ponuntur a tergo debitorum dicte baillivie.

2659. *Matisconensis.*

Emende taxate in baillivia Matisconensi per magistrum Radulphum Rousseleti et Bernardum de Meso, inquisitores ibi, tradite curie in crastino festi Apostolorum Petri et Pauli, anno m° ccc° iii°. Et est magna pars ipsarum adhuc recuperanda. Totalis summa posita fuit in debitis dicte baillivie, si non per partes.

2660. Condemnationes facte per magistrum J. de Forgetis, archidiaconum Claromontensem, et B. de Meso, inquisitores deputatos in dicta baillivia contra officiarios regis, annis m° ccc° xii° et m° ccc° xiii°.

2661. Duo alii rotuli de quibusdam compositionibus et financiis factis per dictum B. de Meso.

2662. *Bituricensis et Turonensis.*

Emende taxate per inquisitores in baillivia Turonensi et ejus ressorto, tradite curie jovis ante Sanctum Andream m° ccc° iii°. Non nominat inquisitores. Sunt plura recuperanda.

---

[1] Ms. : *Marchone.* Menant a lu aussi (XI, fol. 52 v°) : « Marchone ».

EMENDE PER INQUISITORES.

2663. Emende taxate per magistrum Petrum de Hermondivilla, archidiaconum Jenville, et Guidonem de Alneolo, militem, in bailliviis Bituricensi et Turonensi, videlicet anno M° CCC° II°. Et est adhuc magna pars ipsarum levanda, nisi alibi solverint. Sciatur. Arrestatur super dictas emendas baillivie Turonensis quod ponuntur a tergo debitorum. Sciatur de illis de baillivia Bituricensi si sint ut supra, et si non, extrahantur et petantur.

2664. Emende que debentur in Cenomanensi episcopatu pro delictis contra dominum regem perpetratis, que taxate fuerunt per Consilium regis. Et est summa v^m XLV lib.

2665. *Rothomagensis.*

Condamnationes ibi in tota Normania et terra Domnifrontis, facte per dominum Gaufridum de Vindocino et abbatem Sancti Petri de Carnoto, tradite sabbato post *Oculi mei* M° CCC° IV°.

2666. *Caletensis.*

In baillivia Caleti, emende ibi per magistrum Eliam de Malomonte.

2667. *Cadomensis et Constantinensis.*

Emende taxate et adjudicate in Normania per dominum Johannem Venatoris et magistrum Philippum Conversi, tradite curie in crastino Sancti Johannis M° CCC°, videlicet in bailliviis Constantinensi et Cadomensi, de quibus pars soluta est per compotum baillivie. Extrahantur et petantur non solute.

2668. Emende ibi per priorem Sancti Martini de Campis et Adam de Servigny in baillivia Cadomensi.

2669. Alie per Robertum de Sancto Benedicto et Gaufridum de Cloes, milites, in baillivia Constantinensi, cum compoto eorundem de eodem facto post Sanctum Michaelem [1] M° CCC° IV°. Debent. Templum tamen pro ipsis.

2670. *Gisortii.*

2671. *Campania pro quatuor bailliviis.*

Emende taxate per inquisitores ibi anno M° CCC° III°. Non nominat inquisitores. Videtur tamen quod magna pars ipsarum restet ad levandum. Extrahatur et petatur. Sunt cum ipsis quatuor rotuli tangentes Johannem Plaster[ar]ii, quondam servientem Trecensem.

2672. Emende taxate per inquisitores ibi, videlicet abbatem Sancti Petri Carnotensis et Gaufridum de Vindocino, anno M° CCC° II°, traditus curie per ipsos sabbato post *Oculi mei* M°-CCC° IV°, apud Rothomagum [2].

2673. Emende taxate per inquisitores in baillivia Vitriaci, circa Magdalenam M° CCC° III° tradite. Non nominat inquisitores. Sunt plura, ut videtur, levanda; sed emende bailliviarum Trecensis et Calvimontis penes dominum Almarricum.

---

[1] Ms. : *Martinum.* — [2] Cf. § 2665.

2674. Emende baillivie Calvimontis, taxate per dominos Goulardum de May et dominum Philippum de Mornayo circa Magdalenam m° ccc° iii°.

2675. Item condempnationes facte contra Johannem Le Plastrier.

2676. Emende per inquisitores baillivie Calvimontis, videlicet per abbatem de Valle Secreta et dominum Galterum d'Arzillieres, anno m° ccc° ix°. Quod non est solutum de eis ponitur a tergo debitorum Calvimontis.

2677. *Pictaviensis.*

Emende taxate in senescallia Pictaviensi per dominum Johannem [de] Rouvray[1], militem, [et] cantorem Aurelianensem, contra officiarios[2] regis et alios tunc. Et fuit eorum summa iii^{m}[3] ix^{e} lii lib., x sol. tur., de quibus pars fuit soluta et pars remanet ad solvendum. Extrahatur.

2678. Emende dicte senescallie restantes ad levandum de tempore quo fuit ibi cancellarius Meldensis, videlicet circa annum m° ccc° iiii^{xx} viii°, tradite per dominum P. de Villablou[an]a sexta die Maii m° ccc° iii°, alias m° ccc° iv°. Videatur et fiat collatio, ut sciatur quid restat de dictis emendis, quia aliquantulum est obscurum, ut videtur.

2679. *Xanctonensis.*

Compotus abbatis[4] Sancti Laurentii et Arnulphi Mellin[5], militis, inquisitorum in senescallia Xanctonensi anno m° ccc° ii°, auditus die martis ante Ascensionem Domini m° ccc° iv°, tam de receptis quas fecerunt de emendis et compositionibus per ipsos factis, quam de quinquagesima imposita per magistrum Benedictum d'Agonnay, et alia quinquagesima imposita per magistrum G. des Buissons, et aliis receptis in dicto compoto contentis. Sed dictus abbas debuit pro fine dicti compoti cviii sol. tur. Et est sciendum quod summa dictarum condempnationum fuit iii^{m} ix^{e} li lib., vii sol. tur., de quibus restat ad solvendum plus quam medietas. Extrahatur et petatur.

2680. *Alvernie. Item Ruthenensis in fine.*

Emende taxate in bailliviis[6] Alvernie et Montanarum et earum ressortis per magistrum Guillelmum de Fossa, scholasticum Insulensem, et dominum Egidium de Monte Capreoli, inquisitores ibi, anno m° ccc° ii°. De quibus emendis reddite fuerunt per receptores ibi, G. Cale[i]ati et alios, alique pro toto et alique pro parte. Restat adhuc reddendum de ipsis circa iii^{m} lib. et plus. Sciatur ubi rex habuerit.

Compoti quos fecerunt de expensis suis factis in dicto negotio scribuntur a tergo bailliviarum Francie, et ideo de ipsis nihil hic.

2681. In alio rotulo financie et emende facte et taxate in baillivia Montanarum Al-

---

(1) Ms.: *Revray.* Cf. *Olim*, III, p. 468.

(2) Ms.: *officialem.* Menant (XI, fol. 55): «officiarios».

(3) Menant, l. c.: 2952.

(4) Ms.: *Alberti.* La bonne leçon se trouve dans

les Notes de Vyon d'Hérouval (*Bibliothèque de l'École des chartes*, 1867, p. 621).

(5) Ms. et Vyon d'Hérouval, l. c.: *Daden.* Voir «Arnulphus Mellin», à l'Index.

(6) Ms.: *baillivia.*

vernie, per magistrum Raimbandum de Rechine[voisin] et Johannem de Templo, anno M° CCC° XIV°, de quibus pars soluta est. Extrahatur et petatur.

2682. Compotus magistri G. de Dumis[1] de hoc quod recepit de explectis factis in bailliviis Alvernie et Montanarum et senescallia Ruthenensi, anno M° CCC° VIII° et citra, per ipsum et per dominum Johannem de Sancto Verano, redditus ultima Septembris M° CCC° XVI°.

2683. *Caturcensis et Petragoricensis.*

Condempnationes et compositiones facte per archidiaconum Algie, magistrum G. Arnaldi, et G. de Sancto Taurino, canonicum Lexoviensem. Non dicunt de quo tempore. Sciatur.

2684. Emende taxate per archidiaconum Bergeriaci, et Bernardum Cornuti[2], et Robertum de Villafranca, inquisitores ex parte regis in senescallia Petragoricensi et Caturcensi, tradite per ipsos dominica post Ascensionem Domini M° CCC° III°. Et est earum summa IX^m IIII^{xx} IX lib., XX den. tur., de quibus receperunt dicti inquisitores IX^c XXIX lib., XIII sol., IIII den. tur., quas reddunt a tergo compoti sui de eorum expensis. Restant ad levandum VIII^m VIII^{xx} lib., XLVII sol., IIII den. tur. Petantur et explectentur.

Compotus ipsorum, quamdiu fuerunt in officio predicto, videlicet a Nativitate Beate Marie Virginis M° CCC° I° usque ad octavas Beati Barnabe Apostoli M° CCC° II°. Debentur pro fine dicti compoti XIX lib., IX sol., II den. tur. Non est correctus, et sunt alia corrigenda per ipsum.

2685. Condempnationes et financie facte anno M° CCC° XI° in senescallia Caturcensi per Bernardum de Meso.

2686. *Tholose.*

Emende taxate in senescallia Tholose per Richardum Nepotis, archidiaconum Algie in ecclesia Lexoviensi, magistrum P. de Latilliaco, et vicedominum Ambianensem et alios, tradite curie per dictum archidiaconum die jovis post Sanctum Johannem M° CCC° IV°. Et fuit summa totalis ipsarum LXXIII^m IX^{xx} XI lib., XVIII sol. tur. Extrahantur debita que non soluta fuerunt, que ad magnam summam ascendunt, et petantur.

2687. Compotus ipsius archidiaconi de expensis quas fecit cum domino vicedomino Ambianensi, in partibus Tholosanis et aliis locis circumvicinis, pro restitutione ducatus Aquitanie, a vigesima die Februarii M° CCC° II° usque ad decimam diem Junii M° CCC° IV°. Debentur ei pro fine dicti compoti, de quo habuit cedulam. Videtur esse correctus. Scriptus a tergo bailliviarum Francie anno M° CCC° IV°.

2688. Duo alii compoti ipsius. Unus, ubi missus fuit ad capitulum generale apud Cisterciense monasterium, etc.[3]; et debentur ei pro fine ipsius LXII lib., XIII den. tur.; scribitur ad Omnes Sanctos M° CCC° IV°. Alius, ubi missus fuit apud Lexovium, per quem

---

[1] Ms.: *Dunis.* Cf. § 2679.
[2] Ms.: *Cormici.* « Cornuti » sedit dans les Extraits de Menant (XI, fol. 56).
[3] Ms.: *monasterium iter et debentur.* « Etc. », au lieu de « iter », se lit dans les Extraits de Menant (XI, fol. 56).

debentur ei xi lib., v sol., iiii den. tur. — Debent scribi a tergo bailliviarum de termino Omnium Sanctorum m° ccc° iv°. Sciatur.

2689. Alie condempnationes facte ibi per dictos Richardum, ma[gistrum] G. Arnaldi, et G. de Sancto Taurino in partibus Tholosanis.

2690. Item, recepta condemnationum malefactorum episcopatus Lingonensis, factarum per dominum G. de Nogareto [1] et dominum Symonem de Marchesio [2].

2691. Item quedam condempnationes facte per vicedominum Ambianensem et archidiaconum Lexoviensem.

2692. *Ruthenensis.* — Aliqua mentio fit super Alvernia.

2693. *Carcassone.*

Emende taxate ibi per Johannem Thome, cancellarium Bituricensem, et dominum P. de Sancta Cruce, tradite dominica post Epiphaniam m° ccc° iv° anno.

Item ordinationes facte ibi per ipsos.

2694. *Lugdunensis.*

2695. *Navarra.*

Compotus domini Milonis de Noeriis de viagiis in Navarram pro reformatione patrie, annis m° ccc° xiii° et xiv° [3], redditus curie decima sexta Julii m° ccc° xv°. Corrigitur finis.

CONDEMNATIONES SEU EMENDE PER INQUISITORES, ET SUPER USURIS [4] PRO PARTE, DE TEMPORE REGUM LUDOVICI ET PHILIPPI MAGNI AC REGIS CAROLI, FILIORUM PHILIPPI PULCHRI.

2696. *Parisiensis.*

Emende et explecta facta ibi, annis m° ccc° xv° et m° ccc° xvi°, per magistrum G. Arrenardi, Droconem [5] de Charitate, et dominos Robertum de Tornebu et P. de Villablouana, cum compotis eorundem de eisdem. Redditus duodecima Augusti m° ccc° xvi°. Debentur eis xxii sol., iii den.

2697. *Sylvanectensis.*

Emende et explecta facta ibi, annis m° ccc° xv° et m° ccc° xvi°, per magistrum Raimbaldum de Rechignevoisin, reformatorem tunc ibi. Et est compotus originalis de eisdem inter compotos par[ticulares] non sutos [6] ante Ascensionem m° ccc° xxii°. Similes, et non tamen ita veriores, ut videtur, sunt a tergo debitorum ejusdem baillivie de m° ccc° xv°.

2698. *Viromandensis.*

Compotus et explecta magistri Johannis de Ceres, inquisitoris ibi tunc, cum comite Foresii, domino Mattheo de Tria, magistro P. de Monciaco, redditus et factus per thesaurum, vigesima octava Septembris anno m° ccc° xvi°.

---

[1] Ms. : *Noeriis.* Cf. § 2657.
[2] Ms. : *Marchone.*
[3] Ms. : *1303 et 1304.* Cf. Menant, XI, fol. 56 v°.
[4] Ms. : *inquisitores et usur.*
[5] Ms. : *diaconum.*
[6] Ms. : *non sunt.* Cf. § 1991.

2699. Compotus dicti magistri P. de Moncy de eodem. Videtur ei deberi.

2700. Condemnationes per magistrum Guidonem Poictevin super usuris anno m° ccc° xxv°. Sunt etiam in fine compoti sui de expensis in dicto facto suti[1] ad Omnes Sanctos m° ccc° xxviii°.

2701. *Ambianensis.*

2702. *Senonensis.*

Explecta ibi tunc tradita per dominum Hugonem Pailliart, decima septima Junii anno m° ccc° xviii°.

Item compotus ipsius de expensis suis ibi, redditus dictis die et anno. Corrigitur finis.

2703. Condemnationes in dicta baillivia et ressorto per dominum Adam de Insula et Vincentium de Castello, reformatores ibi anno m° ccc° xxv°, tradite curie vigesima prima Decembris, anno m° ccc° xxvii°. — Compotus dicti[2] Vincentii de expensis suis ibi, sexta die Januarii m° ccc° xxx°.

2704. *Aurelianensis.*

Compotus et explecta magistri Johannis de Divione, inquisitoris ibi tunc, redditus et factus per thesaurum decima sexta Augusti m° ccc° xvi°.

2705. *Matisconensis.*

Condempnationes facte per dominum J. de Forgetis predictum et Bernardum de Meso in baillivia Matisconensi. Non dicit quo tempore. Creditur tamen quod fuit de tempore exequtionis. Videatur penes socios si habeant similes, quia ad magnam summam ascendunt. Sunt de hoc duo rotuli. Fiat collatio de ipsis.

2706. *Bituricensis.*

Emende per inquisitores, videlicet Amisium de Aurelianis, Reginaldum de Lyoart[3] et Johannem de Arrableyo, pro anno m° ccc° xv°, tradite curie vigesima septima mensis Julii m° ccc° xxiii°.

2707. Condemnationes ibi per magistrum Bernardum d'Alby et dominum Johannem de Castele, reformatores ibi, anno m° ccc° xxvi°.

2708. *Turonensis.*

Emende taxate in episcopatu Cenomanensi per Johannem de Variis et Theobaldum de Sylvanectis, levande per baillivum Turonensem. Et fuerunt correcte per consilium Camere. Sciatur quid solutum est de ipsis, et petatur residuum.

2709. In alio rotulo alie emende tradite per dictum baillivum Turonensem, levande super plures personas pro injuriis illatis episcopo Cenomanensi.

2710. Compotus magistri Johannis Broardi et Petri Parvi, inquisitorum in eadem

---

[1] Ms. : *suto.* — [2] Ms. : *de Sancto Vincentio.* — [3] Cette forme ne doit pas être suspectée. Cf. Arch. nat., KK 1, p. 154 : «Renaudus de Liouart».

baillivia anno m° ccc° xv°, de suis expensis in dicto negotio, auditus vigesima prima Februarii m° ccc° xxiii°.

Partes dictarum condempnationum ibi tradite tunc per eosdem.

2711. Condempnationes per magistrum Raimbaldum de Rechignevoisin et dominum Guillelmum Sudre, reformatores ibi, anno m° ccc° xvi° et m° ccc° xvii° anno.

2712. *Rothomagensis.*
Emende ibi taxate anno m° ccc° xvi° per episcopum Macloviensem et Petrum de Diciaco. Fiunt a tergo debitorum Normanie de anno m° ccc° xvi°.

2713. Condemnationes facte per dominos Aymardum de Croso et Philippum de Bethisy, reformatores ibi, anno m° ccc° xxv°. Redditus ultima Decembris anno m° ccc° xxviii°.

2714. *Caletensis.*

2715. *Cadomensis et Constantinensis.*
Condemnationes facte in bailliviis Cadomensi et Constantinensi per dominum Bertrandum Bonifacii, magistrum Philippum Herboust et dominum P. de Macheriaco[1], reformatores ibi, anno m° ccc° xxvi°. Ascendunt ad viii^m viii^c ii lib.

2716. *Constantinensis.*
Supra pro parte.

2717. *Gisortii.*

2718. *Campagnia pro quatuor bailliviis.*
Emende per inquisitores Campanie anno m° ccc° xv°, tradite per dominum Guidonem de Percone[2]. Sciatur si sint ille que tradite fuerunt Stephano de Domno Benigno et Nicolao de Villonissa ad levandum.

2719. Condemnationes in bailliviis Trecensi et Calvimontis per magistrum Guidonem Poitevin et dominum Johannem de Varennis, reformatores ibi anno m° ccc° xxvi°. Sunt etiam in fine compoti sui suti ad Omnes Sanctos m° ccc° xxviii°.

2720. Compotus Johannis de Brecenay de hoc quod levavit de dictis emendis, redditus decima quinta die Martii m° ccc° xxxiv°. Debet ii^m ii^c iiii^{xx} xvii lib., xi sol., xi den. tur. debil. Et sunt arreragia levanda in fine.

2721. Compotus Guillelmi de Bryen[3] de condempnationibus factis in bailliviis Meldensi et Vitriaci per magistrum Johannem de Bourbon[4] et dominum Radulphum de Joyaco, reformatores ibi anno m° ccc° xxvii°, redditus vigesima septima die Octobris m° ccc° xxx°. Deb[et] cxix lib., xi sol., xi den. tur. debil. Thesaurus tamen pro ipso l lib. tur. debil. Sunt ibi arreragia levanda de xvii^c xxxiiii lib., iiii sol., i den. tur.

2722. *Pictaviensis, Xanctoniensis, Marchie et Lemovicensis.*
Condemnationes facte in Lingua Occitana annis m° ccc° xviii° et xix^o per dominum

---

[1] Ms.: *Moncheriaca.* — [2] Menant (XI, 57) = *poone.* Cf. *Olim*, III, p. 1280. — [3] Forme très suspecte. — [4] Ms.: *de Rony Bourbon.* Cf. *Olim*, III, p. 1302.

R[adulphum], Laudunensem episcopum, et dominum Johannem, comitem Foresii, reformatores ibi, et per suos commissarios.

2723. Condemnationes in senescalliis Pictaviensi, Xanctoniensi, Marchie et Lemovicensi, anno m° ccc° xxvi°, per magistrum P. Maillardi et dominum Johannem de Faux, tradite decima quinta Aprilis m° ccc° xxviii°, ascendentes ad vi^m (1) ix° xlvi lib., xxiii den. tur.

2724. Condemnationes in senescallia Xantonensi et comitatu Engolismensi per dominum Nicolaum Albi et dominum Guillelmum de Pois tunc.

2725. Compotus magistri Johannis de Muro, inquisitoris cum magistro Lisardo de Sancto Austero, anno m° ccc° xxviii°, in senescallia Pictaviensi et Lemovicensi, redditus duodecima Aprilis m° ccc° xxxi°. Explecta suuntur in fine.

2726. *Xanctoniensis.* — Ut supra.

Emende taxate in senescallia Xanctoniensi per magistrum Nicolaum de Braya et Ludovicum de Villa Petrosa, inquisitores ibi, tradite per dictum magistrum Nicolaum penultima Octobris et per Petrum de Villebrenne, m° ccc° xvi°. Dicitur in fine quod tradite fuerunt senescallo ut explectarentur. Sciatur quid reddidit de eis, et petatur residuum.

2727. *Alvernie.*

Emende taxate super prepositos, servientes et alios officiarios regis in baillivia Alvernie, tradite per dominum Dionisium de Senonis, decanum Senonensem, decima tertia die Decembris m° ccc° xvi°, de quibus solutum est parum, licet summa earum fuerit m viii^c iiii^xx viii lib., xi sol. tur. Extrahatur et petatur residuum.

2728. Financie et emende taxate in baillivia Montanarum Alvernie per magistrum Rimbaudum de Rechinevoisin, commissarium in dicta baillivia, tradite curie per dictum Rimbaudum veneris sexta die Junii m° ccc° xxv°. Jam solutum est de ipsis per compotum baillivie. Partes extrahantur, et mittatur residuum quod debetur receptoribus ad levandum.

2729. *Tholose et Petragoricensis.*

Emende taxate in senescallia Tholose per inquisitores ibi m° ccc° xv° et m° ccc° xvi°, videlicet episcopum Briocensem, magistrum Henricum de Culento et dominum G. Flote. Videtur quod nihil explectatum fuerit de eis. Mittantur receptores.

2730. *Caturcensis et Petragoricensis.*

Condemnationes in senescallia Petragoricensi et Caturcensi per dominum Nicolaum Albi et dominum de Pois, reformatores ibi, anno m° ccc° xxvii°. Suuntur cum partibus financie feodorum senescallie Xanctoniensis, nisi hic invenia[n]tur.

2731. *Ruthenensis.*

Compotus magistri Guillelmi de Ventenaco, reformatoris in senescallia Ruthenensi, cum domino Gaucelino de Campania, anno m° ccc° xxvi°, de receptis et misiis factis pro eodem, redditus decima quarta Januarii m° ccc° xxxiii°. Deb[et] et (?) habuit cedulam. Explecta quedam in fine.

(1) En marge : « ad V^m tantum ».

2732. *Carcassone.*

Relatio magistri Johannis de Goy, missi pro reformatione patrie in senescallia Carcassone anno M° CCC° XVI°.

2733. Condemnationes et compositiones facte per priorem de Caritate, dominum Johannem de Arrableyo, militem, magistrum Gualterum Arrenart, inquisitores deputatos in senescallia Carcassone super plures excessus factos ibi, de quibus condemnationibus et compositionibus, ut arrestatur ibi, tradiderunt thesaurario dicte senescallie copiam. Videatur quid reddiderit de ipsis in compotis suis, et petatur residuum. — Benedictus Brocardi computavit de hoc quod levavit de dictis emendis, vigesima nona Julii M° CCC° XXII°. — Dictus compotus adnichilatur, et fit per compotum suum de bonis Judeorum explectatis anno M° CCC° VI° cum quo suitur [1].

2734. *Bellicadri et Nemausi.*

Rotulus in quo continentur statuta et ordinationes facte in senescallia predicta per dominum Petrum de Sancta Cruce, militem, et magistrum Johannem Thome, cancellarium ecclesie Bituricensis, missos per dominum regem ad inquirendum et reformandum statum et conditionem senescallie predicte.

2735. Condemnationes senescallie Bellicadri, tradite curie per J. Thome, cancellarium Bituricensem, et dominum P. de Sancta Cruce, militem, inquisitores ibi, dominica post Epiphaniam M° CCC° IV°. Et fuit summa dictarum condemnationum $\text{II}^{\text{m}} \text{IIII}^{\text{c}} \text{IIII}^{\text{xx}}$ XIX lib., XIII sol., et cum hoc plura bona quorundam; de qua summa thesaurarius Nemausi debuit habere M IIII^{xx} lib.

Proventus facti ex officio dicti militis et ejus socii in eadem senescallia.

2736. Emende ibi taxate per dominum G. de Chandenayo [2] et dominum P. Bertrandi anno M° CCC° XV°.

2737. Condemnationes in senescallia Bellicadri et Nemausi per magistrum Stephanum de Villariis et dominum G. de Moyaco, reformatores ibi anno M° CCC° XXVIII°.

2738. *Petragoricensis.* — Supra.

2739. *Lugdunensis.*

Condemnationes et emende taxate in senescallia Lugdunensi per Johannem de Forgetis, archidiaconum Claromontensem [3], et P. de Capis, canonicum Remensem, et Thomam de Morfontaine, militem domini regis. Non est summa totalis ipsarum facta. Sciatur quid sit redditum per compotum dicte senescallie, et explectentur persone condemnate de residuo. Est alius rotulus. Sciatur, etc.

2740. *Navarra.*

Dominus Hugo de Vyssac, dominus Johannes Pasté et Alphonsus de Malobodio, commissarii ibi annis M° CCC° XXIII° et XXIV°.

---

[1] Cf. § 2174. — [2] Ms. : *Chauden.* Voir l'*Hist. gén. de Languedoc*, X, col. 559. — [3] Ms. : *Claromontanum.* Cf. § 2660.

COMPOTI TEMPORALITATUM EPISCOPATUUM CERTA DE CAUSA DETENTARUM IN MANU REGIS.

2741. *Trecensis* [1].

Compotus Guillelmi de Hangesto junioris de bonis temporalitatis episcopatus Trecensis de tempore domini Guichardi, ibidem [episcopi], in prisione detenti, factus a festo Beati Luce $\text{M}^\text{o}\text{ccc}^\text{o}\text{viii}^\text{o}$ [2] usque ad Apparitionem Domini $\text{M}^\text{o}\text{ccc}^\text{o}\text{x}^\text{o}$, redditus curie mense Februarii $\text{M}^\text{o}\text{ccc}^\text{o}\text{xvii}^\text{o}$. Et debentur dicto Guillelmo $\text{vii}^\text{c}\text{xlix}$ lib., viii den. tur. Non est correctus.

Alius compotus ejusdem Guillelmi de dictis bonis, a die octavarum Epiphanie $\text{M}^\text{o}\text{ccc}^\text{o}\text{x}^\text{o}$ usque ad Pascha $\text{M}^\text{o}\text{ccc}^\text{o}\text{xii}^\text{o}$. Et debentur ei $\text{vi}^\text{c}\text{xxii}$ lib., xvi sol., vi den., ob.; nec est correctus. Item compotus bladorum eorundem.

Alius compotus ejusdem et de eodem, a die Pasche $\text{M}^\text{o}\text{ccc}^\text{o}\text{xiii}^\text{o}$ usque ad Pascha $\text{M}^\text{o}\text{ccc}^\text{o}\text{xiv}^\text{o}$, redditus curie mense Februario $\text{M}^\text{o}\text{ccc}^\text{o}\text{xvii}^\text{o}$. Nec est correctus.

Alius compotus ejusdem Guillelmi de eodem, ab anno incepto ad Pascha $\text{M}^\text{o}\text{ccc}^\text{o}\text{xiii}^\text{o}$ et finito ad eandem Pascha $\text{M}^\text{o}\text{ccc}^\text{o}\text{xiv}^\text{o}$, redditus curie mense Februario $\text{M}^\text{o}\text{ccc}^\text{o}\text{xvii}^\text{o}$. Nec est correctus.

Alius rotulus solutionum factarum per Johannem Ploiebauch personis quibus debebatur pro predicto episcopo.

2742. *Appamiensis.*

Compotus Petri de Cruciaco, castellani Montis Regalis, de temporalitate episcopatus Appamiensis, a die veneris in octava Nativitatis Beate Marie Virginis, decima quinta Septembris anno $\text{M}^\text{o}\text{ccc}^\text{o}\text{I}^\text{o}$ usque ad diem mercurii vigesimam septimam Februarii $\text{M}^\text{o}\text{ccc}^\text{o}\text{III}^\text{o}$. Nec est correctus, ut videtur.

2743. *Pictaviensis.*

Compotus valoris temporalitatis episcopatus Pictaviensis in manu regis existentis, de annis $\text{M}^\text{o}\text{cc}^\text{o}\text{IIII}^\text{xx}\text{xix}^\text{o}$, $\text{M}^\text{o}\text{ccc}^\text{o}$ et $\text{M}^\text{o}\text{ccc}^\text{o}\text{I}^\text{o}$, quibus annis dominus P. de Villablouana fuit senescallus Pictaviensis et Lemovicensis. Non est correctus. Pecunia dicte temporalitatis soluta et tradita fuit domino Guidoni Caprarii. Sciatur ubi redditur regi.

2744. *Albiensis.*

Compotus Raimundi Baudrici de Albia de bonis episcopi Albiensis, a die Cinerum $\text{M}^\text{o}\text{ccc}^\text{o}\text{III}^\text{o}$ usque ad diem jovis post Sanctum Martinum anno Domini $\text{M}^\text{o}\text{ccc}^\text{o}\text{IV}^\text{o}$. Et fuit summa recepte $\text{II}^\text{m}\text{v}^\text{c}\text{IIII}^\text{xx}\text{xii}$ lib., xvi sol., i den. tur., expense $\text{viii}^\text{xx}\text{vii}$ lib., xiii sol. tur.

---

[1] Ce paragraphe a été publié par A. Rigault, *Le procès de Guichard, évêque de Troyes* (Paris, 1896, in-8°), p. 291. — [2] Ms. : *1318*.

Debet $II^m IIII^c xxv$ lib., II sol., I den. tur.; de quibus Templum debet reddere pro ipso $II^m IIII^c$ lib. Ubi continetur : Non est correctus [1].

2745. Compotus magistri Matthei de Curtibus Jumellis, legum doctoris, de financiis et condemnationibus per ipsum et dominum Pontium de Omelacio [2] factis contra illos qui decimas ecclesie episcopi Albiensis usurpaverant indebite, redditus per ipsum vigesima septima Maii $M^o CCC^o XI^o$. Debuit pro fine dicti compoti CIX lib., XIIII sol., VI den. tur., quas reddidit in compoto suo de viagio Avignionis, scripto a tergo bailliviarum Francie $M^o CCC^o X^o$; et quitte. Plura tamen sunt recuperanda que sunt in fine dicti compoti de dictis financiis et condemnationibus, nondum solutis, que ad III^m lib. tur. vel circa ascendunt.

2746. *Lugdunensis.*

Compotus Reginaldi de Sancta Bova, militis, gardiatoris Lugdunensis, de temporalitate archiepiscopi Lugdunensis, a decima quarta die Februarii anno $M^o CCC^o X^o$ usque ad primam diem Decembris $M^o CCC^o XII^o$. Et fuit recepta $III^m VII^c$ lib., LIX sol., I den. vienn. Expensa $IIII^m III^c XXXVII$ lib., XI sol., X den. vienn. Sic debentur ei $VI^c XXXV$ lib., IX sol., et III sol., IX den. vienn. Habuit cedulam ad thesaurum die sabbati nona Decembris $M^o CCC^o XII^o$. Auditus sexta die Decembris $M^o CCC^o XII^o$. Non est correctus.

2747. Compotus Guillelmi de Viriaco, gardiatoris Lugdunensis, de bonis et redditibus ibi, a die dominica ante festum Epiphanie $M^o CC^o IIII^{xx} XIX^o$ usque ad quindenam festi Purificationis $M^o CCC^o$. Restat quod debet $VIII^c IIII^{xx} XVI$ lib., IIII sol., VI den. vienn. Imperii; et debentur ei $VI^c XIII$ lib., XVII sol., X den. vienn. [de] Lugdun[o]. Item debet de compoto precedenti $VII^{xx} XV$ lib., XV sol., II den. vienn. [de] Lugdun[o]. Sciatur quis habet istum ultimum compotum, quia non habeo.

Compotus Guillelmi de Viriaco, gardiatoris Lugdunensis pro rege, ab ultima die mensis Martii anno $M^o CCC^o$ usque ad ultimam diem mensis Martii $M^o CCC^o I^o$, auditus ante Pascha $M^o CCC^o I^o$. Et fuit recepta $III^m VI^{xx} II$ lib., IIII den. vienn. de Lugduno, $VIII^c IIII^{xx} XVI$ lib., IIII sol., VI den. vienn. Imperii. Expensa $II^m IX^c IIII^{xx} XIII$ lib., IX sol., VIII den. vienn. de Lugduno. Debet $VI^{xx} VII$ lib., XI sol., VI den. vienn. [de] Lugdun[o], et $VIII^c IIII^{xx} XVI$ lib., IIII sol., VI den. de moneta Imperii. Ponuntur in compoto sequenti in fine cum alio debito suo. Et quitte hic.

Alius compotus dicti Guillelmi de Viriaco de eadem custodia, ab ultima die Martii $M^o CCC^o I^o$ usque ad ultimam diem Februarii $M^o CCC^o II^o$. Et debet $IIII^c XXXIII$ lib., II sol., III den. vienn. [de] Lugdun[o], et IIII^{xx} lib. monete regis Sicilie; et de compoto precedenti $VI^{xx} VII$ lib., XI sol., VI den. vienn. [de] Lugd[uno], et $VIII^c IIII^{xx} XVI$ lib., IIII sol., VI den. vienn. de Imperio; et blada et vina et gallinas, de anno $M^o CCC^o$, estimata VII^{xx} lib., LXII sol., II den. vienn., de quibus sunt C lib. de moneta Imperii.

2748. *Tholose.*

Compotus magistri Guillelmi de Condeto de debitis episcoporum quondam Tholose,

---

[1] Ms. : *lib. ubi continentur non est correctus.* — [2] Ms. : *Omeliaco.* Voir, sur ce personnage, *Bibliothèque de l'École des chartes*, 1891, p. 673.

Bertrandi et Hugonis, factus mense Decembri м° ccc° iiii^{xx} xviii°. Debetur ei pro fine dicti compoti. Non est correctus, et sunt plura corrigenda per ipsum.

2749. Compotus Guillelmi de Trocha de eodem, factus dominica post Conversionem Sancti Pauli м° ccc° ii°. Debet pro fine dicti compoti xxxi lib., xiii sol., vii den. Non est correctus.

2750. Compotus dictorum compotorum per gentes summi pontificis, et Guillelmi de Trocha pro rege, factus ante festum Apostolorum Petri et Pauli м° ccc°. Non est correctus.

2751. *Caturcensis.*

Compotus P. de Boillis, receptoris emolumentorum pariagii et vicarie Caturcensis, communis[1] regi et episcopo, a Nativitate Beate Marie м° ccc° x° usque ad sabbatum post festum Beati Barnabe Apostoli м° ccc° xi°. Debet pro fine dicti compoti xxxviii lib., viii sol., viii den. Non est correctus.

2752. *Cathalaunensis.*

Compotus temporalitatis episcopatus Cathalaunensis de tempore magistri P. de Latilliaco, a Nativitate Sancti Johannis Baptiste м° ccc° xvi° usque ad Sanctum Remigium м° ccc° xviii°, redditus per G. Bernardi[2].

---

[1] Ms. : *Caturci comitis.* On lisait dans l'original : *cois*, avec une abréviation, comme l'indique Menant (XI, fol. 57 v°). Cf. Arch. nat., J 896, n° 33.

[2] On lit ensuite : «Ce volume sert pour voir les comptes qui se sont rendus des règnes des rois Philippe le Bel, Louis le Hutin, Philippe le Long, et Charles le Bel et du temps du roy Philippe de Valois. Le tout en un sommaire abrégé, mais fort net.»

APPENDICE I.

COMPOTI PARTICULARES SCRIPTI A TERGO BALLIVIARUM FRANCIE [1].

Ascensio [et Omnes Sancti] ccc° x°.

Compotus magistri Egidii de Remino de viagio Flandrie cum aliis, m° ccc° ix°.

Compotus Johannis de Capella, quondam prepositi insule Oleronis, de quibusdam misi[is] per ipsum tempore quo erat ibi prepositus factis.

Compotus magistri Johannis de Cerez, thesaurarii Lexoviensis, pro expensis in inquesta inter regem et ducem Burgundie in baillivia Matisconensi.

Compotus Galeranni, conciergii Parisiensis, [pro] graner[io] ibi, x°.

Compotus magistri Philippi Conversi de negotiis forestarum et Sca[carii].

Compotus Thome Burg......[2] de expensis puerorum capelle regis.

Compotus domini Johannis de Gaillon, militis, de via in Angliam.

Item dominus Mich[ael] ad Omnes Sanctos ccc° x°.

Compotus Petri Lemplumé de Ebroicis et Roberti Bouterii, celerarii Parisiensis, de receptis celer[arie] ccc° v°, ccc° vi°, ccc° vii°, ccc° viii° et ccc° ix°.

Compotus domini Guidonis de Lauduno, thesaurarii capelle, de misiis ibi, x°.

Ascensio ccc° xi° [3].

Compotus fratris Durandi de viagio Anglie.

Compotus domini Mathei de Curtibus Jumellis de viagio ad papam, x°.

Compotus magistri Radulfi de Praellis apud Cabillonem tunc.

Compotus magistri G. de Plaisiano de via Lugdunensi cum aliis, x°.

Compotus episcopi Baiocensis et magistri Johannis de Forgetis de via ibidem.

Alius compotus ejusdem de via Avignionis cum aliis, x°.

Compotus magistri Alani de Lambalia de via ibi, ix°.

Compotus Guiardi Malherbe de negotiis financiarum [4] in pluribus bailliviis, ccc° iii°.

Ascensio ccc° xii°.

Expensa m[agistri] Symonis de Sancto Benedicto pro informatione expensarum r[egis] apud Bituricum.

---

[1] Extrait du Recueil de Ménant, conservé à la Bibliothèque de Rouen, t. VIII, fol. 65 et suiv.

[2] Ms. : *Burgensis*. Le ms. original portait « Burg ». Nous n'avons pas le moyen de résoudre cette abréviation, qui a été résolue au hasard par l'auteur du Recueil de Ménant. Cf. plus bas, p. 359.

[3] Ms. : *1321*.

[4] Ms. : *Francie*. Conjecture.

Compotus domini G. de Plaisiano pro via apud Malausenam ad papam.
Compotus Galerani, conciergii, de misiis celar[arie] ibi, xi°.
Compotus domini G. de Harcuria de viagio Vienne tunc [1].
Compotus marescalli Francie, domini J. de Gressibus, de via Flandrie tunc.
Alius compotus ejusdem de via Vienne tunc.
Compotus magistri P. de Graffio [2] de bonis heredum uxoris Happart.
Compotus domini G. de Nogareto de pluribus viis, videlicet Avignionis, Vienne, Flandrie, Rome, [ad] concilia Vienne et Pontisare.
Compotus magistri Radulphi de Joyaco de via Vienne cum dicto domino Guillelmo.
Compotus domini G. de Marcilliaco de inquesta valoris senescallie Pictaviensis.
Alius compotus magnus ejusdem super inquisitione false monete cum G. Courteheuse et Jacobo de Jassenis [3].

Ascensio ccc° xiii°. Nichil. — *Omnes Sancti ccc° xiii°*.

Compotus domini Johannis de Arreblayo, militis, de misiis pro decima Aquitanie.
Compotus domini G. de Flavacuria, archiepiscopi [4] Rothomagensis, de via Anglie cum aliis.
Compotus domini Fucoldi de Merula pro via Vienne, xi°.
Due misie per Gilbertum de Lupara pro artilleria.
Misie Petri La Vache, castellani Meleduni, pro artilleria ibi.
Compotus magistri P. de Latilliaco de pluribus viis pro rege, xii°.
Compotus domini G. de Plaisiano de via Lugduni pro excambio cum capitulo.
Misie duorum artilliatorum Rothomagensium de artilleria ibi.
Misie Benedicti Fabri de Lupara.
Misie Petri La Vache, castellani Meleduni, de artilleria ibi.
Misie artillerie Lupare per Gilbertum, artilliatorem ibi.

Ascensio ccc° xiiii°.

Compotus J. Gaydre de executione exercitus Flandrie in Bittur[icensi baillivia?].
Alius compotus ejusdem pro facto Italicorum in Campania.
Compotus magistri Paris[eti] de Lingonis pro facto monetarum apud Barrum super Albam.

---

[1] Nous résolvons par « tunc » une abréviation qui revient plusieurs fois dans ce document, et que l'auteur du Recueil de Menant a transcrite sans la comprendre. Il lui donne souvent la forme d'un π; l'original portait « tc ».

[2] Cf. Arch. nat., JJ 44, fol. 13 et 13 v°, n°s 23 et 24 : Commission à maître Pierre « dicto du Greffe de Ambliniaco », dans l'affaire de Huart Happart.

[3] Après « Jassenis », on lit, dans le ms. : *magn°*. Il faut lire sans doute *magnus* et reporter ce mot à la ligne précédente, après *compotus*.

[4] Ms. : *archidiaconi*.

Compotus magistri P. de Orelian[is] pro facto Ytalicorum in Bituricensi et Alvernia.
Compotus J. de Yenvilla, hostiarii armorum, missi Pictavos ccc° vi°.
Alius compotus ejusdem in Imperium pro domino Adam de Valencur[ia].
Compotus domini Symonis de Perigniaco, militis, pro domina de Roya.
Compotus Thome Burg . . . . . [1] de expensis puerorum capelle regis.
Compotus magistri Henrici de Horreto pro minagio Corbolii.
Alius compotus ejusdem pro facto monetarum in Cadomo.
Compotus Galeranni, conciergii Parisiensis, de misiis suis pro granar[io] Paris[iensi], ccc° xiii°.
Alius compotus ejusdem de eodem, anno ccc° xiiii°.
Compotus magnus magistri Philippi Conversi de expensis in Sca[cario], et in negocio forestarum, et faciendo assisias domini R. de Atrabato. In quo compoto multa sunt corrigenda.

Item, Omnes Sancti ccc° xiiii°.

Alius compotus dicti episcopi Briocensis super inquisitione Carcass[one] et Ruth[enensi], ccc° xiiii°.
Tres compoti Hamonis de pavillionibus, valeti regis, pro dictis pavillionibus recuperandis.
Compotus comitis Foresii de via Corbie et Viromandie, ccc° xv°.
Compotus fratris Reginaldi de Credulio, ordinis Predicatorum, pro via Colonie pro reliquiis habendis, ccc° xiii°.

Ascensio ccc° xv°.

Quatuor compoti episcopi Nivernensis, domini J., de viagiis annis ccc° v°, ccc° vi° et ccc° vii°.
Compotus domini G. de Laduno, thesaurarii capelle regis, de misiis dicte capelle de anno finito ad Candelosam ccc° xiiii°.
Compotus magistri P. de Pruneto, clerici regis, pro monetis in ballivia Calvimontis, ccc° xiiii°.
Compotus magistri Ingueranni de Villaribus, quondam gubernatoris Navarre, factus cum inquisitoribus ibi, dominis J. Pasté et H. de Wyssac[2].
Compotus Berengarii Capdeporc, servientis armorum, de subventionibus castri de Tyberno, ubi fuit castellanus.
Compotus magistri S. de Buciaco et R. de Joyaco pro subventionibus in ducatu Britannie pro exercitu Flandrie ccc° xiiii°.

---

[1] Ms. : *Burgundi*. — [2] Ms. : *Woyssac*. Cf. § 2740.

Compotus Galeranni, conciergii Parisiensis, de misiis celar[arie], xiii° et xiiii°.
Compotus domini G. de Castiglione, constabularii, pro pace guerre Flandrie, ccc° xiii°.
Quinque compoti Bernardi de Meso de diversis viagiis, ccc° viii°, ix° et x°.
Compotus magistri Guid[onis] Comteci (sic) de viagio Valen......[1], xv°.
Compotus magistri P. de Pruneto de viagio Tholose, ccc° xiii°.

Ascensio ccc° xvi°.

Compotus domini G. de Harcuria de expensis pro reformatione Campanie, xv°.
Compotus Galeranni, conciergii Parisiensis, de granario ibi.
Compotus domini J. de Capella de bladis debitis de tempore G. Ebroycensis.
Compotus domini P. de Villabloana de expensis pro reformatione Parisiensi[2], ccc° xv°.
Compotus domini Roberti de Tornebu de eodem tunc.
Duo compoti Philippi de Pontibus, quondam servientis armorum, de viagiis, etc.
Compotus cantoris Aurelianensis, Johannis de Auxeyo, electi Trecensis, xiii°.
Sex compoti magistri Stephani de Borreto, subdecani Pictaviensis, de diversis viagiis, videlicet de annis ccc° v°, vi°, vii°, viii° et ix°.
Compotus magistri J. de Montem[au]ri de viagio Arvernie pro mutuis, ccc° xiiii°.
Compotus magistri P. de Lingonis de eodem in ballivia Calvimontis.
Compotus ejusdem de viagio Anglie, ccc° xiii°.
Compotus episcopi Macloviensis, domini Radulphi, de viagio Normanie, ccc° xv°.
Compotus Petri de Spedona de expensis puerorum de capella tunc.
Compotus Ade de Horreto, servientis Castelleti, de captione bonorum P. d'Orgemont.
Compotus domini G. de Harcuria de vadiis et expensis apud Creciacum tunc.
Compotus Hamonis de pavillionibus de misiis dictorum pavillionum tunc.
Compotus domini Briocensis, domini A. de Lambalia, de viagio Tholose, xvi°.
Compotus magistri [H.] de Cullento de eodem viagio cum dicto episcopo.
Transcriptum cujusdam cedule misse thesaurariis pro baillivo Constantinensi et H. de Horreto.
Compotus domini J. de Dyvione de viagio Aurelianensi, ccc° xv°.
Compotus magistri R. de Joyaco, missi Tholosam pro facto episcopi Cathalaunensis.

Ascensio ccc° xvii°. — Penes Giletum solum.

Compotus Johannis de Rameru de vinis que erant apud Sanctum Audomarum, xv°.
Compotus abbatis Sancti Supplicii Bituricensis et domini Stephani de Cerez pro comitatu Nivernensi.

---

[1] « Valencie » ou « Valencenarum ». — [2] Ms. : *par.* Cf. § 2696.

Compotus domini J. de Gaillon de duobus viagiis Normanie, ccc° xvi°.

Compotus magistri Droconis de Caritate de financiis usur[ariorum] Viromandie, xv°.

Compotus thesaurarii Suessionensis cum R. Barbou de subsidiis Flandrie apud Meldis, xiiii°.

Compotus magistri P. de Condeto de viagio Navarre cum scolastico Pictaviensi, ix°.

Compotus Egidii Granche de debitis suis pro scutiferia pro tempore suo.

Compotus episcopi Abrincensis de viagio Normanie cum domino J. de Gaillon, xvi°.

Compotus magistri P. de Albigniaco de viagio Britannie, xiiii°.

Compotus domini Galcheri [1] de Castiglione de viagio apud Nivernum [2].

Compotus domini Soliaci de misiis suis usque ad Candelosam xvi° pro M. Scoti.

Compotus domini R. de Lauro, G. Florentii et M. de Essartis de via Sancti Germani in Laya.

Compotus magistri Stephani de Mornayo de valore sigilli regis, a Januario xiiii° usque ad Trinitatem ccc° xvi°.

Compotus magistri J. de Forgetis de inquestis Lugdunensibus.

Compotus domini Thome de Morfontaines de eodem tunc.

Compotus G. de Paroy et Radulphi Boyau, militis, de custodia domini G. de Flandria.

Compotus magistri Dyonisii de Senonis de viagio Laudunensi pro confederatis cum aliis. Alius compotus ejusdem de via apud Meledunum.

Compotus domini Thome de Morfontaines de confederatis Viromandie [3].

Compotus domini G. de Lauduno, thesaurarii capelle, de misiis dicte capelle, xvi°.

Compotus Jacobi de Monch[iaco] de quarto denario pro libra apud Duacum.

Compotus Agnetis, domicelle Garlendie, de eo quod debebatur ei.

Ascensio ccc° xviii°.

Quatuor compoti episcopi Laudunensis, domini R. Rousseleti, videlicet de viagiis Rome xvi°, de reformatione Navarre ccc° xviii°, de prosecutione episcopi Cathalaunensis apud Silvanectum ccc° xv°, et de inquestis Normanie tunc.

Compotus episcopi Mimatensis de viagio Bituricensi ad regem, xvii°.

Compotus ejusdem de viagio ad Romanam curiam, xvi°.

Compotus domini Petri de Macherino super usur[ari]is senescallie Bellicadri, ccc° xiii° et ccc° xv°.

---

[1] Ms.: *Girardi.*

[2] Mot dont la lecture est douteuse.

[3] Cf. Bibl. nat., fr. 23256, fol. 43: «Comptes Jehan Pasté, clerc, et Thomas de Marfontaines, chevalier le roy, de leurs receptes et de leurs mises faites pour aller par pluseurs foiz dou comandement le roy aux aliez d'Artois, de Vermendois et des autres pais de Piquardie, pour traictier a eus de pais et d'acort, et pour parler a eus et monstrer la volonté dou roy..... es anz cccxvi, xvii et xviii.» On lit au dos: «Debet scribi a tergo bailliviarum Francie de termino Omnium Sanctorum ccc° xviii°.»

Compotus domini Guichardi de Marziaco de viagio Tholose, xvi°.

Compotus ejusdem de viagio Navarre pro reformatione patrie tunc.

Compotus domini Guidonis de Lauduno de misiis capelle regis, xvii°.

Compotus domini Johannis de Calmeta de regimine comitatus Pictaviensis tunc.

Compotus P. de Machau de viagio Sancti Cerger.... tunc.

Compotus domini Petri de Ferrariis, senescalli Ruthenensis, de quibusdam negociis, xiii°.

Compotus magistri Droconis de Caritate de viagio ad electum Trecensem tunc.

Compotus Gilebaudi de Chilleuses super inquestis bailliviarum Trecensis, Aurelianensis et Senonensis.

Compotus domini ,....[1] David et Hugonis de Filanis pro facto campsorum Senonensium et Pictaviensium.

Compotus ejusdem Hugonis de custodia [2] castri de Donffront, xvi°.

Compotus magistri R. de Tyboutot de pluribus viagiis in Angliam, xi°.

Compotus magistri Droconis de Caritate super facto exercitus Flandrie, xiiii°.

Duo alii compoti ejusdem de diversis viagiis pro rege, xvi°.

Compotus domini J. de Macherino, senescalli Lugdunensis, pro facto Flandrie, xv°.

Compotus domini L., comitis Ebroycensis, super facto Flandrie, xviii°.

Compotus prioris de Caritate de viagio Arragonie et aliis, xvii°.

Ascensio et Omnes Sancti ccc° xix° simul.

Compotus magistri H. de Horreto de financiis Italicorum, ccc° ix°.

Alius compotus ejusdem de eodem, ccc° xi°.

Compotus domini Johannis de Halis de eodem, ccc° xii°.

Tres compoti ejusdem de subsidio Flandrie, ccc° xiii°, xiiii° et xv°.

Compotus domini Johannis de Villapetrosa de viagio Vienne, ccc° xii°.

Compotus magistri Radulphi de Praelis de pluribus negotiis regis, ccc° xix°.

Compotus exequutorum domini Symonis, quondam episcopi Meldensis, de financia facta super venditione domus sue site in Monte Sancte Genovefe Parisius.

Quatuordecim compoti domini J. Pasté de diversis viagiis, videlicet in Navarram, apud Molesmes, Novum Castrum, Campaniam, Angliam, Valenc[enas?] ad comitissam Atrebatensem, et alibi in diversis partibus et temporibus.

Compotus decani Stampensis, magistri H., et Johannis Pagani super negotiis ballivie Viromandensis, ccc° xviii°.

Compotus magistri Petri Bouyau de viagiis senescallie Xanctoniensis et alias, ccc° xix°.

---

[1] Ms. : *Amel.* Nom altéré. — [2] Ms. : *Gasted.*

COMPOTI PARTICULARES.

Compotus Gregorii de Cornu de pavillionibus de guerra Flandrie et pluribus aliis locis, xv°.

Compotus Guillelmi de Pissiaco de expensis puerorum capelle regis Parisiensis, ccc°xvi°.

Compotus domini Hugonis Geraldi et magistri R. de Bosco super facto campsorum in Thol[osa], ccc°xviii°.

Compotus magistri Johannis de Losanna de viagiis senescallie Lugdunensis, ccc°xviii°.

Compotus domini P. de Cappis de inquestis dictarum (*sic*) senescalliarum et aliis diversis viagiis de annis ccc°xv° et xviii°.

Alius compotus ejusdem de emolumento sigilli cancellarie, xvi°.

Compotus Andree Tyardi de expensis per eum factis ad opus domine Blanche in Castro Gaillardi tunc.

Compotus magistri Radulphi de Joyaco de expensis suis pro negocio domini Ferrici de Piquigniaco [1].

Compotus magistri P. Barriere, episcopi Silvanectensis, de suis expensis pro viagio Hyspanie, ccc°xviii°.

Ascensio ccc°xx° [2].

Compotus G. Coquatrix de denariis quos recepit de apertura pontis Rothomagensis in solutionem mutuorum sibi debitorum.

Duo compoti Galeranni, conciergii, de denariis pro granar[io] Paris[iensi], videlicet pro [3] Ascensione et Omnibus Sanctis ccc°xix°.

Compotus Symonis de Bosco, magistri pavillionum, de operibus eorum Parisius, Tornaci et terre Sancti Eligii, a Pascha xvii° usque ad decimam Aprilis ccc°xx°.

Duo compoti magistri P. Conversi, videlicet de Diebus Trecensibus ccc°viii°, et de assisia terra domini R. de Attrabato apud Bellum Montem Rogeri [4], ccc°xiii° et xv°.

Compotus domini Ferrici Briardi [5] de Ville Pesque de quodam viagio quod fecit apud Meldis, ratione custodie dicte ville anno ccc°xvii°.

Compotus cantoris Claromontensis, magistri H. de Chalonc, de viagio Bituricensi, ccc°xix°.

Alius compotus ejusdem pro viagio ratione confederatorum, ccc°xviii°.

Compotus J. Abrincensis, pelliparii, de quibusdam misiis pro rege tempore quo erat regens.

Quatuor compoti domini P. Bertrandi, archidiaconi Borbonii, videlicet de reformatione senescallie Bellicadri ccc°xv°, de concilio Silvanectensi pro episcopo Cathalaunensi ccc°xvi°, pro Scacario Rothomagensi et pro viagio Avignionis ccc°xix°. Item, emolumentum senescallie Bellicadri de suo tempore.

Compotus magistri Guidonis de Percone de Diebus Trecensibus, ccc°xviii° et xix°.

Alius compotus ejusdem de impositione exercitus Flandrie in Normania, ccc°xviii°.

---

[1] Ms.: *Piconio*. — [2] Ms.: *ccc°xxx°*. — [3] Ms.: *prop. Ascensionem et Omnes Sanctos*. — [4] Ms.: *Regis*. [5] Ms. *Brian*. Cf. Arch. nat., KK 1, p. 217.

APPENDICE I.

Compotus domini Dalmatii de Marziaco pro facto Andusie, ccc° xviii°.

Compotus domini Poncii de Omelacio de reformatione Carcassonensi, ccc° xvi°.

Compotus ejusdem de reformatione Petragoricensi cum episcopo Macloviensi.

Compotus ejusdem de eodem, et ibidem, ccc° xii°, cum eodem episcopo et aliis.

Compotus ejusdem pro facto episcopi Cathalaunensis, tenendo audienciam Parisius extra parlamentum, ccc° xv°.

Compotus ejusdem de relatione Ruthenensi ccc° xv° cum magistro Alberto de Roya.

Item partes condempnationum factarum per vos.

Compotus domini Theobaldi de Sacro Cesare, archidiaconi Bituricensis, et domini Ludovici, ejus fratris, de hiis que debent regi et de hiis que debentur eis de redditu de m lib. quas domina Maria, comitissa Marchie, transtulit in eosdem ad hereditatem, auditus decima octava Julii ccc° xx°.

Ascensio ccc° xxi°.

Compotus regine Johanne de eo quod debebatur ei pro quibusdam emptionibus et aliis.

Compotus domini Matthei de Varennis de viagio Avignionis cum domino Soilliaci ccc° xxi°. Debet xxxvi lib. par.

Compotus domini Sanceti de Bauceyo de eodem viagio.

Compotus domini Herpini d'Erqueri de eodem viagio.

Compotus Johannis de Croso de v° xvi lib., xix sol., que debentur ei pro bosco per eum liberato de tempore regis.

Compotus magistri P. Bouyau de inquestis secretis senescallie Bellicadri ccc° xx°.

Compotus Lubeti de Narbone, servientis armorum, de viagio Hispanie tunc.

Compotus domini R. Bertrandi, domini de Bricquebec, de viagio Verduni et Montisfalconis cum domino R. de Lauro et magistro J. Albi pro rege Boemie tunc.

Compotus domini Simonis de Billy, militis, quondam baillivi Ambianensis, de arreragiis dicte ballivie.

Tres compoti Galeranni, conciergii, de receptis et misiis in arreragiis[1] ratione granariorum, videlicet pro Ascensione et Omnibus Sanctis ccc° xx°, et Ascensione ccc° xxi°. — Debentur ei pro finibus eorum xii den. Non fit per thesaurum.

Compotus magistri Girardi de Cortona de via Anglie ccc° xiii° cum comite Clarimontis.

Compotus magistri Radulphi de Praellis de pluribus viagiis de anno ccc xx°.

Compotus domini Hugonis de Wissac de viagiis Sabaudie et Vienne tunc.

Compotus domini Ferrici Briardi[2] de Villepesque, militis, de eodem viagio tunc.

Compotus magistri Petri Roderii de viagio Avenionis tunc cum domino Soilliaci.

Compotus magistri P. de Cappis, quondam cancellarii, et Petri Rubei de iiii^m lib. re-

---

[1] Ms. : *Arragonium*. — [2] Ms. : *Briare*.

ceptis a Johanne Deodati, quondam firmario salini Carcassone, de emenda sua parlamenti ccc° xvi° [1] pro notar.... solvend....

Compotus e[jusdem] cancellarii de emolumentis regis, a prima die Septembris ccc° xix° usque ad vigesimam tertiam diem Julii ccc° xx°.

Compotus domini Henrici de Oulli (?), castellani de Coreilla [2], de conducendo Parisius Martinum Symon[is] Daynart [3], militem, ccc° xxi°.

Compotus domini Milonis de Noeriis de viagio Flandrie ccc° xviii° cum domino Ebroicensi.

Compotus ejusdem de viagio Anglie ccc° xxi° cum cancellario comitis Valesii.

Compotus domini Rambaudi de Rechignevoisin de subsidio Flandrie ballivie Turonensis ccc° xiii° cum magistro Radulpho de Praellis.

Compotus ejusdem de monetis prohibitis in senescallia Bellicadri.

Compotus ejusdem de reformatione ballivie Montanarum Arvernie post dominos G. de Dumis et Philippum de Sancto Veranno, ccc° xiiii°.

Compotus ejusdem de assisia comitatus Pictaviensis facta comiti, ccc° xv°.

Compotus ejusdem de reformatione ballivie Silvanectensis.

Ascensio ccc° xxii°.

Compotus Guidonis de Monteacuto et Guillelmi de Aqua de expensis suis executionis arresti contra homines de Lauro.

Compotus domini Hugonis Geraldi de pluribus viagiis apud Avignionem ccc° xvii°, et de prosequutione abusuum monetarum in senescalliis Tholose et Carcassone, xviii°. Fit per thesaurum.

Compotus domini G. de Marcilliaco de expensis suis pro ponendo ad manum regis comitatum Nivernensem et baroniam de Donziaco, anno ccc° xvii°.

Compotus Roberti Auzere de his que recepit de condemnationibus factis per Michaelem de Navarra in baillivia Cadomensi, ccc° xix°.

Partes forefacturarum monete capte per Johannem Waubouyn in e[odem] rotulo in baillivia Silvanectensi, vigesima Maii ccc° xi°.

Cedula missa thesauro pro eo quod debetur domino Philippo de Pressiaco pro vadiis suis tempore quo fuit senescallus Insule, videlicet ab anno ccc° xv° usque ad annum ccc^{um} xvii^{um}. — Fit per thesaurum vigesima secunda Martii ccc° xx°.

Compotus magistri P. Conversi de pluribus denariis receptis et deliberatis pluribus personis. Fit per thesaurum mense Novembri ccc° xxi°. Habuit cedulam.

---

[1] Cf. *Olim*, III, p. 1188.

[2] On croit lire, dans le ms., *Coiffy*. Il est souvent question dans les comptes de Navarre (Bibl. nat., lat. 10150, fol. 6, 19 v°, etc.) du « castellanus de Coreilla ».

[3] Ms. : *Dynari*. Cf. Arch. nat., KK 1, p. 6 : « Martinus Symonis Daynart, miles, pro dono sibi facto per regem per litteras suas de dono datas in Februario ccc° xxi° pro regressu suo ad partes Navarre..... »

APPENDICE I.

Compotus domini Guidonis de Lauduno, thesaurarii capelle regis, de misiis dicte capelle a Candelosa ccc° xix° usque ad Candelosam ccc° xx°.

Alius compotus ejusdem de eodem, a Candelosa ccc° xx° usque ad Candelosam xxi°. Habuit cedulam.

Septem compoti domini Bertrandi de Rupenegata, militis, de diversis viagiis factis per eum ab anno ccc° xv°. Habuit cedulam.

Compotus Guillelmi Houart (?) de bonis H. de Taperel, quondam prepositi Parisiensis. Expleta facta per eundem G. et per ma[gistrum] . . . . . contra Johannem Roussel.

Compotus magistri P. Barriere de viagio apud Avignonem pro rege anno ccc° xxii°. Fit per thesaurum secunda Octobris.

Compotus magistri G. de Gyemo de tallia hospitum decani et capituli Parisiensium pro exercitu Flandrie anno ccc° xix°.

Compotus Dyonisii de Albigniaco et Guillelmi Thibout de receptis et misiis factis ratione applicationis comitatum Campanie et Burgundie et assizie de vi^m lib. r[edditus] in ducatu Burgundie pro regina Navarre factarum per eos annis ccc° ix° et ccc° x°. Auditus decima sexta Decembris ccc° xxii°. Debetur eis. Habuerunt cedulam.

Compotus magistri P. de Brenacon [1] de bonis regis recelatis levandis, et de maleficiis imputatis puniendis per commissarios, factus (?) [2] octava Decembris ccc° xviii°. Et multa sunt recuperanda.

[1] Forme suspecte. — [2] Ms. : *dat*.

APPENDICE II.

[COMPOTI PARTICULARES SCRIPTI A TERGO BAILLIVIARUM FRANCIE][1].

[*Omnes Sancti ccc° xxviii°*].

....

Alius[2] compotus ipsius magistri Guidonis de expensis suis pro facto usurariorum in bailliva Viromandensi anno ccc° xxv°. Explecta per ipsum in fine, et inter emendas per inquisitores. Corrigitur finis in debitis.

Compotus Johannis Billouardi et Petri de Essartis de misiis pro obsequiis Ludovici, filii regis, qui obiit apud Vicennas decima septima Januarii ccc° xxviii°. Debetur eis. Habuerunt tamen cedulam ad thesaurum.

Compotus domini Guillelmi Flote, militis, de viagio quod fecit in Vienne, facto cum duce Borbonesii circa Sanctum Johannem ccc° xxvi°. Corrigitur finis.

Alius compotus suus de viagio quod fecit apud Avenionem cum domino G. Caprarii circa Ascensionem ccc° xxvii°. Debet viii lib., vii den. tur.

Compotus Johannis de Bardilliaco de expensis suis inquirendo super reparacionibus

---

[1] La table de l'*Inventarium compotorum particularium* (ci-dessus, p. 14, note, col. 1), établit que cet Inventaire contenait l'énumération : 1° des Comptes particuliers écrits au dos des rouleaux des bailliages de France; 2° des Comptes particuliers qui n'étaient pas écrits au dos de ces rouleaux. — Notre Appendice I (p. 357) est formé d'extraits de la liste des Comptes particuliers écrits au dos des rouleaux des bailliages de France (1310-1322); la rubrique, qui, dans le Recueil de Menant, précède ces extraits, l'indique expressément.

Or, le manuscrit français 25995 de la Bibliothèque nationale contient quatre feuillets où se trouvent énumérés des *compoti particulares*. Trois de ces feuillets, au moins, ont fait partie d'un seul et même rouleau de parchemin, dont le recto et le verso étaient couverts d'écriture.

Au recto était une liste tout à fait analogue à celle dont Menant a eu connaissance, disposée de la même manière : la liste des «Comptes particuliers écrits au dos des rouleaux des bailliages de France», aux termes de l'Ascension et de la Toussaint de chaque année. La rubrique *Compoti particulares scripti a tergo bailliviarum Francie* ne se trouve pas en tête de nos fragments, parce que le commencement du rôle a disparu; mais on peut la rétablir avec certitude, d'après la rubrique de Menant.

Au verso étaient énumérés aussi des Comptes particuliers; mais ces comptes n'y étaient pas groupés comme au recto, sous les rubriques *Ascensio*, *Omnes Sancti*; ils étaient simplement numérotés, en chiffres romains. Il est très probable qu'il faut reconnaître là la liste des comptes particuliers «non écrits au dos des rouleaux des bailliages de France», ceux qui étaient indiqués dans la seconde partie de l'*Inventarium compotorum particularium*.

Nous imprimons d'abord, ici, tout ce qui reste de la liste des *Compoti particulares scripti a tergo bailliviarum Francie*, au recto des fragments conservés.

[2] Fragment original. Bibl. nat., fr. 25995, n° 26, recto.

castrorum et aliorum que tenuit regina Clemencia in dote. Debet vi lib. par. Fit in debitis.

Compotus magistri Johannis de Ceres, thesaurarii Lexoviensis, de receptis et misiis suis super facto inquisitionis super officiariis regis et super financiis feodorum in vicecomitatu Parisiensi anno ccc°xxv°. Redditus sexta decima Marcii ccc°xxviii°. Debentur ei v°lxvi lib., etc., quas executores sui quittaverunt regi certa de causa in cedula contenta.

Compotus domini Nicolai Albi, canonici Pictaviensis, de expensis suis procurando pro rege plura subsidia in senescalliis Pictaviensi, Xanctonensi, Petragoricensi et Caturcensi annis ccc°xxvi° et xxvii°. Debebatur ei. Tamen debuit capi super regem per thesaurum.

Compotus magistri Radulfi Silvani, alias de Joyaco, de expensis suis procurando in baillivia Senonensi mutua fieri regi et dona pro sua guerra Flandrie mense Septembri ccc°xxviii°. Debetur ei. Habuit tamen cedulam testimonialem.

Compotus domini Guidonis de Lauduno, thesaurarii capelle regalis Parisius, de misiis ejusdem capelle, a Candelosa ccc°xxvii° usque ad Candelosam ccc°xxviii°. Debet xxxii lib., vi sol. par.

Compotus Stephani de Lorriaco de expensis puerorum capelle regalis Parisiensis, a decima die Martii ccc°xxvii° usque ad decimam diem Martii ccc°xxviii°. Debebatur ei. Habuit tamen cedulam ad thesaurum.

Compotus Petri de Tribus Molendinis, hostiarii parlamenti, de tribus emendis parlamenti anni ccc°xxi°, levatis per ipsum anno eodem. Fit per thesaurum secunda die Maii ccc°xxix°.

Compotus Mache de Mache de expensis factis in viagio Flandrie ccc°xxviii°, mense Augusti. Fit per thesaurum ad Sanctum Johannem ccc°xxix°.

Compotus domini Philippi de Sancto Martino, militis, de viagio ad episcopum Metensem, de precepto regis Ludovici. Quittus.

Compotus magistri Johannis Borrecelli, quondam clerici compotorum, de pluribus denariis quos recepit, et de denariis qui sibi poterent deberi pro vadiis suis de sex sol. per diem, pro tempore quo fuit in dicto officio suo. Debet iiii° xlviii lib., vi sol., vii den.

Compotus domini Petri de Macheri, militis, de expensis suis in reformatione bailliviarum Cadomensis et Constantinensis cum domino Bertrando Bonifacii. Debetur ei, et habuit tamen cedulam.

Ascensio ccc° xxix°.

Compotus domini Fauvelli de Vadencourt, baillivi Constantinensis, de vadiis gencium armorum existentium in fronteriis maris et gueiis Sancti Clementis usque ad Montem Sancti Michaelis, anno ccc°xxviii°. Fit per thesaurum sexta Junii ccc°xxix°.

Compotus magistri Amisii de Aurelianis, decani Parisiensis, de viagio quod fecit apud

Creciacum in Bria, ratione dotalicii regine Johanne anno ccc° xxviii°. Debet lv lib. tur., etc. Tamen fit per thesaurum ad Omnes Sanctos ccc° xxix°.

....

Fit [1] per thesaurum, octavo Julii ccc° xxix°.

Compotus domini Leodegarii de Bethisiaco de ornamentis et aliis spectantibus ad capellam, que recepit a domino Guillelmo Clignet et que quondam fuerunt Templi, examinatus vigesima secunda Augusti ccc° xxix°. Aliqua signantur super dominum R. de Vernone.

Compotus domini Johannis du Castelle, militis, de viagio quod fecit anno ccc° xxix° apud Laudunum et Ambianum cum certis aliis personis. Debitum fuit ei. Habuit tamen cedulam testimonialem ad thesaurum.

Compotus magistri Johannis Pascaut, procuratoris regis, de viagio quod fecit Ambianis. Debetur ei. Habuit tamen cedulam ad thesaurum. Sciatur pro quibus negociis, quia non videtur quod fuerit pro negociis regis, nec fuit ibi mendatus.

Compotus abbatis Vallis Secrete et domini Galteri d'Arzillieres, militis, de expensis suis in inquisitione super officiarios regis in baillivia Calvimontis anno ccc° ix°. Corrigitur finis.

Compotus magistri Johannis de Charroliis de viagio Sabbaudie et Vienne mense Februarii ccc° xxviii° cum dominis Guillelmo Flote, Guidone Caprarii, pro pace comitis Sabbaudie et Delphini. Debetur ei. Habuit tamen cedulam ad thesaurum.

Compotus Johannis de Aqua et Johannis de Sotenguien de expensis suis eundo quesitum apud Thornacum magistrum Petrum Flamingi de Brugiis, et eum adducendo in Castelletum Parisius. Debentur eis ix^{xx} ix lib., etc., de quibus habuerunt cedulam ad thesaurum.

Compotus Johannis de Lupara de misiis factis pro artilliatura in exercitu Flandrie mense Augusti ccc° xxviii°. Fit per thesaurum, vigesima quinta Octobris ccc° xxix°.

Compotus Ludovici de Villa Petrosa de expensis suis in baillivia Turonensi pro facto exercitus Flandrie et usurariorum, anno ccc° xv°. Corrigitur finis.

Alius compotus ipsius de expensis suis in senescallia Xanctonie anno ccc° xv°, super inquisitione officiariorum regis. Corrigitur finis.

Alius compotus ipsius de expensis suis in baillivia Constantinensi cum magistris Johanne Gaydre et Roberto Buquet, pro subvencione exercitus Flandrie, anno ccc° xiii°. Debet ii^c lxii lib., etc., quas thesaurus per cedulam suam pro ipso.

Compotus Jacobi de Boulayo de expensis suis eundo ad regem apud Turones pro facto monetarum mense Septembri ccc° xxix°. Debet cvi sol., ii den. tur.

Compotus Egidii de Coussi, alias Le Closier, servientis armorum, de expensis suis in bailliviis Senonensi, Bituricensi, Alvernie et Matisconensi pro facto monetarum, mense Novembris ccc° xxviii°. Debetur ei; tamen habuit cedulam ad thesaurum.

---

[1] Fragment original. Bibl. nat., fr. 25995, n° 21, recto.

Omnes Sancti xxix°.

Compotus domini Michaelis de Recourt de expensis suis super inquisitione dampnorum factorum anno ccc° xxviii°, mense Augusti, quo rex ivit in Flandriam. Debetur ei. Tamen habuit cedulam ad thesaurum.

Compotus abbatis Sancti Eligii prope Attrebatum de expensis suis factis super dicta inquisitione. Debetur ei; tamen habuit cedulam ad thesaurum.

Compotus Stephani de Lorriaco de expensis puerorum capelle regis Parisius, a decima die Martii ccc° xxviii° usque ad nonam Decembris xxix°. Debetur ei. Habuit cedulam ad thesaurum.

Compotus domini Andree de Florentia de viagio facto per ipsum apud Abbatisvillam anno ccc° xxix°. Fit per thesaurum.

. . . .

. . . . . de [1] expensis suis super inquestis factis per eos contra Johannem de Machello et alios servientes in foresta Cuisie, anno ccc° xxix°. Et quitte.

Compotus magistri Mathei Ferrandi, custodis sigilli regis, de emolumentis dicti sigilli ad partem regis com[pete]ntem (*sic*), a die Omnium Sanctorum ccc° xxviii° usque ad diem jovis sanctam, vigesimam diem Aprilis, ante Pascha. Fit per thesaurum vigesima septima die Julii ccc° xxx°.

Compotus magistri Stephani de Villaribus, reformatoris in senescallia Bellicadri et Nemausi annis ccc° xxvi° et ccc° xxvii°, de expensis suis ibi pro dicta reformacione. Debet cxvii lib., xv sol., ii den. tur.

Compotus domini de Moyaco de eodem ibidem tunc, videlicet de expensis suis in reformacione senescallie Bellicadri et Nemausi annis ccc° xxvi° et xxvii°. Debetur ei.

Compotus abbatis Sancti Germani Autissiodorensis et domini Johannis, domini de la Fauche, militis, inquisitoris et reformatoris bailliviarum Trecensis et Meldensis anno ccc° viii°; et sunt ibi partes explectorum suorum que ponuntur in debitis Campanie. Corrigitur finis.

Compoti tres defuncti domini Gaucelini de Campania, militis, de expensis suis in reformatione baillivie Matisconensis anno ccc° xxiiii°; in baillivia Alvernie anno ccc° xxvi°; et in baillivia Rothomagensi pro inquirendo super facto Oudardi de la Boce anno ccc° xxix°. Debet xlvii sol., vi den.

Compotus magistri Bartholomei de Desertinis de expensis suis cum domino Johanne de Foux, milite, in baillivia Bituricensi pro financia feodorum et usurariorum [2] facienda anno ccc° xxv°.

Compotus domini Hugonis Quieret, militis, de misiis suis in guerra Vasconie sub regi-

---

[1] Fragment original. Bibl. nat., fr. 25995, 78, recto.

[2] Ms. : *feodorum et V s.* — On a ici la preuve que celui qui a écrit le rouleau original dont nous publions les fragments a commis des fautes de lecture.

mine domini Alfonsi de Yspania anno ccc° xxvi°. Debet de ii^m iiii^c lvii lib., xv sol. tur. monete currentis anno ccc° xxvi°, ix° lvii lib., xv sol., que ponuntur super ipsum in debitis baillivie Ambianensis de anno ccc° xxii°.

Compoti duo domini Guillelmi Flote, militis, domini de Revel, de viagio quod fecit apud Viennam cum domino Guidone Caprarii pro discordia mota inter Delphinum Viennensem et comitem Sabbaudie anno ccc° xxviii° circa Candelosam. Corrigitur finis primi compoti, et pro fine secundi compoti debet xxx lib., ix sol., vii den. tur. fort.

Compotus domini Guidonis de Launduno, quondam thesaurarii capelle regalis Parisiensis, de receptis et misiis factis per ipsum pro dicta capella a Candelosa ccc° xxviii° usque ad primam Julii ccc° xxix°. Redditus per ejus executores. Debet iiii lib., vii sol., xi den.

Compotus domini Odonis Boyliaue, thesaurarii capelle regalis Parisiensis, de receptis et misiis factis pro dicta capella, a principio mensis Junii ccc° xxix° usque ad Candelosam sequentem. Debet iii^{xx} iii lib., xvi den. par., currentis ante Nativitatem Domini ccc° xxix°. Redditur in sequenti compoto suo.

Compotus Johannis de Buffes, servientis Castelleti, de expensis suis eundo ad archiepiscopum de Compotele de mandato regis. Debetur ei. Tamen habuit cedulam testimonialem.

Compotus Oudardi Le Coq, baillivi Rothomagensis, de quibusdam garnisionibus factis per eum in castro de Boineville super Touque pro rege qui credebat ibi morari per certum tempus circa Pascha ccc° xxix°. Debentur ei iiii^c xvi lib., etc. Redditus quarta die Decembris ccc° xxx°. Signantur ibi poni in debitis super Thomam de Cabour xlviii pipe et duo grossa dolia de Belna et de Deuroy.

Compotus Johannis Ursini, quondam receptoris Senonensis, de quibusdam receptis et expensis suis occasione dicte recepte. Corrigitur quasi totus.

. . . .

Compotus ⁽¹⁾ magistri Petri . . . . . de [expensis] suis in quodam viagio per eum facto de precepto domini regis in partibus Vienne, Avinionis et Montispessulani pro certis secretis negociis annis ccc° xlviii° et ccc° xlix°, curie redditus. . . . ., Septembris ccc° l°. Debentur ei. Tamen habuit cedulam die predicta ⁽²⁾.

Omnes Sancti ccc° l°.

Compotus Galteri de Rivo de expensis liberorum defuncti domini R. de Arthesio detentorum in prisione apud Pontisaram, a secunda Maii ccc° xlviii° usque ad nonam decimam

---

⁽¹⁾ Fragment original. Bibl. nat., fr. 25995, n° 25, verso. — Ce fragment, d'une écriture un peu plus récente que celle des précédents, faisait probablement partie d'un autre rouleau, disposé de la même manière. Il est presque illisible, même après avoir été traité par les réactifs.

⁽²⁾ On lit en marge : « . . . . . quia ponitur cum compotis suis de cancellaria. »

Januarii sequentis, et a dicta die usque ad vigesimam Septembris ccc° xlix°. Debetur ei pro fine dicti compoti. Tamen habuit cedulam vigesima secunda Novembris ccc° l°, qua die fuit auditus dictus compotus.

Compotus fratris Simonis de Lingonis, de ordine Predicatorum, de expensis et misiis per ipsum factis racione tractatus et transporti Delphinatus Viennensis, curie redditus vigesima nona die Novembris ccc° l°, pro fine cujus debentur......................
....

[COMPOTI PARTICULARES NON SCRIPTI A TERGO BAILLIVIARUM FRANCIE][1].

..... cedulam [2] testimonialem. Signantur recuperari super dictum dominum Sulliaci vi^e iiii^{xx} x lib., viii sol., iiii den. tur., super... Pasine (sic) v^e lxii lib., x sol., i den. tur., et super plures alios plures summas de quibus habuit computare.

XIIII. Compotus domini Guillelmi de Balma, militis, castellani Riole, de emolumentis propositure ibi et bailliyie..... terre et aliorum, et de garnisionibus positis in castro Riole per Durandum Pairole, receptorem Agennensem, anno ccc° xxv°..... eodem anno usque ad Sanctum Johannem ccc° xxviii°, redditus curie tertia decima die Novembris ccc° xxxi°. Debet. Thesaurus tamen.

XV. Compotus Guerini Langlois, prepositi Meleduni, de bonis defuncti Johannis Briseteste, justiciati. Redditus curie..... die Octobris ccc° xxxi°. Debet lxii lib., vi sol., vii den., ob., pict. par. Thesaurus tamen per cedulam suam, etc.

XVI. Compotus Johannis Le Tonelier de hoc quod levavit de debitis que debebantur Nicolao d'Ermenonville, receptori Tholose, in eadem senescallia Tholose et Albiensi. Redditus tertia die Decembris ccc° xxxi°. Debuit. Thesaurus [tamen pro] ipso, et in fine suuntur dicta debita.

[XVII]. Compotus Petri le Galais de bonis Johannis Fichier, Lombardi. Redditus quinta die Junii ccc° xxxi°. Corrigitur finis.

Alius compotus ipsius de hiis que poterat debere pro fine dicti compoti sui et alterius compoti sui de bonis Petri Remigii, redditus septima die Decembris ccc° xxxi°. Debebatur ei. Tamen habuit cedulam testimonialem.

Alius compotus ipsius de bonis Petri Remigii.

Compotus Francisci Jacobi et Bonati Ottoviani de debitis dicti Johannis Fichier, Lombardi, levatis per ipsos anno.... Debet viii^c xxii lib., xviii sol.

XVIII. Compotus Johannis de Hamello, servientis equitis Castelleti Parisiensis, de hiis

---

[1] Nous imprimons maintenant tout ce qui reste de la liste écrite au verso des fragments conservés. Cf. ci-dessus, p. 367, note.

Le premier fragment commence au milieu de l'article XIII de cette liste; cela permet de conjecturer que la partie du rouleau qui précédait, aujourd'hui perdue, n'était pas très longue.

La numérotation des articles fait voir qu'il ne manque pas grand'chose entre le premier fragment (n°s XIII-XXII) et le second (n°s XXIV-XXXIV). Entre le second fragment et le troisième (n°s XLIX-LV), il y avait sûrement une ou plusieurs membranes.

[2] Fragment original. Bibl. nat., fr. 25995, n° 26, verso.

que recepit de debitis Judeorum terre Johannis de Haricuria, militis, post inventarium factum de eisdem per Johannem Ursini, sutum in principio. Corrigitur finis. Redditus anno ccc° xxxi°.

XIX. Compotus domini Johannis Roberti, militis, de expensis suis in viagio quod fecit in Castellam, anno ccc° xxi°. Redditus decima septima die...... ccc° xxxii°. Debetur ei. Tamen habuit cedulam testimonialem.

XX. Compotus magistri Petri Thiberti super facto pastorellorum in senescallia Petragoricensi et Catturcensi, ab anno m° ccc° xxx° usque..... ccc° xxxii°, auditus secunda die Maii tunc. Debet xxv lib., xiiii sol., i den. tur. fort. Et sunt ibi suta arreragia recuperanda a..... xiiii^c xl lib., xviii sol., iii den. tur.

XXI. Compotus Johannis Billoardi de financiis Anglicorum captorum per regnum decima sexta die Augusti ccc° xxvi° occasione [guer]rarum motarum inter regem Francie et regem Anglie in fronteriis Vasconie et partibus Normanie et Picardie [juxta] mare. Redditus vigesima octava die Januarii ccc° xxxii°. Debuit. Thesaurus autem per cedulam suam pro ipso. In fine sunt debita que re[gi debentur] de ii^m ii^c xxv lib., vii sol., i den. par.

Compoti [1] duo Dominici de Castellione de emolumentis prepositure Ambianensis pro duobus annis finitis in festo Sancti..... ccc° xxxii°. Redditus octava die Marcii ccc° xxxii°. Debet viii^c xix lib., xi sol., viii den., ob. par. — Suuntur in fine [arreragia] requirenda de ii^m cxix lib., vii sol., v den. par., missa Bertholomeo du Drac, receptori Ambianensi, pro explectando. Inv[enietur] dictus compotus inter terras foraneas.

XXII. Compotus domini Guillelmi Le Preuz de expensis suis super facto Espagnolorum anno ccc° xxxii°. Auditus vigesima octava Aprilis ccc° xxxiii°. Debebatur ei. Habuit tamen cedulam testimonialem.

Compotus magistrorum Bernardi d'Albi et Guillelmi de Villaribus de viagio Anglie mense Junii anno ccc° xxx....., tertia die Septembris tunc. Debebatur eis. Tamen habuerunt cedulam testimonialem.

Compotus [2] Eustachii de Cabour de garnisione vinorum facta pro rege apud Britolium in Normannia mense Octobri ccc° xxxii°. Redditus quarta decima die Aprilis post Pascha ccc° xxxiii°. Tradidit partes debitorum, que sunt in sacco debitorum..... liiii lib., xvii sol., x den. par. Et quitte. — Raditur quia ponitur in quodam sacco ad partem cum aliis suis compotis..

---

[1] Cet article est barré. On lit en marge: «.....t in libro.» — [2] Cet article est barré.

tamen [1] cedulam testimonialem, et tradiderunt partes de $\text{iii}^{\text{m}}\text{ii}^{\text{c}}\text{lxxiiii}$ lib., xix sol., ii den. tur., solvendis pro ipso, que sunt in sacco communium.

XXV. Compotus Johannis de Lomaria, burgensis Rupelle, de bonis Yspanorum forefactis in dicta villa anno ccc° xxvii°. Redditus vigesima quinta die Januarii ccc° xxxiii°. Debetur ei; tamen habuit cedulam testimonialem. Plura signantur ibi recuperanda.

XXVI. Compotus Johannis de Ruolio et Dyonisii de Lorriaco de bonis Machii de Machis, quondam campsoris thesauri, justiciati anno ccc° xxxi°. Corrigitur finis. Redditus vigesima septima Marcii ccc° xxxii° ante Pascha [2].

XXVII. Compotus domini Guillelmi Digny, quondam elemosynarii regis Philippi Magni, de receptis et misiis per eum factis racione . . . . . pro sex annis finitis octava die Januarii ccc° xxi°. Redditus curie per executores suos septima Junii ccc° xxviii°. Debet. [Thesaurus] tamen pro ipso.

XXVIII. Compotus domini Theobaldi de Divisiaco, militis, quondam gubernatoris Flandrie et ressorti, a decima die Julii ccc° . . . . . , qua intravit officium, usque ad festum Omnium Sanctorum ccc° xxv°. Redditus curie per procuratorem uxoris sue vigesima nona die Januarii (?) ccc° . . . . . Debuit iii° lib. tur. fort. Reddidit quolibet trium annorum in festo Omnium Sanctorum continue sequentium.

[XXIX] [3]. Compotus Johannis de Sancto Salvatore de receptis et misiis quas fecit de bonis Petri Remigii in bailivia Alvernie ccc° xxviii°. Redditus vigesima sexta die Aprilis ccc° xxxiiii°. Debet iiii° xvii lib., v sol., iiii den., ob. tur. fort. Corrigatur.

[XXX.] Alius compotus ipsius de pluribus arreragiis debitis regi pro fine compoti sui de compositione et financia Judeorum ba[nnitorum] senescalliarum (sic) Aurelianensis, Vitriaci, Calvimontis, Trecensis et Matisconensis. Redditus curie anno ccc° xxxiiii°. Auditus septima die . . . . . . ccc° xxxiiii°. Debet v° lvii lib., xv sol. tur. fort. — Sutus cum precedenti.

[XXXI.] Compotus [4] Petri de Machello de piscibus piscatis in aliquibus stangnis regis, et de piscibus emptis pro . . . . . domini Johannis de scancionaria, factus circa festum Sancti Michaelis ccc° xxxii°. Redditus curie decima tertia Julii ccc° xxxiiii° . . . . . quibus facte fuerunt cedule testimoniales personis quibus voluit solvi etc.

---

[1] Fragment original. Bibl. nat., fr. 25992, n° 21 v°.

[2] En marge : «Alias superius, longius» (?).

[3] Surchargé et remplacé par : «XXXI. Habetur alias inferius.»

[4] Cet article est barré. On lit en marge : «Raditur quia cum compotis magistrorum forestarum et aquarum.»

XXXII. Compotus Johannis de Altabr..... de hoc quod recepit de diversis debitis sibi traditis ad levandum, redditus quarta (?) die Julii ccc° xxxiiii°. Debetur ei.

XXXIII. Compoti quatuor magistri Galteri de Romnis. — Primus de receptis et expensis suis factis in bailliviis... anno ccc° xvii°, redditus ultima Junii ccc° xxxiiii°. Debet ix^{xx} v lib., xvi sol., xi den. tur. fort. Secundus de [expensis] et misiis suis inquirendo de acquestibus factis per personas ecclesiasticas et innobiles in vicecomitatu Parisiensi et ressorto, a die jovis ante Sanctum Remigium ccc° xxiii° usque ad secundam diem Septembris post. Redditus ut supra. Debentur ei iiii^{xx} vii lib., vii sol. par. — Tercius de receptis et expensis suis cum reformatoribus deputatis super officiariis [regis], super usurariis et novis acquestibus in vicecomitatu Parisiensi, a festo Sancti Barnabe ccc° xxv° usque ad Magdalenam ccc° xxvii°, redditus ut supra. Debentur ei lxiiii lib. par. fort. — Quartus de receptis et misiis factis inquirendo de numero...., villarum et focorum vicecomitatus Parisiensis, a Sancto Martino hyemali ccc° xxvi° usque ad Sanctum Andream post. Redditus quinta [die] Junii ccc° xxxiiii°, ut supra. Debentur ei iii sol. par. fort.

[XXXIV.] Compotus Marquesii Scatice, receptoris Carcassone et Biterris, de hiis que levavit de financia revocacionis Galt....,. xii denar..... pro panno in senescallia Carcassone, videlicet de cl^m lib. tur. pro dicta financia, et de viii^m c lib. par. in tractando negocio, solvendis quinque terminis Pasche, continue sequentibus, primo incepto.... Pasche ccc° xxxiii°; redditus curie, pro primo termino predicto, decima nona Septembris ccc° xxxiiii°. Debet xxiii^m viii^c xlii lib., xii..., ob. tur. fort. — Iste compotus et quatuor alii qui fiant pro iiii^{or} aliis terminis querantur in sacco per se ad partem [nisi] inter precedentes inveniantur [1].

Compotus Auvré de Gentilli de certis provisionibus gencium et victualium per eum factis in mari anno ccc° xxxiii°. ....
....

LIX. Compotus [2] Petri de Cullento, examinatoris Castelleti, de omnibus debitis sibi et Johanni Audoeni commissis [ad levandum] in senescalliis Pictavensi, Xanctonie et Angolismi. Redditus curie secunda die Augusti ccc° xxxvi°. Debentur ei. Habuit tamen cedulam testimonialem. Sutus cum predicto compoto Johannis Martini.

L. Compotus Radulphi de Epernon, quondam castellani de Mirouaut, de misiis factis per eum ad Sanctum Johannem ccc° xx... usque ad Assumptionem Beate Marie ccc° xxxiiii°. Redditus vigesima secunda Decembris tunc. Debetur ei. Habuit cedulam testimonialem.

---

(1) Cet article est barré. On lit en marge : «Raditur hic quia ponuntur in sacco proprio ad partem, ut dicit dominus H. de Recha.» — (2) Fragment original. Bibl. nat., fr. 25995, n° 78, verso.

Compotus [1] domini Guidonis de Joyaco, militis, de expensis liberorum domini Roberti de Attrebato, a die martis prima... ccc° xxxiiii° usque ad sabbatum vigesimam septimam Maii ccc°xxxv°. Redditus vigesima nona Maii tunc. Debetur ei. Habuit [tamen] cedulam testimonialem, etc. Dicitur esse ad Ascensionem ccc°xxxv°.

Alius compotus ipsius Guidonis de expensis dictorum liberorum in castro Nemosii, a quinta decima die Octobris ccc°.... usque ad primam Maii ccc° xxxvi°. Redditus septima Maii ccc° xxxvi°. Debetur ei. Habuit tamen cedulam testimonialem.

Alius compotus ejusdem domini Guidonis de expensis dictorum liberorum in dicto castro, a primo die Maii ccc°..... ad primam diem Novembris post. Redditus tertia die Decembris tunc. Debetur ei. Habuit tamen cedulam testimonialem.

LI. Compotus Johannis Belin de Senonis de hoc quod levavit de debitis plurium Lombardorum de Aurelianis sibi [commissis ad] levandum per Johannem Ursini, quondam receptorem Senonensem anno ccc° xxvii°. Non clausus. Tamen deberentur ei [per] litteras obligatorias dictorum Lombardorum cum inventario in uno parvo sacco, in quo est similiter compotus. Que littere obligatorie dicuntur pauci aut nullius valoris.

LII. Compotus Johannis de Sancto Salvatore de financiis tam usurariorum quam acquestuum..... Petrum Favelli in bailliviis Alvernie et Montanarum, levatis ibi per eum anno ccc° xxvii°. Redditus curie septima die....., ccc° xxxiiii°. Debet xi° xxxiiii lib., vii sol., x den., pict. tur. fort.

Alius compotus ejusdem Johannis de diversis arreragiis annualium, decimarum et subvencionum et aliquibus debitis compotorum..... per regnum, levatis per eum anno ccc° xxvii°. Redditus quinta decima die Aprilis ccc° xxxvi° ante Pascha. Debet... vii sol., i den. tur. monete currentis anno ccc° xxvii°.

LIII. Compotus Johannis Avunculi, quondam baillivi Gisorcii, de financiis Anglicorum captorum in dicta baillivia mense Septembri... Redditus decima die Aprilis ccc° xxxvi° ante Pascha. Debet iiii^{xx} xiii lib., xv sol., ix den. par. fort.

LIIII^a. Compotus Johannis Ursini de receptis et misiis pro executione domini Guichardi, quondam episcopi Trecensis, et ratione..... defuncti domini Johannis de Servigny, quondam magistri forestarum Campanie et Brie, factus per eum una cum R...[de] Castro Laudunensi. Redditus curie sexta decima die Aprilis ccc° xxxvi° ante Pascha. Debet xv° lxxvii lib., vi sol., viii den., dicte monete.

LIIII^b. Compotus Rogeri d'Arraz, servientis duodene Castelleti, de expensis fratris Johannis Alberici, Jacobini, quondam...... domini Roberti de Attrebato, a dominica sexta

---

(1) Cet article et les deux suivants sont barrés. On lit en interligne : « Radiantur quia sunt in quodam sacco per se ad partem »; et en marge : « Suuntur simul, ut creditur, compoti istius. — Habentur alias inferius in sacco sequencium. De hiis fit unus saccus predictus cum non sunt ab Ascensione ccc° xxxvii° ».

die Augusti ccc° xxxiii° usque ad octavam diem Septembris ccc° xxxiii°. [Redditus] decima die Maii ccc° xxxvii°. Debetur ei. Habuit tamen cedulam testimonialem.

LV. Compotus Guillelmi Bonensaigne de pluribus debitis sibi traditis ad levandum anno ccc° xxxiii°, et levatis... Redditus decima die Marcii ccc° xxxvi°. Debet iiii° lxii lib., viii sol., v den. par. fort. Tradidit etiam debita solvenda [pro] ipso que sunt in sacco communi debitorum, et etiam in fine dicti compoti.

Compotus[1] domini Philippi de Chamery, militis, baillivi Matisconensis, de pluribus gentibus armorum ducatus Burgundie pro auxilio guerre sue anno ccc° xxxvi°..... Debet ii° xxxi lib., xvi sol., vii den.

Compotus Petri de Essartis et Johannis Billoardi de misiis factis pro apparatu domine B[lanche de] Valesio, sororis regis, mense Marcii ccc° xxix°. Redditus curie decima nona Marcii ccc°..... [Debitum] fuit eis. Tamen habuerunt cedulam testimonialem. Debet esse cum compotis Argenterie nisi sit..

——————

....
tempore[2] quo ipse fuit detentus in Castelleto Parisiensi.

Compotus domini Guillelmi de Rabastenchis, militis, quondam senescalli Bigorre et regentis senescalliam Carcassonensem, de hiis in quibus poterat teneri domino regi de tempore quo fuit senescallus et regens dictarum senescalliarum, et dominus rex eidem.

Compotus Petri de Caignac et Ade de Puteo, commissariorum deputatorum super certis mercaturis existentibus apud Harefleu, que fuerant de societate Bardorum et Perussiorum anno ccc° xxxix°.

Compotus Johannis de Cambio, thesaurarii guerre, de certis garnisionibus cere per eum receptis de Attrabato de manibus thesaurariorum Francie Parisius anno ccc° xlii°.

Compotus magistri Petri de Verbria, secretarii regis, de expensis factis per eum eundo Avinionem mense Novembri ccc° xlii°, pro certis et secretis negociis. Debentur ei iiii^{xx} i lib., x sol. par., de quibus habuit cedulam curie testimonialem.

Compotus domini Jacobi Rossel et J. de Coua, custodum privilegiorum regiorum, de viagio facto per ipsos, eundo, morando et redeundo Avinionem anno ccc° xliii°. Debent iiii lib., v den. tur. fort.

Compotus Reginaldi Jonart de receptis et expensis factis per ipsum pro piscando stagna et vivaria Bretolii et Conchiorum in baillivia Gisorcii anno ccc° xl°. Debentur ei iiii lib., xi den. tur., de quo habuit cedulam curie testimonialem.

....

---

(1) Cet article et le suivant, d'une autre écriture, sont barrés. On lit en marge: «Non debent hic esse».
— (2) Fragment original. Bibl. nat., fr. 25995, n° 25, recto. Cf. plus haut, p. 371, note 1.

ADDITIONS ET CORRECTIONS.

Page 6, ligne 17, et page 19, ligne 35 : « ...baronia », *au lieu de :* « baillivia ».

Page 23, § 71 : « Bartholomeus du Drac », *au lieu de :* « Burchot du Drac ». Cf. page 374, § xxi, alinéa 2.

Page 34, lignes 15 et 27 : « Debet computare », *au lieu de :* « Debet compotum ».

Page 37, ligne 5. Le nom « Jordanus de Lebret (?) » paraît plus loin sous la forme « Jordanus de Lumhercio » (§ 1779). On trouve aussi, dans les documents originaux : « Jordanus de Loubert ».

Page 40, ligne 3 : « Theobaldus Guidi » est sans doute une mauvaise leçon pour « Thotus Guidi ».

Page 42, ligne 2 : « Dominicus de Castellione », *au lieu de :* « Dominus ». Cf. page 374, § xxi, alinéa 2.

Page 43, § 165. L'abréviation « Jacobus de Boul... » doit être résolue : « Jacobus de Boulayo ». Cf. page 369, ligne 5 avant la fin.

Page 48, § 195 bis. Passage très gravement altéré. La restitution proposée au texte n'est satisfaisante qu'en partie. Nous croyons maintenant qu'il faut lire : « Magister Petrus Larchier habuit computare de regali Parisiensi post mortem domini Stephani de Borreto, et tradidit compotum suum. » La fin de cette note marginale du manuscrit original était raturée, comme l'a indiqué un copiste (« Videntur he bine littere admisisse raturam in libro originali »); il y avait probablement : « Non auditus. Inter alios. » Cf. page 117, ligne 8, et § 1590.

Page 58, § 271, ligne 6 : « Vide » est probablement pour : « Videtur ».

Page 59, § 280, ligne 5 : « Habet computare », *au lieu de :* « Habet compotum ».

Page 63, § 321, ligne 1 : « Debet computare », *au lieu de :* « Debet compotum ».

Page 73, § 467. Il faut probablement *lire :* « Rivensis », *au lieu de :* « Ruthenensis ». Cf. § 959.

Page 78, § 520, ligne 1 : « Biterrensi », *au lieu de :* « Bituricensi ».

Page 108, § 784, ligne 3. Il faut corriger le texte comme il suit : « ...duplex a prelatis [et exemptis], et simplex a personis [non] exemptis ». Telles étaient, en effet, les conditions ordinaires de ces concessions de décimes.

Page 113, § 829, ligne 4 : « magister Johannes », *au lieu de :* « magistri Johannis ». Cf. § 842.

Page 140, § 1103, ligne 2, et page 149, § 1171, ligne 2. L'ancienne conjecture « [a] », que nous avons eu le tort de conserver, n'a aucune raison d'être. Le sens est : « Les prêts, dont quelques-uns ont été remboursés aux personnes qui les avaient consentis... ».

Page 141, § 1109. Nous avons longuement hésité sans nous décider à corriger ici « Parisiensibus » en « particularibus ». Comme nous avons maintenu ici « Parisiensibus », nous avons été amené à maintenir aussi cette forme au § 1140 et au § 1219. « In debitis Parisiensibus » paraît, d'ailleurs, parfaitement justifié aux §§ 1431 et 1888. Mais « particularibus » semble offrir un sens plus satisfaisant au § 1925. Et, dans beaucoup de cas, il n'est pas douteux qu'il s'agisse des *Debita* des comptes particuliers (§§ 1616, 2004, 2005, etc.).

Page 145, § 1135, ligne 4. Le mot « lib. » a été répété indûment après « IIe VIII ».

Page 149, § 1171. On a omis de faire remarquer que les dates fournies par le manuscrit et par les Extraits de Menant sont évidemment fautives. Il faut *lire* probablement : CC° IIII^{xx} IIII°.

Page 172. L'ordre des notes 2 et 3 a été interverti.

Page 193, § 1547, ligne 3. « Balduc » est une mauvaise leçon pour : « Balene ».

Page 214, note 1 : « est »; *lire :* « et ». — Il est impossible d'identifier « Auribeccum » avec Orbec (Calvados), comme l'ont fait les éditeurs des *Historiens de la France* (XXI, p. 825). Mais « Calidum Beccum » est une correction hardie. D'autre part, l'identification d'« Auribeccum » avec Robec (l'« Eau-de-Robec », à Rouen) ne paraît pas convenir.

Page 218, note 2. «Grossaine» est la forme que nous avons voulu substituer à la leçon du manuscrit, ici et au § 1894. «Grossaire» est, ici et à la p. 238, une faute typographique, introduite après le bon à tirer. — La preuve que «Grossaine» était un nom très répandu à Châlons au xive siècle se trouve dans un opuscule de M. P. Pélicier : *La population de Châlons-sur-Marne vers la fin du xive siècle* (Châlons-sur-Marne, 1895, in-8°). Les noms : Le Sayne, Petitsayne, Grossayne, se lisent presque à chaque page dans le plus ancien registre des tailles de la ville (1375-1380).

Page 220, § 1747. La rubrique de ce paragraphe est incorrecte. *Au lieu de* «Carnotensis», il faut *lire* peut-être «Carcassone» ou «Calvimontis».

Page 225, § 1793. «Rommis», *au lieu de* : «Rovris». Cf. § 2180, et page 376, ligne 3.

Page 253. Le paragraphe 2012 était sans doute une note marginale placée, dans le ms. original, en regard du paragraphe 2015.

Page 268, § 2145, ligne 2. Il vaut mieux *lire* : «...baillivie Rothomagensis; minute partes in quodam alio rotulo...».

Page 281, § 2230, lignes 3 et 6 : «Reddentur», *au lieu de* : «Redditus».

Page 292, § 2295. Ce paragraphe est obscur, par suite d'une omission entre les mots : «Vasconie» et «domini».

Page 311, § 2426 : «...in Anglia». *Lire* : «...in Angliam».

Page 313, rubrique : «Superius», *au lieu de* : «Inferius».

Page 315, § 2456-2457. Un accident typographique, avant le tirage, a produit ici deux fautes. *Au lieu de* : «Courpalan», *lire* «Courpalai»; *au lieu de* : «debenturis», «debentur».

Page 317, § 2483 : «...solutionibus factis per P. de Melct constabulariis», *au lieu de* : «constabularium».

Page 318, § 2488, ligne 3 : «...capiantur», *au lieu de* : «...copiantur».

Page 319, § 2501, ligne 2 : «...exercitum», *au lieu de* : «...exercitu».

Page 340, § 2631. Cf. Bibl. nat., fr. 23256, fol. 34.

Page 345, § 2669 : «...militem», *au lieu de* : «...milites».

Page 346, § 2674 : «...dominos Goulardum de May». Ce passage est évidemment altéré.

Page 364, ligne 7 : «...reformatione», *au lieu de* : «...relatione», mauvaise leçon du manuscrit.

Page 366, ligne 14 : «...comitatuum», *au lieu de* : «...comitatum».

Page 369, ligne 4. Ce compte de Ligier de Bethisi est au Musée britannique, *Additional Charters*, n° 15213.

Page 370, ligne 24 : «...inquisitorum et reformatorum», *au lieu de* : «...inquisitoris et reformatoris».

Page 376, ligne 5. Un trait entre «fort.» et «Secundus».

Page 376, ligne 26 : «xlix», *au lieu de* : «lix».

INDEX ALPHABÉTIQUE.

Les chiffres renvoient aux pages.
Les chiffres en *italiques* renvoient aux rubriques du texte imprimées en *italiques*.

Aalis. V. Petrus.
Abbatisvilla, 144, 290, 370. — *Abbeville* (Somme).
Abrincensis (diocesis), *67*, *78*, 104, *127*, *135;* (episcopus), 361. Cf. Gaufridus; (J.), v. J. Abrincensis; (vicecomes), v. Philippus de Gornayo. — *Avranches* (Manche).
Abrincis (de). V. Johannes.
Accoltus Philippi, receptor Carcassone, 32.
Accon (de). V. Stephanus.
Accursi. V. Spinetus.
Acelini. V. Egidius.
Acy (de). V. Johannes.
Adam (dominus), 240.
Adam, nepos Anselmi Buticularii, 43.
Adam de Busiaco, clericus, 50.
Adam de Horreto, serviens Castelleti, 360.
Adam de Insula, 219, 349.
Adam de Perona, 50, 63, 64, 65.
Adam de Plesseio, 168, 247.
Adam de Ponte Moolain, 199.
Adam de Riz, 113.
Adam de Sancto Benedicto, 282.
Adam de Servigny, 345.
Adam de Suisiaco, 49.
Adam de Valencuria, 359.
Adam du Ban, 291, 292, 321.
Adam du Puteo, 378.
Adam Halot, baillivus Caleti, 27, 146, 289.
Adam Le Flament, 257.
Adeline. V. Thomas.
Ademarus de Archiac, miles, 299, 308, 313, 316, 318.
Admiraldus maris. V. Benedictus Zacharie, Berengarius Albi, Otho de Touciaco, Petrus Mege, Renerus de Grimaldis.

Adurensis (diocesis), *72*, 104, *130*, *138*. — *Aire* (Landes, arr. de Saint-Sever).
Adveneriis (de). V. Francio.
Adversio (de), v. Petrus; (prepositus de), v. Nicolaus de Lusarches. — *Auvers-Saint-Georges* (Seine-et-Oise, cᵒⁿ de La Ferté-Alais).
Agasse. V. Bertrandus.
Agathensis (diocesis), *71*, *78*, *128*, *137*. — *Agde* (Hérault, arr. de Béziers).
Agennensis (diocesis), *70*, *71*, 103, *127*, *136;* (senescallia), 104, *243*, 316; (senescallus), v. Henricus de Hanz, Johannes de Maignelers, Poncius de Montelauri; (thesaurarius), v. Durandus Payrole. — *Agen* (Lot-et-Garonne).
Agennesium, 297. — *Agenais*.
Agues, domicella Garlendie, 361.
Agni. V. Stephanus.
Agonnay (d'). V. Benedictus.
Aigret. V. Michael.
Alani. V. Balduinus, Mauricius.
Alanus de Lambalia (magister, episcopus Briocensis), 156, 203, 235, 236, 357, 360. Cf. Briocensis (episcopus).
Alanus Gabet, 56.
Alberici. V. Guillelmus, Johannes.
Albertus, episcopus Clarimontis in Alvernia, 61.
Albertus Beloti, receptor Parisiensis, 21, 47.
Albertus Bonardi, 324.
Albertus Chapon, 18, 29, 257.
Albertus de Nangiervilla, senescallus Ruthenensis, 304.
Albertus de Roya (magister, episcopus Laudunensis), 55, 364.
Albertus de Villaperion [Villepereux?], 292.
Albi. V. Berengarius, Durandus, J., Nicolaus.

382
INDEX ALPHABÉTIQUE.

Albi (d'). V. Bernardus.
Albia (de). V. Raimundus Baudriči.
Albicius Bichii Symonis, 28.
Albiensis (diocesis), *62, 76*, 102, *124, 133, 353*.
— *Albi* (Tarn).
Albigesium, 235, 312. — *Albigeois*.
Albigniaco (de). V. Dyonisius, Petrus.
Aldebrandel. V. Ricus.
Alemannie (Imperium), 238.
Alement (d'). V. Erardus.
Alençonium, 43. — *Alençon* (Orne).
Alermus de Silliaco, 58.
Alexander de Remis, 90.
Alexander (dominus, capellanus domini de Sancto Venancio), 300.
Alexandri. V. Baldus.
Alfonsus de Hispania, Yspania, 309, 311, 371.
Alfonsus de Malobodio, 34, 127-131, 136-139, 352.
Alfonsus de Rovrayo, gubernator Navarre, 30, 240.
Algie (archidiaconus). V. Richardus Nepotis.
Alincourt, 14. — *Élincourt* (Nord, cᵒⁿ de Clary).
Allodium, 45; -i (castellania), 40. — *Arleux* (Nord, arr. de Douai).
Almarricus (dominus), 345.
Alneolo (de). V. Guido.
Alneto (de). V. Huardus, Johannes.
Alneyo (vicecomes de). V. Poncius de Mauritania. — *Aulnay - de - Saintonge* (Charente-Inférieure, arr. de Saint-Jean-d'Angely).
Alphinus de Marinera, 260.
Altabr.... (de). V. Johannes.
Altaripa (de). V. Johannes.
Altavilla (de). V. Johannes.
Altovillari (de). V. Johannes.
Altumvillare, 44. — *Auvillars* (Tarn-et-Garonne, arr. de Moissac).
Alvernia, 342, 359, 360, 369; (de), v. P. de Alvernia.
Alvernie (baillivia), *31, 148, 153, 158, 167, 177, 183, 188, 193, 197, 199, 203, 210, 213, 223, 234, 242*, 264, *269*, 289, *346, 351*, 369, 370, 375, 377; (receptores et baillivi), 31.
Amanatus de Pistorio, 271.
Ambianensis (baillivia), 23, 41, 45, 84, *142, 144, 150, 154, 160, 170, 180, 184, 190, 195, 198, 200, 205*. 213, 219, 227, 239, 248, 255, 266, 344, 349, 371; (baillivus), 23, 58,
323. Cf. Galerannus de Vallibus, Johannes de Athiis; (diocesis), *58, 76*, 100, 102, 107, *124, 132*, 159, 170; (major), v. Leonardus Le Sec; (prepositura), 42, 374; (vicedominus), 314, 347, 348. Cf. Johannes de Piquigniaco; (Beati Nicolai — canonicus), v. Andreas de Quadrellis.
Ambianum, 289, 317, 334, 369; -is (de), v. Johannes, Stephanus. — *Amiens* (Somme).
Amblardi. V. G. Amblardi.
Ambliniaco (de). V. Petrus du Greffe.
Americus. V. Aymericus.
Amici. V. Johannes, Michael.
Amisius de Aurelianis, decanus Parisiensis, 349, 368.
Ancellus de Morgneval, Morgnevalle, Mornevalle, decanus Sancti Germani Autissiodorensis, 195, 216, 336, 342.
Ancellus de Rigneil, dominus de Jeuvilla, 338.
Ancherius Corraldi, 145.
Ancherius de Compendio, 142.
Andegavensis (baillivia), 163, 220; (diocesis), *63, 77, 81*, 85, 87, 103, *125, 134;* (terra), 42; (thesaurarius), v. Guillelmus Bonnet, Petrus de Latilliaco.
Andelotum, 253. — *Andelot* (Haute-Marne, arr. de Chaumont).
Andreas de Balone, Baalon, 320.
Andreas de Charroies, Charroliis, clericus regis, baillivus Ambianensis, 23, 176, 182, 219, 227.
Andreas de Florentia, 370.
Andreas de Quadrellis, canonicus Beati Nicolai Ambianensis, 61, 106.
Andreas Hanin, 41.
Andreas Papin, 26.
Andreas Tyardi, 363.
Andree. V. Raimundus.
Andusia, 364. — *Anduze* (Gard, arr. d'Alais).
Angiaco (de). V. Johannes.
Anglia, 311, 357, 358, 360, 362, 364; (de), v. Thomas; - e (guerra), 148; (regina), 177, 197, 251; (rex), 374.
Anglici, 222, 297, 299, 303, 374, 377.
Angulphus (frater), 63.
Aniciensis (diocesis), *62, 77, 90, 92*, 103, *106*, 111, *114, 116, 125, 133*, 155, 206; (prepositus), v. Radulphus.

Anicii (bajulus curie communis). V. Hugo de Salgue.
— *Le Puy* (Haute-Loire).
Anieriis (de). V. Johannes, Robertus.
Anisiaco (de). V. Hugo.
Anlesi (d'). V. Guillelmus.
Ansellus. V. Ancellus.
Anselmus [Anselinus?] Buticularius, 43.
Antigaco (de). V. Ategiaco (de).
Antogniaco (de). V. Stephanus.
Apollo. V. Johannes.
Appamiarum (ecclesie capitulum), 178. — *Pamiers* (Ariège).
Appamiensis (diocesis), *71*, *73*, *129*, *138*, *353*.
Aqua (de). V. Guillelmus, Johannes. Cf. Aquis (de).
Aquarum et forestarum regis inquisitores, magistri. V. Guillelmus de Diciaco, Johannes de Bardiliaco, Oudardus de Croso, Philippus de Betisiaco, Robertus Venatoris.
Aque, Aquensis civitas, 287, 290, 292, 297, 302. — *Dax* (Landes).
Aque Mortue, 295; – arum – arum (vicarius), v. Guillelmus Bocucii. — *Aigues-Mortes* (Gard, arr. de Nîmes).
Aquensis (diocesis), *72*, 104, *130*, *138*, 178.
Aquilecuria (de). V. Nicolaus.
Aquis (de). V. Johannes.
Aquitanie (capitaneus), v. Blainus Lupi, Johannes de Piquigniaco; (decima), 358; (ducatus), 34, 35, 299, 347; (gubernator), v. Johannes de Burlaco.
Arbois (d'). V. Raynaldus.
Arbosio (de). V. Guido.
Arceiis (de). V. G. de Arceiis.
Arcellis (de). V. Gandulphus.
Archerii. V. Harcherii.
Archiac (de). V. Ademarus.
Archiepiscopi. V. Johannes, Odo.
Archieu (d'). V. Reginaldus.
Archiis (de). V. Gaufridus.
Area (de). V. Guillelmus.
Arelatensis (diocesis), *71*, *78*, *82*, 105, *128*, *137*. *Arles* (Bouches-du-Rhône).
Argenterie (compoti), 14, 378.
Argentolio (de). V. Johannes Majoris.
Armigeri. V. Guillelmus, Theobaldus.
Arnaldi. V. G. Arnaldi.
Arnaldus Aymar, 288.
Arnaldus de Partallo, serviens armorum, 254.

Arnaldus de Proboleno, 31-33, 203, 210-212.
Arnaldus des Noes, 34.
Arnaldus de Villario, 78, 104, 107, 111.
Arnaldus Magistri, 293.
Arneys. V. Erneys.
Arnulphi. V. Petrus.
Arnulphus de Crissiaco, 95, 97.
Arnulphus Mellin, de Meldis, 37, 159, 346.
Arrableyo (de). V. Johannes, P. de Arrableyo.
Arragonia, 81, 88, 93, 95, 113, 140, 144, 149, 262, 280, 287, 362.
Arraz (d'). V. Rogerus.
Arrenart, Arrenardi. V. Galterus.
Arresnart. V. Guillelmus, Renardus.
Arrode. V. Johannes.
Arthesii (fronteria), 240.
Artissienses (denarii), 241.
Artois (alliés d'), 361.
Arzillieres (d'). V. Galterus.
As Cros. V. Guillelmus.
As Orrées. V. Johannes.
Ategiaco (de). V. Osilius.
Ath, 327. — *Ath* (Belgique, Hainaut).
Athiis (de). V. Johannes, Robertus.
Aties (de). V. Johannes.
Atrebatensis (burgensis), v. Hussetus Hukedieu; (comes), 288, 294, 297, 298, 300, 303, 307, 333. Cf. Robertus; (comitissa), 362; (comitatus), *39*, *343*; (diocesis), *59*, *76*, 100, 102, 107, *124*, *133*; (quinquagesima), 160.
Atrebatum, 144, 170, 248, 263, 319, 326, 332, 334, 342, 378; -o (de), v. Crispini, Matheus Le Borgne. — *Arras* (Pas-de-Calais).
Aubenton (de). V. Symon.
Aubertus. V. Albertus.
Audoeni. V. Johannes.
Augi (comes), 221, 308, 332. Cf. Radulphus. — *Eu* (Seine-Inférieure, arr. de Dieppe).
Augonnay (de). V. Benedictus.
Augustensis (diocesis), *78*, *131*, *140*. — *Aoste* (Italie).
Aula (de). V. Renerus.
Aupois. V. Johannes.
Aurelianensis (baillivia), 24, 38, 48, *145*, *150*, *155*, *161*, *172*, *181*, *184*, *190*, *195*, *198*, *200*, *205*, *213*, *219*, *228*, *236*, *240*, *247*, *266*, *344*, *349*, *362*, *375*; (baillivi seu receptores), 24. Cf. Johannes de Meleduno; (diocesis), *49*,

74, 75, 79, 84, 101, *106*, *122*, *132*, 171; (cantor), 235, 259, 346. Cf. Johannes de Auxeio; (civis), v. Petrus Aalis; (episcopus), 50, 52; (granetarius), v. Matheus Hery; (prepositus), 145; -e (viagium), 360; -e (vivarium), 282.
Aurelianum, 307, 334, 377; -o, -is (de), v. Amisius, Egidius, Evrardus, Petrus. — *Orléans* (Loiret).
Auribeccum, 214. — Cf. Calidum Beccum, et p. 379.
Aurifabri. V. Guillelmus.
Aurivallis (castrum), 292. — *Orival* (Seine-Inférieure, c^on d'Elbeuf)?
Ausgans. V. Robertus.
Austrie (ducissa), 251.
Auteya (rector ecclesie de). V. Sanso Harenc. — *Authies* (Somme, c^on d'Acheux)?
Autissiodorensis (comes), 39; (diocesis), 59, 74, 101, *123*, *132*; (episcopus), 113, 114. Cf. Sancti Germani Autissiodorensis abbas, decanus. — *Auxerre* (Yonne).
Autissiodoro (de). V. Johannes, P., Stephanus.
Autreche (de). V. Galterus.
Auveré. V. Hugo.
Auvericio (de). V. Petrus.
Auversio (prepositus de). V. Adversio, Nicolaus de Lusarches.
Auvré de Gentilli, 376.
Auxeio (de). V. Johannes.
Auxitanensis (provincia et diocesis), 19, *72*, *78*, *83*, *86*, *88*, *91*, *92*, *94*, *97*, *104*, *106*, *107*, 110, *112*, *113*, *118*, *121*, *130*, *138*, 178. — *Auch* (Gers).
Auzere. V. Robertus.
Avary (d'). V. Petrus.
Avenay (d'). V. Egidius, Johannes.
Avenio, 248, 340, 354, 357, 363-367, 371, 378; -nis (pons), 254, 256, 337. — *Avignon* (Vaucluse).
Avenionensis (diocesis), 71, 82.
Avesne, 43. — *Avesnes* (Nord).
Avesnes le Conte, 41. — *Avesnes-le-Comte* (Pas-de-Calais, arr. de Saint-Pol).
Avice. V. Gaufridus.
Avunculus. V. Johannes.
Aymar. V. Arnaldus.
Aymardus de Bello-Podio 233.

Aymardus de Croso, 229, 350. Cf. Aymericus de Croso.
Aymarus. V. Ademarus.
Aymerici. V. Guillelmus, Johannes.
Aymericus Brugelue, 36, 37, 223, 233, 310.
Aymericus de Baignoliis, 24.
Aymericus de Croso, senescallus Carcassone, 203, 212, 235, 236.
Aymo Constabularii, receptor Bellicadri, 62.
Ayn (de). V. Bouchardus.
Ayre (prepositus d'), 41. — *Aire-sur-la-Lys* (Pas-de-Calais, arr. de Saint-Omer).

B. de Mellento, 81. Peut-être pour R. de Mellento. V. Radulphus.
B. de Prell..., 268.
Baatel. V. Stephanus.
Baignoliis (de). V. Aymericus.
Baillieus (de). V. Petrus.
Baillis. V. Nicolaus.
Baionna. V. Bayonna.
Bajocensis (diocesis), *68*, *78*, 104, *127*, *135*; (episcopus), 357. Cf. Petrus de Menays. — *Bayeux* (Calvados).
Bajocis (de). V. Johannes.
Balbi. V. Jacobus.
Baldoinus Poutrel, receptor baillivie Rothomagensis, 295.
Balduinus Alani, 58, 67, 103, 163, 173, 181, 187, 192, 208.
Balduinus de Loncvez, Longovado, 24, 39, 40.
Balduinus de Medonta, 182.
Balduinus de Nantholio, 150.
Balduinus de Pois, 238.
Balduinus de Royaco, 190, 240, 319, 320, 322, 338.
Balduinus de Wycent, 102.
Balduinus Tiroul, 165.
Baldus Alexandri, 34.
Baldus Crispinorum de Attrebato, 170, 328.
Baldus Diedi, 261.
Baldus Fini, Fighni, da Fighine, 80, 260, 262, 317.
Baleine. V. Gerardus, P. Baleine.
Balleus (de). V. Baillieus.
Balliaco (de). V. Johannes.
Balligneyo (de). V. Seguinus.
Ballolium, 45. — *Bailleul* (Somme, c^on de Hallencourt).

INDEX ALPHABÉTIQUE. 385

Ballolio (de). V. Odoardus.
Balma (de). V. Guillelmus.
Balone (de). V. Andreas.
Ban (du). V. Adam.
Barbello (monachi de), 344. — *Barbeaux* (Seine-et-Marne, c^{on} du Châtelet, c^{ne} de Fontaine-le-Port).
Barbette. V. Johannes, Stephanus.
Barbou. V. Reginaldus.
Barches (de). V. Evrardus.
Bardilliaco (de). V. Johannes.
Bardini. V. Galterus.
Barmont. V. Johannes.
Barnonville (de). V. P. de Barnonville.
Barri (comes), 176, 336, 340; (guerra), 333. — *Bar* (Meuse).
Barriere. V. Petrus.
Barro, Barris (de). V. Johannes.
Barrum super Albam, 358; – i (nundine), 242. — *Bar-sur-Aube* (Aube).
Bartholomei. V. Johannes.
Bartholomeus Caprarii, Chevrier, 25, 206, 212.
Bartholomeus de Champenay, 95.
Bartholomeus de Desertinis, 370.
Bartholomeus Dextajuti, Dieutajuti, 33, 260, 312.
Bartholomeus du Drac, receptor Ambianensis, 23 (cf. 379), 374.
Bartholomeus Jacobi, clavarius Biferris, 236.
Bartholomeus Talamuchii, receptor Carcassone, 32, 236, 259.
Basatensis, Vasatensis, diocesis, 72, 104, 119, 130, 138, 178. — *Bazas* (Gironde).
Basileensis diocesis, 73, 131, 140. — *Bâle* (Suisse).
Bassigniensis granetarius. V. Guillelmus Le Sage.
Bauceyo (de). V. Sancetus.
Bauchevillari (de). V. Reginaldus.
Baudequini, 241.
Baudetus Le Borgne, 39.
Baudrici. V. Raimundus.
Baugis. V. Guillelmus.
Baume (de). V. Guido.
Baut. V. Petrus.
Bayonna, 287, 288, 290, 293, 302. — *Bayonne* (Basses-Pyrénées).
Bayonnenses, 261.
Bayonnensis (diocesis), 72, 130, 138.
Beatrix, comitissa Blesensis, 250.
Beaumont Le Roger, 45. Cf. Bellus Mons Rogeri. — *Beaumont-le-Roger* (Eure, arr. de Bernay).

Beaupetit. V. Jacobus.
Becardi. V. Stephanus.
Beccosolium, 281. — ***Beccoiseau*** (Seine-et-Marne, c^{on} de Rozoy-en-Brie, c^{ne} de Mortcerf).
Beco (de). V. Johannes.
Beellay (de). V. Johannes.
Beeriz. V. Borreyo.
Begin. V. Johannes.
Behuchet. V. Nicolaus.
Belin. V. Johannes.
Bellabruna (de). V. Robertus.
Bellayo (de). V. Sylvester.
Bellencourt (armiger de), 320.
Belle Osanne (domus), 276, 277. — *Bellozanne* (Seine-Inférieure, c^{on} de Neufchâtel-en-Bray, c^{ne} de Massy).
Belle Pertice (abbas), 235. — *Belleperche* (Tarn-et-Garonne, c^{on} de Saint-Nicolas, c^{ne} de Cordes-Tolosannes).
Bellicadri (civitas), 264, 293; (debita senescallie), 16, 17; (domania), 15; (portus), 254; (receptores), 33. Cf. Aymo, Guido Philippi; (senescallia), 33, 105, 149, 153, 158, 167, 178, 183, 189, 194, 197, 199, 204, 211, 214, 224, 236, 243, 254, 260, 262, 271, 306, 316, 352, 361, 363-365, 370; (senescallus), v. Bertrandus Jordani de Insula, Johannes de Arrableyo; (subventio), 312. — *Beaucaire* (Gard, arr. de Nîmes).
Bellicensis (diocesis), 73, 131, 140. — *Belley* (Ain).
Belliloci (foresta), 323. — *Beaulieu* (Seine-Inférieure, c^{on} de Duclair, c^{ne} de Bardouville).
Bello Manerio (de). V. Philippus.
Bello Marchesio (de). V. Eustachius.
Bellomonte (de). V. J., Petrus.
Bello Podio (de). V. Aymardus.
Bellus Mons Rogeri, 227, 363. V. Beaumont Le Roger.
Belna, 371; (de), v. P. de Belna. — *Beaune* (Côte-d'Or).
Belot. V. Albertus, Johannes.
Beloy (de). V. Sylvester.
Belvacensis (diocesis), 57, 75, 79, 102, 107, 124, 132; (episcopatus), 56, 159, 226; (episcopus), 297. Cf. Reginaldus de Nantolio.
Belvacinio (de). V. Johannes.
Belvacum, 341; –o (de), v. Guillelmus, Petrus Gorge. — *Beauvais* (Oise).

Benedictus XI, 80, 110, 112, 118, 119.
Benedictus (magister), 298.
Benedictus Brocardi, Brossardi, 230, 236, 271, 352.
Benedictus d'Agonnay, de Augonnay, de Goneyo, 166, 346.
Benedictus de Moreto, 88, 94.
Benedictus Fabri de Lupara, 358.
Benedictus Zacharie, admiraldus maris, 295, 334.
Benefacta (de). V. Stephanus.
Berangarii, Berengarii. V. Johannes, P. Berengarii.
Beraudus de Mercorio, 336, 342.
Berengarius Albi, Blanc, admiraldus maris, 240, 322, 330.
Berengarius Capdeporc, serviens armorum, 359.
Berfumée. V. Robertus.
Bergeriacum, 310; -i (archidiaconus), 347. — *Bergerac* (Dordogne).
Bernardi. V. G., Guillelmus, Lappus.
Bernardus Cornuti, 347.
Bernardus d'Albi, 349, 374.
Bernardus de Castellario, 295.
Bernardus de Cornu, 79.
Bernardus de Devezia, de La Devoyse, 35, 104, 243.
Bernardus de Lauduno, 177, 182.
Bernardus de Meso, 119, 344, 347, 349, 360.
Bernardus de Montecalveti, 220.
Bernardus de Nantolio, 242.
Bernardus de Portu, 95.
Bernardus Jacobi, 143, 170, 263.
Bernardus Rasoris de Narbona, 270.
Berry (de). V. Guillelmus.
Bertaudus de Borreto, magister forestarum Lingue Occitane, 287.
Bertaudus de Latigniaco, 85, 107, 117, 174, 187, 192.
Bertaudus Mahyel de Ponte Audomari, 28, 103, 104, 147, 175, 176.
Bertaudus Mouton, 289, 317.
Bertencuria (de). V. Guido, Robertus, Stephanus.
Bertrandi. V. Guillelmus, Johannes, P., Robertus.
Bertrandus, episcopus Tholose, 262, 355.
Bertrandus, serviens Castelleti, 142.
Bertrandus Agasse, 243.
Bertrandus Bonifacii, 350, 368.
Bertrandus de Cluselles, de Clusello, canonicus Brivatensis, 193.

Bertrandus de Meldis, 87, 88, 90.
Bertrandus de Monteacuto, 191.
Bertrandus de Pojolariis, 167.
Bertrandus de Rupenegata, 338, 366.
Bertrandus de Vernolio, miles Karoli de Valesio, 296.
Bertrandus Garcie, 295.
Bertrandus Jordani de Insula, senescallus Bellicadri, 34, 271, 302, 312, 337.
Bertrandus Michaelis, 151.
Bertrandus Poinglasne, 190.
Bertus Bonagundi, 262.
Bertus Talenti, 148, 264.
Besquet. V. Petrus.
Bethinus Huguechionis de Florentia, 152.
Bethisi, Bethisiaco (de). V. Leodegarius, Nicolaus, Philippus, Rogerus.
Bethunia, 343. — *Béthune* (Pas-de-Calais).
Betinus Calcinelli de Moneta, 33, 240, 241, 337.
Biaus Hostes. V. Henricus.
Biche. V. Petrus.
Bichius, 231, 233, 294, 296, 305.
Bichius et Mouchetus, 19, 28, 31-33, 35, 80, 97, 99, 141-143, 145-147, 151, 157, 164, 169, 170-173, 175-177, 226, 257-260, 264, 296.
Bigne. V. Petrus.
Bigorre (senescallia), 34, *224;* (senescallus), v. Guillelmus de Rabastenchis. — *Bigorre*.
Billencourt (de). V. Stephanus.
Billiaco (de). V. Symon.
Billouardi. V. Johannes.
Billy (de). V. Symon.
Bindus de Monasterio, 144, 169.
Binuccii. V. P. Binuccii.
Bisontinensis (provincia et diocesis), 73, 79, *83, 86, 88, 91, 97, 98, 105, 106, 112, 113, 114, 119, 122, 131, 140.* — *Besançon* (Doubs).
Bisontio (de). V. Jacobus.
Biterrensis (diocesis), 71, 78, *128, 137;* (vicaria), 167, 236; -e (concilium), 108.
Biterris, 264; (de), v. Guillelmus Vaisse, Poncius Botonis; (clavarius de), v. Bartholomeus Jacobi. — *Béziers* (Hérault).
Bituricensis (archidiaconus), v. Theobaldus de Sacro Cesare; (baillivia), *25, 145, 151, 156, 162, 172, 181, 185, 191, 195, 198, 201, 206, 213, 220, 229, 241, 266,* 267, 344, 349, 358-359, 369, 370; (cancellarius), v. Johannes

INDEX ALPHABÉTIQUE. 387

Thome; (provincia et diocesis), 19, *60*, *76*, *81*, 85, *87*, *88*, *92*, *93*, *96*, *99*, *102*, *104*, *106*, 108, 109, *111*, *112*, *114*, *116*, *121*, *124*, *133*; (receptores et baillivi), 25. Cf. Johannes de Foux, Johannes de Marla, Petrus Lombardi. Cf. Sancti Supplicii Bituricensis abbas.

Bituricum, 339, 357, 361, 363. — *Bourges* (Cher).

Bituris (de). V. Petrus.

Blainus Lupi, senescallus Tholose, 312, 314.

Blainvilla, Blenvilla, Bleynville (de). V. Johannes de Mauquanci.

Blanc. V. Berengarius Albi.

Blancha (domina –[de Burgundia]), 363.

Blancha, regina Navarre, 30, 232.

Blancha de Valesio, 378.

Blancha de Yspania, 250.

Blaviarum (terra), 42. — *Blaye* (Gironde).

Blesensis comitatus, 145, 181; (comitissa), v. Beatrix; (decanus), v. Symon Festu.

Blesis, 43; (de), v. Pasquerius, Sancius. — *Blois* (Loir-et-Cher).

Blondelli. V. Johannes.

Blouet, Bloet, de Crispayo. V. Johannes.

Bocellis (de). V. Guillelmus.

Bocuce, Bocucii. V. Guillelmus.

Bodelli, Boelli. V. Petrus, Symon.

Boemie (rex), 364.

Boher. V. Johannes.

Boiliaue. V. Stephanus.

Boillis (de). V. P. de Boillis.

Boineville super Touque, 371. — *Bonneville-sur-Touque* (Calvados, c^{on} de Pont-l'Évêque).

Bolle. V. Nicolaus.

Bolonia, 296; (de), v. Jacobus; –e (comes), 342. — *Boulogne-sur-Mer* (Pas-de-Calais).

Boloniensis (comitatus), 154.

Bonagundi. V. Bertus.

Bonardi. V. Albertus.

Bonatus Constantini, 109.

Bonatus Ottaviani, Ottoviani, Otthaviani, 18, 29, 373.

Bonavalle (de). V. Petrus.

Bonensaigne. V. Guillelmus.

Bon et Bel. V. Franciscus.

Bonifacii. V. Bertrandus.

Bonifacius VIII, 74, 100, 105, 338.

Bonifacius de Janua, 39, 41.

Bonifacius de Sene, 295.

Bonihominis. V. Lappus.

Bonnart. V. Guillelmus.

Bonnay (de). V. Johannes.

Bonne Avainne. V. Johannes.

Bonnet. V. Guillelmus.

Bonovillari (de). V. Manasserus.

Bonpié. V. Jacobus.

Bonus Johannes de Sissone, 23.

Bonus Fidelis [peut-être pour Bonfillol (de' Tolomei)], 201.

Boquinus Cozeti, Coceti, 99, 145.

Borboniensis (archidiaconus), 162. V. Guillelmus de Castro, P. Bertrandi.

Borbonii (dominus), 36; (–, Borbonesii dux), 42, 367. — *Bourbon-l'Archambault* (Allier, c^{on} de Moulins).

Borbonio (de). V. Jacobus, Johannes.

Bordeneto (de). V. Michael.

Borrecelli. V. Johannes.

Borreto (de). V. Bertaudus, Philippus, Stephanus.

Borreyo, Beeriz (de). V. Normannus.

Bosco (de). V. Gaufridus, Guillelmus, Ranulphus, Symon.

Bosco Busselli (prepositus de), 82. — ?

Botonis. V. Poncius.

Boucelli, Bouciau. V. Guillelmus.

Bouchardus de Ayn, archiepiscopus Turonensis, 63.

Boucherel (de). V. Oudardus.

Boucly (de). V. Petrus.

Bouelli. V. Symon.

Boulayo (de). V. Jacobus.

Bourbon (de). V. Johannes.

Bourches (de). V. Johannes.

Bourciaut. V. Johannes.

Bourdon. V. Remigius, Renerus.

Bourg (du). V. Jacquinus.

Bourt, 307. — *Bourg-sur-Gironde* (Gironde, arr. de Blaye).

Bouterii. V. Robertus.

Bouton. V. Reginaldus.

Bovilla (de). V. Hugo.

Boyau, Bouyau. V. Dionysius, Petrus, Radulphus.

Boyliaue. V. Odo.

Brau, 43. — *Bré* (Corrèze, c^{on} de Lubersac, c^{ne} de Montgibaud).

Bras de fer. V. Jacobus, Robertus.

Braya. V. Nicolaus, P. de Braya.

49.

Braya Comitis Roberti, 43, 44. — *Brie-Comte-Robert* (Seine-et-Marne, arr. de Melun).
Brayi (castellania), 164, 202. — *Bray-sur-Seine* (Seine-et-Marne, arr. de Provins).
Brecenay (de). V. Johannes.
Brenacon (de). V. P. de Brenacon.
Brenot. V. Johannes.
Bretigniaco (de). V. Johannes, Philippus.
Bretoys. V. Stephanus.
Briardi. V. Ferricus.
Bricius, 320.
Bricius, Brichius, Guidi, Guidonis, 66, 147, 169.
Bricquebec (de). V. Robertus Bertrandi.
Bridoul. V. Johannes.
Brie (vivaria), 286.
Briençon (de). V. G., Reginaldus.
Briocensis (diocesis), 65, 77, 85, 103, *126*, *134*; (cantor), v. Ivo Prepositi; (episcopus), 211, 351, 359. Cf. Alanus de Lambalia. — *Saint-Brieuc* (Côtes-du-Nord).
Brioliis (prior de), 148, 296.
Brioliis super Meusam (terra de), 37. — *Brieulles-sur-Meuse* (Meuse, c^on de Dun-sur-Meuse).
Briomi, Brionii. V. Sancius.
Brion (de). V. Giraudus.
Briseteste. V. Johannes.
Britannia, 77, 81, 361; -e (comitatus), 173, 262; (comes), 156; (ducatus), 85, 359; (procurator regis in —), v. Ivo, prepositus de Bosco Busselli.
Britolium, Bretolium, 286, 374. — *Breteuil* (Eure, arr. d'Évreux).
Britones, 85, 262.
Britonis. V. Guillelmus, Hamon, Johannes.
Brivatensis (baillivia), 209; (canonicus), v. Bertrandus de Clusello. — *Brioude* (Haute-Loire).
Broardi. V. Johannes.
Brocardi. V. Benedictus, Thomas.
Brocia (de). V. Johannes, Helias, Petrus.
Broco (de). V. Petrus, Stephanus.
Broissellum, 311. — *Bruxelles* (Belgique)?
Brolia (de). V. Erardus.
Brolio (de). V. Petrus.
Brossardi. V. Benedictus.
Bruelles (terra de). V. Brioliis.
Brucriis (de). V. Johannes.
Bruge, 14, 298, 311, 331, 334; -arum (capitaneus), v. Cordonnay (de); -iis (de), v. Egidius, Petrus Flamingi. — *Bruges* (Belgique).

Brugelue. V. Aymericus.
Brugensis (canonicus). V. Johannes de Ursiaco, Symon de Sancto Benedicto.
Bruileyo (de). V. Radulphus.
Bruneti. V. Helyas.
Bruni. V. Hugo.
Bruniquelli (vicecomes), 189, 193. — *Bruniquel* (Tarn-et-Garonne, c^on de Monclar).
Bryen... (de). V. Guillelmus.
Bucherii. V. Theobaldus.
Buciaco, Bucy (de). V. Johannes, Symon.
Buffes (de). V. Johannes.
Bugnone (de). V. Johannes.
Buhort, Buhure. V. Reginaldus, Renaudus.
Buissons (des). V. Dumis (de).
Bulengarii. V. Johannes.
Burcardi. V. Johannes.
Burdegala, 288, 294, 302, 305. — *Bordeaux* (Gironde).
Burdegalensis (costuma), 36; (provincia et diocesis), 19, 70, 78, 83, 85, 89, 92, 94, 97, 98, 99, *102*, *105*, *106*, *111*, *113*, *114*, *118*, *121*, *127*, *136*; (revelatio), 312-314; (stabilita), 300; (stabilite gubernator), v. P. de Foullay.
Burg.... V. Thomas.
Burgenses (denarii), 55, 57, 112, 236, 270, 280.
Burgo (de). V. Johannes.
Burgo Abbatis (de). V. Richardus.
Burgo Dolensi (de). V. Petrus.
Burgundi. V. Galterus.
Burgundie (comitatus), 34, 122, 366; (comitissa), 343; (ducatus), 156, 366, 378; (ducissa), 212; (dux), 34, 156, 161, 357; (ducis clericus), v. P. de Belna; (ducis joculator), v. Mahietus.
Burlaco (de). V. Johannes.
Bursarii. V. Richardus.
Burserii. V. Johannes, P. Burserii.
Busquet. V. Robertus.
Bussardus de Lauduno. V. Bernardus.
Buticularius. V. Anselmus.
Buticularius Francie. V. Soliaci dominus.
Butonneria (de). V. Johannes.
Buxellis (de). V. Johannes.

Cabillonem (apud) 357; -e (de), v. Guillelmus, Henricus, Johannes, Petrus. — *Chalon* (Saône-et-Loire).

Cabilonensis (comitatus), 156; (diocesis), *71, 130, 138*.

Cabour (de). V. Eustachius, Thomas.

Cadeneti (portus), 254. — *Cadenet* (Gard, c^ou de Bagnols, c^ne de Chusclan).

Cadomensis (baillivia), 27, 68, *146, 151, 153, 157, 168, 175, 181, 187, 192, 196, 201, 221, 231, 241*, 263, *268, 345, 350*, 365, 368; -es (baillivi), 27; (canonicus), v. Johannes Gaidre.

Cadomum, 175, 359. — *Caen* (Calvados).

Cadorac (de). V. Johannes.

Caduinum, 302. — *Cadouin* (Dordogne, arr. de Bergerac).

Caignac (de). V. Petrus.

Caillet. V. Nicolaus.

Calceya (de). V. Egidius.

Calciati. V. Gerardus.

Calcinelli. V. Betinus.

Calesium, Caleys, 205, 293, 296, 308, 321, 324, 325, 334; -i (capitaneus), v. Milo de Maisiaco; (terra de), 330. — *Calais* (Pas-de-Calais).

Caleti (baillivia), 27, 66, 104, *146, 151, 157, 163, 174, 181, 186, 191, 196, 199, 201, 207, 221, 230, 241*, 263, *268, 345, 350*; (baillivi), 27.

Calidum Beccum, 214. — *Caudebec* (Seine-Inférieure, arr. d'Yvetot).

Calmeta (de). V. Johannes.

Calniaci (castrum), 45; (grueria), 39; (prepositura), 154. — *Chauny* (Aisne, arr. de Laon).

Calo. V. Radulphus.

Caloigne (de). V. Colardus.

Calotus, Judeus, de Rothomago, 267.

Calveto (de). V. Raimundus.

Calvimontis (baillivia), 105, *147, 153, 157, 166, 176, 182, 188, 192, 196, 199, 203, 209, 233, 242, 246, 268*, 359, 360, 369, *375*; (baillivi), 29, 318, 341. Cf. Guiardus de Porta, Henricus de Clacy, Petrus de Boucly, Petrus Jumelli. — *Chaumont* (Haute-Marne).

Calvitionis (terra), 37. — *Calvisson* (Gard, c^on de Sommières).

Calvomonte (de). V. Eraldus, Hugo, Johannes Legrant, Sanctius.

Cambellani. V. Theobaldus.

Cambio (de). V. Johannes.

Camelini. V. Egidius, Johannes.

Camera compotorum, 266.

Cameracensis (diocesis), 19, *59, 76*, 80, *96, 97*, 98, 102, *124, 133*. — *Cambrai* (Nord).

Campania, 28, 232, 245, 260, 305, 358, 360, 362.

Campanie (comitatus), 366; (confederati), 343; (debita), 17, 370; (domania), 15; (magister forestarum), 377; (nundine), 20, 29, 249, 256; (receptores) 18; (registra nundinarum), 242; (vivaria), 286; (terra), 18.

Campania ou, par erreur, Campanis (de). V. Gaucelinus, Robertus.

Campellis (de). V. Robertus.

Campis (de). V. Gerardus.

Campo Balduini (de). V. Johannes.

Campo Ferreolo [ou plutôt Ferreoli] (villa de), 72. — *Champforgeuil* (Saône-et-Loire, c^on de Chalon).

Campo Moreti (de). V. Robertus.

Camporepulso (de). V. Henricus, Richardus.

Canaberiis (de). V. Thomas.

Candé (de). V. Philippus.

Cantulupi (de). V. Galterus.

Cantus meruli, 202. — *Chantemerle* (Marne, c^ee d Esternay).

Capdeporc. V. Berengarius.

Capella regalis Parisiensis, 236, 251. Cf. Thesaurarius.

Capella (de), 180. V. Hugo d'Yerre, Johannes, Stephanus.

Capis (de). V. Petrus.

Caponum (Societas), 242.

Caprarii. V. Bartholomeus.

Caprosie (castellania), 200. — *Chevreuse* (Seine-et-Oise, arr. de Rambouillet.)

Carcassone (diocesis), *71, 128, 137*; (inquisitio), 359; (receptores), 32, 260; (salinum), 32, 365; (senescallia), 15, 16, 17, 32, 43, *149, 153, 158, 167, 178, 183, 189*, 194, *197, 199, 203, 212, 214, 224, 235*, 254, *259, 260*, 262, *270*, 316, *348, 352*; (senescallus), v. Aymericus de Croso, Henricus de Helisia, Johannes de Alneto; (thesaurarius), 203, 300. — *Carcassonne* (Aude).

Caritate (prior de), 224, 352, 362; (de), v. Droco, Guido. — *La Charité-sur-Loire* (Nièvre, arr. de Cosne).

Carnotensis (baillivus), 49; (canonicus), v. Johannes de Remino, Petrus Guignart, Symon Festu; (capitulum), 162; (diocesis), 48, *75*, 79, 99, 101, *106*, 112, *122, 132*; (episco-

patus), 172; (episcopi), 48; (terra), 164. Cf. Sancti Petri Carnotensis abbas.
Carnotum, 43; -o (de), v. Guillelmus Arresnart, Johannes Carnotensis. — *Chartres* (Eure-et-Loir).
Carolivilla (de). V. Jacobus.
Carolus IV, 18, 20, 43, 122, 131, 227, 236, 251, 343; -i (regis confessor), 276.
Carolus, comes Marchie, 36.
Carolus de Valesio (comes), 148, 281, 296, 307-309, 328.
Carolus du Drac, 23.
Carrerie. V. Quarrerie.
Carsen (de). V. Guillelmus.
Carsie, Garsie. V. Martinus.
Caselis (de). V. Jacobus.
Casletensis (decanus). V. Johannes de Fontanis.
Cassellum, Casletum, 240, 320, 335. — *Cassel* (Nord, arr. d'Hazebrouck).
Cassine. V. Egidius, Gilo, Philippus.
Castele (de). V. Johannes.
Castella, 374; -e (guerra), 301. — *Castille*.
Castellani. V. Giletus.
Castellario (de). V. Bernardus.
Castelle (du). V. Johannes.
Castelleto (de). V. Guillelmus.
Castelletum, 369; -i (equitis serviens), v. Johannes de Hamello; (examinator), v. Petrus de Cullento; (notarius), v. Guillelmus de Rosay, Johannes de Balliaco, Johannes Medici, Martinus Tereau; (serviens), v. Adam de Horreto, Bertrandus, Guillelmus Paradis, Johannes de Altavilla, Johannes de Buffes; (serviens duodene), v. Rogerus d'Arraz.
Castellio, 36 — *Châtillon* (Vosges, arr. de Neufchâteau).
Castellione (de). V. Dominicus, Galcherus.
Castello (de). V. Vincentius.
Castrensis (diocesis), *62, 77, 125, 133*. — *Castres* (Tarn).
Castrifortis (castellania), 179. — *Châteaufort* (Seine-et-Oise, arr. de Versailles).
Castri Porciani (prepositura), 152. — *Château-Porcien* (Ardennes, arr. de Rethel).
Castri Theoderici (prepositura), 223; (prior), 165. — *Château-Thierry* (Aisne).
Castro (de). V. Guillelmus, Johannes.
Castro Censorii (de). V. Johannes.
Castro Laudunensi (de), 377.

Castro Nanthonis (de), v. Robertus; -i (prepositus), v. Johannes Prevoust. — *Château-Landon* (Seine-et-Marne, arr. de Fontainebleau).
Castronovo (de). V. Giraudus.
Castrum Duni, 43. — *Châteaudun* (Eure-et-Loir).
Castrum Gaillardi, 363. — *Le Château-Gaillard* (Eure, c^{ne} des Andelys).
Castrum Renardi, 38, 43; -i (prepositura), 205. — *Château-Renard* (Loiret, arr. de Montargis).
Cathalaunensis (civis), 102, 107, *123, 132,* 238; (diocesis), *53, 75;* (episcopatus), 355; (episcopus), 360, 361, 363, 364.
Cathalaunum, 144, 149, 151, 153, 160, 169, 180, 218, 238, 341; -o (de), v. Colardus de Latigniaco, Johannes Grossaine, Johannes Richomme, P. de Cathalauno. — *Châlons* (Marne).
Cati. V. Robertus.
Caturcensis (diocesis), 19, 42, *62, 76,* 102, *125, 133;* (episcopatus), 355; (recepta), 298; (senescallia), *31,* 35, 86, *148, 153, 158, 167, 178, 183, 189, 193, 197, 199, 210, 213, 235, 243,* 254, *269,* 296, 315, *347, 351, 352,* 368. Cf. Petragoricensis senescallia; (senescallus), v. Johannes de Barris. — *Cahors* (Lot).
Caturci judex ordinarius. V. Matheus de Curtibus Jumellis.
Caturcinium 235. — *Quercy*.
Caturco (de). V. Guillelmus Johannis.
Caucinelli. V. Betinus.
Cavassole. V. Guido.
Cavech (du). V. Renaudus.
Caveyum, 43. — Peut-être pour « Cancyum », *Canos* (Aude, c^{on} de Lézignan, c^{ne} de Luc-sur-Orbieu).
Cayn. V. Jacqueminus.
Cella (de). V. Hugo.
Cenomanensis (baillivia), 163; (diocesis), *64, 77, 81,* 85, 87, 103, *125, 134,* 173; (episcopatus), 345, 349. — *Le Mans* (Sarthe).
Cenomano (de). V. Michael, P. Cenomanensis.
Cepeyo (castellania de), 205. — *Cepoy* (Loiret, arr. de Montargis).
Cerez, Ceris (de). V. Stephanus. Cf. Serez.
Chagrin. V. Odo.
Chailliaci (baillivus), v. Nicolaus Larchier; (castellania), 200. — *Chailly* (Seine-et-Marne, c^{on} de Melun).
Chailliaci (terra), 43. — *Chaillac* (Indre, c^{on} de Saint-Benoît-du-Sault).

INDEX ALPHABÉTIQUE. 391

Challiaco (de). V. Hugo.
Challoti. V. Radulphus.
Chalon. V. Radulphus.
Chalonc. V. H. de Chalonc.
Chaluset, 43. — *Chalusset* (Haute-Vienne, c^{on} de Pierre-Buffière, c^{ne} de Boisseuil).
Chambliaco (de), v. Eustachius, Johannes, Robertus; (dominus de), 143, 302. — *Chambly* (Oise, c^{on} de Neuilly-en-Thelle).
Chamery (de). V. Philippus.
Champellain. V. Cop.
Champenay (de). V. Bartholomeus.
Chandenayo (de). V. G. de Chandenayo.
Chaperon. V. Nicolaus.
Chapon. V. Aubertus.
Chardonnet (de). V. Petrus.
Charenton (de). V. Johannes.
Charitate (de), v. Droco; (prior de), 224. Cf. Caritate.
Charloti. V. Calo, Challoti.
Charmeya (de). V. Johannes.
Charniacum, 38. — *Charny* (Yonne, arr. de Joigny).
Charnier. V. Guillelmus.
Charroles, Charroliis (de). V. Andreas, Johannes.
Chartaudo (de). V. Jacobus.
Chasluz Chebrel, 42. — *Chalus*, autrefois Chalus-Chabrol (Haute-Vienne, arr. de Saint-Yrieix).
Chastelet. V. Guillelmus.
Chatardus de Penna Varia, 84, 121.
Chaucheti. V. Geraldus, Ludovicus.
Chaumont (de). V. Stephanus.
Chauniacum 143; –o (prepositus de), v. Johannes de Senicourt. — *Chauny* (Aisne, arr. de Laon).
Chaunoy (de). V. Guillelmus.
Chebrel. V. Chasluz.
Cheniaco, Cheny (de). V. Guillelmus.
Cherebourc, 294. — *Cherbourg* (Manche).
Cherisi (de). V. Henricus.
Chesa (prior de), 183. Cf. P. de Paredo. — Probablement *La Chaise* (Loir-et-Cher, c^{on} de Montrichard, c^{ne} de Saint-Georges).
Chevalier. V. P. Chevalier.
Chevrier. V. Bartholomeus, Guido.
Chientrellis (de). V. Johannes.
Chigniaco, Chigny (de). V. Guillelmus.
Chilleuses (de). V. Gilebaudus.
Chinche. V. Johannes.
Chinus de Gratia, 32, 157, 263.

Chiperellus Diexthaist, 147.
Choisel (de). V. Renaudus.
Choisiacum, 141. — *Choisy-le-Roi* (Seine, arr. de Sceaux).
Choleti. V. Johannes.
Chotart. V. Johannes.
Ciconia (de). V. Robertus.
Cinquenellus Corraldi, 80. Cf. Quanquenellus.
Cistelli. V. Jacobus.
Cisterciensis (decima), 101, 322; (abbas et monasterium), 322, 347. — *Citeaux* (Côte-d'Or, c^{on} de Nuits, c^{ne} de Saint-Nicolas).
Clacy (de). V. Henricus.
Clamardo (de). V. Egidius.
Clarembaudus Hessini, 59.
Clariaco (de). V. P. de Clariaco.
Clarimontis (comes), 42, 364; (terra), 36. — *Clermont* (Oise).
Clarimontis in Alvernia (concilium), 108; (diocesis), 60, 76, 86, 103, 124, 133, 148, 178, 264; (ecclesie archidiaconus), v. Johannes de Forgetis; (canonicus), v. Johannes Lotharingi; (cantor), v. H. de Chalonc. — *Clermont* (Puy-de-Dôme).
Clarisensus. V. Johannes.
Claromonte (de). V. Guido, Ludovicus, Nicolaus.
Clarus Sagina, 33.
Clemens V, 83, 110, 112-114, 119, 120, 338.
Clemens de Sayiaco, 149, 159, 230, 231.
Clementia (regina), 83, 202, 208, 368.
Clerembaut. V. Theobaldus.
Clerici. V. Thomas.
Clericus balistariorum. V. Dionisius de Albigniaco, Franciscus de Hospitali, Helias de Orliaco, Johannes Medici, Johannes Prepositi, Renaudus Buhort, Thomas de Parvo Celario.
Clericus compotorum. V. Johannes Borrecelli.
Clignet. V. Guillelmus.
Clinchamp (de). V. Robertus.
Cloderio (de). V. Ivo.
Cloes (de). V. Gaufridus.
Clugneti. V. Clignet.
Cluniacensis (ordo), 101, 148; (decima), 263.
Clusello (de). V. Bertrandus.
Coceti. V. Boquinus.
Cochetarii. V. Johannes.
Cocquebert. V. Hebertus.
Cocus. V. Stephanus.
Codreyo (de). V. Michael.

Colardus...., 289.
Colardus de Caloigne, 244.
Colardus de la Maison, 152.
Colardus de Latigniaco, de Cathalauno, 144, 149.
Colardus Dugart, 239.
Colardus Mairel, 152.
Colardus Pelliparii, 26.
Colduno (de). V. Thomas.
Collectores parrochiarum, 165.
Colomberiis (de). V. Odo.
Colomeriarum (castellania) 164; (prepositura), 202. — *Coulommiers* (Seine-et-Marne).
Colonia, 359. — *Cologne* (Allemagne).
Columbeio (de). V. Guillelmus.
Columberiarum (baillivia), 37. — *Coulommiers* (Seine-et-Marne).
Columbi. V. Johannes.
Combrosio (de). V. Guillelmus.
Comitibus, Comtes (de). V. Guillelmus.
Comitis. V. Guillelmus.
Communiarum Francie compoti, 26.
Companh. V. Nicolaus.
Compendii (burgensis), v. Robertus de Suessione; (tourneamentum), 322. — *Compiègne* (Oise).
Compendio (de). V. Ancherius, Egidius, Guillelmus du Paage, Jacobus Harel, Johannes.
Compnac, 36. — *Cognac* (Charente).
Compotele (archiepiscopus de), 371. — *Compostelle* (Espagne).
Comteci. V. Guido.
Conches, 45, 378. — *Conches* (Eure, arr. d'Évreux).
Conchis (terra de), 43. — *Conques* (Aude, arr. de Carcassonne).
Condayo (de). V. Michael.
Condeto (de). V. Gerardus, Guillelmus, Johannes, Petrus, Stephanus.
Condomensis (diocesis), *70, 127, 136.* — *Condom* (Gers).
Conflans, 36. — *Conflans* (Meurthe-et-Moselle, arr. de Briey).
Conseranensis (diocesis), *72, 104, 131, 138.* — *Conserans* (Ariège).
Constabularii. V. Aymo.
Constabularius Francie. V. Galcherus de Castellione, Radulphus de Nigella.
Constantia, 175. — *Coutances* (Manche).
Constantiensis (diocesis), *69, 78,* 104, *127, 136,* (thesaurarius), v. Stephanus Cocus.

Constantinensis (baillivia), *27, 146, 151, 153, 157, 163, 175, 181, 187, 192, 196, 199, 202, 208, 221, 231, 242, 263, 268, 345, 350,* 360, 368, 369; (baillivi), 27. Cf. Fauvellus de Vadencourt. — *Cotentin.*
Constantini. V. Bonatus, Guillelmus.
Convennensis (diocesis), *72, 104, 131, 138.* — *Comminges.*
Conversi. V. Ludovicus, Philippus, Thomas.
Cop Champellain, Champelini, 257, 264.
Coquatriz. V. Gaufridus, Gencianus, Jacobus, Renerus.
Coquerello (de). V. Freminus.
Corbafin, 43. — *Courbefy* (Haute-Vienne, c^{on} de Chalus, c^{ne} de Saint-Nicolas).
Corbeya, 170, 263, 289, 359. — *Corbie* (Somme, arr. d'Amiens).
Corbolii (castellania), 154, 179, 198; (burgensis), v. Herveus Giroust; (minagium), 359. — *Corbeil* (Seine-et-Oise).
Corceaus (de). V. Symon.
Cordelarius Poillet, 252.
Cordonnay (dominus de), capitaneus Brugarum, 331. — «Cardonnoy» dans les documents originaux.
Coreilla (castellanus de). V. Henricus de Oulli. — *Corella* (Navarre espagnole).
Coriaci. V. Guiponellus.
Corisopitensis (diocesis), *65, 77,* 85, *126, 134.* — *Quimper* (Finistère).
Cormeliis (de). V. Johannes Amici.
Cornu (de). V. Bernardus, Gregorius.
Cornuti. V. Bernardus.
Corpalayo (de). V. Johannes.
Corraldi. V. Ancherius, Cinquenellus, Quanquenellus.
Corraldus, Courardus, de Crispayo, Crespeyo, decanus de Gornayo, 75, 76, 101, 142, 162, 188, 193, 271.
Cortenayo (de). V. Thomas.
Cortona (de). V. Gerardus.
Corvalli (de). V. G. de Corvalli.
Costa. V. Poncius.
Coua (de). V. J. de Coua.
Coulon. V. Johannes.
Courcellis (de). V. Egidius, Symon.
Courpalai (de). V. J. de Courpalai.
Courraldus, prepositus de Tyllayo, 101.
Courrobert (de). V. Johannes.

INDEX ALPHABÉTIQUE. 393

Courteheuse. V. Guillelmus.
Courtracum, Courtrai. V. Curtraci.
Coussi (de). V. Egidius.
Cozeti. V. Boquinus.
Cramailles (de). V. Oudardus.
Craquet. V. Robertus.
Crassi. V. Petrus.
Creciacum in Bria, 360, 369; -i (baillivia), 37; -o (de), v. Nicolaus. — *Crécy-en-Brie* (Seine-et-Marne, arr. de Meaux).
Credarii. V. Johannes.
Credonio (de). V. Oliverius.
Credulio (de). V. Reginaldus.
Crenan (de). V. Stephanus.
Crepicordium, 45. — *Crèvecœur* (Nord, c^{on} de Marcoing).
Crincus, 293.
Crispeyo, Crispayo (de). V. Courardus, Johannes, Johannes Blouet.
Crispini de Atrebato. V. Baldus, Egidius, Johannes, Robertus.
Crissiaco (de). V. Arnulphus.
Crocy (de). V. Theobaldus.
Cros (as). V. As Cros.
Croso (de). V. Aymericus, Aymardus, Johannes, Oudardus.
Croy (de). V. Symon.
Cruce (de). V. Johannes.
Cruciaco (de). V. Petrus.
Crusi (de). V. Hugo.
Cuer de Roy, 297.
Cuisye (foresta), 323, 370. — *Forêt de Compiègne*.
Culento, Cullento (de). V. Henricus, Petrus.
Curtibus Jumellis (de). V. Matheus.
Curtraci (castrum), 319, 320, 333; (conflictum), 332. — *Courtrai* (Belgique).
Custos sigilli regis. V. Matheus Ferrandi.
Cutriaco (de). V. Guillelmus.
Cyfus argenti, 103.

Dagoant. V. Luquinus.
Dagobert. V. Robertus.
Dalequine. V. Ingerrannus.
Dalmasius de Marziaco, capitaneus Sancti Emmeliani, 34, 304, 305, 317, 364.
Damberain (de). V. Stephanus.
Dameriacum, 152.—*Damery* (Marne, c^{on} d'Épernay).
Dan (villa de), 328. — *Damme* (Belgique).

Daniel. V. Michael, P. Daniel.
Danie, d'Enie. V. Johannes.
Darsi. V. Johannes.
Davard. V. Guillelmus Bernardi.
David, 362. Cf. Petrus.
Daynart. V. Martinus Symonis.
Delphinus Viennensis, 369, 371, 372.
Deodati. V. Johannes.
Desertinis (de). V. Bartholomeus.
Dessus. V. Johannes.
Deuroy (vinum de), 371. — ?
Devesia (de). V. Bernardus.
Dextajuti. V. Bartholomeus.
Diciaco (de). V. Guillelmus, Petrus.
Diedi. V. Baldus.
Dieppa, 221, 311. — *Dieppe* (Seine-Inférieure).
Dies Trecenses, 20, 363.
Dieutajuti. V. Bartholomeus.
Diexthaist. V. Chiperellus.
Digny. V. Guillelmus.
Dionisius, episcopus Cenomanensis, 65.
Dionisius Boyau, 159.
Dionisius de Albigniaco, 190, 294, 366; (baillivus), 22, 23, 79, 170, 184, 266, 314, (clericus balistariorum), 304, 314, 316, 317; (magister), 105, 305.
Dionisius de Lorriaco, 375.
Dionisius de Meleduno, 75, 245, 246.
Dionisius de Savigny, 179.
Dionisius de Senonis, decanus Senonensis, 162, 178, 351, 361.
Dionisius Larchier, 48.
Disiaco (de). V. Johannes.
Disier. V. Johannes.
Divione (de). V. Johannes.
Divisiaco (de). V. Theobaldus.
Doisy (de). V. Johannes.
Dolensis (archidiaconus), v. Johannes de Bugnone; (diocesis), 65, 77, 85, *126*, *134*; (episcopatus), 51. — *Dol* (Ille-et-Vilaine, arr. de Saint-Malo).
Domibus (de). V. Symon.
Dominicus de Castellione, 42 (cf. 379), 374.
Dommartin (de). V. Theobaldus.
Domnifrontis terra, Domnifrontis in Passeyo baillivia, castrum de Donffront, 37, 43, 44, 345, 362. — *Domfront* (Orne).
Domno Benigno (de). V. Stephanus.
Domnolio (de). V. Guillelmus.

Domnomartino (de), v. Johannes; (comitatus de), 142. — *Dammartin* (Seine-et-Marne, arr. de Meaux).

Dompna Petra, 45. — *Dampierre* (Somme, arr. d'Abbeville).

Dompno Martino (terra de), 9, 43. — *Dammartin?* Des manuscrits utilisés par les éditeurs des *Historiens de la France* (XXI, 523) ont fourni la leçon « Dompna Maria ». — Cf. Domnomartino.

Doncherie (prepositura), 152. — *Donchery* (Ardennes, c^{on} de Sedan).

Donzy (baronia de) 19, 38, 339, 365, 379. — *Donzy* (Nièvre, arr. de Cosne).

Dordani (castellania), 154, 258. — *Dourdan* (Seine-et-Oise, arr. de Rambouillet).

Dorlentum, 144. — *Doullens* (Somme).

Dormeles (de). V. Egidius.

Dossemer, Dossemar, 320. — Pays et château, entre Lille et Tournai.

Drac (du). V. Bartholomeus, Carolus.

Dravelo (terra de), 43. — *Draveil* (Seine-et-Oise, c^{on} de Boissy-Saint-Léger).

Drocensis (comitatus), 164. — *Dreux* (Eure-et-Loir).

Drocis (de). V. Johannes, Petrus.

Droco de Caritate, Charitate, clericus regis, 83, 109, 111, 200, 204, 348, 361, 362.

Droco de Marchia, 85.

Droco de Pontisara, 68, 69.

Droconis. V. Petrus.

Droco Peregrini, baillivus Gisortii, 27, 28, 174, 207.

Dromellis (de). V. Dormeles.

Duaci (castellania), 39, 40; (civitas), 219, 361. — *Douai* (Nord).

Du Change. V. Johannes.

Dugart. V. Colardus.

Dugniaco (de). V. Reginaldus.

Dumis (de). V. G. de Dumis.

Dundigat. V. Ategiaco (de).

Durandus (frater), 357.

Durandus Albi, 45.

Durandus de Montesy, 262.

Durandus Pairole, receptor, thesaurarius Agennensis, 35, 310, 373.

Dyensis (diocesis), *73, 131, 140.* — *Die* (Drôme).

Dyerreville (de). V. Richardus.

Dyonisius. V. Dionisius.

Ebredunensis (diocesis), *73,* 95, *131, 140.* — *Embrun* (Hautes-Alpes).

Ebroicensis (diocesis), *66, 77,* 104, 113, *126, 135;* (dominus), 365. Cf. Ludovicus, Ebroicensis comes; (vicecomitatus), 289. — *Évreux* (Eure).

Ebroicis, Ebroico (de). V. Guillelmus, Johanna, Petrus Lemplumé.

Edelina, relicta Petri Grossi, 55.

Edmundus, filius Henrici, regis Anglie, 30.

Eduensis (diocesis), *72, 130, 138.* Cf. Sancti Martini Eduensis abbas. — *Autun* (Saône-et-Loire).

Egidius, 276.

Egidius, archiepiscopus Bituricensis, 60.

Egidius, archiepiscopus Senonensis, 46.

Egidius, capellanus Rufi de Sulliaco, 316.

Egidius Acelini, archiepiscopus Rothomagensis, 66.

Egidius Camelin, 235.

Egidius Cassine, 24, 172, 247, 296. Cf. Gilo.

Egidius Crispinorum de Atrebato, 102.

Egidius d'Avénay, 152, 246.

Egidius de Aurelianis, 92.

Egidius de Brugis (frater), 296.

Egidius de Calceya, 67.

Egidius de Clamardo, 285.

Egidius de Compendio, 56.

Egidius de Courcellis, 69.

Egidius de Coussi, alias Le Closier, serviens armorum, castellanus aule regie Tholose, 311, 369.

Egidius de Dormeles, castellanus Matisconensis, 162.

Egidius de Lauduno, baillivus Sylvanectensis, 22, 159.

Egidius de Malodumo, baillivus Matisconensis, 25, 72, 206, 337.

Egidius de Monte Capreoli, 177, 346.

Egidius de Monteforti, 111.

Egidius de Pouville, magister forestarum Lingue Occitane, 19, 287.

Egidius de Remino, 219, 357.

Egidius Granche, 274, 361.

Egidius Haquin, baillivus Sylvanectensis, 22, 39, 217, 226, 240.

Electensis (diocesis), *71,* 78, *129, 137.* — *Alet* (Aude, c^{on} de Limoux).

Elemosynarius regis. V. Guillelmus Digny.

Elias de Malomonte, 345.

Elias de Orliaco. V. Helias.

Emondus. V. Aymo.

Engolismensis (diocesis), 70, 104, 127, 136; (senescallia), 36. — *Angoulême* (Charente).
Enle (d'). V. Danle.
Enneci (de). V. Johannes.
Epernon (de). V. Radulphus.
Episcopi. V. Johannes.
Eraldus de Calvomonte, 22.
Erardus d'Alement, 23, 202, 209, 221.
Erardus de Brolia, 242.
Erneys. V. Johannes.
Erqueri (d'). V. Herpinus.
Es (d'). V. Johannes.
Escaillie de Florentia, 34.
Esclusa juxta Duacum, 41, 329. — *L'Écluse* (Nord, c^{on} d'Arleux).
Esmen... [Peut-être pour « de Mari »]. V. Franciscus.
Espagnolorum (factum), 374.
Esperleque, 41. — *Éperlecques* (Pas-de-Calais, c^{on} d'Ardres).
Espernay (prepositura d'), 222, 246. — *Épernay* (Marne).
Espouville (d'). V. Guillelmus.
Esquerdes, 335. — *Esquerdes* (Pas-de-Calais, c^{on} de Lumbres).
Esquetot (d'). V. G. d'Esquetot.
Essartis (de). V. Martinus, Petrus.
Esseyo (de). V. Johannes.
Estouteville (de). V. Robertus.
Eustachius de Bello Marchesio, senescallus Tholose, 308.
Eustachius de Cabour, 374.
Eustachius de Chambliaco, 104.
Eustachius de Nealpha, 98.
Eustachius de Torliaco, baillivus Caleti, 27, 307.
Eva (curatus de). V. Sylvester. — *Ève* (Oise, c^{on} de Nanteuil-le-Haudouin).
Evrardus, clericus senescallie Ruthenensis, 304.
Evrardus de Aurelianis, pictor, 281.
Evrardus de Barches, canonicus Insulensis, 76.
Evrardus Porion, canonicus Suessionensis, 55, 226, 227, 263.
Exclusa. V. Esclusa.
Executio regis Philippi, 201.
Exoldunensis ecclesie prior secularis. V. Guillelmus de Bocellis. — *Issoudun* (Indre).

Fabri. V. Benedictus.
Fagot. V. Michael.

Falconerii. V. Guido, Tucius.
Falesie (vicecomitatus), 157. — *Falaise* (Calvados).
Falloelli (terra), 39. — *Faillouel* (Aisne, c^{ne} de Frières-Faillouel).
Fampous, 41. — *Fampoux* (Pas-de-Calais, c^{on} d'Arras).
Fastredus de Hodenco, 277, 278.
Fauvellus de Vadencourt, baillivus Constantinensis, 368.
Fav. Fini, 32.
Favelli. V. Petrus.
Favernis (de). V. Hugo.
Felix. V. Johannes.
Fenolhedesii vicaria, 203. — *Fenouilhèdes*.
Feritate (de). V. Guillelmus.
Feritate Milonis (de), v. Johannes, P. Grossi, Petrus Morel; (leprosaria de), 164; (capellanus Sancti Spiritus de), 171. — *La Ferté-Milon* (Aisne, c^{on} de Neuilly-Saint-Front).
Feritatis Alesie (castellania), 154. — *La Ferté-Alais* (Seine-et-Oise, arr. d'Étampes).
Ferrandi. V. Matheus.
Ferrariis (de). V. Petrus.
Ferricus Briardi de Villepesque, 363, 364.
Ferricus de Piquigniaco, 240, 363.
Festu. V. Guillelmus, Johannes, Symon.
Fichier. V. Johannes.
Fiennes, 41, 343. — *Fiennes* (Pas-de-Calais, c^{on} de Guines).
Fighni. V. Baldus.
Figiacensis. V. Gerardus de Montibus. — *Figeac* (Lot).
Filioli. V. Laurentius.
Fillaines (de). V. Hugo.
Fimis (castellania de), 222. — *Fismes* (Marne, arr. de Reims).
Fini. V. Baldus, Fav., Rencrus.
Firminus de Coquerello, baillivus Viromandensis, 22, 115, 195, 200, 205, 238, 325.
Firminus Le Sauvage, 89, 92.
Flagiaco (prepositura de), 181. — *Flagy* (Seine-et-Marne, c^{on} de Lorrez-le-Bocage).
Flamingi, 291, 299, 341, 342.
Flamingi. V. Petrus, Terricus.
Flamingus de Landa, 29.
Flandrenses (denarii), 241.
Flandrie (alligati) 41; (comitatus), 248; (exercitus), 247, 359, 362, 363, 366; (gubernator),

50.

v. Theobaldus de Divisiaco; (mercatores), 239, 242; (navigium), 298; (opera), 248; (panni), 240; (subsidia), 361; (terra), 39; (via, viagium), 358, 365, 368.
Flavacuria (de). V. Guillelmus.
Flobierch, 327. — *Flobecq* (Belgique, arr. d'Ath).
Florentia (de), v. Andreas, Bethinus Hugonis, Escaillie, Hugo Spine, Jacobus, Landuchius, Lapo Bonihominis, Martinus, Paganus, Thomas Spiliati; (floreni), 340.
Florentii. V. Guido.
Florentius, episcopus Noviomensis, 56, 209.
Florentius de Roya, 29.
Floriaco (de). V. Gaufridus.
Flote. V. G., Geraudus, Guillelmus.
Focambergo (de). V. Nicasius.
Folet. V. Petrus Folet.
Folleyo (de). V. Robertus.
Fontainnes (de). V. Philippus.
Fontaneto (dominus de), 27; (de), v. Philippus.
Fontanis (de). V. Galterus, Johannes, Philippus.
Fontenayo (de). V. Petrus.
Fontenayo (castellania de), 36. — *Frontenay-l'Abattu* (Deux-Sèvres, arr. de Niort).
Fontibus (de). V. Johannes.
Foresii (comes), 20, 259, 348, 359. — *Forez*.
Foresta (de). V. Johannes, Petrus Piquardi, Reginaldus.
Forestarum compoti, 282 et s.
Forgetis (de). V. Johannes.
Fortis. V. Johannes.
Fossa (de). V. Guillelmus.
Fossatis (de). V. Manasserus.
Foullay (de). V. P. de Foullay.
Fourré. V. Guillelmus.
Fourrier. V. Laurentius.
Foux (de). V. Johannes.
Fovilla (de). V. Nicolaus.
Foylleia, 289. — *Forêt-la-Folie* (Eure, c^{on} d'Écos).
Francia, 245; -e (communie), 26; (debita), 16; (debita financiarum feodorum), 19; (domania), 15; (foreste), 19.
Francio, Franco de Adveneriis, Avenariis, baillivus Matisconensis, 25, 72, 220.
Franciscus Bon et Bel, 295.
Franciscus de Hospitali, clericus balistariorum, 240, 309, 310, 332, 335.
Franciscus de Mari, 33.

Franciscus Jacobi, 144, 220, 263, 373; (notarius, de Senis), 258.
Franciscus Lombardus, 164.
Franciscus Monsire, Monstre, 147, 264.
Fraxinis (de). V. Robertus, Stephanus.
Freminus. V. Firminus.
Fresneyo (de). V. Johannes, Petrus.
Fronciacum, 290; -i (castrum), 307. — *Fronsac* (Gironde, arr. de Libourne).
Fucoldus, Fulcaudus, de Merula, 295, 358.
Fulcaudi. V. Raimundus.
Fulco de Regny, 259.
Fulco de Virsanno, 256.
Fulconis. V. Johannes.
Fulcrerii. V. R. Fulcrerii.
Fulgeriarum (terra), 36. — *Fougères* (Ille-et-Vilaine).
Furcarum (portus), 254. — *Fourques* (Gard, c^{on} de Beaucaire).
Furno (de). V. Johannes.
Furnos (apud), 302. — *Fours* (Gironde, c^{on} de Blaye).
Furseus de Perona, 90.
Fuxi (guerra), 287. — *Foix* (Ariège).
Fyenles. V. Fiennes.

G., decanus Gerboderensis, 101.
G. Amblardi, Emblardi, 31, 32, 36, 38.
G. Arnaldi, 347, 348.
G. Bernardi, 25, 33, 36, 355.
G. de Arceiis, 25.
G. de Baugy, 158. Cf. Guillelmus Baugis.
G. de Belloforti, 158.
G. de Briençon, 200.
G. de Chandenayo, 352.
G. de Corvalli, 294.
G. de Dumis, 234, 347, 365.
G. de Flandria, 361.
G. de Gyemo, 366.
G. de Hala, 30.
G. de Intermeyo, 111.
G. de Landa, 37.
G. de La Roche, 50.
G. de Moyaco, 352.
G. de Nealpha, 84.
G. de Noysiaco, 42.
G. de Papylion, 49.
G. de Paroy, 361. Cf. Paredo.

INDEX ALPHABÉTIQUE.

G. de Perona, 50.
G. de Sancto Taurino, canonicus Lexoviensis, 347.
G. des Buissons. V. G. de Dumis, 346.
G. d'Esquetot, 84, 118, 121.
G. de Ulmo, 253.
G. de Usco, 118.
G. d'Orillac, episcopus Parisiensis, 47.
G. Flote (dominus), 183, 351. Cf. Geraudus, Guillelmus.
G. Gorjuti, 57, 293.
G. Le Goein, Le Gorin, 159, 179.
G. Truillardi, 65.
Gabet. V. Alanus.
Gadre. V. Guillelmus.
Gaidre. V. Johannes.
Gailliaco (de). V. Raimundus Andree.
Gaillon (de). V. Johannes.
Galandia (de). V. Johannes.
Galardo (de). V. Petrus de Galardo.
Galcherus de Castellione, Castiglione, constabularius Francie, 165, 312, 331, 339, 360, 361.
Galerani. V. Radulphus.
Galerannus [Brito, Arch. nat., S 87, n° 1], conciergius Parisiensis, 357-360, 363, 364.
Galerannus de Vallibus, baillivus Ambianensis, 44, 54, 60.
Galterinus de Porta, 152.
Galterus..., 278.
Galterus Arrenart, Arrenardi, 348, 352.
Galterus Bardini, 22.
Galterus Burgundi, 244.
Galterus d'Arzillieres, 346, 369.
Galterus de Autreche, 22.
Galterus de Cantulupi, 272.
Galterus de Fontanis, 87, 88.
Galterus de Hannonia, 323.
Galterus de Rivo, 371.
Galterus de Romnis, de Rovris, Romme, Ronne, 41, 225, 376.
Galterus de Sinemuro, 90.
Galterus Lot, Loth, 170, 263.
Galvani. V. Symon.
Gandavum, 321, 325; -o (burgensis de), v. Watin de la Meure. — *Gand* (Belgique).
Gandulphus de Arcellis, Lombardus, 256, 258.
Gans (Aus). V. Ausgans.
Garcie. V. Bertrandus.
Garini. V. Johannes.

Garlendic domicella. V. Agnes.
Garnerii. V. Jacobus.
Gascoing. V. Michael.
Gaucelinus de Campania, Campanis, 220, 229, 351, 370.
Gauchi (de). V. Henricus, Johannes.
Gaudebart. V. Johannes.
Gaufridus, episcopus Abrincensis, 67.
Gaufridus Avice, vicecomes Rothomagensis, 28, 151.
Gaufridus Coquatriz, 32, 176, 184, 185, 196, 200, 214, 238, 249-253, 258, 288, 321, 332, 341, 363.
Gaufridus de Archiis, 79.
Gaufridus de Bosco, canonicus Nivernensis, clericus arbalistariorum, 102, 160, 170, 254, 326, 328, 333.
Gaufridus de Cloes, 345.
Gaufridus de Floriaco, 209, 256.
Gaufridus de Gysorcio, 272.
Gaufridus de Haya, archiepiscopus Turonensis, 63.
Gaufridus de Perona, armiger, 92, 94.
Gaufridus de Plesseyo, 113, 115, 194.
Gaufridus de Sancto Reveriano, 38, 321, 337.
Gaufridus de Templo, 87, 88, 143.
Gaufridus de Vindocino, 345.
Gaufridus de Vitriaco, civis Parisiensis, 238, 258.
Gaufridus du Tertre, mensurator regis, 286.
Gaufridus Le Danois, 28, 205, 269, 286.
Gaufridus Roulandi de Pictavia, 89.
Gaulardi. V. Johannes.
Gaure (de). V. Guillelmus.
Gaygne. V. Montachius.
Gayte. V. Gerardus, Jacobus, Matheus.
Gazo, episcopus Laudunensis, 55.
Gebennensis, v. Raimundus; (diocesis), *73, 131, 140. — Genève* (Suisse).
Genciani. V. Jacobus, Petrus.
Gencianus Coquatricz, 21.
Gencianus de Paciaco, 22, 215.
Gencianus Tristani, 310, 330.
Gentilli (de). V. Auvré.
Geraldi. V. Hugo.
Geraldus. V. Gerardus.
Gerardini. V. Gerardus.
Gerardus Baleine, 31, 33-35, 42, 78, 167, 193, 288, 290, 294, 297, 299, 300, 302, 304, 306, 314, 316, 317.

Gerardus Calciati, Chaucheti, receptor Alvernie, 31, 61, 178, 193, 252, 269, 346.
Gerardus de Campis, 190.
Gerardus de Condeto, 174.
Gerardus de Cortona, 203, 270, 271, 364.
Gerardus de Kevresis, Quevresis, Quievresis, 54, 59, 69.
Gerardus de Marla, 103, 106, 149, 163, 289.
Gerardus de Montibus, Figiaci, 35, 292, 311, 314.
Gerardus de Paredo, baillivus Alvernie, 31.
Gerardus de Sabanaco, 34, 35.
Gerardus de Tyais, 196.
Gerardus Gayte, Guete, Gueyte, 18, 29, 33, 252, 334.
Gerardus Gerardini, 143.
G[er]ardus Jometa, 91.
Gerardus Le Barillier, Le Barrillier, 289, 293.
Gerardus Le Leu, 241.
Gerardus Mainabourse, 240.
Gerardus Roci, burgensis Ryomi, 61.
Gerardus Rossignol de Parisius, 238.
Gerardus Tronquiere, 26, 31, 36, 118, 177, 197, 203, 209.
Geraudus Flote, 25.
Gerboderensis (decanus). V. G., decanus Gerboderensis. — *Gerberoy* (Oise, c^{on} de Songeons).
Gervasii. V. Jacobus.
Gervasius de Ponte Arsis, 222, 232.
Gilbertus de Lupara, 323, 325, 336, 358.
Gilebaudus de Chilleuses, 362.
Giletus, 360.
Giletus Castellanus, 288.
Gillebertus de Stampis, 242.
Gilleyo, Gilhy (de), v. Guillelmus; (curatus de), 79. — *Gilly* (Saône-et-Loire, c^{on} de Bourbon-Lancy).
Gilo (frater), 69.
Gilo Cassine, 49. Cf. Egidius.
Gilo de Martenes, 40
Girardus. V. Gerardus.
Giraudus Balene. V. Gerardus.
Giraudus de Brion, 201.
Giraudus de Castronovo, 25.
Giresme (de). V. Reginaldus.
Gironde (civitas), 291. — *Gironde* (Gironde, c^{on} de la Réole).
Giroust. V. Herveus.
Gisiaco (de). V. Radulphus.
Gisortii baillivia, 28, 48, 66, 142, 146, 152, 157,
164, 174, 182, 186, 192, 196, 199, 202, 208, 213, 222, 225, 231, 239, 242, 268, 290, 345, 350; (baillivi), 28. — *Gisors* (Eure, arr. des Andelys).
Gisortio (de). V. Gaufridus, Guillelmus, Johannes.
Glatigneyo (de). V. Hugo.
Gobertus de Heleville, 324.
Gobertus Sarraceni de Lauduno, 143, 205.
Godefridus Le Blont, baillivus Constantinensis, 28, 222.
Gogeul. V. Petrus.
Gohaudi. V. Hugo.
Goneyo (de). V. Benedictus.
Gonnessia (de). V. Guillelmus, Johannes; -e (prepositus), v. Johannes de Bretigniaco. — *Gonesse* (Seine-et-Oise, arr. de Pontoise).
Gorge, 40. — *La Gorgue* (Nord, c^{on} de Merville).
Gorge. V. Petrus.
Gorjuti. V. G. Gorjuti.
Gornaium, 276, 277; -o (de), v. Philippus; (canonicus de), v. Guillelmus Otrani; (decanus de), 75, 190, v. Courardus de Crispeyo. — *Gournay* (Seine-Inférieure, arr. de Neufchâtel).
Goulardus de May, 346.
Goule. V. Richardus.
Goutevilla (de). V. Matheus.
Goy (de). V. Johannes.
Graflio (de). V. Petrus.
Granche. V. Egidius.
Gratia (de). V. Chinus.
Gratianopolitana (diocesis), 73, 131, 140. — *Grenoble* (Isère).
Gregorius X, 87, 88.
Gregorius de Cornu, 363.
Gressibus (de). V. J. de Gressibus.
Gressii (castellania), 144. — *Grès* (Seine-et-Marne, c^{on} de Nemours).
Grignon, 141. — *Grignon* (Seine, c^{ne} de Thiais).
Grilli. V. Renerus.
Grimaldis (de). V. Renerus.
Grimoardi. V. Petrus.
Grosparmi. V. Radulphus.
Grossaine. V. Johannes.
Grossi. V. Petrus.
Gualterus. V. Galterus.
Guardie. V. Johannes.
Guarinus de Quarreriis, 52.
Gudin. V. Johannes.

Gueite, Guete. V. Geraldus, Jacobus, Matheus.
Guerardus Postel de Rothomago, 135.
Guerini. V. Johannes.
Guerinus de Silvanecto, 256.
Guerinus Langlois, prepositus Meleduni, 373.
Guerran le chaufournier, 274.
Guerrarum debita, 19.
Gueyum de Mauny, 281. — *Le Gué-de-Mauny* (Sarthe, c^{ne} du Mans).
Guiardus, comes Marchie, 36.
Guiardus de Monteleherici, 22, 42, 226.
Guiardus de Navibus, des Nés, 181, 277, 278.
Guiardus de Porta, baillivus Calvimontis, 26, 56, 233.
Guiardus Malherbe, 357.
Guiardus Mallevalle, 193.
Guichardus de Marziaco, senescallus Petragoricensis, Tholose, 259, 290, 297, 306, 307, 314-316, 362.
Guichardus, episcopus Trecensis, 353, 377.
Guichart. V. Stephanus.
Guidi. V. Bichius, Bricius, Mouchetus, Nicolaus, Rechuchius, Thotus, Vanne.
Guido (magister), 367.
Guido, archiepiscopus Bituricensis, 60.
Guido, canonicus Laudunensis, 160.
Guido, comes Sancti Pauli, 326, 328.
Guido, episcopus Silvanectensis, 58.
Guido Caprarii, Chevrier, senescallus Xanctonensis, Caturcensis, Ruthenensis, 26, 78, 210, 298, 301, 302, 315, 353, 367, 369, 371.
Guido Cavassole, 153, 257.
Guido Comteci, 360.
Guido de Aineolo, 345.
Guido de Arbosio, 53.
Guido de Baume, 43.
Guido de Bertencuria, 102.
Guido de Caritate, 55.
Guido de Claromonte, marescallus Francie, 327.
Guido de Joyaco, 377.
Guido de Lauduno, thesaurarius capelle regalis, 178, 179, 265, 357, 359, 361, 362, 366, 368, 371.
Guido de Monteacuto, 365.
Guido de Nogento, 319.
Guido de Percone, 84, 208, 350, 363.
Guido de Villa Gardana, 83.
Guido de Villiers Mourier, Villamorer, 22, 182, 204, 205.

Guido Falconerii, 262.
Guido Florentii, 30, 199, 257, 281, 320, 331, 361.
Guido Levessel, 153.
Guido Levrier, 22, 37, 213.
Guido Philippi, receptor Bellicadri, 260.
Guido Poictevin, Poitevin, 227, 349, 350.
Guidonis. V. Guillelmus.
Guignart. V. Petrus.
Guilbaudus de Masieres, 41.
Guillebertus. V. Gilbertus.
Guillelmi. V. Guillelmus.
Guillelmus, cantor de Milliaco, 96, 98, 162, 176, 249, 326, 327, 332, 333, 341.
Guillelmus, clericus senescalli Petragoricensis, 313.
Guillelmus, episcopus Trecensis, 51.
Guillelmus, vicecomes Bruniquelli, 193.
Guillelmus Alberici, Auberici, 23, 26, 43.
Guillelmus Armigeri, 153.
Guillelmus Arresnart de Carnoto, scholasticus Lexoviensis, 168.
Guillelmus as Cros, 67.
Guillelmus Aurifabri, 251.
Guillelmus Aymerici, 98.
Guillelmus Baugis, 88.
Guillelmus Bernardi Davard, civis Aquensis, 302.
Guillelmus Bertrandi, custos portuum baillivie Matisconensis, 255, 307.
Guillelmus Bocuce, Bocucii, vicarius Aquarum Mortuarum, 94, 292, 295.
Guillelmus Bonensaigne, 378.
Guillelmus Bonnart, 215.
Guillelmus Bonnet, thesaurarius Andegavensis, 343.
Guillelmus Boucelli, Bouciau, 231.
Guillelmus Britonis, 240.
Guillelmus Charnier, 339.
Guillelmus Chastelet, 26.
Guillelmus Clignet, Clugneti, miles regis, 335, 369.
Guillelmus Comitis, 49, 69.
Guillelmus Constantini, prepositus Matisconensis, 220.
Guillelmus Courteheuse, baillivus Caleti, Gisortii, 28, 38, 187, 201, 207, 358.
Guillelmus d'Anlesi, baillivus Nivernensis, 22, 23, 339.
Guillelmus de Aqua, 365.
Guillelmus de Area, 61.

Guillelmus de Balma, de la Basine [pour « de la Baume »], castellanus Riole, 240, 311, 373.
Guillelmus de Belvaco, 48, 66, 68, 70.
Guillelmus de Berry, 238, 242, 275.
Guillelmus de Bocellis, prior secularis ecclesie Exoldunensis, 183.
Guillelmus de Bosco, baillivus Caleti, 27, 29, 39, 196, 277.
Guillelmus de Bryen[çon?], 350. Cf. G. de Briençon.
Guillelmus de Cabilone, 155.
Guillelmus de Carsen, capitaneus de Mauritania, 321, 333.
Guillelmus de Castelleto, 53.
Guillelmus de Castro, archidiaconus Borboniensis in ecclesia Bituricensi, 185.
Guillelmus de Caturco, 89, 94.
Guillelmus de Chaunoy, 332.
Guillelmus de Cheniaco, Cheny, 30, 64, 156, 245; Chigniaco, Chigny, 105, 141.
Guillelmus de Columbeio, 86.
Guillelmus de Combrosio, senescallus Ruthenensis, 304.
Guillelmus de Comitibus, de Comtes, conciergius bosci Vicennarum, 280.
Guillelmus de Condeto, 21, 150, 354.
Guillelmus de Cutriaco, 143.
Guillelmus de Diciaco, Dicy, magister et inquisitor forestarum, baillivus Bituricensis, 26, 206, 207, 222, 284, 339.
Guillelmus de Domnolio, capellanus comitis Marchie, 306.
Guillelmus de Ebroico, 237.
Guillelmus de Feritate, 222.
Guillelmus de Flavacuria, archiepiscopus Rothomagensis, 66, 95, 201, 358.
Guillelmus de Fossa, scolasticus Insulensis, 67, 82, 177, 346.
Guillelmus de Gaure, 224.
Guillelmus de Gilleyo, 79, 107, 111, 181, 184.
Guillelmus de Gisortio, canonicus Lexoviensis, 58, 78, 105, 107, 109, 111, 112, 155, 157, 164, 175, 184, 263, 265.
Guillelmus de Gonnessia, 308, 316.
Guillelmus de Hangest, 22, 23, 160, 168, 169, 175, 182, 184, 266, 318, 334.
Guillelmus de Hangest junior, 22, 24, 27, 160, 179, 180, 266, 353.
Guillelmus de Haricuria, 146, 321, 341, 358, 360.

Guillelmus de Haula, 27.
Guillelmus de Joinvilla, 21.
Guillelmus de la Basine, castellanus Reule. V. Guillelmus de Balma.
Guillelmus de Laverciniis, 100, 102.
Guillelmus de Marcilly, Marcilliaco, 184, 194, 197, 198, 208, 252, 253, 358, 365.
Guillelmus de Marigniaco, 158, 225.
Guillelmus de Medonta, 232, 233.
Guillelmus de Merula, 309.
Guillelmus de Mesnillo, 50.
Guillelmus de Milliaco. V. Guillelmus, cantor.
Guillelmus de Montemauri, clericus constabularii Francie, sacrista Sancti Severini Burdegalensis, 297, 313, 316, 326, 327, 333, 334.
Guillelmus de Montemorillonis, 35.
Guillelmus de Morteriaco, 30.
Guillelmus de Mussiaco, 245.
Guillelmus de Nogareto, 37, 269, 318, 344, 348, 359.
Guillelmus de Noycello, canonicus Turonensis, 94, 96, 146, 232.
Guillelmus de Pissiaco, 362.
Guillelmus de Plaisiano, 357, 358.
Guillelmus de Pois, 223, 351.
Guillelmus de Ponteleveyo, 101.
Guillelmus de Poteria, clericus G^i de Ultramare, 74, 75, 85, 102, 106, 110, 112, 119, 155, 161, 171, 172, 185, 191, 267.
Guillelmus de Pressorio, 286.
Guillelmus de Quarto, de Nemauso, 294, 295.
Guillelmus de Rabastenchis, de Rabastein, senescallus Bigorre, 34, 378.
Guillelmus de Rivo, 110.
Guillelmus de Rosay, notarius Castelleti, 79.
Guillelmus de Rovris, 272.
Guillelmus de Sancto Marcello, 180, 202, 285.
Guillelmus de Sancto Vincentio, receptor Sylvanectensis, 159, 168, 247.
Guillelmus d'Espouville, 146, 196.
Guillelmus de Trocha, 226, 355.
Guillelmus de Ultramare, regis clericus, 74, 75, 102, 150, 155, 161, 171.
Guillelmus de Vassonia, 80.
Guillelmus de Vauchiaco, 67.
Guillelmus de Ventador, episcopus Tornacensis, 59.
Guillelmus de Ventenaco, 351.
Guillelmus de Vigneto, 77, 82, 91, 92, 95, 104, 106.

INDEX ALPHABÉTIQUE.

Guillelmus de Villa Domini, Ambianensis, 239.
Guillelmus de Villaribus, 224, 374.
Guillelmus de Viriaco, gardiator Lugdunensis, 354.
Guillelmus de Viridario, serviens armorum regis, 324.
Guillelmus Digny, elemonysarius regis Philippi Magni, 375.
Guillelmus du Paage de Compendio, 217.
Guillelmus Festu, 274.
Guillelmus Flote, 367, 369, 371. Cf. G. Flote.
Guillelmus Fourré, civis Parisiensis, 65, 241.
Guillelmus Gadre, 222.
Guillelmus Guidonis, bajulus Petragoricensis, 290, 316.
Guillelmus Guillelmi, 32, 33, 212.
Guillelmus Houart, 366.
Guillelmus Imberti, 283, 286.
Guillelmus Juliani, 250.
Guillelmus Le Flamant, civis Parisiensis, 258.
Guillelmus Le Preuz, 374.
Guillelmus Le Sage, granetarius Bassigniensis, 37, 339.
Guillelmus Maillart, 28.
Guillelmus Major, electus Andegavensis, 64.
Guillelmus Mallardi, 63.
Guillelmus Martini, 168. Cf. le mot suivant.
Guillelmus Martini de Trapis, 150, 241, 325.
Guillelmus Miette, piscionarius Parisiensis, 283.
Guillelmus Morelli, 26.
Guillelmus Otrani, Octrani, canonicus de Gournay in Normania, 156, 163, 241.
Guillelmus P., 293.
Guillelmus Paradis, serviens Castelleti, 56.
Guillelmus Pictaviensis, 87.
Guillelmus Pizdoe, civis Parisiensis, 265.
Guillelmus Polani, vicarius Nemausi, custos portuum, 254.
Guillelmus Poureau, senescallus Xantonensis, 308.
Guillelmus Rebrachien, 50.
Guillelmus Routerii, hostiarius armorum, 308.
Guillelmus Savouré, civis Parisiensis, 60.
Guillelmus Sorini, 223.
Guillelmus Sudre, 350.
Guillelmus Tossac, 220.
Guillelmus Troyssart, 45.
Guillelmus Tyboldi, Thiboldi, Thibouldi, Thibout, Tiboust, Tybout, 22, 25, 42, 145, 155, 254, 266, 334, 366.

Guillelmus Vaisse de Bitterris, 271.
Guilloti. V. Johannes.
Guiponellus Coriaci, 260.
Guisia, 43. — *Guise* (Aisne, arr. de Vervins).
Guyardus. V. Guiardus.
Gyemo (de). V. G. de Gyemo.

H. de Chalone, cantor Claromontensis, 363.
H. de Lingonis, 190.
H. de Recha, 376.
Hala, Halis, (de). V. G., Johannes.
Halot. V. Adam.
Hamello (de). V. Johannes.
Hamon Britonis de pavillionibus, valetus regis, 337, 359, 360.
Hangest (de). V. Guillelmus, P. de Hangest.
Hanin. V. Andreas.
Hannequinus de Haya, 289.
Hannonia, 341; -e (comes), 327; -e (exercitus), 299; -e (via), 326. — *Hainaut*.
Hannonia (de). V. Galterus.
Hanz (de). V. Henricus.
Happart. V. Huart.
Haquin. V. Egidius.
Harcherii. V. Johannes.
Hardi. V. Jacobus, Johannes.
Harefluctum, Harefleu 287-289, 294, 295, 301, 317, 378; (sorgenteria de), 221. — *Harfleur* (Seine-Inférieure, c^{on} de Montivilliers).
Harel. V. Jacobus.
Harenc. V. Sanson.
Haricuria (dominus de), 259, 296, 305. V. Guillelmus, Johannes, R. de Harrecour.
Hauderici. V. Johannes.
Haudry. V. Stephanus.
Haula (de). V. Guillelmus.
Havaches (de). V. Ol. de Havaches.
Haya (de). V. Gaufridus, Hannequinus.
Hebertus Cocquebert, 37.
Hedini (baillivia), 40; (pons), 190. — *Hesdin* (Pas-de-Calais, arr. de Montreuil).
Helesmes (de). V. Johannes.
Heleville (de). V. Gobertus.
Helias de Brocia, 332.
Helias de Orliaco, de Orly, clericus balistariorum. 288, 307, 315, 317, 325, 333, 334.

Helicuria, 45. — *Hélicourt* (Somme, c^{ne} de Tilloy-Floriville).
Helisia (de). V. Henricus.
Helyas. V. Helias et Elias.
Helyas Bruneti, 35.
Hemardus Scutifer, 156.
Hemericus, viarius Parisiensis, 87.
Henricus Biaus Hostes, 167.
Henricus de Cabilone, 120.
Henricus de Camporepulso, 49, 53, 54, 55, 57, 59.
Henricus de Cherisi, dominus de Meureto, 344.
Henricus de Clacy, bailivus Calvimontis, 339.
Henricus de Culento, Cullento, 351, 360.
Henricus de Elisia, Helisia, senescallus Carcassone, 300, 306, 316.
Henricus de Gauchi, 150, 154.
Henricus de Hanz, senescallus Agennensis, 313.
Henricus de Horreto, 86, 152, 155, 177, 178, 208, 258, 359, 360, 362.
Henricus de Meudono, 276.
Henricus de Nonanto, 90, 92.
Henricus de Noyers, 206.
Henricus de Oulli, 365.
Henricus de Rya, 28, 188.
Henricus de Salinis, 122.
Henricus des Noes, 246.
Henricus de Taperel, prepositus Parisiensis, 366.
Henricus de Trinitate, 21, 317.
Henricus Le Marquis, 296.
Henricus Louyel, 174.
Henricus Normannus, 228.
Herboust. V. Philippus.
Hermannus de Suessione, 319.
Hermenonvilla (de). V. Nicolaus.
Hermondivilla (de). V. Petrus.
Heroardi. V. Nicolaus.
Herodis. V. Nicolaus.
Herout. V. Laurentius.
Herouvilla (de). V. Petrus.
Herpini. V. Johannes.
Herpinus d'Erqueri, 364.
Herveus de Petralata, 52.
Herveus de Trinitate. V. Henricus de Trinitate.
Herveus Giroust, burgensis de Corbolio, 48, 51.
Hery. V. Matheus.
Hessini. V. Clarembaudus.
Heusa (de). V. Robertus.

Hiesselini. V. Johannes.
Hispani, 375.
Hispania (de), v. Alfonsus; -e (mercatores), 330; (stipendiarii), 301; (viagium), 363, 364.
Hocquet. V. Johannes.
Hoquerelli. V. Johannes.
Hornoyum, 45. — *Hornoy* (Somme, arr. d'Amiens).
Horreto (de). V. Adam, Henricus.
Hospicii regis (compoti), 14, 249; (debita), 18.
Hospitalarii, 101, 265.
Hospitali (de). V. Franciscus, Johannes.
Hostiarius. V. Petrus.
Hostiarius armorum domini regis. V. Guillelmus Routerii, Johannes de Yenvilla, Petrus de Brocia.
Houart. V. Guillelmus.
Houceya (de). V. Housseya.
Houdencourt (de). V. Radulphus.
Houroust. V. Herout.
Housseya (de). V. Johannes, Stephanus.
Huardus de Alneto, 54.
Huart Happart, 358.
Huesselini. V. Johannes.
Hugo, capellanus quondam comitisse Blesensis, 250.
Hugo, curatus de Milliaco, 67.
Hugo, decanus de Stampis, 54, 192, 245, 246, 362.
Hugo, episcopus Tholose, 355.
Hugo (frater, camerarius Sancti Martini de Campis Parisiensis), 101.
Hugo Auveré, 215, 216.
H[ugo] Bruni, comes Marchie, 306.
Hugo de Anisiaco, 59, 60, 182.
Hugo de Bovilla, 251.
Hugo de Calvomonte, 29.
Hugo de Cella, de la Celle, 177, 196, 197, 203, 210.
Hugo de Challiaco, 143, 169.
Hugo de Crusi, 24, 38.
Hugo de Favernis, 25.
Hugo de Filanis, 60, 195, 362.
Hugo de Glatigneyo, castellanus de Variis, 313.
Hugo de Linieres, Lynieriis, 320.
Hugo de Mimato, 41.
Hugo de Nonencourt, 232.
Hugo de Richevilla, 34.
Hugo de Salgue, bajulus curie communis Anicii, 62.
Hugo de Saucourt, 328.

Hugo de Sornhano, 32.
Hugo de Tribus Molendinis, 29.
Hugo de Vigneto, Xanctonensis, 90.
Hugo de Villariis, 296.
Hugo de Vyssac, Wissac, 352, 359, 364.
Hugo d'Yerre de Capella, 180.
Hugo Geraldi, locumtenens senescalli Tholose, 203, 363, 365.
Hugo Gohaudi, 26, 198.
Hugo Le Basenier, Basanerii, 57, 225, 226.
Hugolinus de Moureolo, 91.
Hugo Nicolai, 98.
Hugonis. V. Bethinus, Lappus.
Hugo Pailliart, 349.
Hugo Quieret, 370.
Hugo Spine, 91.
Hugucchionis. V. Jacobus.
Hugueninus Thodre, 109.
Hukedieu. V. Hussetus.
Hussetus Hukedieu, burgensis Atrebatensis, 164.
Huval (de). V. Robertus.

Imberti. V. Guillelmus.
Imbertus de Lyons, 179.
Imbertus de Romanis, 255.
Ingerrannus Dalequine, 109.
Ingerrannus de Marigny, 39.
Ingerrannus de Marines, 341.
Ingerrannus de Villaribus, gubernator Navarre, 359.
Innocentius V, 87.
Insula, 40, 59, 219, 320, 326, 333, 334, 340, 342; –e (baillivia), 39; –e (baillivus), 39. Cf. Thomas de Sere; (decanatus), 76; –e (senescallus), v. Philippus de Pressiaco. — *Lille* (Nord).
Insula (de). V. Adam, Bertrandus Jordani, Johannes, Jordanus.
Insulensis (canonicus), v. Evrardus de Barches; (scholasticus), v. Guillelmus de Fossa.
Intermeyo (de). V. G. de Intermeyo.
Isabella, filia regis Philippi Pulchri, 194.
Issoudun (d'). V. Johannes Barmont.
Italicorum (factum), 358, 359; (financie), 206, 258, 362.
Ivo, prepositus de Bosco Busselli, 82.
Ivo de Cloderio, 45.
Ivo de Lambalia, 121.
Ivo de Laudunaco, 243.
Ivo de Veteri Ponte, decanus Abrincensis, 56.

Ivo Malimilitis, 141.
Ivo Prepositi, cantor Briocensis, 204, 211.
Izeyo (de). V. Yzeio.

J. (dominus), 171.
J., episcopus Nivernensis, 359.
J. Abrincensis, pelliparius, 363.
J. Albi, 364.
J. Yvonis, 180.
J. de Bellomonte, marescallus Francie, 330.
J. de Coua, 378.
J. de Courpalai, castellanus Xanctoniensis, 315, 380.
J. de Gressibus, marescallus Francie, 358.
J. de Lillers, 334.
J. de Lusarche, 166.
J. de Montemauri, 360.
J. de Suessione, clericus domini Chambliaci, 302.
Jacobi. V. Bartholomeus, Bernardus, Franciscus, Marchutius, Quirinus.
Jacobus Balbi, 25, 72.
Jacobus Beaupetit, 22.
Jacobus Bonpié, 256.
Jacobus Bras de fer, 75, 157, 161, 162, 165, 172.
Jacobus Cistelli, 26.
Jacobus Coquatrix, 321.
Jacobus de Bisontio (frater), 281.
Jacobus de Bolonia, judex Vasconie, 296.
Jacobus de Borbonio, 7.
Jacobus de Boulayo, 43 (cf. 379), 369.
Jacobus de Caroliviila, 40.
Jacobus de Caselis, 35.
Jacobus de Chartaudo, 40, 248.
Jacobus de Florentia, 260.
Jacobus de Jassenis, 358.
Jacobus de Lengres, 132.
Jacobus de Monchiaco, 361.
Jacobus de Rageuse, 115.
Jacobus de Sancto Alberto, 103, 176, 180, 182, 225, 226, 232, 233.
Jacobus de Sancto Paulo, 304, 328, 329, 334.
Jacobus de Tornella, 320.
Jacobus Garnerii, 199.
Jacobus Gayte, Guete, receptor Arvernie, 31, 210, 252.
Jacobus Genciani, 250.
Jacobus Gervasii, 75, 101.
Jacobus Hardi, 228.
Jacobus Harel de Compendio, 160.

Jacobus Huguechionis, 147.
Jacobus Latronis, 333.
Jacobus Lazari, 214, 215, 318.
Jacobus Le Pois de Remis, 219.
Jacobus Lucie, 273.
Jacobus Magni, 182.
Jacobus Maingot, receptor Pontivi, 170.
Jacobus Olearius, 180, 181.
Jacobus Petri, 263.
Jacobus Preingne, 256.
Jacobus Rossel, 378.
Jacobus Roulandi, 40.
Jacobus Sors, Sourt, Sourdi, 202, 208, 209, 246.
Jacquelinus Trosselli, baillivus Turonensis, 26, 103.
Jacquemardus de Sequino, 143.
Jacqueminus Cayn, Kaym, 105, 147, 176.
Jacquinus du Bourg, 252.
Janua, 295; (de), v. Bonifacius, Luquinus. — *Gênes* (Italie).
Januensis (galea), 330, 331; —es, 293, 295.
Jassenis (de). V. Jacobus.
Jenvilla (dominus de). V. Ancellus de Rigneil.
Jenville (archidiaconus). V. Petrus de Hermondivilla. — *Janville* (Eure-et-Loir, arr. de Chartres).
Jeubertus de Senonis, 74.
Johanna (regina), 18, 245, 364, 369; —e (executio regine), 29, 269; —e (regine tumba), 279.
Johanna de Ebroicis (regina), 44.
Johannes XXII, 83, 116, 120, 122, 131.
Johannes, cancellarius Meldensis, 148, 303.
Johannes, cantor de Lynais, 229.
Johannes, capellanus de Feritate Milonis, 150, 157, 161, 162, 164, 171.
Johannes, clericus magistri Dyonisii de Albigniaco, 162.
Johannes, comes Foresii, 351. V. Foresii comes.
Johannes, prior de Nemosio, Nemoux, 144, 180.
Johannes, rex Francie, 83.
Johannes, vicedominus Ambianensis. V. Johannes de Piquigniaco.
Johannes Alberici (frater), 377.
Johannes Amici de Cormeliis, 183.
Johannes Apollo, curatus de Moncellis, 30.
Johannes Archerii, 191. Cf. Johannes Harcherii.
Johannes Archiepiscopi, senescallus Tholose, 300, 315, 316.
Johannes Arrode 291, 298, 313, 317, 318.

Johannes as Orrées, 180.
Johannes Audoeni, 376.
Johannes Aupois, au Pois, 55, 245.
Johannes Avunculi, baillivus Gisortii, 27, 28, 232, 377.
Johannes Aymerici, 25.
Johannes Barbette, 215.
Johannes Barmont d'Issoudun, 267.
Johannes Bartholomei, 290.
Johannes Begin, 24.
Johannes Belin de Senonis, 377.
Johannes Belot, presbyter, 56.
Johannes Berangarii, 37.
Johannes Bertrandi, 209.
Johannes Billouardi, 367, 374, 378.
Johannes Blondelli, 27.
Johannes Blouet, Bloet, de Crispayo, 51, 164.
Johannes Boher, 133.
Johannes Bonne Avainne, 142.
Johannes Borrecelli, clericus compotorum, 368.
Johannes Brenot, 154.
Johannes Bridoul, 311.
Johannes Briseteste, 373.
Johannes Britonis, 50, 194, 260, 270, 271.
Johannes Broardi, 349.
Johannes Bourciaut, 161.
Johannes Bulengarii, baillivus Cadomi, 27, 68.
Johannes Burcardi, 24.
Johannes Burserii, 23.
Johannes Camelini, 55.
Johannes Carnotensis, 294.
Johannes Cherité, 156.
Johannes Chinche, 262.
Johannes Choleti, cardinalis, 89.
Johannes Chotart de Brocia, 95, 97.
Johannes Clarisensus, 93, 94, 96, 250, 294, 329; (junior), 71.
Johannes Cochetarii, 48.
Johannes Columbi, 42.
Johannes Coulon de Sancto Paulo, panetarius regis, 319.
Johannes Credarii, 43.
Johannes Crispinorum de Atrebato, 102, 170.
Johannes Danle, 40.
Johannes d'Argenteuil, 159.
Johannes Darsi, 205.
Johannes d'Avenay, 192.
Johannes de Abrincis, 24.

Johannes de Acy, baillivus Vitriaci, 165.
Johannes de Alberia, 312, 314.
Johannes de Alneto, senescallus Carcassone, 259.
Johannes de Altabr..., 376.
Johannes de Altaripa, 79, 105.
Johannes de Altavilla, 196.
Johannes de Altovillari, 23.
Johannes de Ambianis, 299.
Johannes de Angiaco, 93, 96.
Johannes de Anieriis, 195.
Johannes de Aqua, 219, 369.
Johannes de Aquis, 277, 287, 294.
Johannes de Arrableyo, senescallus Bellicadri, Petragoricensis, 189, 193, 301, 313, 325, 337, 349, 352, 358; (junior), 330, 338.
Johannes de Athiis, baillivus Ambianensis, 59.
Johannes de Aties, 49.
Johannes de Autissiodoro, 21.
Johannes de Auxeio, cantor Aurelianensis, electus, episcopus Trecensis, 51, 167, 360.
Johannes de Baiocis, 281.
Johannes de Balliaco, notarius Castelleti Parisiensis, 334.
Johannes de Bardilliaco, Bardelliaco, magister et inquisitor forestarum et aquarum regis, 24, 141, 142, 200, 205, 213, 266, 287, 367.
Johannes de Barro, Barris, 316, 338; (alias Piau de Chat), 42, 299, 314; (senescallus Petragoricensis), 299; (senescallus Xanctoniensis), 315.
Johannes de Beco, 24.
Johannes de Beellay, 202.
Johannes de Belvacinio, 37.
Johannes de Blenvilla, senescallus Tholose, 211, 310, 329.
Johannes de Bonnay, scancionarius regis, 310.
Johannes de Borbonio, de Bourbon, 222, 232, 350.
Johannes de Bourches, 310.
Johannes de Brecenay, 350.
Johannes de Bretigniaco, prepositus Gonnessie, 141.
Johannes de Brocia, canonicus Nivernensis, 67, 70.
Johannes de Brueriis, 93, 97, 160.
Johannes de Bucy, 255.
Johannes de Buffes, serviens Castelleti, 371.
Johannes de Bugnone, archidiaconus Dolensis, 81, 82.
Johannes de Burgo, 94, 97.
Johannes de Burlaco, magister balistariorum, 299.

Johannes de Butonneria, 305.
Johannes de Buxellis, de Meleduno, 187.
Johannes de Cabilone, legum professor, 201, 343.
Johannes de Cadorac, 18, 29.
Johannes de Calneta, 85, 121, 362.
Johannes de Cambio, receptor Ambianensis, 7, 219; thesaurarius guerre, 378. V. Johannes du Change.
Johannes de Campo Balduini, canonicus Meldensis, 206.
Johannes de Capella, prepositus insule Oleronis, 40, 77, 236, 278, 357, 360.
Johannes de Castele, 349.
Johannes de Castro, 54.
Johannes de Castro Censorii, 100, 103, 317.
Johannes de Caturco, 89, 94.
Johannes de Ceres, Serez, thesaurarius Lexoviensis, 104, 112, 113, 115, 121, 264, 265, 348, 357, 368.
Johannes de Chambliaco, 191.
Johannes de Charenton, 318.
Johannes de Charitate, 156.
Johannes de Charmeya, 149, 161, 245, 276, 324, 334.
Johannes de Charroliis, 369.
Johannes de Chientrellis, 25.
Johannes de Compendio, 288, 294.
Johannes de Condeto, clericus Karoli de Valesio, 296.
Johannes de Corpalayo, 25. Cf. J. de Courpalai.
Johannes de Courrobert, Court Robert, 152, 164.
Johannes de Crispeio, 111, 318. Cf. Johannes Blouet.
Johannes de Croso, 22, 364.
Johannes de Cruce, 40, 51.
Johannes de Disiaco, 97.
Johannes de Divione, 168, 179, 196, 265, 349, 360.
Johannes de Doisy, Doysi, 39, 41, 42.
Johannes de Domno Martino, 46, 63, 64, 258, 259, 294, 297-299, 300, 301, 304, 305, 313, 317.
Johannes de Drocis, 21.
Johannes de Enneci, 30.
Johannes de Esseyo, 237.
Johannes de Feritate Milonis. V. Johannes, capellanus.
Johannes de Fontanis, decanus Casletensis, 116, 118, 238.
Johannes de Fontibus, 242.

Johannes de Foresta, 90, 92, 344.
Johannes de Forgetis, archidiaconus Claromontensis, 119, 344, 349, 352, 357, 361.
Johannes de Foux, baillivus Bituricensis, 210, 351, 370.
Johannes de Fresneyo, 28.
Johannes de Furno, baillivus terre comitisse Montisfortis, 189.
Johannes de Gaillon, 357, 361.
Johannes de Gaiandia, 49.
Johannes de Gauchy, 100.
Johannes de Gisortio, Gysorcio, 93, 96, 272, 323.
Johannes de Gonnessia, 87.
Johannes de Goy, 352.
Johannes de Halis, clericus regis, 74, 203, 208, 210, 362.
Johannes de Hamello, serviens equitis Castelleti Parisiensis, 373.
Johannes de Haricuria, 374.
Johannes de Helesmes, 336, 337.
Johannes de Hospitali, 292, 293, 298, 301.
Johannes de Housseya, 37.
Johannes de Hyenvilla, 293, 296; (serviens armorum), 266, 305. Cf. le mot suivant.
Johannes de Jyenvilla, 36. Cf. Johannes de Hyenvilla.
Johannes de La Fauche (dominus), 370.
Johannes de La Taylle, 237.
Johannes de Lineriis, 231.
Johannes de Lomaria, burgensis Rupelle, 375.
Johannes de Longa Aqua, Longiau, 221, 229. Cf. Johannes Longueau.
Johannes de Losanna, 206, 363.
Johannes de Lupara, 369.
Johannes de Macerolles, episcopus Meldensis, 51.
Johannes de Machello, serviens, 370.
Johannes de Macherino, baillivus Vitriaci, senescallus Lugdunensis, 206, 222, 362.
Johannes de Magno Ponte, 91.
Johannes de Maignelers, senescallus Agennensis, 302, 316, 317.
Johannes de Mandevilain, 235.
Johannes de Manso, 336.
Johannes de Marigniaco, episcopus Belvacensis, 57, 163.
Johannes de Marla, baillivus Bituricensis, 22, 25, 60, 162.
Johannes de Mauquanci, dictus Mouton, dominus de Blainvilla, 309.

Johannes de Meleduno, receptor Aurelianensis, 184, 195.
Johannes de Mellento, 92.
Johannes de Molendinis in Alvernia, 295.
Johannes de Monchiaco, Monciaco, 29, 57.
Johannes de Monteforti, 84.
Johannes de Montegisonis, receptor Turonensis, 26, 220.
Johannes de Monte Sancti Johannes, 58, 61.
Johannes de Monte Sancti Vincentii, 72.
Johannes de Montigniaco, Montigny, 23, 24.
Johannes de Morenceiis, 49, 53, 60.
Johannes de Mortuomari, 64.
Johannes de Mureilis, 87, 90.
Johannes de Muro, 351.
Johannes de Nancreto, 162.
Johannes de Nanteuil, 22.
Johannes de Novo Castro, civis Parisiensis, 215, 254.
Johannes de Noycello, 229.
Johannes de Nuilliaco, 54.
Johannes Deodati, burgensis de Monte Regali, firmarius salini Carcassonne, 271, 365.
Johannes de Paredo, clericus regis, 209.
Johannes de Pereuse, 19.
Johannes de Pilosis, 113, 114, 118.
Johannes de Piquigniaco, vicedominus Ambianensis, capitaneus ducatus Aquitanie, 312.
Johannes de Placentia, 99, 145.
Johannes de Plailliaco, 101.
Johannes de Pontissara, decanus Pictaviensis, 42, 53, 257.
Johannes de Porta, baillivus Caletensis, 27, 201.
Johannes de Pressiaco, 80.
Johannes de Proboleno, receptor, 35, 223, 309.
Johannes de Puteolis, 46, 65, 235.
Johannes de Quievresis, 218.
Johannes de Rageuse, 252.
Johannes de Rameru, 360.
Johannes de Relleu, 55.
Johannes de Remino, canonicus Noviomensis et Carnotensis, 56, 171, 191.
Johannes de Ribodimonte, 42.
Johannes de Roboreto, 74, 75, 101, 172-174.
Johannes de Roceyo, 163.
Johannes de Rouvray, Rovrayo, 81, 346.
Johannes de Rubeomonte, 34, 254.
Johannes de Ruella, 28, 38.

INDEX ALPHABÉTIQUE. 407

Johannes de Ruilliaco, 54.
Johannes de Ruolio, 21, 375.
Johannes d'Es, magister aquarum, 282. Cf. Johannes de Aquis.
Johannes de Sampy. V. Johannes de Sempy.
Johannes de Sancto Audomaro, 44.
Johannes de Sancto Dyonisio, 20, 31, 157, 301.
Johannes de Sancto Justo, 214, 269, 318, 327, 332.
Johannes de Sancto Leonardo, baillivus Caleti, 27, 28, 152, 187, 207, 272.
Johannes de Sancto Lupo, 24, 121.
Johannes de Sancto Salvatore, 84, 115, 120, 234, 375, 377.
Johannes de Sancto Spiritu, 80, 108, 170, 192.
Johannes de Sancto Verano, 232, 239, 347.
Johannes de scancionaria, 375.
Johannes de Sechervilla, 119.
Johannes de Semilly, 239.
Johannes de Sempy, 37, 45.
Johannes de Senicourt, prepositus de Chauniaco, 57.
Johannes de Senonis, 234.
Johannes de Seriz, civis Trecensis, 202, 208.
Johannes de Servigny, magister forestarum Campanie, 377.
Johannes de Sery, receptor Ambianensis, 23, 219.
Johannes de Sinemuro, capitaneus Sancti Emmeliani, 305.
Johannes de Soisy, 288.
Johannes de Solario. V. Johannes du Solier.
Johannes de Sotenguien, 369.
Johannes de Spernone, 257.
Johannes Dessus, 197.
Johannes de Suyppe, 165.
Johannes de Templo, 347.
Johannes de Terminis, 292.
Johannes de Tiergeville, 41.
Johannes de Trecis, 320.
Johannes de Tria, Trya, baillivus Caletensis, Alvernie, Rituricensis, 25, 27, 31, 158, 174, 184, 191, 234, 289.
Johannes de Tribus Molendinis, receptor Senonensis, 24, 137.
Johannes de Turno, thesaurarius Templi, 83.
Johannes de Ursiaco, canonicus Brugensis, 185.
Johannes de V..., 197.
Johannes de Vaissiaco, baillivus Viromandie, 184, 189. Cf. Johannes de Waissy.

Johannes de Vanesia, Vanoise, Venoise, 42, 55, 202, 209.
Johannes de Varennis, 223, 350.
Johannes de Variis, Veriis, baillivus Senonensis, 22, 24, 46, 63, 64, 154, 180, 190, 227, 228, 321, 349.
Johannes de Vartigues, scutifer, 253.
Johannes de Vaucellis, baillivus Turonensis, 26, 27, 195, 201, 208.
Johannes de Vaudrighem, 26.
Johannes de Verberia, 318.
Johannes de Verduno, clericus receptoris Parisiensis, 209.
Johannes de Veretot, baillivus Cadomensis, 27, 187.
Johannes de Vergis, 227.
Johannes de Veriis. V. Johannes de Variis.
Johannes de Versiaco, 37.
Johannes de Villapetrosa, 208, 362.
Johannes de Vivario, 283.
Johannes de Waissy, 22. Cf. Johannes de Vaissiaco.
Johannes de Yenvilla, 184, 333; (baillivus Aurelianensis), 185.
Johannes de Yenvilla, hostiarius armorum, 359. Cf. Johannes de Hyenvilla.
Johannes Disier, 246.
Johannes du Castelle, 369.
Johannes du Chauge, 23. Cf. Johannes de Cambio.
Johannes du Solier, de Solario, 179.
Johannes Episcopi, 334.
Johannes Erneys, 238.
Johannes Felix, 327.
Johannes Festu, 272, 274, 275.
Johannes Fichier, Lombardus, 373.
Johannes Fortis, 215.
Johannes Fulconis, 42.
Johannes Gahe, 221. Peut-être pour «Gaidre». V. Johannes Gaidre.
Johannes Gaidre, Guedre, Gaydre, canonicus Cadomensis, 80, 112, 113, 115, 116, 174, 175, 187, 188, 202, 206, 267, 358, 369.
Johannes Garini, 66.
Johannes Gaudebart, civis Turonensis, 63.
Johannes Gaulardi, Gaulart, 29, 30, 115, 268, 269.
Johannes Grossaine de Cathalauno, 218, 238, 380.
Johannes Guardie, 20. Peut-être pour «Gaidre». V. Johannes Gaidre.

Johannes Gudin, 159.
Johannes Guerini, 21.
Johannes Guilloti, clericus regis, 201.
Johannes Harcherii, 92, 173, 186. Cf. Johannes Archerii.
Johannes Hardy, 21.
Johannes Hauderici, 22.
Johannes Herpini, 214-216.
Johannes Hocquet, 44.
Johannes Hoquerelli, 152.
Johannes Huesselini, Hiesselin, 155, 156.
Johannes Joigny, Juigny, 169, 263.
Johannes Jonte, 32.
Johannes Jouing, 143. Cf. Johannes Joigny.
Johannes Kaym, 29.
Johannes Lathomi, 292.
Johannes Laurentii, 167.
Johannes Le Breton, 215.
Johannes Le Brunet, magister hospitii comitis Sancti Pauli, 328.
Johannes Le Cat de Silvanecto, 163, 149, 154.
Johannes Le Charron, 198.
Johannes Le Chat. Cf. Johannes Le Cat.
Johannes Le Fourbeur, 24.
Johannes Legrant de Calvomonte, 176.
Johannes Le Hanapier, 27, 157.
Johannes Le Panetier, 157.
Johannes Le Picquart, 328.
Johannes Le Plastrier, 346. Cf. Johannes Plasterarii.
Johannes Le Saunier, 238.
Johannes Le Sené, 23.
Johannes Le Tonelier, 373.
Johannes Lobiere, 26.
Johannes Longueau, 228. Cf. Johannes de Longa Aqua, de Longiau.
Johannes Lotharingi, canonicus Claromontensis, 159, 243, 254, 256.
Johannes Majoris de Argentolio, 241.
Johannes Martini, 40, 376.
Johannes Mauger, 242.
Johannes Medici, hostiarius armorum, clericus balistariorum, 44, 311, 329, 331, 332, 335, 336.
Johannes Morelli, 70.
Johannes Osanne, 165, 229; (curatus Sancti Jacobi Parisiensis), 230; (decanus Sancti Stephani Trecensis), 51.
Johannes Oursin, 24.
Johannes Paeille, varletus regis, 331.
Johannes Pagani, 204, 212, 362.
Johannes Panetarii, 22, 23, 26.
Johannes Parvi, 74, 246.
Johannes Pascaut, procurator regis, 369.
Johannes Pasté, 217, 352, 359, 361, 362; (episcopus Carnotensis), 49.
Johannes Pavie, 24.
Johannes Pileti, magister forestarum Lingue Occitane, 287.
Johannes Plasterarii, 152; (serviens Trecensis), 345. Cf. Johannes Le Plastrier.
Johannes Ploiebauch, 353.
Johannes Pocin, 89, 92. Cf. Johannes Pullus.
Johannes Poile, Poisle, 170, 248.
Johannes Poinlasne, 278.
Johannes Poulain, 40.
Johannes Prepositi, 50; (clericus balistariorum), 299.
Johannes Prevoust, prepositus Castri Nanthonis, 180, 181.
Johannes Probihominis, 44.
Johannes Pullus, 52, 56.
Johannes Quatreus, 220.
Johannes Remigii, receptor Campanie, 29; (thesaurarius guerre Vasconie), 310.
Johannes Reneri, 142.
Johannes Richehomme de Cathalauno, 144, 149.
Johannes Roberti, 374.
Johannes Rosselli, 275.
Johannes Roussel, 366.
Johannes Seguart, 26.
Johannes Surian, 22.
Johannes Tassini, receptor Campanie, 147, 164.
Johannes Thome, 282, 283; (cancellarius Bituricensis), 348, 352.
Johannes Thome, piscator regis, 277, 286.
Johannes Tierrici, 132.
Johannes Tyessart, 215.
Johannes Ursini, receptor Senonensis, 38, 219, 220, 371, 374, 377.
Johannes Varroquier, 238, 242.
Johannes Venatoris, 285, 345.
Johannes Viardi, 222.
Johannes Viel (frater), 281.
Johannes Vincentii, 227.
Johannes Vivien, 152.
Johannes Waubouyn, 365.

Johannis. V. Raimundus.
Johannis de Caturco. V. Guillelmus.
Joigniaco (de). V. Robertus.
Joigny. V. Johannes.
Joinvilla (de). V. Guillelmus.
Jometa. V. G[er]ardus.
Jonart. V. Reginaldus.
Joncheriis (de). V. Radulphus.
Jonte. V. Johannes.
Jordani. V. Bertrandus.
Jordanus de Insula, 189, 193. Cf. Bertrandus Jordani.
Jordanus de Lumbercio, senescallus Petragoricensis, 37 (cf. 379), 223.
Jordanus Marescalli, 98.
Jouing. V. Johannes.
Joyaco (de). V. Guido, Radulphus, Radulphus Silvani, Symon.
Joyacum, 45; -i (castellania), 164; -i (prepositura), 202. — *Jouy-le-Châtel* (Seine-et-Marne, c^{on} de Nangis).
Jude. V. Michael.
Judei, 86, 146, 170, 172-174, 178, 186, 191 et suiv., 247, 248, 264, 265, 374, 375.
Jugnet. V. Michael.
Juigny. V. Johannes.
Juliani. V. Guillelmus.
Julianus..., 92.
Julianus de Novetella, 302.
Jumelli. V. Petrus.
Jyenvilla (de). V. Johannes.

Kaim, Kaym. V. Jacqueminus, Johannes.
Kant. V. P. Kant.
Karolus. V. Carolus.
Kyevresio (de). V. Quevresis.

La Belle (de). V. Renerus.
La Boce (de). V. Oudardus.
La Boissiere (de). V. P. de La Boissiere.
La Cegoigne. V. Ciconia.
La Devoyse (de). V. Bernardus.
La Fauche (de). V. Johannes.
La Guete. V. Mahietus.
La Maison (de). V. Colardus.
La Marliere (de). V. Petrus.
Lambalia (de). V. Alanus, Ivo.
Lamberti. V. Symon.

La Meure (de). V. Watin.
Lamine. V. P. Lamine.
Landa (de). V. Flamingus, G. de Landa.
Lande. V. Philippus.
Landuchius de Florentia, 34.
Langlois. V. Guerinus.
Langon, 288, 302. — *Langon* (Gironde, arr. de Bazas).
Laonnois (prepositura de), 152.
Lapie. V. Robertus.
Lappus Bernardi, 176.
Lappus Bonihominis de Florentia, 296.
Lappus Hugonis, 91.
Larchier. V. Dyonisius, Nicolaus, Petrus, Symon.
La Reue. V. Petrus.
La Riole, 14. — *La Réole* (Gironde). Cf. Regula.
La Roche (de). V. G. de La Roche.
Lascurrensis (diocesis), 72, 104, *130*, *138*. — *Lescar* (Basses-Pyrénées, arr. de Pau).
La Taylle (de). V. Johannes.
Lathomi. V. Johannes.
Latigniacum, 239; -i (nundine), 242; (prepositura), 202; -o (de), v. Bertaudus, Colardus. — *Lagny* (Seine-et-Marne, arr. de Meaux).
Latilliaco (de). V. Petrus.
Latronis. V. Jacobus.
Laudunaco (de). V. Ivo.
Laudunensis (archidiaconus), v. Petrus de Condeto; (canonicus), v. Guido; (diocesis), 54, 75, 102, 107, *123*, *132*; (episcopus), 20. Cf. Albertus de Roya; (prepositura), 41, 154, 169, 227; (ripparia), 277; -e (viagium), 361.
Laudunum, 143, 160, 238, 239, 263, 369; -o (de), v. Bernardus, Bussardus, Egidius, Gobertus Sarraceni, Guido, Lisardus Le Jonne. — *Laon* (Aisne).
Laurentii. V. Johannes.
Laurentius de Molineto, 21.
Laurentius de Monteforti, 159.
Laurentius de Nealpha, 113.
Laurentius de Sancta Bova, 95.
Laurentius Filioli, 244.
Laurentius Fourrier, 161.
Laurentius Herout, Houroust, 168; 231.
Lauro (de), v. Reginaldus; (homines de), 365. — *Lor* (Aisne, c^{on} de Neufchâtel).
Lausanensis (diocesis), 73, *131*, *140*. — *Lausanne* (Suisse).

La Vache. V. Petrus.
Laval (de). V. Stephanus.
Laverciniis (de). V. Guillelmus.
Laye (logie), 276. — *Les Loges* (Seine-et-Oise, c^{ne} de Saint-Germain-en-Laye).
Lazari. V. Jacobus, Richardus.
Le Barbier. V. Milo.
Le Barillier. V. Gerardus.
Le Basenier. V. Hugo.
Le Blont. V. Godefridus.
Le Borgne. V. Baudetus, Matheus.
Le Breton. V. Johannes.
Le Brunet. V. Johannes.
Le Charron. V. Johannes.
Le Chat, Le Cat. V. Johannes.
Lechesne. V. Robertus.
Le Chrestienne. V. Petrus.
Le Closier. V. Egidius de Coussi.
Le Coc. V. Oudardus.
Le Corant. V. Petrus.
Lectorensis (diocesis), 72, 104, *130*, *138*. — *Lectoure* (Gers).
Le Danois. V. Gaufridus.
Le Ferron. V. Michael.
Le Feutrier. V. Radulphus.
Le Flament. V. Adam, Guillelmus.
Le Fourbeur. V. Johannes.
Le Galais. V. Petrus.
Le Gay. V. R. Le Gay.
Le Goein. V. G. Le Gorin.
Legrant. V. Johannes.
Le Gros. V. P. Le Gros.
Le Hanapier. V. Johannes.
Le Jonne. V. Lisardus.
Le Leu. V. Gerardus.
Le Loquetier. V. Nicolaus.
Le Marquis. V. Henricus.
Le Mayer. V. Symon.
Le Minier. V. Petrus.
Lemovicensis (diocesis), 19, 42, *62*, *76*, *124*, *133;* (senescallia), 35, 37, 350. — *Limoges* (Haute-Vienne).
Lemplumé. V. Petrus.
Lengres (de). V. Jacobus.
Leobinus de Roccio, 164.
Leodegarius de Bethisiaco, 369.
Leodiensis (diocesis), *73*, *76*, 97, 98, *131*, *140;* (episcopus), 37. — *Liège* (Belgique).

Leomania, 44. — *Lomagne.*
Leonardi. V. Matheus.
Leonardus Le Sec, major Ambianensis, 299.
Leonensis (diocesis), *65*, *77*, 85, *126*, *135*. — *Saint-Pol-de-Léon* (Finistère, arr. de Morlaix).
Le Page. V. Nicolaus.
Le Panetier. V. Johannes.
Le Picquart. V. Johannes.
Le Pois. V. Jacobus.
Le Porteur. V. Nicolaus.
Le Preuz. V. Guillelmus.
Lequesne. V. Philippus.
Le Roux. V. Petrus.
Le Roy. V. Robertus.
Le Sage. V. Guillelmus.
Le Saige. V. Petrus.
Le Saunier. V. Johannes.
Le Sauvage. V. Firminus, Oudardus.
Lescrivain. V. Robertus.
Lescuier. V. Theobaldus.
Le Sec. V. Leonardus.
Le Sené. V. Johannes.
Lesignen, 36. — *Lusignan* (Vienne, arr. de Poitiers).
Le Tonelier. V. Johannes.
Leure, Lora, 288, 289, 293, 295, 308, 324. — *Leure* (Seine-Inférieure, c^{ne} du Havre).
Levessel. V. Guido.
Le Vilain. V. Matheus.
Le Voyer. V. P. Le Voyer.
Levrier. V. Guido.
Lexoviensis (archidiaconus), 312; (canonicus), v. Guillelmus de Gisortio, G. de Sancto Taurino, P. Rampone; (diocesis), *67*, *77*, 104, *127*, *135;* (scolasticus), v. Guillelmus Arresnart; (thesaurarius), v. Johannes de Ceres.
Lexovium, 347. — *Lisieux* (Calvados).
Ligier de Serarville, 266.
Lillers (de). V. J. de Lillers.
Linais (decanus de). V. Martinus.
Lineriis (de). V. Johannes.
Lingonensis (diocesis), *72*, *79*, 7², 98, 105, *138;* (episcopatus), 161, 348; (episcopus), v. P. de Ruperforti. — *Langres* (Haute-Marne).
Lingonis (de). V. H., Parisetus, Simon.
Lingua Occitana, 20, 255, 285-287, 350.
Linieres (de). V. Hugo.
Lisardus de Sancto Austero, 351.
Lisardus Le Jonne de Lauduno, 53, 55, 226.

INDEX ALPHABÉTIQUE.

Lobiere. V. Johannes.
Lodovensis (diocesis), *71*, 78, *128*, *137*. — *Lodève* (Hérault).
Lomaria (de). V. Johannes.
Lombardi, 178, 248, 258, 261, 271, 377.
Lombardi. V. Petrus.
Lombardus. V. Franciscus.
Lomberiensis (diocesis), *73*, 121, *129*, *138*. — *Lombez* (Gers).
Loncvez (de). V. Balduinus.
Longa Aqua (de). V. Johannes.
Longian, Longueau (de). V. Johannes de Longa Aqua.
Longo Vado (de). V. Balduinus.
Longum Campum (apud), 323. — *Longchamp* (Eure, c^{on} d'Étrepagny).
Lora. V. Leure.
Lorriaco (de). V. Dyonisius, Stephanus.
Lorriacum in Gastineto, 144. — *Lorris-en-Gâtinais* (Loiret, arr. de Montargis).
Losanna (de). V. Johannes.
Lot, Loth. V. Galterus.
Lotharingi. V. Johannes, Tingus.
Lotharingie (dux), 338.
Lotoringny. V. Tyngus.
Louardi. V. Symon.
Louel. V. Wibertus.
Louvel. V. Henricus.
Loyry (de). V. Johannes.
Lubetus de Narbone, serviens armorum, 364.
Lucie. V. Jacobus.
Ludovicus IX, 86, 88, 93; (Beati –i cassa), 251.
Ludovicus X, 18, 20, 83, 122, 197, 198, 229, 248, 251, 253, 273, 284, 329, 343, 368.
Ludovicus, comes Ebroicensis, 362.
Ludovicus, comes Nivernensis, 38.
Ludovicus, episcopus Lingonensis, 130.
Ludovicus, filius regis († 1329), 367.
Ludovicus Chaucheti, 31, 252.
Ludovicus Conversi, 28.
Ludovicus de Claromonte, dux Borbonii, 42.
Ludovicus de Sacro Cesare, 364.
Ludovicus de Villa Petrosa, 202, 207, 311, 369.
Lugdunensis (archiepiscopus), 338; –e (concilium), 88, 105; –is (archiepiscopatus, diocesis et provincia), 19, *71*, *79*, *82*, *86*, *87*, *90*, *92*, *95*, *97*, *98*, *99*, *104*, *106*, 108, *109*, *111*, *113*, *114*, *119*, *122*, *129*, *138*, *354*; (baillivia, senescallia), *35*, 119, *149*, *153*, *158*, *183*, *189*, *194*, *197*, *199*, *201*, *204*, *206*, *212*, *214*, *224*, *236*, *243*, *254*, *272*, *348*, *352*, 363; (gardiator), v. Reginaldus de Sancta Bova, Guillelmus de Viriaco; (senescallus), v. Johannes de Macherino.
Lugdunum, 248, 322, 336, 337, 338, 342, 354, 357. — *Lyon* (Rhône).
Lumbardi. V. Lombardi.
Lumbercio (de). V. Jordanus.
Lupara, 59, 65, 96, 102, 106, 143, 157, 170, 172, 176, 177, 239, 241, 242, 248-251, 257, 274, 278, 279, 288, 295, 297, 299, 301, 303, 305, 307, 315-318, 324, 325, 327-329, 334; –e (artilleria), 358.
Lupara (de). V. Benedictus Fabri, Guillebertus, Johannes, Michael.
Lupi. V. Blainus.
Luquinus Dagoant, 40.
Luquinus de Janua, 40.
Lusarches (de). V. J., Nicolaus.
Lussonensis (diocesis), *71*, *128*, *137*. — *Luçon* (Vendée, arr. de Fontenay).
Luxieu, 43. — *Luxeuil* (Haute-Saône, arr. de Lure).
Lymois (de). V. P. de Lymois.
Lynais (cantor de), v. Johannes; (decanus de), v. Martinus. — *Linas* (Seine-et-Oise, c^{on} d'Arpajon).
Lynieriis (de). V. Hugo.
Lyoart (de). V. Reginaldus.
Lyons (de). V. Imbertus.

M. de Malo Conductu, 227.
M. Scoti, 361.
Maceriis super Meusam (canonicus de). V. Reginaldus de Marsellis. — *Mézières* (Ardennes).
Macerolles (de). V. Johannes.
Machau (de). V. P. de Machau.
Mache de Maches, campsor thesauri, 368, 375.
Machello, Macheyo (de). V. Johannes, Petrus.
Macheriaco (de). V. P. de Macheriaco.
Macherino (de). V. Johannes, Petrus.
Maches, Machis (de). V. Mache.
Maciotus de Ruolio, 37.
Macloviensis (diocesis), *65*, *77*, 85, 103, *126*, *135*; (episcopus), 83, 350, 364. — *Saint-Malo* (Ille-et-Vilaine).
Magalonensis (diocesis), *71*, 78, 105, *128*, *137*. — *Maguelonne* (Hérault, c^{on} de Frontignan, c^{ne} de Villeneuve-les-Maguelonne).

Magister arbalistariorum. V. Johannes de Burlaco, Petrus de Gaiart.
Magister forestarum Campanie et Brie. V. Johannes de Servigny.
Magister hospitii regis. V. Reginaldus de Royaco.
Magistri. V. Arnaldus.
Magistri monete, 240.
Magna Recepta, 260, 262.
Magne Partes, 18, 61, 142, 278.
Magni. V. Jacobus.
Magno Ponte (de). V. Johannes.
Mahietus La Guete, joculator ducis Burgundie, 18.
Mahietus Rolotus, locum tenens senescalli Petragoricensis et Caturcensis, 298, 315.
Mahyel. V. Bertaudus.
Maignelers (de). V. Johannes.
Maillardi. V. P. Maillardi.
Maillart. V. Guillelmus.
Mailly (de). V. P. de Mailly.
Mainabourse. V. Gerardus.
Maingot. V. Jacobus.
Mairel. V. Colardus.
Major, Majoris. V. Guillelmus, Johannes.
Majoris Monasterii Turonensis tertius prior. V. Theobaldus.
Malaquin. V. Martinus.
Malausena, 358. — *Malaucène* (Vaucluse, arr. d'Orange).
Malherbe. V. Guiardus.
Malimilitis. V. Ivo.
Mali Monachi. V. Petrus.
Malipili. V. P. Remundi.
Mallardi. V. Guillelmus.
Malleacensis (diocesis), 71, *128*, *136*. — *Maillezais* (Vendée, arr. de Fontenay).
Mallevalle. V. Guiardus.
Malobodio (de). V. Alfonsus.
Malo Conductu (de). V. M. de Malo Conductu.
Malocros, 44. — *Maucreux* (Aisne, c^{on} de Villers-Cotterets, c^{ne} de Faverolles).
Malodumo (de). V. Egidius, Oudardus.
Malomonte (de). V. Elias.
Malone (de). V. Renaudus.
Manasserus de Bonovillari, 57.
Manasserus de Fossatis, 152.
Mandevilain (de). V. Johannes.
Mandolii (terra), 37. — *Manduel* (Gard, c^{on} de Margueritttes).

Mancheud, 152.
Mangonis. V. P. Mangonis.
Manso (de). V. Johannes.
Manto (stagnum de), 52. — *Étang de Mant* (Seine-et-Marne, c^{on} de Crécy, c^{ne} de la Haute-Maison).
Maquart. V. Radulphus.
Marchesio (de). V. Symon.
Marchesius Scatice. V. Marquesius.
Marchia in Barresio, 36. — *La Marche* (Vosges, arr. de Neufchâteau).
Marchia (de). V. Droco.
Marchie (comes), 34, 43, 316, 317. Cf. Hugo Bruni; –e (comitatus), 42.
Marchienes, 327. — *Marchiennes* (Nord, arr. de Douai).
Marchutius Jacobi, 294.
Marcilhanicarum terra, 37. — *Marsillargues* (Hérault, c^{on} de Lunel).
Marcillia. V. Marsilia.
Marcilly (de). V. Guillelmus.
Marescalli. V. Jordanus.
Marescallus Francie. V. Guido de Claromonte, J. de Bellomonte, J. de Gressibus, Matheus de Tria, Milo de Noeriis, Robertus Bertrandi, Symon de Meleduno.
Marfontaines (de). V. Thomas.
Margarita (regina), 28, 153, 154, 164.
Maria (regina), 153, 197, 272.
Maria, comitissa Marchie, 364.
Marigniaci (dominus), 338. Cf. Ingerannus.
Marigniaco (de). V. Guillelmus, Johannes, Philippus.
Marinera (de). V. Alphinus.
Marines (de). V. Ingerannus.
Marinis (de). V. Robertus.
Maris (de). V. Milo.
Marla (de). V. Johannes.
Marmaha (de). V. Theobaldinus.
Marolio (de). V. Radulphus Maquart.
Marquesius Scatice, receptor Carcassone, 33, 236, 376.
Marseilis (de). V. Reginaldus.
Marsilia, 292, 295. — *Marseille* (Bouches-du-Rhône).
Martenes (de). V. Gilo.
Martini. V. Guillelmus, Johannes, Martinus.
Martinus IV, 87, 93, 95.
Martinus, decanus de Linais, Lynais, 102, 156, 167.

INDEX ALPHABÉTIQUE. 413

Martinus Carssie, 30.
Martinus de Essartis, 322, 338, 361.
Martinus de Florentia, 165.
Martinus Malaquin, 197.
Martinus Martini, campsor Parisiensis, 184, 243.
Martinus Petitot, 289.
Martinus Symonis Daynart, 365.
Martinus Tereau, notarius Castelleti, 70.
Martinus Viel, 157.
Marziaco (de). V. Dalmasius, Guichardus.
Masieres (de). V. Guilbaudus.
Massengeyo (de). V. P. de Massengeyo.
Matheus, filius ducis Lotharingie, 339.
Matheus de Curtibus Jumellis, legum doctor, judex ordinarius Caturci, 203, 354, 357.
Matheus de Goutevilla, 41.
Matheus de Porta, 318.
Matheus de Ramburellis, 59, 88, 89, 94.
Matheus de Sancto Venancio, marescallus Pictaviensis, 53, 54.
Matheus de Tria, marescallus Francie, 309, 348.
Matheus de Varennis, 309, 364.
Matheus Ferrandi, custos sigilli regis, 370.
Matheus Gayte, receptor Tholose, 25, 32, 211, 252.
Matheus Hery, granetarius Aurelianensis, 205.
Matheus Le Borgne de Atrebato, 240.
Matheus Leonardi, 322.
Matheus Le Vilain, clericus regis, 201.
Matiffas. V. Symon.
Matisconensis (baillivia), *25, 119, 145, 150, 155, 162, 172, 181, 185, 190, 195, 198, 201, 206, 220, 229, 241, 266, 344, 349, 357, 369, 370, 375*; (baillivus), 25. Cf. Egidius de Malodumo, Franco de Adveneriis, Philippus de Chamery; (castellanus), v. Egidius de Dromellis; (canonicus), v. Gaufridus de Bosco; (diocesis), *72, 138, 139*; (monetagium), 14, 155; (prepositus), v. Guillelmus Constantini. — *Mâcon* (Saône-et-Loire).
Mauger. V. Johannes.
Maugerii. V. Robertus.
Maumont (de). V. Petrus.
Mauquanci (de). V. Johannes.
Maurianensis (diocesis), *73, 131, 140*. — *Saint-Jean-de-Maurienne* (Savoie).
Mauricii. V. Radulphus.
Mauricius Alani, 237.

Mauricius Rogerii, 145.
Mauritania (de), v. Poncius; (capitancus de), v. Guillelmus de Carsen. — *Mortagne-sur-Gironde* (Charente-Inférieure, c^{on} de Cozes).
May (de). V. Goulardus.
Maye (de). V. Nicolaus.
Medici. V. Johannes, Nicolaus.
Medonta (de). V. Balduinus, Guillelmus.
Mege. V. Petrus.
Meldensis (baillivia), *147, 152, 157, 164, 176, 182, 188, 192, 196, 199, 202, 209, 222, 232, 242, 268*, 370, 375; (cancellarius), 316, 346. Cf. Johannes; (canonicus), v. Johannes de Campo Balduini; (diocesis), *51, 75*, 101, *123, 132*, (episcopus), 51, 83, 120. Cf. Symon Festu; (prepositura), 202; (prepositus), v. Symon de Corceaus.
Meldis, 361, 363; (de), v. Arnulphus Mellin, Berfrandus. — *Meaux* (Seine-et-Marne).
Meledunum, 343, 361; -i (castellania), 323; (castellanus), v. Petrus La Vache; (prepositus), v. Guerinus Langlois, Symon de Corceaus. — *Melun* (Seine-et-Marne).
Meleduno (de). V. Johannes, Johannes de Buxellis, Dyonisius, Symon.
Melet (de). V. Petrus.
Mella (de). V. Renaudus.
Mellento (de). V. B., Johannes, Radulphus.
Mellin. V. Arnulphus.
Menays (de). V. Petrus.
Menou (de). V. Symon.
Mercatorum prepositus. V. Stephanus Barbette.
Mercorio (dominus de), 337. Cf. Beraudus. — *Mercœur* (Haute-Loire, c^{on} de La Voûte).
Merpins, 36. — *Merpins* (Charente, c^{on} de Cognac).
Merula (de). V. Fucoldus, Fulcaudus, Guillelmus.
Meserie, 255. — *Mézières* (Ardennes).
Mes Le Conte, 339. — *Metz-le-Comte* (Nièvre, c^{on} de Tannay).
Mesnillo (de). V. Guillelmus.
Meso (de). V. Bernardus.
Metensis (diocesis), 19, *73, 76, 96, 131, 140*; (episcopus), 368. — *Metz* (Alsace-Lorraine).
Meudono (de). V. Henricus.
Meulento (de). V. Mellento.
Meureto (de). V. Henricus de Cherisi.
Michael (dominus), 65, 357.
Michael Aigret, 103.

Michael Amici, 83.
Michael Danielis, 175, 263.
Michael de Bordeneto, 200, 257, 264, 267.
Michael de Cenomano, 324.
Michael de Codreyo, de Condayo, 159.
Michael de Lupara, 91, 94, 97.
Michael de Navarra, valletus regis, 294, 298, 299, 304, 308, 324, 329, 365.
Michael de Parisius, baillivus Trecensis, 22, 29, 222, 232.
Michael de Reicourt, Recourt, 45, 370.
Michael Fagot, burgensis Vitriaci, 202.
Michael Gascoing de Navarra. V. Michael de Navarra.
Michael Jude, 196.
Michael Jugnet de Thyeuvervalle, 258.
Michael Le Ferron, 21.
Michaelis. V. Bertrandus, Vincentius.
Miette. V. Guillelmus.
Milliaci (cantor). V. Guillelmus, cantor de Milliaco.
Milliaco (de). V. Guillelmus, Radulphus; (curatus de), v. Hugo. — *Milly* (Oise, c^{on} de Marseille-le-Petit).
Milo, episcopus Aurelianensis, 50.
Milo de Maisiaco, capitaneus Calesii, 330.
Milo de Maris, dictus Le Barbier, 24.
Milo de Noeriis, marescallus Francie, 325, 335, 348, 365.
Milo de Tria, 90, 92.
Milo de Via Aspera, 67.
Milo du Plessis, 202.
Mimatensis (diocesis), *62, 76*, 102, *125, 133*; (episcopus), 361. — *Mende* (Lozère).
Mimato (de). V. Hugo.
Mirabelli (constabularius), 315. — *Mirambeau* (Charente-Inférieure, arr. de Jonzac).
Mirapicensis (diocesis), *73, 129, 138*. — *Mirepoix* (Ariège, arr. de Pamiers).
Mirouaut (castellanus de), 376. V. Radulphus d'Epernon. — *Muraut* (Meuse, c^{on} et c^{ne} de Damvillers)?
Moere, 330. — *Moere* (Belgique).
Moisiaci (via), 287. — *Moissac* (Tarn-et-Garonne).
Molendinis in Alvernia (de). V. Johannes.
Molesmes, 362. — *Molesmes* (Yonne, c^{ne} de Courson).
Molineto (de). V. Laurentius.
Monasterio (de). V. Bindus, Petrus.
Moncelli (opera), 281. — *Le Moncel* (Oise, c^{on} de Pont-Sainte-Maxence, c^{ne} de Pont-Point).

Moncellis in Braya (curatus de), 30. — *Mousseaux-lez-Bray* (Seine-et-Marne, c^{on} de Bray-sur-Seine).
Monciaco, Monchiaco, Moncy (de). V. Jacobus, Johannes, Petrus.
Monete, 20, 241, 354. Cf. Artissienses, Baudequini, Burgenses, Flandrenses, Sicilie regis moneta, Stellingi, Viennenses.
Monnayo (de). V. Monnayus.
Monnayus de Monnayo, 147, 176, 264.
Monniaco (de). V. Monniacus.
Monniacus de Monniaco. V. Monnayus.
Mons Sancti Michaelis, 368. — *Mont-Saint-Michel* (Manche, c^{on} de Pontorson).
Monsterolium, 202; -i (castellania), 164. — *Montereau* (Seine-et-Marne, arr. de Fontainebleau).
Monsterolium, 154. — *Montreuil-sur-Mer* (Pas-de-Calais).
Monsterolium Bonnini, 14; -i (monetagium), 308. — *Montreuil-Bonnin* (Vienne, c^{on} de Vouillé).
Monstervilliers (sergenteria de), 221. — *Montivilliers* (Seine-Inférieure, arr. du Havre).
Monstre. V. Franciscus.
Montachius Gaygne, procurator Bichii, 258.
Montanarum Alvernie (baillivia), 365, 377.
Montatoire (de). V. P. de Montatoire.
Monteacuto (de). V. Bertrandus, Guido, Stephanus.
Montecalveti (de). V. Bernardus.
Monte Capreoli (de). V. Egidius.
Monteforti (de). V. Egidius, Johannes, Laurentius.
Montegisonis (de). V. Johannes.
Montelauri (de). V. Poncius.
Monteleherici (de). V. Guiardus.
Montemauri (de). V. J., Guillelmus.
Montemorillonis (de). V. Guillelmus.
Montem Pabulam (apud), 332. — *Mons-en-Pévèle* (Nord, c^{on} de Pont-à-Marcq).
Montempessulanum (apud), 128; -is -i (partes), 371. — *Montpellier* (Hérault).
Montem Sancti Quintini (apud), 323. — *Mont-Saint-Quentin* (Somme, c^{on} de Péronne).
Montendre, 259. Cf. Montis Andronis.
Monte Regali (burgensis de). V. Johannes Deodati. — *Montréal* (Aude, arr. de Carcassonne).
Monte Sancte Genovefe Parisius (domus in), 362.
Monte Sancti Johannis (de). V. Johannes.
Montesy (de). V. Durandus.
Montibus (de). V. Gerardus, Petrus.
Montigniaco, Montigni (de). V. Johannes, Symon.

INDEX ALPHABÉTIQUE. 415

Montis Albani (diocesis), *62, 73, 77, 129, 138.*
— *Montauban* (Tarn-et-Garonne).
Montis Andronis (terra), 42, 315, 318. Cf. Mon-
tendre. — *Montendre* (Charente-Inférieure, arr.
de Jonzac).
Montiscelle [pour Monasterii Celle] (abbas), 232,
— *Le Moustier-la-Celle-lez-Troyes* (Aube, c^{on} de
Troyes, c^{ne} de Saint-André).
Montis Corneti, 160. — *Montcornet* (Aisne, c^{on} de
Rozoy-sur-Serre).
Montisdesiderii (prepositura), 169, 263. — *Mont-
didier* (Somme).
Montis Falconis (terra), 44; (viagium), 364. —
Montfaucon (Meuse, arr. de Montmédy).
Montisfortis (comes), 36; (comitissa), 189.— *Mont-
fort-l'Amaury* (Seine-et-Oise, arr. de Rambouillet).
Montis Gayi (terra), 39. — *Montjay-la-Tour* (Seine-
et-Marne, c^{on} de Claye, c^{ne} de Villevaudé).
Montisleherici (castellania), 179, 258. — *Mont-
lhéry* (Seine-et-Oise, c^{on} d'Arpajon).
Montis Morenciaci (dominus), 200, 259, 296, 307;
(terra), 200. — *Montmorency* (Seine-et-Oise,
arr. de Pontoise).
Montis Regalis (castellanus). V. Petrus de Cruciaco.
Cf. Monte Regali (de). — *Montréal* (Aude, arr.
de Carcassonne).
Montpesat, 311. — *Montpezat* (Tarn-et-Garonne,
arr. de Montauban).
Morel de Feritate Milonis. V. Petrus.
Morelli. V. Guillelmus, Johannes, Nicolaus.
Morenceiis (de). V. Johannes.
Moreto (prepositura de), 181; (prior de), 181; —
(vivarium), 283, 286; -o (de), v. Benedictus.
— *Moret-sur-Loing* (Seine-et-Marne, arr. de
Fontainebleau).
Morgnevalle, Mornivaille (de). V. Ancellus, Stepha-
nus.
Moriau. V. Reginaldus.
Morinensis (diocesis), *59, 76,* 80, 100, *124, 133,*
170. — *Boulogne-sur-Mer* (Pas-de-Calais).
Moritonie (castellania), 40; -a (domina de), 41.—
Mortagne (Nord, c^{on} de Saint-Amand-les-Eaux).
Mormento. V. Mourmando.
Mornac (constabularius de), 317. — *Mornac* (Cha-
rente-Inférieure, c^{on} de Royan).
Mornayo (de). V. Philippus, Stephanus.
Mortaigne, 317. Cf. Mauritania.
Morteriaco (de). V. Guillelmus.

Mortfontaines (de). V. Thomas.
Mortui Maris (castrum), 277. — *Mortemer* (Eure,
c^{on} de Lyons-la-Forêt, c^{ne} de Lisors, ou Seine-In-
férieure, c^{on} de Neufchâtel-en-Bray).
Mortuofonte (de). V. Richardus.
Mortuomari (de). V. Johannes.
Mota (portus de), 254. —?
Mouchetus. V. Bichius.
Moureolo (de). V. Hugolinus.
Mourmando (de). V. Reginaldus.
Mousac [peut-être pour Moysac], 305. Cf. Moisiaci.
Mouton. V. Bertaudus, Thomas.
Mouton de Blainvilla. V. Mauquanci.
Moyaco (dominus de), 370. Cf. G. de Moyaco.
Murellis (de). V. Johannes.
Muro (de). V. Johannes.
Mussiaco (de). V. Guillelmus.

Namnetes, 288. — *Nantes* (Loire-Inférieure).
Nancreto (de). V. Johannes.
Nannetensis (diocesis), *65, 77,* 85, *103, 126, 139.*
Nanteuil (de). V. Johannes.
Nantolio (de). V. Balduinus, Bernardus, Nicolaus,
Reginaldus.
Narbona (de). V. Bernardus Rasoris, Lubetus, Re-
mundus Johannis; —e (burgensis). V. P. Binuccii.
Narbonensis (diocesis et provincia), 19, *71, 78, 82,*
85, 88, 90, 92, 94, 97, 99, 104, 106, 108,
109, 111, 113, 114, 118, 121, 128, 137, 260,
262. — *Narbonne* (Aude).
Navarra, 15, 17, 30, 240, 316, 348, 352, 361,
362, 365; —a (guerra), 287; (gubernator), v. Al-
fonsus de Rovrayo, Ingerrannus de Villaribus,
(regina), 281, 366; (rex), 342.
Navarre (de). V. Michael Gascoing.
Navibus (de). V. Guyardus.
Nealpha (de). V. Eustachius, G., Laurentius, Odo,
Symon.
Nemausensis (diocesis), 71, 78, 105, *128, 137.*—
Nîmes (Gard).
Nemausi (vicarius), v. Guillelmus Polani; (thesaura-
rius), 352.
Nemauso (de). V. Guillelmus de Quarto, Petrus Le
Roux.
Nemosii (castrum), 377; —o (prior de), v. Johannes.
— *Nemours* (Seine-et-Marne, arr. de Fontainebleau).
Nemus Vicennarum, 266. Cf. Vicenne.
Nepotis. V. Richardus.

416 INDEX ALPHABÉTIQUE.

Nés (des). V. Guyardus.
Nevelonis. V. P. Nevelonis.
Nicasius de Focambergo, 102.
Nicolai. V. Hugo.
Nicolaus III, 87.
Nicolaus, episcopus Andegavensis, 64.
Nicolaus, prior de Vatevilla, 295.
Nicolaus Albi, canonicus Pictaviensis, 223, 234, 351, 368.
Nicolaus Baillis, 92.
Nicolaus Behuchet, 322.
Nicolaus Bolle, episcopus Meldensis, 51.
Nicolaus Caillet, 150, 160.
Nicolaus Chaperon, 213.
Nicolaus Companh, 32.
Nicolaus de Aquilecuria, 58, 65, 253.
Nicolaus de Bethisiaco, 90.
Nicolaus de Braya, canonicus Tornacensis, 43, 204, 226, 351.
Nicolaus de Claromonte (frater), prior de Pissiaco, 276.
Nicolaus de Creciaco, 113.
Nicolaus de Ermenonvilla, Hermenonvilla, receptor Tholose, 32, 78, 203, 288, 315, 373.
Nicolaus de Fovilla, 221.
Nicolaus de Lusarches, prepositus de Adverso, 167, 194, 235, 259.
Nicolaus de Maye, 43.
Nicolaus de Nantolio, 87, 88.
Nicolaus de Paracio, 305.
Nicolaus de Passiaco, 215.
Nicolaus de Poteria, 195, 198, 212.
Nicolaus de Sabaudia, 45.
Nicolaus de Sancto Justo, 218, 219, 227.
Nicolaus de Villanesse, Villonissa, 84, 350.
Nicolaus de Villaribus, Villariis, baillivus Cadomensis, 27, 290.
Nicolaus Guidi, 261, 262; (receptor Carcassone), 259.
Nicolaus Heroardi, 29, 30.
Nicolaus Herodis, 57.
Nicolaus Larchier, baillivus Chailliaci, 200.
Nicolaus Le Loquetier, 273, 274.
Nicolaus Le Page, 39.
Nicolaus Le Porteur, 179.
Nicolaus Medici, 84.
Nicolaus Morel, 82.
Nicolaus Oyn, 25.

Nicolaus Symonis, 165.
Nicolaus Vassalli, 151.
Nigella (de). V. Radulphus, Symon.
Niorto (de). V. J. de Lusarche.
Nivernensis (baillivus), v. Guillelmus d'Anlesi; (canonicus), v. Gaufridus de Bosco, Johannes de Brocia, Symon Boelli; (cantor), v. Guillelmus de Milliaco; (comitatus), 19, 38, 145, 360, 365; (diocesis), *50, 74,* 101, *123, 132, 171;* (episcopus), v. J.; -e (vivarium), 286.
Nivernum, 361, 379. — *Nevers* (Nièvre).
Noeriis (de), v. Milo; (dominus de), 309.
Noes (des). V. Arnaldus, Henricus.
Nogareto (de). V. Guillelmus.
Nogento (de). V. Guido.
Noiz (de). V. Ulricus.
Nonanto (de). V. Henricus.
Nonencourt (de). V. Hugo.
Normania, 258, 285, 293, 296, 305, 309, 311, 345, 360, 361, 363, 374; -e (debita), 17, 19, 350; (domania), 15; (ducatus), 207, 230; (feoda), 19; (focagium), 206; (foreste), 19; (molendina), 20.
Normannus. V. Henricus.
Normannus de Borreyo, 166.
Norvegie (rex), 298.
Novavilla (de). V. R. de Novavilla.
Novetella (de). V. Julianus.
Noviomense (capitulum), 180; -is (canonicus), v. Johannes de Remino, Richardus de Verberia; (diocesis, episcopatus), *55, 75, 100,* 102, 107, *123, 132,* 159; (episcopus), 120. Cf. Florentius; (regalis), 247.
Noviomum, 311. — *Noyon* (Oise, arr. de Compiègne).
Novo Castro (de). V. Johannes.
Novum Castrum, 362. — *Neufchâteau* (Vosges).
Novum Mercatum (apud), 323. — *Neufmarché* (Seine-Inférieure, c^{on} de Gournay).
Noycello (de). V. Guillelmus, Johannes.
Noysiaco (de). V. G. de Noysiaco.
Nuilliaco (de). V. Johannes.
Nusiaco (de). V. Renaudus.

Odardus de Novavilla, 343.
Odardus de Ponte, 281.
Odardus de Ruppis Altis, 288.
Odardus de Villariis, 318.

INDEX ALPHABÉTIQUE.

Odo, magister capelle regis, 47. V. Odo Boyliaue.
Odoardus de Ballolio, 45.
Odo Boyliaue, thesaurarius capelle regalis Parisiensis, 371.
Odo Chagrin, 235.
Odo de Columberiis, 70, 183, 228.
Odo de Nealpha, 89.
Odo de Senonis, 87, 90.
Odo Larcevesque, 200.
Ol. de Havaches, 277.
Olearius. V. Jacobus.
Oleronense (vinum), 301. — *Oleron* (Charente-Inférieure).
Oleronis insule (prepositus.) V. Johannes de Capella.
Oliverius de Credonio, electus Turonensis, 63.
Olorensis (diocesis), *72, 131, 140.* — *Oloron* (Basses-Pyrénées).
Omelacio (de). V. Poncius.
Opiano (de). V. Renaudus.
Orbec, 45. — *Orbec* (Calvados, arr. de Lisieux).
Orchiarum (castellania), 40. — *Orchies* (Nord, arr. de Douai).
Orelianis (de). V. Aurelianis.
Orgemont (de). V. P. d'Orgemont.
Orillac (d'). V. G. d'Orillac.
Orliaco (de). V. Helias.
Orrées (as). V. As Orrées.
Orsicampi (foresta), 323. — *Ourscamp* (Oise, c°ᵃ de Ribecourt, cⁿᵉ de Chiry-Ourscamp).
Osanne. V. Johannes.
Osilius de Antegiaco, 211, 254.
Ostrabes (d'). V. Richardus.
Otho de Thouciaco, admiraldus maris, 291, 294.
Otrani, Octrani. V. Guillelmus.
Ottaviani. V. Bonatus.
Oudardus. V. aussi Odardus.
Oudardus de Boucherel, 307.
Oudardus de Cramailles, baillivus Ambianensis, 23, 329.
Oudardus de Croso, 284.
Oudardus de La Boce, 370.
Oudardus de Malodumo, capitaneus apud Calesium, 309.
Oudardus Le Coc, baillivus Rothomagensis, 27, 371.
Oudardus Le Sauvage, 26, 29, 222.
Oudardus Rufus, 54.
Oulli (de). V. Henricus.

Oursin. V. Johannes.
Oyn. V. Nicolaus.

P. Balene, receptor Petragoricensis, 34, 35, 189, 193 (cf. 379), 194, 313.
P. Berengarii, 96.
P. Bertrandi, archidiaconus Borbonii, 352, 363.
P. Binuccii, burgensis Narbone, 292.
P. Burserii, 159.
P. Cenomannensis, 243.
P. Chevalier, 163.
P. Daniel, 107.
P. Florentii, 331.
P. Kant, 293.
P. Lamine, 215.
P. Le Gros, 244. Cf. Petrus Grossi.
P. Le Voyer, 57.
P. Maillardi, 351.
P. Mangonis, 210.
P. Nevelonis, 323.
P. Pelet, 283, 286.
P. Rampone, Ramposne, canonicus Lexoviensis, 142, 163, 298, 317, 318.
P. Remundi Malipili, 270.
P. Roberti de Volobrigue, 296.
P. Torelli, castellanus Turonensis, 64.
P. Touffardi, Toffardi, 30, 47, 146.
P. Vidal, carpentator, 292.
P. de Alvernia, episcopus Clarimontis, 61.
P. de Arrableyo, cancellarius domini Ph., comitis Pictaviensis, 209.
P. de Autissiodoro, 241, 307.
P. de Barnonville, 42.
P. de Belna, clericus ducis Burgundie, 97, 156.
P. de Boillis, receptor emolumentorum pariagii et vicarie Caturcensis, 355.
P. de Braya, 292.
P. de Brenacon, 366.
P. de Cathalauno, burgensis Remensis, 54.
P. de Clariaco, presbyter, 272.
P. de Foullay, gubernator stabilite Burdegalens·s, 302.
P. de La Boissiere, 42.
P. de Lingonis, 360.
P. de Lymois, 155.
P. de Machau, 362. Cf. Petrus de Machello.
P. de Macheriaco, 350. Cf. Petrus de Macherino.
P. de Mailly, capellanus comitis Sancti Pauli, 318.

P. de Massengeyo, canonicus Senonensis, 155.
P. de Montatoire, 42.
P. d'Orgemont, 360.
P. de Paredo, prior de Chesa, 183.
P. de Plaailliaco, de Playlli, 185, 225.
P. de Ponte, 303.
P. de Pralli, castellanus de Talmonte, 302.
P. de Rubeomonte, 29.
P. de Rupeforti, episcopus Lingonensis, 130.
P. de Sancto Justo, 154.
P. de Soupplissano, 31.
Paage (du). V. Guillelmus.
Paciaco (de). V. Passiaco.
Pacille. V. Johannes.
Pagani. V. Johannes, Symon.
Paganus de Florentia, 295.
Pailliart. V. Hugo.
Pairole. V. Durandus.
Pampillonis (monetagium), 14. — *Pampelune* (Navarre espagnole).
Panetarii. V. Johannes.
Panetarius regis. V. Johannes Coulon de Sancto Paulo, Robertus Ausgans.
Papin. V. Andreas.
Papylion (de). V. G. de Papylion.
Paracio (de). V. Nicolaus.
Paradis. V. Guillelmus.
Pareau (de). V. Radulphus.
Paredo (de). V. Gerardus, P., Radulphus.
Paris (de). V. Michael.
Parisetus. V. Petrus.
Parisetus de Lingonis, 358.
Parisiensis (campsor), v. Martinus Martini; (canonicus), v. Petrus de Latilliaco; (capella regalis), 236, 251. Cf. Thesaurarius; (celerarius), v. Robertus Bouterii; (civis), v. Gaufridus de Vitriaco, Guillelmus Fourré, Guillelmus Le Flamant, Guillelmus Pizdoe, Guillelmus Savouré, Johannes de Novo Castro, Renerus Bourdon, Remigius Bourdon, Thomas de Canaberiis; (conciergius), v. Galerannus; (decanus), v. Amisius de Aurelianis; (diocesis), 47, 75, 101, 111, *122*, *132*; –e (granarium), 357-359, 363; –e palacium (regale), 272 et suiv.; (piscionarius), v. Guillelmus Miette; (prepositura), *21*, *149*, *153*, *158*, *168*, *178*, *183*, *189*, *194*, *197*, *200*, *204*, *212*, *217*, *225*, *236*, *265*, *343*, *348*; (prepositus), 42, 314. Cf. Henricus de Taperel; (receptores), 21, 43;

(receptoris clericus), v. Johannes de Verduno; (reformatio), 360; (viarius), v. Hemericus; (vicecomitatus), 368, 376.
Parisius, 123, 124, 141, 198, 289, 303, 317, 339, 363, 365; (de), v. Gerardus Rossignol, Remundus. Cf. Paris.
Parlamentum, 26, 72, 86, *178*, *179*, *364*; — i (hostiarius), v. Petrus de Tribus Molendinis.
Paroy (de). V. G. de Paroy.
Partallo (de). V. Arnaldus.
Parvi. V. Johannes, Michael, Petrus.
Parvo Celario (de). V. Thomas.
Pascaut. V. Johannes.
Pasine (?), 373.
Pasquerius de Blesis, 51, 68, 76, 106.
Passavant de Argona, 338, 339. — *Passavant* (Marne, c^{on} de Sainte-Menehould).
Passemer. V. Raimundus.
Passiaco (de). V. Gencianus, Nicolaus.
Pasté. V. Johannes.
Pastorelli, 32, 374.
Pavie. V. Johannes.
Payen. V. Robertus, Symon.
Payrole. V. Durandus.
Pelet. V. P. Pelet.
Pelliparii. V. Colardus, Petrus, Reginaldus.
Penna Varia (de). V. Chatardus.
Percone (de). V. Guido.
Peregrini. V. Droco.
Pereneyo (rector ecclesie de). V. G. de Intermeyo. — *Parné* (Mayenne, c^{on} d'Argentré).
Pereuse (de). V. Johannes.
Perigniaco (de). V. Symon.
Perona, 143, 335; (de), v. Adam, G., Gaufridus Furseus. — *Péronne* (Somme).
Perussiorum (Societas), 32, 251.
Pesnes (dominus de), 45. — *Pernes-en-Artois* (Pas-de-Calais, c^{on} d'Heuchin).
Petitot. V. Martinus.
Petragora, 139. — *Périgueux* (Dordogne).
Petragoricensis (bajulus), 290. Cf. Guillelmus Guidonis; (diocesis), 19, 42, *70*, 79, 103, 104, *127*, *136*; (senescallia), 15, 16, 17, *33*, 35, 86, *149*, *153*, *158*, *178*, *183*, 189, *204*, 306, 315, 317, *351*, 364, 368, 374; (senescallus), v. Johannes de Arrableyo, Johannes de Barris.
Petralata (de). V. Herveus.

Petrefontis (prepositura), 159. — *Pierrefonds* (Oise, c^{on} d'Attichy).
Petri. V. Jacobus.
Petrus Aalis, civis Aurelianensis, 50, 181.
Petrus Arnulphi, 255.
Petrus Barriere, episcopus Sylvanectensis, 363, 366.
Petrus Baut, 25.
Petrus Besquet, 149.
Petrus Biche de Senis, 257, 264.
Petrus Bigne, 92.
Petrus Boelli, clericus regis, 210. Cf. Petrus Bouyau.
Petrus Boyau, Bouyau, 229, 362, 365.
Petrus Crassus, 153.
Petrus d'Avenay, 223.
Petrus David, 18, 29.
Petrus de Adversio. V. Petrus de Auvericio.
Petrus de Albigniaco, 114, 116, 120, 361.
Petrus de Aurelianis, 113, 114, 118, 119, 121, 359.
Petrus de Auvericio, Auversio, Adversio, 47, 69, 155, 163, 228, 229.
Petrus de Balleus, Baillieus, senescallus Xanctonensis, Pictaviensis, 25, 31, 167, 188, 301, 313, 316, 324.
Petrus de Bellomonte, 22, 28, 96, 218, 233.
Petrus de Bituris, 105, 267.
Petrus de Bonavalle, 49, 63, 188, 193, 206, 266.
Petrus de Boucly, baillivus Calvimontis, 13, 339, 341.
Petrus de Brocia, 344.
Petrus de Broco, 22, 271.
Petrus de Brolio, 98.
Petrus de Burgo Dolensi, 274.
Petrus de Cabilone, 111, 113, 236, 252-255.
Petrus de Caignac, 378.
Petrus de Capis, cancellarius, canonicus Remensis, episcopus Carnotensis, 49, 352, 363, 364.
Petrus de Chardonnet, 43.
Petrus de Condeto, 30, 132, 201, 361; (archidiaconus Laudunensis), 330; (clericus domini regis Navarre), 336.
Petrus de Cruciaco, castellanus Montis Regalis, 353.
Petrus de Cullento, examinator Castelleti, 376.
Petrus de Diciaco, 24, 350.
Petrus de Drocis, 22.
Petrus de Essartis, 367, 378.
Petrus de Ferrariis, Ferreriis, senescallus Ruthenensis, 211, 337.

Petrus de Fontenayo, baillivus Turonensis, 26, 185, 191, 281.
Petrus de Fresneyo, 42.
Petrus de Galardo, de Galart, magister arbalistariorum, 311, 331, 333, 340.
Petrus de Graffio, du Greffe, 358.
Petrus de Hangest, baillivus Caleti, Gisortii, Rothomagensis, 23, 27, 28, 77, 182, 187, 191, 201, 207, 239, 268, 325.
Petrus de Hermondivilla, archidiaconus Jenville, 345.
Petrus de Herouvilla, 272, 274, 275.
Petrus de La Marliere, 44.
Petrus de Latilliaco, thesaurarius Andegavensis, canonicus Parisiensis, episcopus Cathalaunensis, 54, 151, 155, 179, 180, 225, 226, 231, 232, 267, 290, 305, 306, 318, 334, 347, 355, 358. Cf. Cathalaunensis episcopus.
Petrus de Machello, inquisitor super facto aquarum et forestarum, 38, 285, 286, 375.
Petrus de Macherino, Macheri, 204, 361, 368.
Petrus de Maumont, 195.
Petrus de Melet, receptor senescallie Pictaviensis, 177, 249, 317, 380.
Petrus de Menays, episcopus Bajocensis, 68.
Petrus de Monasterio, 154, 267.
Petrus de Monciaco, Moncy, 75, 102, 118, 151, 191, 201, 203, 239, 348, 349.
Petrus de Montibus, 110.
Petrus de Pinu, 23.
Petrus de Piperno, 94, 96.
Petrus de Plotis, 256.
Petrus de Pradinis, 78, 104.
Petrus de Pruneto, clericus regis, 81, 116, 359, 360.
Petrus de Rapistagnis, senescallus Pictaviensis, 23, 223. Cf. Petrus Raymundi.
Petrus de Salicibus, 34, 46, 50, 52, 67.
Petrus de Salornoy, baillivus Vitriaci, 165.
Petrus de Sancta Cruce, 348, 352.
Petrus de Sancto Dyonisio, 15.
Petrus de Senouchiis, 99, 100, 106, 162.
Petrus de Spedona, 360.
Petrus de Tertialenca, Tierceleue, baillivus Calvimontis, 29, 222.
Petrus de Tribus Molendinis, hostiarius parlamenti, 368.
Petrus de Trocha, 87, 89, 91, 93, 96.

53.

Petrus de Valenciennes, 274.
Petrus de Vaudrimpont, 154.
Petrus de Verbria, secretarius regis, 378.
Petrus de Villabloana, senescallus Pictaviensis et Lemovicensis, 31, 36, 166, 177, 182, 209, 210, 227, 228, 346, 348, 353, 360.
Petrus de Villebrenne, 351.
Petrus de Yverniaco, 85, 117.
Petrus Droconis, 230.
Petrus du Greffe. V. Petrus de Graffio.
Petrus Favelli, Fauvelli, 38, 112, 114, 116, 201, 229, 234.
Petrus Flamingi de Brugiis, 319, 321, 325, 369.
Petrus Folet, 157, 253.
Petrus Genciani, 250.
Petrus Gogeul, 62, 77, 81.
Petrus Gorge de Belvaco, 57.
Petrus Grimoardi, 235.
Petrus Grossi de Feritate Milonis, 55, 234, 241. — Cf. P. Le Gros, et p. xxvii.
Petrus Guignart, canonicus Carnotensis, 49.
Petrus Hostiarius, 289-291, 293, 294, 321.
Petrus Jumelli, baillivus Calvimontis, Viromandensis, 22, 39, 166, 266.
Petrus Larchier, 47, 48, 379.
Petrus La Reue, archidiaconus Ripparie, thesaurarius pro exercitu Flandrie, 30, 249, 294, 317, 324, 327, 328.
Petrus La Vache, castellanus Meleduni, 358.
Petrus Le Chrestienne, 195.
Petrus Le Corant, 24.
Petrus Le Galais, 373.
Petrus Le Minier, 321.
Petrus Lemplumé de Ebroicis, 357.
Petrus Le Roux de Nimes, 295, 296.
Petrus Le Saige, 281.
Petrus Lombardi, tenens locum baillivi Bituricensis, receptor Bituricensis, 156, 162, 181, 185.
Petrus Mali Monachi, 223.
Petrus Mege, admiraldus maris, 311, 335.
Petrus Morel de Feritate Milonis, 51.
Petrus Parisetus, 236.
Petrus Parvi, 201, 349.
Petrus Pelliparii, 24.
Petrus Piquardi de Foresta, 307.
Petrus Prepositi, 291, 321, 324.
Petrus Raymundi de Rapistagnis, baillivus Ambianensis, 34, 58. Cf. Petrus de Rapistagnis.

Petrus Remigii, 43, 205, 206, 209, 252, 373, 375.
Petrus Roderii, 364.
Petrus Rubei, 365.
Petrus Sarracenus, 242.
Petrus Saymel, Seymelli, baillivus Turonensis, Rothomagensis, 24, 26, 27, 155, 173, 267, 319.
Petrus Thiberti, 374.
Petrus Tronquiere, 310.
Petrus Vitalis, Vidal, 31, 37.
Pezdoye. V. Symon.
Philippi. V. Accoltus, Guido.
Philippus III, 88, 93, 95, 280; -i (regis tomba), 272, 280.
Philippus IV Pulcher, 18, 20, 74, 83, 95, 98, 100, 110, 113, 114, 197, 201, 236, 249, 251, 253, 273, 284, 338, 343.
Philippus V Magnus, 18, 20, 83, 120, 122, 229, 248, 251, 274, 338, 375.
Philippus VI. V. Philippus de Valesio.
Philippus, comes Pictaviensis, 209. Cf. Pictaviensis (comes) et Philippus V.
Philippus, episcopus Sagiensis, 70.
Philippus Cassine, 24.
Philippus Conversi de Villapetrosa, 67, 151, 153, 180, 227, 285, 286, 345, 357, 359, 365.
Philippus de Bello Manerio, 21, 42, 288.
Philippus de Betisiaco, inquisitor forestarum et aquarum, 285, 350.
Philippus de Boreto, 295.
Philippus de Bretigniaco, 89.
Philippus de Candé, archiepiscopus Turonensis, 63.
Philippus de Chamery, baillivus Matisconensis, 378.
Philippus de Fontaneto, 91, 92.
Philippus de Fontanis, Fontainnes, 240, 291, 321.
Philippus de Gornayo, vicecomes Abrincensis, 231.
Philippus de Marigniaco, archiepiscopus Senonensis, 47, 158, 163, 225, 253.
Philippus de Mornayo, archidiaconus Sigalonie, 201, 235, 346.
Philippus de Pontibus, serviens armorum, 360.
Philippus de Pressiaco, senescallus Insule, 365.
Philippus de Sancto Dionisio, 157.
Philippus de Sancto Martino, 368.
Philippus de Sancto Verano, 234, 365.
Philippus de Valesio, 217, 218, 221, 224, 225, 228, 236, 322, 335, 339.
Philippus de Villapetrosa. V. Philippus Conversi.

Philippus Herboust, 35o.
Philippus Lande, receptor Lugdunensis, Matisconensis, 25, 33, 206.
Philippus Lequesne, 154.
Piaudechat, 42. Cf. Johannes de Barro.
Picardie (alliés de), 361; -a, 374.
Pictavia, 293.
Pictavienses (campsores), 362.
Pictaviensis (canonicus), v. Nicolaus Albi; (comes), 16, 248, 331, 338. Cf. Philippus; (comitatus), 362, 365; (decanus), v. Johannes de Pontisara; (diocesis), *70*, 85, 104, *127, 136*; (episcopatus), 70, 353; (marescallus), v. Matheus de Sancto Venancio; (scolasticus), 361; (senescallia), 19, 31, *148, 153, 157, 163, 166, 177, 182, 188, 192, 193, 199, 203, 209, 223, 233, 242, 269*, 287, 301, 303, 315, 327, *346, 350*, 358, 368, 376; (senescalli et receptores), 31; (subdecanus), v. Stephanus de Borreto; (terra), 15, 16, 17, 3o.
Pictavos (apud), 3io, 359; -is (de), v. Gaufridus Roulandi, Guillelmus Pictaviensis. — *Poitiers* (Vienne).
Pictor. V. Evrardus de Aurelianis.
Pigris. V. Thomas.
Pileti. V. Johannes.
Pilosis (de). V. Johannes.
Piperno (de). V. Petrus.
Piquardi. V. Petrus.
Piquigniaco (de). V. Ferricus, Johannes, Reginaldus.
Pinu (de). V. Petrus.
Pisdoe. V. Guillelmus, Reginaldus, Symon.
Pissiacum, 142, 274, 275; -i (castellania), 179, 197, 198, 200; -o (de), v. Guillelmus, Nicolaus de Claromonte, Stephanus. — *Poissy* (Seine-et-Oise, arr. de Versailles).
Pistorio (de). V. Amanati.
Placentia (de). V. Johannes.
Plailliaco (de). V. Johannes, P. de Plaailliaco.
Plaisiano (de). V. Guillelmus.
Plasterarii. V. Johannes.
Plesscio (de). V. Adam.
Plessis (du). V. Gaufridus, Milo.
Ploiebauch. V. Johannes.
Plotis (de). V. Petrus.
Podio (de). V. Thorus.
Poictevin. V. Guido.

Poile. V. Johannes.
Poillet. V. Cordelarius, Radulphus.
Poinlasne. V. Bertrandus, Johannes.
Poire. V. Radulphus.
Pois (Au). V. Aupois.
Pois (de). V. Balduinus, Guillelmus.
Poisle. V. Johannes.
Poitevin. V. Guido.
Pojolariis (de). V. Bertrandus.
Polani. V. Guillelmus.
Poncius Botonis, 178.
Poncius Costa, 224.
Poncius de Mauritania, vicecomes de Alneto, 219, 3o9, 3io.
Poncius de Montelauri, senescallus Agennensis, 298, 307.
Poncius de Omelacio, 354, 364.
Poncius de Vitriaco, castellanus de Sancto Jangone, 220.
Pons Arche, 214. — *Pont-de-l'Arche* (Eure, arr. de Louviers).
Pontem (apud), 98, 313. — *Pons* (Charente-Inférieure, arr. de Saintes).
Ponte (de). V. Odardus, P. de Ponte.
Ponte Abbatis (de). V. Richardus.
Ponte Arsis (de). V. Gervasius.
Ponte Audomari (de). V. Bertaudus Mahyel.
Ponteleveyo (de). V. Guillelmus.
Ponte Moolain (de). V. Adam.
Pontibus (de). V. Philippus.
Pontissara, 237, 249, 371; -e (concilium), 358; (prepositus de), v. Thomas Conversi; (de), v. Droco, Johannes. — *Pontoise* (Seine-et-Oise).
Pontivi (comitatus), 18, 36, 160; (receptor), 170. Cf. Jacobus Maingot. — *Ponthieu*.
Porion. V. Evrardus.
Porta (de). V. Galterinus, Guiardus, Johannes.
Portu (de). V. Bernardus, Matheus.
Postel. V. Guerardus.
Poteria (de). V. Guillelmus, Nicolaus.
Poucin. V. Johannes. Cf. Pullus.
Pougeri. V. Rolandus.
Poulain. V. Johannes.
Poureau. V. Guillelmus.
Poutrel. V. Baldoinus.
Pouville (de). V. Egidius.
Pradinis (de). V. Petrus.
Praellis (de). V. Radulphus.

Pralli (de). V. P. de Pralli.
Prato (de). V. Symon.
Preingne. V. Jacobus.
Prell... (de). V. B. de Prell...
Prepositi. V. Ivo, Johannes, Petrus.
Pressiaco (de). V. Johannes, Philippus.
Pressorio (de). V. Guillelmus.
Prevoust. V. Johannes.
Probihominis. V. Johannes.
Proboleno (de). V. Arnaldus, Johannes.
Provincia, 294-296, 324. — *Provence*.
Pruneto (de). V. Petrus.
Pruvinum, 202, 242; –i (castellania), 147, 152, 156, 164, 264; (nundine), 242. — *Provins* (Seine-et-Marne).
Pullus. V. Johannes.
Puteo (de). V. Adam.
Putcolis (de). V. Johannes.

Quadrellis (de). V. Andreas.
Quanquenelius Corraldi, 260, 262.
Quarrerie, 274; –is (de), v. Guarinus. — *Carrières-Charenton* (Seine, c^{on} de Vincennes).
Quarto (de). V. Guillelmus.
Quatreus. V. Johannes.
Quentenaille, 260.
Quevresis, Quievresis (de). V. Gerardus, Johannes.
Quieret. V. Hugo.
Quingeyo (de). V. Stephanus.
Quirinus Jacobi, 263.

R. de Castro Laudunensi, 377.
R. de Harrecour, episcopus Constanticnsis, 69, 70.
R. de Novavilla, 39.
R. de Tyboutot, 362.
R. Fulcrerii, 257.
R. Le Gay, 69.
Rabastenchis, Rabastein (de). V. Guillelmus.
Radulphus, clericus Philippi de Bello Manerio, 288.
Radulphus, comes Augi, 310. Cf. Augi comes.
Radulphus, Laudunensis episcopus, 351. Cf. Radulphus Rousseleti.
Radulphus, episcopus Macloviensis, 360.
Radulphus, prepositus Aniciensis, 82.
Radulphus Boyau, 361.
Radulphus Calo, Challoti, Charloti, 27, 31, 210.
Radulphus Chalon, 224.
Radulphus de Brulleyo, 305, 306.

Radulphus de Gisiaco, templarius, 29.
Radulphus de Houdencourt, 160.
Radulphus de Joncheriis, 333.
Radulphus de Joyaco, baillivus Senonensis, 57, 219, 266, 267, 350, 358-360, 363.
Radulphus d'Epernon, 376.
Radulphus de Loyry, 41.
Radulphus de Meulento, Mellento, Meulanto, 55, 57, 61, 106, 111, 142, 151, 153, 178, 179, 189, 209, 344.
Radulphus de Milliaco, 34, 65, 92, 98.
Radulphus de Nigella, constabularius Francie, 297, 326.
Radulphus de Pareau, de Paredo, 195, 201.
Radulphus de Praellis, 357, 362, 364, 365.
Radulphus de Tilia, 88.
Radulphus Galerani, 98.
Radulphus Grosparmi, Aurelianensis episcopus, 50.
Radulphus Le Feutrier, 264.
Radulphus Maquart de Marolio, 29, 102, 165, 176.
Radulphus Mauricii, cantor de Sauquevilla, 94.
Radulphus Poillet, scancio domini regis, 319.
Radulphus Poire, 184.
Radulphus Rousseleti, 55, 167, 194, 236, 243, 269, 344, 361.
Radulphus Silvani de Joyaco, 24, 57, 368. Cf. Radulphus de Joyaco.
Rageuse (de). V. Jacobus, Johannes.
Raimbaldus, Rambaudus, Rimbaudus de Rechignevoisin, 86, 223, 233, 347, 348, 350, 351, 365.
Raimundus Andree de Gailliaco, 290.
Raimundus Baudrici de Albia, 353.
Raimundus de Calveto, 35.
Raimundus de Parisius, 220.
Raimundus Fulcaudi, 236.
Raimundus Gebennensis, 130.
Raimundus Johannis, 109.
Raimundus Passemer, 28.
Raimundus Saqueti, 220, 229.
Raimundus Sequerii, 294.
Rambouillet (de). V. Symon.
Ramburellis (de). V. Matheus.
Rameru (de). V. Johannes.
Rampone, Ramposne. V. P. Rampone.
Ranulphus de Bosco, 19, 204, 286, 363.
Rapistagnis, Rapistannis (de). V. Petrus Raymundi.

Rapistannum, 131. — *Rabastens-de-Bigorre* (Hautes-Pyrénées, arr. de Tarbes).
Rasoris. V. Bernardus.
Ravel, Raviau. V. Renardus.
Raymundi de Rapistagnis. V. Petrus.
Raymundus. V. Raimundus.
Raynaldus d'Arbois, 34.
Rebinagium, 159, 163, 174, 206, 207; (seu correctio), 165.
Rebrachien. V. Guillelmus.
Recha (de). V. H. de Recha.
Rechignevoisin (de). V. Raimbaldus.
Rechuchius Guidi, 252.
Recourt (de). V. Michael.
Recuchon. V. Robertus.
Redonensis (diocesis), 65, 77, 85, 103, *126*, *134*. — *Redon* (Ille-et-Vilaine).
Regalelocum, 276. — *Royallieu* (Oise, c^{ne} de Compiègne).
Regalia, 46 et suiv.
Reginaldus, filius Johannis, vicedomini Ambianensis, 312.
Reginaldus Barbou, baillivus Rothomagensis, 27, 68, 146, 186, 187, 202, 207, 208, 209, 250, 258, 317, 323, 324, 329, 334, 361.
Reginaldus Bouton, 21.
Reginaldus Buhure, clericus arbalistariorum, 333. Cf. Renaudus Buhort.
Reginaldus d'Archieu, 230.
Reginaldus de Bauchevillari, Baucheviller, 26, 220.
Reginaldus de Briençone, 119.
Reginaldus de Credulio, 359.
Reginaldus de Dugniaco, 235.
Reginaldus de Foresta, 84.
Reginaldus de Giresme, 153. Cf. Reginaldus Giresme.
Reginaldus de Lauro, 361, 364.
Reginaldus de Lyoart, 349.
Reginaldus de Marsellis, Marcellis, 156, 229, 230, 234.
Reginaldus de Mormento, Mourmando, 53, 54.
Reginaldus de Nantolio, episcopus Belvacensis, 57.
Reginaldus de Roya, Royaco, 19, 66, 195, 249, 283, 319-321, 338.
Reginaldus de Sancta Bova, gardiator Lugdunensis, 338, 354.
Reginaldus de Viis, 44.

Reginaldus du Cavech, receptor baillivie Viromandensis, 150, 170, 247.
Reginaldus Giresme, 162. Cf. Reginaldus de Giresme.
Reginaldus Jonart, 378.
Reginaldus Moriau, 34.
Reginaldus Pelliparii, 24.
Reginaldus Pisdoe, 21.
Regis. V. Robertus.
Regny (de). V. Fulco.
Regula, 298, 313. Cf. Riole. — *La Réole* (Gironde).
Reicourt (de). V. Michael.
Relleu (de). V. Johannes.
Remelliacum, 45. — *Rumilly* (Nord, c^{on} de Marcoing).
Remensis (diocesis et provincia), 18, *52*, 75, *80*, 84, *87*, *89*, *91*, *93*, *96*, *98*, 99, *102*, *106*-*108*, *111*, *112*, *114*, *116*, *120*, *123*, *132*, 168, 248; (civitas), 143, 160, 180, 205, 240, 363; (burgensis), v. P. de Cathalauno; (canonicus), v. Petrus de Capis. — *Reims* (Marne).
Remi, 41. — *Remy* (Pas-de-Calais, c^{on} de Vitry).
Remigii. V. Johannes, Petrus.
Remigius, clericus gubernatoris stabilite Burdegalensis, 302.
Remigius Bourdon, civis Parisiensis, 190.
Remino (de). V. Egidius, Johannes.
Remis (de). V. Alexander, Jacobus Le Pois, Thomas.
Remorentinum, 43. — *Romorantin* (Loir-et-Cher).
Remundi. V. P. Remundi.
Remundus. V. Raimundus.
Renardus Ravel, Raviau, 228, 229.
Renaudus. V. aussi Reginaldus.
Renaudus Arresnart, 190.
Renaudus Buhort, 329. Cf. Reginaldus Buhure.
Renaudus de Choisel, 339.
Renaudus de Malone, 254.
Renaudus de Mella, 95.
Renaudus de Nusiaco, 243.
Renaudus de Opiano, 292.
Renaudus de Roboreto, 307.
Renaudus de Sancto Amando, 254.
Renaudus Renier, 324.]
Reneri. V. Johannes.
Renerus Coquatrix, thesaurarius guerre Flandrie, 331, 335.
Renerus de Aula, 240.
Renerus de Grimaldis, 324, 325.

Renerus de la Belle, 239, 240, 255.
Renerus Fini, 262.
Renerus Grilli, 34.
Renier. V. Renaudus.
Reula. V. Regula.
Revel (dominus de), 371. V. Guillelmus Flote.
Ribemont, Ribodimons, 41, 154, 160. — *Ribemont* (Aisne, arr. de Saint-Quentin).
Ribodimonte (de). V. Johannes.
Richardus, archiepiscopus Turonensis, 63.
Richardus, clericus Vincentii Tancreti, 289, 290.
Richardus Bursarii, 43.
Richardus de Burgo Abbatis, 215.
Richardus de Camporepulso, 24.
Richardus de Dyerreville, 268.
Richardus de Mortuofonte, 159.
Richardus de Ponte Abbatis, 87, 90, 92, 94.
Richardus de Verberia, canonicus Noviomensis, 75, 102, 154, 244, 245.
Richardus d'Ostrabes, 253.
Richardus Goule, 84.
Richardus Lazari, 252.
Richardus Nepotis, archidiaconus Algie in ecclesia Lexoviensi, 347, 348.
Richardus Tornardi, 90.
Richevilla (de). V. Hugo.
Ricus Aldebrandel, 263.
Rigneil (de). V. Ancellus.
Riole (castellanus), v. Guillelmus de Balma; (castrum), 373. Cf. Regula.
Ripparie archidiaconus. V. Petrus La Reue. — *La Rivière* (Diocèse de Soissons).
Rivensis (diocesis), 73 (cf. 379), 121, *129, 138*. — *Rieux* (Haute-Garonne, arr. de Muret).
Rivo (de). V. Galterus, Guillelmus.
Riz (de). V. Adam.
Roberti. V. Johannes, P. Roberti.
Robertus, curatus de Torchiaco, 69.
Robertus Ausgans, panetarius regis, 318, 325.
Robertus Auzere, 62, 65, 69, 365.
Robertus Berfumée, 37.
Robertus Bertrandi, dominus de Bricquebec, marescallus Francie, 309, 364.
Robertus Bouterii, celerarius Parisiensis, 289, 357.
Robertus Bras de fer, 221.
Robertus Busquet, Buquet, 28, 202, 207, 369.
Robertus Cati, 123.
Robertus Craquet, 239.

Robertus Crispinorum de Atrebato, 170, 248, 328.
Robertus Dagobert, 199.
Robertus de Anieriis, Asnieriis, 94, 96.
Robertus de Artesio, Atrebato, comes Attrebatensis, 41, 44, 227, 332, 359, 363, 371, 377, 378.
Robertus de Bellabruna, 37.
Robertus de Bertencuria, 98.
Robertus de Campania, 29.
Robertus de Campellis, 68, 69.
Robertus de Campo Moreti, 235.
Robertus de Castro Nanthonis, 24, 37, 52.
Robertus de Chambliaco, 47.
Robertus de Ciconia, de La Cegoigne, 25, 27, 37, 157, 181.
Robertus de Clinchamp, Cenomanensis episcopus, 65.
Robertus de Estouteville, 39.
Robertus de Folleyo, 58.
Robertus de Fraxinis, 90.
Robertus de Heusa, 186.
Robertus de Huval, 22, 198.
Robertus de Joigniaco, episcopus Carnotensis, 49.
Robertus de La Cegoigne. V. Robertus de Ciconia.
Robertus de Marinis, 23.
Robertus de Sancto Benedicto, 190, 201, 208, 238, 345.
Robertus de Silvanecto, 48, 101.
Robertus de Suessione, de Soissons, burgensis Compendii, 157, 160.
Robertus de Tornebu, 348, 360.
Robertus de Vernone, subdecanus ecclesie Beati Martini Turonensis, 34, 103, 104, 106, 110, 111, 112, 114, 117, 151, 172, 173, 175, 191, 369.
Robertus de Versone, Verzone, Virsone, receptor Viromandensis, 23, 43, 55, 59, 217, 218, 227.
Robertus de Villafranca, baillivus Sylvanectensis, 21, 290, 347.
Robertus de Villanova, 22, 23, 205.
Robertus de Waurino, 300.
Robertus de Yzeio, 77, 81.
Robertus Lapie, 322.
Robertus Lechesne, Lequesne, 154, 168.
Robertus Le Roy, Regis, 77, 104, 155, 157, 160, 161, 263.
Robertus Lescrivain, 336.
Robertus Maugerii, 25, 26, 146, 267, 288, 305.
Robertus Payen, 257.

Robertus Recuchon, 27.
Robertus Regis. V. Robertus Le Roy.
Robertus Sanson, Samsonis, 197, 200, 204.
Robertus Stulti, 221.
Robertus Turrel, 29.
Robertus Venatoris, miles, magister aquarum et forestarum, 283, 284, 286.
Roboreto (de). V. Johannes, Renaudus.
Roceyo (de). V. Johannes, Leobinus.
Rociaci (comes), 238. — *Roucy* (Aisne, c^{on} de Neufchâtel).
Rodani (portus), 254; (ripperia), 337.
Roderii. V. Petrus.
Rogerii. V. Mauricius.
Rogerus d'Arraz, serviens duodene Castelleti, 377.
Rogerus de Bethisi, 83, 84.
Rogerus de Sancto Quintino, 81.
Rogerus Sompa, 32.
Rolandus Pougeri, 21.
Rolotus. V. Mahietus.
Romanis (de). V. Imbertus.
Rome (viagium), 262, 306, 358, 361, — *Rome* (Italie).
Romme, Romnis (de). V. Galterus.
Rosay (de). V. Guillelmus.
Rossel. V. Jacobus.
Rosselli. V. Johannes.
Rossignol. V. Girardus.
Rothomagensis (archiepiscopus), 142; —es (artilliatores), 358; (baillivia), 27, 66, *146*, *151*, *156*, *157*, *163*, *173*, *181*, *186*, *191*, *196*, *199*, *201*, 207, *208*, *213*, *221*, *230*, *241*, *267*, *294*; *345*, *350*, *370*; —e (monetagium), 14; (pons), 214, 363; (provincia et diocesis), 19, *65*, *77*, *82*, *85*, *87*, *90*, 91, *92*, 94, *96*, *99*, *104*, *106*, *110*, *113*, *114*, *118*, *126*, *135*; (receptores et Baillivi), 27. Cf. Balduinus Pontrel; (scacarium), v. Scacarium; (vicecomes), v. Gaufridus Avice.
Rothomagum, 214, 267, 272, 288-296, 311, 317, 323, 324, 330, 331, 334, 337, 345; —o (de), v. Calotus, Guerardus Postel. — *Rouen* (Seine-Inférieure).
Roulandi. V. Jacobus.
Roulandi de Pictavia. V. Gaufridus.
Roussel. V. Johannes.
Rousseleti. V. Radulphus.
Rousselli. V. Sylvester.

Routerii. V. Guillelmus.
Rouvray (de). V. Johannes.
Rovrayo (de). V. Alfonsus.
Rovris (de). V. Guillelmus.
Roya, 143; (domina de), 359; (de), v. Albertus, Florentius, Reginaldus. — *Roye* (Somme, arr. de Montdidier).
Royaco (de). V. Balduinus, Reginaldus.
Royeria, 320. — *La Royère* (Belgique, Tournaisis).
Rubei. V. Petrus.
Rubeomonte (de). V. Johannes.
Ruella (de). V. Johannes.
Ruffus de Sulliaco, 303, 316.
Rufus. V. Oudardus.
Ruilliaco (de). V. Johannes.
Ruolio (de). V. Johannes, Maciotus.
Rupeforti (de). V. P. de Rupeforti.
Rupella, 223, 233, 261, 291, 293, 298, 305, 375; —e (burgensis), v. Johannes de Lomaria; —e (constabularius), v. Symon de Ruppe Cavardi. — *La Rochelle* (Charente-Inférieure).
Ruppe Cavardi (de). V. Symon.
Ruppenegata (de). V. Bertrandus.
Ruppis Altis (de). V. Odardus.
Ruppis Maure portus, 254. — *Rochemaure* (Ardèche, arr. de Privas).
Rustici. V. Thomas.
Ruthenensis (diocesis), 62, 76, *102*, *125*, *133*; (inquisitio), 359; (reformatio), 364 (cf. 380); (senescallia), *32*, *148*, 153, 158, 167, 178, 183, *189*, 194, 197, 199, 203, 211, 214, 224, 235, 243, 262, 270, 304, 315, *346*, *348*, *351*; (senescallus), v. Aubertus de Nangiervilla, Guillelmus de Combrosio, Petrus de Ferrariis. — *Rodez* (Aveyron).
Rya (de). V. Henricus.
Ryomi (burgensis). V. Girardus Roci. — *Riom* (Puy-de-Dôme).

Sabanaco (de). V. Geraldus.
Sabaudie (comes), 369, 371; (viagium), 364, 369; —a (de), v. Nicolaus. — *Savoie*.
Sablonneria (de). V. Stephanus.
Sacro Cesare (de). V. Ludovicus, Theobaldus.
Sagiensis (diocesis), 70, 78, *104*, *127*, *136*; (episcopus), v. Philippus. — *Séez*, (Orne, arr. d'Alençon).
Sagina. V. Clarus.

HIST. DE FRANCE. — DOC. FIN., I. — ROBERT MIGNON. 54

Saillembien. V. Vincentius.
Sainte Menehoult (prepositura de), 152, 223. — *Sainte-Menehould* (Marne).
Saigue (de). V. Hugo.
Salicibus (de). V. Petrus.
Salini Carcassone firmarius. V. Johannes Deodati.
Salinis (de). V. Henricus.
Sallatensis (diocesis), 71, *128, 136*. — *Sarlat* (Dordogne).
Salornoy (de). V. Petrus.
Sameyo (prepositura de), 181. — *Samois* (Seine-et-Marne, c^{on} de Fontainebleau).
Sampy (de). V. Johannes.
Sanceius (magister), 241. Cf. Sancius de Charmeya et Sanctius.
Sancetus de Bauceyo, 364.
Sancius Briomi, Brionii, 55.
Sancius de Blesis, 74, 100, 171.
Sancius de Charmeya, 264.
Sancta Bova (de). V. Laurentius, Reginaldus.
Sancta Cruce (de). V. P. de Sancta Cruce.
Sancte Meneheldis (prepositura). V. Sainte Menehoult.
Sancti Audomari (stabilita), 331; (villa), 154, 335, 360; —o —o (de), v. Johannes. — *Saint-Omer* (Pas-de-Calais).
Sancti Cerger... (viagium) 362. — *Saint-Cirgues?*
Sancti Clementis (gueia), 368. — *Saint-Clément* (Calvados, c^{on} d'Isigny, c^{ne} d'Osmanville).
Sancti Dionisii in Francia (abbas), 114; (precentor), 101. Cf. Stephanus. — *Saint-Denis* (Seine).
Sancti Egidii (portus), 254. — *Saint-Gilles* (Gard, arr. de Nîmes).
Sancti Eligii prope Atrebatum (abbas), 370. — *Mont-Saint-Éloi* (Pas-de-Calais, c^{on} de Vimy).
Sancti Eligii (terra), 363. — *Saint-Éloi?*
Sancti Emmeliani, Egmuliani (capitaneus), 304, 305. V. Dalmasius de Marziaco, Johannes de Sinemuro. — *Saint-Émilion* (Gironde, arr. de Libourne).
Sancti Flori (diocesis), *62, 76, 124, 133*. — *Saint-Flour* (Puy-de-Dôme).
Sancti Germani Autissiodorensis (abbas), 370; (decanus), v. Ancellus de Morgneval.
Sancti Germani de Pratis (abbas), 83.
Sancti Hylierii (prepositura), 152. — *Saint-Hilaire-le-Grand* (Marne, c^{on} de Suippes).
Sancti Jacobi Parisiensis curatus. V. Johannes.

Sancti Johannis Iesorolimitani (prior), 148.
Sancti Laurentii (abbas), 346. — *Saint-Laurent* (Nièvre, c^{on} de Pouilly)?
Sancti Laurentii Viennensis (castrum), 336. — *Saint-Laurent-de-Mure* (Isère, c^{on} d'Heyrieux).
Sancti Martini de Campis Parisiensis (camerarius), 101; (prior), 345.
Sancti Martini Eduensis (abbas), 96.
Sancti Martini Turonensis (subdecanus), v. Robertus de Vernone; (thesaurarius), 43.
Sancti Papuli (diocesis), *73, 129, 138*. — *Saint-Papoul* (Aude, c^{on} de Castelnaudary).
Sancti Pauli (comes), 306, 328, 331. Cf. Guido, Johannes Le Brunet, P. de Mailly. — *Saint-Pol* (Pas-de-Calais).
Sancti Petri Carnotensis, de Carnoto (abbas), 345.
Sancti Petri Trecensis (capitulum), 232.
Sancti Poncii Thomeriarum (diocesis), 71, 78, *129, 137*. — *Saint-Pons* (Hérault).
Sancti Porciani (monetagium), 14; (vinum), 310. — *Saint-Pourçain* (Allier, arr. de Gannat).
Sancti Quintini (communia), 23; (monetagium), 14, 247; (villa), 143, 154, 180, 238. — *Saint-Quentin* (Aisne).
Sancti Remigii de Senonis (abbas), 155.
Sancti Richerii (villa), 144. — *Saint-Riquier* (Somme, arr. d'Abbeville).
Sancti Rigaudi (conventus), 229. — *Saint-Rigaud* (Saône-et-Loire, c^{on} de Semur, c^{ne} de Ligny).
Sancti Severini Burdegalensis (sacrista). V. Guillelmus de Montemauri.
Sancti Stephani Trecensis (capitulum), 232; (decanus), v. Johannes Osane.
Sancti Supplicii Bituricensis (abbas), 360. — *Saint-Sulpice-lez-Bourges*.
Sancti Vedasti Belvacensis (canonicus). V. Stephanus de Laval.
Sanctius (magister), 150. Cf. Sanceius.
Sanctius de Calvomonte, 204.
Sancto Alberto (de). V. Jacobus.
Sancto Amando (de). V. Renaudus.
Sancto Audomaro (de). V. Johannes.
Sancto Austero (de). V. Lisardus.
Sancto Benedicto (de). V. Adam, Robertus, Symon.
Sancto Cesare (de). V. Theobaldus.
Sancto Dionisio (de). V. Johannes, Petrus, Philippus.
Sancto Jangone (castellanus de), 220. Cf. Poncius

de Vitriaco. — *Saint-Gengoux* (Saône-et-Loire, arr. de Mâcon).
Sancto Justo (de). V. Johannes, Nicolaus, P. de Sancto Justo,
Sancto Leonardo (de). V. Johannes.
Sancto Lupo (de). V. Johannes.
Sancto Marcello (de). V. Guillelmus.
Sancto Martino (de). V. Philippus.
Sancto Maximino (de). V. Stephanus.
Sancto Paulo (de). V. Jacobus, Johannes Coulon.
Sancto Quintino (de). V. Rogerus.
Sancto Reveriano (de). V. Gaufridus.
Sancto Salvatore (de). V. Johannes.
Sancto Spiritu (de). V. Johannes.
Sancto Taurino (de). V. G. de Sancto Taurino.
Sancto Venancio (dominus de), gubernator totius ducatus Aquitanie et custos senescallie Vasconie. 298, 300, 314, 316; (de), v. Matheus.
Sancto Verano (de). V. Johannes, Philippus, Thierricus.
Sancto Vincentio (de). V. Guillelmus.
Sanctum Germanum in Laya (apud), 274; –i –i (via), 361. — *Saint-Germain-en-Laye* (Seine-et-Oise, arr. de Versailles).
Sanctum Johannem Angeliaci (apud), 137. — *Saint-Jean-d'Angély* (Charente-Inférieure).
Sanctum Macharium (apud), 288. — *Saint-Macaire* (Gironde, arr. de La Réole).
Sanctum Savinianum (apud), 324. — *Saint-Savinien* (Charente-Inférieure, arr. de Saint-Jean-d'Angély).
Sanson. V. Robertus.
Sanson Harenc [Herout, Bibl. nat., lat. 9783, 5 v°], rector ecclesie de Auteya, 157.
Saqueti. V. Raimundus.
Sarnaco (de). V. Thomas.
Sarraceni. V. Gobertus, Petrus.
Saucourt (de). V. Hugo.
Sauquevilla (cantor de). V. Radulphus Mauricii. — *Sauqueville* (Seine-Inférieure, c^on d'Offranville).
Saviaco (de). V. Clemens.
Savigny (de). V. Dyonisius.
Savouré. V. Guillelmus.
Saymel. V. Petrus.
Scacarium Rothomagense, 19, 20, 67, 82, 147, 285, 357, 359, 363.
Scale societas, 32.

Scancionarius regis. V. Johannes de Bonnay, Johannes de scancionaria, Radulphus Poillet.
Scaticc. V. Marquesius.
Scoti. V. M. Scoti.
Scotie (rex), 298.
Scutifer. V. Hemardus.
Sechervilla (de). V. Johannes.
Secretarius regis. V. Petrus de Verbria.
Sedunensis (diocesis), 73, 131, 140. — *Sion* (Suisse).
Seguart. V. Johannes.
Seguinus de Balligneyo, 85.
Semilly (de). V. Johannes.
Sempy (de). V. Johannes.
Senicourt (de). V. Johannes.
Senis (de). V. Bonifacius, Franciscus Jacobi, Petrus Biche. — *Sienne* (Italie).
Senonchiis (de). V. Petrus.
Senonensis (baillivia), 23, 144, 150, 155, 160, 171, 180, 184, 190, 195, 198, 200, 205, 219, 227, 236, 241, 247, 263, 266, 290, 321, 344, 349, 362, 369; –es (campsores), 362; (canonicus), v. P. de Massengeyo; (curie sigillifer), 122, v. Symon de Joyaco; (decanus), 203, v. Dyonisius de Senonis; (diocesis et provincia), 18, 19, 46, 74, 80, 83, 87, 89, 91, 92, 93, 96, 98, 99, 100, 106, 110, 112, 113, 115, 120, 122, 131, 171, 263, 292; (receptores et baillivi), 23. Cf. Johannes Ursini, Radulphus de Joyaco, Theobaldus Armigeri.
Senonum, 343; –o, –is (de), v. Joubertus, Johannes, Johannes Belin, Odo. Cf. Sancti Remigii de Senonis abbas. — *Sens* (Yonne).
Sequerii. V. Raimundus.
Sequino (de). V. Jacquemardus.
Serarville (de). V. Ligier.
Sere (de). V. Thomas.
Serez (de). V. Johannes de Ceres.
Serignano (de). V. Vincentius.
Seris, Seriz (de). V. Johannes.
Servianum, 43. — *Servian* (Hérault, arr. de Béziers).
Serviens duodene Castelleti. V. Rogerus d'Arraz.
Servientes armorum. V. Arnaldus de Partallo, Berengarius Capdeporc, Egidius Le Closier, Guillelmus de Viridario, Johannes de Hyenvilla, Lubetus de Narbona, Philippus de Pontibus, Richardus Lazari.

54.

Servigny (de). V. Adam, Johannes.
Sery (de). V. Johannes.
Sezanne, 202. — *Sézanne* (Marne, arr. d'Épernay).
Sicardus de Vauro, 105, 107.
Sicilie (regni negotium), 86; (regis moneta), 354.
Sigalonie (archidiaconus). V. Philippus de Mornayo.
— *Sologne*.
Silliaco (de). V. Alermus.
Silvanectensis, Silvanectum. V. Sylvanectensis.
Silvani de Joyaco. V. Radulphus.
Simon. V. Symon.
Sinemuro (de). V. Galterus, Johannes.
Sissone (de). V. Bonus Johannes.
Soisy (de). V. Johannes.
Solario (de), Solier (du). V. Johannes.
Soliaci (dominus). V. Sulliaci.
Sompa. V. Rogerus.
Sopes (terra de), 237. — *Souppes* (Seine-et-Marne, c^{on} de Château-Landon).
Sorini. V. Guillelmus.
Sornhano (de). V. Hugo.
Sors. V. Jacobus.
Sotenguien (de). V. Johannes.
Soupplissano, Souplessano (de). V. P. de Soupplissano.
Sourt. V. Jacobus.
Spedona (de). V. Petrus.
Spernaco (prepositura de), 152. — *Épernay* (Marne).
Spernone (de). V. Johannes.
Spiliati. V. Thomas.
Spine. V. Hugo.
Spinetus Accursi, 144, 263.
Stamparum castellania, 258; -is (de), v. Gillebertus. — *Étampes* (Seine-et-Oise).
Stampensis (decanus). V. Hugo.
Stellingi, 241.
Stephanus, precentor Sancti Dionisii in Francia, 101.
Stephanus Agni, 155.
Stephanus Baatel, Batel, 46, 49, 66.
Stephanus Barbette, prepositus mercatorum, 214.
Stephanus Becardi, archiepiscopus Senonensis, 46, 292.
Stephanus Boiliaue, 169.
Stephanus Bretoys, 24.
Stephanus Cocus, thesaurarius Constantiensis [peut-être « Constantinensis »], 121.
Stephanus de Accon, 77, 103.

Stephanus de Ambianis, 311.
Stephanus de Antogniaco, 82, 111, 178, 271.
Stephanus de Autissiodoro, 155.
Stephanus de Benefacta, magister aquarum et forestarum regis, 67, 276, 282, 283.
Stephanus de Bertencuria, 273-275.
Stephanus de Billencourt, 336.
Stephanus de Borreto, subdecanus Pictaviensis, 157, 181, 185, 202, 360; (episcopus Parisiensis), 47, 379.
Stephanus de Broco, 121.
Stephanus de Capella, 157.
Stephanus de Ceris, Cerez, 37, 360.
Stephanus de Chaumont, 199.
Stephanus de Condeto, 152.
Stephanus de Crenan, 204.
Stephanus de Damberain, 29, 224.
Stephanus de Domno Benigno, 350.
Stephanus de Ferreriis, 271.
Stephanus de Fraxinis, 87.
Stephanus de Houceya, 105, 212.
Stephanus de Laval, canonicus Sancti Vedasti Belvacensis, 164.
Stephanus de Lorriaco, 64, 368, 370.
Stephanus de Monteacuto, locum tenens senescalli Agennensis, 298.
Stephanus de Morgnevalle, 166.
Stephanus de Mornayo, 361.
Stephanus de Pissiaco, 214.
Stephanus de Quingeyo, 95.
Stephanus de Sablonneria, 267.
Stephanus de Sancto Maximino, 190.
Stephanus de Valle, 93.
Stephanus de Villariis, Villaribus, 226, 232, 352, 370.
Stephanus du Tertre, 286.
Stephanus Guichart, 34.
Stephanus Haudry, 251.
Stephanus Truillart, 292.
Stulti. V. Robertus.
Sudre. V. Guillelmus.
Suessione (de). V. Hermannus, J., Robertus.
Suessionensis (diocesis), 55, 75, 102, 107, *123*, *132*, 168; (canonicus), v. Evrardus, Porion, Thomas de Sarnaco; (decanus), 202; (episcopus), 203, 312; (prepositura), 239; (thesaurarius), 361; (villa), 143, 160, 263. — *Soissons* (Aisne).
Suisiaco (de). V. Adam.

Sulliaci, Solliaci, Soiliaci (dominus), 331, 339, 361, 364, 373; (terra), 42; -o (de), v. Ruffus. — *Sully* (Loiret, arr. de Gien).

Sumidrium, Summerie, 14, 306. — *Sommières* (Gard, arr. de Nîmes).

Superba, 293.

Suriau. V. Johannes.

Suyppe (de). V. Johannes.

Sylvanectensis (baillivia), 21, 44, 57, 108, *142, 149, 154, 159, 168, 179, 184, 189, 195, 198, 200, 204, 212, 217, 225, 236, 237, 247, 266,* 290, *344, 348,* 365; (canonicus), v. Stephanus de Houceya; -e (concilium), 107, 363; (diocesis), 21, *57, 75, 79,* 102, 107, *124, 132;* (prepositura), 159; (receptores et baillivi), 21, 42. Cf. Guillelmus de Sancto Vincentio.

Sylvanectum, 361; -o (de), v. Guerinus, Johannes Le Cat, Robertus, Theobaldus. — *Senlis* (Oise).

Sylvester, curatus de Eva, 93, 97, 151, 156, 160.

Sylvester de Bellayo, de Beloy, 98, 155.

Sylvester Rousselli, 31.

Symon, episcopus Autissiodorensis, 95.

Symon, episcopus Meldensis, 362. Cf. Symon Festu.

Symon, tituli Sancte Cecilie, presbyter cardinalis, 87, 88.

Symon Bodelli, Boelli, Bouelli, canonicus Nivernensis, 56, 61, 103, 141, 154, 167, 177, 179, 193, 225,

Symon de Aubenton, 167, 178, 271.

Symon de Billiaco, baillivus Ambianensis, Senonensis, Sylvanectensis, 23, 26, 200, 204, 205, 212, 325, 364.

Symon de Bosco, 363.

Symon de Buciaco, 359.

Symon de Corceaux, Courcellis, prepositus Meldensis, Meledunensis, 242, 290.

Symon de Croy, 160, 170, 248.

Symon de Domibus, 53.

Symon de Joyaco, 122.

Symon de Lingonis, 372.

Symon de Marchesio, 344, 348.

Symon de Meleduno, marescallus Francie, 307, 327.

Symon de Menou, 338.

Symon de Montigny, baillivus Aurelianensis, Gisortii, 24, 28, 161, 195, 207, 266.

Symon de Nealpha, 88, 91.

Symon de Nigella, 56, 57.

Symon de Perigniaco, 359.

Symon de Prato, 37.

Symon de Rambolleto, de Rambouillet, 30, 257, 264, 265, 281.

Symon de Ruppe Cavardi, constabularius Rupelle, 327.

Symon de Sancto Benedicto, canonicus Brugensis, 151, 162, 177, 188, 229, 357.

Symon Festu, decanus Blesensis, canonicus Carnotensis, archidiaconus Vindocinensis, episcopus Meldensis, 29, 52, 78, 100, 104, 153, 157, 166, 176, 249, 250.

Symon Galvani, 142.

Symon Lamberti, 80, 110, 111, 173, 181, 185, 186, 191.

Symon Larchier, 288, 307.

Symon Le Mayer, 39.

Symon Louardi, Louart, receptor terre Flandrie, 31, 32, 304, 327, 329.

Symon Matiffas, 47.

Symon Pagani, Payen, 141, 154, 160, 225.

Symon Pezdoye, Pizdoe, 22, 24.

Symonis. V. Martinus, Nicolaus.

Talamuchii. V. Bartholomeus.

Talemontis (constabularius), 315. Cf. Talmonte.

Talenti. V. Bertus.

Talmonte (castellanus de). V. P. de Pralli. — *Talmont-sur-Gironde* (Charente-Inférieure, arr. de Saintes).

Taperel (de). V. Henricus.

Tarantasiensis (diocesis), 73, 95, *131, 140.* — *Tarentaise.*

Tarbensis (diocesis), 72, 104, *131, 138.* — *Tarbes* (Hautes-Pyrénées).

Tassini. V. Johannes.

Templarii, 101, 119, 265.

Templo (de). V. Gaufridus, Johannes.

Templum, 47, 49, 54, 55, 66, 79, 83, 94, 102, 106, 143, 140, 170, 179, 180, 185, 188, 190, 202, 243, 248, 250, 251, 253, 260, 265, 319, 321, 324, 325, 331, 345, 354, 369; -i (compotus), 88, 97; -i (thesaurarius), v. Johannes de Turno.

Tencré. V. Vincentius.

Tereau. V. Martinus.

Terminesii (vicaria), 203. — *Termenès.*

Terminis (de). V. Johannes.

Terricus, clericus comitis Atrebatensis, 303.
Terricus Flamingi. V. Thierricus.
Tertialeuca (de). V. Petrus.
Tertre (du). V. Guillelmus, Stephanus.
Theobaldinus de Marmaha, 295.
Theobaldus, electus Belvacensis, 57.
Theobaldus, tertius prior Majoris Monasterii Turonensis, 103.
Theobaldus Armigeri, receptor baillivie Senonensis, 172, 247. Cf. Theobaldus Lescuier.
Theobaldus Bucherii, 185.
Theobaldus Cambellanus, 68.
Theobaldus Clerembaut, 56.
Theobaldus de Crocy, 164, 165.
Theobaldus de Divisiaco, gubernator Flandrie, 375.
Theobaldus de Dommartin, 246.
Theobaldus de Sancto, Sacro, Cesare, archidiaconus Bituricensis, 201, 364.
Theobaldus de Sylvanectis, 349.
Theobaldus Lescuier, 180. Cf. Theobaldus Armigeri.
Therouennes, 59. — *Thérouanne* (Pas-de-Calais, c^{on} d'Aire-sur-la-Lys).
Thesaurarius (capelle regalis Parisiensis), v. Odo Boyliaue, Guido de Lauduno; (guerre), v. Johannes de Cambio, Johannes Remigii, Petrus la Reue, Renerus Coquatrix; (regis), v. Guido Florentii, Johannes Gaulart; (Templi), v. Johannes de Turno.
Thesauri campsor. V. Machius de Machis.
Thiberti. V. Petrus.
Thierricus de Sancto Verano, 91, 93.
Thierricus de Toul, 311.
Thierricus Flamingi, 46, 47, 65, 66.
Thoarcio (decanus de), 233. V. Toarcii.
Thodre. V. Hugueninus.
Tholosa, 14, 131, 139, 140, 291, 293, 294, 312, 318, 324, 360, 362. — *Toulouse* (Haute-Garonne).
Tholose (campsores), 163; (diocesis, episcopatus et provincia), 19, 71, 73, 76, 78, 79, 129, 138, 354; (episcopus), v. Bertrandus; (receptor, thesaurarius), 306, 314; (senescallia), 19, 31, 86, 148, 153, 158, 167, 178, 183, 189, 193, 194, 197, 203, 211, 224, 235, 254, 262, 269, 292, 304, 306, 315, 347, 351, 365, 373; (senescallus), 292, 297, 315. Cf. Blainus Lupi, Eustachius de Bello Marchesio, Johannes Archiepiscopi, Johannes de Blenvilla; (senescalli locumtenens), v. Hugo Geraldi.

Thomas (dominus), 49, 63, 190, 192, 234, 236, 253, 258, 268, 272, 276, 294, 305, 314, 316, 317, 321, 335, 337.
Thomas Adeline, 45.
Thomas Brocardi, 21.
Thomas Burg... 357, 359.
Thomas Clerici, 46.
Thomas Conversi, prepositus Pontissare, 319.
Thomas de Anglia, 289.
Thomas de Cabour, 371.
Thomas de Canaberiis, civis Parisiensis, 75.
Thomas de Colduno, 142.
Thomas de Cr .tenayo, 144, 169.
Thomas de Morfontaine, Mortfontaines, Marfontaines, 24, 195, 352, 361.
Thomas de Parvo Celario, clericus balistariorum, 18, 29, 308, 328, 332, 333, 339, 341.
Thomas de Remis, 230.
Thomas de Sarnaco, canonicus Suessionensis, 47, 51, 53, 55, 57, 66, 246.
Thomas de Sere, baillivus Insule, 59.
Thomas Mouton, 22.
Thomas Pigris, 68.
Thomas Rustici, 170.
Thomas Spiliati, 89, 91.
Thome. V. Johannes.
Thorus de Podio, 33, 236.
Thotus Guidi, 40 (cf. 379), 116, 248, 249, 252.
Thouciaco (de). V. Otho.
Thyeuvervalle (de). V. Michael Jugnet.
Tierascie (terra), 154. — *Thiérache*.
Tierceleue (de). V. Petrus.
Tiergeville (de). V. Johannes.
Tierrici. V. Johannes.
Tilia (de). V. Radulphus.
Tingri, 41. — *Tingry* (Pas-de-Calais, arr. de Boulogne-sur-Mer).
Tingus. V. Tyngus.
Tiroul. V. Balduinus.
Toarcii (vicecomitatus), 44. — *Thouars* (Deux-Sèvres, arr. de Bressuire).
Toffardi. V. P. Touffardi.
Torchiaco (curatus de). V. Robertus. — *Torcy* (Pas-de-Calais, c^{on} de Fruges, ou Seine-Inférieure, c^{on} de Longueville).
Torelli. V. P. Torelli.
Torliaco (de). V. Eustachius.

Tornacensis (canonicus), v. Nicolaus de Braya; (civitas), 154; (diocesis), *59, 76,* 102, *124, 133;* (episcopatus), 159; –e (monetagium), 14.

Tornacum, 14, 44, 154, 240, 364, 369. — *Tournai* (Belgique).

Tornardi. V. Richardus.

Tornebu (de). V. Robertus.

Tornella (de). V. Jacobus.

Tornesii (castellania), 40. — *Tournaisis.*

Touciaco (de). V. Otho.

Touffardi. V. P. Touffardi.

Toul (de). V. Thierricus.

Touqua, 288. — *Touques* (Calvados, arr. de Pont-l'Évêque).

Tourtecan, 329. — *Tortequenne* (Pas-de-Calais, c^{on} de Vitry).

Trappis (de). V. Guillelmus Martini.

Trece, 14, 242; –is (de), v. Johannes. — *Troyes* (Aube).

Trecensis (baillivia), 29, *147, 152, 157, 164, 175, 182, 188, 192, 196, 199, 202, 208, 268,* 362, 370, 375; (civis), v. Johannes de Seriz; –es (dies), v. Dies; (diocesis), *51, 74,* 84, 101, *123, 132,* 155; (electus), 362; (episcopatus), 353; (episcopus), 165, 232. Cf. Guichardus; –e (monetagium), 14; (Sancti Petri, Sancti Stephani – capitulum), 232; (serviens), v. Johannes Plasterarii.

Trecorensis (diocesis), *65, 77,* 85, *126, 135.* — *Tréguier* (Côtes-du-Nord).

Tria (de). V. Johannes, Matheus, Milo.

Tribusbonis (terra de), 43. — *Trèbes* (Aude, c^{on} de Capendu).

Tribus Molendinis (de). V. Hugo, Johannes, Petrus.

Triel, 45. — *Triel* (Seine-et-Oise, c^{on} de Poissy).

Trinitate (de). V. Henricus, Herveus.

Tristani. V. Gencianus.

Trocha (de). V. Gerardus, Guillelmus, Petrus.

Trosselli. V. Jacquelinus.

Troyssart. V. Guillelmus.

Truillart, Truillardi. V. G., Stephanus.

Trya (de). V. Tria.

Tucius Falconerii, 32.

Tullensis (diocesis), 19, *73, 76,* 96, 97, *131,* 140. — *Toul* (Meurthe-et-Moselle).

Turno (de). V. Johannes.

Turonensis (baillivia), 26, *145, 151, 156, 163, 172, 181, 185, 191, 195, 198, 201, 206, 213,* 220, 229, *241, 267,* 321, *344, 349,* 365, 369; –es (baillivi), 26, 146; (canonicus), v. Guillelmus de Noycello; (decanus), 143; (diocesis e provincia), 19, 26, *63, 77, 81, 87, 90, 92, 94, 96, 98, 99, 103, 106, 109, 111, 112, 114, 115, 120, 125, 134;* (ecclesia Beati Martini –), 117, 172; (ecclesie B. M. – subdecanus), v. Robertus de Vernone; (— thesaurarius), 42; — es (receptores), 26, 307.

Turoncs (apud), 369. — *Tours* (Indre-et-Loire).

Turrel. V. Robertus.

Tutellensis (diocesis), *62, 125, 133.* — *Tulle* (Corrèze).

Tyais, 141; (de), v. Gerardus. — *Thiais* (Seine, arr. de Sceaux).

Tyardi. V. Andreas.

Tyberno (castellanus de). V. Berengarius Capdeporc. — ?

Tyboldi. V. Guillelmus.

Tyboutot (de). V. R. de Tyboutot.

Tyessart. V. Johannes.

Tyguinius, 28.

Tyllayo (prepositus de). V. Courraldus. — ?

Tyngus Lotharingi, Lotoringny, receptor Carcassone, 32, 259.

Ulmo (de). V. G. de Ulmo.

Ulricus de Noiz, 209.

Ultramare (de). V. Guillelmus.

Ultramontani, 79.

Ursiaco (de). V. Johannes.

Ursicampi foresta. V. Orsicampi.

Ursini. V. Johannes.

Usco (de). V. G. de Usco.

Uticensis (diocesis), *71,* 78, 105, *128, 137.* — *Uzès* (Gard).

Vabrensis (diocesis), *62, 73, 77, 125, 129,* 133. — *Vabres* (Aveyron, c^{on} de Saint-Affrique).

Vadencourt (de). V. Fauvelius.

Vaisse. V. Guillelmus.

Vaissiaco (de). V. Johannes.

Valen... (via), 360.

Valencie (regnum), 81, 93, 95.

Valenciennes, 362; (de), v. Petrus.

Valencuria (de). V. Adam.

Valentinensis diocesis, *72,* 82, *92, 131, 140.* — *Valence* (Drôme).

432 INDEX ALPHABÉTIQUE.

Valesii (comes), 297, 326; (comitis cancellarius), 365. Cf. Carolus, Philippus de Valesio.
Valle (de). V. Stephanus.
Valliaci (prepositura), 43. — *Vailly* (Aisne, arr. de Soissons).
Vallibus (de). V. Galerannus.
Vallis Secrete (abbas), 346, 369. — *Valsecret* (Aisne, c^{on} de Château-Thierry, c^{ne} de Brasles).
Vanesia, Vanoise (de). V. Johannes.
Vanetensis (diocesis), *65*, 77, 85, *126*, *134*. — *Vannes* (Morbihan).
Vanne, frater Thoti Guidi, 248, 249.
Varennis (de). V. Johannes, Matheus.
Variis (de). V. Johannes.
Variis (castellanus de). V. Hugo de Glatigneyo. — *Vayres-Gironde* (Gironde, c^{on} de Libourne).
Varletus regis. V. Johannes Paeille.
Varroquier. V. Johannes.
Vartigues (de). V. Johannes.
Vasadesium, 35. — *Bazadais*.
Vasatensis (diocesis). V. Basatensis.
Vasatum, 302. — *Bazas* (Gironde).
Vasconie (fronteria), 374; (guerra), 370; (judex), v. Jacobus de Bolonia; (senescallia), 224, 299, 316, 317.
Vassalli. V. Nicolaus.
Vassonia (de). V. Guillelmus.
Vatevilla (prior de). V. Nicolaus. — *Vatteville-la-Rue* (Seine-Inférieure, c^{on} de Caudebec).
Vaucellis (de). V. Johannes.
Vauchiaco (de). V. Guillelmus.
Vaudrighem (de). V. Johannes.
Vaudrimpont (de). V. Petrus.
Vauro (de). V. Sicardus.
Venatoris. V. Johannes, Robertus.
Venere (terra de), 43. — *Vendres* (Hérault, c^{on} de Béziers).
Venesia, Venoise (de). V. Johannes.
Ventador (de). V. Guillelmus.
Ventenaco (de). V. Guillelmus.
Verberia (de). V. Johannes, Richardus.
Verbria (de). V. Petrus.
Verdunensis (diocesis), 19, *73*, *76*, 96, 97, *131*, 140.
Verdunum, 364; –o (de), v. Johannes. — *Verdun* (Meuse).
Veretot, Verretot (de). V. Johannes.
Vergis (de). V. Johannes.
Veriis (de). V. Johannes.

Vermandois (alliés de), 361.
Vernolium, 164, 286; –i (castrum), 277; –i (vicecomitatus), 196; –i (vivarium), 283; –o (de), v. Bertrandus. — *Verneuil* (Eure, arr. d'Évreux).
Vernone (de). V. Robertus.
Vernonis (castellania), 146. — *Vernon* (Eure, arr. d'Évreux).
Verretot (de). V. Veretot.
Versiaco (de). V. Johannes.
Versone, Virsone (de). V. Robertus.
Veteri Ponte (de). V. Ivo.
Via Aspera (de). V. Milo.
Viardi. V. Johannes.
Vicenne, 118, 274, 278, 279, 367. Cf. Nemus. — *Vincennes* (Seine).
Vidal. V. P. Vidal, Petrus Vitalis.
Viel. V. Johannes, Martinus.
Vienna, 322, 338, 342, 367, 371; –e (viagium), 248, 358, 362, 364, 369; (concilium), 113, 322, 338, 358; (portus), 254. — *Vienne* (Isère).
Viennensis (delphinus), v. Delphinus; (provincia et diocesis), 19, *72*, *79*, *83*, *86*, *88*, *91*, *95*, *97*, *98*, *105*, *106*, *111*, *113*, *114*, *119*, *121*, *131*, *140*; –es (denarii), 354.
Vigneto (de). V. Guillelmus, Hugo.
Viis (de). V. Reginaldus.
Villablouana (de). V. Petrus.
Villa Domini (de). V. Guillelmus.
Villafranca bailllivie Matisconensis, 256. — *Villefranche* (Rhône).
Villafranca (de). V. Robertus.
Villa Gardana (de). V. Guido.
Villa Judaica, 141. — *Villejuif* (Seine).
Villamorer (de). V. Guido.
Villanesse (de). V. Nicolaus.
Villanova (de). V. Robertus.
Villanove regis (prepositura), 228. — *Villeneuve-le-Roi* (Yonne, arr. de Joigny).
Villaperion (de). V. Albertus.
Villa Petrosa (de). V. Johannes, Ludovicus, Philippus.
Villare juxta Rez, 281. — *Villers-Cotterets* (Aisne, arr. de Soissons).
Villare regis, 38. — *Villiers-le-Roi* (Loiret, c^{on} de Château-Renard, c^{ne} de Triguères).
Villariis, Villaribus (de). V. Guillelmus, Hugo, Ingerannus, Nicolaus, Odardus, Stephanus.
Villario (de). V. Arnaldus.

INDEX ALPHABÉTIQUE. 433

Villebrenne (de). V. Petrus.
Villepesque (de). V. Ferricus Briardi.
Villiers Mourier (de). V. Guido.
Villonissa (de). V. Nicolaus.
Vincentii. V. Johannes.
Vincentius (dominus), 89, 91.
Vincentius de Castello, 221, 231, 349.
Vincentius de Serignano, 96.
Vincentius Michaelis, 27.
Vincentius Saillembien, 26.
Vincentius Tancré, Tancreti, baillivus Constantiensis, 27, 28, 207, 289, 290.
Vindocinensis (archidiaconus). V. Symon Festu. — *Vendôme* (Loir-et-Cher).
Vindocino (de). V. Gaufridus.
Viriaco (de). V. Guillelmus.
Viridario (de). V. Guillelmus.
Viromandensis (baillivia), 22, 37, 44, 84, 108, *143, 150, 154, 159, 168, 179, 184, 189, 195, 198, 200, 204, 213, 218, 226, 238, 247,* 253, *266, 344, 348,* 362; —es (baillivi et receptores), 22.
Viromandie (confederati), 361; (via), 359, 361. Cf. Vermandois.
Virsanno (de). V. Fulco.
Vitalis. V. Petrus.
Vitriaci (baillivia), 29, 102, *147, 152, 157, 165, 176, 182, 188, 192, 196, 202, 209,* 246, 253, 264, *268,* 345, 375; (baillivus), v. Johannes de Acy, Johannes de Macherino, Petrus de Salornoy. — *Vitry-le-François* (Marne).
Vitriaci (exercitus), 332.
Vitriaci in Partesio (burgensis). V. Michael Fagot. — *Vitry-en-Perthois* (Marne, c^{on} de Vitry-le-François).
Vitriaco (de). V. Gaufridus, Poncius.
Vitriacum, 141. — *Vitry-sur-Seine* (Seine, arr. de Sceaux).
Vivariensis (diocesis), *73, 82, 131, 140.* — *Viviers* (Ardèche, arr. de Privas).

Vivario (de). V. Johannes.
Vivariorum compoti, 282 et suiv.
Vivarium in Bria, 281. — *Le Vivier-en-Brie* (Seine-et-Marne, c^{on} de Rozoy-en-Brie).
Vivien. V. Johannes.
Volobrigue (de). V. P. Roberti.
Vyssac, Wissac (de). V. Hugo.

Waissy (de). V. Johannes.
Watin de la Meure, burgensis de Gandavo, 321.
Waubouyn. V. Johannes.
Waurino (de). V. Robertus.
Wibertus Louel (frater), confessor regis Caroli, 276.
Wycent (de). V. Balduinus.

Xantonia, 293, 310, 318. — *Saintonge.*
Xantoniensis (castellanus), v. J. de Courpalai; (diocesis), 19, *70,* 98, 104, *127, 136;* (senescallia), 31, 34, *148, 153, 158, 166, 177, 183, 193, 199, 203, 209,* 287, 298, 301, 303, 315, 327, *346, 350, 351,* 362, 368, 369, 376; (senescallus), v. Guillelmus Poureau, Petrus de Balleus. — *Saintes* (Charente-Inférieure).

Yenvilla (de). V. Johannes.
Yerre (d'). V. Hugo.
Yolendis, comitissa Marchie, 36.
Ypra, 335. — *Ypres* (Belgique).
Yspani. V. Hispani.
Yspania (de). V. Alfonsus, Blancha. Cf. Hispania.
Yverniaco (de). V. Petrus.
Yvo. V. Ivo.
Yvonis. V. J. Yvonis.
Yvriacum, 141. — *Ivry-sur-Seine* (Seine, arr. de Sceaux).
Yzeio (de). V. Robertus.

Zacharie. V. Benedictus.
Zontecote [ou plutôt Zoutecote] (terra de), 41. — *Zaydschote* (Belgique, c^{on} d'Ypres).

TABLE DES MATIÈRES.

	Pages.
Introduction	1
Tabula minor Inventarii	2
Tabula major Inventarii	4
I. De domaniis	15
II. Debita	16
III. Compoti ordinarii et compoti terrarum foranearum	21
IV. Compoti extraordinarii	46
Appendice I. Compoti particulares	357
Appendice II. Compoti particulares	367
Additions et corrections	379
Index alphabétique	381

www.ingramcontent.com/pod-product-compliance
Lightning Source LLC
Chambersburg PA
CBHW051618230426
43669CB00013B/2092